DÍAS DE VENGANZA

David Chilton

DÍAS DE VENGANZA

Una exposición del libro de Apocalipsis

David Chilton

© 1986 Dominion Press
© 2023 Ediciones Sinaí

Publicado en inglés bajo el título de *Days of Vengeance: An exposition of the Book of Revelation*

David Chilton
Dominion Press © 1986

Traducción: Randolph y Carolina Angulo
Edición: Ediciones Sinaí

Yakima Washington. Estados Unidos

Todos los derechos son reservados. Por consiguiente: Se prohíbe la reproducción total o parcial de esta obra por cualquier medio de comunicación, sea este digital, audio, video escrito; salvo para citaciones en trabajos de carácter académico, según los márgenes de la ley o bajo el permiso escrito de Ediciones Sinaí.

Diseño de Portada:

2023 Ediciones Sinaí
Yakima Washington
All rights reserved

Pedidos: 971 304-1735

ISBN: 978-1-956778-59-5

Impreso en los Estados Unidos
Printed in the United States

Pero cuando veáis a Jerusalén rodeada de ejércitos, sabed entonces que su desolación está cerca. Entonces los que estén en Judea, huyan a los montes, y los que estén en medio de la ciudad, aléjense; y los que estén en los campos, no entren en ella; porque estos son días de venganza, para que se cumplan todas las cosas que están escritas.
Lucas 21:20-22

Para mi padre y madre

TABLA DE CONTENIDOS

PRÓLOGO 17
PREFACIO DEL AUTOR 19
PREFACIO DEL EDITOR por Gary North 23
    El transfondo del Antiguo Testamento 24
    La pieza que falta: La estructura del pacto 25
    La teología de Tyler 26
    El pesimismo 27
    El renacimiento del optimismo 28
    Producir nuevos líderes: La clave de la supervivencia 28
    Silenciando a los críticos 30
    Tradicionalistas indefensos 33
        Dispensacionalismo 34
        Amilenialismo 35
        Premilenialismo histórico 36
INTRODUCCIÓN 39
    Autor y fecha 39
    Destino 43
    Apocalipsis y el pacto 45
    El litigio de pacto 48
    Apocalipsis, Ezequiel y el Leccionario 53
    La naturaleza de Apocalipsis: ¿Apocalíptica? 57
    El simbolismo de Apocalipsis 59
    La primacía del simbolismo 62
    Maximalismo interpretativo 65
    El enfoque contemporáneo de Apocalipsis 67
    Nota sobre el texto 71
    Panorama de Apocalipsis 72

Esquema de Apocalipsis 72

PARTE I PREÁMBULO: EL HIJO DEL HOMBRE
(Apocalipsis 1)

Introducción 75

1 REY DE REYES 77

Título y bendición (1:1-3) 77

Saludo y Doxología (1:4-8) 80

Jesucristo, trascendente e inmanente (1:9-16) 89

El encargo del apóstol Juan (1:17-20) 95

PARTE II PRÓLOGO HISTÓRICO: LAS CARTAS A LAS SIETE IGLESIAS
(Apocalipsis 2-3)

Introducción 103

Recapitulación de la historia del pacto 104

La estructura de Apocalipsis prefigurada 106

La visión del Hijo del Hombre 107

2 EL ESPÍRITU HABLA A LA IGLESIA: ¡VENCE! 109

Éfeso: El juicio a los falsos apóstoles (2:1-7) 109

Esmirna: El juicio al falso Israel (2:8-11) 114

Pérgamo: El juicio al rey impío y al falso profetas (2:12-17) 117

Tiatira: El juicio a la reina ramera (2:18-29) 122

3 EL MANDATO DE DOMINIO 129

Sardis: El juicio sobre los muertos (3:1-6) 129

Filadelfia: El juicio contra la sinagoga de Satanás (3:7-13) 133

Laodicea: El juicio sobre los tibios (3:14-22) 138

PARTE III ESTIPULACIONES ÉTICAS: LOS SIETE SELLOS
(Apocalipsis 4-7)

Introducción 145

4 EL TRONO SOBRE EL MAR 149

    El modelo de adoración (4:1-11) 149

    AL PRINCIPIO – ELECCIÓN 160

5 CRISTO VICTOR 163

    El Cordero y el libro (5:1-14) 163

6 EN EL CAMINO DEL CABALLO BLANCO 175

    Los cuatro jinetes (6:1-8) 177

    Los mártires vengados (6:9-17) 184

7 EL VERDADERO ISRAEL 191

    Los 144.000 sellados (7:1-8) 192

    El orden de las doce tribus en Apocalipsis 196

    La gran multitud (7:9-17) 200

PARTE IV SANCIONES DEL PACTO: LAS SIETE TROMPETAS
(Apocalipsis 8-14)

    Introducción…………………………………………………………..209

8 LITURGIA E HISTORIA 213

    Se abre el libro (8:1-5) 213

    La primera trompeta (8:6-7) 218

    La segunda trompeta (8:8-9) 220

    La tercera trompeta (8:10-11) 221

    La cuarta trompeta (8:12-13) 222

9 SE DESATA EL INFIERNO 225

    La quinta trompeta (9:1-12) 225

    La sexta trompeta (9:13-21) 229

10 EL TESTIGO FIEL 237

    El testimonio de la nueva creación (10:1-7) 237

    El libro agridulce (10:8-11) 243

11 EL FINAL DEL PRINCIPIO 247

    Los neotestigos contra Jerusalén (11:1-14) 247

    La séptima trompeta (11:15-19) 258

12 LA GUERRA SANTA 265

La serpiente y la simiente de la mujer (12:1-6) 266
La guerra en el cielo (12:7-12) 276
El dragón ataca a la Iglesia (12:13-17) 282
13 LEVIATÁN Y BEHEMOT 287
La bestia del mar (13:1-10) 287
La bestia de la tierra (13:11-18) 294
14 EL REY EN EL MONTE SION 309
El Cordero con su bello ejército (14:1-5) 309
El evangelio y las copas envenenadas (14:6-13) 314
El Hijo del Hombre, la cosecha y la vendimia (14:14-20) 321

PARTE V SUCESIÓN Y CONTINUIDAD DEL PACTO: LAS SIETE COPAS (Apocalipsis 15-22)

Introducción 329
15 SIETE ÚLTIMAS PLAGAS 333
El canto de la victoria (15:14) 333
Se abre el santuario (15:5-8) 337
16 EL JUICIO DESDE EL SANTUARIO 341
Las cuatro primeras copas: La creación de Dios se venga (16:1-9) 342
Las tres últimas copas: ¡Se ha hecho! (16:10-21) 348
17 LA FALSA NOVIA 359
La identidad de la ramera (17:1-7) 360
El ángel explica el misterio (17:8-18) 368
18 ¡BABILONIA HA CAÍDO! 377
¡Salid de ella! (18:1-8) 377
Reacciones a la caída de Babilonia (18:9-20) 382
Babilonia es derribada (18:21-24) 388
19 LAS FIESTAS DEL REINO 393
La cena de las bodas del Cordero (19:1-10) 393
El Hijo de Dios va a la guerra (19:11-21) 403
20 EL MILENIO Y EL JUICIO 413

La atadura de Satanás (20:1-3) 417
  La primera resurrección (20:4-6) 423
  La última batalla (20:7-10) 431
  El juicio de los muertos (20:11-15) 439
21 LA NUEVA JERUSALÉN 445
  La nueva Jerusalén (21:9-27) 456
22 ¡VEN, SEÑOR JESÚS! 467
  El paraíso restaurado (22:1-5) 467
  Advertencias y bendiciones finales (22:6-21) 474
CONCLUSIÓN: LAS LECCIONES DE APOCALIPSIS 481
  La interpretación de la profecía 481
  El libro de Apocalipsis 482
  El Israel del Antiguo Pacto 483
  La resurrección y ascensión de Cristo y el reino del Nuevo Pacto 483
  El judaísmo y la caída de Jerusalén 484
  La Iglesia 484
  Culto 485
  Dominio 486
  La conversión del mundo 486
  Salvación y vida cristiana 486
  Dios y su mundo 487
  Las últimas cosas 487

APÉNDICES

Apéndice A: EL SIMBOLISMO LEVÍTICO EN APOCALIPSIS - PHILIP
CARRINGTON 491
  El nuevo culto universal 492
  Sacrificio en el templo 495
  La ofrenda de incienso (Ap. 8:3-5) 497
  El derramamiento de sangre 502
  ESTRUCTURA LITÚRGICA DE APOCALIPIS 506

- A. SACRIFICIO HEBREO 506
- B. ADORACIÓN CRISTIANA 507

Apéndice B: SIONISMO CRISTIANO Y JUDAÍSMO MESIÁNICO JAMES B. JORDAN 509

- Sionismo 509
- Jerry Falwell y el sionismo cristiano 511
- Judaísmo mesiánico 514

Apéndice C: GRACIA COMÚN, ESCATOLOGÍA, Y LA LEY BÍBLICA GARY NORTH 517

- Antecedentes del debate 518
- El favor de Dios 519
  - Brasas de fuego 521
- La depravación total y la mano restrictiva de Dios 522
  - El bien que hacen los hombres 523
  - El conocimiento de la Ley 524
  - Significado en la historia 525
- El trigo y la cizaña 527
  - Conocimiento y dominio 528
- La versión amilenial de Van Til de la gracia común 530
  - Una respuesta postmilenial 532
- Ética y dominio 533
  - Diferenciación y progreso 534
- Ley y gracia 536
  - El refuerzo de la gracia especial 537
  - El juicio final y la gracia común 538
  - El revivalismo antinomiano frente a la reconstrucción 539
  - ¿Regeneración universal? 541
- Autoconciencia epistemológica y cooperación 541
  - El amilenialismo tiene las cosas al revés 542
  - La autoconciencia epistemológica 544
  - El desafío marxista 546
  - La rebelión final de Satán 547

  Cooperación... 548
  Los cristianos deben liderar... 549
  Gracia común frente a terreno común 550
 Conclusión... 552
 Posdata... 553
BIBLIOGRAFÍA SELECTA 555
 Estudios sobre Apocalipsis.. 555
 Estudios relacionados 557

PRÓLOGO

Los lectores de Apocalipsis quedan cautivados o perplejos por él. Los cautivados llegan a interpretaciones tan sorprendentes, que los perplejos a menudo concluyen que los cristianos de mente sobria deberían dejar el libro en paz.

El comentario de David Chilton debería ser estudiado por ambos tipos de lectores. Demuestra que Apocalipsis es un libro, como todos los demás del Nuevo Testamento, dirigido principalmente a la Iglesia del siglo I y fácilmente comprensible para ellos, porque estaban muy familiarizados con la imaginería del Antiguo Testamento. Demuestra que, una vez comprendidos estos modismos, Apocalipsis tampoco nos resulta difícil de entender.

Apocalipsis sigue siendo, sin embargo, un libro desafiante y relevante para nosotros, no porque ofrezca un esbozo de la historia del mundo con especial referencia a nuestra época, sino porque nos muestra que Cristo está al control de la historia del mundo, y cómo debemos vivir, orar y adorar. Con una imaginería vívida y poderosa, nos enseña a nosotros lo que significa creer en la soberanía y la justicia de Dios. Que este valioso comentario nos incite a orar con Juan y con la Iglesia universal en el cielo y en la tierra: «¡Así que ven, Señor Jesús!».

Gordon Wenham
The College of St. Paul and St. Mary
Cheltenham, Inglaterra

PREFACIO DEL AUTOR

Desde el principio, los excéntricos y chiflados han intentado usar Apocalipsis para abogar por un nuevo giro en la doctrina de Chicken Little: *¡El cielo se está cayendo!* Pero, como espero mostrar en esta exposición, Apocalipsis del apóstol Juan enseña en cambio que los cristianos superarán toda oposición a través de la obra de Jesucristo. Mi estudio me ha convencido de que una verdadera comprensión de esta profecía, debe basarse en la aplicación adecuada de cinco claves interpretativas cruciales:

1. *Apocalipsis es el libro más «bíblico» de la Biblia.* El apóstol Juan cita cientos de pasajes del Antiguo Testamento, a menudo con sutiles alusiones a rituales religiosos del pueblo hebreo que son poco conocidos. Para entender Apocalipsis, necesitamos conocer nuestras Biblias al derecho y al revés. Una de las razones por las que este comentario es tan extenso, es que he intentado explicar este amplio trasfondo bíblico, comentando numerosas porciones de las Escrituras que arrojan luz sobre la profecía del apóstol Juan. También he reimpreso, como Apéndice A, el excelente estudio de Philip Carrington sobre el simbolismo levítico en Apocalipsis.

2. *Apocalipsis tiene un sistema de simbolismo.* Casi todo el mundo reconoce que el apóstol Juan escribió su mensaje en símbolos. Pero el significado de esos símbolos no es tan accesible. Existe una estructura sistemática en el simbolismo bíblico. Para comprender adecuadamente Apocalipsis, debemos familiarizarnos con el «lenguaje» en que está escrito. Entre otros objetivos, este comentario busca acercar a la Iglesia al menos unos pasos más, a una verdadera teología bíblica de Apocalipsis.

3. *Apocalipsis es una profecía sobre acontecimientos inminentes*— acontecimientos que estaban a punto de desencadenarse en el mundo del siglo I. Apocalipsis no trata de la guerra nuclear, los viajes espaciales o el fin del mundo. Una y otra vez advierte específicamente que «¡el tiempo está cerca!». El apóstol Juan escribió su libro como una profecía de la próxima destrucción de Jerusalén en el año 70 d.C., mostrando que Jesucristo había traído el Nuevo Pacto y la nueva creación. Apocalipsis no puede entenderse si no se toma en serio este hecho fundamental.

4. *Apocalipsis es un servicio de adoración.* El apóstol Juan no escribió un libro de texto sobre profecía. En cambio, documentó un servicio de adoración celestial en progreso. Uno de sus principales intereses, de hecho, es que la adoración de Dios sea central para todo en la vida. Es lo más importante que hacemos. Por esta razón, he dedicado especial atención a lo largo de este comentario a los aspectos litúrgicos sumamente vastos de Apocalipsis, y sus implicaciones para nuestros servicios de adoración de hoy.

5. *Apocalipsis es un libro sobre dominio.* Apocalipsis no es un libro sobre lo terrible que es el Anticristo, o lo poderoso que es el diablo. Es, como dice el primer versículo, el Apocalipsis [La Revelación] de Jesucristo. Nos habla de su señorío sobre todo; nos habla de nuestra salvación y victoria en el Nuevo Pacto, el «maravilloso plan de Dios para nuestra vida»; nos dice que el reino del mundo se ha convertido en el reino de nuestro Dios, y de su Cristo; y nos dice que Él y su pueblo reinarán por los siglos de los siglos.

Tengo que dar las gracias a muchas personas por haber hecho posible este libro. En primera instancia, doy las gracias al Dr. Gary North, sin cuya paciencia y considerable inversión económica no habría sido posible escribirlo. La semana que me mudé a Tyler, Gary me llevó a una de sus frecuentes juergas de compras de libros, en una gran librería de segunda mano de Dallas. Mientras le ayudaba a llevar a la caja cientos de volúmenes cuidadosamente escogidos (yo también compré algunos libros —un par cada hora más o menos, para poder seguir en el juego), Gary me preguntó en qué proyecto a largo plazo me gustaría trabajar, además de mis otras obligaciones en el Instituto de Economía Cristiana. «¿Qué tal un libro de tamaño medio, de estilo popular, de nivel introductorio y fácil lectura sobre Apocalipsis?». Le sugerí, «Creo que podría hacer algo así en unos tres meses». Eso fue, al día de hoy, hace 3 años y seis meses —o, como Gary podría estar tentado a murmurar en voz baja: Un tiempo, tiempos y medio tiempo. Por fin, la tribulación ha terminado.

El libro, por supuesto, ha superado con creces su tamaño y alcance previstos. Esto se debe en gran parte al reverendo James B. Jordan y al reverendo Ray Sutton, pastores de la Iglesia Presbiteriana Westminster de Tyler, Texas, que han influido enormemente en mi comprensión de las conexiones literarias y simbólicas de la Biblia y de sus estructuras litúrgicas. El reverendo Ned Rutland, de la Iglesia Presbiteriana de Westminster en Opelousas, Luisiana, leyó una primera versión de algunos capítulos y, con consumado tacto y amabilidad, me orientó en una dirección más bíblica. James M. Peters, historiador de antigüedades residente en Tyler y genio de la informática, fue un rico tesoro de información sobre el mundo antiguo.

Hay otros que contribuyeron de diversas maneras a la producción de este volumen. Las pacientes y alegres secretarias de ICE (Instituto de Economía Cristiana por sus siglas en inglés), la Sra. Maureen Peters y la Sra. Lynn Dwelle, me ayudaron con muchos detalles técnicos y consiguieron libros descontinuados; han desarrollado la virtud de «caminar una milla extra» en un arte elevado. El tipógrafo David Thoburn, un verdadero artista, trabajó largas horas en obras de supererogación, resolviendo problemas inusuales y asegurando la alta calidad y legibilidad del libro. Él ha confirmado abundantemente mi convicción de su condición de artesano superior. Su asistente, la Sra. Sharon Nelson, fue una valiosa mediadora, asegurándose de que nuestras computadoras permanecieran en buenos términos. Los índices fueron preparados por Mitch Wright y Vern Crisler.

Uno de los eruditos bíblicos más destacados de nuestros días es el teólogo británico Gordon J. Wenham, del College of St. Paul and St. Mary, cuyos comentarios, bien escritos y llenos de conocimiento, han dejado una huella significativa en todo el mundo evangélico. Mi primer contacto con el Dr. Wenham fue el año pasado, cuando, sin previo aviso, le envié una copia de mi libro *Paradise Restored* [*Paraíso restaurado*]. Para mi gran sorpresa y deleite, me escribió para expresarme su aprecio. Esto me animó (aunque no sin cierto temor y temblor) a solicitar sus comentarios sobre las pruebas no corregidas de la presente obra. El Dr. Wenham tuvo la gentileza de dedicar un valioso tiempo a leerla, hacer sugerencias y escribir el prólogo. Le estoy muy agradecido por su amabilidad. Naturalmente, no se le puede responsabilizar de las numerosas deficiencias de este libro.

Tal vez convendría insistir en este último punto. Este comentario no pretende de ninguna manera ser la «última palabra» sobre el tema; de hecho, si mi escatología es correcta, ¡a la Iglesia le quedan muchos años para escribir muchas más palabras! Estoy en gran deuda con las importantes contribuciones de muchos otros comentaristas —especialmente Philip Carrington, Austin Farrer, J. Massyngberde Ford, Meredith G. Kline, J. Stuart Russell, Moses Stuart, Henry Barclay Swete y Milton S. Terry— y espero haberles hecho justicia al construir sobre sus cimientos. Sin embargo, soy dolorosamente consciente de que la tarea de comentar la magnífica profecía del apóstol Juan excede con mucho mis capacidades. Cuando no haya expuesto adecuadamente el mensaje de Apocalipsis, ruego la indulgencia de mis hermanos y hermanas en Cristo, y deseo fervientemente sus comentarios y correcciones.

Mi amada esposa, Darlene, siempre ha sido mi mayor fuente de ánimo. Nuestros hijos (Nathan David, Jacob Israel y Abigail Aviva) soportaron nuestro «exilio a Patmos» colectivo con verdadera gracia juanina (¡mezclada, quizá, con ocasionales estruendos de truenos Boanerges también!); y si sus cuentos para dormir se llenaban de algún modo con más de la cuota habitual de querubines, dragones, caballos voladores y espadas llameantes, nunca se quejaban.

Por último, estoy agradecido a mis padres, el reverendo Harold B. Chilton y su esposa, mi madre. Fui inconmensurablemente bendecido al crecer en un hogar donde la Palabra de Dios es tan altamente honrada, tan fielmente enseñada, tan verdaderamente vivida. El ambiente que estructuraron estaba constantemente inundado de grandeza y riqueza musical, al tiempo que la atmósfera estaba cargada de enardecedoras discusiones teológicas, todo ello en el contexto de atender a los necesitados, dar cobijo a los desamparados, alimentar a los hambrientos y llevar a todos el precioso mensaje del evangelio. Desde las humeantes selvas y arrozales de Filipinas hasta los sombreados prados del sur de California, me dieron un ejemplo sobresaliente e inolvidable de lo que significa ser siervos del Señor. Algunos de mis primeros recuerdos son de ver la fe de mis padres probada más allá de lo que parecían los límites de la resistencia humana; y cuando Dios los hubo probado, salieron como oro. Sosteniendo el testimonio de Jesús, sufriendo la pérdida de todas las cosas para ganar a

Cristo, son lo que el apóstol Juan nos ha exhortado a todos a ser: testigos fieles. A ellos está dedicado este libro.

David Chilton Tyler, Texas, 8 de mayo de 1986
Día de la Ascensión

PREFACIO DEL EDITOR
POR GARY NORTH

Con su primer libro de escatología, *Paradise Restored* [*Paraíso restaurado*],[1] David Chilton inició un avivamiento escatológico. «Revolución» sería una palabra demasiado fuerte, ya que su punto de vista es antiguo y se remonta a la Iglesia primitiva. Pero de la noche a la mañana, *Paradise Restored* empezó a influir en líderes religiosos y eruditos que habían creído que los argumentos bíblicos a favor de la victoria cultural estaban muertos — una reliquia del siglo XIX. Ahora llega *Días de venganza*, una exposición versículo a versículo del libro más complicado de la Biblia, el libro de Apocalipsis. Lo que se generalizó en *Paradise Restored* se apoya ahora con capítulos y versículos— de hecho, montones y montones de capítulos y versículos. Este libro se convertirá en la nueva obra de referencia sobre el libro de Apocalipsis. Increíblemente, el estilo de Chilton es tan ágil que pocos lectores se darán cuenta de que el autor ha lanzado una bomba académica. El mundo académico cristiano conservador se quedará sin palabras; Chilton ha ofrecido un notable desafío exegético a quienes sostienen las escatologías rivales tradicionales, que yo denomino *pesimilenialismo*.

No se trata de otro aburrido comentario sobre el libro de Apocalipsis. Aunque sólo fuera eso, sería un acontecimiento importante, ya que la publicación de cualquier comentario conservador y confiable de la Biblia sobre Apocalipsis, es un acontecimiento importante. El comentario amilenial de W. Hendrikson, *More Than Conquerors* [*Más que conquistadores*], se publicó en 1940, y tiene menos de la mitad del tamaño de este, y no está al mismo nivel en términos de erudición bíblica. *The Revelation of Jesus Christ* [*El Apocalipsis de Jesucristo*], de John Walvoord, tiene ya más de dos décadas, y también es sólo la mitad de grande que el de Chilton. A pesar de toda la fascinación por la profecía bíblica en el siglo XX, son escasos los comentarios completos sobre este libro, el más profético de los libros bíblicos.

Siempre han sido escasos. Pocos comentaristas se han atrevido a explicar el libro. Juan Calvino enseñó a través de todos los libros de la Biblia, excepto uno: Apocalipsis. Martín Lutero escribió algo así como cien volúmenes de material —tanto o más que Calvino— pero

---

[1] David Chilton, *Paradise Restored: A Biblical Theology of Dominion* (Ft. Worth: Dominion Press, 1985).

no escribió un comentario sobre Apocalipsis. Moses Stuart escribió uno magnífico a mediados del siglo XIX, pero hoy está olvidado. Apocalipsis se ha resistido a casi todos los intentos anteriores de desentrañar su secreto de secretos. Ahora David Chilton ha descubierto este secreto, esta llave perdida hace mucho tiempo que abre el código.

Esta clave largamente ignorada es el Antiguo Testamento.

El trasfondo del Antiguo Testamento

«Muy gracioso», te estarás diciendo a ti mismo. De acuerdo, lo admito: es gracioso — peculiarmente gracioso. Lo que hace Chilton es volver una y otra vez al Antiguo Testamento para dar sentido al marco de referencia del apóstol Juan. Esta técnica funciona. Es la única técnica que *sí* funciona.

Quienes nunca han trabajado personalmente con Chilton no pueden apreciar fácilmente su detallado conocimiento de la Biblia, especialmente del Antiguo Testamento. Lo utilicé docenas de veces como mi concordancia personal. Trabajaba en la oficina contigua a la mía. Yo le gritaba: «Oye, David, ¿sabes dónde puedo encontrar el pasaje sobre...?». Le contaba un fragmento de una historia bíblica, o algún versículo inconexo que traqueteaba en mi memoria, y él me decía casi al instante el capítulo. Podía o no acertar el versículo exacto; normalmente, se acercaba a tres o cuatro versículos. Siempre se acercaba lo suficiente. Rara era la ocasión en que no se recordaba; incluso entonces rebuscaba en su extensa biblioteca personal hasta encontrarlo. Nunca le llevaba mucho tiempo.

En este libro, ha tomado su notable memoria del Antiguo Testamento y la ha fusionado con una técnica interpretativa desarrollada por James Jordan en su libro *Judges: God's War Against Humanism* [*Jueces: La guerra de Dios contra el humanismo*] (1985).[2] Jordan trabaja con docenas de símbolos del Antiguo Testamento que ha tamizado a partir de las narraciones históricas y las descripciones del templo y el tabernáculo. Luego aplica estos símbolos y modelos a otros relatos bíblicos paralelos, incluido el relato del Nuevo Testamento sobre la vida de Cristo y la Iglesia primitiva. Nadie lo hace mejor que Jordan, pero Chilton ha aplicado con éxito esta hermenéutica bíblica (principio de interpretación) a Apocalipsis de muchas formas creativas. Chilton no es el primer expositor que lo hace, como revelan sus notas a pie de página y sus apéndices, pero él es sin duda el mejor intérprete que la Iglesia cristiana ha producido hasta ahora aplicando este principio con respecto al Apocalipsis. Estos relatos de fondo y símbolos del Antiguo Testamento dan sentido a los pasajes difíciles de Apocalipsis. Deja claras las numerosas conexiones entre el lenguaje simbólico y las referencias históricas del Antiguo y del Nuevo Testamento. Por eso su comentario es tan fácil de leer, a pesar de la magnitud de lo que ha logrado académicamente.

---

[2] Tyler, Texas: Geneva Ministries, 1985.

La pieza que falta: La estructura del pacto

Sin embargo, faltaba una pieza en el rompecabezas, lo que mantuvo el libro en el computador de Chilton al menos un año más. Esa pieza que faltaba fue identificada en el otoño de 1985 por el pastor Ray Sutton. Sutton había sufrido quemaduras graves en un accidente de cocina y su movilidad se había reducido drásticamente. Estaba trabajando en un manuscrito sobre el simbolismo de los sacramentos, cuando se le ocurrió una conexión crucial. La conexión se la proporcionó el profesor del Seminario de Westminster, Meredith G. Kline. Años antes, había leído los estudios del profesor Kline sobre los antiguos tratados (reales) de soberanía del Antiguo Cercano Oriente.[3] Los reyes paganos establecían pactos con sus vasallos. Kline había indicado que estos tratados eran paralelos a la estructura del libro de Deuteronomio. Tenían cinco puntos: (1) una identificación del rey; (2) los acontecimientos históricos que llevaron al establecimiento del pacto; (3) las estipulaciones (términos) del pacto; (4) una advertencia de juicio contra cualquiera que desobedeciera, pero una promesa de bendición para los que obedecieran; y (5) un sistema de reconfirmación del tratado a la muerte del rey o del vasallo.

Kline desarrolló algunas de las implicaciones de este esquema de pacto. Sutton desarrolló muchas más. Estos descubrimientos notables y pioneros se pueden encontrar en su libro, *That You May Prosper* [*Que prosperes*] (1987).[4] Pero lo más importante, notó que esta estructura de pacto de cinco puntos gobierna los libros de Salmos, Oseas, Mateo, Hebreos 8 y varias de las epístolas de Pablo. El desarrollo exhaustivo de Sutton de la estructura del pacto, debe considerarse como el avance teológico más importante en el movimiento de Reconstrucción Cristiana desde la publicación de los *Institutes of Biblical Law* [*Institución de la ley bíblica*] de R. J. Rushdoony, en 1973. Después de que Sutton señaló esta estructura de pacto de cinco puntos, la reconocí en los Diez Mandamientos, justo antes de terminar mi comentario económico sobre los Diez Mandamientos.[5]

Sutton presentó su descubrimiento en una serie de estudios bíblicos los miércoles por la noche. La primera noche que Chilton lo escuchó, se quedó atónito. Se acercó a Sutton después del mensaje y le dijo que esta era claramente la clave de la estructura de Apocalipsis. Había estado intentando trabajar con un modelo de cuatro puntos y se había atascado por completo. Chilton volvió al trabajo, y en pocas semanas había reestructurado el manuscrito. En pocos meses lo había terminado, después de tres años y medio. (Tiempo, tiempos y medio tiempo).

---

[3] Kline, *Treaty of the Great King* (Grand Rapids: Eerdmans, 1963); reimpreso en parte en su posterior libro, *The Structure of Biblical Authority* (Grand Rapids: Eerdmans, 1972).

[4] Ray R. Sutton, *That You May Prosper: Dominion by Covenant* (Tyler, Texas: Institute for Christian Economics, 1987).

[5] Gary North, *The Sinai Strategy: Economics and the Ten Commandments* (Tyler, Texas: Institute for Christian Economics, 1986).

La teología de Tyler

Estoy seguro de que *Días de venganza* recibirá su cuota de burlas— de muchos bandos y por muchas razones. La brillantez retórica de Chilton hará que este enfoque resulte arriesgado para los críticos que lo publiquen, pero las murmuraciones inéditas y calumnias se extenderán rápidamente. Chilton se va a llevar muchas críticas por sus incursiones en el simbolismo bíblico y su argumento de que la estructura de Apocalipsis es la misma que la de Deuteronomio. Lo que el lector debe entender desde el principio es que estas dos perspectivas, aunque ejecutadas con gran habilidad, se derivan de las obras de Kline, Jordan y Sutton. Chilton no debe ser señalado como una especie de disidente teológico aislado, que simplemente inventó sus hallazgos de la nada —o peor aún, en una habitación llena de humo de olor extraño. Llegó a estas conclusiones mientras trabajaba con otros hombres en lo que se ha dado en llamar «el grupo de Tyler», situado en Tyler, Texas, una ciudad de unos 75.000 habitantes en el este de Texas.

Este libro es un buen ejemplo, para bien o para mal, de lo que se ha dado en llamar «teología de Tyler». Esta teología, forma parte de una corriente de pensamiento más amplia denominada Reconstrucción Cristiana, también llamada «teonomía», aunque algunos miembros de estas escuelas de pensamiento prefieren evitar estos términos. El término más amplio es «teología del dominio».

Hay muchas personas que abrazan la teología del dominio que no son teonomistas, y hay teonomistas que no son «Tyleritas». De hecho, son *no tyleritas* muy escandalosos. Saldrán de su camino a importunar a la gente para decirles hasta qué punto no son tyleritas. Han estado a punto de definirse a sí mismos y a sus ministerios como «no tyleritas». (Hay una escena en la vieja película «Drácula» cuando el profesor le muestra un crucifijo a Bela Lugosi, que inmediatamente se aparta y se pone la capa sobre la cara. Pienso en esta escena cada vez que recuerdo a estos hombres hablando a los demás sobre Tyler. Algún día me gustaría mostrarles un cartel de «Bienvenido a Tyler», sólo para ver qué pasa). Conozco a varios de ellos que algún día estarían dispuestos a fundar iglesias con nombres como «La Primera Iglesia No Tylerita de…» conozco a otro que piensa en su grupo como «El Primer Estudio Bíblico No Tylerita de las 11 de la mañana del domingo…». Por lo tanto, no apreciarán el libro de Chilton. Culparán a Chilton por adoptar ideas que han sido distribuidas desde el este de Texas. Aunque en otras circunstancias hubieran estado de acuerdo con sus argumentos, están infectados con un caso grave de NDA —«No descubierto aquí»— un mal común entre los intelectuales.

En resumen, puede que ataquen *Días de venganza* cuando en realidad van tras Jordan y Sutton. Los lectores deben ser conscientes de esta posibilidad con suficiente antelación. En este libro hay más de lo que parece.

Dos cosas hacen que la teología de Tyler sea única en el campo de la Reconstrucción Cristiana: (1) su fuerte énfasis en la iglesia, con la Cena del Señor cada semana; y (2) su fuerte uso del modelo de pacto de cinco puntos. La teología del pacto, especialmente el pacto de la iglesia, no ha sido un tema importante en los escritos de algunos de los líderes del movimiento de Reconstrucción Cristiana que no son de Tyler. Teológicamente hablando, los «cuatro puntos originales del Reconstruccionismo cristiano» que Chilton y yo hemos resumido[6]—providencia (soberanía de Dios), presuposicionalismo bíblico (apologética de Van Til: la Biblia es el punto de partida y la última instancia de apelación), el optimismo escatológico (posmilenialismo) y la ley bíblica (teonomía)— eran insuficientes. El quinto punto, la teología del pacto, y en concreto el modelo de cinco puntos de Sutton, se añadió a finales de 1985 para completar el esquema teológico.

Días de venganza se ocupa especialmente de la estructura de pacto de Apocalipsis y del enfoque histórico de sus pasajes de juicio. Si, como Chilton argumenta tan brillantemente, estos pasajes de inminente fatalidad y pesimismo se refieren a la caída de Jerusalén en el año 70 d.C., entonces no hay forma legítima de argumentar a favor de una Gran Tribulación delante de nosotros. Hace mucho que quedó atrás. Por tanto, Apocalipsis no puede utilizarse legítimamente para apoyar el pesimismo escatológico. Muchos lectores rechazarán su tesis en este punto. Es mi recomendación que termine de leer antes de rechazar su tesis.

El pesimismo

La gran mayoría de los cristianos han creído que las cosas empeorarán progresivamente en casi todas las áreas de la vida hasta que Jesús regrese con sus ángeles. Los premilenialistas creen que Él establecerá un reino visible terrenal, con Cristo a cargo y presente corporalmente. Los amilenialistas no creen en ningún reino terrenal visible antes del juicio final, creen que sólo la iglesia y las escuelas y familias cristianas representarán visiblemente el reino en la tierra, y que el mundo caerá cada vez más bajo el dominio de Satanás.[7] Ambas escatologías enseñan *la derrota terrenal de la iglesia de Cristo* antes de su regreso físico en poder.

Uno de los problemas de esta perspectiva es que, cuando llegan las previsibles derrotas en la vida, los cristianos tienen un incentivo teológico para encogerse de hombros y decirse a sí mismos: «Así es la vida. Así es como Dios profetizó que sería. Las cosas van a empeorar». Leen los lúgubres titulares del periódico, y piensan para sí: «La Segunda Venida de Jesús está a la vuelta de la esquina». La fuerza interior que la gente necesita para recuperarse de las derrotas externas normales de la vida se ve minada por una teología que predica la inevitable derrota terrenal de la Iglesia de Jesucristo. La gente piensa: «Si ni siquiera la santa iglesia de Dios puede triunfar, ¿cómo puedo esperar triunfar *yo*?». Los cristianos se convierten así en cautivos psicológicos de los titulares pesimistas que venden los periódicos.

Ellos parten de un supuesto falso: la inevitable derrota en la historia de la Iglesia de Cristo a manos de las fuerzas terrenales de Satanás, a pesar de que Satanás fue herido de muerte en el Calvario. Satanás no está «vivito y coleando en el Planeta Tierra». Está vivo, pero no está

---

[6] Gary North y David Chilton, «Apologetics and Strategy» *Christianity and Civilization*, 3 (1983), pp. 107-16.

[7] Gary North, *Dominion and Common Grace* (Tyler, Texas: Institute for Christian Economics, 1987), especialmente el cap. 5.

bien. Argumentar lo contrario es argumentar a favor de la impotencia histórica y la irrelevancia cultural de la obra de Cristo en el Calvario.

El renacimiento del optimismo

Aunque las escatologías pesimistas han sido populares durante un siglo, siempre ha existido una teología alternativa, una teología del dominio. Fue la fe reinante de los puritanos en aquella primera generación (1630-1660) cuando empezaron a someter las tierras salvajes de Nueva Inglaterra. También fue la fe compartida en la época de la Revolución Americana. Comenzó a desvanecerse bajo la embestida del pensamiento evolucionista darwiniano en la segunda mitad del siglo XIX. Desapareció casi por completo tras la Primera Guerra Mundial, pero está volviendo rápidamente en la actualidad. Los libros de escatología de David Chilton son ahora los principales manifiestos de este renacimiento del optimismo teológico.

En la actualidad, el movimiento de Reconstrucción Cristiana ha reclutado a algunos de los mejores y más brillantes escritores jóvenes de Estados Unidos. Simultáneamente, un cambio importante en la perspectiva escatológica se está extendiendo a través del movimiento carismático. Esta combinación de erudición rigurosa, disciplinada, viva y orientada al dominio, y el entusiasmo y el gran número de carismáticos con orientación a la victoria, ha creado un gran desafío para el protestantismo conservador, familiar, atado a la tradición, envejecido y, sobre todo, orientado al presente. Constituye lo que podría llegar a ser el cambio teológico más importante de la historia estadounidense, no sólo de este siglo, sino de la historia de la nación. Espero que esta transformación sea visible en el año 2000—un año de considerable especulación escatológica.

Si estoy en lo cierto, y este cambio tiene lugar, *Días de venganza* será estudiado por los historiadores como un documento de fuente primaria durante los próximos dos o tres siglos.

Producir nuevos líderes: La clave de la supervivencia

Dado que el pesimilenialismo no podía ofrecer a los estudiantes una esperanza a largo plazo en su futuro terrenal, ambas versiones han incumplido culturalmente. Esta retirada del compromiso cultural culminó durante los fatídicos años 1965-71. Cuando el mundo atravesaba una revolución psicológica, cultural e intelectual, ¿dónde estaban las respuestas cristianas concretas y específicas a los acuciantes problemas de aquella época turbulenta? Nada sustancial salía de los seminarios tradicionales. Era como si sus profesores creyeran que el mundo nunca avanzaría más allá de las cuestiones dominantes de 1952. (E incluso allá, en 1952, los profesores de los seminarios susurraban en su mayoría). Los líderes del cristianismo tradicional perdieron su oportunidad de captar a las mejores mentes de una generación. Fueron percibidos como embrollados y confusos. Había una razón para ello. *Estaban* embrollados y confusos.

En la década de 1970, sólo dos grupos dentro de la comunidad cristiana se presentaron ante el público cristiano y anunciaron: «Tenemos las respuestas bíblicas».[8] Estaban en extremos opuestos del espectro político: los teólogos de la liberación, en la izquierda, y los reconstruccionistas cristianos, en la derecha.[9] La batalla entre estos grupos se ha intensificado desde entonces. El libro de Chilton, *Productive Christians in an Age of Guilt-Manipulators* [*Cristianos productivos en una era de manipuladores de la culpa*] (1981),[10] es el documento individual más importante de esta confrontación teológica. Pero desde el confuso centro, no ha habido respuestas bíblicas claras a ninguna de estas dos posturas.

El futuro del pesimilenialismo se está erosionando. A medida que se intensifican las crisis sociales del mundo, y a medida que se hace evidente que el protestantismo conservador tradicional sigue sin tener respuestas eficaces, específicas y viables a las crisis de nuestros días, probablemente se producirá un cambio drástico y actualmente imprevisto de la opinión cristiana, un acontecimiento análogo al colapso de una represa. Se producirá una revolución en la forma de pensar de millones de cristianos conservadores. Luego habrá una revolución en lo que hacen.

Los teólogos de la liberación no ganarán esta batalla por las mentes de los cristianos. Habrá una reacción religiosa contra la izquierda a una escala que no se ha visto en Occidente desde la Revolución Bolchevique, y quizás tampoco desde la Revolución Francesa. En ese momento, sólo un grupo poseerá en reserva un cuerpo de recursos intelectuales adecuados para detener la marea del humanismo: los Reconstruccionistas cristianos, es decir, aquellos que predican el dominio, y aún más específicamente, aquellos que predican el *dominio del pacto*. Con esta base intelectual, dada la existencia de condiciones culturales, económicas y políticas catastróficas, asumirán el liderazgo del protestantismo conservador. Los actuales líderes protestantes sospechan esto, y no les gustan sus implicaciones. Sin embargo, no quieren o no pueden hacer lo necesario para contrarrestar esta evolución. Específicamente, no están produciendo los recursos intelectuales para contrarrestar lo que los Reconstruccionistas cristianos están produciendo.

En lugar de ello, murmuran. Esta táctica fracasará.

---

[8] Francis Schaeffer había estado anunciando desde 1965 que la civilización humanista es una cáscara vacía, y que no tiene futuro terrenal. Repitió una y otra vez que el cristianismo tiene las preguntas que el humanismo no puede responder. El problema era que, como premilenialista calvinista, no creía que ninguna respuesta específicamente cristiana fuera a ser implementada antes de la segunda venida de Cristo. No dedicó mucho espacio en sus libros a proporcionar respuestas específicamente cristianas a las preguntas cristianas que planteó para desafiar la civilización humanista. Hizo excelentes preguntas culturales; ofreció pocas respuestas específicamente cristianas. Había razones para ello: Chilton y North, op. cit.

[9] En los círculos altamente restringidos del calvinismo amilenial, apareció un movimiento efímero de eruditos holandeses norteamericanos, 1965-75, la escuela de la «idea cosmonómica», también conocida como los neo-dooyeweerdianos, llamada así por el erudito legal y filósofo holandés, Herman Dooyeweerd. Causaron poco impacto fuera de la comunidad holandesa norteamericana, y desde entonces se han desvanecido en la oscuridad. Sus precursores a principios de la década de 1960 habían sido más conservadores, pero después de 1965, demasiados de ellos se convirtieron en compañeros de viaje ideológicos de los teólogos de la liberación. No pudieron competir con el radicalismo más duro representado por los *Sojourners* y *The Other Side*, y se desvanecieron.

[10] David Chilton, *Productive Christians in an Age of Guilt-Manipulators: A Biblical Response to Ronald J. Sider* (4ta. ed.; Tyler, Texas: Institute for Christian Economics, 1986).

Silenciando a los críticos

Durante más de dos décadas, los críticos reprendieron a los Reconstruccionistas cristianos con este estribillo: «Ustedes no han producido ninguna exégesis bíblica para probar su optimismo escatológico». Entonces llegó *Paradise Restored* en 1985. Un silencio sepulcral envolvió a los antes vociferantes críticos. Ahora llega *Días de venganza*. El silencio será ahora ensordecedor. Sospecho que pocos críticos responderán *en forma impresa*, aunque si se niegan a hacerlo, habrán aceptado la validez de la tesis que se plantea.

Oh, puede haber algunas reseñas de libros escritas apresuradamente en revistas académicas cristianas que no son leídas. El profesor Lightner del Seminario de Dallas puede escribir una, como la de una página que escribió sobre *Paradise Restored*, en la que dijo, en efecto: «¡Vean, este hombre es un postmilenialista, y ustedes deben entender que nosotros aquí en el Seminario de Dallas no lo somos!».[11] Puede haber algunos breves comentarios despectivos en libros populares sobre el renacimiento insignificante y temporal de la teología del dominio a gran escala. Pero serán poco exitosos. Hay una razón para ello: No pueden responder eficazmente. Como decimos en Tyler, simplemente no tienen los caballos. Si estoy equivocado acerca de su incapacidad teológica, entonces veremos artículos extensos y detallados mostrando por qué el libro de Chilton está totalmente equivocado. Si no los vemos, se puede concluir con seguridad que nuestros oponentes han sido silenciados. Para cubrir sus flancos, estarán tentados de ofrecer el conocido estribillo: «No dignificaremos argumentos tan absurdos con una respuesta pública». Es decir, preferirán no confrontarnos. Sin embargo, los críticos de Chilton tendrán un problema con este enfoque silencioso. El problema es el profesor Gordon Wenham, autor del prólogo. Probablemente no haya un comentarista del Antiguo Testamento creyente en la Biblia más respetado en el mundo de habla inglesa. Su comentario sobre Levítico establece un alto nivel intelectual. Si Gordon Wenham dice que vale la pena considerar *Días de venganza*, entonces no considerarlo sería un error táctico importante por parte de los pesimilenialistas.

Iré más lejos que Wenham. Este libro es un esfuerzo histórico, el mejor comentario sobre Apocalipsis en la historia de la Iglesia. Ha marcado la pauta por: (1) su nivel de erudición, (2) sus ideas innovadoras por página, y (3) su legibilidad. Esta combinación única— casi inaudita en los círculos académicos— deja casi sin argumentos a la oposición intelectual. Puede que haya algunos especialistas académicos que respondan de forma competente a este o aquel punto de *Días de venganza*, pero sus ensayos técnicos probablemente no tengan mucha difusión. También puede haber uno o dos teólogos que intenten responder de forma exhaustiva (aunque lo dudo), pero sus confusas exposiciones ganarán pocos adeptos. (Tengo en mente a un erudito amilenialista en particular que es conocido por sus ideas únicas sobre el simbolismo bíblico, pero cuyos escritos comunican sus ideas con la claridad de los campañas publicitarias del pensamiento budista zen o de las conferencias de prensa de Alexander Haig).

---

[11] *Bibliotheca Sacra* (Abril-Junio 1986).

Principalmente, se enfrentan al problema táctico de llamar la atención sobre este libro dentro de sus seguidores proclives a mantenerse apegados a sus posturas. Si sus seguidores alguna vez se sientan y leen *Días de venganza*, el Reconstruccionismo cristiano acabará con los mejores y más brillantes de ellos. ¿Por qué? Porque la esperanza terrenal es más fácil de vender que la derrota terrenal, al menos a las personas que no se conforman con aceptar su condición como si fueran perdedores históricos. Muchos cristianos de hoy están cansados de perder. Incluso si eso significa empezar a asumir responsabilidades— y eso es precisamente lo que significa la teología del dominio— un número creciente de jóvenes y brillantes cristianos están dispuestos a pagar ese precio para dejar de perder. Por lo tanto, cualquier discusión extensa sobre este libro se convierte en un recurso de reclutamiento para el Reconstruccionismo cristiano. Demasiados lectores jóvenes y brillantes se darán cuenta de la existencia de la teología del dominio.

Nuestros oponentes lo saben, por lo que no espero ver ningún esfuerzo sistemático para refutar a Chilton sobre escatología, como tampoco hemos visto un esfuerzo de un libro completo para refutar *Theonomy in Christian Ethics* [*Teonomía en la ética cristiana*] de Greg Bahnsen (1977)[12] o *Institutes of Biblical Law* [*Institución de la ley bíblica*] de R. J. Rushdoony (1973).[13] Los posibles críticos han tenido mucho tiempo; no han tenido muchas respuestas definitivas. Creo que la razón es que el caso de la Biblia para la permanencia de la norma de la ley bíblica es demasiado fuerte. Nuestros oponentes preferirían que guardáramos silencio y dejáramos de plantear estas difíciles cuestiones éticas. Nuestros oponentes están atrapados en un gran dilema. Si siguen dejando de responder, su silencio se convierte en una admisión pública de que tenemos razón. Si responden, tenemos la oportunidad de replicar—y en las réplicas es donde siempre se anotan los puntos del debate académico. Si no se responde eficazmente a las réplicas, se pierde el debate. Nuestros oponentes entienden las reglas del juego académico. Ellos no iniciarán la confrontación.

Al mismo tiempo, necesitan nuestras percepciones para entender al menos partes de la Biblia. He visto ejemplares de *Institutes* de Rushdoony a la venta en la librería del Seminario Teológico de Dallas. Necesitan sus percepciones sobre la ley bíblica, pero no pueden abordar la teología subyacente de su libro. Sencillamente, lo descartan por considerarlo poco importante en esas cuestiones. Pretenden que no ha ofrecido un desafío monumental a la ética dispensacional.[14] Pretenden que pueden utilizar con éxito su libro como una especie de obra de referencia neutral sobre la jurisprudencia del Antiguo Testamento, y también evitar de alguna manera perder a sus estudiantes más enérgicos por el movimiento Reconstruccionista cristiano. La carrera del pastor Ray Sutton (graduado del Seminario Teológico de Dallas) indica que se han equivocado.

---

[12] 2da edición, 1984. Publicada por Presbyterian & Reformed, Phillipsburg, Nueva Jersey.

[13] Nutley, New Jersey: Craig Press, 1973.

[14] El único intento, de un libro completo, de cualquier erudito dispensacionalista para refutar a los teonomistas, es una tesis doctoral sin publicar del Seminario Teológico de Dallas: Hermeneutical Prolegomena to Premillennial Social Ethics [Prolegomena hermenéutica a la ética social premilenial] de Ramesh Paul Richard (1982). No se ha publicado ni siquiera en una forma reelaborada. La disertación cedió demasiado terreno teológico a los teonomistas. Esto indica la crisis que enfrenta el dispensacionalismo hoy.

En un ensayo escrito popularmente para un público no cristiano, dos autores fundamentalistas insistían en que, aunque los fundamentalistas utilizan las ideas de R. J. Rushdoony sobre educación y política, no se toman en serio sus opiniones sobre el reino. Cuando sus escuelas cristianas son llevadas a los tribunales por algún arrogante fiscal general del Estado, llaman a Rushdoony para que suba al estrado como testigo de la defensa. Esto ha estado sucediendo desde mediados de la década de 1970. Lo necesitan. Saben que lo necesitan. Sin embargo, sus dos críticos fundamentalistas continuaron diciendo que casi nadie en el mundo cristiano se toma en serio sus opiniones sobre el reino de Dios. «Afortunadamente, podemos decir con seguridad que representa a un grupo muy pequeño que no tiene ninguna posibilidad de conseguir sus objetivos».[15]

En términos de números, tenían razón: el movimiento de Reconstrucción cristiana es pequeño. En cuanto a los jóvenes que pueden escribir y hablar y ocupar puestos de liderazgo, los dos autores estaban tratando de mantenerse optimistas en cuanto a su propio movimiento. Si los líderes intelectuales fundamentalistas tradicionales y pesimileniales tuvieran realmente las respuestas académicas a los problemas actuales de la vida social, económica y política, no estarían bebiendo en el pozo del Reconstruccionismo cristiano. Pero así es. No tienen otro lugar a donde ir.

No espero ver *Días de venganza* a la venta en la librería del Seminario de Dallas. No espero verlo en la lista de lecturas recomendadas de ningún seminario dispensacional tradicional. Si este libro gana amplia circulación entre la próxima generación de pastores dispensacionalistas, habrá una fuerte ruptura de liderazgo dentro del dispensacionalismo. Si los estudiantes del Seminario de Dallas lo leen, y también leen *Paradise Restored*, los profesores de Dallas serán sometidos a un duro cuestionamiento, como nunca han visto desde que se fundó esa escuela. (Si los estudiantes también leen *That You May Prosper*, de Sutton, la facultad tendrá entre manos una revolución teológica). La facultad no está dispuesta a crearse a sí misma este tipo de problemas a corto plazo, aunque a largo plazo esta conspiración de silencio afectará al dispensacionalismo. Probablemente estos libros tampoco se venderán en el Grace Theological Seminary. Y, para que conste, permítanme predecir que tampoco verán los libros de Chilton recomendados en seminarios no dispensacionalistas, por razones muy similares: Son demasiado calientes para manejarlos.

Seré perfectamente claro: Si los miembros del profesorado de cualquier institución que se autodenomine seminario teológico creyente en la Biblia no pueden arriesgarse a asignar a sus alumnos de último curso *Paradise Restored* de Chilton, *That You May Prosper* de Sutton y *By This Standard* [*Por esta norma*] de Bahnsen —tres libros breves, fáciles de leer y con mínimas notas al pie— porque temen perturbar el pensamiento de sus alumnos, o porque ellos mismos no están preparados para dar respuesta a las inevitables preguntas de sus alumnos, entonces ese profesorado ha sido silenciado por los Reconstruccionistas cristianos. Significa que los reconstruccionistas hemos ganado la discusión teológica.

Ya estamos reclutando a algunos de sus jóvenes más brillantes, y lo hacemos con regularidad. Leen nuestros libros en secreto y esperan a que sus instructores digan algo en

---

[15] Ed Dobson y Ed Hindson, «Apocalypse Now?» *Policy Review* (Octubre, 1986), p. 20.

respuesta. Sus instructores se esconden. Participan en el juego infantil de «finjamos». «Finjamos que estos libros nunca se publicaron. Finjamos que nuestros estudiantes más brillantes no están siendo reclutados por ellos. Finjamos que esta avalancha de boletines de Tyler, Texas, no existe. Finjamos que el Reconstruccionismo cristiano va a desaparecer pronto. Finjamos que alguien escribirá un libro que les responda, y que se publicará a principios del año que viene». Esta estrategia está resultando contraproducente en todo el país. Los Reconstruccionistas cristianos poseen las listas de correo que lo demuestran. Cuando los profesores de seminario juegan a un gigantesco juego de «finjamos», es sólo cuestión de tiempo.

Francamente, es muy dudoso que el profesor promedio del típico seminario creyente en la Biblia esté dispuesto a asignar mi breve libro dirigido a los adolescentes: *75 Bible Questions Your Instructors Pray You Won't Ask* [*75 preguntas bíblicas que tus instructores ruegan que no hagas*] (1984).[16] Por eso confío en que el conservadurismo teológico imperante esté a punto de colapsar. Las facultades de los seminarios que necesitan estar a la ofensiva contra una civilización humanista, son incapaces incluso de defender sus propias posiciones de libros cristianos y mucho menos de reemplazar un orden humanista atrincherado.

Lo diré con la mayor franqueza posible: Nuestros adversarios escatológicos no nos atacarán por escrito, salvo en contadas ocasiones. Saben que responderemos por escrito, y que en ese momento se verán atrapados. Quieren evitar esta vergüenza a cualquier precio— incluso el precio de ver a sus jóvenes más brillantes unirse al movimiento Reconstruccionista cristiano. Y, francamente, eso nos viene muy bien.

Tradicionalistas indefensos

Si algún movimiento encuentra que está siendo confrontado por oponentes dedicados que están montando una campaña a gran escala, es contraproducente sentarse y no hacer nada. Casi igual de contraproducente es hacer algo tonto. Lo que suele ocurrir es que los líderes de movimientos cómodos, complacientes y con tibieza intelectual pasan mucho tiempo sin hacer nada, y entonces, presas del pánico, se apresuran a cometer algunas torpezas, empezando por publicar artículos o libros poco eficaces a los ojos de los hombres más jóvenes que, de otro modo, se convertirían en los futuros líderes del movimiento.

La táctica más importante que puede adoptar la dirección actual, es un programa para convencer a los futuros líderes del movimiento de que este tiene la visión, el programa y los primeros principios para derrotar a todos los oponentes. Para ser convincente, esta táctica requiere pruebas de dicha superioridad. En la actualidad, los grupos pesimilenialistas tradicionales carecen de tales pruebas. Comienzan con la presuposición de que Dios no ha

---

[16] Publicado por Spurgeon Press, P.O. Box 7999, Tyler, Texas 75711.

dado a su iglesia la visión, el programa y los primeros principios para derrotar a los enemigos de Dios, incluso con la victoria de Cristo sobre Satanás en el Calvario como fundamento del ministerio de la Iglesia.

Los pesimilenialistas tradicionales han lanzado un toque de clarín: «Únete a nosotros; ya perdimos». Han construido sus instituciones atrayendo a personas que se conforman con seguir sintiéndose perdedores históricos.

Entiendan que estoy hablando del pesimilenialismo *tradicional*. A medida que cambia el clima de la opinión cristiana, encontramos que ahora están apareciendo premilenialistas y amilenialistas más jóvenes, enérgicos y orientados a la acción social. Esto continuará. Insisten en que también pueden ser optimistas del reino y activistas sociales. Insisten en ser llamados miembros del movimiento de la teología del dominio. No veo ninguna evidencia de que hayan estado dispuestos a publicar cómo sus escatologías se ajustan al optimismo terrenal de la «Era de la Iglesia», pero me alegra verlos subir a bordo del Buen Barco del Dominio. Lo que necesito señalar, sin embargo, es que en *todos* los seminarios y en las grandes casas editoriales, aún no es visible tal optimismo social. Los pesimistas tradicionales siguen dirigiendo estas instituciones. Esto cambiará con el tiempo, pero probablemente tardará décadas.

El optimismo escatológico es el primer paso en el camino de muchos hacia la teología del dominio. Es por eso que los líderes con perspectivas más tradicionales están tan incómodos. Reconocen ese primer paso como lo que es: el final del camino para el pesimilenialismo.

Dispensacionalismo

Lo que la mayoría de la gente no entiende es que no ha habido un comentario dispensacional importante sobre el libro de Apocalipsis desde el libro de John Walvoord, *The Revelation of Jesus Christ*, publicado en 1966 por Moody Press y reimpreso repetidamente. Aún más significativo, no había habido un comentario dispensacional importante sobre Apocalipsis antes del libro de Walvoord. Entiéndase, el comentario de Walvoord apareció 96 años después de *Jesus Is Coming* [*Jesús Viene*] de W. E. B., el libro que lanzó la fase popular del dispensacionalismo en los Estados Unidos. Apareció más de medio siglo después de la *Scofield Reference Bible* [*Biblia de Referencia Scofield*] (1909). En resumen, la exégesis que supuestamente prueba el caso del dispensacionalismo llegó al final de la historia del movimiento dispensacional, justo en la época en que R. J. Rushdoony publicó sus primeros libros sociales y orientados a la ley. Los dispensacionalistas podían señalar sólo un puñado de libros con títulos como *Lectures on Revelation* [*Conferencias sobre Apocalipsis*] o *Notes on Revelation* [*Notas sobre Apocalipsis*]. En resumen, fragmentos y trozos sobre Apocalipsis, pero nada definitivo— no después de más de un siglo de dispensacionalismo premilenial. La bibliografía del libro de Walvoord enumera un pequeño número de comentarios explícitamente dispensacionalistas sobre este libro de la Biblia, por encima de todos los demás, que esperaríamos que los dispensacionalistas hubieran dominado, versículo por versículo.

Sea lo que sea lo que concluyamos sobre la historia del dispensacionalismo, su amplia popularidad tuvo muy poco que ver con cualquier exposición sistemática del libro que los dispensacionalistas afirman que es el libro más lleno de profecías de la Biblia. De hecho, el dispensacionalista promedio probablemente no posee, no ha leído y nunca ha oído hablar de un solo comentario dispensacional sobre el libro de Apocalipsis. Es dudoso que su pastor conozca alguno, tampoco, aparte del de Walvoord que es aproximadamente la mitad del de Chilton.

En cambio, la publicación de los dos libros de Chilton sobre escatología, junto con el libro de Rushdoony, mucho menos exegético, *Thy Kingdom Come* [*Venga tu reino*] (1970), en las primeras fases del movimiento de Reconstrucción cristiana, sitúa la exégesis fundacional al principio, donde debe estar. Ya hemos dejado atrás el trabajo exegético básico. Los dos primeros libros de escatología de Chilton son seminales, no definitivos. Él y otros continuarán construyendo sobre sus cimientos. Si no continúan construyendo, entonces el movimiento está muerto. Cualquier movimiento que se especialice en la reimpresión de «clásicos» y no produzca material nuevo e innovador está muerto. Nuestros críticos no tardarán en darse cuenta de que este movimiento no está muerto. Apenas hemos empezado a publicar.

La cuestión es que es importante sentar pronto las bases si se pretende reconstruir la civilización. Esto es lo que no hicieron los dispensacionalistas, durante 1830-1966, quizá porque nunca pretendieron cambiar la civilización. Sólo pretendían escapar de lo que consideraban los rasgos más desagradables de la civilización moderna, como el alcohol, los cigarrillos, el cine y los bailes sociales. (A menudo he dicho que si los antiabortistas difundieran el rumor de que el abortista local da un vaso de cerveza a cada mujer para calmar sus nervios después de un aborto, la mitad de los fundamentalistas de la ciudad estarían en piquetes frente a su oficina en una semana).

Amilenialismo

Los amilenialistas protestantes, que son principalmente miembros de iglesias holandesas o luteranas, o de iglesias influidas por la teología europea continental, tienen una tradición académica mucho más sólida a sus espaldas. Se remonta a Agustín. Chilton se basa en estas tradiciones amilenialistas para explicar las imágenes bíblicas. Sin embargo, Chilton ha demostrado que esta imaginería puede entenderse mucho mejor dentro de un marco de progreso histórico cristiano que dentro de un marco que presuma una creciente derrota histórica a manos de los infractores del pacto.

El mensaje fundamental de la escatología bíblica es la victoria, en el tiempo y en la tierra (en la *historia*): una victoria integral, no simplemente una victoria psicológicamente interna, del tipo «sonrisa en la cara, alegría en el corazón». En resumen, hace un uso eficaz de sus contribuciones académicas, pero no se hace dependiente de sus presupuestos escatológicos subyacentes. (De nuevo, estoy pensando en un teólogo anónimo mencionado anteriormente, cuya respuesta a todo esto es fácilmente predecible: mucho más silencio. La discreción es la mejor parte del valor. Otro reconstruccionista le rebatió a fondo sobre un tema relacionado, por lo que es comprensible que se muestre un poco tímido).

El hecho es que las iglesias amilenialistas no destacan por sus programas de evangelización. (Las que utilizan los materiales de Evangelismo explosivo de la Iglesia Presbiteriana de Coral Ridge son excepciones a esta regla general). Estas iglesias no salen a la arena teológica, desafiando a los humanistas o a cualquier otra persona. Los miembros ven sus iglesias como acciones de contención, como fortalezas defensivas o como puertos en la tormenta cultural. Estas iglesias simplemente no están a la ofensiva. No esperan conseguir nada culturalmente. Tampoco esperan ver una oleada de conversos. Probablemente no perderán a mucha gente en favor del Reconstruccionismo cristiano en un futuro próximo. La lenta erosión hacia el liberalismo, el modernismo y la teología de la liberación seguirá acosándoles, como en el pasado, pero no habrá grandes deserciones. Tampoco habrá grandes victorias. Seguirán siendo puestos de avanzada espirituales y defensivos en medio de un punto de inflexión en la historia del mundo.

Premilenialismo histórico

No existe ningún Premilenialismo histórico (no dispensacional), institucionalmente hablando. Los premilenialistas históricos están dispersos en iglesias dominadas por premilenialistas dispensacionalistas o amilenialistas. El Seminario Teológico del Pacto existe, pero sus graduados son engullidos eclesiásticamente en iglesias que son oficialmente escatológicamente neutrales, es decir, iglesias dirigidas por amilenialistas. El Premilenialismo histórico no ha sido una fuerza teológica independiente en este siglo.

Estoy lanzando la ofensiva a los críticos del movimiento de Reconstrucción cristiana. Estoy desafiando a todos los que vienen, y lo estoy haciendo de la manera inteligente: «Confrontemos tú y Chilton». Más aún: «Confrontemos tú y Bahnsen». Si alguien quiere debatir conmigo, encenderé mi procesador de textos y le daré lo mejor de mí, pero soy un tipo tan dulce e inofensivo que no espero que nadie pierda el tiempo intentando hacerlo. Sin embargo, espero que alguien en cada uno de los campos pesimilenialistas rivales empiece a producir respuestas a lo que los Reconstruccionistas cristianos ya han escrito.

Específicamente, espero que alguien esté preparado para escribir un mejor comentario sobre Apocalipsis que *Días de venganza*. Dudo que alguien pueda hacerlo.

A partir de este momento, sólo habrá tres tipos de comentarios sobre Apocalipsis:

> Los que tratan de ampliar los de Chilton
> Los que tratan de refutar los de Chilton
> Los que pretenden que no existe Chilton

Tyler, Texas
17 de diciembre de 1986

INTRODUCCIÓN

Autor y fecha

Aunque la identidad del autor ha sido muy debatida, en realidad no hay motivo para dudar de que fuera el mismo apóstol Juan quien escribió el cuarto evangelio, como afirma el testimonio prácticamente unánime de la Iglesia primitiva. Se identifica a sí mismo simplemente como «Juan» (1:1, 4, 9; 21:2; 22:8), aparentemente asumiendo que sería reconocido por su audiencia del siglo I basándose únicamente en su nombre; y escribe en un estilo autoritativo, «apostólico», no sólo a individuos, sino a la Iglesia. Teniendo en cuenta el gobierno altamente organizado de la Iglesia, que existía desde sus inicios, es poco probable que alguien que no fuera un apóstol reconocido pudiera haber escrito de esta manera.[1] Además, hay numerosos puntos de semejanza entre Apocalipsis y el evangelio de Juan. Incluso un vistazo superficial revela varias expresiones (por ejemplo, *Cordero de Dios*, *Palabra* y *testigo*) que solo son comunes al evangelio de Juan y a Apocalipsis; ningún otro escritor del Nuevo Testamento utiliza estos términos de la misma manera.[2] Austin Farrer[3] llama la atención sobre una serie de similitudes estilísticas entre el evangelio y Apocalipsis: Ambos libros están organizados en series de «sietes»;[4] ambos están estructurados en términos de liturgia bíblica/celestial y calendario festivo; y ambos libros utilizan los números en un sentido simbólico que trasciende su significado literal (esto es obvio en Ap.; cf. Jn. 2:6, 19-20; 5:2, 5; 6:7, 9, 13; 8:57; 13:38; 19:14, 23; 21:11, 14, 15-17).

---

[1] Contrasta con el tono de la carta de Clemente a los Corintios. Como dice J. B. Lightfoot en su edición de *The Apostolic Fathers* (vol. I, p. 352): «Ciertamente se reclama autoridad para las expresiones de la carta en un tono no vacilante, pero es la autoridad de la hermandad que declara la mente de Cristo por el Espíritu, no la autoridad de un hombre, sea obispo o papa». Citado en John A. T. Robinson, *Redating the New Testament* (Filadelfia: The Westminster Press, 1976), p. 328.

[2] Véase William Hendriksen, *More Than Conquerors: An Interpretation of the Book of Revelation* (Grand Rapids: Baker Book House, 1939), p. 17ss., para una lista de tales similitudes. Por ejemplo, cita Jn. 7:37 y Ap. 22:17; Jn. 10:18 y Ap. 2:27; Jn. 20:12 y Ap. 3:4; Jn. y Ap. 19:13; Jn 1:29 y Ap. 5:6.

[3] Austin Farer, *The Revelation of St. John the Divine* (Oxford: At the Clarendon Press, 1964), p. 41ss.

[4] Un ejemplo menor de esto en Jn. es 1:9-2:11, que sigue una estructura de siete días según el modelo de la semana de la creación; véase David Chilton, *Paradise Restored: A Biblical Theology of Dominion* (Ft. Worth, Texas: Dominion Press, 1985), p. 62f.

Hay varios indicios bíblicos de que el apóstol Juan era sacerdote, e incluso procedía de la familia del sumo sacerdote.[5] Probablemente su nombre era común en esa familia (cf. Hch. 4:6; contraste con Lc. 1:61). El apóstol Juan mismo nos habla de su estrecha relación con el sumo sacerdote: Gracias a ello pudo, en una ocasión extremadamente delicada, acceder al Atrio del sumo sacerdote, utilizando su influencia con la guardia para lograr la entrada también para el apóstol Pedro (Jn. 18:15-16). Además, numerosas referencias tanto en el evangelio como en Apocalipsis revelan la inusual familiaridad de su autor con los detalles de los servicios del templo. Como observó Alfred Edersheim, «los demás escritores del Nuevo Testamento se refieren a ellos en sus narraciones, o bien explican sus tipos, en un lenguaje que podría haber empleado cualquier fiel muy familiarizado con Jerusalén. Pero Juan no escribe como un israelita corriente. Tiene ojos y oídos para detalles que otros habrían pasado desapercibidos...

De hecho, Apocalipsis, en su conjunto, puede ser comparado con los servicios del templo en su combinación de servicios proféticos con adoración y alabanza. Pero es especialmente notable que las referencias al templo de las que está repleto Apocalipsis apuntan generalmente a *minucias*, que un escritor que no hubiera estado tan familiarizado con tales detalles (como solo el contacto personal y el compromiso con estos podría haberle brindado) apenas habría notado, y ciertamente no las habría empleado como parte de su imaginería. Aparecen de forma natural, espontánea y tan inesperada que el lector corre a veces el peligro de pasarlos por alto; y en un lenguaje como el que emplearía un profesional, que le vendría del ejercicio previo de su llamado. De hecho, algunas de las más sorprendentes de estas referencias no podrían haberse entendido en absoluto sin los tratados profesionales de los rabinos sobre el templo y sus servicios. Solamente la ilustrada minuciosidad de las descripciones rabínicas, derivadas de la tradición de los testigos presenciales, no deja la misma impresión que las ilustraciones no instruidas del apóstol Juan».[6]

«Parece muy improbable que un libro tan lleno de alusiones litúrgicas como Apocalipsis— y muchas de ellas no se refieren a puntos grandes o importantes, sino a *minucias*— pudiera haber sido escrito por alguien que no fuera un sacerdote, y alguien que en algún momento había prestado servicio en el templo mismo, y que por lo tanto estaba tan íntimamente familiarizado con sus detalles, que le resultaban naturales, como parte de la imaginería que empleaba».[7]

A este respecto, Edersheim plantea un punto que es más importante para nuestra interpretación que la cuestión de la autoría humana de Apocalipsis (pues en última instancia [véase 1:11] es el Apocalipsis [la Revelación] de *Jesucristo*). El conocimiento íntimo del apóstol Juan de los detalles mínimos del culto en el templo sugiere que «Apocalipsis y el

---

[5] Esto se corrobora, hasta cierto punto, en la tradición recogida por Eusebio de que, como obispo de Éfeso, el apóstol Juan «era sacerdote y llevaba la placa sacerdotal», es decir, el *petalon*, insignia del sumo sacerdote que se llevaba en la frente (*Ecclesiastical History*, v.xxiv), Es probable, por supuesto, que el apóstol y los demás «ministros del Nuevo Pacto» vistieran un «uniforme» distintivo correspondiente a su condición oficial, y es posible que sus vestiduras y la «insignia de su cargo» fueran similares a las que llevaba el sacerdocio israelita.

[6] Alfred Edersheim, *The Temple: Its Ministry and Services as They Were at the Time of Christ* (Grand Rapids: William B. Eerdmans Publishing Co., 1980), p. 141ss.

[7] Ibid., p. 142.

Introducción

cuarto evangelio debieron de escribirse antes de que cesaran los servicios en el templo».[8] Aunque algunos eruditos han aceptado acríticamente la afirmación de Ireneo (120-202 d.C.) de que la profecía apareció «hacia el final del reinado de Domiciano» (es decir, hacia el año 96 d.C.),[9] hay muchas dudas sobre su significado exacto (puede que quisiera decir que el *propio* apóstol Juan «fue visto» por otros).[10] El lenguaje de Ireneo es algo ambiguo; e, independientemente de lo que dijera, podría haberse equivocado.[11] (Por cierto, Ireneo es la *única* fuente de esta datación tardía de Apocalipsis; todas las demás «fuentes» se limitan a citarlo. Resulta, pues, poco sincero que los comentaristas afirmen, como hace Swete, que «la tradición cristiana primitiva es casi unánime en asignar Apocalipsis a los últimos años de Domiciano»).[12] Ciertamente, hay otros escritores primitivos cuyas declaraciones indican que el apóstol Juan escribió Apocalipsis mucho antes, bajo la persecución de Nerón.[13]

Gran parte de la presunción moderna a favor de la datación en Domiciano se basa en la creencia de que bajo su mandato se llevó a cabo un gran y sostenido período de persecución y matanza de cristianos. Esta creencia, tan apreciada como es, no parece estar basada en ninguna prueba sólida. Aunque no cabe duda de que Domiciano fue un tirano cruel y malvado (vengo a sepultar un mito sobre el César, no a alabarlo), hasta el siglo V no se menciona en ningún historiador una supuesta persecución generalizada de los cristianos por parte de su gobierno. Es cierto que desterró temporalmente a algunos cristianos, pero estos fueron finalmente devueltos. Robinson señala: «Cuando esta purga limitada y selectiva, en la que ningún cristiano fue condenado a muerte, se compara con la masacre de cristianos bajo Nerón, de la que dos testigos tempranos y totalmente independientes hablan como 'inmensas multitudes',[14] es sorprendente que los comentaristas se hayan dejado llevar por Ireneo, que ni siquiera menciona una persecución, para preferir un contexto domiciano para el libro de Apocalipsis».[15]

Por lo tanto, lo más seguro es estudiar el propio Apocalipsis para ver qué pruebas internas presenta sobre su fecha. Como veremos a lo largo del comentario, Apocalipsis es ante todo una profecía de la destrucción de Jerusalén por los romanos. Este hecho por sí solo sitúa la autoría del apóstol Juan en algún momento antes de septiembre del año 70 d.C. Además, como veremos, el apóstol Juan habla de Nerón César todavía en el trono, y Nerón murió en junio del 68.

Sin embargo, más importante que todo esto es la enseñanza *a priori* de la propia Escritura de que toda revelación especial terminó en el año 70 d.C. El ángel Gabriel le dijo a Daniel

---

[8] Ibid., p. 141.

[9] Ireneo, *Against Heresies*, v.xxx.3; citado por Eusebio en su *Ecclesiastical History*, iii.xviii.2-3; v.viii.6.

[10] Véase Arthur Stapylton Barnes, *Christianity at Rome in the Apostolic Age* (Londres: Methuen Publishers, 1938), p. 167ss.

[11] Véase el debate en John A. T. Robinson, *Redating the New Testament* (Filadelfia: The Westminster Press, 1976), p. 221ss.

[12] H. B. Swete, *Commentary on Revelation* (Grand Rapids: Kregel Publications, [1911] 1977), p. xcix.

[13] Véase la discusión detallada en Moses Stuart, *Commentary on the Apocalypse* (Andover: Allen, Morrill and Wardwell, 1845), vol. I, p. 263-84; véase también James M. MacDonald, *The Life and Writings of St. John* (Londres: Hodder and Stoughton, 1877), p. 151-77.

[14] Robinson tiene en mente las afirmaciones del pastor cristiano Clemente (1Clemente 6) y del historiador pagano Tácito (Anales xv.44).

[15] Robinson, p. 233; cf. p. 236ss.

que las «setenta semanas» terminarían con la destrucción de Jerusalén (Dan. 9:24-27). El ángel Gabriel le dijo a Daniel que las «setenta semanas» terminarían con la destrucción de Jerusalén (Dan. 9:24-27); y que ese período también serviría para «sellar la visión y la profecía» (Dan. 9:24). En otras palabras, la revelación especial terminaría —sería «sellada»— para cuando Jerusalén fuera destruida. El Canon de las Sagradas Escrituras se completó por completo antes de la caída de Jerusalén.[16] Atanasio interpretó las palabras de Gabriel del mismo modo: «¿Cuándo cesaron de Israel el profeta y la visión? ¿No fue cuando vino Cristo, el Santo de los santos? Es, de hecho, una señal y una prueba notable de la venida del Verbo que Jerusalén ya no esté en pie, ni se levante profeta ni se revele visión entre ellos. Y es natural que así sea, pues cuando vino Aquel a quien se significaba, ¿qué necesidad había ya de que alguien lo significara? Y cuando vino la Verdad, ¿qué necesidad había ya de la sombra? Sólo por Él profetizaban continuamente, hasta que viniera la Justicia Esencial, que fue hecha rescate por los pecados de todos. Por la misma razón, Jerusalén permaneció hasta el mismo tiempo, para que allí los hombres pudieran premeditar los tipos antes de que la Verdad fuera conocida. Así que, por supuesto, una vez que el Santo de los santos hubo venido, tanto la visión como la profecía fueron selladas. Y el reino de Jerusalén cesó al mismo tiempo, porque los reyes debían ser ungidos entre ellos solo hasta que el Santo de los santos hubiera sido ungido...

El hecho claro es, como digo, que ya no hay rey ni profeta ni Jerusalén ni sacrificio ni visión entre ellos; sin embargo, toda la tierra está llena del conocimiento de Dios,[17] y los gentiles, abandonando el ateísmo, se refugian ahora con el Dios de Abraham a través de la Palabra, nuestro Señor Jesucristo».[18]

La muerte, resurrección y ascensión de Cristo marcaron el fin del Antiguo Pacto y el comienzo del Nuevo; los apóstoles recibieron el encargo de transmitir el mensaje de Cristo en forma del Nuevo Testamento; y cuando terminaron, Dios envió a los edomitas y a los ejércitos romanos para destruir por completo los últimos símbolos del Antiguo Pacto que quedaban: el templo y la ciudad santa. Este solo hecho es suficiente para establecer que la escritura de Apocalipsis tuvo lugar antes del año 70 d.C. El libro mismo da abundante testimonio respecto a su fecha; pero, aún más, la naturaleza del Nuevo Testamento como Palabra Final de Dios nos lo dice. La muerte de Cristo a manos de los apóstatas hijos de Israel selló su destino: El reino les sería arrebatado (Mt. 21:33-43). Mientras la ira crecía «hasta lo sumo» (1Ts. 2:16), Dios detuvo su mano de juicio hasta que se completó la redacción del documento del Nuevo Pacto. Hecho esto, puso fin dramáticamente al reino de

---

[16] Aunque no se basa en consideraciones teológicas, esta es la tesis de J. A. T. Robinson en *Redating the New Testament*. Llega a esta conclusión mediante un cuidadoso estudio de las pruebas internas y externas de cada libro del Nuevo Testamento. El apoyo de los hallazgos arqueológicos a un Nuevo Testamento temprano se presenta en David Estrada y William White Jr., *The First New Testament* (Nashville: Thomas Nelson, 1978). Véase también Ernest L. Martin, *The Original Bible Restored* (Pasadena: Foundation for Biblical Research, 1984), por su interesante tesis de que el Nuevo Testamento fue canonizado por los apóstoles Pedro y Juan.

[17] Atanasio, el «santo patrón del postmilenialismo», aplica así la promesa «milenial» de Is.11:9 a los triunfos de la era del Nuevo Pacto.

[18] Atanasio, *On the Incarnation*, Hermana Penelope Lawson, trad. (Nueva York: Macmillan Publishing Co., 1946), p. 61ss. Rousas John Rushdoony hace el mismo punto en su exposición de Dan. 9:24: «'Visión y profeta' serán sellados o terminados, la revelación del Nuevo Testamento de Cristo resumiendo y concluyendo las Escrituras...». *Thy Kingdom Come: Studies in Daniel and Revelation* (Tyler, Texas: Thoburn Press, [1970] 1978), p. 66.

Israel, aniquilando a la generación perseguidora (Mt. 23:34-36; 24:34; Lc. 11:49-51). La destrucción de Jerusalén fue el último toque de trompeta, señalando que el «misterio de Dios» había concluido (Ap. 10:7). No habría más escritos canónicos una vez que Israel desapareciera.

Destino

Desde su exilio en la isla de Patmos, el apóstol Juan dirigió Apocalipsis a las iglesias de siete grandes ciudades de Asia Menor. Estas siete ciudades, conectadas por una carretera semicircular que atravesaba el interior de la provincia, servían como estaciones postales para sus distritos. «Así que un mensajero de Patmos desembarcaba en Éfeso, viajaba hacia el norte a través de Esmirna hasta Pérgamo, y de allí hacia el sureste a través de las otras cuatro ciudades, dejando una copia del libro en cada una para la circulación secundaria en su distrito. Por supuesto, el número 'siete' se utiliza constantemente en el simbolismo del libro de Apocalipsis, pero no se debe permitir que este hecho oscurezca la circunstancia de que el libro se dirige a siete iglesias reales en ciudades idealmente situadas para servir de puntos de distribución».[19]

Asia Menor era un destino importante por dos razones: En primer lugar, tras la caída de Jerusalén, la provincia de Asia se convertiría en el centro más influyente del cristianismo en el Imperio romano: «La provincia de Asia emergió como el área donde el cristianismo era más fuerte, con Éfeso como su punto radial».[20] En segundo lugar, Asia era el centro del culto al César. «Inscripción tras inscripción, atestiguan la lealtad de las ciudades hacia el Imperio. En Éfeso, en Esmirna, en Pérgamo y, de hecho, en toda la provincia, la Iglesia se enfrentó a un imperialismo que era popular y patriótico, y que tenía el carácter de una religión. En ninguna parte era el culto a César más popular que en Asia».[21]

Tras la muerte de Julio César (29 a.C.), se construyó en Éfeso un templo en su honor como *divus* (dios). Los césares que le sucedieron no esperaron a la muerte para rendirle tales honores y, a partir de Octavio, afirmaron su propia divinidad, exhibiendo sus títulos de deidad en templos y monedas, sobre todo en las ciudades de Asia. Octavio cambió su nombre por el de *Augusto*, título de suprema majestad, dignidad y reverencia. Se le llamaba *el Hijo de Dios* y, como mediador divino-humano entre el cielo y la tierra, ofrecía sacrificios a los dioses. Fue proclamado ampliamente como el Salvador del mundo, y las inscripciones de sus monedas eran abiertamente mesiánicas— su mensaje declaraba, como ha escrito Stauffer, que «la salvación no se encuentra en ningún otro que no sea Augusto, y no hay otro nombre dado a los hombres en el que puedan ser salvos».[22]

---

[19] C. J. Hemer, «Seven Cities of Asia Minor», en R. K. Harrison, ed., *Major Cities of the Biblical World* (Nashville: Thomas Nelson Publishers, 1985), P. 235.

[20] W. H. C. Frend, *The Rise of Christianity* (Filadelfia: Fortress Press, 1984), p. 127.

[21] H. B. Swete, *Commentary on Revelation* (Grand Rapids: Kregel Publications, [1911] 1977), p. lxxxix.

[22] Ethelbert Stauffer, *Christ and the Caesars* (Filadelfia: Westminster Press, 1955), p. 88.

Esta postura era común a todos los Césares. César era Dios; César era el Salvador; César era el único Señor. Y no solo reivindicaban los títulos, sino también los derechos de deidad. Cobraban impuestos y confiscaban propiedades a su antojo, se apoderaban de las mujeres (y maridos) de los ciudadanos para su propio placer, provocaban escasez de alimentos, ejercían el poder de la vida y la muerte sobre sus súbditos y, en general, intentaban gobernar todos los aspectos de la realidad en todo el Imperio. La filosofía de los Césares puede resumirse en una frase que se utilizaba cada vez más a medida que avanzaba la época: *¡El César es el Señor!*

Este era el principal problema entre Roma y los cristianos: ¿Quién es el Señor? Francis Schaeffer señala: «No olvidemos por qué fueron asesinados los cristianos. *No* los mataron porque adoraran a Jesús… A nadie le importaba quién adoraba a quién mientras el adorador no perturbara la unidad del estado, centrada en el culto formal al César. La razón por la que mataron a los cristianos fue porque eran rebeldes… Adoraban a Jesús como Dios y solo adoraban al Dios infinito-personal. Los Césares no toleraban esta adoración al *único* Dios. Era considerado como traición».[23]

Para Roma, el objetivo de cualquier moral y piedad verdaderas era la subordinación de todas las cosas al estado; el hombre religioso y piadoso era el que reconocía, en cada momento de la vida, la centralidad de Roma. «La función de la religión romana era pragmática, servir de cemento social y apuntalar el estado».[24] Así, observa R. J. Rushdoony, «el marco de los actos de piedad religiosos y familiares era la propia Roma, la comunidad central y más sagrada. Roma controlaba estrictamente todos los derechos de corporación, asamblea, reuniones religiosas, clubes y reuniones callejeras, y no toleraba ninguna posible rivalidad con su centralidad… El estado era el único que podía organizarse; los ciudadanos no podían hacerlo a menos que hubiera una conspiración. Sólo por este motivo, la Iglesia cristiana, altamente organizada, era una ofensa y una afrenta para el estado, y una organización ilegal fácilmente sospechosa de conspiración».[25]

El testimonio de los apóstoles y de la Iglesia primitiva fue nada menos que una declaración de guerra contra las pretensiones del estado romano. El apóstol Juan afirmó que Jesús es el Hijo *unigénito* de Dios (Jn. 3:16); que Él es, de hecho, «el verdadero Dios y la vida eterna» (1Jn. 5:20-21). El apóstol Pedro declaró, poco después de Pentecostés: «En ningún otro hay salvación; porque no hay otro nombre bajo el cielo, dado a los hombres, en que podamos ser salvos» (Hch. 4:12). «El conflicto del cristianismo con Roma fue, pues, político desde la perspectiva romana, aunque religioso desde la perspectiva cristiana. Nunca se pidió a los cristianos que adoraran a los dioses paganos de Roma; simplemente se les pidió que reconocieran la primacía religiosa del estado. Como observó Francis Legge, 'Los funcionarios del Imperio romano en tiempos de persecución trataban de obligar a los cristianos a sacrificar, no a ningún dios pagano, sino al Genio del Emperador y a la Fortuna de la Ciudad de Roma; y en todo momento la negativa de los cristianos no se consideraba

---

[23] Francis A. Schaeffer, *How Shall We Then Live?* (Old Tappan, Nueva Jersey: Fleming H. Revell, 1976), p. 24.

[24] Rousas John Rushdoony, *The One and the Many: Studies in the Philosophy of Order and Ultimacy* (Tyler, Texas: Thoburn Press, [1971] 1978), p. 92.

[25] Ibid., p. 92ss.

una ofensa religiosa, sino política...' La cuestión, entonces, era la siguiente: ¿debía la ley del emperador, la ley del estado, regir tanto al estado como a la iglesia, o estaban tanto el estado como la iglesia, el emperador y el obispo por igual, bajo la ley de Dios? ¿Quién representaba el orden verdadero y definitivo, Dios o Roma, la eternidad o el tiempo? La respuesta romana era Roma y el tiempo, y por tanto el cristianismo constituía una fe traicionera y una amenaza para el orden político».[26]

La acusación presentada por la fiscalía judía en un juicio de cristianos del siglo I fue que «todos ellos actúan contra los decretos del César, diciendo que hay otro rey, Jesús» (Hch. 17:7). Esta era la acusación fundamental contra todos los cristianos del Imperio. El capitán de la policía suplicó al anciano obispo de Esmirna, Policarpo, que renunciara a esta postura extrema: «¿Qué hay de malo en decir que *César es el Señor*?». Policarpo se negó y fue quemado en la hoguera. Miles de personas sufrieron el martirio precisamente por esta cuestión. Para ellos, Jesús no era «Dios» en un sentido irrelevante; era el único Dios, soberano absoluto en todos los ámbitos. Ningún aspecto de la realidad podía quedar exento de sus exigencias. Nada era neutral. La Iglesia se enfrentó a Roma con la inflexible afirmación de la autoridad imperial de Cristo: Jesús es el Hijo Unigénito; Jesús es Dios; Jesús es Rey; Jesús es Salvador; Jesús es Señor. Aquí había dos Imperios, ambos intentando la dominación absoluta del mundo; y estaban implacablemente en guerra.[27]

Era necesario que las iglesias de Asia lo reconocieran plenamente, con todas sus implicaciones. La fe en Jesucristo exige la sumisión absoluta a su Señorío, en todos los puntos, sin concesiones. La confesión de Cristo significaba un conflicto con el estatismo, especialmente en las provincias donde se exigía el culto oficial al César para la tramitación de los asuntos cotidianos. No reconocer las afirmaciones del estado acarreaba dificultades económicas y la ruina, y a menudo el encarcelamiento, la tortura y la muerte.

Algunos cristianos intentaron transigir estableciendo una distinción no bíblica entre corazón y conducta, como si se pudiera tener fe sin obras. Pero el reino de Cristo es universal: Jesús es Señor de todo. Para reconocerle verdaderamente como Señor, debemos servirle en todas partes. Este era el mensaje principal de Apocalipsis a los cristianos de Asia, y uno que necesitaban oír desesperadamente. Vivían en el mismo corazón del trono de Satanás, la sede del culto al Emperador; el apóstol Juan escribió para recordarles a su verdadero rey, su posición con Él como reyes y sacerdotes, y la necesidad de perseverar en términos de su soberana Palabra.

Apocalipsis y el pacto

Apocalipsis forma parte de la Biblia. A primera vista, esto puede no parecer una idea brillante, pero es un punto de crucial importancia y casi universalmente descuidado en la práctica real de la exposición. Porque en cuanto reconocemos que Apocalipsis es un

---

[26] Ibid., p. 93. Rushdoony cita Francis Legget, *Forerunners and Rivals of Christianity: From 330 B.C. to 330 A.D.* (New Hyde Park, Nueva York: University Books, [1915], 1964), vol. I, p. xxivf.

[27] Cf. Swete, p. lxxxi.

documento bíblico, nos vemos obligados a plantearnos una pregunta central: ¿Qué clase de libro es la Biblia? Y la respuesta es la siguiente: *La Biblia es un libro* (El libro) *sobre el pacto*. La Biblia no es una Enciclopedia del Conocimiento Religioso. Tampoco es una colección de Cuentos Morales, ni una serie de estudios de psicología personal de Grandes Héroes de Antaño. La Biblia es la revelación escrita de Dios sobre Sí mismo, la historia de su venida a nosotros en el Mediador, el Señor Jesucristo; y es la historia de la relación de la Iglesia con Él a través del pacto que Él ha establecido con ella.

El pacto es el sentido de la historia bíblica (la historia bíblica no es principalmente relatos de aventuras). El pacto es el significado de la ley bíblica (la Biblia no es principalmente un tratado político sobre cómo establecer una república cristiana). Y el pacto es también el significado de la profecía bíblica (por tanto, la profecía bíblica no es una «predicción» en el sentido ocultista de Nostradamus, Edgar Cayce y Jean Dixon). Hasta cierto punto, los profetas fueron emisarios legales de Dios ante Israel y las naciones, actuando como abogados acusadores que presentaban lo que se ha conocido entre los eruditos recientes como el «litigio de pacto».

Que la profecía bíblica no es una simple «predicción» lo indica, por ejemplo, la declaración de Dios a través de Jeremías:

> En un momento yo puedo hablar contra una nación o contra un reino, de arrancar, de derribar y de destruir; pero si esa nación contra la que he hablado se vuelve de su maldad, me arrepentiré del mal que pensaba traer sobre ella.
>
> Y de pronto puedo hablar acerca de una nación o de un reino, de edificar y de plantar; pero si hace lo malo ante mis ojos, no obedeciendo mi voz, entonces me arrepentiré del bien con que había prometido bendecirlo (Jer. 18:7-10)

El propósito de la profecía no es la «predicción», sino la evaluación de la respuesta ética del hombre a la Palabra de Dios de mandato y promesa. Por eso la profecía de Jonás sobre Nínive no se «cumplió»: Nínive se arrepintió de su maldad y se evitó la calamidad. Al igual que los demás escritos bíblicos, Apocalipsis es una profecía, con una orientación y una referencia específicas de pacto. Cuando se ignora el contexto de pacto de la profecía, se pierde el mensaje que el apóstol Juan pretendía comunicar, y Apocalipsis se convierte en un mero vehículo para hacer avanzar las teorías escatológicas del supuesto expositor.

Consideremos un ejemplo menor: Apocalipsis 9:16 nos habla de un gran ejército de jinetes, que suman «miríadas de miríadas». En algunos textos griegos, se lee dos *miríadas de miríadas*, y a veces se traduce *200 millones*. Se han propuesto todo tipo de explicaciones extravagantes y artificiosas para esto. Quizá la teoría más conocida de los últimos tiempos sea la de Hal Lindsey, según la cual «estos 200 millones de tropas son soldados chinos rojos acompañados de otros aliados orientales. Es posible que el poderío industrial de Japón se una a la China Roja. Por primera vez en la historia habrá una invasión total de Occidente por Oriente».[28] Tal adivinación puede o no ser exacta con respecto a una próxima invasión china, pero no nos dice absolutamente nada acerca de la Biblia. Para ayudar a situar el punto de

---

[28] Hal Lindsey, *There's a New World Coming* (Eugene, Oregon: Harvest House Publishers, 1973), p. 140.

Introducción

vista de Lindsey en una perspectiva histórica, lo compararemos con el de J. L. Martin, un predicador del siglo XIX que, aunque compartía los presupuestos básicos de Lindsey sobre la naturaleza y el propósito de la profecía, llegó a la conclusión diferente, y divertida, de que los «200 millones» del apóstol Juan representaban «la fuerza de combate de todo el mundo» de 1870. Obsérvese el razonamiento astutamente científico de Martin, al estilo de Lindsey:

> Tenemos poco más de mil millones de habitantes en la tierra… Pero de esos mil millones, unos quinientos millones (la mitad) son mujeres, lo que deja una población media de habitantes varones de unos quinientos millones; y de ese número, aproximadamente la mitad son menores, lo que deja unos doscientos cincuenta millones de varones adultos sobre la tierra a la vez. Pero de ese número de hombres adultos, alrededor de una quinta parte son jubilados— demasiado viejos para luchar. Son datos estadísticos. Esto deja exactamente los doscientos millones de hombres combatientes en la tierra que menciona Juan. Y cuando probamos un asunto matemáticamente, pensamos que está bastante bien hecho.[29]

Pero Martin no ha hecho más que empezar. Continúa con su exposición, retomando la aterradora descripción de los soldados en 9:17-19. «Los jinetes tenían corazas color de fuego, de jacinto y de azufre; las cabezas de los caballos eran como cabezas de leones, y de sus bocas salía fuego, humo y azufre. La tercera parte de la humanidad fue muerta por estas tres plagas: por el fuego, el humo y el azufre que salían de sus bocas. Porque el poder de los caballos está en su boca y en sus colas; pues sus colas son semejantes a serpientes, tienen cabezas y con ellas hacen daño». Mientras que los apocalípticos modernos ven esto en términos de láseres y lanzamisiles, Martin tenía una explicación diferente—una que estaba en consonancia con el estado del arte militar en su época, cuando Buffalo Bill luchaba contra los indios Sioux, como jefe de exploradores de la Quinta Caballería del general Sheridan:

> Juan se refiere al modo moderno de combatir a caballo, con el jinete inclinado hacia delante, lo que, a su vista y a la de quien lo observara a distancia, parecería la gran crin del león; el hombre apoyado en el cuello de su caballo. En la lucha con armas de fuego, tenía que inclinarse hacia delante para disparar su arma, no fuera a ser que derribara al caballo que montaba. En tiempos de Juan la postura era muy diferente…
>
> Ahora, quiero preguntar a mis amables oyentes si esto no se cumple tan literalmente ante nuestros ojos como nada puede hacerlo. ¿No están todas las naciones involucradas en este modo de guerra? ¿No matan a los hombres con fuego, humo y azufre? ¿No sabéis que esto no es más que pólvora encendida?…
>
> ¿Podría un hombre no inspirado, en las postrimerías del siglo I, haber contado este asunto?[30]

---

[29] J. L. Martin, *The Voice of the Seven Thunders: or, Lectures on the Apocalypse* (Bedford, Indiana: James M. Mathes, Editorial, 6ta. ed., 1873), p. 149s.

[30] Ibid., p. 151ss.

A menos que veamos Apocalipsis como un documento de pacto— es decir, si insistimos en leerlo principalmente como una predicción de las armas nucleares del siglo XX o como una polémica contra la Roma del siglo I— se perderá su continuidad con el resto de la Biblia. Se convierte en un apéndice escatológico, una visión de las «últimas cosas» que, en definitiva, tiene poco que ver con el mensaje, el propósito y los intereses de la Biblia. Sin embargo, una vez que comprendemos el carácter de Apocalipsis como un litigio de pacto, deja de ser un libro «extraño», «raro»; ya no es incomprensible, o descifrable solo con el *New York Times Index*. Al menos en sus temas principales, nos resulta tan accesible como Isaías y Amós. El libro de Apocalipsis debe considerarse desde el principio en su carácter de *revelación* bíblica. La comprensión de este único punto puede significar un «salto cuántico» para la interpretación; pues, como dejó claro Geerhardus Vos en sus estudios pioneros de Teología Bíblica, «la revelación está conectada en todo momento con el destino de Israel».[31]

El litigio de pacto

La relación de Dios con Israel siempre se definió en términos de pacto, el vínculo matrimonial por el que la unía a Él como su pueblo especial. Este pacto era un acuerdo legal, un «contrato» vinculante impuesto a Israel por su rey, que estipulaba obligaciones y promesas mutuas. Meredith Kline ha demostrado que la estructura del pacto bíblico guarda sorprendentes similitudes con la forma establecida para los tratados de paz en el Antiguo Cercano Oriente.[32] Funcionaba así: Después de una guerra, el rey vencedor hacía un pacto con su enemigo derrotado, haciendo ciertas promesas y garantizando protección a condición de que el rey vasallo y todos los que estuvieran bajo su autoridad obedecieran a su nuevo señor. Tanto el señor como el vasallo hacían un juramento y quedaban unidos por un pacto. Como explica Kline, la forma estándar de tratado en el mundo antiguo estaba estructurada en cinco partes, todas las cuales aparecen en los pactos bíblicos:

1. Preámbulo (identificación del señorío del gran rey, destacando tanto su trascendencia [grandeza y poder] como su inmanencia [cercanía y presencia]);
2. Prólogo histórico (repasa la relación anterior del señor con el vasallo, haciendo especial hincapié en las bendiciones concedidas);
3. Estipulaciones éticas (exponen las obligaciones del vasallo, su «guía de ciudadanía» en el pacto);
4. Sanciones (esbozando las bendiciones por la obediencia y las maldiciones por la desobediencia);
5. Acuerdos de sucesión (relativos a la continuidad de la relación de pacto, en las generaciones futuras).

---

[31] Richard B. Gaffin Jr., ed., *Redemptive History and Biblical Interpretation: The Shorter Writings of Geerhardus Vos* (Phillipsburg, Nueva Jersey: Presbyterian and Reformed Publishing Co., 1980), p. 10.

[32] Meredith G. Kline, *Theaty of the Great King: The Covenant Structure of Deuteronomy* (Grand Rapids: William B, Eerdmans Publishing Co., 1963); idem., *The Structure of Biblical Authority* (Grand Rapids: William B. Eerdmans Publishing Co., 2da. ed., 1975).

Introducción

Uno de los mejores ejemplos de documento escrito en esta forma de tratado es el libro de Deuteronomio, que Kline examina en detalle en su *Treaty of the Great King* [*Tratado del Gran Rey*]. (Recientemente, el análisis de Kline se ha ampliado considerablemente en la obra de Ray R. Sutton, *That You May Prosper,* de orientación más teológica).[33] La exposición de Kline muestra cómo Deuteronomio se divide naturalmente en las cinco secciones del pacto:

Deuteronomio
1. Preámbulo (1:1-5)
2. Prólogo histórico (1:6-4:49)
3. Estipulaciones éticas (5:1-26:19)
4. Sanciones (27:1-30)
5. Acuerdos de sucesión (31:1-34)

Si un reino vasallo violaba los términos del pacto, el señor enviaba mensajeros al vasallo, advirtiendo a los infractores del juicio venidero, en el que se harían cumplir las maldiciones-sanciones del pacto. Esta resulta ser la función de los profetas bíblicos, como he mencionado anteriormente: Eran abogados acusadores, llevando el mensaje de Dios del litigio del pacto a las naciones infractoras de Israel y Judá. Y la estructura de la demanda siempre seguía el modelo de la estructura original del pacto. En otras palabras, al igual que los propios pactos bíblicos siguen la estructura estándar de tratado de cinco partes, las profecías bíblicas también siguen la forma de un tratado.[34] Por ejemplo, la profecía de Oseas está ordenada según el siguiente esquema:

Oseas
1. Preámbulo (1)
2. Prólogo histórico (2-3)
3. Estipulaciones éticas (4-7)
4. Sanciones (8-9)
5. Acuerdos de sucesión (10-14)

Como muchas otras profecías bíblicas, Apocalipsis es una profecía de la ira del pacto contra el Israel apóstata, que se apartó irrevocablemente del pacto al rechazar a Cristo. Y, como muchas otras profecías bíblicas, Apocalipsis está escrito en la forma del litigio de pacto, con cinco partes, conforme a la estructura de tratado del pacto. Esta tesis se demostrará en el comentario; sin embargo, a modo de introducción, será útil echar un vistazo a algunos de los puntos principales que conducen a esta conclusión. (Además, he proporcionado una introducción a cada una de las cinco partes de Apocalipsis, correlacionando el mensaje de cada sección con el pasaje apropiado del libro de Deuteronomio).

En función de captar la estructura en cinco partes de Apocalipsis, debemos considerar en primer lugar cómo se relaciona la profecía del apóstol Juan con el mensaje de Levítico 26.

---

[33] Ray R. Sutton, *That You May Prosper: Dominion by Covenant* (Tyler, Texas: Institute for Christian Economics, 1987).

[34] Por cierto, no se trata de que las Escrituras sigan el modelo de los tratados paganos, sino que, como argumenta Sutton, los tratados paganos se derivaron en última instancia del pacto de Dios.

Al igual que Deuteronomio 28, Levítico 26 establece las sanciones del pacto: Si Israel obedece a Dios, será bendecido en todos los ámbitos de la vida (Lev. 26:1-13; Dt. 28:1-14); sin embargo, si desobedece, será visitada con la Maldición, explicada con horripilante detalle (Lev. 26:14-39; Dt. 28:15-68). (Estas maldiciones se derramaron más plenamente en la desolación progresiva de Israel durante los últimos días, culminando en la Gran Tribulación de 67-70 d.C., como castigo por la apostasía y rechazo de su Verdadero esposo, el Señor Jesucristo).[35] Una de las características sorprendentes del pasaje de Levítico es que las maldiciones están dispuestas en un patrón especial: Cuatro veces en este capítulo Dios dice: «Te castigaré siete veces por tus pecados» (Lev. 26:18, 21, 24, 28). El número *siete*, como veremos abundantemente a lo largo de Apocalipsis, es un número bíblico para la plenitud o totalidad (tomado del patrón de siete días establecido en la creación en Génesis 1).[36] El número *cuatro* se utiliza en las Escrituras en relación con la tierra, especialmente con la Tierra de Israel; así, cuatro ríos fluían del Edén para regar toda la tierra (Gén. 2:10); la Tierra, como el Altar, se representa como si tuviera cuatro esquinas (Is.11:12; cf. Éx. 27:1-2), de las que soplan los cuatro vientos (Jer. 49:36); el campamento de Israel estaba dispuesto en cuatro grupos alrededor de los lados del tabernáculo (Núm. 2); y así sucesivamente (consulte su concordancia y diccionario bíblico). Así que al hablar de cuatro juicios séptuples en Levítico 26, Dios está diciendo que un juicio total y completo vendrá sobre la Tierra de Israel por sus pecados. Este tema es retomado por los profetas en sus advertencias a Israel:

> Y pondré sobre ellos cuatro géneros de males— declara el Señor: la espada para matar, los perros para despedazar, y las aves del cielo y las bestias de la tierra para devorar y destruir (Jer. 15:3).
> Porque así dice el Señor Dios: ¡Cuánto más cuando yo envíe mis cuatro terribles juicios contra Jerusalén: espada, hambre, fieras y plaga para cortar de ella hombres y animales! (Ez. 14:21).

La imagen de un juicio séptuple que llega cuatro veces se desarrolla más plenamente en Apocalipsis, que se divide explícitamente en cuatro grupos de siete: las cartas a las siete Iglesias, la apertura de los siete sellos, el sonido de las siete trompetas y el derramamiento de las siete copas.[37] Al seguir así la estructura formal de la maldición de pacto en Levítico, el apóstol Juan subraya la naturaleza de su profecía como una declaración de ira de pacto contra Jerusalén.

Los cuatro juicios van precedidos de una visión introductoria, que sirve para resaltar la trascendencia e inmanencia del Señor, precisamente la función del Preámbulo en los tratados

---

[35] La expresión bíblica *últimos días*, se refiere propiamente al período comprendido entre la venida de Cristo y la destrucción de Jerusalén en el año 70 d.C., los «últimos días» de Israel durante el período de transición del Antiguo Pacto al Nuevo Pacto (Heb. 1:1-2; 8:13; Stg. 5:1-9, 1Pe. 1:20; 1Jn. 2:18). Véase David Chilton, *Paradise Restored*, p. 77-122, 237-90; cf. mi serie de estudios sobre este tema, publicados en el Geneva Review.

[36] El número siete por sí solo se utiliza cincuenta y cuatro veces en Apocalipsis; y hay muchos ejemplos (más de los que he intentado contar) de palabras y frases mencionadas siete veces, o agrupadas en grupos de sietes.

[37] La mayoría de los comentarios, es cierto, tratan de encontrar siete o más conjuntos de siete, pero al hacerlo no se atienen al esquema formal del apóstol Juan. Ciertamente, no hay nada de malo en intentar descubrir las muchas estructuras sutiles del libro; pero al menos debemos partir de la disposición explícita del autor antes de hacer refinamientos.

Introducción

de pacto. A medida que leemos las cuatro series de juicios, comprobamos que también se ajustan al esquema del tratado: las siete cartas repasan la historia del pacto; los siete sellos tienen que ver con las estipulaciones específicas establecidas en la sección correspondiente del tratado de pacto; las siete trompetas invocan las sanciones del pacto; y los ángeles de las siete copas están implicados tanto en la desheredación de Israel como en la sucesión de la Iglesia en el Nuevo Pacto. Así pues:

Apocalipsis
1. Preámbulo: Visión del Hijo del Hombre (l)
2. Prólogo histórico: Las siete cartas (2-3)
3. Estipulaciones éticas: Los siete sellos (4-7)
4. Sanciones: Las siete trompetas (8-14)
5. Acuerdos sucesorios: Las siete copas (15-22)

Así, el apóstol Juan ha combinado el esquema de cuatro partes de la Maldición de Levítico 26 con el conocido esquema de cinco partes del litigio del pacto. La intersección de una maldición cuádruple y quíntuple está relacionada con otra dimensión de la imaginería bíblica, relativa a las leyes de restitución múltiple. Éxodo 22:1 ordena: «Cuando alguno hurtare buey u oveja, y lo degollare o vendiere, por aquel buey pagará cinco bueyes, y por aquella oveja cuatro ovejas». James B. Jordan explica los aspectos simbólicos de esta jurisprudencia: «Estos son los animales que simbolizan particularmente a la humanidad en el sistema de sacrificios. Por lo tanto, se presentan repetidamente como analogías preeminentes de los hombres (cf., por ejemplo, Lev. 22:27, con Lev. 12).

'Debemos observar aquí que el verbo utilizado en Éxodo 22:1, 'matar', se usa casi siempre con referencia a los hombres. Ralph H. Alexander comenta: 'El significado central de la raíz solo aparece tres veces (Gén. 43:16; Éx. 22:1; 1Sam. 25:11). La raíz se usa predominantemente de forma metafórica, representando el juicio del Señor sobre Israel y sobre Babilonia como una matanza.[38] Esto apunta de nuevo a un significado simbólico básico de esta ley».[39]

Jordán continúa mostrando que en las Escrituras el buey representa principalmente a los funcionarios de Israel, mientras que la oveja representa al ciudadano ordinario, y especialmente al hombre pobre. Así pues, se exige una restitución cuádruple por el delito de oprimir a los pobres, y una restitución quíntuple por la pena de rebelión contra la autoridad.[40] El litigio de pacto está estructurado en términos de la pena de restitución quíntuple, ya que los rebeldes contra el pacto se rebelan contra su autoridad divinamente ordenada; y el apóstol Juan presenta el litigio contra Israel porque se ha rebelado contra Jesucristo, su Señor y Sumo Sacerdote (Heb. 2:17; 7:22-8:6).

---

[38] R. Laird Harris, Gleason Archer, y Bruce Waltke, eds., *Theological Wordbook of the Old Testament* (Chicago: Moody Press, 1980), p. 341.

[39] James B. Jordan, *The Law of the Covenant: An Exposition of Exodus 21-23* (Tyler, Texas: Institute for Christian Economics, 1984), p. 266.

[40] Ibid., p. 266-71.

Pero Cristo también era una oveja, el Cordero sacrificado de Dios (Jn. 1:29; Ap. 5:6, 9). Fue vendido injustamente (Mt. 26:14-15), y tratado «como cordero que es llevado al *matadero*» (Is. 53:7). Además, los primeros cristianos eran en su mayoría pobres, y fueron perseguidos, oprimidos y masacrados por los ricos y poderosos del Israel apóstata (Mt. 5:10-12; Lc. 6:20-26; Stg. 5:1-6). De este modo, el Israel incrédulo atrajo sobre sí todas las penas y maldiciones del pacto, incluyendo la cuádruple y quíntuple, así como la doble restitución (Ap. 18:6). (También vale la pena repetir lo que Ralph Alexander dijo sobre la palabra *matanza* en Éxodo 22:1: «La raíz se usa predominantemente de forma metafórica, representando el juicio del Señor sobre Israel y sobre Babilonia como una matanza». Como veremos, el apóstol Juan une estas ideas, llamando metafóricamente a la Jerusalén apóstata de su tiempo *Babilonia la grande*). La Gran Tribulación, que culminó en el holocausto del año 70 d.C., fue la restitución exigida por su robo y matanza de los profetas del Antiguo Testamento, de los mártires del Nuevo Testamento y del Señor Jesucristo (Mt. 21:3345; 23:29-38; 1Ts. 2:14-16); y estos motivos están incorporados en la estructura misma de Apocalipsis, el litigio de pacto final.

Todo esto se acentúa aún más por el uso que hace el apóstol Juan de la terminología profética del litigio: la acusación de prostitución. A lo largo de la Escritura, Israel es considerado como la esposa de Dios; el pacto es un vínculo matrimonial, y se espera que sea fiel a él. Su apostasía a Dios se llama adulterio, y se le identifica como ramera. Hay numerosos ejemplos de ello en los profetas:

¡Cómo se ha convertido en ramera la ciudad fiel,
la que estaba llena de justicia!
Moraba en ella la rectitud,
mas ahora, asesinos. (Is. 1:21)

Porque desde hace tiempo rompí tu yugo
y arranqué tus coyundas;
pero dijiste: «No serviré».
Porque sobre toda colina alta
y bajo todo árbol frondoso
te echabas como ramera. (Jer. 2:20)

Entonces tu fama se divulgó entre las naciones por tu hermosura, que era perfecta, gracias al esplendor que yo puse en ti— declara el Señor Dios. Pero tú confiaste en tu hermosura, te prostituiste a causa de tu fama y derramaste tus prostituciones a todo el que pasaba, fuera quien fuera. (Ez. 16:14-15)

No te alegres, Israel, con gran júbilo como las naciones,
porque te has prostituido, abandonando a tu Dios;
has amado el salario de ramera sobre todas las eras de grano. (Os. 9:1).

Introducción

A lo largo de toda la Escritura, es a Israel a quien los profetas condenan característicamente como ramera.[41] Por consiguiente, cuando el apóstol Juan demanda a Israel por su rechazo de Cristo, la mayor apostasía de todos los tiempos (cf. Mt. 21:33-45), la llama apropiadamente «la gran ramera... la Madre de las rameras y de las abominaciones de la Tierra» (Ap. 17:1, 5).

Hay otras indicaciones dentro de la estructura de Apocalipsis de que se trata de un litigio de pacto contra Israel. Los cuatro juicios séptuples están dispuestos en conformidad general con el orden de la profecía de Jesús contra Jerusalén en Mateo 24.[42] Así, las siete cartas (Ap. 2-3) tratan de los falsos apóstoles, la persecución, la anarquía, el amor que se ha enfriado y el deber de perseverar (cf. Mt. 24:3-5, 9-13); los siete sellos (Ap. 4-7) se refieren a guerras, hambrunas y terremotos (cf. Mt. 24:6-8); las siete trompetas (Ap. 8-14) hablan del testimonio de la Iglesia al mundo, su huida al desierto, la Gran Tribulación y el Falso Profeta (cf. Mt. 24:14-27); y las siete copas (Ap. 15-22) describen el oscurecimiento del reino de la bestia, la destrucción de la ramera, la reunión de las águilas sobre el cadáver de Jerusalén y la reunión de la Iglesia en el reino (cf. Mt. 24:28-31).

Apocalipsis, Ezequiel y el Leccionario

Pero hay al menos otro factor que ha influido enormemente en el esquema de Apocalipsis. Está construido con estricta adherencia a uno de los más famosos litigios de pacto de todos los tiempos: la profecía de Ezequiel. La dependencia de Apocalipsis del lenguaje y la imaginería de Ezequiel ha sido reconocida desde hace mucho tiempo;[43] un erudito ha encontrado en Apocalipsis no menos de 130 referencias separadas a Ezequiel.[44] Pero el apóstol Juan hace algo más que meras alusiones literarias a Ezequiel. Le sigue paso a paso—hasta el punto de que Philip Carrington podría decir, con una leve hipérbole: «Apocalipsis es una reescritura cristiana de Ezequiel. Su estructura fundamental es la misma. Su interpretación depende de Ezequiel. La primera mitad de ambos libros conduce a la destrucción de la Jerusalén terrenal; en la segunda se describe una Jerusalén nueva y santa. Hay una diferencia significativa. El lamento de Ezequiel por Tiro se transforma en un lamento por Jerusalén, porque el apóstol Juan quiere trasladar a Jerusalén la nota de *irrevocable* fatalidad que se encuentra en el lamento por Tiro. Aquí radica la verdadera

---

[41] La imagen figurativa de la prostitución se utiliza sistemáticamente para la apostasía del pacto. De hecho, sólo hay dos casos en toda la Escritura en los que el término se aplica a otras naciones. En ambos casos (Tiro, Is. 23:15-17; y Nínive, Nah. 3:4), se trataba de naciones que habían estado en pacto con Dios a través de Israel.

[42] Véase J. P. M. Sweet, *Revelation* (Filadelfia: The Westminster Press, 1979), p. 52-54.

[43] Véase, por ejemplo, Ferrell Jenkins, *The Old Testament in the Book of Revelation* (Grand Rapids: Baker Book House, 11972] 1976), p. 54ss.

[44] Albert Vanhoye, «L'utilisation du Livre d'Ezechiel dans l'Apocalypse», *Biblica* 43 (1962), p. 436-76 (véase esp. p. 473-76).

diferencia entre los mensajes de los dos libros. Jerusalén, como Tiro, desaparecerá para siempre».[45] Consideremos los paralelismos más obvios:[46]

1. La visión del trono (Ap. 4/Ez. 1)
2. El libro (Ap. 5/Ez. 2-3)
3. Las plagas (Ap. 6:1-8/Ez. 5)
4. Los muertos bajo el altar (Ap. 6:9-11/Ez. 6)
5. La ira de Dios (Ap. 6:12-17/Ez. 7)
6. El sello en la frente de los santos (Ap 7/Eze 9)
7. Los carbones procedentes del altar (Ap. 8/Ez. 10)
8. No más demora (Ap. 10:1-7/Ez. 12)
9. Comiendo del libro (Ap. 10:8-11/Ez. 2)
10. La medición del templo (Ap. 11:14/ Ez. 40-43)
11. Jerusalén y Sodoma (Ap. Il:8/Ez. 16)
12. La copa de la ira (Ap. 14/Eze. 23)
13. La vid de la tierra (Ap. 14:18-20/Ez. 15)
14. La gran ramera (Ap, 17-18/Ez. 16, 23)
15. El lamento por la ciudad (Ap. 18/ Ez. 27)
16. La fiesta de la rapiña (Ap. 19/Ez. 39)
17. La primera resurrección (Ap. 20:4-6/Ez. 37)
18. La batalla contra Gog y Magog (Ap. 20:7-9/Ez. 38-39)
19. La nueva Jerusalén (Ap. 21/Ez. 40-48)
20. El río de la vida (Ap. 22/Ez. 47)

Como señala M. D. Goulder, la proximidad de la estructura de los dos libros— el «emparejamiento» paso a paso de Apocalipsis con Ezequiel— implica algo más que una relación meramente literaria. «El emparejamiento no suele ser una característica de los préstamos literarios: por ejemplo, la obra del Cronista dista mucho de estar emparejada con la de Samuel-Reyes, con su enorme ampliación del material del templo y su eliminación de las tradiciones del norte. El emparejamiento es más bien una característica del uso del leccionario, como cuando la Iglesia establece (fija) que Génesis se lea junto a Romanos, o Deuteronomio junto a Hechos... Además, es evidente que Juan esperaba que sus profecías se leyeran en voz alta en el culto, pues dice: 'Bienaventurado el que lee, y los que oyen las palabras de esta profecía' (1:3)— la RSV (por sus siglas en inglés) correctamente dice 'lee en voz alta'. De hecho, el mismo hecho de que llame repetidamente a su libro 'la profecía' lo alinea con las profecías del AT, que eran familiares por su lectura pública en el culto».[47] En otras palabras, el libro de Apocalipsis fue concebido desde el principio como una serie de lecturas en el culto a lo largo del año eclesiástico, para ser leído junto con la profecía de

---

[45] Philip Carrington, *The Meaning of the Revelation* (Londres: SPCK, 1931), p. 65.
[46] Esta lista se basa en Carrington (p. 64) y en M. D. Goulder, «The Apocalypse as an Annual Cycle of Prophecies», *New Testament Studies* 27, No. 3 (Abril 1981), p. 342-67.
[47] M. D. Goulder, «The Apocalypse as an Annual Cycle of Prophecies», p. 350.

Introducción

Ezequiel (así como otras lecturas del Antiguo Testamento). Como escribió Austin Farrer en su primer estudio de Apocalipsis, El apóstol Juan «ciertamente no pensó que iba a ser leído una vez a las congregaciones y luego utilizado para envolver el pescado, como una carta pastoral».[48]

La tesis de Goulder sobre Apocalipsis se ve respaldada por las conclusiones de su reciente obra sobre los evangelios, *The Evangelists' Calendar* [*El calendario de los evangelistas*], que ha revolucionado los estudios sobre el Nuevo Testamento al situar los evangelios en su contexto litúrgico apropiado.[49] Como muestra Goulder, los evangelios se escribieron originalmente, no como «libros», sino como lecturas en serie en el culto, para acompañar las lecturas en las sinagogas (las primeras iglesias del Nuevo Testamento). De hecho, argumenta, «Lucas desarrolló su evangelio en la predicación a su congregación, como una serie de cumplimientos del A.T.; y este desarrollo en series litúrgicas explica la estructura básica de su evangelio, que ha sido un enigma durante tanto tiempo».[50]

Las estructuras tanto de Ezequiel como de Apocalipsis se prestan fácilmente al uso de leccionarios seriados, como observa Goulder: «En la división de Apocalipsis y de Ezequiel en profecías o visiones, unidades para los domingos sucesivos, el intérprete tiene poca discreción; una característica feliz, ya que buscamos líneas divisorias claras e incontrovertibles. La mayoría de los comentarios dividen Apocalipsis en unas cincuenta unidades, y no divergen mucho. Ezequiel está dividido en la Biblia en cuarenta y ocho capítulos, muchos de los cuales son profecías que son incuestionablemente individuales por sí mismas, que se sustentan por sí solas. Además, la longitud de los capítulos de Ezequiel está al mismo nivel. El libro abarca algo más de 53 páginas de texto en algunas versiones, y muchos capítulos tienen unas dos columnas (una página) de longitud. Algunas de las divisiones son quizá cuestionables. Por ejemplo, el llamado de Ezequiel se extiende más allá del brevísimo capítulo 2 hasta un claro final en 3:15, y el breve capítulo 9 podría tomarse con el 8; mientras que hay algunos capítulos enormes, 16, 23 y 40, que tienen más de cuatro columnas de longitud, y que se subdividen de forma natural. Pero el lector ya habrá notado una característica alentadora: ambos libros se dividen en unas cincuenta unidades, y el año judío (cristiano) consta de cincuenta o cincuenta y un sábados/domingos, así que tenemos lo que parece material para un ciclo anual de Ezequiel inspirando un ciclo anual de visiones, que podría leerse en las iglesias asiáticas junto con Ezequiel, y exponerse en sermones a su luz».[51] Goulder presenta a continuación un extenso cuadro con lecturas consecutivas de Ezequiel y Apocalipsis, que coinciden con el año cristiano de Pascua a Pascua; las correlaciones son asombrosas.[52]

---

[48] Austin Farrer, *A Rebirth of Images: The Making of St. John's Apocalypse* (Gloucester, Massachusetts: Peter Smith, [1949] 1970), p. 22.

[49] M. D. Goulder, *The Evangelists' Calendar.' A Lectionary Explanation of the Development of Scripture* (Londres: SPCK, 1978).

[50] Ibid., p. 7. Goulder sugiere que el libro de Apocalipsis fue escrito de la misma manera, como meditaciones del apóstol Juan sobre las lecturas del leccionario en su iglesia.

[51] M. D. Goulder, «The Apocalypse as an Annual Cycle of Prophecies», p. 350s.

[52] Ibid., p. 353-54. James B. Jordan ha escrito una serie de estudios muy útiles sobre «Christianity and the Calendar», publicados a lo largo de tres años en The Geneva Papers (primera serie), disponible en Geneva Ministries. Véase esp. No. 27 (Enero 1984): «Is the Church Year Desirable?»

El énfasis pascual de Apocalipsis también se puso de manifiesto en un estudio de Massey Shepherd, casi veinte años antes de que escribiera Goulder.[53] Shepherd demostró otro aspecto sorprendente de la arquitectura de Apocalipsis, mostrando que la profecía del apóstol Juan está dispuesta de acuerdo con la estructura del culto de la Iglesia primitiva— de hecho, que tanto su evangelio como Apocalipsis «dan su testimonio desde el punto de vista de la experiencia de la liturgia pascual de las iglesias asiáticas».[54]

La naturaleza lectiva de Apocalipsis ayuda a explicar la riqueza del material litúrgico de la profecía. Apocalipsis no es, por supuesto, un manual sobre cómo «hacer» un servicio de culto; más bien, es un servicio de culto, una liturgia llevada a cabo en el cielo como un modelo para los de la tierra (y de paso nos instruye que el trono de Dios es el único punto de vista adecuado para ver el conflicto terrenal entre la Simiente de la mujer y la simiente de la serpiente): «El culto de la Iglesia ha sido tradicionalmente, muy conscientemente, modelado, según las realidades divinas y eternas reveladas [en Apocalipsis]. La oración de la Iglesia y su celebración mística son una con la oración y la celebración del reino de los cielos. Así, en la Iglesia, con los ángeles y los santos, por medio de Cristo, Verbo y Cordero, inspirados por el Espíritu Santo, los fieles creyentes de la asamblea de los salvos ofrecen perpetua adoración a Dios Padre Todopoderoso».[55]

La incapacidad de reconocer el significado de Apocalipsis para el culto cristiano ha empobrecido enormemente a muchas iglesias modernas. Por poner solo un ejemplo: ¿Cuántos sermones se han predicado sobre Apocalipsis 3:20— «He aquí, yo estoy a la puerta y llamo; si alguno oye mi voz y abre la puerta, entraré a él, y cenaré con él, y él conmigo»— sin reconocer la obvia referencia sacramental? *Por supuesto* que Jesús está hablando de la Cena del Señor, invitándonos a cenar con Él; ¿por qué no lo vimos antes? La razón tiene mucho que ver con una noción puritana del culto que proviene, no de la Biblia, sino de filósofos paganos.

Dom Gregory Dix, en su enorme estudio sobre el culto cristiano, dio en el clavo: El puritanismo litúrgico *no* es «protestante»; ni siquiera es cristiano. Es, por el contrario, «una teoría general sobre el culto, no específicamente protestante ni, de hecho, limitada a los cristianos de ningún tipo. Es la teoría en la que se basa todo el culto mahometano. La expusieron tan bien como nadie el poeta romano Persio o el filósofo pagano Séneca en el siglo I, y solo están elaborando una tesis de autores filosóficos griegos que se remontan al siglo VII a.C. Brevemente, la teoría puritana es que el culto es una actividad puramente *mental*, que se ejerce mediante una 'atención' estrictamente psicológica a una experiencia emocional o espiritual subjetiva… A esta teoría puritana del culto se opone otra: la concepción 'ceremoniosa' del culto, cuyo principio básico es que el culto como tal no es un ejercicio puramente intelectual y afectivo, sino uno en el que todo el hombre— el cuerpo y el alma, sus facultades estéticas y volitivas, además de las intelectuales— debe participar

---

[53] Massey H. Shepherd Jr., *The Paschal Liturgy and the Apocalypse* (Richmond: John Knox Press, 1960).
[54] Ibid., p. 82.
[55] Thomas Hopko, *The Orthodox Faith*, vol. 4: *The Bible and Church History* (Orthodox Church in America, 1973), p. 64ss.; citado en *George Cronk, The Message of the Bible: An Orthodox Christian Perspective* (Crestwood, Nueva York: St. Vladimir's Seminary Press, 1982), p. 259.

plenamente. Considera el culto tanto un 'acto' como una 'experiencia'».[56] Esta visión «ceremoniosa» del culto es la que enseña la Biblia, desde Génesis hasta Apocalipsis. Puesto que toda la acción de Apocalipsis se contempla desde el punto de vista de un culto, este comentario partirá de la base de que la estructura litúrgica de la profecía es básica para su correcta interpretación.

La naturaleza de Apocalipsis: ¿Apocalíptica?

El libro de Apocalipsis es a menudo tratado como un ejemplo del género «apocalíptico» de escritos que florecieron entre los judíos entre el 200 a.C. y el 100 d.C. Esta opinión carece de todo fundamento y es lamentable que se utilice la palabra apocalíptico para describir esta literatura. (Los propios escritores de «apocalíptica» nunca utilizaron el término en este sentido; más bien, los eruditos han robado el término del apóstol Juan, que llamó a su libro «El *Apocalipsis* de Jesucristo»). De hecho, existen muchas diferencias importantes entre los escritos «apocalípticos» y Apocalipsis.

Los «apocalípticos» se expresaban con símbolos inexplicables e ininteligibles, y en general no tenían ninguna intención de hacerse entender realmente. Sus escritos abundan en pesimismo: no es posible ningún progreso real, ni habrá ninguna victoria de Dios y su pueblo en la historia. Ni siquiera podemos ver a Dios actuando en la historia. Lo único que sabemos es que el mundo está cada vez peor. Lo mejor que podemos hacer es esperar el Fin—pronto.[57] Ferrell Jenkins escribe: «Para ellos, las fuerzas del mal aparentemente tenían el control en la era presente y Dios actuaría solo en el Fin de los Tiempos».[58] Sintiéndose impotente ante la inexorable maldad, el apocalíptico «podía, en consecuencia, entregarse a la especulación más desenfrenada… había dado por perdido este mundo y sus actividades, por lo que no era cuestión de que intentara seriamente aportar soluciones viables a sus problemas».[59] El resultado práctico fue que los apocalípticos rara vez se interesaron ellos mismos por el comportamiento ético: «En última instancia, su interés está en la escatología, no en la ética».[60]

El enfoque del apóstol Juan en Apocalipsis es muy diferente. Sus símbolos no son oscuros desvaríos surgidos de una imaginación febril; están firmemente arraigados en el Antiguo Testamento (y la razón de su *aparente* oscuridad es precisamente ese hecho: nos cuesta entenderlos solo porque no conocemos nuestras Biblias). En contraste con los apocalípticos, que habían renunciado a la historia, «Juan presenta la historia como escenario de la redención divina».[61] Leon Morris describe la cosmovisión del apóstol Juan: «Para él, la historia es el ámbito en el que Dios ha llevado a cabo la redención. Lo realmente crítico

---

[56] Dom Gregory Dix, *The Shape of the Liturgy* (Nueva York: The Seabury Press, [1945] 1983), p. 312.
[57] Véase Leon Morris, *Apocalyptic* (Grand Rapids: William B. Eerdmans Publishing co., 1972).
[58] Ferrell Jenkins, *The Old Testament in the Book of Revelation* (Grand Rapids: Baker Book House, 1976), p. 41. El libro de Jenkins es una excelente introducción breve al trasfondo bíblico y al simbolismo de Apocalipsis.
[59] Morris, p. 71.
[60] Ibid., p. 60.
[61] Jenkins, p. 41.

en la historia de la humanidad ya ha tenido lugar, y tuvo lugar aquí, en esta tierra, en los asuntos de los hombres, El Cordero 'como había sido inmolado' domina todo el libro. Juan ve a Cristo como victorioso y como habiendo ganado la victoria a través de su muerte, un acontecimiento en la historia. Su pueblo comparte su triunfo, pero ha vencido a Satanás 'por medio de la sangre del Cordero y de la palabra del testimonio de ellos' (Ap. 12:11). El pesimismo que aplaza la actividad salvadora de Dios hasta el Fin está ausente. Aunque Juan describe el mal con realismo, su libro es fundamentalmente optimista».[62]

Los apocalípticos decían: *El mundo se acaba: ¡Ríndanse!* Los profetas bíblicos decían: *El mundo está llegando a un principio: ¡A trabajar!*

Así pues, Apocalipsis no es un tratado apocalíptico; es, en cambio, como el propio apóstol Juan nos recuerda en repetidas ocasiones, una *profecía* (1:3; 10:11; 22: 7, 10, 18-19), en total consonancia con los escritos de los demás profetas bíblicos. Y— otra vez en marcado contraste con los apocalípticos— si hubo una preocupación principal entre los profetas bíblicos, fue la conducta ética. Ningún escritor bíblico reveló jamás el futuro por el mero hecho de satisfacer la curiosidad: El objetivo era siempre dirigir al pueblo de Dios hacia la acción correcta en el presente. La inmensa mayoría de las profecías bíblicas no tenían nada que ver con la idea errónea de que «profecía» significa predecir el futuro. Los profetas hablaban del futuro solo para estimular una vida piadosa. Como escribió Benjamin Warfield: «Debemos tratar de mantener fresco en nuestras mentes el gran principio de que toda profecía es ética en su propósito, y que este fin ético controla no solo lo que será revelado en general, sino también los detalles de ello, y la forma misma que toma».[63]

El hecho de que muchos de los que hoy estudian los escritos proféticos estén interesados en encontrar posibles referencias a los viajes espaciales y las armas nucleares, en lugar de descubrir los mandamientos de Dios para vivir, es un tributo enfermizo a una fe superficial e inmadura. «El testimonio de *Jesús* es el espíritu de profecía» (Ap. 19:10); ignorar a Jesús en favor de las explosiones atómicas es una perversión de las Escrituras, una tergiversación blasfema de la santa Palabra de Dios. De principio a fin, el apóstol Juan se interesa intensamente por la conducta ética de sus lectores:

> Bienaventurado el que lee, y los que oyen las palabras de esta profecía, y guardan las cosas en ella escritas. (1:3)
> Bienaventurado el que vela, y guarda sus ropas. (16:15)
> Bienaventurado el que guarda las palabras de la profecía de este libro. (22:7)
> Bienaventurados los que cumplen sus mandamientos.* (22:14)

---

[62] Morris, p. 79.

[63] Benjamin B. Warfield, «The Prophecies of St. Paul», en *Biblical and Theological Studies* (Filadelfia: The Presbyterian and Reformed Publishing co., 1968), p. 470.

* Nota del traductor: Esta es la traducción directa de la Versión King James. La mayoría de las traducciones en español dicen: «Bienaventurado el que lava sus vestiduras».

Introducción

El simbolismo de Apocalipsis

A menudo se ha llamado a la profecía «historia escrita por adelantado».[64] Sin embargo, como ya hemos visto, la profecía es ante todo un mensaje de los emisarios de Dios en el marco del pacto, dirigido en términos de las estipulaciones y sanciones establecidas en la ley bíblica. No es una simple «predicción». Ciertamente, los profetas predijeron acontecimientos futuros de la historia, pero no en forma de escritos históricos. En su lugar, los profetas utilizaron símbolos y figuras tomados de la historia, de la cultura circundante y de la creación. La mayoría de los errores en la interpretación de los profetas se derivan del olvido de este principio. Una vez oí a un pastor dar una conferencia muy seria y emocionante sobre las estaciones espaciales y los viajes interplanetarios, utilizando Apocalipsis 21:10 como texto. Solo en la era moderna de los viajes espaciales, observó, podría cumplirse la profecía de la nueva Jerusalén. Fue, en conjunto, un discurso muy ameno y una maravillosa demostración de la riqueza de conocimientos del pastor en el campo de la ciencia ficción; pero el encantado público abandonó la reunión al menos tan ignorante de las Escrituras como lo estaba cuando comenzó.

La Biblia es *literatura*: Es literatura de inspiración divina e inerrante, pero literatura al fin y al cabo. Esto significa que debemos leerla como literatura. Algunas partes deben entenderse literalmente, y están escritas en consecuencia— como historia, como proposiciones teológicas o como lo que sea. Pero uno no esperaría leer Salmos o Cantar de los Cantares con los mismos criterios literarios utilizados para el libro de Romanos. Sería como leer el soliloquio de Hamlet «literalmente»: «*Las ondas y flechas de la escandalosa fortuna... para tomar las armas contra un mar de problemas...*»

No podemos entender lo que la Biblia quiere decir realmente (literalmente) a menos que apreciemos su uso de los estilos literarios. ¿Entenderíamos bien el Salmo veintitrés si lo tomáramos «literalmente»? ¿No parecería, por el contrario, un poco tonto? De hecho, si se tomara literalmente, no sería cierto: porque me atrevo a decir que el Señor *no* hace que todos los cristianos se acuesten en pastos verdes literales. Pero no solemos cometer errores tan rudimentarios al leer poesía bíblica. Sabemos que está escrita en un estilo que a menudo hace uso de imágenes simbólicas. Pero debemos darnos cuenta de que lo mismo ocurre con los profetas: Ellos también hablaban con figuras y símbolos, recurriendo a una rica herencia de imágenes bíblicas que comenzó en el jardín del Edén.[65]

De hecho, el paraíso es donde comenzó la profecía. Cabe señalar que la primera promesa de la llegada del redentor se hizo en términos muy simbólicos. Dios dijo a la serpiente:

> Y pondré enemistad entre ti y la mujer,
> y entre tu simiente y la simiente suya;

---

[64] Uno de los mayores divulgadores de este punto de vista fue el apologista cristiano racionalista Joseph Butler, quien afirmaba que «la profecía no es más que la historia de los acontecimientos antes de que sucedan...». *The Analogy of Religion, Natural and Revealed, to the Constitution and Course of Nature* (Oxford: At the University Press, [1736] 1835), p. 310.

[65] Véase Chilton, *Paradise Restored*, p. 15-63.

esta te herirá en la cabeza,
y tú le herirás en el calcañar (Gén. 3:15)

Obviamente, no se trata simplemente de «historia escrita de antemano». Se trata de una declaración simbólica, muy en consonancia con el lenguaje evocador y poético utilizado en toda la Biblia, y especialmente en Apocalipsis. De hecho, el apóstol Juan nos dice claramente en su frase inicial que Apocalipsis está escrito en *señales*, en símbolos. No pretendía que se leyera como un periódico o un análisis bursátil. Esperaba que su audiencia respondiera a su profecía en términos del propio sistema de simbolismo de la Biblia.

Repito: *el propio sistema de simbolismo de la Biblia*. El significado de un símbolo no es lo que nosotros decidamos que sea; el apóstol Juan tampoco creó las imágenes de Apocalipsis a partir de su propia imaginación. Presenta a Cristo a sus lectores como un León y un Cordero, no porque piense que son imágenes bonitas, sino por las connotaciones de leones y corderos ya establecidas en la Biblia. Así pues, Apocalipsis nos dice desde el principio que su norma de interpretación es la propia Biblia. El libro está repleto de alusiones al Antiguo Testamento. Merrill Tenney dice: «Está lleno de referencias a acontecimientos y personajes del Antiguo Testamento, y gran parte de su fraseología está tomada directamente de los libros del Antiguo Testamento. Por extraño que parezca, en Apocalipsis no hay ni una sola cita directa del Antiguo Testamento con una declaración de que se cita de un pasaje determinado; pero un recuento de las alusiones significativas que se pueden rastrear tanto por semejanza verbal como por conexión contextual con el canon hebreo asciende a trescientas cuarenta y ocho. De estas, aproximadamente noventa y cinco se repiten, de modo que el número real de pasajes diferentes del Antiguo Testamento que se mencionan es de casi doscientos cincuenta, o una media de más de diez por cada capítulo de Apocalipsis».[66] El recuento de Tenney de 348 referencias claras del Antiguo Testamento se desglosa de la siguiente manera: 57 del Pentateuco, 235 de los Profetas y 56 más de los libros históricos y poéticos.[67]

Tenney admite que sus cifras son conservadoras; incluso podría decirse que son inflexibles. Sin embargo, incluso utilizando sus cifras, es obvio que Apocalipsis depende del Antiguo Testamento mucho más que cualquier otro libro del Nuevo Testamento. Este hecho por sí solo debería advertirnos de que no podemos empezar a comprender su significado sin una sólida comprensión de la Biblia en su conjunto. Las iglesias primitivas tenían esa comprensión. El evangelio había sido predicado primero a los judíos y a los prosélitos gentiles; a menudo las iglesias habían sido formadas por fieles de las sinagogas, y esto era cierto incluso en las iglesias de Asia Menor (Hch. 2:9; 13:14; 14:1; 16:4; 17:14, 10-12, 17; 18:4, 8, 19, 24-28; 19:1-10, 17). Además, de Gálatas 2:9 se desprende claramente que el ministerio del apóstol Juan se dirigía a los judíos en particular. Por lo tanto, los primeros lectores de Apocalipsis estaban impregnados del Antiguo Testamento en un grado en que la mayoría de nosotros hoy no lo estamos. El simbolismo de Apocalipsis está saturado de

---

[66] Merrill C. Tenney, *Interpreting Revelation* (Grand Rapids: William B. Eerdmans Publishing Co., 1957), p. 101.
[67] Ibid, p. 104.

alusiones bíblicas que la Iglesia primitiva comprendía comúnmente. Incluso en aquellas escasas congregaciones que no tenían algunos miembros hebreos, las Escrituras utilizadas en la enseñanza y el culto eran principalmente del Antiguo Testamento. Los primeros cristianos poseían la clave autoritativa e infalible del significado de las profecías del apóstol Juan. Nuestra incapacidad moderna para apreciar este hecho crucial es la causa principal de nuestra incapacidad para entender de qué estaba hablando.

Por ejemplo, tomemos un símbolo muy maltratado de Apocalipsis y apliquemos este principio. En Apocalipsis 7, 9, 14 y 22, el apóstol Juan ve al pueblo de Dios sellado en la frente con su nombre; y en Apocalipsis 13 escribe sobre los adoradores de la bestia, que llevan su marca en la mano derecha y en la frente. Se han hecho muchas interpretaciones extravagantes con respecto a estas marcas— que van desde tatuajes y validaciones de parques de atracciones hasta tarjetas de crédito y números de la Seguridad Social— y todo ello sin reparar lo más mínimo en las claras alusiones bíblicas. Pero, ¿qué habrían pensado los primeros lectores de estos pasajes? Los símbolos les habrían hecho pensar inmediatamente en varias referencias bíblicas: la «marca» de sudor en la frente de Adán, que significaba la Maldición de Dios por su desobediencia (Gén. 3:19); la frente del Sumo Sacerdote, marcada con letras de oro que proclamaban que ahora era SANTO PARA EL SEÑOR (Éx. 28:36), Deuteronomio 6:6-8 y Ezequiel 9:4-6, en los que los siervos de Dios son «marcados» en la mano y en la frente con la ley de Dios, y reciben así bendición y protección en su nombre. Los seguidores de la bestia, en cambio, reciben su marca de propiedad: la sumisión a la ley impía, estatista y anticristiana. La marca de Apocalipsis no debe tomarse al pie de la letra. Es una alusión a un símbolo del Antiguo Testamento que hablaba de la obediencia total de un hombre a Dios, y se erige como una advertencia de que nuestro dios— ya sea el Dios verdadero o el estado autodeificado— exige obediencia completa a su señorío.

Ese será el principio de interpretación seguido en este comentario. Apocalipsis es una *revelación*: Fue concebida para ser comprendida. Benjamin Warfield escribió: «El Apocalipsis de Juan no tiene por qué ser más que fácil: todos sus símbolos son, o bien naturales y obvios, o bien tienen sus raíces plantadas en los poetas y profetas del Antiguo Testamento y en el lenguaje figurado de Jesús y sus apóstoles. Nadie que conozca la Biblia debe desesperarse por leer este libro con provecho. Sobre todo, quien pueda entender el gran discurso de nuestro Señor acerca de las últimas cosas (Mt. 24), no puede dejar de entender Apocalipsis, que se basa en ese discurso y apenas avanza más allá de él».[68]

---

[68] Benjamin B. Warfield, «The Apocalypse», en *Selected Shorter Writings of Benjamin B. Warfield* (Nutley, Nueva Jersey: Presbyterian and Reformed Publishing co., 1973), vol. 11, p. 652ss.

La primacía del simbolismo

¿Qué importancia tiene el simbolismo en la Biblia? El gran teólogo neerlandés Herman Bavinck trata ampliamente el tema en su libro *The Doctrine of God* [*La doctrina de Dios*].[69] Hablando de los nombres «simbólicos» de Dios en la Biblia, dice: «La Escritura no contiene simplemente unos pocos antropomorfismos; al contrario, *toda* la Escritura es antropomórfica... Por tanto, todos los nombres con los que Dios se nombra a sí mismo y por medio de los cuales nos permite dirigirnos a él, se derivan de relaciones terrenales y humanas».[70] «Para darnos una idea de la majestad y el carácter exaltado de Dios, se derivan nombres de todo tipo de criaturas, vivas y sin vida, orgánicas e inorgánicas».[71] De hecho, «es del todo imposible decir algo sobre Dios sin recurrir al uso de antropomorfismos. No vemos a Dios tal como es en sí mismo. Lo contemplamos en sus obras. Lo nombramos según la manera en que se ha revelado en sus obras. Ver a Dios cara a cara es para nosotros imposible, al menos aquí en la tierra... Quien, por tanto, se opone a los antropomorfismos, niega en principio la posibilidad de una revelación de Dios en sus criaturas».[72] «Para el hombre solo hay dos alternativas: el silencio absoluto con referencia a Dios, o hablar de él de un modo humano; o el agnosticismo, es decir, el ateísmo teórico, o el antropomorfismo».[73] El simbolismo es, pues, ineludible: «Por tanto, aunque llamemos a Dios con nombres derivados de la criatura, Dios mismo estableció primero estos nombres para la criatura. En efecto, aunque primero aplicamos a la criatura los nombres que designan a Dios por el hecho de que conocemos a la criatura antes de conocer a Dios; *esencialmente* se aplican primero a Dios y después a la criatura. Todas las virtudes pertenecen primero a Dios, después a la criatura: Dios posee estas virtudes 'en esencia', la criatura 'por participación'. Como el templo fue hecho 'según el modelo mostrado a Moisés en el monte', Heb. 8:5, así toda criatura fue concebida primero y creada después (en el tiempo). 'Toda paternidad' se nombra del 'Padre' que creó todas las cosas— Ef. 3:15; cf. Mt. 23:9».[74]

Bavinck hace dos observaciones muy significativas: En primer lugar, *toda la creación es ante todo simbólica*. Todas las criaturas reflejan la gloria de Dios y son imágenes de uno u otro aspecto de su naturaleza. La personalidad de Dios está impresa en todo lo que Él ha creado. El valor *central* de cualquier cosa es que es un símbolo de Dios. Todos los demás valores y relaciones son secundarios. Y, puesto que el hombre es el símbolo primario de Dios, al ser su misma «imagen» (tanto individual como corporativamente), todo es también símbolo del hombre; así, todo revela a Dios y al hombre.[75]

En segundo lugar, *el simbolismo es analógico, no realista*. En este sentido, la imaginería utilizada en la Biblia contrasta notablemente con la imaginería del paganismo. Por ejemplo,

---

[69] Herman Bavinck, *The Doctrine of God*, William Hendriksen, trad. (Edimburgo: The Banner of Truth Trust, [1951] 1977).
[70] Ibid., p. 86.
[71] Ibid., p. 88.
[72] Ibid., p. 91.
[73] Ibid p. 92.
[74] Ibid., p. 94.
[75] Para una discusión más amplio sobre el significado primordial del simbolismo, véase James B. Jordan, «Symbolism: A Manifesto», en *The Sociology of the Church* (Tyler, Texas: Geneva Ministries, 1986).

la Biblia habla del pacto matrimonial como análogo al pacto entre Dios y su pueblo (2Co. 11:2; Ef. 5:22-33, Ap. 19:7-9, 21-9-11). La Iglesia siempre ha visto Cantar de los Cantares como, en parte, una analogía de su propio romance con el esposo celestial. Pero esto está lejos de implicar que el sexo sea un sacramento; tampoco es una doctrina de salvación a través del matrimonio. El simbolismo es analógico, no metafísico. No tenemos una relación sexual con Dios. En el cuadro bíblico hay un complejo de imágenes uno-y-muchos. La teología de la Biblia es analógica, no realista. En la salvación bíblica, el hombre se rehace a imagen de Dios mediante una sentencia judicial y una transformación ética, no mediante una participación metafísica en la esencia divina.[76]

Esto significa que el simbolismo bíblico no es un «código». No se da en un estilo plano de «esto significa aquello»: «Los símbolos bíblicos son fluidos, no estereotipados».[77] Un símbolo bíblico es una colectividad, que se refiere a varias ideas a la vez. El simbolismo bíblico, como la poesía, es un lenguaje evocador, que se utiliza cuando el lenguaje discursivo y específico es insuficiente. La Biblia utiliza imágenes evocadoras para aludir en nuestra mente diversas asociaciones que han sido establecidas por el propio arte literario de la Biblia. Austin Farrer señaló una distinción que debemos tener siempre presente: la diferencia entre *sentido* y *referente*. Mientras que el sentido de un símbolo sigue siendo el mismo (las palabras «casa blanca» siempre significan «casa blanca»), puede tener numerosos referentes (*La* Casa Blanca de Washington, D.C.; la casa blanca de enfrente; etc.). «Las imágenes del apóstol Juan no significan lo que se quiera; su sentido puede determinarse. Pero siguen teniendo una asombrosa multiplicidad de referencias. Si no, ¿por qué escribir en imágenes y no en fría prosa factual? Se ha dicho que el propósito del enunciado científico es la eliminación de la ambigüedad, y el propósito del símbolo su inclusión. Escribimos con símbolos cuando queremos que nuestras palabras presenten, más que analicen o demuestren, su objeto. (No todos los temas; algunos pueden presentarse más directamente sin símbolos). El símbolo trata, por así decirlo, de ser aquello de lo que habla, e imita la realidad por la multiplicidad de su significado. El enunciado exacto aísla un solo aspecto del hecho: un teólogo, por ejemplo, se esfuerza por aislar la relación que guarda la muerte expiatoria de Cristo con la idea de justicia forense. Pero nosotros, que creemos que la muerte expiatoria tuvo lugar, debemos ver en ella un hecho relacionado con todo lo humano o divino, con tantos significados como cosas con las que puede relacionarse diversamente. La mera apariencia física de esa muerte, para alguien que estuviera allí entonces, no expresaría en

---

[76] Por lo tanto, no debemos asustarnos cuando encontramos que la Biblia utiliza ciertos símbolos que también se usan en las religiones paganas— por ejemplo, las referencias bíblicas a las estrellas o a las constelaciones del Zodíaco. (Por cierto, «Zodíaco» no es una palabra ocultista; simplemente se refiere a la trayectoria aparente del sol a través de los cielos, pasando «a través» de las doce constelaciones principales, de la forma en que Dios quiso que pasara). Algunas formas de paganismo enseñan que el agua está habitada por espíritus y que (con los conjuros adecuados) su aplicación puede conferir poderes mágicos. Los cristianos no creen esto. ¿Deberíamos por tanto (para no ser confundidos con los paganos) abandonar el uso del Bautismo? ¿O deberíamos renunciar a la doctrina del nacimiento virginal, alegando que los dioses mitológicos han fecundado a doncellas terrenales? Estos ejemplos pueden multiplicarse muchas veces. El paganismo, al ser una perversión de la verdad, tiene una miríada de doctrinas que guardan cierta similitud superficial con el cristianismo. Esto no significa que debamos tener miedo del simbolismo; significa, por el contrario, que debemos reclamar los símbolos robados para el Señor Jesucristo.

[77] Rousas J. Rushdoony, *Thy Kingdom Come*, p. 174.

absoluto lo que el cristiano piensa que es en sí misma; pasaron muchos años antes de que la Cruz cobrara en torno a sí la fuerza de un símbolo por derecho propio. El apóstol Juan escribe 'un Cordero en pie como degollado' y significados de alcance y variedad indefinidos se despiertan en la mente del lector de las Escrituras. Existe una doctrina corriente y sumamente estúpida según la cual el símbolo evoca la emoción y la prosa exacta expone la realidad. Nada más lejos de la realidad: la prosa exacta se abstrae de la realidad, el símbolo la presenta. Y por esa misma razón, los símbolos tienen algo de la polifacética naturaleza salvaje».[78]

Por ejemplo, el número simbólico 666 (Ap. 13:18) se refiere claramente a Nerón César; pero si el apóstol Juan hubiera pretendido simplemente que sus lectores entendieran «Nerón César», habría escrito «Nerón César», no «666».[79] Utilizó el número 666 debido a un sistema ya establecido de imaginería bíblica que le permitía decir muchas cosas sobre Nerón simplemente utilizando ese número. Como dice Philip Carrington: «Mucha gente 'interpreta' Apocalipsis... como si cada detalle de cada visión tuviera un significado definible que pudiera explicarse en tantas palabras. Estos comentaristas son racionalizadores, deficientes en el sentido místico. El simbolismo es una forma de sugerir la verdad sobre esas grandes realidades espirituales que excluyen la definición exacta o la sistematización completa; por eso se emplea tanto en el culto... El símbolo es mucho más rico en significado que cualquier significado que podamos extraer de él. Lo mismo ocurre con las parábolas y las enseñanzas simbólicas de Jesús. Lo mismo ocurre con los sacramentos y los actos simbólicos de la Iglesia, o incluso de la sociedad. Se pueden inventar muchos sistemas lógicos para explicar el 'significado' de dar la mano o hacer la señal de la cruz; pero debido a su simplicidad y universalidad, estas acciones significan más de lo que las palabras pueden explicar».[80]

Además, «los profetas en general utilizan una gran cantidad de hipérboles y exageraciones pintorescas a la manera de la poesía oriental. *Como los días de un árbol, así serán los días de mi pueblo* (Is. 65:2). *Yo destruí al amorreo... cuya altura era como la altura de los cedros* (Am. 2:9): afirmaciones que significan respectivamente 'muy viejo' y 'muy alto'. Se remonta a la poesía primitiva: *Los montes saltaron como carneros... Tiembla, oh tierra* (Sal. 114). Los poetas, incluso los occidentales, seguirán utilizándola siempre. Incluye el uso de figuras enormes; un reinado de cuarenta años significa un reinado bueno y largo, y un reino de mil años significa un reino bueno y largo. La poesía de Jesús lo lleva a un grado superlativo; los camellos son engullidos o pasan a través de los ojos de las agujas; las montañas son arrojadas a las profundidades del mar; a un hombre se le clava un tronco de árbol en el ojo.

---

[78] Austin Farrer, *A Rebirth of Images*, p. 19ss. Para aquellos lectores que realmente deseen dedicarse al estudio serio de las Escrituras, sugiero lo siguiente como un primer paso absolutamente necesario: Pongan de lado sus libros de hermenéutica hasta que hayan leído Laurence Perrine, *Sound and Sense: An Introduction to Poetry* (Nueva York: Harcourt Brace Jovanovich, sexta ed., 1982), y John Ciardi y Miller Williams, *How Does a Poem Mean* (Boston: Houghton Mifflin Co., segunda ed., 1975). Las almas más audaces tal vez deseen continuar con dos libros de Northrop Frye: *Anatomy of Criticism* (Princeton: Princeton University Press, 1957) y (con cautela) *The Great Code: The Bible and Literature* (Nueva York: Harcourt Brace Jovanovich, 1982).

[79] La idea de que lo escribió en «clave» porque temía ser arrestado por traición es obviamente falsa: Los profetas no eran hombres tímidos; y de todos modos, el libro de Apocalipsis es «traicionero» mucho antes de que el apóstol Juan llegue a hablar de Nerón. Los cristianos podrían ser asesinados por decir simplemente lo que el apóstol Juan dice en el capítulo 1: que Jesucristo es «el Soberano de los reyes de la tierra».

[80] Philip Carrington, *The Meaning of the Revelation*, p. 84ss.

Las personas sin imaginación suficiente para entender esto y disfrutarlo deberían mantenerse alejadas de Apocalipsis. Del mismo modo que un testigo tiene que entender 'la naturaleza de un juramento', un comentarista debería entender la naturaleza de un poema, o incluso de un chiste. Muchos que carecen de sentido de la poesía y del humor han probado suerte con Apocalipsis y lo han estropeado».[81]

Maximalismo interpretativo

James Jordan observó en una ocasión que la mayoría de los evangélicos conservadores adoptan involuntariamente un enfoque «liberal» de las Escrituras en sus sermones y comentarios. Los liberales han mantenido durante años que la Biblia no es la revelación en sí misma, sino más bien sostienen que es un *registro* (defectuoso) de la revelación. Aunque los evangélicos conservadores profesan creer que la Biblia en sí es revelación (y como tal es inspirada, autoritativa e inerrante), sus métodos expositivos lo niegan. En la práctica, los propios conservadores suelen tratar la Biblia solo como un «registro» de la revelación. Los comentarios evangélicos tienden a no ocuparse del texto real de la Biblia, tratando solo los *eventos* relatados en el texto y prestando escasa atención a la redacción y arquitectura literaria de la revelación de Dios. (Irónicamente, ya que los liberales no creen que los hechos ocurrieran realmente, a veces tienden a prestar más atención al propio texto. Es lo único que les queda).

La característica de un buen maestro de la Biblia es que se pregunta constantemente: *¿Por qué* la historia se cuenta de esta forma particular? ¿Por qué se repite esta palabra o frase concreta varias veces? (¿Cuántas veces?) ¿Qué tiene en común esta historia con otras? ¿En qué se diferencia? ¿Por qué el texto llama nuestra atención sobre detalles aparentemente sin importancia? ¿Cómo encajan los incidentes menores en el argumento del libro en su conjunto? ¿Qué recursos literarios (metáfora, sátira, drama, comedia, alegoría, poesía, etc.) utiliza el autor? ¿Por qué el libro se aparta a veces de un estricto relato cronológico (por ejemplo, colocando algunas historias «fuera de orden»)? ¿Cómo se relacionan estas historias con la historia más amplia que narra la Biblia? ¿Qué nos dice esta historia sobre Jesucristo? ¿Qué tiene que ver esta historia con nuestra salvación? ¿Por qué se molestó Dios en darnos esta información en particular?

En su discurso inaugural como Profesor de Teología Bíblica en el Seminario Teológico de Princeton en 1894, Geerhardus Vos habló de las ventajas del enfoque de la Teología Bíblica para el estudio de las Escrituras; entre ellas, dijo, está «la nueva vida y frescura que da a la antigua verdad, mostrándola en toda su viveza y realidad históricas con el rocío de la mañana de la revelación sobre sus hojas abiertas». Ciertamente, no carece de importancia que Dios haya plasmado el contenido de la revelación, no en un sistema dogmático, sino en un libro de historia, cuyo paralelo en interés dramático y sencilla elocuencia no se encuentra en ninguna parte. Esto es lo que hace que las Escrituras hablen, apelen y toquen los corazones

---

[81] Ibid., p. 136ss.

y lleven las mentes de los hombres cautivos a la verdad en todas partes. Nadie podrá manejar la Palabra de Dios con más eficacia que aquel a quien se le han abierto las cámaras del tesoro de su significado histórico».[82]

Uno de los descubrimientos más importantes que puede hacer cualquier profesor de Biblia es comprender las imágenes básicas que aparecen en los primeros capítulos de Génesis— luz y tinieblas, agua y tierra, cielo y nubes, montañas y jardines, bestias y dragones, oro y joyas, árboles y espinas, querubines y espadas llameantes— todo lo cual forma una historia grandiosa y gloriosa, el *verdadero* «cuento de hadas», que puede ser comprendido y disfrutado incluso por niños muy pequeños.[83] *Todo* en la Escritura es «simbólico». Jordan llama a esto «maximalismo interpretativo», un enfoque que armoniza con el método interpretativo utilizado por los Padres de la Iglesia, en contraposición al «minimalismo» que ha caracterizado a los comentarios fundamentalistas-evangélicos desde el auge del racionalismo.[84]

Un buen ejemplo de ello es la discusión de Jordán sobre Jueces 9:53: «Mas una *mujer* dejó caer un pedazo de una *rueda de molino* sobre la *cabeza* de Abimelec, y le *rompió* el *cráneo*». (Nota: El texto no dice simplemente que «Abimelec fue asesinado». Los detalles están ahí por una razón). Es importante, por razones simbólicas, que una *mujer* aplastara la cabeza del *tirano* (véase, por ejemplo, Gén. 3:15; cf. Jue. 5:24-27); que fuera destruido por una *piedra* (cf. Dt. 13:10; Jue. 9:5; 1Sam. 17:49; Dan. 2:34; Mt. 21:44); y que fuera una *piedra de molino*, un instrumento de trabajo para vencer a la tiranía (cf. Zc. 1:18-21).[85]

Pero, ¿existe algún control sobre el «maximalista»? ¿Cómo elude la acusación de que no hace más que especular, interpretando el texto según sus prejuicios personales o el capricho del momento? Por supuesto, la acusación de que un intérprete está siendo «especulativo» puede ser, casi siempre, poco más que una cortina de humo para disfrazar la ignorancia del acusador sobre lo que el intérprete está hablando. Por tanto, la pregunta adecuada es si el intérprete procede o no en sus investigaciones según las líneas de pensamiento *bíblicas*. ¿Significa esto que debe atenerse al llamado «sentido llano» del texto? Se podría responder que el «sentido llano» de un hombre es la «especulación» de otro. Un hiperliteralista se opondría a cualquier nivel de simbolismo. (Por ejemplo, un predicador popular realmente enseña, basándose en el «sentido llano» de Ap. 12, que hay un dragón real, vivo, que escupe fuego y tiene siete cabezas, ¡volando por el espacio exterior!) El literalista común y corriente rechaza todo simbolismo que no se explique explícitamente como tal en las Escrituras. Pero ninguna de estas posturas está avalada por la Biblia. Dios nos ha dado principios para interpretar su Palabra, y espera que los utilicemos. Nuestro objetivo en la enseñanza bíblica es, para decirlo claramente, la *enseñanza bíblica*, de acuerdo con las propias normas de exégesis de la Biblia— se ajusten o no a las nociones de «sencillez» de todo el mundo.

---

[82] Geerhardus Vos, «The Idea of Biblical Theology», en Richard B. Gaffin, ed., *Redemptive History and Biblical Interpretation: The Shorter Writings of Geerhardus Vos* (Presbyterian and Reformed, 1980), p. 23.

[83] Una buena introducción a los temas literarios de las Escrituras es la obra de Leland Ryken *How to Read the Bible as Literature* (Grand Rapids: Zondervan, 1984).

[84] James B. Jordan, *Judges: God's War Against Humanism* (Tyler, Texas: Geneva Ministries, 1985), p. xii.

[85] Ibid., p. 175s.

Introducción

Hay al menos dos cosas que pueden mantener a un intérprete en la senda bíblica, evitando las trampas de la especulación al azar. En primer lugar, debe ser fiel al *sistema doctrinal* que enseña la Biblia. Leer la Biblia con ojos teológicos, en términos de teología sistemática e histórica, es un freno eficaz a la especulación desenfrenada. En segundo lugar, el intérprete debe tener presente que los símbolos de la Biblia no están aislados, sino que forman parte de un *sistema de simbolismo* dado en la Biblia, una arquitectura de imágenes en la que todos los dardos encajan. Si leemos la Biblia honesta y cuidadosamente desde el punto de vista teológico y respetando su propia estructura literaria, no nos desviaremos mucho.[86]

El enfoque contemporáneo de Apocalipsis

El propósito de Apocalipsis era revelar a Cristo como Señor a una Iglesia que sufría. Como estaban siendo perseguidos, los primeros cristianos podían sentir la tentación de temer que el mundo se les estuviera yendo de las manos: que Jesús, que había reclamado «toda potestad... en el cielo y en la tierra» (Mt. 28:18), no tuviera realmente el control en absoluto. Los apóstoles advertían a menudo contra este error centrado en el hombre, recordando al pueblo que la soberanía de Dios está sobre toda la historia (incluidas nuestras tribulaciones particulares). Esta fue la base de algunos de los pasajes de consuelo más hermosos del Nuevo Testamento (por ejemplo, Rom. 8:28-39; 2Co. 1:3-7; 4:7-15).

La principal preocupación del apóstol Juan al escribir Apocalipsis era precisamente esta: fortalecer a la comunidad cristiana en la fe del señorío de Jesucristo, hacerles conscientes de que las persecuciones que sufrían estaban integralmente implicadas en la gran guerra de la historia. El Señor de la gloria había ascendido a su trono, y los gobernantes impíos se resistían ahora a su autoridad persiguiendo a sus hermanos. El sufrimiento de los cristianos *no* era una señal de que Jesús había abandonado este mundo al diablo; más bien, revelaba que Él era rey. Si el señorío de Jesús no tuviera significado histórico, los impíos no habrían tenido razón alguna para molestar a los cristianos. Pero en lugar de eso, persiguieron a los seguidores de Jesús, mostrando su reconocimiento involuntario de su supremacía sobre el dominio de ellos. Apocalipsis presenta a Jesús sentado en un caballo blanco como «Rey de reyes y Señor de señores» (19:16), luchando contra las naciones, juzgando y haciendo la guerra con justicia. Los cristianos perseguidos no estaban en absoluto abandonados por Dios. En realidad, estaban en primera línea del conflicto de los siglos, un conflicto en el que Jesucristo ya había ganado la batalla decisiva. Desde su resurrección, toda la historia ha sido una operación de «limpieza», en la que las implicaciones de su obra se están aplicando gradualmente en todo el mundo. El apóstol Juan es realista: las batallas no serán fáciles, ni

---

[86] Para más acerca de la interpretación bíblica, véase Geerhardus Vos, *Biblical Theology: Old and New Testaments* (Grand Rapids: Eerdmans, 1948); Meredith G. Kline, *Images of the Spirit* (Grand Rapids: Baker Book House, 1980); Vern S. Poythress, *The Stained-Glass Kaleidoscope: Using Perspectives in Theology* (plan de estudios impreso de forma privada, Westminster Theological Seminary, Filadelfia, 1985); Richard L. Pratt, Jr., «Pictures, Windows, and Mirrors in Old Testament Exegesis», *Westminster Theological Journal* 45 (1983), p. 156-67. Las tres conferencias de James B. Jordan sobre «How to Interpret Prophecy» son una excelente introducción a la comprensión del simbolismo bíblico.

los cristianos saldrán indemnes. La guerra será a menudo sangrienta, y gran parte de la sangre será nuestra. Pero Jesús es rey, Jesús es Señor, y (como dice Lutero) «Él debe ganar la batalla». El Hijo de Dios sale a la guerra, venciendo y para vencer, hasta que haya puesto a todos los enemigos bajo sus pies.

Así pues, el tema de Apocalipsis era *contemporáneo*; es decir, fue escrito para los cristianos que vivían en la época en que fue emitido por primera vez. Nos equivocamos al interpretarlo de forma futurista, como si su mensaje estuviera destinado principalmente a un tiempo 2000 años después de que el apóstol Juan lo escribiera. (Es interesante— aunque no sorprendente— que quienes interpretan el libro de forma «futurista» siempre parecen centrarse en su propia época como objeto de las profecías. Convencidos de su propia importancia, son incapaces de pensar que viven en otro momento que no sea el clímax de la historia). Por supuesto, los acontecimientos que el apóstol Juan predijo *estaban* «en el futuro» para él y sus lectores; pero ocurrieron poco después de que los escribiera. Interpretar el libro de otro modo es contradecir tanto el alcance de la obra en su conjunto como los pasajes particulares que indican su tema. Para nosotros, la mayor parte de Apocalipsis es *historia*: Ya ha sucedido.

El mayor enemigo de la Iglesia primitiva era el apóstata Israel, que utilizaba el poder del pagano Imperio romano para intentar acabar con el cristianismo, del mismo modo que había utilizado a Roma en la crucifixión del propio Señor. El mensaje del apóstol Juan en Apocalipsis era que este gran obstáculo para la victoria de la Iglesia sobre el mundo pronto sería juzgado y destruido. Su mensaje era contemporáneo, no futurista.

Algunos se quejarán de que esta interpretación hace que Apocalipsis sea «irrelevante» para nuestra época. Pero no es así. ¿Son los libros de Romanos y Efesios «irrelevantes» solo porque fueron escritos a los creyentes del siglo I? ¿Deben descartarse 1Corintios y Gálatas porque tratan de problemas del siglo I? ¿No es *toda* la Escritura útil para los creyentes de todas las épocas (2Tim. 3:16-17)? En realidad, son los futuristas los que han hecho que Apocalipsis sea irrelevante, ya que, según la hipótesis futurista, el libro ha sido inaplicable desde el momento en que se escribió hasta el siglo XX. Solo si vemos Apocalipsis en términos de su relevancia contemporánea es algo más que letra muerta. Desde el principio, el apóstol Juan declaró que su libro iba dirigido a «las siete iglesias que están en Asia» (1:4), y debemos suponer que hablaba en serio. Es evidente que esperaba que incluso los símbolos más difíciles de la profecía pudieran ser comprendidos por sus lectores del siglo I (13:18). Ni una sola vez insinuó que su libro se había escrito pensando en el siglo XX, y que los cristianos perderían el tiempo intentando descifrarlo hasta que la *Biblia de Referencia Scofield* se convirtiera en *best-seller*. La principal relevancia de Apocalipsis fue para sus lectores del siglo I. Todavía tiene relevancia para nosotros hoy, cuando entendemos su mensaje y aplicamos sus principios a nuestras vidas y a nuestra cultura. Jesucristo sigue exigiéndonos lo mismo que exigió a la Iglesia primitiva: fidelidad absoluta a Él.

Introducción

El carácter contemporáneo de Apocalipsis se defenderá a lo largo del comentario, pero podemos considerar aquí varias líneas de evidencia. En primer lugar, está el tono general del libro, que se ocupa de los mártires (véase, por ejemplo, 6:9; 7:14; 12:11).[87]

El tema es claramente la situación actual de las Iglesias: Apocalipsis fue escrito a una Iglesia sufriente para consolar a los creyentes durante su tiempo de prueba (que tuvo lugar, como hemos visto, bajo Nerón, no bajo Domiciano). Las observaciones de J. Stuart Russell sobre este punto son particularmente acertadas: «¿Era un libro enviado por un apóstol a las iglesias de Asia Menor, con una bendición para sus lectores, una mera jerga ininteligible, un enigma inexplicable, para ellos? Difícilmente puede ser. Sin embargo, si el libro estaba destinado a desvelar los secretos de tiempos lejanos, ¿no debía ser necesariamente ininteligible para sus primeros lectores, y no solo ininteligible, sino incluso irrelevante e inútil? Si hablaba, como algunos quieren hacernos creer, de hunos, godos y sarracenos, de emperadores y papas medievales, de la Reforma protestante y la Revolución francesa, ¿qué interés o significado podía tener para las iglesias cristianas de Éfeso, Esmirna, Filadelfia y Laodicea? Especialmente cuando consideramos las circunstancias reales de aquellos primeros cristianos— muchos de ellos soportando crueles sufrimientos y penosas persecuciones, y todos ellos esperando ansiosamente que se acercara la hora de la liberación, que ya estaba cerca— ¿a qué propósito podría haber respondido enviarles un documento que se les instó a leer y reflexionar, que todavía se ocupaba principalmente de acontecimientos históricos tan distantes como para estar más allá del alcance de sus simpatías, y tan oscuros que incluso en la actualidad los críticos más sagaces apenas están de acuerdo en un solo punto?

¿Es concebible que un apóstol se burlara de los cristianos sufrientes y perseguidos de su tiempo con oscuras parábolas sobre épocas lejanas? Si este libro estaba realmente destinado a ministrar fe y consuelo a las mismas personas a las que fue enviado, sin duda debe tratar de asuntos en los que estaban práctica y personalmente interesados. ¿Y no sugiere esta consideración tan obvia la verdadera clave de Apocalipsis? *¿No debe referirse necesariamente a asuntos de la historia contemporánea?* La única hipótesis defendible, la única razonable, es que estaba destinado a ser comprendido por sus lectores originales; pero esto es tanto como decir que debe ocuparse de los acontecimientos y transacciones de su propio tiempo, y estos conformados en un espacio de tiempo comparativamente breve».[88]

En segundo lugar, el apóstol Juan escribe que el libro se refiere a «las cosas que deben suceder pronto» (1:1), y advierte que «el tiempo está cerca» (1:3). Por si se nos escapara, vuelve a decir, al final del libro, que «el Señor, el Dios de los espíritus de los profetas, ha enviado su ángel, para mostrar a sus siervos las cosas que deben suceder pronto» (22:6). Ya que una prueba importante de que un profeta es verdadero es que sus predicciones se cumplen (Dt. 18:21-22), los lectores del apóstol Juan del siglo I tenían motivos para esperar

---

[87] Véase Louis Bouyer, *The Spirituality of the New Testament and the Fathers*, trad. Mary P. Ryan (Minneapolis: The Seabury Press, 1963), p. 120s.

[88] J. Stuart Russell, *The Parousia: A Critical Inquiry into the New Testament Doctrine of Our Lord's Second Coming* (Grand Rapids: Baker Book House, [1887] 1983), p. 366.

que su libro tuviera un significado inmediato. Las palabras *en breve* y *cerca* no pueden significar otra cosa que lo que dicen. Algunos objetarán esto basándose en 2Pedro 3:8, que «un día es para el Señor como mil años, y mil años como un día». Pero el contexto es totalmente distinto: Pedro está exhortando a sus lectores del primer siglo a tener paciencia con respecto a las promesas de Dios, asegurándoles que la fidelidad de Dios a su santa Palabra no se agotará ni disminuirá.

Apocalipsis no trata de la segunda venida de Cristo. Trata sobre la destrucción de Israel y la victoria de Cristo sobre sus enemigos en el establecimiento del templo del Nuevo Pacto. De hecho, como veremos, la palabra *venida* como se usa en el libro de Apocalipsis nunca se refiere a la segunda venida. Apocalipsis profetiza el juicio de Dios sobre el Israel apóstata; y aunque brevemente apunta a eventos más allá de sus intereses inmediatos, eso se hace meramente como un «resumen», para mostrar que los impíos nunca prevalecerán contra el reino de Cristo. Pero el enfoque principal de Apocalipsis se centra en los acontecimientos que pronto iban a suceder.

En tercer lugar, el apóstol Juan identifica ciertas situaciones como contemporáneas: En 13:18, anima claramente a sus lectores contemporáneos a calcular el «número de la bestia» y descifrar su significado; en 17:10, uno de los siete reyes está actualmente en el trono; y el apóstol Juan nos dice que la gran ramera «es [tiempo presente] la gran ciudad, que *reina* [tiempo presente] sobre los reyes de la tierra» (17:18). Una vez más, Apocalipsis debía entenderse en términos de su significado contemporáneo. Una interpretación futurista se opone por completo a la forma en que el propio apóstol Juan interpreta su propia profecía.

En cuarto lugar, debemos fijarnos cuidadosamente en las palabras del ángel en 22:10: «No selles las palabras de la profecía de este libro, porque el tiempo está cerca». Una vez más, por supuesto, se nos dice explícitamente que la profecía es de naturaleza contemporánea; pero hay más. La declaración del ángel contrasta con la orden que Daniel recibió al final de su libro: «Cierra las palabras y *sella el libro* hasta el tiempo del fin» (Dan. 12:4). A Daniel se le ordenó específicamente que sellara su profecía, porque se refería al «fin», en un futuro lejano. Pero al apóstol Juan se le dice que *no* selle su profecía, porque el tiempo del que habla está *cerca*.

Así pues, el libro de Apocalipsis se centra en la situación contemporánea del apóstol Juan y sus lectores del siglo I. Fue escrito para mostrar a aquellos primeros cristianos que Jesús es el Señor, «el soberano sobre los reyes de la tierra» (Ap. 1:5). Muestra que Jesús es la clave de la historia del mundo— que nada puede ocurrir al margen de su soberana voluntad, que Él será glorificado en todas las cosas y que sus enemigos lamerán el polvo. Los cristianos de aquel día eran tentados a transigir con el estatismo y las falsas religiones de su tiempo, y necesitaban este mensaje del dominio absoluto de Cristo sobre todo, para que pudieran fortalecerse en la guerra a la que estaban llamados.

Y nosotros también necesitamos este mensaje. Nosotros también estamos sometidos diariamente a las amenazas y seducciones de los enemigos de Cristo. A nosotros también se nos pide— incluso por parte de compañeros cristianos— que transijamos con las bestias y rameras modernas para salvarnos a nosotros mismos (o a nuestros trabajos o propiedades o exenciones de impuestos). Y nosotros también nos enfrentamos a una elección: rendirnos a

Introducción

Jesucristo o rendirnos a Satanás. Apocalipsis habla poderosamente hoy, y su mensaje para nosotros es el mismo que fue para la Iglesia primitiva: que «no hay un centímetro cuadrado de suelo en el cielo o en la tierra o debajo de la tierra en el que haya paz entre Cristo y Satanás»;[89] que nuestro Señor exige la sumisión universal a su gobierno; y que Él ha predestinado a su pueblo a la conquista victoriosa y al dominio sobre todas las cosas en su nombre. No debemos transigir ni dar cuartel en la gran batalla de la historia. Se nos ha ordenado ganar.

Nota sobre el texto

No pretendo ser un crítico textual. Sin embargo, para elaborar un comentario detallado, era necesario decidir de un modo u otro qué tradición textual del Nuevo Testamento seguir. La traducción de este comentario se basa en gran medida en las recomendaciones de Hodges y Farstad en su «Majority Text» *Greek New Testament* [*Nuevo Testamento Griego* «Texto Mayoritario»].[90] Los argumentos básicos a favor de la postura del Texto Mayoritario se han presentado en los trabajos de Jakob van Bruggen,[91] Wilbur N. Pickering,[92] Harry A. Sturz,[93] y otros;[94] no es necesario repetirlos aquí. Sin embargo, quiero subrayar que en realidad no se trata de una cuestión de *mayoría* (es decir, de contar simplemente los manuscritos), sino de catolicidad: El sentido del «Texto Mayoritario» es que es el texto católico, el Nuevo Testamento utilizado por la Iglesia universal de todas las épocas[95]— en contraste con el llamado «texto crítico» de la mayoría de las traducciones modernas, que representa una tradición minúscula y variante producida en Egipto.

---

[89] Cornelius Van Til, *Essays on Christian Education* (Nutley, Nueva Jersey: Presbyterian and Reformed Publishing Co., 1977), p. 27.

[90] Zane C. Hodges y Arthur L. Farstad, *The Greek New Testament According to the Majority Text* (Nashville: Thomas Nelson Publishers, 1982). Es decir, en los casos en que las pruebas presentadas por Hodges y Farstad parecen inequívocas, las he apoyado; en los casos en que no son tan claras, me he sentido libre de discrepar.

[91] Jakob van Bruggen, *The Ancient Text of the New Testament* (Winnipeg: Premier Printing Ltd., 1976); idem, *The Future of the Bible* (Nashville: Thomas Nelson Publishers, 1978).

[92] Wilbur N. Pickering, *The Identity of the New Testament Text* (NashVille: Thomas Nelson Publishers, 1977).

[93] Harry A. Stutz, *The Byzantine Text-Ope in New Testament Textual Criticism* (Nashville: Thomas Nelson Publishers, 1984). Sturz adopta una postura mucho más moderada que la de Hodges, Pickering y los demás defensores del Texto Mayoritario. Su valioso estudio demuestra que las llamadas lecturas «bizantinas» (es decir, del Texto Mayoritario) son tempranas e independientes. Así, aunque no cree que el texto bizantino sea «primario», demuestra que tampoco puede considerarse «secundario».

[94] Cf. David Otis Fuller, ed., *Which Bible?* (Grand Rapids: International Publishers, 5ta. ed., 1975); *True or False? The Westcott-Hort Textual Theory Examined* (Grand Rapids: International Publishers, 1973); *Counterfeit or Genuine?— Mark 16? John 8?* (Grand Rapids: International Publishers, 1975); Edward F. Hills, *The King James Version Defended!* (Des Moines: Christian Research Press, 1956, 1973). Sin embargo, es importante señalar que la postura de los defensores del Texto Mayoritario no es exactamente la misma que la de los defensores de la King James Version (o del Textus Receptus). El argumento de este último grupo es que el texto verdadero se ha preservado providencialmente en las lecturas del Textus Receptus, incluso en aquellos casos (por ejemplo, 1Jn. 5:7; Ap. 22:19) en los que la evidencia manuscrita griega real es escasa o inexistente. Es interesante que (en contraste con el resto del Nuevo Testamento) las lecturas del Texto Mayoritario para Apocalipsis concuerdan más a menudo con el «texto crítico» que con el Textus Receptus.

[95] Por esta razón, es muy lamentable que Hodges y Farstad hayan optado por ignorar las lecturas de los leccionarios tradicionales al cotejar su edición (*The Greek New Testament According to the Majority Text*, p. xviii).

Panorama de Apocalipsis

El siguiente esquema no es más que una versión más detallada de la estructura de pactos mencionada anteriormente. Apocalipsis es tan complejo que uno siente la tentación de entregarse a interminables análisis estructurales (algunos se señalarán a medida que avancemos en el comentario). Sin embargo, hay otro punto que no debe pasarse por alto desde el principio. El tema del novio y la novia subyace a todo el libro, y la profecía se divide justo en medio de estos dos motivos. Así:

I. El novio, capítulos 1-11: Esta sección comienza en (1:9-20) y termina (10:1-7) con visiones del Hijo del Hombre, revestido de gloria.

II. La novia, capítulos 12-22: Esta sección comienza en (12:1-2) y termina (21:9-27) con visiones de la Iglesia, revestida de gloria.

Esquema de Apocalipsis

I. Preámbulo: La visión del apóstol Juan del Hijo del Hombre (1:1-20)
II. Prólogo histórico: Cartas a las siete Iglesias (2:1-3:22)
    A. Éfeso (2:1-7)
    B. Esmirna (2:8-11)
    C. Pérgamo (2:12-17)
    D. Tiatira (2:18-29)
    E. Sardis (3:1-6)
    F. Filadelfia (3:7-13) G. Laodicea (3:14-22)
III. Estipulaciones: Los siete sellos (4:1-7:17)
    A. El trono (4:1-11)
    B. El libro sellado (5:1-5)
    C. El Cordero en pie como inmolado (5:6-14)
    D. Los cuatro primeros sellos: Jinetes (6:1-8)
    E. El quinto sello: Mártires (6:9-11)
    F. El sexto sello: La decreación (6:12-17)
    G. Los 144.000 sellados (7:1-8)
    H. La multitud innumerable (7:9-17)
IV. Sanciones: Las siete trompetas (8:1-14:20)
    A. El séptimo sello: El altar del incienso (8:1-5)
    B. Las cuatro primeras trompetas (8:6-13)
    C. La quinta trompeta: Las langostas del abismo (9:1-12)
    D. La sexta trompeta: El ejército de las miríadas (9:13-21)
    E. El ángel del juramento (10:1-7)
    F. El librito (10:8-11)
    G. Los dos testigos (11:1-14)
    H. La séptima trompeta: Llega el reino (11:15-19)

    I.   La mujer, la semiente y el dragón (12:1-6)
    J.   Miguel y el dragón (12:7-12)
    K. La huida de la mujer (12:13-17)
    L.   La bestia del mar (13:1-10)
    M. La bestia de la tierra (13:11-18)
    N. El Cordero y los 144.000 en el Monte Sion (14:1-5)
    O. El evangelio y las copas envenenadas (14:6-13)
    P.   La cosecha y la vendimia de la tierra (14:14-20)
V. Acuerdos sucesorios: Las siete copas (15:1-22:21)
    A. El cántico de la victoria (15:14)
    B. Se abre el santuario (15:5-8)
    C. Las cuatro primeras copas: La creación de Dios toma venganza (16:1-9)
    D. Las tres últimas copas: ¡Se ha hecho! (16:10-21)
    E. Babilonia: La gran ramera (17:1-5)
    F. Babilonia: El misterio explicado (17:6-18)
    G. ¡Ha caído Babilonia! (18:1-8)
    H. Reacciones a la caída de Babilonia (18:9-20)
    I.   Babilonia derribada (18:20-24)
    J.   La cena de las bodas del Cordero (19:1-10)
    K. El jinete del caballo blanco (19:11-16)
    L.   La fiesta de la rapiña (19:17-18)
    M. La destrucción de las bestias (19:19-21)
    N. La atadura de Satanás (20:1-3)
    O. La primera resurrección y la última batalla (20:4-10)
    P.   El juicio final (20:11-15)
    Q. La nueva creación (21:1-8)
    R. La nueva Jerusalén (21:9-27)
    S.   El río de la vida (22:1-5)
    T. Ven, Señor Jesús (22:6-21)

PARTE I

PREÁMBULO:
EL HIJO DEL HOMBRE
(Apocalipsis 1)

Introducción

El preámbulo de Deuteronomio (1:1-5) comienza así: «Estas son las palabras...».[1] A continuación, el texto identifica al orador como Moisés, que, como mediador del pacto, ha recibido el «mandato» de dar y exponer la «ley» de Dios a Israel. «El Señor es, pues, el soberano que da el pacto y Moisés es su vicegerente y el mediador del pacto. Esta sección se corresponde así con el preámbulo de los tratados extra bíblicos, que también identificaban al interlocutor, el que mediante el pacto declaraba su señorío y reclamaba la obediencia del vasallo».[2] El preámbulo de Apocalipsis comienza con una expresión similar: «La revelación de Jesucristo, que Dios le dio, para mostrar a sus siervos las cosas que deben suceder pronto; y la dio a conocer, enviándola por medio de su ángel a su siervo Juan, el cual dio testimonio de la palabra de Dios, y del testimonio de Jesucristo, y de todo lo que vio». (Ap. 1:1-2)

La finalidad del preámbulo del pacto es, pues, proclamar el señorío del gran rey, declarando su *trascendencia e inmanencia* y dejando claro desde el principio que su voluntad debe ser obedecida por los vasallos, sus siervos. Los tratados bíblicos exponen la trascendencia e inmanencia de Dios refiriéndose a una o más de tres actividades: la creación, la redención y la revelación. Estas dos últimas son las que se destacan especialmente en Apocalipsis.

---

[1] El título hebreo de Deuteronomio es simplemente: Las Palabras.
[2] Meredith G. Kline, *Theaty of the Great King* (Grand Rapids: William B. Eerdmans Publishing Co., 1963), p. 30.

Preámbulo. Ya hemos señalado el énfasis en la revelación divina en la frase inicial, y esto se subraya en los versículos siguientes. Las iglesias deben oír «las palabras de la profecía y [guardar] las cosas que están escritas en ella», y el Señor pronuncia una bendición especial sobre los que obedecen (1:3); el apóstol Juan vuelve a hablar de sí mismo como alguien que ha dado testimonio de «la palabra de Dios y del testimonio de Jesús» (1:9); además, habla de la revelación que le llegó en términos de los patrones estándar y familiares de la revelación de pacto a lo largo de la historia bíblica: «Estaba yo en el Espíritu en el día del Señor, y oí detrás de mí una gran voz, como sonido de trompeta, que decía: Escribe en un libro lo que ves...» (1:10-11; véase más adelante).

En este pasaje también se hace hincapié en la redención: «Jesucristo, el testigo fiel, el primogénito de los muertos y el soberano de los reyes de la tierra. Al que nos ama y nos libertó de nuestros pecados con su sangre, e hizo de nosotros un reino y sacerdotes para su Dios y Padre, a Él sea la gloria y el dominio por los siglos de los siglos. Amén» (1:5-6). Además, se afirma específicamente que Cristo es el redentor, el Hijo del Hombre, que «viene con las nubes» en su gloriosa ascensión al Padre y juicio venidero sobre Israel para recibir el dominio mundial, la gloria y un reino; que será visto por «los que le traspasaron» y «todas las tribus de la tierra harán lamentación por Él» (1:7; cf. Dan. 7:13-14, Zc. 12:10-14, Mt. 24:30; Jn. 19:37; Ef. 1:20-22). La visión que el apóstol Juan tiene de Cristo desarrolla la idea de su obra redentora: Está revestido como Sumo Sacerdote (1:13), se revela como la gloria de Dios encarnada (1:14-15), el creador y sustentador del mundo, cuya poderosa Palabra sale a conquistar las naciones (1:16); que murió y resucitó de entre los muertos, y que vive para siempre (1:17-18).

1

REY DE REYES

Título y bendición (1:1-3)

1 La revelación de Jesucristo, que Dios le dio, para mostrar a sus siervos las cosas que deben suceder pronto; y la dio a conocer, enviándola por medio de su ángel a su siervo Juan,

2 el cual dio testimonio de la palabra de Dios, y del testimonio de Jesucristo, y de todo lo que vio.

3 Bienaventurado el que lee y los que oyen las palabras de la profecía y guardan las cosas que están escritas en ella, porque el tiempo está cerca.

1 El apóstol Juan deja claro desde el principio que su libro es una revelación, un descubrimiento o exposición de los propósitos de Dios. No pretende ser misterioso o enigmático; es, enfáticamente, *una revelación* de su tema. En concreto, es **la revelación de Jesucristo, que Dios le dio a él**— es decir, una revelación mediada por el propio Señor (cf. Heb. 1:2), sobre **las cosas que han de suceder pronto**. Apocalipsis, por tanto, no se refiere ni al ámbito de la historia universal ni al fin del mundo, sino a acontecimientos que se encontraban en un futuro próximo para el apóstol Juan y sus lectores. Como veremos a lo largo del comentario, Apocalipsis es un «litigio de pacto», que profetiza el derramamiento de la ira de Dios sobre Jerusalén. Es una profecía del período conocido en las Escrituras como «los últimos días», es decir, los últimos días de la nación del pacto, Israel, la «generación» de cuarenta años (Mt. 24:34) entre la ascensión de Cristo (30 d.C.) y la caída de Jerusalén en manos de los romanos (70 d.C.).[1] Predice acontecimientos que el apóstol Juan esperaba que sus lectores vieran muy pronto.

Esto claramente milita en contra de cualquier interpretación «futurista» del libro. Según los futuristas, el apóstol Juan estaba advirtiendo a los cristianos de su tiempo sobre cosas que nunca verían, lo que significa que Apocalipsis ha sido irrelevante durante 1900 años. Afirmar que el libro solo tiene relevancia para nuestra generación es egocéntrico; y es contrario al testimonio del propio libro. Hay que subrayar que la expresión griega de la palabra **pronto**, significa llanamente «*en breve*», y los primeros que leyeron la frase no habrían entendido que significara otra cosa (Lc. 18:8; Hch. 12:7; 22:18; 25:4; Rom. 16:20; Ap. 22:6). Una interpretación futurista queda refutada en el mismo primer versículo de Apocalipsis.

Antes de seguir adelante, debemos señalar que la afirmación inicial del apóstol Juan presupone la filosofía bíblica de la historia: Dios es Señor de todo, tiene un plan global para su creación y gobierna cada átomo de la realidad según su plan. Después de todo, ¿cómo conoce Dios el futuro? La Biblia no indica que Dios tenga una especie de bola de cristal con la que pueda percibir los acontecimientos futuros. Piense en ello. Realmente no existe tal cosa como «el futuro», en el sentido de algo «ahí fuera» que pueda adivinarse con el equipo adecuado. Decir que algo está en el futuro es simplemente decir que todavía no existe. ¿Cómo conoce Dios el futuro? La Biblia solo da una respuesta: Dios conoce el futuro porque lo ha planeado:

El Señor ha establecido su trono en los cielos, y su reino domina sobre todo (Sal. 103:19)

Nuestro Dios está en los cielos; Él hace lo que le place. (Sal. 115:3)

Y todos los habitantes de la tierra son considerados como nada, mas Él actúa conforme a su voluntad en el ejército del cielo y entre los habitantes de la tierra; nadie puede detener su mano, ni decirle: «¿Qué has hecho?». (Dan. 4:35)

Hemos obtenido herencia, habiendo sido predestinados según el propósito de aquel que obra todas las cosas conforme al consejo de su voluntad. (Ef. 1:11)

Así, aunque «el futuro» no exista todavía, es absolutamente cierto y seguro, porque el Señor Todopoderoso del universo lo ha planeado infaliblemente. Él «da vida a los muertos y llama a las cosas que no existen, como si existieran» (Rom. 4:17). Dios conoce exhaustivamente todas las cosas, porque las ha planeado exhaustivamente.

Arthur Pink escribió: «El Señor Dios omnipotente reina. Su gobierno se ejerce sobre la materia inanimada, sobre las bestias brutas, sobre los hijos de los hombres, sobre los ángeles buenos y malos, y sobre el mismo Satanás. Ni la rotación de un mundo, ni el brillo de una

---

[1] Véase David Chilton, *Paradise Restored: A Biblical Theology of Dominion* (Ft. Worth, Texas: Dominion Press, 1985), p. 112, 115-22. He explicado esto con mucho más detalle en una serie de artículos sobre los últimos días, publicados en *The Geneva Review*.

estrella, ni una tormenta, ni el movimiento de una criatura, ni las acciones de los hombres, ni los mandatos de los ángeles, ni las acciones del Diablo— *nada en todo el vasto universo puede suceder de otra manera que la que Dios ha dispuesto eternamente.* He aquí un fundamento para la fe. He aquí un lugar de descanso para el intelecto. He aquí un ancla segura y firme para el alma. No es el destino ciego, ni el mal desenfrenado, ni el hombre, ni el diablo, sino el Señor Todopoderoso quien gobierna el mundo, gobernándolo según su beneplácito y para su gloria eterna».[2]

Ahora bien, el apóstol Juan dice que estas cosas relativas al futuro le fueron **significadas** por el ángel. El uso de esta palabra nos dice que la profecía no debe tomarse simplemente como «historia escrita de antemano». Es un libro de señales, representaciones simbólicas de los acontecimientos que se avecinan. Los símbolos no deben entenderse literalmente. Así lo demuestra el uso que el apóstol Juan hace del mismo término en su evangelio (12:33; 18:32; 21:19). En todos los casos, se trata de Cristo «significando» un acontecimiento futuro mediante una indicación más o menos simbólica, más que mediante una descripción prosaica y literal. Y esta es, en general, la forma de las profecías de Apocalipsis. Es un libro de símbolos de principio a fin. Como bien dijo G. R. Beasley-Murray: «El profeta desea dejar claro que no proporciona fotografías del cielo».[3] Esto no significa que los símbolos sean ininteligibles; la interpretación no es la que cada individuo decida hacer de ella. Por otra parte, los símbolos tampoco están escritos en una especie de código, de modo que lo único que necesitamos es un diccionario o una gramática del simbolismo para «traducir» los símbolos a nuestro idioma. La única manera de entender el sistema simbólico del apóstol Juan es familiarizarse con la propia Biblia.

2-3 Aquí se establece una relación importante. El versículo 1 nos mostraba a Jesucristo dando Apocalipsis al apóstol Juan; ahora Juan declara que él mismo **dio testimonio de la Palabra de Dios y del testimonio de Jesucristo**. Así vemos que Jesús es el testigo preeminente, testificando a sus **siervos**; y vemos también que el apóstol Juan da testimonio del testimonio de Cristo, testifica del testimonio de Cristo. Puede hacerlo porque es uno de los siervos de Cristo, y se ha hecho semejante a su maestro. Al dar testimonio, el apóstol Juan se conforma a la imagen de Cristo. Estos dos modelos— Cristo y sus siervos dando doble testimonio, y los siervos de Cristo dando su imagen— se repiten a lo largo del libro, y nos ayudarán a entender pasajes como 11:4-12.

En vista que este doble testimonio (el libro de Apocalipsis) es la mismísima palabra de Dios, se pronuncia una bendición— la primera de las siete «bienaventuranzas» de la profecía (1:3; 14:13; 16:15; 19:9; 20:6, 22:7, 22:14)— sobre aquellos que son fieles a su mensaje. Fijémonos en la forma específica de la bendición, ya que ofrece otro importante indicio del contenido del libro: **Bienaventurado el que lee y los que oyen**. El apóstol Juan ha escrito esta profecía, no solo (o principalmente) para la edificación individual, sino para la Iglesia en su reunión oficial para el culto. Desde el principio, el libro de Apocalipsis se sitúa en un

---

[2] Arthur Pink, *The Sovereignty of God* (Londres: The Banner of Truth Trust, [1928] 1968), p. 43s.
[3] G. R. Beasley-Murray, *The Book of Revelation* (Grand Rapids: William B. Eerdmans Publishing Co., [1974] 1981), p. 51.

contexto litúrgico, en el que un lector lee la profecía a la congregación. La palabra griega **«lee»** se utiliza a menudo en el Nuevo Testamento para referirse a esta actividad litúrgica (Lc. 4:16; Hch. 13:27; 15:21; 2Co. 3:15; Ef. 3:4; Col. 4:16; 1Ts. 5:27; 1Tim. 4:13). El libro de Apocalipsis, como veremos, se ocupa en gran medida de la liturgia; de hecho, el culto es un tema central de la profecía. Al mostrarnos cómo se cumple la voluntad de Dios en el culto celestial, el apóstol Juan nos revela cómo la Iglesia ha de cumplir su voluntad en la tierra.

De la liturgia del culto especial salimos al mundo, para servir a Dios en la liturgia de la vida. Respondemos a la verdad («Amén») en el culto especial, y luego seguimos respondiendo en el culto general, a lo largo de toda nuestra vida. Así pues, la bendición del apóstol Juan no es solo para el que lee y los que oyen, sino para los que **guardan** su mensaje. El objetivo del libro no es simplemente informarnos sobre acontecimientos «proféticos». El objetivo de la instrucción apostólica es siempre ético: Apocalipsis está escrito para producir «amor de corazón puro, buena conciencia y fe sincera» (1Tim. 1:5). Apocalipsis nos da mandamientos que debemos cumplir; y, en particular, los lectores del siglo I debían prestar atención y obedecer sus instrucciones, pues la crisis se cernía sobre ellos. **El tiempo está cerca**, advierte el apóstol Juan, subrayando de nuevo la relevancia contemporánea de su profecía. Repite esta advertencia al final del libro (22:6-7, 10). El mundo antiguo pronto se alborotaría cuando los reinos temblaran y se desmoronaran hasta sus cimientos, y los cristianos necesitaban Apocalipsis como una guía estable durante el período de cambios dramáticos que se avecinaba. Se acercaba el fin del mundo, no la destrucción del universo físico, sino la desaparición del antiguo orden mundial, el gobierno del mundo en torno al santuario central de Jerusalén. Dios había establecido una nueva nación, un nuevo sacerdocio, una nueva humanidad que adoraba en un nuevo santuario. La casa de Dios estaba a punto de completarse, y la antigua morada provisional, como un andamio, estaba a punto de ser demolida.

Saludo y Doxología (1:4-8)

> **4** Juan, a las siete iglesias que están en Asia: Gracia a vosotros y paz, de aquel que es y que era y que ha de venir, y de los siete Espíritus que están delante de su trono,
>
> **5** y de Jesucristo, el testigo fiel, el primogénito de los muertos y el soberano de los reyes de la tierra. Al que nos ama y nos libertó de nuestros pecados con su sangre,
>
> **6** e hizo de nosotros un reino y sacerdotes para su Dios y Padre, a Él sea la gloria y el dominio por los siglos de los siglos. Amén.
>
> **7** He aquí, viene con las nubes y todo ojo le verá, aun los que le traspasaron; y todas las tribus de la tierra harán lamentación por Él; sí. Amén.
>
> **8** Yo soy el Alfa y la Omega —dice el Señor Dios— el que es y que era y que ha de venir, el Todopoderoso.

4-6 El apóstol Juan dirige su profecía **a las siete iglesias de Asia**. Es obvio, por las descripciones que siguen (cap. 2-3), que definitivamente tiene en mente estas iglesias reales. La noción propagada por C. I. Scofield y otros de que estas representan «siete fases de la historia *espiritual* de la iglesia»[4] es una mera ficción, sin pruebas objetivas; y se aplica de forma bastante arbitraria y selectiva. Hay por lo menos tres presuposiciones falaces sostenidas por aquellos que defienden esta doctrina.

En primer lugar, la doctrina de las «siete edades» presupone que el libro de Apocalipsis abarca toda la historia de la Iglesia, de principio a fin. Al defender su punto de vista, Scofield dice: «Es increíble que en una profecía que cubre el periodo eclesiástico no haya tal visión previa».[5] Muy cierto, tal vez; pero ¿quién dice que Apocalipsis cubre la historia de la Iglesia? El apóstol Juan desde luego que no. Su única afirmación es que la profecía abarca «las cosas que deben *suceder pronto*» (1:1), y que el tiempo del que habla está *cerca* (1:3). Así pues, el presupuesto más básico de la visión de las «siete edades» es totalmente falso.

La segunda presuposición sostiene que la Iglesia terminará en derrota y apostasía: Se supone que la Iglesia de Laodicea, tibia y prácticamente apóstata, de la que Cristo no tiene nada bueno que decir (3:14-22), simboliza la Iglesia de Jesucristo al final de la era. (Un corolario de este punto de vista es que los «últimos días» de los que se habla en las Escrituras, en los que la apostasía es rampante, son los últimos días reales de la historia de la Tierra). El hecho de que la Iglesia termina en victoria y triunfo es, por supuesto, lo que el presente comentario pretende demostrar; por lo tanto, no es necesario decir más aquí. Pero es importante señalar que la noción de apostasía al final de los tiempos es una *presuposición* del punto de vista de las «siete edades»; y aquellos que lo sostienen están asumiendo lo que pretenden probar.

El tercer presupuesto, por supuesto, es que *estamos* viviendo en la última edad de la Iglesia (de nuevo, debemos señalar que estas personas no pueden pensar que viven en otro momento que no sea el clímax de la historia). Esta suposición es errónea. Las profecías sobre la condición gloriosa de la Iglesia, que se cumplirán antes del regreso de Cristo, están lejos de cumplirse. Probablemente, nos quedan miles de años antes del Fin. ¡Todavía estamos en la Iglesia primitiva! Y, aunque está de moda entre los intelectuales cristianos modernos hablar de nuestra civilización como «postcristiana», deberíamos darle la vuelta a eso y hacerlo bíblicamente exacto: Nuestra cultura no es post-cristiana— ¡nuestra cultura es todavía en gran parte *pre*-cristiana![6]

Aunque, por lo tanto, no podemos decir que las siete iglesias representan siete edades en la historia de la Iglesia, hay un punto importante que observar aquí. El hecho de que se mencionen *siete* iglesias en un libro repleto de símbolos numéricos no debe pasarse por alto. En la Escritura, el *siete* es el número que indica la *plenitud cualitativa*, la naturaleza esencial

---

[4] *The Scofield Reference Bible* (Oxford University Press, 1909), nota sobre Apocalipsis 1:20; esta noción también se ha popularizado en las notas de «Biblias de estudio» como la Thompson Chain-Reference Bible: New International Version (Indianapolis: B. B. Kirkbride Bible Co.; Grand Rapids: The Zondervan Corporation, 1983), «Outline Studies of the Bible», No. 4308j («The Seven Churches of Asia»), p. 1602.

[5] Ibid.

[6] Cf. Loraine Boettner, *The Millennium* (Filadelfia: The Presbyterian and Reformed Publishing Co., 1957), p. 38-47, 63-66; Benjamin B. Warfield, «Are There Few That Be Saved?» en *Biblical and Theological Studies* (Filadelfia: The Presbyterian and Reformed Publishing Co., 1968), p. 334-350. Warfield cita a William Temple: «Con toda probabilidad, la tierra será habitable durante miríadas de años todavía. Si el cristianismo es la religión final, la iglesia está todavía en su infancia. Dos mil años son como dos días. La apelación a la 'iglesia primitiva' es engañosa; nosotros somos la 'iglesia primitiva'»; y James Adderly: «Pero debemos recordar que el cristianismo es una religión muy joven, y que incluso ahora estamos sólo al principio de la historia cristiana...» (p. 347s.).

de una cosa (como el *diez* indica «multitud», una plenitud de *cantidad*); aquí representa el hecho de que Apocalipsis está destinado a toda la Iglesia en todas las épocas. Los mensajes a las Iglesias de Asia deben aplicarse a todos, del mismo modo que las cartas del apóstol Pablo a los Romanos y a los Filipenses tienen un significado mundial. Pero al aplicar estas cartas, debemos tener cuidado de no arrancarlas de su contexto histórico.[7]

El apóstol Juan utiliza la bendición característica de los apóstoles: la **gracia** (el favor de Dios concedido a quienes, al margen de Cristo, merecen la ira) y la **paz** (el estado de reconciliación permanente con Dios mediante la expiación de Cristo). Estas bendiciones, dice, **proceden** de cada uno de los miembros de la Divinidad: el Padre, el Espíritu Santo y el Hijo. Cada uno de los Tres participa plenamente y por igual en la extensión de la gracia y la paz a los elegidos. El Padre nos eligió desde antes de la fundación del mundo y envió a su Hijo para redimirnos; el Hijo, en nuestro lugar, vivió una vida perfecta en obediencia a la Ley y pagó toda la pena por nuestros pecados; y el Espíritu aplica la obra del Padre y del Hijo mediante la regeneración y la santificación. El resumen adecuado de todo lo que Dios ha hecho por nosotros está contenido en estas palabras: **gracia y paz**.

Las personas de la Trinidad se nombran aquí en orden *litúrgico* (a diferencia del orden *teológico*). La explicación de Michael Wilcock es muy útil: «La visión de Juan le va a llevar al santuario celestial, del que el tabernáculo judío era copia y sombra (Heb. 8:5); y tal vez el orden inusual de la Trinidad aquí (Padre, Espíritu, Hijo) corresponde al plan del santuario terrenal, donde el arca en el Lugar Santísimo representa el trono de Dios, el candelabro de siete brazos en el Lugar Santo delante de ella representa el Espíritu,[8] y en el patio antes de que se encuentra el altar, con su sacerdote y el sacrificio tanto en representación, por supuesto, la obra redentora de Cristo».[9]

El saludo es una clara expresión de la fe trinitaria, más tarde plasmada en forma de credo en los concilios de Nicea (325 d.C.) y Constantinopla (381), pero ciertamente explícita en la enseñanza de la Biblia.[10] La doctrina de la Trinidad es que hay un Dios (una persona) que es tres Personas distintas— Padre, Hijo y Espíritu Santo— y que cada una de esas Personas es Dios en sí misma. No hay tres dioses— solo Uno. Sin embargo, esas tres Personas no son diferentes maneras o modos de Dios de darse a conocer a nosotros, ni deben confundirse entre sí; son tres Personas *distintas*. Cornelius Van Til lo dice tan claramente como nadie: «El Padre, el Hijo y el Espíritu Santo son cada uno una personalidad y juntos constituyen el Dios exhaustivamente personal. Existe una interacción eterna, interna y autoconsciente entre las tres personas de la Divinidad. Son consustanciales. Cada una es tan Dios como las otras

---

[7] Sucede, sin embargo, que hay un sentido en el que el apóstol Juan pretendía que sus descripciones de estas siete iglesias estuvieran legítimamente relacionadas con siete «edades» de la Iglesia; véase la introducción a la Parte II, más adelante.

[8] Nota a pie de página de Wilcock: «Compárese con 4:5, 5:6 y Zc. 4:1-5, 10b: lámparas = ojos = espíritus. El simbolismo de las lámparas en 1:12, 20 no es tan diferente; aquí es el Espíritu, allí la morada terrenal del Espíritu (1Co. 3:16), lo que se está representando».

[9] Michael Wilcock, *I Saw Heaven Opened: The Message of Revelation* (Downers Grove, Illinois: InterVarsity Press, 1975), p. 34.

[10] Una de las obras más útiles sobre el significado de los credos, incluidas sus implicaciones sociológicas, es Rousas John Rushdoony's *The Foundations of Social Order: Studies in the Creeds and Councils of the Early Church* (Tyler, Texas: Thoburn Press, [1968] 1978); véase también Gerald Bray, *Creeds, Councils, and Christ* (Downers Grove, Illinois: InterVarsity Press, 1984).

dos. El Hijo y el Espíritu no derivan su ser del Padre. La diversidad y la unidad en la Divinidad son, por tanto, igualmente definitivas; son exhaustivamente correlativas entre sí y no correlativas con ninguna otra cosa».[11]

Lo que esto significa es que Dios no es «básicamente» uno, derivándose las Personas individuales de la unidad; ni Dios es «básicamente» tres, siendo secundaria la unidad de las Personas. Ni la unidad de Dios ni su «tri-unidad» preceden a la otra; ambas son básicas. Dios es Uno y Dios es Tres. Hay tres Personas distintas e individuales, cada una de las cuales es Dios. Pero hay un solo Dios.[12] Para decirlo en un lenguaje más filosófico, la unidad de Dios (condición de uno) y su diversidad (especificidad, individualidad) son igualmente últimas. Dios es básicamente Uno y básicamente Tres al mismo tiempo.[13]

En primer lugar, el apóstol Juan describe al Padre: **Aquel que es y que era y que ha de venir**. Philip Carrington ha captado el espíritu de esta expresión, que es de un griego atroz, pero de una teología excelente: **el Ser, y él Era y el Venidero**,[14] Dios es eterno e inmutable (Mal. 3:6); cuando los primeros cristianos se enfrentaban a lo que les parecía un futuro incierto, debían tener ante sí la certeza absoluta del gobierno eterno de Dios. Dios no está a merced de un entorno; no se define por ninguna condición externa; todas las cosas existen en términos de su Palabra inerrante. Amenazados, opuestos y perseguidos por aquellos en el poder, debían sin embargo regocijarse en el conocimiento de su Dios eterno que «está por venir», que viene continuamente en juicio contra sus adversarios. La **venida** de Dios no se refiere simplemente al fin del mundo, sino a su gobierno incesante sobre la historia. Viene una y otra vez para liberar a su pueblo y juzgar a los malvados.[15]

En segundo lugar, el apóstol Juan habla del Espíritu Santo como **los siete Espíritus que están ante su trono**. Aunque algunos han tratado de ver en ello una referencia a siete ángeles, es inconcebible que la *gracia y la paz* puedan originarse de alguien que no sea Dios. La Persona de la que se habla aquí está claramente al mismo nivel que el Padre y el Hijo. La imagen del Espíritu Santo aquí (como también en 3:1; 4:5; 5:6) se basa en Zacarías 4, en el que el profeta ve a la Iglesia como un candelabro con siete lámparas, alimentadas sin intervención humana por un flujo incesante de aceite a través de «siete tubos para cada una de las lámparas» (v. 2), cuya interpretación es, como Dios dice a Zacarías: «No por el poder

---

[11] Cornelius Van Til, *Apologetics* (programa de estudio, Westminster Theological Seminary, Filadelfia, 1959), p. 8.

[12] Contrasta con las «ilustraciones» de la Trinidad, demasiado comunes en las escuelas dominicales, como un huevo, el sol, un pastel o el agua. Generalmente son más engañosas que útiles. De hecho, sus implicaciones al final son heréticas. Acaban dividiendo a Dios en tres «partes»— como la cáscara, la clara y la yema del huevo— o mostrando a Dios como una sustancia que adopta tres formas diferentes, como el agua (sólida, líquida y gaseosa).

[13] Sobre el impacto radical de la doctrina de la Trinidad en todos los ámbitos de la vida, véase R. J. Rushdoony, *Foundations of Social Order and The One and the Many* (Tyler, Texas: Thoburn Press, 1978).

[14] Philip Carrington, *The Meaning of the Revelation* (Londres: SPCK, 1931), p. 74. En efecto, toda la frase es un nombre propio e indeclinable. El problema gramatical surge del intento del apóstol Juan de traducir al griego los matices teológicos contenidos en el hebreo de Éxodo 3:14: YO SOY EL QUE SOY. El apóstol Juan no teme masacrar la lengua griega para transmitir un punto, como en Juan 16:13, donde utiliza «incorrectamente» un pronombre masculino para enfatizar la Personalidad del Espíritu Santo (Espíritu en griego es neutro, pero el apóstol Juan quería enfatizar que Él es verdaderamente un Él y no un algo).

[15] Hay varias buenas discusiones sobre los diversos significados de «Venida» en las Escrituras. Véase Oswald T. Allis, *Prophecy and the Church* (Grand Rapids: Baker Book House, 1945, 1947), p. 175-91; Loraine Boettner, *The Millennium*, p. 252-62; Roderick Campbell, *Israel and the New Covenant* (Tyler, Texas: Geneva Ministries, [1954] 1983), p. 68-80; David Chilton, *Paradise Restored*, p. 67-75, 97-105; Geerhardus Vos, *The Pauline Eschatology* (Grand Rapids: Baker Book House, 1930), p. 70-93.

ni por la fuerza, sino por mi Espíritu» (v. 6). La obra de llenura y capacitación del Espíritu Santo en la Iglesia se describe así en términos del número siete, que simboliza plenitud y totalidad. Así sucede en Apocalipsis: «A las siete Iglesias... gracia y paz a vosotros... de los siete Espíritus». Y la obra del Espíritu en la Iglesia tiene lugar en términos de dominio y majestad de Dios, **delante de su trono**. Este es, de hecho, un marcado énfasis en el libro de Apocalipsis: La palabra *trono* aparece aquí cuarenta y seis veces (el libro del Nuevo Testamento que más se acerca a esa cifra es el evangelio de Mateo, donde solo se utiliza cinco veces). Apocalipsis es, ante todo, un libro sobre el *gobierno*: revela a Jesucristo como Señor de la historia, que restaura el dominio de su pueblo mediante el poder del Espíritu Santo.

La palabra *trono* se utiliza especialmente en las Escrituras para referirse a la corte oficial de Dios, donde Él recibe el *culto oficial* de su pueblo en el Sábado.[16] Toda la visión de Apocalipsis fue vista en el *día del Señor* (1:10)— el día cristiano del culto oficial corporativo; y toda la acción del libro se centra en el culto alrededor del trono de Dios. El apóstol Juan quiere que veamos que el culto público y oficial al Señor Soberano es central en la historia, tanto en su conjunto como en sus partes constituyentes (es decir, su vida y la mía). El Espíritu comunica la gracia y la paz a las iglesias, en sentido especial, a través del culto público. Podemos ir tan lejos como para decir esto: No podemos tener comunión continua con Dios, y recibir bendiciones de Él, aparte del culto público de la Iglesia, el «lugar» de acceso al trono. El Espíritu obra en los individuos, sí, pero no obra aparte de la Iglesia. Sus obras corporativas e individuales pueden distinguirse, pero no pueden separarse. La noción de que podemos tener comunión con Dios, pero separarnos de la Iglesia y de la adoración colectiva del cuerpo de Cristo, es una idea totalmente pagana, completamente ajena a las Sagradas Escrituras. La Iglesia, *como Iglesia*, recibe gracia y paz del Espíritu séptuple; y Él está *continuamente* delante el trono, la esfera especial de su ministerio.

«Nuestras vidas están congestionadas y son ruidosas. Es fácil pensar que la Iglesia y los sacramentos compiten por nuestra atención con el otro mundo de la vida cotidiana, llevándonos a otra vida— secreta, enrarecida y remota. Sería mejor pensar en ese mundo práctico cotidiano como algo incomprensible e inmanejable, a menos y hasta que podamos acercarnos a él sacramentalmente a través de Cristo. Por lo demás, la naturaleza y el mundo están fuera de nuestro alcance; también el tiempo, que arrastra todas las cosas en un flujo sin sentido, llevando a los hombres a la desesperación, a menos que vean en él el modelo de la acción de Dios, reflejado en el año litúrgico, el camino necesario hacia la nueva Jerusalén».[17]

El tercer miembro de la Divinidad (en este orden litúrgico) es Jesucristo, del que habla el apóstol Juan con tres denominaciones: **el testigo fiel, el primogénito de entre los muertos y el soberano de los reyes de la tierra**. R. J. Rushdoony ha señalado enérgicamente cómo el término **testigo** (en griego, *mártir*), ha adquirido connotaciones ajenas al significado

---

[16] Véase, por ejemplo, 1Cró. 28:2; Sal. 132:7-8, 13-14; Is. 11:10. Cf. Meredith G. Kline, *Images of the Spirit* (Grand Rapids: Baker Book House, 1980), p. 20s., 39m, 46, Ills. Como observó Geerhardus Vos, el significado del tabernáculo en el Antiguo Testamento es que «es el palacio del rey en el que el pueblo le rinde homenaje...» (*Biblical Theology: Old and New Testaments* [Grand Rapids: William B. Eerdmans Publishing Co., 1948], p, 168).

[17] Alexander Schmemann, *Church, World, Mission: Reflections on Orthodoxy in the West* (Crestwood, Nueva York: St. Vladimir's Seminary Press, 1979), p. 226.

original de la palabra: «En la Biblia, el testigo es aquel que trabaja para hacer cumplir la ley y ayudar en su ejecución, incluso hasta la aplicación de la pena de muerte. 'Mártir' ha pasado a significar exactamente lo contrario, es decir, alguien que es ejecutado en lugar de ser un verdugo, alguien que es acusado en lugar de alguien que es central en el procesamiento de la acusación. El resultado es un grave error de lectura de las Escrituras... El significado de Jesucristo como 'el testigo fiel y verdadero' es que Él no solo testifica contra aquellos que están en guerra contra Dios, sino que también los ejecuta... Por lo tanto, Jesucristo testifica contra todo hombre y nación que establezca su vida sobre cualquier otra premisa que no sea el Dios soberano y trino y su infalible y absoluta palabra-ley».[18]

El tema de Cristo como testigo preeminente es importante en Apocalipsis, como señalamos anteriormente en el v. 2. Para complementar el análisis de Rushdoony, podemos observar que un aspecto central del testimonio de Cristo fue su muerte a manos de falsos testigos. Los que en este libro portan testimonio en su imagen, también lo harán a costa de sus vidas (6:9; 12:11). Así pues, la connotación moderna de la palabra *mártir* no es tan descabellada y antibíblica como podría parecer a primera vista; pero es necesario, como ha demostrado Rushdoony, recordar el significado básico del término.

Jesús es también **el primogénito de entre los muertos**. Por su resurrección de entre los muertos, ha alcanzado la supremacía, teniendo el primer lugar en todo (Col. 1:18). Como dijo Pedro el día de Pentecostés: «A este Jesús resucitó Dios, de lo cual todos nosotros somos testigos. Así que, exaltado a la diestra de Dios, y habiendo recibido del Padre la promesa del Espíritu Santo, ha derramado esto que vosotros veis y oís. Porque David no ascendió a los cielos, pero él mismo dice: Dijo el Señor a mi Señor: 'Siéntate a mi diestra, hasta que ponga a tus enemigos por estrado de tus pies'. Sepa, pues, con certeza toda la casa de Israel, que a este Jesús a quien vosotros crucificasteis, Dios le ha hecho Señor y Cristo» (Hch 2:32-36). Dios cumplió la promesa que había hecho mucho antes: «Yo también lo haré mi primogénito, el más excelso de los reyes de la tierra» (Sal. 89:27).

Es evidente que el apóstol Juan tenía en mente este pasaje de Salmos, pues la siguiente designación que da a nuestro Señor es la de **soberano de los reyes de la tierra**. La primacía y la soberanía de Cristo están por encima de todo. Él no es «solo» el Salvador, esperando un evento cataclísmico futuro antes de que pueda convertirse en rey; Él es el rey universal ahora, en esta era— sentado a la diestra de su Padre mientras todos sus enemigos son puestos bajo sus pies. Este proceso de tomar dominio sobre toda la tierra en términos de su título legítimo está sucediendo en este momento, y ha sido desde que resucitó de entre los muertos. Como primogénito (¡y unigénito!), Cristo posee los derechos de corona de toda la creación: «*Toda* autoridad me ha sido dada en el cielo y en la tierra», afirmó (Mt. 28:18). Todas las naciones le han sido concedidas como su herencia, y los reyes de la tierra están bajo orden judicial de someterse a Él (Sal. 2:8-12). Comentando sobre el título de Cristo de **soberano de los reyes de la tierra**, William Symington escribió: «Las personas que aquí se supone que están sujetas a Cristo, son reyes, gobernantes civiles, supremos y subordinados, todos en la autoridad civil, ya sea en las ramas legislativa, judicial o ejecutiva del gobierno. De tales

---

[18] Rousas John Rushdoony, *The Institutes of Biblical Law* (Nutley, Nueva Jersey: The Craig Press, 1973), p. 573s.

Jesucristo es príncipe;— ὁ ἄρχων, gobernante, señor, jefe, el primero en poder, autoridad y dominio».[19]

Esta, de hecho, es precisamente la razón de la persecución de los cristianos por el estado. Jesucristo, mediante el evangelio, ha afirmado su soberanía y dominio absolutos sobre los gobernantes y las naciones de la tierra. Ellos tienen una opción: O someterse a su gobierno y ley, aceptando sus términos no negociables de rendición y paz, o ser hechos pedazos por la vara de su ira. Una postura tan audaz e intransigente es una afrenta a la dignidad de cualquier humanista que se precie— mucho más para los gobernantes acostumbrados a considerarse dioses que caminan sobre la tierra. Tal vez a este Cristo se le pueda permitir un lugar en el panteón, junto con el resto de nosotros los dioses; pero que sus seguidores lo proclamen como Señor de todo, cuya ley es vinculante para todos los hombres, cuyos estatutos juzgan la legislación y los decretos de las naciones— esto es demasiado; es inexcusable, y no se puede permitir.

Habría sido mucho más fácil para los primeros cristianos, por supuesto, si hubieran predicado la popular doctrina del escapismo; de que Jesús es el Señor del «corazón», que Él se ocupa de las conquistas «espirituales» (es decir, no terrenales), pero no está interesado en lo más mínimo en cuestiones políticas; que Él se contenta con ser «Señor» en el reino del espíritu, mientras que el César es el Señor en todas partes (es decir, donde sentimos que realmente importa). Semejante doctrina no habría supuesto amenaza alguna para los dioses de Roma. De hecho, ¡el César no podría pedir una religión más cooperativa! El cristianismo desdentado e impotente es una mina de oro para el estatismo: Mantiene la atención de los hombres centrada en las nubes mientras el estado les roba los bolsillos y les roba a sus hijos.

Pero la Iglesia primitiva no conocía esta enseñanza escapista. En su lugar, enseñó la doctrina *bíblica* del señorío de Cristo: que Él es Señor de todo, «Soberano de los reyes de la tierra». Fue esto lo que garantizó su persecución, tortura y muerte a manos del estado. Y fue también esto lo que garantizó su victoria final. Porque Jesús es Señor universal, toda oposición a su gobierno está condenada al fracaso y será aplastada. Porque Cristo es rey de reyes, los cristianos tienen aseguradas dos cosas: la guerra a muerte contra todos los aspirantes a dioses; y el triunfo completo de la fe cristiana sobre todos sus enemigos.

Por esta razón, el apóstol Juan prorrumpe en una doxología de alabanza a Jesucristo, **que nos ama y nos ha liberado de nuestros pecados con** el precio de rescate de **su sangre, y nos ha constituido en una nación de reyes y sacerdotes para su Dios y Padre; a Él sea la gloria y el dominio por los siglos de los siglos.** No solo hemos sido redimidos de nuestra esclavitud, sino que hemos sido constituidos en reino de sacerdotes. El reino ha comenzado: Los cristianos gobernamos ahora con Cristo (Ef. 1:20-22; 2:6; Col. 1:13), y nuestro dominio aumentará en todo el mundo (Ap. 5:9-10). Somos un sacerdocio victorioso y conquistador, que pone todas las áreas de la vida bajo su dominio.

---

[19] William Symington, *Messiah the Prince: or, The Mediatorial Dominion of Jesus Christ* (Flladelfia: The Christian Statesman Publishing Co., [1839] 1884), p. 208.

7-8 El versículo 7 anuncia el tema del libro, que no es la Segunda Venida de Cristo, sino la Venida de Cristo en juicio sobre Israel, para establecer la Iglesia como nuevo reino. **Viene con las nubes**, proclama el apóstol Juan, utilizando una de las imágenes bíblicas más familiares del juicio (cf. Gén. 15:17; Éx. 13:21-22, 14:19-20, 24; 19:9, 16-19; Sal. 18:8-14, 104:3, Is. 19:1; Ez. 32:7-8, Mt. 24:30, Mc. 14:62; Hch. 2:19). Esta es la nube de gloria, el carro celestial de Dios mediante el cual da a conocer su gloriosa presencia.[20] La nube es una revelación de su trono, cuando viene a proteger a su pueblo y a destruir a los malvados. Una de las descripciones más sorprendentes de la «venida en las nubes» de Dios se encuentra en la profecía de Nahum contra Nínive (Nah. 1:2-8):

> Dios celoso y vengador es el Señor;
> vengador es el Señor e irascible.
> El Señor se venga de sus adversarios,
> y guarda rencor a sus enemigos.
> El Señor es lento para la ira y grande en poder,
> y ciertamente el Señor no dejará impune al culpable.
> En el torbellino y la tempestad está su camino,
> y las nubes son el polvo de sus pies.
> El reprende al mar y lo hace secar,
> y todos los ríos agota.
> Languidecen Basán y el Carmelo,
> y las flores del Líbano se marchitan.
> Los montes tiemblan ante Él,
> y los collados se derriten;
> sí, en su presencia se levanta la tierra,
> el mundo y todos los que en él habitan.
> En presencia de su indignación, ¿quién resistirá?
> ¿Quién se mantendrá en pie ante el ardor de su ira?
> Su furor se derrama como fuego,
> y las rocas se despedazan ante Él.
> Bueno es el Señor,
> una fortaleza en el día de la angustia,
> y conoce a los que en Él se refugian.
> Pero con inundación desbordante
> pondrá fin a Nínive,
> y perseguirá a sus enemigos aun en las tinieblas

Su venida en las nubes, por tanto, trae juicio y liberación en la historia; no hay razón, ni en el uso bíblico general de este término ni en su contexto inmediato aquí, para suponer que se refiere al fin literal del mundo físico (aunque el sentido puede aplicarse ciertamente también

---

[20] Véase Chilton, *Paradise Restored*, p. 57ss., 97ss.; cf. Kline, *Images of the Spirit*.

al último día). El apóstol Juan está hablando del hecho, subrayado a lo largo del período de los «últimos días» por los apóstoles, de que una crisis se acercaba rápidamente: como había prometido, Cristo vendría contra la generación actual «en las nubes», en juicio iracundo contra el Israel apóstata (Mt. 23-25). **Y todo ojo le verá, aun los que le traspasaron** (los gentiles, Jn. 19:34, 37): Los crucificadores lo **verían a Él** venir en juicio— es decir, *experimentarían* y *entenderían* que su Venida significaría ira sobre la tierra (cf. el uso de la palabra ver en Mc. 1:44; Lc. 17:22; Jn. 3:36; Rom. 15:21). El Señor había usado la misma terminología de su venida contra Jerusalén al final de esa generación (Mt. 24:30), e incluso advirtió al Sumo Sacerdote: «Veréis al Hijo del Hombre sentado a la diestra del Poder, y viniendo sobre las nubes del cielo» (Mt. 26:64). En otras palabras, los apóstatas de aquella generación malvada comprenderían el significado de la ascensión de Cristo, la venida definitiva del Hijo del Hombre, el segundo Adán (Dan. 7:13). En la destrucción de su ciudad, de su civilización, de su templo, de todo su orden mundial, comprenderían que Cristo había ascendido a su trono como Señor del cielo y de la tierra. Verían que el Hijo del Hombre había venido al Padre.

Jesús había dicho también que «todas las tribus de la tierra harán duelo» el día de su venida (Mt. 24:30), que «allí será el llanto y el crujir de dientes» (Mt. 24:51). El apóstol Juan repite esto como parte del tema de su profecía: **todas las tribus de la tierra** [los judíos] **llorarán por Él**. Tanto Jesús como el apóstol Juan reinterpretaron así esta expresión, tomada de Zacarías 12:10-14, donde aparece en un contexto original de luto de Israel por arrepentimiento. Pero Israel había sobrepasado el punto de no retorno; su luto no sería el del arrepentimiento, sino pura agonía y terror.

Sin embargo, esto no niega las promesas de Zacarías. En efecto, a través del juicio de Cristo sobre Israel, mediante su excomunión, el mundo será salvo; y, a través de la salvación del mundo, el propio Israel se volverá de nuevo al Señor y será salvo (Rom. 11:11-12, 15, 23-24). Porque Cristo viene en las nubes, en la historia, juzgando a los hombres y a las naciones, la tierra es redimida. No viene simplemente para juzgar, sino para juzgar a fin de salvar. «Cuando la tierra tiene conocimiento de tus juicios, aprenden justicia los habitantes del mundo» (Is. 26:9). Desde el principio, el propósito definitivo de la venida de Cristo ha sido redentor: «Porque Dios no envió a su Hijo al mundo para juzgar al mundo, sino para que el mundo sea salvo por Él» (Jn. 3:17). Cristo «viene en las nubes» en juicios históricos para que el mundo conozca al **Señor Dios** como la fuente y meta eterna e inmutable de toda la historia (Rom. 11:36), **el Alfa y la Omega**, la A y la Z (cf. Is. 44:6), **el que es y el que era y el que ha de venir**, el origen eterno y la consumación de todas las cosas. **Todopoderoso** es la traducción habitual de la palabra griega *Pantokratōr*, que significa *Aquel que tiene todo el poder y gobierna sobre todo*, el equivalente neotestamentario de la expresión veterotestamentaria *Señor de las huestes*, el «capitán de los ejércitos» (refiriéndose a los ejércitos de Israel, o a los ejércitos de estrellas/ángeles del cielo, o a los ejércitos de las naciones paganas, a los que Dios utilizó para derramar su ira sobre su pueblo desobediente). Cristo estaba a punto de demostrar a Israel y al mundo que había ascendido al trono como gobernante supremo.

Jesucristo, trascendente e inmanente (1:9-16)

9 Yo, Juan, vuestro hermano y compañero en la tribulación, en el reino y en la perseverancia en Jesús, me encontraba en la isla llamada Patmos, a causa de la palabra de Dios y del testimonio de Jesús.

10 Estaba yo en el Espíritu en el día del Señor, y oí detrás de mí una gran voz, como sonido de trompeta,

11 que decía: Escribe en un libro lo que ves, y envíalo a las siete iglesias: a Éfeso, Esmirna, Pérgamo, Tiatira, Sardis, Filadelfia y Laodicea.

12 Y me volví para ver de quién era la voz que hablaba conmigo. Y al volverme, vi siete candelabros de oro;

13 y en medio de los candelabros, vi a uno semejante al Hijo del Hombre, vestido con una túnica que le llegaba hasta los pies y ceñido por el pecho con un cinto de oro.

14 Su cabeza y sus cabellos eran blancos como la blanca lana, como la nieve; sus ojos eran como llama de fuego;

15 sus pies semejantes al bronce bruñido cuando se le ha hecho refulgir en el horno, y su voz como el ruido de muchas aguas.

16 En su mano derecha tenía siete estrellas, y de su boca salía una aguda espada de dos filos; su rostro era como el sol cuando brilla con toda su fuerza.

9 En este notable versículo tenemos un resumen conciso de la cosmovisión del apóstol Juan, su visión fundamental sobre de qué se trata la vida. Está en marcado contraste con los puntos de vista de la teología evangélica moderna y dispensacional estadounidense, que sostiene que (1) no hay **tribulación** para el cristiano, (2) Cristo no tiene un **reino** en esta era, y (3) ¡no se requiere ni se espera que el cristiano **persevere**! Pero para el apóstol Juan y sus lectores, la vida cristiana sí implicaba estas cosas. Por supuesto, la tribulación no es toda la historia de la vida cristiana; ni la Iglesia sufre de forma idéntica en todos los tiempos y lugares. A medida que el evangelio se apodera del mundo, a medida que los cristianos toman el dominio, la tribulación disminuye. Pero es una absoluta locura (y maldad) que los cristianos supongan que son inmunes a todo sufrimiento. Jesús había advertido a sus discípulos que vendrían la tribulación, el sufrimiento y la persecución (Jn. 15:18-20; 16:33; 17:14-15).

Sin embargo, más concretamente, el apóstol Juan está pensando en un período especial de dificultades; no solo en la tribulación en general, sino en **la tribulación**, tema de muchos escritos apostólicos a medida que la era de los últimos días avanzaba hacia su clímax (1Ts. 1:6; 3:4; 2Ts. 1:4-10; 1Tim. 4:1-3; 2Tim. 3:1-12). Durante este período de agitación política y perturbación social, la apostasía y la persecución estallaron con venganza, como Jesús había predicho (Mt. 24:4-13). Los cristianos sufrieron enormemente; sin embargo, tenían la certeza de que la tribulación no era sino el preludio del firme establecimiento del reinado de Cristo sobre la tierra. Los apóstoles Pablo y Bernabé habían animado a otros cristianos asiáticos a continuar en la fe, recordándoles que «es necesario que a través de muchas tribulaciones entremos en el reino de Dios» (Hch. 14:22). Lo que daba sentido a sus sufrimientos era que estaban **en Cristo Jesús**, en unión con sus sufrimientos; como escribió el apóstol Pablo: «Ahora me alegro de mis sufrimientos por vosotros, y en mi carne, completando lo que falta de las aflicciones de Cristo, hago mi parte por su cuerpo, que es la iglesia» (Col. 1:24)

Así pues, la visión del mundo del apóstol Juan no implica solo tribulación. Él también está **en el reino... en Cristo Jesús**. Como vimos anteriormente (v. 5-6), la doctrina del Nuevo Testamento, basada en pasajes del Antiguo Testamento como Daniel 2:31-45 y 7:13-14, es que el reino ha llegado en la primera venida de Jesucristo. Desde su ascensión al trono, Él ha estado reinando «muy por encima de todo principado, autoridad, poder, dominio y de todo nombre que se nombra, no solo en este siglo sino también en el venidero. Y todo sometió bajo sus pies» (Ef. 1:21-22; cf. Mc. 1:14-15, Mt. 16:28; 28:18; Hch. 2:29-36, Col. 1:13). Si todas las cosas están ahora sujetas bajo sus pies, ¿qué más podría añadirse a su dominio? Por supuesto, los «gobernantes y autoridades» todavía tienen que ser derribados; de eso trata gran parte de la profecía del apóstol Juan. Pero en principio, y definitivamente, el reino ha llegado. Esto significa que no tenemos que esperar a algún acontecimiento redentor o escatológico futuro para poder tomar efectivamente el dominio de la tierra. El dominio del pueblo de Dios en todo el mundo será simplemente el resultado de una realización progresiva de lo que Cristo mismo ya ha llevado a cabo. El apóstol Juan quería que sus lectores comprendieran que estaban tanto en la Gran Tribulación *como* en el reino—que, de hecho, estaban en la tribulación precisamente porque el reino había llegado (Dan. 7:13-14). Estaban en guerra, luchando por la victoria del reino (Dan. 7:21-22), y por ello necesitaban el tercer elemento de la cosmovisión del apóstol Juan: **la perseverancia en Cristo Jesús**. Perseverancia es una palabra importante en el mensaje de Apocalipsis, y el apóstol Juan la utiliza siete veces (1:9; 2:2, 3, 19; 3:10; 13:10; 14:12).

Aquí también hay un contraste radical con gran parte del dispensacionalismo moderno. Ya que la versión diluida del cristianismo actualmente de moda en los Estados Unidos contemporáneos rechaza los conceptos del reinado y señorío de Cristo,[21] también rechaza la enseñanza bíblica sobre la perseverancia— ¡y el resultado predecible es que comparativamente, pocos conversos del evangelicalismo moderno son capaces de mantenerse incluso en *esa* fe tan poco exigente![22] La doctrina popular de la «seguridad eterna» es solo una verdad a medias, en el mejor de los casos: le da a la gente una base no bíblica para la seguridad (por ejemplo, el hecho de que caminaron por el pasillo durante una reunión de avivamiento, etc.), en lugar de la clase de seguridad dada en las Escrituras— seguridad que está relacionada con la perseverancia (cf. 1Jn. 2:34). La Biblia no enseña

---

[21] Para un ejemplo reciente de esta postura, véase Norman Geisler, «A Premillennial View of Law and Government», *Bibliotheca Sacra* (Julio-Septiembre 1985), p. 250-66. Escribiendo contra el postmilenialismo de R. J. Rushdoony y otros «reconstruccionistas», Geisler dice en realidad: «Los postmilenialistas trabajan para hacer unos Estados Unidos cristianos. Los premilenialistas trabajan por unos Estados Unidos verdaderamente libres» (p. 260). La elección es clara: ¿Elegimos el cristianismo? ¿O elegimos la libertad? Hay que elogiar a Geisler por haber planteado la cuestión con tanta precisión; técnicamente hablando, sin embargo, no es el primero en haber planteado el dilema de esta manera. Se sitúa en una antigua tradición (Gén. 3:1-5).

[22] Véase Walter Chantry, *Today's Gospel: Authentic or Synthetic?* (Edimburgo: The Banner of Truth Trust, 1970), y Arend J. ten Pas, *The Lordship of Christ* (Vallecito, California: Ross House Books, 1978).

simplemente que somos preservados, sino que también perseveramos hasta el fin (ver Jn. 10:28-29; Rom. 8:35-39; 2Co. 13:5, Fil. 1:6, 2:12-13, Col. 1:21-23; 2Pe. 1:10).

El apóstol Juan dice a los sufridos, pero reinantes y perseverantes cristianos de Asia que él es su **hermano y compañero** en todas estas cosas, incluso ahora en el exilio **en la isla de Patmos**. Esto fue un castigo por su actividad apostólica, pero el lenguaje en que lo expresa es interesante: **A causa de la Palabra de Dios y del testimonio de Jesucristo**. El apóstol Juan no dice que está encarcelado en una roca en el mar a causa de su propio testimonio sobre Cristo, sino a causa de la Palabra de Dios y del testimonio de Jesús. Sufre porque Dios ha hablado, porque Jesús ha dado testimonio. Cristo, el testigo fiel, ha llevado el testimonio contra los pretendidos dioses de esta época, y ellos han contraatacado encarcelando al apóstol. Por eso la **tribulación y el reino y la perseverancia** en que participan estos creyentes están todos **en Cristo Jesús**: su testimonio ha determinado el curso de la historia.

10 Cuando el apóstol Juan dice **que llegó a estar en el Espíritu**, no quiere decir que se sintiera bien. La expresión no tiene nada que ver con su actitud o estado de ánimo personal y subjetivo, sino que se refiere a una experiencia concreta. Se trata de lenguaje técnico profético (Mt. 22:43; cf. Núm. 11:25; 2Sam. 23:2; Ez. 2:2; 3:24; 2Pe. 1:21), y se refiere al hecho de que el autor es un apóstol inspirado, que recibe revelación al ser admitido en la cámara del concilio celestial.[23]

El apóstol Juan nos dice que esta visión fue vista **en el día del Señor**. El origen de este importante término se remonta al primer Sábado, cuando Dios descansó de la creación (Gén. 2:2-3). El término *descanso* en las Escrituras a menudo se refiere a Dios sentado en su trono como Juez, recibiendo la adoración de sus criaturas (1Cró. 28:2; Sal. 132:7-8, 13-14; Is. 11:10; 66:1). Este Sábado original era el prototipo del «día del Señor» en las Escrituras, el día del juicio. El Sábado semanal en Israel era una representación (y una representación previa) del primer y último *día del Señor*,[24] en el que el pueblo se reunía para el juicio, la ejecución, la declaración judicial del perdón y la proclamación de la palabra del rey. Para nosotros también, este es el significado del día del Señor, cuando venimos ante el trono de Dios para ser perdonados y restaurados, para escuchar su palabra, y para estar en comunión con Él (así, en un sentido *general*— y no exactamente el sentido especial en el que el apóstol Juan lo usa aquí— *todos* los cristianos están «en el Espíritu» en el día del Señor: En la adoración, todos somos arrebatados hasta la sala del trono de Dios).[25] El día del Señor es el día del Señor en acción.

Una de las imágenes bíblicas más básicas del juicio es la nube de gloria, y esta teofanía se asocia generalmente con otras tres imágenes: el *Espíritu*, el *día* (o *luz*, ya que la luz del día fue originalmente «clonada» de la luz de la nube[26]) y la *voz* (que a menudo suena como una trompeta; cf. Éx. 19:16-19). De hecho, estos tres se mencionan justo al principio en el jardín, cuando Adán y Eva «oyeron la *voz* del Señor Dios que recorría el jardín como el

---

[23] Véase el debate sobre el profeta en Meredith G. Kline, *Images of the Spirit*, p. 57-96; esp. p. 93s.
[24] Véase Chilton, *Paradise Restored*, p. 133ss.
[25] Véase Kline, *Images of the Spirit*, p. 97-131.
[26] Ibid., p. 106ss.

Espíritu del *día*», como se lee literalmente en el texto (Gén. 3:8).[27] Lo que Adán y Eva oyeron en aquel terrible día del juicio no fue una suave y fresca brisa que se mecía entre las hojas de los eucaliptos— oyeron los explosivos truenos del Dios del cielo y de la tierra que atronaban el jardín. Era aterrador, y por eso intentaron esconderse. Repitiendo este tema, el apóstol Juan nos dice: «Estaba yo en el **Espíritu** en el **día** del Señor, y oí detrás de mí una gran **voz**, como sonido de trompeta». El apóstol Juan iba a ser arrebatado a la nube de gloria para recibir la revelación, y se esperaba que sus lectores comprendieran estas imágenes.

11-15 La voz de Dios ordena al apóstol Juan que **escriba en un** libro Apocalipsis y **lo envíe a las siete Iglesias** de Asia. Se vuelve **para ver la voz**—y ve al Señor Jesucristo. Este pequeño detalle establece un patrón que se repite a lo largo de todo el libro: Juan primero *oye* y luego *ve*. Al final de la profecía (22:8) nos dice: «Yo, Juan, soy el que *oyó* y *vio* estas cosas. Y cuando *oí* y *vi*...» Esta pauta no siempre se sigue en el libro, pero ocurre con la suficiente frecuencia como para que debamos ser conscientes del uso que el apóstol Juan hace de ella, ya que en ocasiones es importante para comprender cómo interpretar los símbolos (cf. 5:5-6): La revelación verbal es necesaria para comprender la revelación visual.

El apóstol Juan se encuentra de repente en el Lugar Santo, pues **ve siete candelabros de oro, y en medio de los siete candelabros uno semejante a un Hijo del Hombre**. La imagen está claramente tomada del tabernáculo, pero con una diferencia significativa: en el Lugar Santo terrenal había un candelabro con siete lámparas; aquí, el apóstol Juan ve siete candelabros, conectados entre sí por la Persona que está de pie en medio de ellos. El simbolismo implicado aquí será discutido en el versículo 20; lo importante a notar ahora es simplemente la imagen transmitida por esta imaginería: Jesucristo es el único candelabro que une las siete lámparas, cada una de las cuales es a su vez un candelabro; Cristo está rodeado de luz. Como decía Germán de Constantinopla, arzobispo del siglo VIII al comienzo de su obra sobre la Liturgia: «La Iglesia es un cielo terrenal en el que habita y se pasea el Dios supercelestial».[28]

La descripción de Cristo en los versículos 13-16 incluye una mezcla de imágenes del Antiguo Testamento: la nube de gloria, el ángel del Señor, el Anciano de Días y el Hijo del Hombre. Nuestra comprensión será mayor si leemos esta descripción junto con los siguientes pasajes de Daniel:

> Seguí mirando
> Hasta que se establecieron los tronos,
> y el Anciano de Días se sentó. Su vestidura era blanca como la nieve,
> y el cabello de su cabeza como lana pura, su trono, llamas de fuego,
> y sus ruedas, fuego abrasador.
> Un río de fuego corría,
> saliendo de delante de Él.

---

[27] Para una exégesis completa de este texto, véase ibid., p. 97-131; cf. Chilton, *Paradise Restored*, p. 58, 134ss.

[28] Germán de Constantinopla, *On the Divine Liturgy*, Paul Meyendorff, trad. (Crestwood, Nueva York: St. Vladimir's Seminary Press, 1984), p. 57.

Miles de millares le servían,
y miríadas de miríadas estaban en pie delante de Él.
El tribunal se sentó,
Y se abrieron los libros. (Dan. 7:9-10)

Seguí mirando en las visiones nocturnas,
y he aquí, con las nubes del cielo
venía uno como un Hijo de Hombre, que se dirigió al Anciano de Días y fue presentado ante Él.
Y le fue dado dominio,
Gloria y reino,
para que todos los pueblos, naciones y lenguas
le sirvieran.
Su dominio es un dominio eterno
que nunca pasará
Y su reino uno
que no será destruido. (Dan. 7:13-14)

Alcé los ojos y miré, y he aquí, había un hombre vestido de lino, cuya cintura estaba ceñida con un cinturón de oro puro de Ufaz. Su cuerpo era como de berilo, su rostro tenía la apariencia de un relámpago, sus ojos eran como antorchas de fuego, sus brazos y pies como el brillo del bronce bruñido, y el sonido de sus palabras como el estruendo de una multitud. Y solo yo, Daniel, vi la visión; los hombres que estaban conmigo no vieron la visión, pero un gran terror cayó sobre ellos y huyeron a esconderse. Me quedé solo viendo esta gran visión; no me quedaron fuerzas, y mi rostro se demudó, desfigurándose, sin retener yo fuerza alguna. Pero oí el sonido de sus palabras, y al oír el sonido de sus palabras, caí en un sueño profundo sobre mi rostro, con mi rostro en tierra. Entonces, he aquí, una mano me tocó, y me hizo temblar sobre mis rodillas y sobre las palmas de mis manos. Y me dijo: Daniel, hombre muy estimado, entiende las palabras que te voy a decir y ponte en pie, porque ahora he sido enviado a ti. Cuando él me dijo estas palabras, me puse en pie temblando. (Dan. 10:5-11).[29]

Estos y otros pasajes se combinan para formar la imagen de Cristo en la visión introductoria del apóstol Juan. El **manto que le llegaba hasta los pies y el cinto de oro alrededor del pecho**[30] (cf. Éx. 28:4 29:5; 39:27-29; Lev. 16:4) recuerdan la vestimenta oficial del Sumo Sacerdote, cuya ropa era una representación del Espíritu de gloria, símbolo de la imagen radiante de Dios. «Contribuyendo a la impresión de resplandor estaba el material de lino de color de llama prescrito para el efod, con su banda y pectoral, y para la parte inferior de la túnica del efod— una mezcla resplandeciente de rojos y azules brillantes con el destello

---

[29] Cf. la discusión de este texto en relación con Apocalipsis 12:7-9 a continuación.
[30] Según Josefo, el sacerdote llevaba el cinto alrededor del pecho cuando estaba en reposo y «no para ningún servicio laborioso» (*Antigüedades de los judíos*, iii.vii.2).

metálico de hilos de oro. Los anillos y las cadenas trenzadas de oro, la radiante corona dorada de la mitra y el brillo de las piedras preciosas engastadas en oro en los tirantes del efod y el pectoral realzaban el efecto de fuego. El artista apenas podía hacer más con una paleta terrenal en un medio frío para producir el efecto de la luz ardiente».[31]

Luz ardiente: esa es exactamente la impresión que da la visión de Cristo aquí. La blancura de su cabeza y cabellos (como el Anciano de Días de Daniel 7),[32] el fuego llameante de sus ojos (como el trono de Daniel 7 y los ojos del Hijo del Hombre en Daniel 10), y sus pies como *bronce que resplandece en un horno* (el término *bronce* puede referirse a una aleación de oro y plata; cf. Mal. 3:2-3)— todo esto se combina para hacer el punto de la aparición de Cristo en un destello, brillante resplandor de gloria: **Y su rostro era como el sol que resplandece con toda su fuerza** (v. 16). Compárese con esto la sorprendente descripción que hace Jesús Ben Sirach de la gloria del Sumo Sacerdote:

> Qué espléndido estaba con la gente agolpada a su alrededor, cuando salió del santuario cubierto,
> como la estrella de la mañana entre las nubes, como la luna en su plenitud,
> como el sol brillando en el templo del Altísimo,
> como el arco iris resplandeciendo entre las nubes brillantes,
> como las rosas en los días de primavera,
> como los lirios junto a una corriente de agua,
> como una ramita de incienso en verano,
> como el fuego y el incienso en el incensario,
> como un vaso de oro batido con incrustaciones de toda clase de piedras preciosas,
> como un olivo cargado de frutos,
> como un ciprés que se eleva hasta las nubes;
> cuando se ponía sus espléndidas vestiduras y se revestía de gloriosa perfección,
> cuando subía al altar sagrado y llenaba el recinto del santuario con su grandeza;
> cuando recibía las porciones de manos de los sacerdotes, él mismo de pie junto al crisol del altar,
> rodeado de una multitud de hermanos suyos, como un joven cedro del Líbano
> como si estuviera rodeado de troncos de palmeras (Sir. 50:5-12, Biblia de Jerusalén).

Completando la gloriosa imagen de Cristo la afirmación de que **su voz era como el sonido de las aguas que corren**. El apóstol Juan está identificando la voz de Cristo con el sonido de la nube— un sonido que, a lo largo de la Escritura, se asemeja a numerosos fenómenos terrenales: viento, truenos, trompetas, ejércitos, carros y cascadas;[33] o quizás deberíamos decir que todos estos fenómenos terrenales fueron creados para asemejarse a diversas facetas

---

[31] Kline, *Images of the Spirit*, p. 43.
[32] Obsérvese que el pelo blanco es glorioso, en contraste con la cultura de la «juventud perpetua» de nuestra época.
[33] Véase Chilton, *Paradise Restored*, p. 58; cf. Ex. 19:16, 19; Ez. 1:24.

de la nube.[34] La conclusión debería ser obvia: Jesús resucitado y transfigurado es la gloria de Dios encarnada.

16 En su mano derecha sostenía siete estrellas; el apóstol Juan continúa interpretando esto más detalladamente en el versículo 20, pero primero debemos considerar la impresión inmediata que esta visión daría al apóstol Juan y a sus lectores. **Las siete estrellas** forman el cúmulo abierto de estrellas conocido como las Pléyades, poéticamente consideradas en el mundo antiguo como unidas en una cadena, como un collar. Las Pléyades, que forman parte de la constelación de Tauro, se mencionan en Job 9:5-9; 38:31-33; y Amós 5:8. El sol está con Tauro en primavera (Pascua), y las Pléyades son, por tanto, un símbolo apropiado en relación con la venida de Cristo: Él sostiene las estrellas que anuncian el renacimiento y el florecimiento del mundo. Las demás referencias bíblicas dejan claro que Aquel que sostiene las siete estrellas es el Todopoderoso creador y sustentador del universo.

Pero esta imaginería tiene otra dimensión. El uso simbólico de las siete estrellas era bastante conocido en el siglo I, pues aparecían regularmente en las monedas del emperador como símbolos de su suprema soberanía política. Al menos algunos de los primeros lectores de Apocalipsis debieron de quedarse boquiabiertos ante la audacia del apóstol Juan al afirmar que las siete estrellas estaban en la mano de *Cristo*. Los emperadores romanos se habían apropiado de un símbolo de dominio que la Biblia reserva solo para Dios y, según el apóstol Juan, Jesucristo ha venido a recuperarlo. Las siete estrellas, y con ellas todas las cosas de la creación, le pertenecen. El dominio reside en la diestra del Señor Jesucristo.

Naturalmente, habrá oposición a todo esto. Pero el apóstol Juan deja claro que Cristo está a la ofensiva, saliendo a dar batalla por la causa de los derechos de su corona: **de su boca salió una espada afilada de dos filos**, su palabra que obra para salvar y para destruir. La imagen aquí está tomada de la profecía de Isaías: «Herirá la tierra con la vara de su boca, y con el soplo de sus labios matará al impío» (Is. 11:4). Se utiliza de nuevo en Apocalipsis para mostrar la actitud de Cristo hacia los herejes: «Pelearé contra ellos con la espada de mi boca» (2:16); y de nuevo para mostrar a la palabra de Dios conquistando a las naciones (19:11-16). Cristo no solo está en conflicto con las naciones, sino que declara que saldrá completamente victorioso de ellas, sometiéndolas mediante su palabra desenvainada, la afilada y poderosa espada de dos filos que sale de su boca (Heb. 4:12).

El encargo del apóstol Juan (1:17-20)

17 Cuando le vi, caí como muerto a sus pies. Y Él puso su mano derecha sobre mí, diciendo: No temas, yo soy el primero y el último,

18 y el que vive, y estuve muerto; y he aquí, estoy vivo por los siglos de los siglos, y tengo las llaves de la muerte y del Hades.

19 Escribe, pues, las cosas que has visto, y las que son, y las que han de suceder después de estas.

---

[34] Véase Herman Bavinck, «The Doctrine of God» (Londres: The Banner of Truth Trust, [1951] 1977), p. 88ss.

20 En cuanto al misterio de las siete estrellas que viste en mi mano derecha y de los siete candelabros de oro: las siete estrellas son los ángeles de las siete iglesias, y los siete candelabros son las siete iglesias.

17-18 Cuando vio al ángel del Señor, Daniel dice: «Caí en un sueño profundo sobre mi rostro, con mi rostro en tierra. Entonces, he aquí, una mano me tocó, y me hizo temblar sobre mis rodillas y sobre las palmas de mis manos.

...Cuando él me dijo estas palabras, me puse en pie temblando» (Dan. 10:9-11). La reacción del apóstol Juan al ver al Señor glorificado es muy parecida; sin embargo, Cristo le dice que no tema. Aunque el miedo es una reacción inicial adecuada, debe ser sustituida. En última instancia, la imponente majestad de Dios no es motivo de terror para el cristiano, sino el fundamento de nuestra confianza y estabilidad. La presencia de Cristo es, muy adecuadamente, la ocasión para que los incrédulos se desmayen y se escondan, de puro miedo (cf. 6:15-17); pero nuestro Señor viene al apóstol Juan (como a nosotros) en amor, y lo pone en pie. La presencia y la actividad de Dios en la nube era para los egipcios un presagio aterrador de su destrucción; pero, para el pueblo del pacto, era el Consolador y el Salvador. El mismo contraste se expone en Habacuc 3:10-13:

> Te vieron los montes y temblaron,
> el diluvio de aguas pasó; dio el abismo su voz, levantó en alto sus manos.
> El sol y la luna se detuvieron en su sitio; a la luz de tus saetas se fueron, al resplandor de tu lanza fulgurante.
> Con indignación marchaste por la tierra;
> con ira hollaste las naciones. Saliste para salvar a tu pueblo,
> para salvar a tu ungido.
> Destrozaste la cabeza de la casa del impío, descubriéndolo de arriba abajo.

Jesús es Dios, **el primero y el último**, como dice de sí mismo SEÑOR en Is. 44:6: «Yo soy el primero y yo soy el último, y fuera de mí no hay Dios» (cf. Is. 48:12). Apropiándose de otro título del Antiguo Testamento para Dios, Jesús declara que Él es **el que vive** (cf. Dt. 5:26; Jos. 3:10; Sal. 42:2, Jer. 10:10): Él es autoexistente, independiente, el que todo lo controla— y Él, «habiendo resucitado de entre los muertos, no volverá a morir; ya la muerte no tiene dominio sobre Él» (Rom. 6:9). El apóstol Juan puede ser resucitado en el versículo 17 por la verdad del versículo 18, que Cristo está **vivo para siempre**. Como Señor resucitado, Cristo tiene **las llaves de la muerte y del Hades**.[35] El Imperio pretendía tener toda la autoridad, poseer el poder sobre la vida y la muerte, y sobre la tumba; Jesús declara, en cambio, que Él— y no el estado, ni el emperador, ni Satanás, ni el jefe de la sinagoga—

---

[35] Adán tenía originalmente la llave de la Muerte y el Hades, pues era el sacerdote del Edén, con la responsabilidad sacerdotal de guardar la puerta del paraíso (Gén. 2:15; véase Meredith G. Kline, *Kingdom Prologue* [programa de estudios publicado de forma privada, 1981]), vol. 1, p. 127. Cuando abdicó de esa responsabilidad, él mismo fue expulsado a la muerte, lejos del árbol de la vida, y los querubines ocuparon su lugar como guardianes, sosteniendo la espada encendida (la llave). Por la resurrección, Jesucristo como el Segundo Adán, regresó al paraíso como sacerdote, el guardián de la puerta del Edén, para arrojar a la serpiente a la Muerte y al Hades (cf. Ap. 20:1-3).

tiene el mando sobre toda la realidad. Él es el Señor de la vida y de la muerte, de toda la historia y de la eternidad; y es en términos de este dominio completo que Él encarga al apóstol Juan que escriba este libro que tan clara e inequívocamente expone la verdad de su gobierno eterno e integral.

19 La comisión del apóstol Juan fue interrumpida por su caída en un desmayo mortal; ahora que ha sido «resucitado», se le ordena de nuevo: **Escribe, pues,**[36] **las cosas que has visto, y lo que son, y lo que ha de suceder después de estas cosas**. Algunos intérpretes leen esto como un triple resumen de todo el libro: el apóstol Juan escribe sobre lo que ha visto (la visión de Cristo), luego sobre el presente (las iglesias, en los capítulos 2-3), y finalmente sobre el futuro (cap. 4-22). Sin embargo, tal división es bastante arbitraria; Apocalipsis (como todas las demás profecías bíblicas) entrelaza pasado, presente y futuro a lo largo de todo el libro.

Un significado más probable de esta afirmación es que el apóstol Juan ha de escribir lo que ha **visto**—la visión de Cristo entre los candelabros que sostienen las estrellas— **y lo que son**, es decir, lo que *significan* o a lo que *corresponden*. La palabra «*son*» (griego *eisin*) se utiliza con mayor frecuencia en Apocalipsis en este sentido (1:20; 4:5; 5:6, 8; 7:13-14; 11:4; 14:4; 16:14; 17:9, 10, 12, 15). El versículo 20 explica el simbolismo de «las cosas que has visto» (las estrellas y los candelabros). A continuación, se encarga al apóstol Juan que escriba **las cosas que van a suceder**, o (como nos dijo en el versículo 1) «las cosas que deben suceder pronto». Parece que la redacción pretende establecer un paralelismo con la descripción de Aquel «que es y que era y que ha de venir»: Así, «el proceso de la historia temporal refleja la naturaleza eterna de Dios».[37] En este punto, podríamos detenernos a considerar un error común entre quienes adoptan una interpretación preterista de Apocalipsis. Los dos hechos del estilo simbólico del apóstol Juan y su contenido claramente antiestatista han llevado a algunos a creer que el mensaje políticamente sensible determinó el uso del simbolismo— que el apóstol Juan escribió Apocalipsis en un código secreto para ocultar su mensaje a los burócratas imperiales. Esta es la opinión de James Kallas (quien, por cierto, también sostiene que Juan escribió en tiempos del emperador Domiciano, y no de Nerón):

> Escribe en un lenguaje deliberadamente disfrazado. Recurre a imágenes que los romanos no entenderán. No puede escribir de forma literal y obvia. No puede decir en términos claros e inequívocos lo que más le preocupa. ¿Qué pasaría si escribiera lo que cree, que Domiciano es un hijo blasfemo del mismo diablo? ¿Qué pasaría si gritara que el Imperio romano, en su exigencia de que los hombres se inclinaran y adoraran al César, era un plan diabólico del mismísimo Satanás diseñado para apartar a los hombres de Jesús? La carta nunca sería entregada. Nunca pasaría la censura.

---

[36] Ello muestra la conexión con el encargo original del apóstol Juan en v.11.
[37] Philip Carrington, *The Meaning of the Revelation*, p. 95.

Y así debe camuflar y ocultar su verdadero significado. Debe recurrir a simbolismos no literales, a referencias oscuras y aparentemente sin sentido que sus censores romanos verían simplemente como las ideas seniles de un viejo loco.[38]

Puede que haya algo de verdad en esto, como un sesgo tangencial en el uso del número 666 en 13:18 en referencia a Nerón (no Domiciano)— un «código» que los romanos serían incapaces de descifrar correctamente. Pero incluso sin esa referencia, Apocalipsis es un documento claramente «desleal», y cualquier burócrata del estado habría sido capaz de darse cuenta de ello. Considere lo que ya hemos visto en la descripción que el apóstol Juan hace de Jesucristo: La mera afirmación de que Él es el soberano de los reyes de la tierra es un asalto a la autonomía del emperador. El primer capítulo de Apocalipsis es procesable, y el simbolismo no oscurece ese hecho en lo más mínimo. La razón del uso del simbolismo es que Apocalipsis es una *profecía*, y el simbolismo es lenguaje profético. Debemos recordar también que el gobierno romano sabía muy bien quién era el apóstol Juan. No era «un viejo loco» que había sido desterrado por meras «ideas seniles». Era un apóstol del Señor Jesucristo, bajo la prohibición imperial *a causa de la Palabra de Dios y el testimonio de Jesús* (1:9).

20 Jesús explica al apóstol Juan **el misterio de las siete estrellas y de los siete candelabros de oro**. También aquí es importante subrayar que no se trata de nombres en clave. El simbolismo bíblico no funciona así. En cambio, el simbolismo bíblico relaciona las cosas entre sí, crea asociaciones en nuestra mente y nos pide que veamos los objetos desde esa perspectiva. Estas afirmaciones sobre las estrellas y los candelabros no son «definiciones», sino diferentes formas de ver a los ángeles y las iglesias. Los comentarios de Michael Wilcock nos ayudan a comprender este uso del simbolismo: «Un estudio muy somero del uso que se hace en el Nuevo Testamento de la palabra 'misterio' muestra que no tiene el sentido moderno habitual de 'enigma'. Se trata, en efecto, de algo oculto, pero no de tal manera que uno pueda seguir una serie de pistas y llegar a descubrirlo; más bien, es una verdad que uno conoce o desconoce, según le haya sido o no revelada».[39] Así, cuando Cristo identifica estas cosas entre sí, no está diciendo «que una es un símbolo mientras que la otra es lo que el símbolo 'realmente' significa. Está diciendo que aquí hay dos cosas que se corresponden entre sí, siendo *igualmente reales desde diferentes puntos de vista*».[40] En otras palabras, «no tenemos una explicación de un término simbólico por uno real, sino una afirmación de que estos dos términos, que son igualmente reales, son simplemente intercambiables... Juan no da explicaciones, sino equivalencias. No se preocupa de decirnos que 'candelabros', que no entendemos, significa 'iglesia', que sí entendemos. Más bien, se ocupa de decirnos cosas *sobre* los candeleros y la novia y la ciudad y la iglesia, los veinticuatro ancianos y los 144.000 y la multitud sin número; su significado ya deberíamos

---

[38] James Kallas, *Revelation: God and Satan in the Apocalypse* (Minneapolis: Augsburg Publishing House, 1973), p. 58s.
[39] Wilcock, *I Saw Heaven Opened*, p. 153.
[40] Ibid., p. 154.

saberlo por el resto de la Escritura, y se limita a recordarnos sin profundizar, que todos ellos se corresponden entre sí y son descripciones diferentes de la misma cosa».[41]

Así pues, las siete estrellas «corresponden» a **los ángeles de las siete iglesias**.[42] Los ángeles y las estrellas se relacionan a menudo en la Biblia (Jud. 5:20; Job 38:7; Is.14:13; Jud. 13; Ap. 8:10-12; 9:1; 12:4), y aquí los «ángeles» de las iglesias se asocian con la constelación de las Pléyades (véanse los comentarios al v. 16). Además— y esta es una de esas cosas que, como señaló Wilcock más arriba, «ya deberíamos saber por el resto de las Escrituras»— tanto los ángeles como las estrellas están asociados con el gobierno y el dominio (cf. Gén. 37:9; Jue. 5:20; Dan. 8:9-11, 10:13, 20-21). Ahora, cuando el Señor habla a las siete iglesias en los capítulos 2-3, se dirige al **ángel** de cada iglesia; claramente, Cristo responsabiliza a los ángeles de las iglesias por la vida y conducta de sus respectivas iglesias. Luego, en las últimas porciones de la profecía, vemos a *siete ángeles* derramando juicios sobre la tierra rebelde (cf. Ap. 8-9, 16). Todo esto son *correspondencias*: Las siete estrellas, constelación de resurrección y dominio, son los ángeles, que corresponden al gobierno de la Iglesia.

Otro aspecto de la imaginería angélica bíblica que apoya esta interpretación, se refiere a la relación entre ángeles y profetas. La principal característica del profeta bíblico era que había estado en presencia de Dios y de los ángeles durante las sesiones del Concilio celestial (cf. Is. 6:1-8; Ez. 1-3, 10), convirtiéndose así en su portavoz autoritativo ante el pueblo de Dios (cf. Jer. 15:19). La diferencia esencial entre el verdadero profeta y el falso profeta consistía en que el verdadero profeta había sido llevado por el Espíritu a la nube para participar en esta asamblea:

> Así dice el Señor de los ejércitos:
> No escuchéis las palabras de los profetas que os profetizan.
> Ellos os conducen hacia lo vano;
> os cuentan la visión de su propia fantasía,
> no de la boca del Señor...
> Pero ¿quién ha estado en el consejo del Señor, y vio y oyó su palabra? ¿Quién ha prestado atención a su palabra y la ha escuchado?... Yo no envié a esos profetas, pero ellos corrieron;
> no les hablé, mas ellos profetizaron.
> Pero si ellos hubieran estado en mi consejo,
> habrían hecho oír mis palabras a mi pueblo,
> y les habrían hecho volver de su mal camino y de la maldad de sus obras
> (Jer. 23:16-22).

Los profetas no solo observaban las deliberaciones del Concilio celestial (cf. 1Re. 22:19-22), sino que participaban en ellas. Ciertamente el Señor Dios no hace nada sin revelar su

---

[41] Ibid., p. 156.
[42] Un aspecto interesante del trasfondo conceptual de todo esto, es la referencia en el libro apócrifo de Tobías a «los siete santos ángeles, que presentan las oraciones de los santos, y que entran y salen ante la gloria del Santo» (12:15; cf. 1En. 20:1-7).

secreto a sus siervos los profetas (Am. 3:7). Por eso, la actividad característica del profeta bíblico es la intercesión y la mediación (cf. Gén. 18:16-33; 20:7, primera aparición de la palabra *profeta* en la Escritura). Como miembros del Consejo, los profetas tienen libertad de palabra con Dios y pueden discutir con Él, a menudo persuadiéndole de que cambie de opinión (cf. Éx. 32:7-14; Am. 7:1-6). Son sus amigos, y por eso habla abiertamente con ellos (Gén. 18:17; Éx. 33:11; 2Cró. 20:7; Is. 41:8; Jn. 15:15). Como imágenes del hombre plenamente redimido, los profetas participaban de la gloria de Dios, ejerciendo dominio sobre las naciones (Jer. 1:10; 28:8), habiendo sido transfigurados ética (Is. 6:5-8) y físicamente (Éx. 34:29). Así pues, se asemejaban a los ángeles del cielo, por lo que no es de extrañar que el término *ángel* (heb. *malák*, griego *angelos*) se utilice para describir al profeta bíblico (cf. 2Cró. 36:15-16; Hag. 1:13; Mal. 3:1; Mt. 11:10; 24:31; Lc. 7:24; 9:52). De hecho, el profeta arquetípico en las Escrituras es el ángel del Señor.[43]

Por lo tanto, hay abundantes precedentes bíblicos de que a los gobernantes proféticos de las iglesias se les denomine **ángeles de las iglesias**. Es probable que cada ángel represente a un solo pastor u obispo; pero el apóstol Juan podría estar refiriéndose a las estrellas/ángeles simplemente como personificaciones del *gobierno* de cada iglesia en su conjunto. Y el Señor del cielo y de la tierra los tiene en su **mano derecha**. (Se trata de la misma mano que Cristo utilizó para resucitar al apóstol Juan en el v. 17; el apóstol Juan es, pues, un «ángel»). En un sentido más general, lo que es cierto de los ángeles es cierto de la Iglesia en su conjunto: El apóstol Pablo exhortó a los filipenses a mostrarse «irreprensibles y sencillos, hijos de Dios sin tacha en medio de una generación torcida y perversa, en medio de la cual resplandecéis como luminares (*estrellas, luces*) en el mundo» (Fil. 2:15).

Los siete candeleros son (corresponden a) **las siete Iglesias**; y las siete Iglesias son, como ya hemos señalado, tanto las Iglesias particulares a las que se hace referencia *como* la plenitud de toda la Iglesia en cada época. En cuanto al simbolismo del número *siete* en relación con la Iglesia, es interesante el comentario de Victorino (obispo martirizado en 304 d.C.) sobre el apóstol Pablo: «En todo el mundo Pablo enseñó que todas las iglesias están ordenadas por sietes, que se llaman siete, y que la Iglesia católica es una. Y, en primer lugar, en verdad, para que él mismo también pudiera mantener el tipo de siete iglesias, no excedió ese número. Pero escribió a los Romanos, a los Corintios, a los Gálatas, a los Efesios, a los Tesalonicenses, a los Filipenses, a los Colosenses; después escribió a personas individuales, para no exceder el número de siete iglesias».[44]

El único candelabro (un árbol estilizado) del antiguo tabernáculo es ahora Cristo (el árbol de la vida) con sus siete candelabros. Antes, en el Antiguo Testamento, la Iglesia tenía un carácter centralizado, nacional; y la unidad de las congregaciones particulares de Israel se centraba geográficamente, en Jerusalén. Pero eso ya no es así. La Iglesia, el nuevo Israel, se ha descentralizado geográfica y nacionalmente— o, mejor, se ha *multicentralizado*: La

---

[43] El estudio más completo sobre el orden profético y su relación con el concilio angélico se encuentra en Kline, *Images of the Spirit*, p. 57-96. Véase también George Vandervelde, «The Gift of Prophecy and the Prophetic Church» (Toronto: Institute for Christian Studies, 1984).

[44] Victorinus, *Commentary on the Apocalypse of the Blessed John*, en Alexander Roberts y James Donaldson, eds., *The Ante-Nicene Fathers* (Grand Rapids: Eerdmans, [1886] 1970), vol. VII, p. 345.

Iglesia sigue siendo un *siete*— sigue siendo una unidad— pero lo que la mantiene unida no es un terreno especial y sagrado; la unidad de la Iglesia se centra en Jesucristo. La Iglesia ya no está atada a un lugar, porque ha sido enviada a todo el mundo para tomar el dominio en nombre del rey universal.[45] Ya no hay ningún espacio especial en la tierra que sea santo; más bien, el mundo entero se ha convertido en «espacio santo», porque Jesucristo lo ha redimido. Y al reconquistar el mundo, ha recreado la Iglesia a su imagen. De la misma manera que aquí se ve a Cristo en un resplandor de luz gloriosa, la Iglesia que Él lleva y sostiene se caracteriza por la luz (véase la descripción de la Iglesia en 21:9-22:5). Las Iglesias portadoras de luz, cuyos mismos gobiernos brillan con fulgor de estrella, resplandecen sobre el mundo con la luz de Jesucristo, con el resultado de que los hombres verán sus buenas obras y glorificarán a su Padre que está en los cielos.

---

[45] Según Éxodo 18 y Deuteronomio 1, los ancianos estaban organizados jerárquicamente, con «jefes de millares, jefes de centenas, jefes de cincuentenas y jefes de decenas». Esta era la base bíblica de la organización jerárquica de la Iglesia primitiva, en la que el obispo de la ciudad correspondía al «jefe sobre millares» (véase James B. Jordan, «Biblical Church Government, Part 3: Councilar Hierarchy— Elders and Bishops», *Presbyterian Heritage*, Núm. 9 [Enero 1986]. Por tanto, una sede central (un «vaticano») puede ser útil para el gobierno de la Iglesia, aunque no es necesaria (existe una distinción entre lo que puede ser bueno para el bienestar [*bene esse*] o la plenitud [*plene esse*] de la Iglesia, y lo que es necesario para el ser [*esse*] de la Iglesia). El mejor estudio histórico disponible sobre el surgimiento del episcopado es J. B. Lightfoot, *The Christian Ministry*, Philip Edgcumbe Hughes, ed, (Wilton, Connecticut: Morehouse-Barlcw Co., 1983).

PARTE II

PRÓLOGO HISTÓRICO: LAS CARTAS A LAS SIETE IGLESIAS
(Apocalipsis 2-3)

Introducción

La segunda parte de la estructura del tratado del pacto (cf. Dt. 4:49)[1] es el prólogo, que relata la historia de la relación del gran rey con el vasallo, recordándole la autoridad de su señor y su fidelidad al pacto, enumerando los beneficios que se le han proporcionado, enumerando las transgresiones de la ley por parte del vasallo, ordenándole que se arrepienta y renueve su obediencia, y prometiéndole recompensas futuras. Un aspecto importante del prólogo es la concesión del pacto,[2] la orden de tomar posesión de la tierra, conquistándola en nombre del gran rey (cf. Dt. 2:24-25, 31; 3:18-22, 4:1, 14, 37-40).[3]

Los siete mensajes a las Iglesias se corresponden con el prólogo del pacto en varios aspectos. Su estructura sigue el mismo patrón general: El señorío de Cristo sobre la Iglesia, el historial de fidelidad o desobediencia de cada iglesia, advertencias de castigo y promesas de bendiciones en respuesta a la obediencia. Además, en cada caso se otorga a la Iglesia una concesión del pacto, una comisión para conquistar, vencer y ejercer dominio bajo el señorío de Cristo (2:7, 11, 17, 26-29; 3:5, 12, 21).

---

[1] Véase Meredith G. Kline, *Treaty of the Great King: The Covenant Structure of Deuteronomy* (Grand Rapids: William B. Eerdmans Publishing Co., 1963), pp. 52-61.

[2] Véase Ray R. Sutton, *That You May Prosper: Dominion by Covenant*, (Tyler, TX: Institute for Christian Economics, 1987).

[3] Kline, *Treaty of the Great King*, pp. 56ss.

Además, cada mensaje en sí mismo recapitula la estructura completa del pacto en cinco partes. Consideremos el primer mensaje, dirigido a la iglesia de Éfeso (2:1-7):

1. *Preámbulo*: «El que tiene las siete estrellas en su mano derecha, el que anda entre los siete candelabros de oro» (2:1)
2. *Prólogo histórico*: «Yo conozco tus obras...» (2:2-4).
3. *Estipulaciones éticas*: «Recuerda, por tanto, de dónde has caído y arrepiéntete, y haz las obras que hiciste al principio»
4. *Sanciones*: Si no, vendré a ti y quitaré tu candelabro de su lugar, si no te arrepientes» (2:5b).
5. *Acuerdos de sucesión*: «Al vencedor le daré a comer del árbol de la vida, que está en el paraíso de Dios» (2:6-7).

Recapitulación de la historia del pacto

Discutimos en 1:4, el punto de vista de que las siete iglesias representan simbólicamente «siete edades de la historia de la Iglesia»; y, aunque en varios aspectos esa interpretación es evidentemente errónea, hay otro sentido en el que estas siete iglesias están relacionadas con siete períodos de la historia de la Iglesia— la historia de la Iglesia del *Antiguo Testamento*. Esto se debe a que las imágenes utilizadas para describir las siete iglesias de Asia progresan cronológicamente desde el jardín del Edén hasta la situación en el siglo I d.C.

1. *Éfeso* (2:1-7). El lenguaje del paraíso es evidente a lo largo de todo el pasaje. Cristo se anuncia como el creador, el que sostiene las siete estrellas; y como el que camina entre los candelabros para evaluarlos, como Dios caminó por el jardín en juicio (Gén. 3:8). El «ángel» de Éfeso es elogiado por proteger adecuadamente a la Iglesia de sus enemigos, como Adán había recibido la orden de proteger el huerto y a su esposa de su enemigo (Gén. 2:15). Pero el ángel, como Adán, ha «caído», habiendo abandonado su primer amor. Por eso Cristo le amenaza con venir a juzgarle y quitarle el candelero de su lugar, como había desterrado a Adán y Eva del jardín (cf. Gén. 3:24). Sin embargo, la puerta del Edén está abierta para aquellos que obtienen la victoria sobre el tentador: «Al vencedor le daré a comer del árbol de la vida, que está en el paraíso de Dios».

2. *Esmirna* (2:8-11). La situación de los patriarcas (Abraham, Isaac, Jacob y José) y de los hijos de Israel en Egipto parece reflejarse en las palabras de este mensaje. Cristo se describe a sí mismo como el «que estuvo muerto y ha vuelto a la vida», un acto redentor prefigurado en las vidas de Isaac (Gén. 22:1-14, Heb. 11:17-19) y José (Gén. 37:18-36; 39:20-41:45; 45:4-8; 50:20), así como en la salvación de Israel de la casa de servidumbre. La condición de aparente pobreza y riqueza real de los esmirnos es análoga a la experiencia de todos los patriarcas, que vivieron «como extranjero[s] en la tierra de la promesa» (Heb. 11:9). Los falsos «judíos» persiguen a los verdaderos herederos de las promesas, como Ismael persiguió a Isaac (Gén. 21:9; cf. Gál. 4:22-31). El peligro de encarcelamiento por instigación de un calumniador tiene su paralelo en la vida de José (Gén. 39:13-20), así como

la bendición de la corona de vida para los fieles (Gén. 41:40-44); también Aarón, como imagen gloriosa del hombre plenamente redimido, llevaba una corona de vida (Éx. 28:36-38). La «tribulación de diez días» seguida de la victoria, refleja la historia de la perseverancia de Israel durante las diez plagas antes de su liberación.

3. *Pérgamo* (2:12-17). La imaginería de esta sección está tomada de la estancia de Israel en el desierto, morada de demonios (Lev. 16:10; 17:7; Dt. 8:15; Mt. 4:1, 12:43); los cristianos de Pérgamo también tuvieron que morar «donde está el trono de Satanás... donde mora Satanás». Los enemigos de la Iglesia son descritos como «Balaam» y «Balac», el falso profeta y el rey malvado que trataron de destruir a los israelitas tentándolos a la idolatría y la fornicación (Núm. 25:1-3; 31:16). Al igual que el ángel del Señor y el sacerdote Finees, Cristo amenaza con hacer la guerra a los balamitas con la espada (Núm. 22:31; 24:7-8). A los que venzan, les promete una parte del «maná escondido» del arca del pacto (Heb. 9:4), y una piedra blanca con un «nombre nuevo» inscrito en ella, el emblema del pueblo del pacto redimido que llevaba el Sumo Sacerdote (Éx. 28:9-12).

4. *Tiatira* (2:18-29). El apóstol Juan recurre ahora a imágenes del período de la monarquía israelita y del pacto davídico. Cristo se anuncia a sí mismo como «el Hijo de Dios», el gran David (cf. Sal. 2:7; 89:19-37; Jer. 30:9, Ez. 34:23-24, 37:24-28; Os. 3:5; Hch. 2:24-36; 13:22-23). Reprende al ángel de Tiatira, cuya tolerancia de su «esposa, Jezabel», está llevando a la apostasía del pueblo de Dios (cf. 1Re. 16:29-34; 21:25-26). A ella y a los que cometen adulterio con ella (cf. 2Re. 9:22) se les amenaza con «tribulación», como los tres años y medio de tribulación que vinieron sobre Israel en tiempos de Jezabel (1Re. 17:1; Stg. 5:17); ella y su descendencia serán asesinados (cf. 2Re. 9:22-37). Pero al que venza se le concederá, como a David, «autoridad sobre las naciones» (cf. 2Sam. 7:19; 8:1-14; Sal. 18:37-50; 89:27-29). La promesa final alude al salmo mesiánico de David sobre el dominio: «Y las regirá con vara de hierro, como los vasos del alfarero son hechos pedazos, como yo también he recibido autoridad de mi Padre» (cf. Sal. 2:9).

5. *Sardis* (3:1-6). La imaginería de esta sección procede del período profético posterior (cf. las referencias al Espíritu y a las «siete estrellas», que hablan del testimonio profético) que conduce al final de la monarquía, cuando el pueblo desobediente del pacto fue derrotado y llevado al cautiverio. La descripción de la reputación de «vida» de la Iglesia cuando en realidad está «muerta», las exhortaciones a «despertar» y a «fortalecer lo que queda», el reconocimiento de que hay «unas pocas personas» que han permanecido fieles, todo ello recuerda el lenguaje profético sobre el remanente en tiempos de apostasía (Is. 1:5-23; 6:9-13; 65:8-16; Jer. 7:1-7; 8:11-12; Ez. 37:1-14), al igual que la advertencia de un juicio inminente (Is. 1:24-31, 2:12-21; 26:20-21; Jer. 4:5-31; 7:12-15; 11:9-13; Miq. 1:2-7; Sof. 1).

6. *Filadelfia* (3:7-13). El retorno del exilio bajo Esdras y Nehemías se refleja en este mensaje, que habla con la imaginería de la sinagoga y la reconstrucción de Jerusalén y el templo (cf. las profecías de Hageo, Zacarías y Malaquías). Los de Filadelfia, como los judíos que regresan, tienen «poco de poder». La referencia a «la sinagoga de Satanás que se dicen ser judíos y no lo son» recuerda los conflictos con los «falsos judíos» en Esdras 4 y Nehemías 4, 6 y 13. La advertencia de una próxima «hora de la prueba... que está por venir sobre todo el mundo para poner a prueba a los que habitan sobre la tierra» nos recuerda la tribulación

sufrida bajo Antíoco Epífanes (cf. Dan. 8 y 11). Pero Cristo promete al vencedor que será hecho «columna en el templo» y participará de las bendiciones de la «nueva Jerusalén».

7. *Laodicea* (3:14-22). El período de los últimos días (30-70 d.C.) proporciona los temas del séptimo y último mensaje. La iglesia «tibia», que presume de su riqueza y autosuficiencia, pero que está ciega ante su pobreza y desnudez reales, es una imagen apropiada del judaísmo farisaico del siglo I (Lc. 18:9-14; cf. Ap. 18:7). Advertido de que está a punto de ser expulsado de la tierra (la maldición de Lev. 18:24-28; cf. Lc. 21:24), se insta a Israel a que se arrepienta y acepte a Cristo, ofrecido en la comida eucarística. A los que vencen, se les concede la bendición característica de la era que trae el Nuevo Pacto: el dominio con Cristo (cf. Ef. 1:20-22; 2:6; Ap. 1:6).

La estructura de Apocalipsis prefigurada

Por último, los mensajes a las siete iglesias contienen también un esbozo en miniatura de toda la profecía. Como ya hemos señalado, las cuatro secciones de Apocalipsis que siguen al preámbulo (cap. 1) están estructuradas en términos de las cuatro maldiciones séptuples del pacto, expuestas en Levítico 26:18, 21, 24, 28. Estos cuatro conjuntos de juicios en Apocalipsis pueden resumirse como sigue:

1. *El juicio a los falsos apóstoles* (2-3). Los maestros heréticos que propagan falsas doctrinas son desenmascarados, condenados y excomulgados por el apóstol Juan y los fieles a la verdadera tradición apostólica.
2. *El juicio al falso Israel* (4-7). El Israel apóstata, que persigue a los santos, es condenado y castigado; el remanente creyente es protegido del juicio, hereda las bendiciones del pacto y llena la tierra de frutos.
3. *El juicio al rey malvado y al falso profeta* (8-14). La bestia y el falso profeta hacen la guerra contra la Iglesia y son derrotados por el verdadero rey y su ejército de fieles testigos.
4. *El juicio a la reina ramera* (15-22). Babilonia, la falsa novia, es condenada y quemada, y la novia verdadera celebra la cena de las bodas del Cordero.

Es la misma pauta general que encontramos en los cuatro primeros mensajes:

1. Éfeso: *Juicio contra los falsos apóstoles* (2:1-7). Los conflictos de las siete iglesias son evidentes en las luchas de esta iglesia contra los nicolaítas, «los que se dicen ser apóstoles y no lo son».
2. Esmirna: *Juicio sobre el falso Israel* (2:8-11). Los de Esmirna sufren la oposición de «los que se dicen judíos y no lo son, sino sinagoga de Satanás».
3. Pérgamo: *Juicio sobre el rey malvado y el falso profeta* (2:12-17). Esta iglesia está experimentando la persecución y la tentación de los homólogos del siglo I de «Balac», el malvado rey de Moab, y el falso profeta «Balaam».

4. Tiatira: *Juicio sobre la reina ramera* (2:18-29). La líder de los herejes, que seduce a los siervos de Dios a la idolatría y la fornicación, lleva el nombre de Jezabel, la reina adúltera del antiguo Israel.

El ciclo comienza ahora de nuevo, de modo que estos cuatro primeros mensajes se «recapitulan» en los tres últimos, pero prestando atención a detalles diferentes. Para entender esto, debemos empezar de nuevo desde el primer mensaje. Las descripciones que el apóstol Juan hace de Cristo en el preámbulo de cada mensaje están tomadas de las que aparecen en la visión del Hijo del Hombre del capítulo 1. Pero su orden es quiástico (es decir, retoma cada punto en orden inverso). Así:

La visión del Hijo del Hombre

A Sus ojos eran *como llamas de fuego*, y sus *pies* eran *como el bronce bruñido* (1:14-15).

    B De su boca salía una *espada aguda de dos filos* (1:16).

        C Yo soy *el primero y el último*, y el que vive, y *estuve muerto*; y he aquí estoy vivo por los siglos de los siglos, *Amen*, y tengo *las llaves* de la muerte y del Hades (1:17-18).

            D El misterio de *las siete estrellas* que viste en mi *mano derecha* y de los *siete candelabros de oro* (1:20).

Las cartas a las siete iglesias

            D *Éfeso* El que tiene *las siete estrellas* en su *mano derecha*, el que camina entre *los siete candelabros* (2:1).

        C *Esmirna El primero y el último*, el que estuvo *muerto* y ha vuelto a la vida (2:8).

    B *Pérgamo* El que tiene la *espada aguda de dos filos* (2:12).

A *Tiatira* El Hijo de Dios, que tiene *ojos como llamas de fuego*, y sus *pies* como *bronce bruñido* (2:18).

            D *Sardis* El que tiene los siete Espíritus de Dios, y *las siete estrellas* (3:1).

        C *Filadelfia* El que es santo, el que es verdadero, el que tiene *la llave* de David, el que abre y nadie cierra, y el que cierra y nadie abre (3:7).

        C *Laodicea* El *Amén*, el testigo fiel y verdadero, el principio de la creación de Dios (3:14).[4]

La repetición del patrón general se ve reforzada por otros puntos de similitud. El paralelismo entre Esmirna y Filadelfia puede verse también en que ambas tratan de la «sinagoga de Satanás»; y la asociación de los «siete candelabros» de Éfeso con los «siete Espíritus de

---

[4] Hubiésemos esperado que el apóstol Juan estableciera un patrón con base en el preámbulo de Laodicea después de B (o quizá incluso A) en lugar de C; por alguna razón eligió no hacer una estructura simétrica.

Dios» de Sardis se explica en el capítulo siguiente, durante la visión del apóstol Juan del trono celestial: «Había siete lámparas de fuego ardiendo, que son los siete Espíritus de Dios» (4:5)

2

EL ESPÍRITU HABLA A LA IGLESIA: ¡VENCE!

Éfeso: El juicio a los falsos apóstoles (2:1-7)

1 Escribe al ángel de la iglesia en Éfeso: «El que tiene las siete estrellas en su mano derecha, el que anda entre los siete candelabros de oro, dice esto:
2 Yo conozco tus obras, tu fatiga y tu perseverancia, y que no puedes soportar a los malos, y has sometido a prueba a los que se dicen ser apóstoles y no lo son, y los has hallado mentirosos.
3 Tienes perseverancia, y has sufrido por mi nombre y no has desmayado.
4 Pero tengo esto contra ti: que has dejado tu primer amor.
5 Recuerda, por tanto, de dónde has caído y arrepiéntete, y haz las obras que hiciste al principio; si no, vendré a ti y quitaré tu candelabro de su lugar, si no te arrepientes.
6 Sin embargo tienes esto: que aborreces las obras de los nicolaítas, las cuales yo también aborrezco.
7 El que tiene oído, oiga lo que el Espíritu dice a las iglesias. Al vencedor le daré a comer del árbol de la vida, que está en el paraíso de Dios».

1 La ciudad de Éfeso era la ciudad más importante de Asia Menor, tanto en política como en comercio. También era un importante centro cultural, con atracciones como el arte, la ciencia, la brujería, la idolatría, los gladiadores y la persecución. La calle principal iba desde el puerto hasta el teatro, y en el camino el visitante pasaba por el gimnasio y los baños públicos, la biblioteca pública y el burdel público. Su templo de Artemisa (o Diana— la diosa de la fertilidad y de la «naturaleza salvaje») era una de las siete maravillas del mundo antiguo. Lucas nos cuenta otro hecho interesante sobre la ciudad, uno que guarda una relación importante con los siete mensajes en su conjunto: Éfeso era un hervidero de ocultismo judío y artes mágicas (Hch. 19:13-15, 18-19). En todo el mundo del siglo I, el judaísmo apóstata se estaba acomodando a numerosas ideologías y prácticas paganas, desarrollando cepas tempranas de lo que más tarde llegó a conocerse como gnosticismo— varios híbridos de sabiduría oculta, sabiduría rabínica, religión mistérica, y ascetismo y/o libertinaje, todo ello mezclado con algunos fragmentos de doctrina cristiana.[1] Este mestizaje religioso farsante fue, sin duda, el principal caldo de cultivo de las herejías que afligieron a las iglesias de Asia Menor.

Sin embargo, a pesar de toda la depravación multiforme dentro de Éfeso (cf. Ef. 4:17-19; 5:3-12) el Señor Jesucristo había establecido su Iglesia allí (Hch. 19); y en este mensaje le asegura al ángel de la congregación que Él **sostiene las siete estrellas en su mano derecha**, sosteniendo y protegiendo a los gobernantes que Él ha ordenado: «Él las llena de luz e influencia», dice el Matthew Henry en su *Commentary*; «Él las sostiene, o de lo contrario pronto serían estrellas fugaces».[2] Él también **camina en medio de los candeleros**, las iglesias, guardándolas y examinándolas, y conectándolas entre sí por medio de su unidad en Él. «Además, haré mi morada en medio de vosotros, y mi alma no os aborrecerá. Andaré entre vosotros y seré vuestro Dios, y vosotros seréis mi pueblo» (Lev. 26:11-12).

2-3 La iglesia de Éfeso era bien conocida por su laboriosidad y duro trabajo por la fe, y su **perseverancia** frente a la oposición y la apostasía, habiendo **soportado penalidades** por el nombre de Cristo. Esta era una iglesia que no conocía el significado de transigir, dispuesta a tomar una posición firme por la ortodoxia, sin importar el costo. (Es digno de mención que, de todas las cartas de Pablo a las iglesias, solo *Efesios* no menciona ni una sola cuestión doctrinal que necesitara corrección apostólica). Los gobernantes de la iglesia no temían disciplinar a los **hombres malvados**. Conocían la importancia de los juicios por herejía y las excomuniones, y parece que esta iglesia había tenido una buena cuota de ambos: sus dirigentes habían puesto a **prueba** a los falsos «apóstoles» y los habían condenado. Los ancianos de Éfeso escucharon bien la exhortación que Pablo les había dado (Hch. 20:28-31): «Tened cuidado de vosotros y de toda la grey, en medio de la cual el Espíritu Santo os ha hecho obispos para pastorear la iglesia de Dios, la cual Él compró con su propia sangre. Sé que después de mi partida, vendrán lobos feroces entre vosotros que no perdonarán el rebaño, y que de entre vosotros mismos se levantarán algunos hablando cosas perversas para arrastrar a los discípulos tras ellos. Por tanto, estad alerta».

Cuarenta años más tarde, esta iglesia seguía siendo famosa por su ortodoxia, como observó Ignacio (martirizado en 107 d.C.) en su carta a los efesios: «Todos vivís de acuerdo con la verdad, y ninguna herejía tiene cabida entre vosotros; es más, ni siquiera escucháis a nadie, si habla de algo que no sea de Jesucristo en verdad... He sabido que algunas personas pasaron por vosotros trayendo mala doctrina; y no les permitisteis que sembraran semillas entre vosotros, pues os tapasteis los oídos para no recibir la semilla sembrada por ellos... Estáis revestidos de pies a cabeza con los mandamientos de Jesucristo».[3]

---

[1] Véase Elizabeth Schüssler Fiorenza, *The Book of Revelation: Justice and Judgment* (Filadelfia: Fortress Press, 1985), p. 114-32. Para un ejemplo del tipo de literatura que produjo este movimiento, véase James M. Robinson, ed., *The Nag Hammadi Library* (San Francisco: Harper & Row, Publishers, 1977).

[2] Matthew Henry, *Commentary on the Whole Bible* (Nueva York: Fleming H. Reveli co., n.d.), vol. VI, p. 1123.

[3] Ignacio, *Ephesians* vi, ix.

Hay varios paralelismos sorprendentes en estos versículos: Cristo le dice a la iglesia, «Yo conozco... vuestro **trabajo** (literalmente, **cansancio**) y tu **perseverancia**, y que no puedes **soportar** a los malos.... Tienes **perseverancia**, y has **sufrido** por mi nombre y no has **desmayado**».

4-6 Sin embargo, el Señor reprende al ángel: **Tengo esto contra ti: que has dejado tu primer amor**. El deseo de la iglesia por la sana doctrina se había pervertido en un endurecimiento contra sus hermanos en Cristo, de modo que carecían de amor. Es importante señalar que incluso la preocupación más rigurosa por la ortodoxia no significa automáticamente una ausencia de amor. Es solo una perversión de la ortodoxia lo que resulta en dureza hacia los hermanos. Cristo no critica a los efesios por ser «demasiado ortodoxos», sino por dejar, abandonar el amor que tenían al principio. La cuestión de «doctrina *versus* amor» es, bíblicamente hablando, un asunto sin importancia. De hecho, es una cuestión específicamente pagana, que trata de separar lo que Dios ha unido. A los cristianos se les exige que sean ortodoxos y amorosos, y la falta de cualquiera de las dos cosas acabará en el juicio de Dios.

Recuerda, por tanto, de dónde has caído: Los efesios habían tenido en otro tiempo una armoniosa combinación de amor y ortodoxia doctrinal, y Cristo les llama a **arrepentirse**, a cambiar de opinión sobre sus acciones y a **hacer las obras que hicieron al principio**. El amor no es simplemente un estado de ánimo o una actitud; el amor es acción en términos de la ley de Dios: «En esto sabemos que amamos a los hijos de Dios: cuando amamos a Dios y guardamos sus mandamientos. Porque este es el amor de Dios: que guardemos sus mandamientos, y sus mandamientos no son gravosos» (1Jn. 5:2-3; cf. Rom 13: 8-10). El antídoto de Cristo para el malestar espiritual de la Novia no es simplemente una exhortación a cambiar su actitud como tal. Por el contrario, le ordena que cambie sus acciones, que realice las obras que habían caracterizado su romance con el esposo al principio. Las acciones de arrepentimiento alimentarán y cultivarán una actitud de arrepentimiento.

Sin embargo, si no se arrepienten, Cristo les advierte: **Vendré a ti** en juicio»— una advertencia que se repite tres veces más en estas cartas (2:16; 3:3, 11). Como hemos visto antes (1:7), la **venida** de Cristo no se refiere simplemente a un cataclismo al final de la historia, sino que se refiere a sus venidas en la historia. De hecho, advierte, Él vendrá **pronto**, un término enfatizado por sus siete apariciones en Apocalipsis (2:5, 16; 3:11; 11:14; 22:7, 12, 20). El Señor no está amenazando a la iglesia de Éfeso con su Segunda Venida; está diciendo que vendrá contra *ellos*: **Quitaré su candelero de tu lugar**, quitaré tu influencia y, de hecho, dejarán de ser una iglesia en absoluto. Por falta de amor, toda la congregación está en peligro de excomunión. Si los ancianos de una iglesia fallan en disciplinar y discipular a la iglesia hacia el amor, así como la ortodoxia doctrinal, Jesucristo mismo intervendrá y administrará el juicio— y en ese momento muy bien puede que sea demasiado tarde para el arrepentimiento.

Es probable que el apóstol Juan utilizara un importante «acontecimiento actual» en la vida de Éfeso como base parcial para esta imaginería. La línea costera cambiaba continuamente a causa de los sedimentos arrastrados por el cercano río Caístro; la arena y las piedras llenaban progresivamente el puerto, amenazando con convertirlo en un pantano. En efecto, la ciudad corría el riesgo de ser desplazada de su lugar, completamente aislada del mar. Siglos antes, un enorme proyecto de ingeniería había dragado el puerto, a costa de mucho **trabajo, perseverancia** y **penurias**. Sin embargo, a mediados del siglo I, el puerto volvía a llenarse de cieno. Se hizo evidente que si Éfeso quería conservar su influencia como puerto marítimo, los ciudadanos tendrían que **arrepentirse** de su negligencia y volver a **hacer las primeras obras**. En el año 64 d.C., la ciudad comenzó por fin a dragar el puerto, y Éfeso permaneció en su lugar durante años. (En siglos posteriores, se permitió que el encenagamiento continuara sin obstáculos. Ahora, el mar está a seis millas de las ruinas de Éfeso, y lo que una vez fue el puerto de Éfeso es ahora una llanura cubierta de hierba y barrida por el viento).[4]

Pero la vuelta al amor no implica ninguna disminución de las normas teológicas (en un sentido real, significa el aumento y la imposición de una norma teológica completa). El verdadero amor a Cristo y a su pueblo requiere el odio al mal, y el Señor los elogia por su firmeza en esto: **Sin embargo tienes esto: que aborreces las obras de los nicolaítas, las cuales yo también aborrezco**. Según el obispo del siglo II Ireneo, «los nicolaítas son los seguidores de aquel Nicolás que fue uno de los siete primeros ordenados diáconos por los apóstoles [Hch. 6:51]. Llevan una vida de indulgencia desenfrenada... enseñando que es un asunto de indiferencia practicar el adulterio y comer cosas sacrificadas a los ídolos».[5] Si Ireneo está en lo cierto aquí— su punto de vista es ciertamente discutible[6]— el diácono Nicolás (en griego, *Nikolaos*) había apostatado y se había convertido en un «falso apóstol», tratando de llevar a otros a la herejía y a transigir con el paganismo.

Una cosa es obvia: El apóstol Juan está llamando a la facción herética de Éfeso con el nombre de alguien llamado Nikolaos (incluso si admitimos que Ireneo estuviera confundido sobre su identidad). Su razón parece basarse en consideraciones lingüísticas, pues en griego *Nikolaos* significa *Conquistador del pueblo*. Curiosamente, en el tercero de los siete mensajes, el apóstol Juan menciona a un grupo de herejes de Pérgamo, a los que llama seguidores de «Balaam» (2:14). En hebreo, *Balaam* significa *Conquistador del pueblo*. El apóstol Juan está haciendo un juego de palabras, relacionando a los «nicolaítas» de Éfeso con los «balamitas» de Pérgamo; de hecho, nos dice claramente en 2:14-15 que sus doctrinas son las mismas. Al igual que *Nikolaos* y *Balaam* son equivalentes lingüísticos entre sí (véase la misma técnica en 9:11), también son equivalentes teológicos. Los «nicolaítas» y los «balamitas» son participantes del mismo culto herético.

Esta conclusión se ve reforzada por otra conexión. Cuando comparamos las enseñanzas reales de la herejía nicolaíta/balamitas con las de la facción de «Jezabel» en la iglesia de

---

[4] William J. McKnight, *The Apocalypse: A Reappearance*, vol. I: *John to the Seven Churches* (Boston: Hamilton Brothers, Publishers, 1927), p. 81ss.; C. J. Hemer, «Seven Cities of Asia Minor», en R. K. Harrison, ed., *Major Cities of the Biblical World* (Nashville: Thomas Nelson Publishers, 1985), p. 236.

[5] Ireneo, *Contra las herejías*, i.xxvi,3; en Alexander Roberts y James Donaldson, eds., *The Ante-Nicene Fathers* (Grand Rapids: Eerdmans, [1885], 1973), p. 352.

[6] Es discutible por dos motivos: en primer lugar, la cuestión de si el «Nicolás» de Éfeso era realmente el diácono de Jerusalén; en segundo lugar, si la «fornicación» y la fiesta idolátrica (v. 14, 20) deben tomarse al pie de la letra.

Tiatira, mencionada en el cuarto mensaje (2:20), encontramos que sus doctrinas son idénticas entre sí. Por lo tanto, parece haber una herejía en particular que es el foco de estos mensajes a las iglesias durante los últimos días, una herejía que busca seducir al pueblo de Dios a la idolatría y la fornicación. Como Pablo había predicho, habían surgido lobos dentro de la comunidad cristiana que intentaban devorar a las ovejas, y era deber de los pastores/ángeles estar en guardia contra ellos, y expulsarlos de la Iglesia. Jesucristo declara que **odia** las acciones de los nicolaítas; su pueblo debe mostrar su imagen, amando lo que Él ama y odiando lo que Él odia (cf. Sal. 139:19-22).

7 Como en cada uno de estos mensajes, la carta a la iglesia de Éfeso concluye exhortándoles a **escuchar lo que el Espíritu dice a las iglesias**. Aunque los mensajes son diferentes, en términos de las necesidades de cada congregación, el Espíritu realmente está emitiendo un mandato básico: ¡Vence! El verbo griego es *nikaō*, el mismo que la raíz de *nicolaíta*; Cristo está encargando a su iglesia la responsabilidad de vencer a los que tratan de vencerla. Uno u otro bando será el vencedor en esta batalla. La oposición de Satanás a las iglesias aparecerá en varias formas, y diferentes iglesias (y diferentes edades de la Iglesia) tendrán diferentes problemas que enfrentar, diferentes enemigos que vencer. Pero no importa cuáles sean los problemas particulares a los que se enfrente, cada iglesia está bajo el mandato divino de vencer y abrumar completamente a su oposición. El deber de vencer no es algo reservado a unos pocos «supercristianos» selectos, que se han «dedicado» a Dios más allá de los requisitos habituales para los cristianos. Todos los cristianos son vencedores: *Todo lo que es nacido de Dios vence al mundo; y esta es la victoria que ha vencido al mundo: nuestra fe* (1Jn. 5:4). Los cristianos de los que habla Apocalipsis vencieron al diablo «por medio de la sangre del Cordero y por la palabra del testimonio de ellos» (12:11). No se trata de victoria o derrota, sino de victoria o traición.

El cristiano vence; y a él Cristo le concede el privilegio **de comer del árbol de la vida, que está en el paraíso de Dios**. No se trata solo de una esperanza de otro mundo. Aunque la plena consumación de esta promesa se produce al final de la historia, es una posesión presente y creciente del pueblo de Dios, a medida que obedece a su Señor y toma dominio sobre la tierra. Porque el árbol de la vida es Jesucristo mismo, y participar del árbol es poseer las bendiciones y beneficios de la salvación.[7] En Cristo, el cristiano vencedor tiene el paraíso restaurado, en esta vida y para siempre.

---

[7] La cruz se ha utilizado durante mucho tiempo en el arte cristiano como símbolo del árbol de la vida. Sin embargo, hay pruebas fehacientes de que Cristo fue crucificado realmente en un árbol vivo (con las muñecas clavadas en el travesaño que llevaba y los pies clavados en el tronco; cf. Hch. 5:30; 10:39; 13:29; Gál. 3:13; 1Pe. 2:24). El símbolo de la cruz es simplemente un árbol estilizado, y a menudo se representaba en iglesias y tumbas antiguas con ramas y hojas que crecían de él. Véase la fascinante e informativa obra de Ernest L. Martin, *The Place of Christ's Crucifixion: Its Discovery and Significance* (Pasadena: Foundation for Biblical Research, 1984), p. 75-94.

Esmirna: El juicio al falso Israel (2:8-11)

8 Y escribe al ángel de la iglesia en Esmirna: «El primero y el último, el que estuvo muerto y ha vuelto a la vida, dice esto:

9 Yo conozco tu tribulación y tu pobreza (pero tú eres rico), y la blasfemia de los que se dicen ser judíos y no lo son, sino que son sinagoga de Satanás.

10 No temas lo que estás por sufrir. He aquí, el diablo echará a algunos de vosotros en la cárcel para que seáis probados, y tendréis tribulación por diez días. Sé fiel hasta la muerte, y yo te daré la corona de la vida.

11 El que tiene oído, oiga lo que el Espíritu dice a las iglesias. El vencedor no sufrirá daño de la muerte segunda.

8 Había dos características de Esmirna que significaban graves problemas para la iglesia allí. En primer lugar, los habitantes de la ciudad eran muy devotos del culto al emperador; y, en segundo lugar, en Esmirna había una gran población de judíos hostiles a la fe cristiana. A esta iglesia fiel, que sufría poderosamente bajo las persecuciones de estos incrédulos, Jesucristo se anuncia como **el primero y el último**, un nombre para Dios tomado de Isaías 44:6 y 48:12. Es obvio, por los contextos de esos versículos, que la expresión identifica a Dios como el supremo Señor y determinador de la historia, el planificador y controlador de toda la realidad. La doctrina bíblica de la predestinación, cuando se entiende correctamente, no debe ser una fuente de temor para el cristiano; más bien, es una fuente de consuelo y seguridad.

Lo contrario de la doctrina de la predestinación no es la libertad, sino la falta de sentido; si los detalles más pequeños de nuestras vidas no forman parte del plan de Dios, si no son *hechos creados* con un significado divinamente determinado, entonces no pueden tener ningún sentido. No pueden estar «obrando juntos para bien». Pero el cristiano que comprende la verdad de la soberanía de Dios tiene la seguridad de que nada en su vida carece de sentido y propósito: que Dios ha ordenado todas las cosas para su gloria y para nuestro bien final. Esto significa que incluso nuestros sufrimientos forman parte de un plan coherente; que cuando nos oponemos, no tenemos por qué temer que Dios nos haya abandonado. Podemos estar seguros de que, puesto que hemos sido «llamados conforme a su propósito» (Rom. 8:28), todas las cosas de nuestra vida son un aspecto necesario de ese propósito. Martín Lutero dijo: «Es, entonces, fundamentalmente necesario y saludable que los cristianos sepan que Dios no sabe nada contingentemente, sino que Él prevé, se propone y hace todas las cosas de acuerdo con su propia voluntad inmutable, eterna e infalible... Porque el principal y único consuelo del cristiano en la adversidad radica en saber que Dios no miente, sino que hace que todas las cosas sucedan inmutablemente, y que su voluntad no puede ser resistida, alterada o impedida».[8]

---

[8] Martín Lutero, *The Bondage of the Will*, J. I. Packer y O. R. Johnston, trad. (Old Tappan, Nueva Jersey: Fleming H. Revell Co., 1957), p. 80, 84.

Cristo no solo es el primero y el último, sino que **estuvo muerto y ha vuelto a la vida**: es completamente victorioso sobre la muerte y el sepulcro como «primicias» de todos los que mueren en el Señor (1Co. 15:20-22), garantizando también nuestra resurrección, de modo que incluso «devorada ha sido la muerte en victoria» (1Co. 15:54). A pesar de la fuerza y la crueldad de sus perseguidores, los cristianos de Esmirna no pueden ser vencidos, ni en esta vida ni en la otra.

9-10 Pero no era fácil ser cristiano en Esmirna. Ciertamente, no fueron «arrebatados» de su **tribulación**; y esto a menudo también significó **pobreza**, debido a su postura por la fe. Tal vez sufrieron la confiscación de sus bienes (cf. Heb. 10:34) o actos de vandalismo; también es probable que fueran objeto de un boicot económico debido a su negativa a alinearse con los adoradores paganos del estado o con los judíos apóstatas (cf. 13:16-17). Sin embargo, en su pobreza, eran **ricos** en el sentido más básico y definitivo: considerados por el mundo «como pobres, pero enriqueciendo a muchos; como no teniendo nada, aunque poseyéndolo todo» (2Co. 6:10). **Sé** todo lo que están padeciendo, les asegura su Señor; se identifica con ellos en sus sufrimientos, hasta el punto de que «En todas sus angustias Él fue afligido» (Is. 63:9; cf. v. 2-3). Como observó el teólogo puritano John Owen, todas nuestras persecuciones «son suyas en primer lugar, nuestras solo por participación» (cf. Col. 1:24).[9] Y también conoce la **blasfemia** de sus perseguidores: **los que dicen ser judíos y no lo son**. Aquí el Señor es explícito sobre la identidad de la oposición a la que se enfrentaba la Iglesia primitiva: Los también conocidos como nicolaítas, los seguidores de los falsos apóstoles Balaam y Jezabel, son definidos aquí como aquellos que dicen ser judíos, hijos de Abraham, pero que en realidad son hijos del diablo. Estos son los israelitas que han rechazado a Cristo y por lo tanto han rechazado al Dios de Abraham, Isaac y Jacob. Un mito popular sostiene que los judíos no cristianos son verdaderos creyentes en el Dios del Antiguo Testamento, y que solo necesitan «añadir» el Nuevo Testamento a su religión, por lo demás adecuada. Pero el propio Nuevo Testamento es inflexible en este punto: Los judíos no cristianos no son creyentes en Dios, sino que son apóstatas que rompen el pacto. Como dijo Jesús a los judíos que lo rechazaron: «Si sois hijos de Abraham, haced las obras de Abraham. Pero ahora procuráis matarme… Vosotros hacéis las obras de vuestro padre… Si Dios fuera vuestro Padre, me amaríais… Sois de vuestro padre el diablo y queréis hacer los deseos de vuestro padre. Él fue un homicida desde el principio, y no se ha mantenido en la verdad porque no hay verdad en él. Cuando habla mentira, habla de su propia naturaleza, porque es mentiroso y el padre de la mentira» (Jn. 8:39-44). La verdad es que no existe tal cosa como un judío «ortodoxo», a menos que sea cristiano; porque si los judíos creyeran en el Antiguo Testamento, creerían en Cristo. Si un hombre no cree en Cristo, tampoco cree en Moisés (Jn. 5:46).

Pablo escribió: «No es judío el que lo es exteriormente, ni la circuncisión es la externa, en la carne; sino que es judío el que lo es interiormente, y la circuncisión es la del corazón,

---

[9] John Owen, *Works*, 16 vol., William H. Goold, ed. (Edimburgo: The Banner of Truth Trust, [1850-53] 1965-68), vol. 2, p. 145.

por el Espíritu, no por la letra; la alabanza del cual no procede de los hombres, sino de Dios» (Rom. 2:28-29). Por esta razón, Pablo se atrevió a utilizar este lenguaje para advertir a las Iglesias contra las seducciones de los judíos apóstatas: «Cuidaos de los perros, cuidaos de los malos obreros, cuidaos de la falsa circuncisión; porque nosotros somos la verdadera circuncisión, que adoramos en el Espíritu de Dios y nos gloriamos en Cristo Jesús, no poniendo la confianza en la carne» (Fil 3:2-3). La expresión traducida *verdadera circuncisión* es, en griego, simplemente *circuncisión*, que significa *cortar alrededor*; la *falsa circuncisión* es literalmente *mutilación*, que significa *cortar en pedazos*. La circuncisión de los judíos, la señal del pacto en la que confiaban, era en realidad un emblema de su propia mutilación y destrucción espiritual, la señal de que por su propia rebelión habían heredado las maldiciones del pacto. El corte del prepucio era siempre una señal de condenación. Para los justos, la aplicación ritual de la ira de Dios significaba que no sufrirían su terrible realidad; para los desobedientes, sin embargo, era un anticipo de lo que vendría, una señal segura de la destrucción total que les esperaba.

¿Quién es, pues, el verdadero judío? ¿Quién pertenece al verdadero Israel? Según la clara enseñanza del Nuevo Testamento, la persona (independientemente de su herencia étnica) que ha sido revestida de Jesucristo es heredera de las promesas a Abraham y posee las bendiciones del pacto (Rom. 11:11-24; Gál. 3:7-9, 26-29). Pero una congregación de apóstatas y perseguidores no es más, dice nuestro Señor, que una **sinagoga de Satanás**. **Satanás** significa *Acusador*, y la historia cristiana primitiva está plagada de ejemplos de falsos testimonios satánicos de los judíos contra la Iglesia cristiana (Hch. 6:9-15; 13:10; 14:2-5; 17:5-8; 18:6, 12-13; 19:9, 21:27-36; 24:1-9; 25:2-3, 7). Este punto queda subrayado por la afirmación de que algunos de ellos serían arrojados a la cárcel por **el diablo** (refiriéndose *al Calumniador*).

Porque aquel que conoce sus sufrimientos es también el primero y el último, el que controla todo, Él puede dar consuelo autoritativo: **No temas lo que estás por sufrir**. Algunos de los cristianos de Esmirna pronto serían **llevados a prisión** por instigación de los judíos; pero Cristo les asegura que esto también forma parte del gran conflicto cósmico entre Cristo y Satanás. Las persecuciones que les infligen los judíos aliados con el Imperio romano tienen su origen en **el diablo**, en su hostilidad contra los seguidores de Jesucristo, en sus frenéticos intentos de conservar los harapos de su reino andrajoso. Está librando desesperadamente una batalla perdida contra las hordas que marchan sin descanso de una nación de reyes y sacerdotes que están predestinados a la victoria.

Y así, detrás incluso de los intentos del diablo por derrocarnos, está el decreto absoluto de Dios. Satanás inspiró a los caldeos a robar los rebaños de Job, y sin embargo es la respuesta justa de Job fue: «El Señor dio y el Señor quitó; bendito sea el nombre del Señor» (Job 1:21).[10] Así que el propósito divinamente ordenado para la actividad malvada del diablo **es que usted pueda ser probado**: como escribió Samuel Rutherford, «el diablo no es más que el maestro esgrimista de Dios, para enseñarnos a manejar nuestras armas».[11] Las pruebas

---

[10] Véanse los comentarios de Juan Calvino sobre este pasaje en su *Institución de la religión cristiana*, ii.iv.2.
[11] *The Letters of Samuel Rutherford*, Frank E. Gaebelein, ed. (Chicago: Moody Press, 1951), p. 219.

de los cristianos no son ordenadas en última instancia por Satanás, sino por Dios; y el resultado no es la destrucción, sino la pureza (cf. Job 23:10; 1Pe. 4:12-19). La **tribulación** de la iglesia de Esmirna sería feroz, pero de duración relativamente corta: **diez días**. Daniel y sus tres amigos fueron probados durante diez días, pero superaron la prueba y fueron ascendidos a altos privilegios (Dan. 1:11-21). Del mismo modo, se permitiría que la persecución judía de la iglesia en Esmirna continuara solo por un corto tiempo más, y luego la iglesia sería libre:

Diez días de tribulación a cambio de mil años de victoria (20:4-6). Aun así, el tiempo de prueba iba a costar la vida a muchos en la Iglesia, y se les exhorta a **ser fieles hasta la muerte**, a fin de ganar **la corona de la vida**. No se trata de una bendición reservada a una clase de cristianos excepcionalmente consagrados, pues todos los cristianos deben ser fieles hasta la muerte. La Biblia simplemente no conoce otra clase de cristianos. «Si perseveramos, también reinaremos con Él; si le negamos, Él también nos negará» (2Tim. 2:12). «Seréis odiados de todos por causa de mi nombre», dijo Jesús; «pero el que persevere hasta el fin, ese será salvo» (Mt. 10:22). La corona de la vida es la salvación misma.

11 El cristiano fiel que **vence** la oposición y la tentación **no será herido por la segunda muerte**. El hecho de que esto se dijera originalmente a una iglesia del siglo I nos ayuda a comprender el significado de otro pasaje de este libro. En Apocalipsis 20:6 se afirma que los que no sufren la «segunda muerte» son los mismos que participan de la «primera resurrección», y que son sacerdotes y reyes con Cristo, una bendición que el apóstol Juan ya ha afirmado que es una realidad presente (1:6). Por tanto, la primera resurrección no puede referirse necesariamente a la resurrección física del fin del mundo (1Co. 15:22-28). Más bien, debe referirse a lo que Pablo enseñó claramente en su epístola a los Efesios: «*Estabais muertos* en vuestros delitos y pecados... Pero Dios, que es rico en misericordia... aun cuando *estábamos muertos* en nuestros delitos, nos dio vida juntamente con Cristo (por gracia habéis sido salvados), *y con Él nos resucitó*» (Ef. 2:1, 4-6). El cristiano, en toda época, es partícipe de la primera resurrección a una vida nueva en Cristo, habiendo sido limpiado de su (primera) muerte en Adán.[12] Él «tiene vida eterna y no viene a condenación, sino que ha pasado de muerte a vida» (Jn. 5:24).

Pérgamo: El juicio al rey impío y al falso profetas (2:12-17)

12 Y escribe al ángel de la iglesia en Pérgamo: «El que tiene la espada aguda de dos filos, dice esto:
13 Yo sé dónde moras: donde está el trono de Satanás. Guardas fielmente mi nombre y no has negado mi fe, aun en los días de Antipas, mi testigo, mi siervo fiel, que fue muerto entre vosotros, donde mora Satanás.

---

[12] Por supuesto, también habrá una segunda resurrección (una física) al final de la historia, pero eso no se menciona en Ap. 20:6. Véase Jn. 5:24-29, donde Cristo habla de ambas resurrecciones.

14 Pero tengo unas pocas cosas contra ti, porque tienes ahí a los que mantienen la doctrina de Balaam, que enseñaba a Balac a poner tropiezo ante los hijos de Israel, a comer cosas sacrificadas a los ídolos y a cometer actos de inmoralidad.

15 Así tú también tienes algunos que de la misma manera mantienen la doctrina de los nicolaítas.

16 Por tanto, arrepiéntete; si no, vendré a ti pronto y pelearé contra ellos con la espada de mi boca

17 El que tiene oído, oiga lo que el Espíritu dice a las iglesias. Al vencedor le daré del maná escondido y le daré una piedrecita blanca, y grabado en la piedrecita un nombre nuevo, el cual nadie conoce sino aquel que lo recibe

12 Pérgamo era otra importante ciudad asiática, y acogía una serie de falsos cultos populares, entre los que destacaban los de Zeus, Dionisos, Esculapio(el dios-serpiente al que oficialmente se designaba como *Salvador*) y, sobre todo, el culto al César. Pérgamo ostentaba magníficos templos a los césares y a Roma, y «de todas las siete ciudades, Pérgamo era aquella en la que la iglesia estaba más expuesta a chocar con el culto imperial».[13]

A este importante centro de estatismo deificado, Cristo se anuncia como **aquel que tiene la espada afilada de dos filos**. Roma reclamaba para sí la posición de creadora y definidora de todo: El poder del Imperio sobre la vida y la muerte era absoluto y definitivo. Pero, mientras que Roma afirmaba que su derecho de ejecución era original, el mensaje del cristianismo era que todo poder y autoridad fuera del Dios trino era derivado— los diversos gobernantes y autoridades son *creados*, y reciben su dominio de Dios (Rom. 13:14). Es Jesucristo quien ejerce todo poder en el cielo y en la tierra (Mt. 28:18), y a Él pertenece el poder definitivo de la espada. Como Señor soberano y gobernante de los reyes de la tierra (1:5), Él ha establecido la ley para las naciones. Si los gobernantes no aplican y hacen cumplir sus mandamientos en toda su jurisdicción divinamente ordenada, Él hará caer su afilada espada sobre sus cuellos.[14]

13 Los creyentes de Pérgamo viven **donde está el trono de Satanás** (véanse los comentarios a 1:4 sobre la centralidad del tema del trono en Apocalipsis). Robert H. Mounce señala varias de las sugerencias en cuanto al significado de esta expresión (ninguna de las cuales debe excluir necesariamente a las otras): «Se menciona con frecuencia el gran altar a Zeus en forma de trono que dominaba la ciudad desde la ciudadela... Otros toman la frase en referencia al culto de Esculapio, que fue designado salvador y cuyo símbolo era la serpiente (esto obviamente recordaría a los cristianos a Satanás; cf. 12:9; 20:2) Cuando el viajero se acercaba a Pérgamo por la antigua carretera desde el sur, la forma real de la ciudad-colina

---

[13] Robert H. Mounce, *The Book of Revelation* (Grand Rapids: Eerdmans, 1977), p. 96.

[14] Que esto es cierto para todas las naciones, y no sólo para el Israel del Antiguo Testamento, puede comprobarse leyendo (por ejemplo) el Sal. 2 y Dan. 4. La ley de Dios en relación con las naciones y los gobernantes se trata de forma exhaustiva en James B. Jordan, *The Law of the Covenant: An Exposition of Exodus 21-23* (Tyler, Texas: Institute for Christian Economics, 1984); Rousas John Rushdoony, *The Institutes of Biblical Law* (Nutley, Nueva Jersey: The Craig Press, 1973); y Greg L. Bahnsen, *Theonomy in Christian Ethics* (Phillipsburg, Nueva Jersey: Presbyterian and Reformed Publishing Co., 2da. ed., 1984).

aparecería como un trono gigante que se elevaba sobre la llanura. La expresión se entiende mejor, sin embargo, en relación con la prominencia de Pérgamo como el centro oficial de culto de la adoración del emperador en Asia ... Era aquí donde Satanás había establecido su sede oficial o asiento de estado. Así como Roma se había convertido en el centro de la actividad de Satanás en Occidente (13:2; 16:10), Pérgamo se había convertido en su «trono» en Oriente.[15]

Aunque esta última designación— el trono como sede del culto al emperador y del estatismo divinizado— es un aspecto central del significado del texto, hay una dimensión mucho más básica que generalmente se pasa por alto. **Satanás** ya ha sido identificado en estos mensajes como unido a la sinagoga, la comunidad judía incrédula que ha abandonado el pacto en favor de una religión mítica. El principal enemigo de la Iglesia, a lo largo de todo el Nuevo Testamento, es el judaísmo apóstata, cuyos representantes llevaban continuamente a los cristianos ante el magistrado romano (Hch. 4:24-28, 12:1-3; 13:8, 14:5, 17:5-8; 18:12-13; 21:11; 24:1-9; 25:2-3, 9, 24). Como revelará el apóstol Juan en los capítulos 12-13, Satanás es la fuerza que mueve el intento judío/romano de destruir la Iglesia.

La estrecha relación que existía en Pérgamo entre el judaísmo organizado y los funcionarios imperiales, unida a la oposición del cristianismo al estatismo y al culto de la criatura, hizo que fuera natural que la persecución y el martirio comenzaran aquí, si es que había que hacerlo en algún otro lugar de Asia. Y por esta razón, Cristo considera fiel a la iglesia de Pérgamo: Se **aferraron** a su **nombre**— confesándole solo a Él como Salvador, mediador y Señor, proclamando que su identidad como vínculo entre el cielo y la tierra era absolutamente única. No **renegaron** de la **fe**, ni siquiera cuando vino la amarga persecución **en los días de Antipas... que fue muerto entre vosotros, donde mora Satanás**. Nadie sabe ahora quién era este Antipas, pero basta que Cristo lo señale para un reconocimiento especial: **Mi testigo fiel**, lo llama. Por su propio nombre— *Contra todos*— Antipas personifica la firmeza de la iglesia de Pérgamo al resistir la persecución.

14-16 Sin embargo, no todos en la Iglesia tenían el carácter fiel de Antipas; además, una amenaza que suponía un peligro para la integridad de la fe, incluso mayor que el peligro de la persecución, era la obra astuta e insidiosa de la herejía. El apóstol Juan recurre a la historia de la Iglesia en el desierto para ilustrar su punto de vista: **Tenéis allí a algunos que sostienen la enseñanza de Balaam**, cuyo nombre significa, como Nikolaos, *Conquistador* (o *Destructor*) *del pueblo*. Cuando se descubrió que el pueblo de Dios no podía ser derrotado en una guerra abierta (véase Núm. 22-24), el falso profeta Balaam sugirió otro plan a Balac, el malvado rey de Moab. La única manera de destruir a Israel era mediante la *corrupción*. Así, Balaam **siguió enseñando a Balac** (cf. Núm. 31:16) **a poner tropiezo ante los hijos de Israel, a comer cosas sacrificadas a los ídolos y a cometer fornicación** (cf. Núm. 25).[16] **Así también tenéis algunos que de la misma manera**— es decir, imitando a Balaam— **sostienen la enseñanza de los nicolaítas**: En otras palabras, los que sostienen la enseñanza

---

[15] Mounce, p. 96s.
[16] Josefo ofrece una versión ampliada de la historia en sus *Antigüedades de los judíos*, iv.vi.6.

de Balaam y los que sostienen la enseñanza de los nicolaítas (cf. 2:6) forman el mismo grupo. La iglesia de Pérgamo se mantenía firme en la fe cuando se trataba de la persecución abierta de un estado impío— sin embargo, estaban cayendo presa de otras formas de transigencia con Satanás.

¿Cuál era exactamente la doctrina nicolaíta? El apóstol Juan la describe en términos de la doctrina de Balaam, utilizando su antiguo error como símbolo de la herejía contemporánea. Al igual que Balaam, los falsos apóstoles intentan destruir a los cristianos corrompiéndolos, incitándoles **a comer cosas sacrificadas a los ídolos y a fornicar**. Ambas prácticas eran habituales en el ambiente religioso pagano de la época, y el lenguaje del apóstol Juan parece extraído de las instrucciones del Concilio de Jerusalén a los gentiles conversos:

> Porque pareció bien al Espíritu Santo y a nosotros no imponeros mayor carga que estas cosas esenciales: que os abstengáis de *cosas sacrificadas a los ídolos*, de sangre, de lo estrangulado y de *fornicación*. Si os guardáis de tales cosas, bien haréis (Hch. 15:28-29).[17]

En desobediencia al verdadero Concilio apostólico, los falsos apóstoles nicolaítas defendieron el antinomianismo— la enseñanza de que, tal vez, por el sacrificio de Cristo, los cristianos estaban «liberados de la ley», en un sentido completamente opuesto a la enseñanza bíblica de la santificación. Ya no era pecado, según ellos, cometer idolatría y fornicación; el creyente no estaba obligado a obedecer la ley, sino que podía vivir como quisiera (aunque probablemente alegaban, como hacen hoy los antinomianos, la «dirección del Espíritu» como justificación de sus prácticas abominables).

Sin embargo, hay un aspecto importante de las imágenes que no debemos pasar por alto: Los falsos apóstoles intentan seducir a los cristianos para que *coman de forma idólatra y forniquen*, y esto es análogo a la seducción de Eva por parte de la serpiente. El comer del árbol prohibido fue, en esencia, idolatría; Pablo también habla de ello en términos de fornicación (2Co. 11:2-3). Pero, según el apóstol Juan, los que venzan las tentaciones nicolaítas tendrán acceso al árbol de la vida (2:7). Los que se nieguen a comer el alimento de Balaam comerán el maná del cielo, y serán incluidos en el número de aquellos cuyos nombres están escritos en la piedra (2:17).

Sin embargo, si la iglesia ha de ser bendecida, no debe permitirse la falsa enseñanza. Cristo, dirigiéndose a los dirigentes de la iglesia, les ordena que se **arrepientan**. Los infractores deben ser reconocidos en su verdadero carácter de apóstatas heréticos, que causarán la caída de la iglesia si no son excomulgados. La iglesia que no disciplina a sus

---

[17] «Escribiendo a Corinto unos quince años después del concilio, Pablo tuvo ocasión de discutir con los cristianos que consideraban el comer cosas sacrificadas a los ídolos como algo indiferente; y aunque no toma su posición sobre el decreto de Jerusalén, se opone a la práctica sobre la base de que ofendió a los hermanos débiles (1Co. 8:4, 9-10), y también debido a la conexión que él consideraba que existía entre la adoración de ídolos y los espíritus inmundos (1Co. 10:20 : *Lo que los gentiles sacrifican, lo sacrifican a los demonios y no a Dios; no quiero que seáis partícipes con los demonios*); participar de la 'mesa de espíritus inmundos' (1Co. 10:21) era inconsistente con la participación en la Eucaristía». Henry Barclay Swete, *Commentary on Revelation* (Grand Rapids: Kregel Publications, [1911] 1977), p. 37s.

miembros será destruida— incluso una iglesia fiel y ejemplar como la de Pérgamo. El Señor amenaza con que si no se arrepienten, «**vendré a ti pronto y pelearé contra ellos con la espada de mi boca**»; el ángel del Señor había salido al encuentro de Balaam con una espada desenvainada (Núm. 22:31), y se usó una espada para matarlo (Núm. 31:8). Como ya hemos observado (véase 1:7 y 2:5), esta advertencia sobre la venida de Cristo no es una declaración sobre la segunda Venida de Cristo al final de la historia, sino que se refiere a un juicio dentro de la historia. Es un juicio que era inminente para la iglesia de Pérgamo, especialmente a la luz del hecho de que el juicio estaba a punto de desatarse sobre todo el mundo (3:10). El mismo principio se ha repetido una y otra vez a lo largo de la historia del cristianismo. Allí donde los herejes son tolerados por el pueblo o por los dirigentes, la iglesia está a punto de ser destruida por la celosa ira de Cristo.

17 Al vencedor se le prometen tres cosas. Primero, Cristo le dará **del maná escondido** (es decir, el maná escondido en el arca, que es Cristo: Éx. 16:33-34; Heb. 9:4)— un símbolo tomado del don sobrenatural del «alimento de los ángeles» (Sal. 78:25), que daba fuerza y sustento diario al pueblo de Dios durante el Éxodo de Egipto. En esencia, eso es lo que Cristo comunica a su Iglesia en cada momento. Definitivamente, hemos sido restaurados a la provisión edénica para nuestras necesidades, y eso se realizará progresivamente en la historia hasta la consumación final y el cumplimiento de todos los planes y promesas de Dios para su pueblo.

En segundo lugar, se promete al cristiano **una piedra blanca**. Se ha considerado que se refiere a una entrada para una fiesta, a una señal de absolución (es decir, de justificación) o a algún reflejo de una práctica común en la época de Juan. Aunque estas interpretaciones no tienen por qué excluirse, por supuesto, hay una forma mucho más satisfactoria de considerar esta piedra en términos de revelación bíblica. Hay una piedra blanca relacionada en la Biblia con el maná, y se llama *bedelio* (cf. Éx. 16:31 con Núm. 11:7).[18] Además, esta piedra está relacionada con el jardín del Edén, y pretende ser un recordatorio del mismo (Gén. 2:12): La salvación es una nueva creación, y devuelve al pueblo de Dios al paraíso.

En tercer lugar, el cristiano recibe **un nombre nuevo**, que habla del nuevo carácter e identidad de los que pertenecen a Cristo. Como siempre, Dios el Señor es el definidor, quien nos ha llamado a la existencia y nos ha pensado totalmente en términos de su plan predeterminado:

Verán las naciones tu justicia,
Y todos los reyes tu gloria;
y te llamarán con un nombre nuevo,
que la boca del Señor determinará. (Is. 62:2)

---

[18] Véase Chilton, *Paradise Restored*, p. 33f.; cf. Ruth V. Wright y Robert L. Chadbourne, *Gems and Minerals of the Bible* (New Canaan, Connecticut: Keats Publishing, 1970), p. 16s.

El hecho de que el nombre esté **escrito en la piedra** parecería argumentar en contra de la interpretación de la piedra blanca dada anteriormente, ya que nunca se nos dice en las Escrituras de ninguna escritura de nombres en el bedelio. Sin embargo, esto solo sirve para confirmar la interpretación. La piedra que se marcaba con un nombre en el Antiguo Testamento era la piedra de *ónice*. Dos piedras de ónice se colocaban sobre los hombros del Sumo Sacerdote, y en ellas estaban grabados los nombres de las tribus de Israel (Éx. 28:9-12). Sin embargo, la piedra de ónice no era blanca, sino negra. La explicación parece ser que el bedelio y el ónice simplemente se combinan en esta imagen (un recurso común en las Escrituras) para crear una nueva imagen que conserva las asociaciones más antiguas. El nexo de unión es el bedelio: en Génesis 2:12 se asocia con el *ónice*, y en Números 11:7 con el *maná*. Juntos hablan de la restauración del Edén en las bendiciones de la salvación.

Conviene explicar un punto más sobre esta promesa. **Nadie conoce** el nombre nuevo, dice Cristo, **sino el que lo recibe**. El significado de esta expresión, que tiene sus raíces en un modismo hebreo, es que el nombre es «conocido» por el receptor en el sentido de *poseerlo*. En otras palabras, no se trata de que el nuevo nombre sea secreto, sino de que es exclusivo: Sólo el vencedor posee el nombre, la definición divinamente ordenada de sí mismo como perteneciente al pacto del Señor Jesucristo; nadie más tiene derecho a él.[19] En su aplicación particular a la situación en Pérgamo, el hereje nicolaíta, que por su doctrina o vida es un traidor a la causa de Cristo, no posee verdaderamente la designación de *cristiano*. El nombre pertenece solo a los vencedores. A ellos, y solo a ellos, se les concede la readmisión en el jardín. Ganan la entrada a través del sacrificio de Cristo, en quien han sido redefinidos y renombrados.

Tiatira: El juicio a la reina ramera (2:18-29)

18 Y escribe al ángel de la iglesia en Tiatira: «El Hijo de Dios, que tiene ojos como llama de fuego, y cuyos pies son semejantes al bronce bruñido, dice esto:

19 Yo conozco tus obras, tu amor, tu fe, tu servicio y tu perseverancia, y que tus obras recientes son mayores que las primeras.

20 Pero tengo esto contra ti: que toleras a esa mujer Jezabel, que se dice ser profetisa, y enseña y seduce a mis siervos a que cometan actos inmorales y coman cosas sacrificadas a los ídolos.

21 Le he dado tiempo para arrepentirse, y no quiere arrepentirse de su inmoralidad.

22 Mira, la postraré en cama, y a los que cometen adulterio con ella los arrojaré en gran tribulación, si no se arrepienten de las obras de ella.

---

[19] Este pasaje debe compararse con 19:12-13 y 15-16. En el arreglo quiástico dado allí, el versículo 15 explica el significado del versículo 13 (cómo la sangre llegó a estar en la túnica); y el versículo 16 explica el versículo 12 (el nombre escrito en el Señor). Allí, también, el punto no es que nadie sepa *cuál* es su nombre, ¡porque el texto mismo nos dice su nombre! —sino, más bien, que Él es el único que lo conoce en el sentido de poseerlo como propio. (Véase la discusión de Kline sobre este punto en *Images of the Spirit*, p. 130)

23 Y a sus hijos mataré con pestilencia, y todas las iglesias sabrán que yo soy el que escudriña las mentes y los corazones, y os daré a cada uno según vuestras obras.

24 Pero a vosotros, a los demás que están en Tiatira, a cuantos no tienen esta doctrina, que no han conocido las cosas profundas de Satanás, como ellos las llaman, os digo: No os impongo otra carga.

25 No obstante, lo que tenéis, retenedlo hasta que yo venga.

26 Y al vencedor, al que guarda mis obras hasta el fin, le daré autoridad sobre las naciones;

27 y las regirá con vara de hierro, como los vasos del alfarero son hechos pedazos, como yo también he recibido autoridad de mi Padre;

28 y le daré el lucero de la mañana.

29 El que tiene oído, oiga lo que el Espíritu dice a las iglesias.

18 Una de las cosas más significativas de la ciudad de **Tiatira** era el dominio de los gremios comerciales sobre la economía local. Todas las industrias manufactureras imaginables estaban estrictamente controladas por los gremios: Para trabajar en un oficio, había que pertenecer al gremio correspondiente. Y ser miembro de un gremio significaba también rendir culto a dioses paganos; el culto pagano estaba íntegramente ligado a los gremios, que celebraban sus reuniones y comidas comunes en templos paganos. Dos aspectos centrales del culto pagano obligatorio eran el consumo de carne sacrificada a los ídolos y las relaciones sexuales ilícitas. Cualquier cristiano que trabajara en un oficio o gremio se enfrentaba así a graves problemas: su fidelidad a Cristo afectaría a su vocación, su medio de vida y su capacidad para alimentar a su familia.

El dios local, el guardián de la ciudad, era Tirimnos, hijo de Zeus; y el culto a Tirimnos se mezclaba en Tiatira con el culto al César, que también era proclamado hijo de Dios encarnado. El conflicto del cristianismo y el paganismo en Tiatira era inmediato y central— y por eso la primera palabra de Cristo a esta iglesia es la proclamación de que solo Él es el **Hijo de Dios** (el único lugar en Apocalipsis donde se usa esta designación específica de Cristo). La carta a esta iglesia comienza con un desafío intransigente al paganismo y al estatismo, afirmando la unicidad definitiva y absoluta de Jesucristo.

19-20 Había muchas cosas dignas de elogio en la iglesia de Tiatira. Era activa en **amor, fe, servicio y perseverancia**; de hecho, su actividad iba en aumento: **Tus obras recientes son mayores que las primeras**. Pero, a pesar de todas las buenas obras de la iglesia, su gran defecto a los ojos de Cristo era su laxitud doctrinal y moral (los tiatiros eran, pues, homólogos de los efesios, doctrinalmente correctos). Los ancianos estaban permitiendo que la falsa doctrina tuviera cabida en la iglesia. Cristo de nuevo llama a la herejía por un nombre simbólico, como lo había hecho antes (*Nikolaos* y *Balaam*); esta vez, el culto se identifica con **Jezabel**, la malvada reina de Israel durante el siglo IX a.C., que llevó al pueblo del pacto a la adoración idólatra y adúltera de dioses paganos (1Re. 21:25-26; cf. 2Re. 9:22, donde sus acciones son específicamente llamadas «prostituciones» y «hechicerías»). La «Jezabel» de la iglesia de Tiatira también abogaba por la transigencia con el paganismo. Por supuesto, esto habría ido acompañado de una terminología muy piadosa— quizás en el sentido de que, después de todo, solo hay un Dios, por lo que cualquier culto rendido a dioses falsos es «realmente» ofrecido al Dios verdadero; o que uniéndose a los paganos en sus servicios religiosos uno podría dar testimonio del cristianismo; o que unirse a los paganos permitiría a los cristianos sobrevivir en lugar de ser aniquilados por la persecución; o tal vez que todas las religiones tienen algo que enseñarse mutuamente, y que los cristianos deberíamos abandonar nuestro arrogante absolutismo y tratar de combinar lo mejor de nuestras tradiciones con lo mejor de las tradiciones paganas, creando así una fe verdaderamente universal, que responda a las necesidades de *todos* los pueblos y *todas* las culturas.

Independientemente de la lógica utilizada, la doctrina era una herejía y no debía tolerarse. Ese es el término preciso que se utiliza aquí: **Ustedes toleran** a esta mujer, el Señor los acusa. Y al tolerarla, los ancianos estaban poniendo a toda la iglesia en peligro, **porque ella enseña y seduce a mis siervos a que cometan actos inmorales y coman cosas sacrificadas a los ídolos**. Esto debe entenderse claramente: El cristianismo ortodoxo y bíblico es intolerante. Una iglesia que tolera el mal y la falsa doctrina es una iglesia bajo juicio; Dios no la tolerará por mucho tiempo. Esto no quiere decir que los cristianos deban ser intolerantes con los errores, las idiosincrasias y las diferencias de los demás sobre cuestiones no esenciales. Pero cuando se trata de violaciones claras de la ley bíblica y la doctrina ortodoxa, el gobierno de la iglesia está obligado por las Escrituras a poner fin a esto antes de que destruya a la iglesia.

«Jezabel» estaba, en sentido figurado si no literal, llevando a los cristianos a la fornicación y a la comunión idolátrica, el abandono efectivo de la fe cristiana por el paganismo y el culto al estado. ¿Había literalmente una mujer dirigiendo a los judaizantes en esta área local? La posibilidad está al menos indicada por la acusación específica contra el ángel/obispo de Tiatira: «Tú toleras **a tu esposa, Jezabel**». ¡Puede ser que la archi-hereje de Tiatira fuera la esposa del pastor principal! Por otra parte, Cristo puede estar señalando de una manera más general al fracaso del ángel, como Adán, de custodiar adecuadamente a la Novia— una función central de la vocación sacerdotal. Como él había fallado, ella se había convertido en una ramera.[20]

21-23 Cristo había dado a Jezabel **tiempo para arrepentirse... de su fornicación**, y ella se había negado. Debemos enfatizar de nuevo que este término se usa tanto en sentido literal como simbólico en las Escrituras. Aparentemente, Jezabel había animado realmente al pueblo de Dios a cometer fornicación física en relación con los ritos religiosos de los gremios; por otra parte, el uso de la palabra *fornicación* tiene una larga historia bíblica como símbolo de rebelión contra el Dios verdadero por parte de los que le pertenecen (véanse, por ejemplo, Ez. 16 y 23). Ya hemos señalado los aspectos simbólicos de la comida idolátrica y la fornicación; es importante reconocer también que el apóstol Juan describe a la gran ramera de Babilonia, identificada con el judaísmo apóstata, con referencias muy claras a la historia bíblica de Jezabel, la reina ramera (17:5, 16; 19:2). Esto confirma una vez más la

---

[20] Este es un tema importante en el libro de Jueces. Véase James B. Jordan, Judges: *God's War Against Humanism* (Tyler, Texas: Geneva Ministries, 1985).

interpretación de que las doctrinas de los nicolaítas, los balamitas y los jezabelitas eran idénticas, y estaban conectadas con el falso Israel, la «sinagoga de Satanás».

«Jezabel» tenía que ser castigada, y en un juego de palabras el Señor declara: **¡He aquí que yo la arrojaré en un lecho!** Como señalan muchas de las traducciones modernas, se trata de un *lecho de enferma*, lo que se explica por la siguiente cláusula: **y a los que cometen adulterio con ella los arrojaré en gran tribulación.** Con humor sombrío, Jesús está diciendo: ¿Quieres «meterte en la cama» (es decir, cometer fornicación)? Muy bien, ¡aquí tienes un lecho de muerte! Notemos cuidadosamente también que este juicio del primer siglo contra los seguidores de Jezabel se habla en términos de la Gran Tribulación. Toda indicación bíblica con respecto a la Gran Tribulación lleva a la clara conclusión de que tuvo lugar durante la generación posterior a la muerte y resurrección de Cristo— tal como Él dijo que ocurriría (Mt. 24:21, 34).[21] **Y mataré a sus hijos** (sus seguidores; cf. Is. 57:3) **con la muerte** es, a nuestros oídos, una forma extraña de decirlo. Pero este es un medio hebreo común de énfasis conocido como *pleonasmo*, un «doble testimonio» lingüístico de la certeza de su cumplimiento (cf. Gén. 2:17, «Muriendo, morirás»).[22]

¿Qué sucede cuando los apóstatas son disciplinados y juzgados? «**Todas las iglesias sabrán que yo soy el que escudriña las mente y los corazones**». El carácter de Dios como juez santo y omnisciente es vindicado en las iglesias (y también en el mundo, Is. 26:9) cuando castiga a los que se rebelan contra Él. Los que aman de verdad al Señor prestarán atención al juicio y se sentirán impulsados a una obediencia renovada cuando se les recuerde una vez más que Él nos paga a cada uno según nuestras obras.

24-25 Aparentemente, una parte central de la herejía de Jezabel implicaba una búsqueda en **las cosas profundas de Satanás, como ellos las llaman**. Conectando esto con lo que ya sabemos de sus enseñanzas, parece que su doctrina era una enseñanza proto-gnóstica según la cual los cristianos alcanzarían nuevos y mayores niveles de santificación sumergiéndose en las profundidades del satanismo: adorando ídolos, fornicando, entrando de lleno en las depravaciones de los paganos que les rodeaban— pecando para que la gracia abundase. Por supuesto, no se habría pasado por alto el hecho de que tal actividad podía ser satisfactoria desde el punto de vista sensual y rentable desde el punto de vista económico; pero había algo más. La doctrina de Jezabel de la santificación a través de la idolatría y la fornicación, era simplemente una versión ligeramente cristianizada de la herejía más antigua del mundo, y una que se ha manifestado en cada cultura desde el principio: la *salvación a través del caos*. Eva veía el caos, la anarquía y la revolución como la clave de la sabiduría y la consecución del estatus divino; y la adúltera original ha tenido muchos seguidores, como señala R. J. Rushdoony: «El caos como revitalización tiene una larga y continuada historia en la civilización occidental y, con la Revolución Francesa, adquirió una nueva vitalidad, al convertirse la revolución y el caos sexual en el medio para la regeneración social. En el mundo del arte, el artista creativo pasó a identificarse necesariamente con un anarquista

---

[21] Véase Chilton, *Paradise Restored*, p. 85ss.
[22] Esto subraya el hecho de que el autor humano de Apocalipsis expresaba sus pensamientos en modos de habla hebraicos. Sobre el uso del pleonasmo, véase Jordan, *The Law of the Covenant*, p. 96, 106.

social y sexual, y en el pensamiento popular, el orden y la moralidad pasaron a significar monotonía y palidez desvitalizante y enervante, mientras que la anarquía significa libertad y poder. La 'aventura' de la mediana edad y la licencia sexual surgieron como un ansia de renovación, y las prostitutas pasaron a utilizarse como un recurso para 'cambiar de suerte', un pecado especial contra el orden como medio de recargar la suerte y el poder. La base de todas estas manifestaciones, desde el antiguo Egipto hasta el hombre moderno, pasando por el César, es una esperanza común: destruir el orden para volver a crear orden o, más claramente, destruir el orden para crear orden.[23]

Pero, dice Cristo, hay cristianos fieles en Tiatira, **que no sostienen esta enseñanza**, que no han buscado conocimientos prohibidos en prácticas satánicas, a pesar de las consecuencias económicas y sociales de su negativa a transigir; **No os impongo otra carga. No obstante, lo que tenéis, retenedlo hasta que yo venga**. Esto, de nuevo, refleja el lenguaje de la carta del Concilio de Jerusalén a los conversos gentiles: «Porque pareció bien al Espíritu Santo y a nosotros no imponeros *mayor carga* que estas cosas esenciales: que os abstengáis de cosas sacrificadas a los ídolos… y de fornicación. Si os guardáis de tales cosas, bien haréis» (Hch. 15:28-29). Los fieles deben seguir practicando lo esencial de la fe, ateniéndose a las normas ortodoxas de doctrina y vida, hasta que Cristo venga con la tribulación para juzgar a los herejes y apóstatas que permanecen ilegalmente en la Iglesia.

26-29 Los fieles cristianos de Tiatira estaban sufriendo tanto por el mundo pagano exterior como por los herejes transigentes dentro de la iglesia. Probablemente estaban tentados a dudar si alguna vez ganarían en esta lucha. Los cristianos más prósperos y exitosos eran los más infieles a Cristo; parecía como si los ortodoxos estuvieran luchando una batalla perdida. Eran tan impotentes que ni siquiera podían expulsar a los apóstatas de la Iglesia. Sin embargo, Cristo promete al ángel/obispo: **Y al vencedor, al que guarda mis obras hasta el fin, le daré autoridad sobre las naciones; y las regirá con vara de hierro, como los vasos del alfarero son hechos pedazos, como yo también he recibido autoridad de mi Padre**. Se trata de una referencia a la promesa del Padre al Hijo, recogida en el Salmo 2:8-9:

> Pídeme, y te daré las naciones como herencia tuya, y como posesión tuya los confines de la tierra. Tú los quebrantarás con vara de hierro; los desmenuzarás como vaso de alfarero.

A Dios Hijo se le ha concedido el gobierno de todo el mundo, y todas las naciones quedarán bajo su realeza mesiánica (véase también Sal. 22:27-31; 46:4, 10; 65:2; 66:4; 68:31-32, 72; 86:9, 102:15-22; 138:4-5; 145:10-11). Cualquier oposición que se ofrezca contra su reino será aplastada absolutamente. Y la instalación de Cristo como rey universal, profetizada en este pasaje, tuvo lugar claramente en la *Primera* Venida de Cristo, mediante su nacimiento, vida, muerte, resurrección y ascensión a la gloria (esto puede confirmarse simplemente

---

[23] R. J. Rushdoony, *The One and the Many: Studies in the Philosophy of Order and Ultimacy*, Tyler, Texas: Thoburn Press, [1971] 1978), p. 105.

buscando las numerosas citas neotestamentarias de los Salmos 2 y 110, ambos sobre la realeza de Cristo).[24]

El sentido de esta cita es que a los vencedores cristianos de esta época, se les promete una participación en el reinado mesiánico de Jesucristo, en el tiempo y en la tierra. A pesar de toda oposición, Dios ha erigido a su rey sobre las naciones (cf. Sal. 2:1-6). Los obedientes a sus mandatos gobernarán el mundo, reconstruyéndolo para su gloria según sus leyes. El Salmo 2 muestra a Dios riéndose y burlándose de los lamentables intentos de los malvados por luchar contra su reino y derrocarlo. Él ya ha dado a su Hijo «toda autoridad en el cielo y en la tierra», y el rey está con su iglesia hasta el fin de los tiempos (Mt. 28:18-20). ¿Es posible que el rey sea derrotado? De hecho, Él ha advertido a todos los gobernantes terrenales que se sometan a su gobierno o perezcan (Sal. 2:10-12). Y lo mismo se aplica a su Iglesia. La nación que no nos sirva perecerá (Is. 60:12); todos los pueblos de la tierra serán sometidos bajo nuestros pies (Sal. 47:1-3)—promesas hechas originalmente a Israel, pero que ahora se cumplirán en el Nuevo Israel, la Iglesia.

Para la perseguida y aparentemente débil iglesia de Tiatira, estas eran buenas noticias. En ese momento, estaban a merced de un poderoso poder económico y político; el estatismo y el culto al estado iban en aumento; incluso sus compañeros cristianos estaban siendo seducidos por falsos profetas y herejes. Ser un fiel cristiano en Tiatira significaba penurias y sufrimiento, y no necesariamente un tipo de sufrimiento muy glorioso y de titulares, tampoco. Sólo la rutina diaria de la fidelidad a la Palabra de Cristo; solo el hecho de estar desempleado y vetado para ser empleado, en medio de una economía en auge, cuando todo el mundo a su alrededor podía conseguir trabajo por el mero precio de quemar un poco de incienso, comer un poco de carne de un altar pagano, y participar en un poco de sexo «inofensivo» entre adultos. No había oportunidad para una gran cruzada moral; todo el mundo pensaba que eras raro. Y noche tras noche tus hijos lloraban por comida. No, este tipo de martirio no tenía nada de glamoroso. Pero a los que permanecían fieles se les prometía que vencerían, que reinarían con Cristo. La situación se invertiría, las cosas estaban a punto de cambiar. Cristo venía a salvar y a juzgar.

Los sufrimientos de estos cristianos no significaron el fin del mundo, sino más bien el principio. Lo que podía parecer la llegada de una noche larga y oscura era en realidad el heraldo del triunfo de Cristo sobre las naciones. Los conflictos que experimentaron no eran una señal de la derrota de Cristo ante el mundo, sino simplemente la seguridad de que la batalla había iniciado finalmente; y la inspirada profecía del Salmo 2 garantizaba que su Señor saldría victorioso, y ellos con Él. Eran el paganismo, el estatismo y el judaísmo los que estaban a punto de entrar en la oscuridad, cuando Cristo apagó las luces en todo el Israel apóstata y en el Imperio romano. Pero para los cristianos la noche acababa de terminar; el universo redimido y liberado se precipitaba de cabeza hacia un día luminoso. Cristo estaba a punto de dar a estos vencedores **la estrella de la mañana**.

---

[24] Los Salmos 2 y 110 son los dos más citados en el Nuevo Testamento. Para el Salmo 2, véase Mt. 3:17; 17:5, Mc. 1:11; 9:7; Lc. 3:22; 9:35; Jn. 1:49; Hch. 4:25-26; 13:33; Fil. 2:12; Heb. 1:2, 5; 5:5; Ap. 2:26-27; 11:18; 12:5; 19:15, 19. Para el Salmo 110, véase Mt. 22:44; 26:64; Mc. 12:36; 14:62; 16:19; Lc. 20:42-43; 22:69; Jn. 12:34; Hch. 2:34-35; Rom. 8:34; 1Co. 15:25; Ef. 1:20; Col. Heb. 1:3, 13; 5:6, 10; 6:20; 7:3, 17, 21; 8:1, 10:12-13; 12:2.

3

EL MANDATO DE DOMINIO

Sardis: El juicio sobre los muertos (3:1-6)

1 Y escribe al ángel de la iglesia en Sardis: «El que tiene los siete Espíritus de Dios y las siete estrellas, dice esto: "Yo conozco tus obras, que tienes nombre de que vives, pero estás muerto.
2 Ponte en vela y afirma las cosas que quedan, que estaban a punto de morir, porque no he hallado completas tus obras delante de mí Dios.
3 Acuérdate, pues, de lo que has recibido y oído; guárdalo y arrepiéntete. Por tanto, si no velas, vendré como ladrón, y no sabrás a qué hora vendré sobre ti.
4 Pero tienes unos pocos en Sardis que no han manchado sus vestiduras, y andarán conmigo vestidos de blanco, porque son dignos.
5 Así el vencedor será vestido de vestiduras blancas y no borraré su nombre del libro de la vida, y reconoceré su nombre delante de mi Padre y delante de sus ángeles.
6 El que tiene oído, oiga lo que el Espíritu dice a las iglesias».

1 Al obispo de la iglesia de Sardis, Cristo se anuncia como el **que tiene los siete Espíritus de Dios**. Como hemos visto (en 1:4) este es un término para el Espíritu Santo que, como declara el Credo Niceno, «procede del Padre y del Hijo». Cristo también posee las **siete estrellas**, los ángeles de las iglesias (1:16, 20). Los gobernantes de las iglesias le pertenecen y le rinden cuentas en todo momento. Y los ancianos de Sardis necesitaban desesperadamente que se les recordara esto, pues habían permitido que la iglesia muriera.

Yo conozco tus obras, les dice el Señor, **que tienes fama de que vives, pero estás muerto**. La iglesia de Sardis tenía fama de ser una congregación activa, «viva» para Cristo. Sin duda era bien conocida en Asia como representante de la fe cristiana en una ciudad rica y famosa. Tal vez, estaba, de moda y era popular en la comunidad; no hay evidencia de que, en un período de creciente persecución, la iglesia de Sardis estuviese siendo atacada. De hecho, la evidencia apunta a todo lo contrario, lo que indica que la iglesia había cedido casi totalmente a la cultura circundante. Está ocupada, aparentemente fructífera y creciente iglesia estaba, de hecho, **muerta**. Debemos notar que la muerte de Sardis no consistía necesariamente en una falta de actividades juveniles o reuniones de compañerismo (que es la razón por la cual las iglesias tienden a ser llamadas «muertas» hoy en día). Más bien, la iglesia se había *secularizado*, como Mounce observa correctamente.[1] Su visión fundamental del mundo no era diferente de la de la cultura pagana circundante. Su perspectiva era similar a la de aquellos que en otras partes de las Escrituras son caracterizados como «muertos en delitos y pecados» (Ef. 2:1-3). Sardis había «aceptado completamente su entorno pagano».[2]

2-3 El Señor da a Sardis dos amonestaciones. Primero, le dice: **¡Ponte en vela!** G. R. Beasley-Murray señala alguna historia interesante sobre la ciudad de Sardis que sirve como trasfondo apropiado para esta declaración: «Sardis fue construida en una montaña, y una acrópolis fue construida en una punta de esta montaña, que era casi inexpugnable. Sin embargo, dos veces en la historia de la ciudad había sido tomada por sorpresa y capturada por los enemigos. El paralelismo con la falta de vigilancia de la iglesia, y su necesidad de despertar para no caer bajo el juicio es sorprendente».[3] Sardis no está completamente muerta, pero estas cosas están a **punto de morir**. Aunque el Señor todavía no ha dado por muerta a toda la iglesia, el peligro es real e inmediato. Los ancianos de Sardis deben **comenzar ahora a fortalecer las cosas que quedan**.

En este punto, algunos miembros de Sardis podrían haberse quejado: «¿Por qué nos regañas? No hemos hecho nada!»

Y ese era precisamente el problema. Sardis tenía **obras**; pero no estaban terminadas; estaban **incompletas** a los ojos de Dios. De hecho, Sardis pudo haber parecido la iglesia más «viva» por esta misma razón: Como iglesia muerta, no experimentó ni controversia teológica ni persecución. «Contenta con la mediocridad, carente tanto del entusiasmo para albergar una herejía como de la profundidad de la convicción que provoca la intolerancia, era demasiado inocua para que valiera la pena perseguirla».[4] Satanás pudo haber sentido que Sardis se estaba desarrollando bastante bien sin su interferencia, y que era mejor dejarla en paz.

En su segunda amonestación, Cristo ordena: **Acuérdate, pues, de lo que has recibido y oído**— el Evangelio, el ministerio y los sacramentos, y (en el caso de los ancianos, a quienes se dirige específicamente) los privilegios y responsabilidades de los cargos en la Iglesia de Jesucristo. Todas estas cosas debían **guardarlas**, vigilarlas y custodiarlas; y eso significaba que debían **arrepentirse** de su actitud y conducta perezosas.

Por tanto, si no velas, advierte Cristo, **vendré sobre ti como un ladrón, y no sabrás a qué hora vendré sobre ti**. Para repetir lo que se ha señalado detalladamente antes (véase l:

---

[1] Robert H. Mounce, *The Book of Revelation* (Grand Rapids: William B. Eerdmans Publishing Co., 1977), p. 112.
[2] Ibid., p. 109.
[3] G. R. Beasley-Murray, *The Book of Revelation* (Grand Rapids: William B. Eerdmans Publishing Co., [1978] 1981), p. 94.
[4] G. B. Caird, *The Revelation of St. John the Divine* (Nueva York: Harper & Row, Publishers, 1966), p.48.

7; 2:5, 16), la amenaza de la venida de Cristo contra una iglesia local, o incluso contra una nación o grupo de naciones, no es lo mismo que la Segunda Venida (es decir, el fin del mundo). Todo el mundo es accesible a Cristo el Señor en todo momento, y cualquier individuo desobediente, familia, iglesia, negocio, sociedad, o nación es susceptible de que Cristo venga en juicio— un juicio que puede incluir cualquiera o todas las maldiciones del pacto enumeradas en Levítico 26 y Deuteronomio 28. En cualquier caso, las palabras **sobre ti** indican una venida local; la falla de los comentaristas y predicadores para entender esto es el resultado de una hermenéutica eminentemente futurista.

4-6 Sin embargo, había **unas pocas personas en Sardis** que habían permanecido fieles a lo que habían recibido y oído, y **no habían ensuciado sus vestiduras**; no se habían secularizado ni conformado a la cultura pagana circundante. De ellos dice Cristo: **Andarán conmigo, porque son dignos. El que venza será así vestido con vestiduras blancas.** Los santos aparecen **vestiduras blancas** siete veces en Apocalipsis (3:5, 18; 4:4; 6:11; 7:9, 13; 19:14), y es obviamente un símbolo en las Escrituras de limpieza y rectitud, con su origen último en el resplandor solar de la nube de gloria: En Cristo, los santos son recreados a imagen de Dios y revestidos del hombre nuevo, Jesucristo (Gál. 3:27; Ef. 4:24; Col. 3:10). Por lo tanto, el ser revestidos de las vestiduras blancas de la justicia tiene lugar definitivamente en nuestro Bautismo (Gál. 3:27), progresivamente a medida que trabajamos nuestra salvación en la obediencia diaria a los mandamientos de Dios, «vistiéndonos» de las gracias y virtudes cristianas (Col. 3:5-17), y finalmente en el último día (Col. 3:4; Jud. 24). Como todas las promesas a los vencedores en Apocalipsis, esta también es simplemente una descripción de un aspecto de la salvación, en la que todos los elegidos de Dios tienen parte.

En la segunda promesa de esta carta sobre el vencedor, Cristo dice: **No borraré su nombre del libro de la vida.** Esta afirmación ha sido fuente de controversia durante generaciones. ¿Puede un verdadero cristiano alejarse? ¿Puede perder su salvación? Se han ofrecido al menos tres respuestas erróneas:

1. *Aquellos que han sido verdaderamente salvos por la redención de Cristo pueden caer y perderse para siempre.* Esta es la posición arminiana clásica, y es absoluta y categóricamente negada por las Escrituras. La naturaleza de la salvación provista por Cristo es eterna, y nuestra justificación a los ojos de Dios no se basa en nuestras obras, sino en la justicia perfecta y consumada y en la expiación sustitutiva de Jesucristo. (véanse Jn. 3:16; 5:24; 6:35-40, 10:27-30; Rom. 5:8-10; 8:28-39; Ef. 1:4-14, 1Ts. 5:23-24; 1Jn. 2:19).

2. *Todos los que han «aceptado a Cristo» serán salvos; no importa lo que hagan después, no pueden ser condenados.* Esta es la posición clásica de matizada, a la que también se oponen las Escrituras. Los que adoptan este punto de vista intentan tener las dos cosas: No quieren al Dios predestinador predicado por los calvinistas, pero tampoco tienen el valor de afirmar el pleno arminianismo. Quieren que el hombre sea soberano en la elección de su salvación, sin interferencia del decreto de Dios; sin embargo, quieren que la puerta de la salvación se cierre de golpe tan pronto como el hombre entre, para que no pueda salir. Pero la Biblia enseña que Dios ha predestinado absolutamente todas las cosas y gobierna soberanamente sobre todo. Él ha escogido infaliblemente a todos los que serán salvos,

extendiendo su gracia irresistible hacia ellos; y ha determinado quiénes serán condenados, reteniendo su gracia de ellos (ver Mt. 11:25-27; 20:16; 22:14; Mc. 4:11-12; Lc. 4:25-27; 17:1, 22:22; Jn. 6:37-39, 44; 12:39-40; Hch. 4:27-28; 13:48; Rom. 9:10-26); 11:2, 5-10; 1Co. 1:27-31, Ef. 1:4-5, 11; 1Ts. 5:9, 2Ts. 2:13; 2Tim. 1:9; 2Tim. 2:10; 1Pe. 1:1-2; 2:8-9; Jud. 4).[5]

La Biblia también enseña, sin embargo, que hay quienes profesan a Cristo, y a todas luces parecen estar entre los elegidos, que finalmente apostatarán de la fe y heredarán la condenación en lugar de la salvación. Judas es el ejemplo obvio, pero no es el único. El Antiguo Testamento ofrece innumerables ejemplos de miembros del pacto que se apartaron de la fe, y el Nuevo Testamento nos advierte una y otra vez de la ira de Dios contra los que rompen su pacto (véanse Mt. 7:15-23, 13:20-21, 24:10-12; Mc. 4:5-17, Lc. 8:13; Jn. 15:1-10, 1Co. 9:27; 10:1-12, 2Ts. 2:3, 11-12; 1Tim. 4:1-3; 2Tim. 3:1-9, 4:34; Heb. 2:1-3; 3:12-14; 6:4-6, 10:26-31, 35-39; 2Pe. 2:1-3, 20-22; 3:17). Como escribió John Murray: «Es totalmente erróneo decir que un creyente está seguro independientemente de su vida posterior de pecado e infidelidad. La verdad es que la fe de Jesucristo *siempre corresponde* con la vida de santidad y fidelidad. Y por eso nunca es correcto pensar en un creyente independientemente de los frutos en fe y santidad. Decir que un creyente está seguro sea cual sea el grado de su adicción al pecado en su vida posterior es abstraer la fe en Cristo de su propia definición y propicia ese abuso que convierte la gracia de Dios en lascivia. La doctrina de la perseverancia es la doctrina de que los creyentes *perseveran*; nunca se insistirá demasiado en que se trata de la *perseverancia* de los santos. Y eso significa que los santos, aquellos unidos a Cristo por el llamamiento eficaz del Padre y habitados por el Espíritu Santo, perseverarán hasta el fin. Si perseveran, aguantan, continúan. No se trata en absoluto de que se salvarán independientemente de su perseverancia o de su permanencia, sino de que perseverarán con toda seguridad. Por consiguiente, su seguridad es inseparable de su perseverancia. ¿No es esto lo que dijo Jesús? El que persevere hasta el fin, ese será salvo».[6]

3. *Todos en el mundo están escritos en el libro de la vida, pero los incrédulos son borrados de él después de haber pasado la edad de responsabilidad.* ¿Dónde hay en las Escrituras una pizca de evidencia de una «edad de responsabilidad»? ¿Dónde da la Biblia apoyo alguno a la esta idea procedente de un conocido erudito cristiano?

> Puesto que Cristo murió por el pecado inherente en cada persona concebida, un niño que muere antes de convertirse en un pecador deliberado y consciente no necesita ser «salvo» del pecado, puesto que nunca ha pecado, y puesto que Cristo ha hecho propiciación por su pecado innato.[7]

---

[5] Los lectores que deseen profundizar en este tema pueden consultar los siguientes libros, todos ellos publicados por Banner of Truth: Arthur Pink, *The Sovereignty of God*; John Cheeseman et al., *The Grace of God in the Gospel*; John Murray, *Redemption Accomplished and Applied*; J. Gresham Machen, *The Christian View of Man*; y R. B. Kuiper, *The Bible Tells Us so*.

[6] John Murray, *Redemption Accomplished and Applied* (Grand Rapids: William B, Eerdmans Publishing Co., 1955), pp. 154s.

[7] Por respeto sincero a este autor temeroso de Dios, que ha prestado un valioso servicio a la Iglesia, omitiré su nombre.

Hay al menos cinco errores teológicos en esa frase, pero centrémonos en el punto principal: la noción de que los niños son básicamente sin pecado, o sin pecado «deliberado», cuando nacen, y permanecen en esa condición hasta que alcanzan la mística «edad de responsabilidad». En primer lugar, *la verdadera edad de responsabilidad se alcanza en el momento de la concepción: Todos los hombres, en todo momento, son responsables ante Dios* (ver Sal. 51:5; Rom. 3:23). En segundo lugar, *todos los hombres están ya bajo la sentencia de condenación; sin la gracia salvadora de Dios, están condenados desde el momento en que existen* (véase Jn. 3:18, 36; Rom. 5:12-19).[8] ¿Por qué otra cosa mueren los bebés (Rom. 6:23)? En tercer lugar, *los bebés son pecadores deliberados:* «Desde la matriz están desviados los impíos; desde su nacimiento se descarrían los que hablan mentiras» (Sal. 58:3; cf. Sal. 53:2-3; Rom. 3:10-12, 23; Ef. 2:1-3). Ahora, o la doctrina de la «edad de responsabilidad» está equivocada, o la Biblia está equivocada. ¿Qué debemos creer? El hecho es que la idea de la impecabilidad esencial de los infantes es una noción pagana, no apoyada por la Biblia.

Para concluir este punto: La amenaza declarada por Jesucristo aquí es muy real. Aquellos que están en el libro de la vida— es decir, que son miembros bautizados de la Iglesia que profesan a Cristo, y por lo tanto son contados y tratados como cristianos— deben permanecer fieles a Cristo. Si apostatan en herejía, inmoralidad, o simplemente la «secularización» que plagó Sardis, serán borrados, quedarán fuera del registro de los redimidos. Pero el cristiano que supera estas tentaciones, demostrando así que Cristo lo ha comprado verdaderamente para los suyos, no corre peligro: su nombre nunca será borrado.

La promesa final al vencedor refuerza la idea: **confesaré su nombre delante de mi Padre y de sus ángeles**. Esto hace eco a las declaraciones de Jesús en los evangelios: «Todo aquel que me confiese delante de los hombres, yo también le confesaré delante de mi Padre que está en los cielos. Pero a cualquiera que me niegue delante de los hombres, yo también le negaré delante de mi Padre que está en los cielos» (Mt. 10:32-33, cf. Mc. 8:38; Lc. 12:8-9). Muchos de los cristianos de Sardis negaban a Cristo ante su comunidad, pues se esforzaban por ser alabados por los hombres y no por Dios. En el juicio final escucharían estas palabras del Hijo de Dios: Nunca os conocí; apartaos de mí los que practicáis la iniquidad (Mt. 7:23). Pero los que vencieran estas tentaciones serían reconocidos gozosamente por Cristo como suyos. Este mensaje es tan importante y necesario hoy como lo era hace 2000 años. **¿Tenemos oídos para oír lo que el Espíritu dice a las iglesias?**

Filadelfia: El juicio contra la sinagoga de Satanás (3:7-13)

7 Y escribe al ángel de la iglesia en Filadelfia: «El Santo, el Verdadero, el que tiene la llave de David, el que abre y nadie cierra, y cierra y nadie abre, dice esto:

---

[8] Esta es la doctrina de la imputación del pecado de Adán (que debe distinguirse de la doctrina del pecado innato; pero la mayoría de los evangélicos, incluidos predicadores y comentaristas, no parecen conocer la diferencia). Una exposición de esto se encuentra en John Murray, *The Imputation of Adam's Sin* (Nutley, NJ: Presbyterian and Reformed, [1959] 1977).

8 "Yo conozco tus obras. Mira, he puesto delante de ti una puerta abierta que nadie puede cerrar, porque tienes un poco de poder, has guardado mi palabra y no has negado mi nombre.

9 He aquí, yo entregaré a *aquellos* de la sinagoga de Satanás que se dicen ser judíos y no lo son, sino que mienten; he aquí, yo haré que vengan y se postren a tus pies, y sepan que yo te he amado.

10 Porque has guardado la palabra de mi perseverancia, yo también te guardaré de la hora de la prueba, esa *hora* que está por venir sobre todo el mundo para poner a prueba a los que habitan sobre la tierra.

11 Vengo pronto; retén firme lo que tienes, para que nadie tome tu corona.

12 Al vencedor le haré una columna en el templo de mi Dios, y nunca más saldrá de allí; escribiré sobre él el nombre de mi Dios, y el nombre de la ciudad de mi Dios, la nueva Jerusalén, que desciende del cielo de mi Dios, y mi nombre nuevo.

13 El que tiene oído, oiga lo que el Espíritu dice a las iglesias"».

7 Al igual que la iglesia de Esmirna, la iglesia de Filadelfia había sido especialmente perseguida por los judíos apóstatas. Cristo comienza su mensaje a los ancianos declarándose a sí mismo como aquel **que es santo**, un término bíblico establecido para Dios (cf. Is. 40:25), y **que es verdadero**, en contraste con los líderes mentirosos de los judíos, que habían rechazado la verdad. Jesucristo también **tiene la llave de David**: **Él abre y nadie cierra, y Él cierra y nadie abre**. Esto es una alusión a Isaías 22:15-25, en el que Dios acusa a un administrador real de falsedad, de traicionar su confianza. Dios declara: «Te depondré de tu cargo y te derribaré de tu puesto» (v. 19; cf. Gén. 3:22-24). Además, Dios sustituiría al falso mayordomo por otro fiel (cf. 1Sam. 13:13-14):

> Lo vestiré con tu túnica,
> con tu cinturón lo ceñiré,
> tu autoridad pondré en su mano,
> y llegará a ser un padre para los habitantes de Jerusalén
> y para la casa de Judá.
> Entonces pondré la llave de la casa de David sobre su hombro;
> cuando él abra, nadie cerrará,
> cuando él cierre, nadie abrirá. (Is. 22:21-22)

Cristo anuncia así que los funcionarios del Israel apóstata son falsos mayordomos: han sido expulsados de sus cargos, despojados de toda autoridad legítima y sustituidos por el que es santo y verdadero. Los guardianes de la puerta de la sinagoga habían excomulgado a los cristianos, declarándolos apóstatas. En realidad, dice Cristo, ustedes, los de la sinagoga, son los apóstatas; son ustedes los que han sido expulsados del pacto; y yo he ocupado su lugar como el verdadero mayordomo, pastor y supervisor del pacto (cf. 1Pe. 2:25).

8-9 Y así el Señor puede consolar a estos cristianos sufrientes que, por seguir fielmente a Cristo, han padecido una injusta excomunión del pacto. **Yo conozco tus obras**, les asegura. Los que tienen la llave les han cerrado la puerta, pero deben recordar que Yo soy el que tiene la llave, y **he aquí que les he puesto una puerta que nadie puede cerrar**. El mismo Señor del pacto los ha admitido a la Comunión, y ha expulsado a los que pretenden tener las llaves; los cristianos fieles no tienen nada que temer. La iglesia de Filadelfia tiene solo **un poco de poder**; no es prominente, ni elegante, ni exteriormente próspera, en contraste con la impresionante, aparentemente «viva» y comprometedora iglesia de Sardis. Sin embargo, han sido fieles con lo que se les ha dado (Lc. 9:26): ...**has guardado mi palabra, y no has negado mi nombre**.

Por tanto, **yo haré que los de la sinagoga de Satanás, que se dicen judíos y no lo son, sino que mienten, he aquí que yo haré que vengan y se postren a tus pies, y sepan que yo te he amado**. De nuevo se revela la verdadera identidad de los judíos apóstatas: la sinagoga de Satanás (2:9). Una vez más, es difícil pensar en algo llamado judaísmo «ortodoxo»; una creencia genuina en el Antiguo Testamento no puede ser consistente con un rechazo de Jesucristo como Señor y Dios. Los judíos deben regresar a la fe de sus padres— la fe que abraza a Jesucristo y su Evangelio. Cuando los judíos que rechazan a Cristo afirman seguir los pasos de Abraham, Jesús dice que **mienten**. Y, aunque actualmente tienen la sartén por el mango en Filadelfia, su dominio sobre el verdadero pueblo del pacto no durará mucho. Cristo mismo les obligará **a venir y postrarse** a los pies de los cristianos. En esta declaración hay una referencia irónica a Isaías 60:14, donde Dios da esta promesa al pueblo del pacto, que había sido perseguido por los paganos:

> Vendrán a ti humillados los hijos de los que te afligieron,
> se postrarán a las plantas de tus pies todos los que te despreciaban,
> y te llamarán Ciudad del Señor,
> Sion del Santo de Israel.

Aquellos que afirman ser judíos están realmente en la posición de los paganos perseguidores; y se verán obligados a reconocer el estatus de pacto de la Iglesia como heredera de las promesas a Abraham y Moisés. Porque la Iglesia es el verdadero Israel, y al entrar en la Iglesia, estos creyentes «se han acercado al Monte Sion y a la ciudad del Dios vivo» (Heb. 12:22). El Israel apóstata ha sido podado del árbol de la vida del pueblo del pacto, mientras que los creyentes en Cristo de todas las naciones han sido injertados en él (Rom. 11:7-24). La única esperanza para los que están fuera de la línea del pacto, independientemente de su herencia étnica o religiosa, es reconocer a Cristo como el único Salvador y Señor, sometiéndose a Él. A menos que y hasta que los judíos sean injertados en la línea del pacto por la gracia de Dios, permanecerán fuera del pueblo de Dios, y perecerán con los paganos. La Biblia mantiene la promesa de que los descendientes de Abraham volverán a la fe de

Jesucristo (Rom. 11:12, 15, 23-32).[9] Pero hasta que lo hagan, las Escrituras los clasifican con los paganos (con una diferencia importante, sin embargo: la condenación del judío apóstata es mucho más severa que la del pagano no iluminado; véase Rom. 2:1-29).

10-11 Debido a que los cristianos perseguidos de Filadelfia **habían guardado la palabra de perseverancia**, su Señor promete a cambio **guardarlos de la hora de la prueba**. Nótese bien: Cristo no está prometiendo arrebatarlos o llevárselos, sino **guardarlos**. En otras palabras, Él está prometiendo preservarlos en la prueba, guardarlos de caer (Jud. 24). Aunque este es uno de los versículos que los dispensacionalistas han reclamado para apoyar la teoría del «rapto pre-tribulación», al examinarlo de cerca se revela que no es nada de eso. De hecho, no dice nada sobre el fin del mundo o la Segunda Venida en absoluto: La «hora de la prueba» de la que se habla aquí se identifica **como esa hora que está a punto de llegar a todo el mundo, para probar a los que habitan en la tierra**. Se está hablando del período de tribulación que, según la experiencia de los lectores del siglo I, estaba a punto de llegar. ¿Tiene sentido que Cristo prometiera a la iglesia de Filadelfia protección contra algo que sucedería miles de años después? «Tened buen ánimo, fieles y sufridos cristianos del Asia Menor del siglo I: ¡No dejaré que les alcancen esos misiles soviéticos y esas abejas asesinas del siglo XX!». Cuando los cristianos de Filadelfia estaban preocupados por asuntos más prácticos e inmediatos— persecución oficial, discriminación religiosa, ostracismo social y boicots económicos— ¿qué les importaban las lucrativas historias de Hal Lindsey? Al tergiversar pasajes como estos ciertos dispensacionalistas modernos han añadido algo a la Palabra de Dios, y han restado valor a su mensaje.

No, la hora de prueba prometida estaba en el futuro inmediato, como atestiguan universalmente las Escrituras; una mera **hora** de prueba, que sería sustituida por mil años de dominio (20:4-6). El apóstol Juan utiliza la expresión **los que moran en la tierra** doce veces en Apocalipsis (una vez por cada una de las doce tribus) para referirse al Israel apóstata (3:10; 6:10; 8:13; 11:10 [dos veces]; 13:8, 12, 14 [dos veces]; 14:6; 17:2, 8). En el Antiguo Testamento griego (la versión utilizada por la Iglesia primitiva), es una expresión profética común para referirse al Israel rebelde e idólatra a punto de ser destruido y expulsado de la Tierra (Jer. 1:14; 10:18; Ez. 7:7; 36:17; Os. 4:1, 3; Jl. 1:2, 14; 2:1; Sof. 1:18), basado en su uso original en los libros históricos de la Biblia para designar a los paganos rebeldes e idólatras a punto de ser destruidos y expulsados de la tierra (Núm. 32:17; 33:52, 55; Jos. 7:9; 9:24; Jue. 1:32; 2Sam. 5:6; 1Cró. 11:4; 22:18; Neh. 9:24); Israel se ha convertido en una nación de paganos, y está a punto de ser destruida, exiliada y suplantada por una nueva nación, la Iglesia. Todo el propio mundo romano se vería sumido en convulsiones masivas, parte de las cuales implicarían la persecución de los cristianos por un emperador enloquecido y autodeificado, con la ayuda de los judíos. Se acercaban días en los que el diablo— tanto en sus manifestaciones romanas como judías— intentaría destruir el cristianismo de una vez por todas. El resultado final sería la destrucción de Israel y de Roma, pero mientras tanto se

---

[9] Véase David Chilton, *Paradise Restored: A Biblical Theology of Dominion* (Ft. Worth, TX: Dominion Press, 1985), pp. 125ss.

avecinaban tiempos difíciles para los cristianos, y muchas tentaciones para apartarse de la fe. Cristo promete aquí a sus fieles seguidores que serán protegidos y capacitados para perseverar en la hora de la prueba que se avecina. Así que de nuevo les recuerda: **Yo vengo pronto**; el juicio prometido no está lejos. Por tanto, **reten lo que tienes, para que nadie te quite la corona**. Cristo ha abierto la puerta a la Iglesia, concediéndole el privilegio de la comunión real con Dios como sus sacerdotes y reyes; y deben resistir por su causa, mientras su reino venidero sacude a las naciones de la tierra y expulsa a sus enemigos de sus fortalezas.

12-13 De nuevo la promesa al vencedor implica una designación simbólica de la salvación. En primer lugar, Cristo dice: «**Haré de él una columna en el templo de mi Dios**». Esto está relacionado con la compleja imaginería del tabernáculo y el templo, cuyas estructuras arquitectónicas correspondían a las vestiduras de los sacerdotes.[10] Los dos postes laterales del tabernáculo (los pilares del templo) se llaman *hombros*, mientras que el tocado del sacerdote, inscrito con el nombre de Dios, correspondía al *dintel* que cubría los pilares.[11] Así como los dos pilares del templo llevaban los nombres de *Él afirmará* y *En Él está la fuerza* (1Re. 7:21), las hombreras del efod del sumo sacerdote llevaban inscritos los nombres de los hijos de Israel (Éx. 28:9-12). Todo esto se reúne en Apocalipsis, donde el vencedor fiel es concebido como un pilar en el templo de Dios. Y **ya no saldrá de allí**: El pueblo de Dios se caracteriza por su estabilidad y permanencia (cf. Jer. 1:18; 1Tim. 3:15). Hemos sido redimidos de nuestra errancia.

Continuando con esta imaginería, Cristo dice: **Escribiré sobre él el nombre de mi Dios, y el nombre de la ciudad de mi Dios... y mi nuevo nombre**. Todo esto habla de la plena restauración del pueblo de Dios a la imagen de Dios, como vemos en el capítulo final de Apocalipsis: «Y verán su rostro, y su nombre estará en sus frentes» (Ap. 22:4). Una de las bendiciones básicas del pacto está contenida en la conocida bendición: «Que el Señor haga resplandecer su rostro sobre ti» (Núm. 6:25); ver el resplandor del rostro de Dios significa participar de la salvación y reflejar la gloria de Dios como portador de su imagen (véanse Éx. 34:29-35; Núm. 12:6-8; Sal. 80:3, 7, 19; 2Co. 3:7-18; 4:6, 1Jn. 3:2). Del mismo modo, como ya hemos visto, el nombre de Dios inscrito en la frente simboliza la restauración del hombre redimido a la gloria ética y física que pertenece a la imagen de Dios (cf. Gén. 3:19; Éx. 28:36-38; Dt. 6:4-9; y contraste 2Cró. 26:19).

El cuadro se completa cuando el cristiano es declarado ciudadano de **la nueva Jerusalén, que desciende del cielo de parte de mi Dios**. La antigua Jerusalén, que había apostatado de la fe de Abraham, estaba bajo juicio, a punto de ser destruida; el antiguo templo, que Dios había abandonado, se había convertido en santuario de demonios, y pronto iba a ser demolido tan completamente que no quedaría piedra sobre piedra (Mt. 24:1-2). Pero ahora se declara que la Iglesia de Cristo es la ciudad de Dios, la nueva Jerusalén, cuyo origen no está en la tierra, sino en el cielo. Los ciudadanos de la antigua Jerusalén iban a ser dispersados hasta

---

[10] Meredith G. Kline ha dedicado un capítulo complete a este tema. Véase «A Priestly Model of the Image of God», en *Images of the Spirit* (Grand Rapids: Baker Book House, 1980), pp. 35-56.

[11] Ibid.. pp. 40., 44s., 54s.; cf. Éx. 27:14-15; 1Re. 6:8; 7:15, 21, 39; 2Re. 11:11; 2Cró. 3:17; Ez. 40:18, 40ss.; 41:2, 26; 46:19; 47:1-2.

los confines de la tierra (Lc. 21:24), mientras que la relación del cristiano con Dios es tan íntima que podría describirse como una columna misma en el templo, la morada de Dios; una columna, además, que no podría moverse de su sitio, pues el cristiano **ya no saldrá de allí**. Los hijos de la antigua Jerusalén estaban, como su madre, esclavizados; mientras que «la Jerusalén de arriba es libre; ella es nuestra madre» (Gál. 4:26). Jesús había dicho: «Vendrán muchos de oriente y occidente, y se sentarán a la mesa con Abraham, Isaac y Jacob en el reino de los cielos; pero los hijos del reino serán echados a las tinieblas de afuera; allí será el llanto y el crujir de dientes» (Mt. 8:11-12). Y esto era cierto para los cristianos vencedores de Filadelfia. Aunque perseguidos y discriminados por el falso Israel, como Isaac lo había sido por Ismael (Gén. 21:8-14; Gál. 4:22-31), verían a los falsos hijos desheredados y expulsados, mientras que ellos, por medio de Cristo, recibían las bendiciones de su padre Abraham y heredaban el mundo (Rom. 4:13; Gál. 3:29).

Laodicea: El juicio sobre los tibios (3:14-22)

14 Y escribe al ángel de la iglesia en Laodicea: «El Amén, el Testigo fiel y verdadero, el Principio de la creación de Dios, dice esto:

15 "Yo conozco tus obras, que ni eres frío ni caliente. ¡Ojalá fueras frío o caliente!

16 Así, puesto que eres tibio, y no frío ni caliente, te vomitaré de mi boca.

17 Porque dices: 'Soy rico, me he enriquecido y de nada tengo necesidad'; y no sabes que eres un miserable y digno de lástima, y pobre, ciego y desnudo,

18 te aconsejo que de mí compres oro refinado por fuego para que te hagas rico, y vestiduras blancas para que te vistas y no se manifieste la vergüenza de tu desnudez, y colirio para ungir tus ojos para que puedas ver.

19 Yo reprendo y disciplino a todos los que amo; sé, pues, celoso y arrepiéntete.

20 He aquí, yo estoy a la puerta y llamo; si alguno oye mi voz y abre la puerta, entraré a él, y cenaré con él y él conmigo.

21 Al vencedor, le concederé sentarse conmigo en mi trono, como yo también vencí y me senté con mi Padre en su trono.

22 El que tiene oído, oiga lo que el Espíritu dice a las iglesias"».

14 Laodicea, la ciudad más rica de la región, era otro importante centro de culto al emperador. En su mensaje a los ancianos de esta iglesia, Cristo se identifica de tres maneras. Primero, Jesús dice que Él es el **Amén**. Esta es una palabra familiar para todos los cristianos: La repetimos al final de nuestros credos, himnos y oraciones.[12] Generalmente se entiende que significa Así sea; pero su fuerza real, en términos de la teología de la Biblia, es mucho mayor. En realidad, es un juramento: decir Amén significa invocar sobre uno mismo las

---

[12] Desgraciadamente, muchos utilizan hoy en día el término para referirse a *Si me siento bien*. Tal uso, que implícitamente (aunque ciertamente no intencionadamente) raya en la blasfemia, es sólo un síntoma de la actitud subjetiva y centrada en el hombre hacia la vida que se ha hecho común durante los dos últimos siglos.

maldiciones del pacto (cf. Núm. 5:21-22; Dt. 27:15-26; Neh. 5:12-13). Como nuestro "Sí y Amén" Jesucristo es la garantía de las promesas del pacto, por su perfecta obediencia, sacrificio expiatorio e intercesión continua en la corte del cielo (2Co. 1:20; Gál. 3:13; Heb. 7:22-28, 9:24-28; 10:10-14). Así, nuestro Amén en respuesta litúrgica a la Palabra de Dios es tanto un juramento como un reconocimiento de que nuestra salvación depende totalmente no de nuestro cumplimiento del pacto, sino del perfecto cumplimiento del pacto por parte de Jesucristo, que se sometió a las estipulaciones y maldiciones del pacto en nuestro lugar.

En segundo lugar, esto significa que Jesús es también **el testigo fiel y verdadero**, de cuya palabra podemos depender eternamente. «Es un testigo fiel porque su testimonio es verdadero; y es un testigo verdadero porque en él se cumplen plenamente todas las cualidades que constituyen a alguien real y verdaderamente testigo».[13] Y es como este testigo infalible y plenamente autorizado que Cristo da testimonio condenatorio contra la iglesia de Laodicea.

Tercero, Jesús dice, Él es **el principio de la creación de Dios**: Él es el archë, tanto el origen como el gobernante de toda la creación, como Pablo también escribió en una carta que tenía la intención específica de que leyera la iglesia de Laodicea (ver Col. 4:16):

> Él es la imagen del Dios invisible, el primogénito de toda creación. Porque en Él fueron creadas todas las cosas, tanto en los cielos como en la tierra, visibles e invisibles; ya sean tronos o dominios o poderes o autoridades; todo ha sido creado por medio de Él y para Él. Y Él es antes de todas las cosas, y en Él todas las cosas permanecen. Él es también la cabeza del cuerpo que es la iglesia; y Él es el principio, el primogénito de entre los muertos, a fin de que Él tenga en todo la primacía.
> (Col. 1:15-18)

Así, el que habla a Laodicea es el Amén, el gran garante del pacto, el testigo infalible que es la verdad misma, con toda la autoridad que posee el creador y rey del universo. Y Él ha venido a dar testimonio contra su Iglesia.

15-16 Laodicea **era tibia, y ni caliente ni fría**. Esto se ha interpretado a menudo como si caliente significara entusiasmo piadoso y frío significara antagonismo impío; pero hay otra explicación que se ajusta mejor al contexto histórico y geográfico. Laodicea estaba situada entre otras dos ciudades importantes, Colosas y Hierópolis. Colosas, encajonada en un estrecho valle a la sombra de imponentes montañas, estaba regada por torrentes helados que descendían de las alturas. En cambio, Hierópolis era famosa por sus fuentes de aguas minerales calientes, que salían de la ciudad y fluían por una llanura elevada hasta caer en cascada por un acantilado frente a Laodicea. Cuando el agua llegaba al fondo del valle, era tibia, pútrida y nauseabunda. En Colosas, por tanto, uno podía refrescarse con agua potable clara, fría y vigorizante; en Hierópolis, uno podía curarse bañándose en sus piscinas calientes

---

[13] A. Plummer in *The Pulpit Commentary: The Revelation of St. John the Divine* (Londres: Funk and Wagnalls Company, n.d.), p, 115.

y cargadas de minerales. Pero en Laodicea, las aguas no eran ni **calientes** (para la salud) ni **frías** (para beber).[14]

En otras palabras, la acusación básica contra Laodicea es que es ineficaz, que no sirve para nada. La iglesia de Laodicea no trae ni una cura para la enfermedad ni una bebida para aliviar los labios secos y las gargantas resecas. El tipo de cristianismo representado por Laodicea es inútil. La iglesia no proveía «ni refrigerio para el espiritualmente cansado, ni sanidad para el espiritualmente enfermo. Era totalmente ineficaz, y por lo tanto desagradable a su Señor».[15] Por lo tanto, dice Mounce, «la iglesia no está siendo reprendida por su temperatura espiritual, sino por la esterilidad de sus obras».[16] Esto explica la declaración de Cristo: **Quisiera que fueras frío o caliente**. No está diciendo que la apostasía pura y simple sea preferible al término medio, sino que desea que los cristianos de Laodicea influyan en su sociedad.

> El día del Hipopótamo
> Se pasa durmiendo; por la noche caza;
> Dios actúa de forma misteriosa:
> la Iglesia puede dormir y alimentarse a la vez.[17]

La vocación del cristiano no es mezclarse con un entorno pagano, sino convertirlo, reformarlo, reconstruirlo en términos de todo el consejo de Dios según lo dispuesto en su palabra. Para citar solo un ejemplo de un Laodiceanismo moderno, considere las muchas iglesias evangélicas creyentes en la Biblia— que se estremecerían ante la sugerencia de que son «mundanas» o «liberales»— que continúan en su estilo de vida complaciente, organizando grupos de encuentro y campamentos de verano, completamente ajenas al asesinato de más de 4000 bebés no nacidos cada día. A menudo, estas iglesias temen hacer declaraciones «políticas» alegando que podrían perder sus exenciones tributarias. Pero cualquiera que sea la excusa, tal iglesia es desobediente a la palabra de Dios. Si una iglesia no transforma su sociedad, si no cristianiza la cultura, ¿de qué sirve? «si la sal se ha vuelto insípida, ¿con qué se hará salada *otra vez*? Ya para nada sirve, sino para ser echada fuera y pisoteada por los hombres». (Mt. 5:13).

Así que porque eres tibio... te vomitaré de mi boca. Esto es un eco de Levítico 18:24-28:

> No os contaminéis con ninguna de estas cosas, porque por todas estas cosas se han contaminado las naciones que voy a echar de delante de vosotros. Porque esta tierra se ha corrompido, por tanto, he castigado su iniquidad sobre ella, y la tierra ha

---

[14] C. J. Hemer, «Seven Cities of Asia Minor», en R. K. Harrison, ed., Major Cities of the Biblical World (Nashville: Thomas Nelson Publishers, 1985), pp. 246ss.

[15] M. J. S. Rudwick y E. M. B. Green, «The Laodicean Lukewarmness», en *Expository Times*, vol. 69 (1957-58), p. 178; citado en Mounce, p. 125.

[16] Mounce, pp. 125s.

[17] De T. S. Eliot, «The Hippopotamus», *Collected Poems* 1909-1962 (Nueva York: Harcourt Brace Jovanovich, 1963), p. 42.

vomitado a sus moradores. Pero en cuanto a vosotros, guardaréis mis estatutos y mis leyes y no haréis ninguna de estas abominaciones, ni el nativo ni el forastero que reside entre vosotros (porque los hombres de esta tierra que fueron antes de vosotros han hecho todas estas abominaciones, y la tierra se ha contaminado), no sea que la tierra os vomite por haberla contaminado, como vomitó a la nación que estuvo antes de vosotros.

La tibieza de Laodicea es una abominación al Señor. Debido a que ha fallado al no dejar huella en el mundo (y por lo tanto conformándose a las normas paganas— o no hacer un escándalo acerca de esas normas, que equivale a lo mismo) la iglesia está en peligro de ser cortada de Cristo, su propio liderazgo amenazado con la excomunión al por mayor.

17-18 La ciudad de Laodicea estaba orgullosa de sus tres características sobresalientes: su gran riqueza e independencia financiera como importante centro bancario; su industria textil, que producía «una finísima calidad de lana negra y brillante de fama mundial»;[18] y su comunidad científica, famosa no solo por su prestigiosa facultad de medicina, sino también por un colirio (llamado «polvo frigio») que era bien conocido desde los tiempos de Aristóteles. Utilizando estos hechos para ilustrar los problemas de la iglesia, Cristo cita la actitud general de los cristianos de Laodicea: **Tú dices: Soy rico, y me he enriquecido, y de nada tengo necesidad**. En realidad, a pesar de la riqueza de la iglesia y su indudable posición social, era ineficaz, no lograba nada para el reino de Dios. No es pecado que una iglesia (o un individuo) sea rica; de hecho, Dios quiere que adquiramos riquezas (Dt. 8:18). Lo que es pecado es no utilizar nuestros recursos para la difusión del reino. Cuando una iglesia relativamente pobre como la de Esmirna (véase Ap. 2:9) estaba teniendo un efecto enriquecedor en su comunidad, no había excusa para la impotencia de Laodicea. Su problema no era la riqueza, sino la desobediencia: **No sabes que eres y miserable y digno de lástima, y pobre, ciego y desnudo**.

Sin embargo, en gracia, Cristo hace una oferta de misericordia: **Te aconsejo que compres de mí oro refinado por el fuego, para que te enriquezcas; y vestiduras blancas, para que te vistas y no se descubra la vergüenza de tu desnudez; y colirio para ungir tus ojos, para que veas**. El simbolismo aquí debería ser obvio. La verdadera fe y las obras genuinas de obediencia se describen en las Escrituras en términos de joyas, y especialmente de **oro** (1Pe. 1:7; 1Co. 3:12-15); la **desnudez** es síntoma de desobediencia (Gén. 3:7), mientras que **vestirse** con **ropas blancas** es símbolo de justicia, tanto en lo que respecta a la justificación como a la santificación (Gén. 3:21; Mt. 22:11; Ap. 19:8); y la ceguera es un símbolo de la impotencia y la caída del hombre (Lev. 21:18; Dt. 29:4; Mt. 13:13-15; 16:3; 2Co. 4:34; 1Jn. 2:11), aparte de la restauración por parte de Dios de la verdadera vista, la capacidad piadosa y madura de juzgar con justicia (Lc. 4:18; Hch. 26:18; 1Co. 2:14-15).

19-20 Pero Laodicea aún no ha sido desechada por el Señor. Por muy duras que sean sus palabras, sigue profesando su amor por su novia. Esa es, de hecho, la fuente de su ira: Porque

---

[18] Charles F. Pfeiffer y Howard F. Vos, *The Wyclffe Historical Geography of Bible Lands* (Chicago: Moody Press, 1967), p. 377.

te amo, declara, **reprendo y disciplino**. Una característica de los que son verdaderos hijos de Dios, y no bastardos (cf. Heb. 12:5-11) es su respuesta a la represión y la disciplina. Todos los cristianos necesitan a veces represión y corrección, y unos más que otros; lo importante es si hacemos caso o no de la advertencia, y enmendamos nuestros caminos. Por mucho que Laodicea haya caído, aún puede ser restaurada si renueva su obediencia y se vuelve fiel a la Palabra de Dios: **Por tanto, ¡sé celoso y arrepiéntete!**

En este punto Jesús pronuncia algunas de las palabras más bellas de toda la Biblia, en el que quizá sea el versículo más conocido del Nuevo Testamento, aparte de Juan 3:16. **He aquí, yo estoy a la puerta y llamo; si alguno oye mi voz y abre la puerta, entraré a él, y cenaré con él, y él conmigo.** Varios comentaristas reformados han señalado el abuso generalizado de este pasaje por parte de los evangélicos modernos, que arrancan el versículo de su contexto como un mensaje a los ancianos de una iglesia, y lo convierten en una petición arminiana diluida de una deidad débil e indefensa que está a merced del hombre. Debemos recordar que Cristo está hablando aquí como el Amén, el testigo fiel y verdadero, el creador y Señor soberano de todo. No está haciendo una súplica débil, como si Él no gobernara la historia y predestinara sus detalles más minuciosos; Él es el Rey de reyes, que hace la guerra a sus enemigos y los condena a las llamas eternas. Tampoco está hablando a la gente en general, pues está dirigiendo su mensaje a su Iglesia; ni, de nuevo, está hablando simplemente a los cristianos como individuos, sino a los cristianos como *miembros de la Iglesia*. No se puede hacer que este versículo sirva a los propósitos del individualismo subjetivo arminiano sin arrancarlo violentamente de su contexto contractual y textual.[19]

Sin embargo, hay una distorsión en el otro lado que es igual de grave. No bastará con señalar los fallos de los arminianos a la hora de tratar satisfactoriamente este texto, ya que los calvinistas también han sido tradicionalmente culpables aquí. El culto reformado tiende a ser demasiado intelectual, centrado en la *predicación*. En nombre de estar centrado en la *Palabra*, en realidad es a menudo centrado en el *intelecto*. El racionalismo reformado ha producido así su reacción igual y opuesta en el revivalismo arminiano, el irracionalismo y el anti-intelectualismo. La gente ha huido del énfasis estéril y excesivamente intelectual del culto reformado y se ha topado con algunas enseñanzas erradas del lado de lo que se llama evangelicalismo (que, de hecho, tiene muy poco del *evangelio* original).[20]

¿Cuál es la respuesta? Debemos tomar en serio la doctrina bíblica de la presencia real de Cristo en el sacramento de la Eucaristía. Debemos volver al modelo bíblico de culto centrado en *Jesucristo*, lo que significa la celebración semanal de la Cena del Señor, así como la instrucción sobre su verdadero significado y eficacia.[21] Debemos abandonar el platonismo

---

[19] Por supuesto, el Señor también se ofrece a personas ajenas al reino: Incluso a los perros se les dan migajas de la mesa de los niños (Mt. 15:21-28); y el rey de la parábola de Cristo (Lc. 14:23) envió a sus siervos a obligar a los gentiles a entrar. Pero la oferta de salvación de Cristo nunca se hace fuera del contexto del pacto, el reino y la Iglesia.

[20] Véase el ensayo de James B. Jordan «Holistic Evangelism» en su *Sociology of the Church* (Tyler, TX: Geneva Ministries, 1986).

[21] Véase Geddes MacGregor, *Corpus Christi: The Nature of the Church According to the Reformed Tradition* (Filadelfia: The Westminster Press, 1958); y Ronald S. Wallace, *Calvin's Doctrine of the Word and Sacrament* (Tyler, TX: Geneva Ministries, [1953] 1982).

de rango que informa nuestro culto desnudo e intelectualizado, y volver a un culto litúrgico verdaderamente corporativo, caracterizado por la belleza artística y la excelencia musical.[22]

Porque debería ser obvio que en este versículo Él está extendiendo a la Iglesia una oferta de comunión renovada con Él mismo. El corazón mismo y el centro de nuestra comunión con Cristo está en su mesa (es decir, nuestra mesa terrenal que Él ha hecho suya). La oferta de salvación más básica y profunda es la oferta de Cristo de cenar con nosotros. En la Sagrada Comunión estamos realmente cenando con Jesús, elevados a su presencia celestial; y, además, nos estamos dando un festín con Él:

> Entonces Jesús les dijo: En verdad, en verdad os digo: si no coméis la carne del Hijo del Hombre y bebéis su sangre, no tenéis vida en vosotros. El que come mi carne y bebe mi sangre, tiene vida eterna, y yo lo resucitaré en el día final. Porque mi carne es verdadera comida, y mi sangre es verdadera bebida. El que come mi carne y bebe mi sangre, permanece en mí y yo en él. Como el Padre que vive me envió, y yo vivo por el Padre, asimismo el que me come, él también vivirá por mí. (Jn. 6:53-57)

21-22 La promesa final al vencedor es una promesa de dominio con Cristo: **Le concederé que se siente conmigo en mi trono, como yo también vencí y me senté con mi Padre en su trono**. ¿Es esta solo una esperanza futura? Por supuesto que no. El privilegio de reinar con Cristo pertenece a todos los cristianos, en el tiempo y en la tierra, aunque el dominio sea progresivo a lo largo de la historia hasta la consumación final. Pero Cristo ya ha entrado en su reino (Col. 1:13); ya ha desarmado a Satanás y a los demonios (Col. 2:15); y nosotros ya somos reyes y sacerdotes con Él (Ap. 1:6); y así como Él venció, así nosotros debemos salir, venciendo en su nombre. Él reina ahora (Hch. 2:29-36), sobre toda la creación (Ef. 1:20-22), con todo poder en el cielo y en la tierra (Mt. 28:18-20), y está ocupado ahora en poner a todos los enemigos bajo sus pies (1Co. 15:25), hasta que su reino se convierta en una gran montaña, llenando toda la tierra (Dan. 2:35, 45).

Así pues, en estos mensajes a las iglesias nos hemos enfrentado una y otra vez al mandamiento fundamental de Apocalipsis, aquel que el apóstol Juan nos exhortó a cumplir (1:3): *¡Vence! ¡Conquista!* Incluso dejando aparte el hecho de que la profecía no se refiere al siglo XX, no entenderemos su sentido si nos centramos en las persecuciones o en el culto a los emperadores del mismo modo que los exégetas de esta época se centran en los embargos de petróleo, los mercados comunes y las bombas de hidrógeno: el mensaje fundamental no se refiere a nada de esto, sino al deber de la Iglesia de conquistar el mundo. R. J. Rushdoony ha dicho muy bien: «El propósito de esta visión es dar consuelo y seguridad de victoria a la Iglesia, no confirmar sus temores o las amenazas del enemigo. Leer Apocalipsis como algo

---

[22] Uno de los libros más útiles sobre el culto desde una perspectiva reformada es Richard Paquier, *Dynamics of Worship: Foundations and Uses of Liturgy* (Filadelfia: Fortress Press, 1967). Para perspectivas de otra tradición véase Louis Bouyer, *Liturgical Piety* (University of Notre Dame Press, 1955); Josef A. Jungmann, S. J., *The Early Liturgy to the Time of Gregory the Great* (University of Notre Dame Press, 1959); Alexander Schmemann, *Introduction to Liturgical Theology* (Crestwood, NY: St. Vladimir's Seminary Press, 1966); Luther D. Reed, *The Lutheran Liturgy* (Filadelfia: Muhlenberg Press, 1947); Massey H. Shepherd Jr., *The Worship of the Church* (Greenwich, CT: The Seabury Press, 1952); y Cheslyn Jones et al., eds., *The Study of Liturgy* (Nueva York: Oxford University Press, 1978).

distinto del triunfo del reino de Dios en el tiempo y en la eternidad es negar la esencia misma de su significado».[23]

El conocido «Amilenialismo» falla al no aceptar estas implicaciones dominicales del reinado mediador de Jesucristo. Los escritores del Nuevo Testamento exhortan constantemente al pueblo de Dios a «vencer» a la luz de la victoria definitiva de Cristo. Habiendo sido recreados a su imagen, según su semejanza (Ef. 4:24; Col. 3:10), y conformándonos cada vez más a su imagen (Rom. 8:29-30), somos reyes con Él ahora, en esta era. Él nos ha dado título legal sobre todas las cosas (cf. Rom. 8:32; 1Co. 3:21-22), y sobre esta base debemos ejercer dominio bajo su señorío en cada área de la vida. Los amilenialistas, sin embargo, aunque profesan creer en la existencia del reino presente de Cristo, a menudo niegan característicamente su relevancia práctica para este mundo. Por ejemplo, el brillante estudio del Dr. Meredith G. Kline *Images of the Spirit* tiene un excelente capítulo sobre «Un modelo profético de la imagen de Dios», en el que muestra cómo la restauración de la imagen de Dios en la Iglesia a través de Cristo significa que «todo el pueblo del Señor es profeta» (cf. Núm. 11:29; Hch. 2:17-18).[24] Kline también tiene un magnífico capítulo sobre «Un modelo sacerdotal de la imagen de Dios», una fascinante exposición del sacerdocio de todos los creyentes a imagen de Cristo, nuestro Sumo Sacerdote definitivo.[25] Pero Cristo es profeta, sacerdote y *rey*— a Kline le faltó escribir un ensayo sobre «Un modelo real de la imagen de Dios». Así que si los cristianos son imagen de Cristo en su papel de Profeta y Sacerdote, también son reyes, a imagen del rey. Ese es precisamente el peso de los versículos que nos ocupan: El Señor Jesucristo comparte su conquista y entronización con su pueblo. Porque Él venció y se sentó con el Padre en su trono, ahora nos convoca a disfrutar con Él del dominio regio, heredando todas las cosas.

---

[23] Rousas John Rushdoony, *Thy Kingdom Come: Studies in Daniel and Revelation* (Tyler, TX: Thoburn Press, [1970] 1978), p. 90.
[24] Kline, *Images of the Spirit*, pp. 57-96.
[25] Ibid., pp. 35-56.

PARTE III

ESTIPULACIONES ÉTICAS: LOS SIETE SELLOS
(Apocalipsis 4-7)

Introducción

La tercera sección del tratado de pacto (cf. Dt. 5:1-26:19)[1] declaraba el modo de vida del pacto exigido a los vasallos, las leyes de la ciudadanía en el reino. Como declaró el apóstol Pablo, todos los hombres «vivimos, nos movemos y existimos» en Dios (Hch. 17:28); Él es el fundamento de nuestro propio ser. Esto significa que nuestra relación con Él es el centro de nuestra existencia, de nuestras acciones y pensamientos en todos los ámbitos de la vida. Y el centro de esta relación es su santuario, donde sus súbditos acuden a adorarle ante su trono. Así, la principal preocupación de la sección de las estipulaciones es la consagración completa del pueblo a Dios, con especial importancia dada al establecimiento de un santuario central:

> Buscaréis al SEÑOR en el lugar en que el Señor vuestro Dios escoja de todas vuestras tribus, para poner allí su nombre para su morada, y allí vendréis. (Dt. 12:5; cf. todo el cap. 12)

Como observa Meredith Kline, «el requisito de centralización debe... entenderse en términos de la naturaleza de Deuteronomio como un tratado de soberanía. Tales tratados prohibían al vasallo entablar cualquier tipo de diplomacia independiente con una potencia extranjera que no fuera el soberano del pacto. En particular, el vasallo no debía pagar tributo a ningún otro

---

[1] Véase Meredith G. Kline, *Theaty of the Great King: The Covenant Structure of Deuteronomy* (Grand Rapids: William B. Eerdmans Publishing Co., 1963), pp. 62-120.

señor».² La centralidad del santuario ayudaba a subrayar el hecho de que era una imagen del santuario del cielo (Éx. 25:9, 40; 26:30; Núm. 8:4; Hch. 7:44; Heb. 8:5; 9:23).

Este es también el énfasis de la sección de estipulaciones de Apocalipsis. El pasaje se abre con la ascensión del apóstol Juan al trono de Dios, que constituye el punto de vista central de toda la profecía: Todas las cosas se ven en relación con el trono. Los juicios que se imponen en la tierra se impusieron primero en el cielo.³

Obviamente, un aspecto importante de la sección de estipulaciones de Deuteronomio es la propia Ley, la señal del señorío de pacto, de Dios. Moisés se preocupa repetidamente por recordar a Israel el pacto del Sinaí, con los Diez Mandamientos grabados en las tablas de piedra (Dt. 5:9-10). Del mismo modo, esta sección de Apocalipsis (cap. 5) trata de un documento de pacto que, al igual que las tablas de piedra originales, está escrito tanto en el anverso como en el reverso.

Las leyes del pacto decretaron un programa de conquista sobre las naciones impías de Canaán: Israel derrotó a sus enemigos mediante la aplicación del pacto. La guerra santa simplemente ejecutaba la sentencia de muerte declarada en la sala del tribunal; era fundamentalmente una acción ética, judicial, que imponía la pena de muerte contra los impíos.⁴ El programa de conquista, basado en la ley de Dios, salía así del santuario central. (Es interesante que cuando este programa se detalla en Deuteronomio 7, Moisés habla simbólicamente de «siete naciones» que debían ser destruidas).⁵ Por supuesto, la ley no solo prevé el juicio de los cananeos, sino también el de los israelitas que apostatan del pacto: Aquellos que repudien la autoridad de Dios y sigan a otros dioses serán condenados a muerte, un juicio que, como los demás, procede en última instancia del altar del santuario central (Dt. 13:1-18; 17:1-13).⁶

Como deja claro Deuteronomio 20, este aspecto santuario-judicial es central incluso en la guerra librada contra naciones extranjeras, más allá de las fronteras de la teocracia: las batallas eran consagradas por el sacerdote a la gloria de Dios y de su reino de pacto (v. 1-4). Una guerra de este tipo siempre iba precedida de una oferta de paz; si se rechazaba la oferta, todos los hombres de la ciudad serían pasados por la espada. Kline explica la tipología: «En la oferta de paz de Israel (v. 10) y en la sumisión de la ciudad gentil como tributaria del pacto con el Señor (v. 11) se imaginaba la misión salvadora del pueblo de Dios en el mundo (cf. Zc. 9:7b, 10b; Lc. 10:5-16). El juicio de los que se niegan a hacer las paces con Dios por medio de Cristo se exhibió en el asedio, la conquista y el castigo de la ciudad insumisa (v. 13)».⁷

Encontramos todo esto también en Apocalipsis, con la diferencia de que, como una demanda del pacto contra el apóstata Israel, los juicios decretados en su día contra los impíos gentiles se desatan ahora sobre el pueblo del pacto sin ley, que había rechazado la oferta de paz de Cristo. Al abrirse el libro del pacto, las criaturas querúbicas que llevan el altar gritan:

---

² Ibid., p. 80.

³ Cf. Mt. 18:18, que dice literalmente: «En verdad os digo: todo lo que atéis en la tierra, *será* atado en el cielo; y todo lo que desatéis en la tierra, *será* desatado en el cielo». Al pronunciar justas sentencias, los ministros en la tierra están manifestando el juicio del cielo.

⁴ Véase Ray R. Sutton, *That You May Prosper: Dominion by Covenant* (Tyler, TX: Institute for Christian Economics, 1987).

⁵ Cf. Kline, p. 68.

⁶ Ibid., pp. 84ss., 94ss.

⁷ Ibid., p. 106.

«¡Ven!» — y cuatro jinetes cabalgan para conquistar la tierra, trayendo destrucción y muerte en cumplimiento de las maldiciones del pacto, aplicando el justo y santo juicio del santuario en el cielo.

Otro tema importante de la sección de estipulaciones en Deuteronomio es el requisito de presentarse en las fiestas sagradas, que implican tres peregrinaciones anuales al santuario central: para las fiestas de Pascua/Panes sin levadura (16:1-8), Pentecostés [Semanas] (16:9-12) y Tabernáculos [Enramadas] (16:13-15).[8] El mismo orden se sigue en esta sección de Apocalipsis. El capítulo 5 contiene imágenes de la Pascua, donde vemos a los adoradores en el santuario dando gracias por «el Cordero que fue inmolado». El capítulo 6 retoma el tema de Pentecostés (el aniversario de la entrega de la Ley en el Sinaí): El libro de la ley del pacto se abre, trayendo una serie de juicios según el modelo de Habacuc 3, una lectura de sinagoga para Pentecostés.[9] Luego, el capítulo 7 nos lleva a una visión de la escatológica Fiesta de los Tabernáculos,[10] en la que las incontables multitudes redimidas de todas las naciones se presentarán ante el trono con ramas de palma en sus manos (cf. Lev. 23:3943), alabando a Dios como su rey-redentor (cf. Dt. 26:1-19)[11] y recibiendo la plenitud de la bendición prefigurada en esta fiesta: «Por eso están delante del trono de Dios, y le sirven día y noche en su templo]; y el que está sentado en el trono extenderá su tabernáculo sobre ellos. Ya no tendrán hambre ni sed, ni el sol los abatirá, ni calor alguno, pues el Cordero en medio del trono los pastoreará y los guiará a manantiales de aguas de vida, y Dios enjugará toda lágrima de sus ojos». (Ap. 7:15-17).

---

[8] Ibid., pp. 91-94.

[9] M. D. Goulder, *The Evangelists' Calendar: A Lectionary Explanation for the Development of Scripture* (Londres: SPCK, 1978), p. 177.

[10] Véase David Chilton, *Paradise Restored: A Biblical Theology of Dominion* (Ft. Worth, TX: Dominion Press, 1985), pp. 44ss., 60.

[11] Véase Kline, pp.118ss.

4

EL TRONO SOBRE EL MAR

El modelo de adoración (4:1-11)

1 Después de esto miré, y vi una puerta abierta en el cielo; y la primera voz que yo había oído, como *sonido* de trompeta que hablaba conmigo, decía: Sube acá y te mostraré las cosas que deben suceder después de estas.

2 Al instante estaba yo en el Espíritu, y vi un trono colocado en el cielo, y a uno sentado en el trono.

3 Y el que estaba sentado *era* de aspecto semejante a una piedra de jaspe y sardio, y alrededor del trono *había* un arco iris, de aspecto semejante a la esmeralda.

4 Y alrededor del trono *había* veinticuatro tronos; y sentados en los tronos, veinticuatro ancianos vestidos de ropas blancas, con coronas de oro en la cabeza.

5 Del trono salían relámpagos, voces y truenos; y delante del trono *había* siete lámparas de fuego ardiendo, que son los siete Espíritus de Dios.

6 Delante del trono *había* como un mar transparente semejante al cristal; y en medio del trono y alrededor del trono, cuatro seres vivientes llenos de ojos por delante y por detrás.

7 El primer ser viviente *era* semejante a un león; el segundo ser era semejante a un becerro; el tercer ser tenía el rostro como el de un hombre, y el cuarto ser *era* semejante a un águila volando.

8 Y los cuatro seres vivientes, cada uno de ellos con seis alas, estaban llenos de ojos alrededor y por dentro, y día y noche no cesaban de decir:
    Santo, Santo, Santo, es el Señor Dios,
    el Todopoderoso, el que era, el que es y el que ha de venir.

9 Y cada vez que los seres vivientes dan gloria, honor y acción de gracias al que está sentado en el trono, al que vive por los siglos de los siglos,

10 los veinticuatro ancianos se postran delante del que está sentado en el trono, y adoran al que vive por los siglos de los siglos, y echan sus coronas delante del trono, diciendo:

11 Digno eres, Señor y Dios nuestro, de recibir la gloria y el honor y el poder, porque tú creaste todas las cosas, y por tu voluntad existen y fueron creadas.

1 Este versículo es utilizado por los defensores del Dispensacionalismo para apoyar su «Teoría del rapto», la noción de que la Iglesia será arrebatada de este mundo antes de una tribulación venidera; de hecho, este versículo parece ser *el* principal texto de prueba para un rapto previo a la tribulación. El «rapto» del apóstol Juan al cielo se considera una señal de que toda la Iglesia desaparecerá antes de que se derramen las plagas registradas en los capítulos siguientes. Parte del fundamento de esta interpretación es que la **voz** que oyó Juan era **como el sonido de una trompeta**, y Pablo dice que sonará una trompeta en el «rapto» (1Ts. 4:16). Algunos defensores de esta postura parecen ignorar el hecho de que Dios utiliza una trompeta en numerosas ocasiones. De hecho, como hemos visto en el primer capítulo, la conexión entre la Voz de Dios y el sonido de una trompeta se da en toda la Escritura, empezando por el juicio en el jardín del Edén. Por lo demás, Juan oyó la voz como una trompeta en la primera visión (Ap. 1:10). (¿Indica esto un posible «doble rapto»?).[1]

La escuela de interpretación dispensacionalista también apela al hecho de que, después de que la voz ha dicho **Sube acá**, «La palabra 'Iglesia' no vuelve a aparecer en Apocalipsis hasta que todo se haya cumplido.[2] Esta singular observación se presenta como prueba abundante de que el libro de Apocalipsis no habla de la «Iglesia»[3] desde este punto hasta la segunda venida (generalmente situada en 19:11), lo que a su vez prueba que la Iglesia ha sido raptada y está ausente, en el cielo, lejos de todo el alboroto— ¡todo porque falta la *palabra* «Iglesia»! Basándonos en un principio de interpretación tan curioso, podríamos decir con seguridad que Apocalipsis tampoco nos dice nada sobre Jesús hasta el capítulo 12, porque el nombre «Jesús» no aparece hasta entonces (por tanto, «el León de la tribu de Judá» y «el Cordero que fue inmolado» [5:5-6] deben ser términos para referirse a otra persona).[4] Por supuesto, este método de interpretación implica aún más problemas para el dispensacionalista: ¡pues *la palabra «Iglesia» no vuelve a aparecer en absoluto en todo Apocalipsis*! Por lo tanto, esta interpretación de las palabras que aparecen aquí no apoya el rapto de la Iglesia antes de la tribulación; posiblemente incluso enseña la aniquilación de la

---

[1] Los capítulos 8-11 registran los sonidos de no menos de siete trompetas más. ¿Podrían haber nueve raptos?

[2] *The Scofield Reference Bible* (New York: Oxford University Press, [1909] 1945), nota sobre Ap. 4:1; cf. Hal Lindsey, *There's a New World Coming: A Prophetic Odyssey* (Eugene, OR: Harvest House Publishers, 1973), pp. 74ss.

[3] El uso dispensacionalista de la palabra Iglesia es muy diferente de su uso en la teología histórica y ortodoxa. Véase O. T. Allis, *Prophecy and the Church* (Grand Rapids: Baker Book House, 1945, 1947), pp. 54-110; L. Berkhof, *Systematic Theology* (Grand Rapids: William B. Eerdmans Publishing Co., 4ta. ed. rev., 1949), pp. 562-78; y Roderick Campbell, *Israel and the New Covenant* (Tyler, TX: Geneva Ministries, [1954] 1983).

[4] Este principio también puede aplicarse fructíferamente en otros lugares de las Escrituras. Por ejemplo, la palabra amor no aparece en ninguna parte del libro de Rut; así, su historia resulta no ser, después de todo, uno de los mayores romances de la Biblia, pues Booz y Rut no se amaban. Nuevamente, la palabra Dios no aparece en el libro de Ester; según estos principios, Él no debe haber estado involucrado en esos eventos, y el libro no debe decirnos nada acerca de Él. Además, los primeros quince capítulos de la carta de Pablo a los Romanos no se refieren a la Iglesia, ¡pues la palabra Iglesia tampoco aparece allí!

Iglesia antes de la tribulación. Después del último versículo en Apocalipsis 3, la Iglesia simplemente desaparece, y nunca se vuelve a saber de ella.

Obviamente, esto no es cierto. La Iglesia es conocida por numerosos nombres y descripciones a lo largo de la Biblia,[5] y el mero hecho de que el único *término* «Iglesia» no aparezca no es indicación de que el *concepto* de Iglesia no esté presente. Los que ven en este versículo algún «rapto» de la Iglesia lo están importando al texto. El único «raptado» es el propio apóstol Juan. El hecho es que él solo usa la palabra *Iglesia* con referencia a congregaciones particulares— *no* para todo el cuerpo de Cristo.

Sin embargo, también debemos reconocer que Juan asciende a un servicio de adoración en el día del Señor; y esto es una imagen clara de la ascensión *semanal* de la Iglesia al cielo cada día del Señor, donde se une a la comunión de los santos y los ángeles «en traje festivo» (Heb. 12:22-23) para la liturgia celestial. La Iglesia representa la experiencia del apóstol Juan cada domingo en el *Sursum Corda*, cuando el oficiante (reflejando el Sube acá) grita: *¡Elevad vuestros corazones!* y la congregación canta en respuesta: *¡Los elevamos al Señor!* En un capítulo anterior señalamos el comentario de Germán de que «la Iglesia es un cielo terrenal»; el patriarca continuó: «Las almas de los cristianos están llamadas a reunirse con los profetas, apóstoles y jerarcas para reclinarse con Abraham, Isaac y Jacob en el banquete místico del reino de Cristo. De este modo, habiendo llegado a la unidad de la fe y a la comunión del Espíritu por la dispensación de aquel que murió por nosotros y está sentado a la derecha del Padre, ya no estamos en la tierra, sino junto al trono real de Dios en el cielo, donde está Cristo, tal como Él mismo dice: 'Padre justo, santifica en tu nombre a los que me has dado, para que donde yo estoy, ellos estén conmigo' (cf. Jn. 17)».[6] Juan Calvino estaba de acuerdo: «Para que las almas piadosas puedan aprehender debidamente a Cristo en la Cena, deben ser elevadas al cielo... Y por la misma razón se estableció antiguamente que antes de la consagración se dijera al pueblo en voz alta que levantara el corazón».[7]

Ya hemos visto (en 1:10) que la expresión **en el Espíritu** (v. 2) es lenguaje profético técnico, que no se refiere a los sentimientos subjetivos del apóstol Juan, sino a su experiencia objetiva como receptor inspirado de la revelación divina. Estar «en el Espíritu» era el privilegio especial de los profetas bíblicos. Resumiendo su extensa investigación sobre este punto, Meredith Kline escribe: «La creación de Adán como reflejo-imagen de la gloria del creador-Espíritu fue recapitulada en la historia de los profetas. El acontecimiento crítico en la formación de un profeta era un encuentro transformador con la gloria-Espíritu del que el profeta emergía como un hombre que reflejaba la gloria divina.... Ser arrebatado en el Espíritu era ser recibido en la asamblea divina, la realidad celestial dentro de la gloria-Espíritu teofánicos. El sello distintivo del verdadero profeta era haber estado ante el Señor de la gloria en medio de este concilio deliberativo de ángeles».[8]

---

[5] Paul Minear enlista noventa y seis de esos solo en el Nuevo Testamento: *Images of the Church in the New Testament* (Filadelfia: The Westminster Press, 1960), pp. 222ss., 268s.

[6] Germán de Constantinopla, *On the Divine Liturgy*, trad. Paul Meyendorff (Crestwood, NY: St. Vladimir's Seminary Press, 1984), p. 101.

[7] Juan Calvino, *Institutes of the Christian Religion*, 4:17:36 (Filadelfia: The Westminster Press, 1960), Ford Lewis Battles trad., p. 1412.

[8] Meredith G. Kline, *Images of the Spirit* (Grand Rapids: Baker Book House, 1980), pp. 57s.

Pero, con la llegada del Nuevo Pacto, lo que antes era prerrogativa especial de la clase profética dentro de la comunidad del pacto se ha convertido en privilegio de todos. El deseo de Moisés: «¡Ojalá todo el pueblo del Señor fuera profeta, que el Señor pusiera su Espíritu sobre ellos!» (Núm. 11:29)— se ha cumplido en el derramamiento pentecostal del Espíritu Santo (Hch. 2:17-21). Así como Moisés (el profeta por excelencia del Antiguo Pacto) tuvo el privilegio único de hablar con Dios cara a cara (Núm. 12:6-8), participando de su gloria (Éx. 34:33-35), ahora «*todos* nosotros, mirando a cara descubierta como en un espejo la gloria del Señor, somos transformados de gloria en gloria en la misma imagen, como por el Señor, el Espíritu» (2Co. 3:18). Cada creyente ha recibido la unción profética (1Jn. 2:20, 27); y cada semana ascendemos en el Espíritu a la asamblea celestial.[9]

En parte, por tanto, la «Teoría del rapto» se basa en un malentendido de la doctrina cristiana de la ascensión de la Iglesia. La ascensión *definitiva* tuvo lugar posicionalmente con Jesucristo, en quien estamos sentados en los lugares celestiales (Ef. 1:20; 2:6); la ascensión *progresiva* (experiencial) tiene lugar *litúrgicamente* con Jesucristo cada semana, en la celebración de la Eucaristía (Heb. 12:22-24); y la ascensión *final* (culminativa) tiene lugar escatológicamente con Cristo a) espiritualmente, en el momento de la muerte (Ap. 20:4), y b) corporalmente, al final de la historia (1Co. 15:50-55; 1Ts. 4:17).[10]

2-3 Para recibir la revelación, el apóstol Juan es arrebatado al **cielo**, donde ve **un trono** y a **uno sentado**: Juan va a ver los acontecimientos venideros desde el verdadero punto de vista, el carro-trono de Dios en la gloria-nube. Dios es el determinador de todas las cosas, y una comprensión correcta del mundo debe comenzar desde una comprensión correcta de la centralidad de su trono. «En la infinita sabiduría del Señor de toda la tierra, cada acontecimiento cae con precisión exacta en su lugar apropiado en el desarrollo de su plan eterno; nada, por pequeño que sea, por extraño que sea, ocurre sin su orden, o sin su idoneidad peculiar para su lugar en la realización de su propósito; y el fin de todo será la manifestación de su gloria, y la acumulación de su alabanza».[11]

Y el que estaba sentado tenía aspecto de piedra de jaspe y de sardio: Dios es visto como en un resplandor de luz inaccesible (cf. 1Tim. 6:16), pues el apóstol Juan ha sido arrebatado al Lugar Santísimo celestial, el santuario interior del templo cósmico en la nube de gloria. Esto se ve subrayado por el hecho de que Juan ve **un arco iris alrededor del trono, con aspecto de esmeralda**. Cabe señalar que estas tres piedras, jaspe (tal vez un ópalo o un diamante),[12] sardio (una piedra rojiza) y esmeralda, representaban a tres de las doce tribus de Israel en el pectoral del sumo sacerdote (Éx. 28:17-19, LXX); también se

---

[9] Véase el trabajo de George Vandervelde, «The Gift of Prophecy and the Prophetic Church» (Toronto: Institute for Christian Studies, 1984).

[10] Sobre este patrón definitivo-progresivo-final David Chilton, *Paradise Restored: A Biblical Theology of Dominion* (Ft. Worth, TX: Dominion Press, 1985), pp. 24, 42, 73, 136, 146-57, 206, 209, 223.

[11] Benjamin B. Warfield, «Predestination», en Biblical and Theological Studies (Nutley, NJ: Presbyterian and Reformed Publishing Co., 1968), p. 285.

[12] «En la antigüedad, el nombre no se limitaba a la variedad de cuarzo hoy llamada jaspe, sino que podía designar cualquier piedra preciosa opaca». William F. Arndt y F. Wilbur Gingrich, *A Greek-English Lexicon of the New Testament and Other Early Christian Literature* (Chicago: The University of Chicago Press, 1957), p. 369.

mencionan entre las joyas que componían el suelo del jardín del Edén (Ez. 28:13, LXX). Compárese la visión de Juan con la del profeta Ezequiel:

> …había algo semejante a un trono, de aspecto como de piedra de zafiro; y en lo que se asemejaba a un trono, sobre él, en lo más alto, había una figura con apariencia de hombre. Entonces vi en lo que parecían sus lomos y hacia arriba, algo como metal refulgente que lucía como fuego dentro de ella en derredor, y en lo que parecían sus lomos y hacia abajo vi algo como fuego, y había un resplandor a su alrededor. Como el aspecto del arco iris que aparece en las nubes en un día lluvioso, así era el aspecto del resplandor en derredor. Tal era el aspecto de la semejanza de la gloria del Señor. Cuando lo vi, caí rostro en tierra y oí una voz que hablaba. (Ez. 1:26-28)

El apóstol Juan se encuentra así en el verdadero templo, el arquetipo celestial que sirvió de modelo a Moisés para la construcción del tabernáculo (Éx. 25:40; Heb. 8:1-2, 5; 9:23-24). Ve el trono, que corresponde al propiciatorio; las siete lámparas, que corresponden a la lámpara de siete brazos; los cuatro seres vivientes, que corresponden a los querubines; el mar de cristal, que corresponde al «mar» de bronce; y los veinticuatro ancianos, que corresponden a las veinticuatro cuerpos sacerdotales. (Véase el Apéndice A para una exposición más completa del simbolismo levítico aquí y en todo Apocalipsis).

4 Alrededor del trono el apóstol Juan ve **veinticuatro tronos**, en los que están sentados **veinticuatro ancianos**. ¿Quiénes son estos ancianos? En un conocido ensayo, el gran erudito del Nuevo Testamento Ned Stonehouse, del Westminster Seminary, defendió la opinión de que estos ancianos son «seres celestiales de un rango superior al de los ángeles en general, como los querubines y serafines del Antiguo Testamento, si es que no han de identificarse específicamente con ellos».[13] A pesar de la magistral defensa que Stonehouse hace de su postura, esta descansa en una suposición sobre el texto que es ciertamente incorrecta, y por tanto su interpretación está gravemente descarriada. (Más adelante, en el análisis de 5:9, se tratará más a fondo esta cuestión textual y la opinión de Stonehouse).

Por otra parte, hay razones convincentes para entender a estos ancianos como representantes de la Iglesia en el cielo (o, como el apóstol Juan va desgranando progresivamente a lo largo de su profecía, de la Iglesia terrenal que adora en el cielo). En primer lugar, el mero nombre de **ancianos** indicaría que estos seres representan a la Iglesia, y no a una clase de ángeles. En ninguna otra parte de la Biblia se da el término anciano a nadie más que a los hombres, y desde los tiempos más remotos ha representado a quienes tienen gobierno y representación dentro de la Iglesia (véanse Éx. 12:21; 17:5-6; 18:12; 24:9-11, Núm. 11:16-17, 1Tim. 3:1-7; Tit. 1:5-9, Heb. 13:17; Stg. 5:14-15). Así pues, los ancianos de Apocalipsis parecerían, a primera vista, representantes del pueblo de Dios, el senado sentado en concilio en torno a su obispo.

---

[13] Ned B. Stonehouse, «The Elders and the Living-Beings in the Apocalypse», en *Paul Before the Areopagus, and Other New Testament Studies* (Grand Rapids: William B. Eerdmans Publishing Co., 1957), p. 90.

Esta consideración se ve reforzada por una segunda observación sobre estos ancianos: Se les ve sentados en **tronos**. Ya se nos ha dicho en esta profecía que los cristianos reinan con Cristo (1:6), que llevan coronas (2:10; 3:11), que se les ha concedido autoridad real con Él sobre las naciones (2:26-27), que los apóstatas se verán obligados a postrarse ante ellos (3:9) y que están sentados con Cristo en su trono (3:21).

Ahora, en el capítulo 4, vemos a ancianos sentados en tronos; ¿no es esto una continuación de las enseñanzas ya presentadas?

En tercer lugar, debemos considerar el simbolismo del número **veinticuatro**. En general, puesto que veinticuatro es múltiplo de doce, hay de nuevo una razón prima facie para suponer que este número tiene algo que ver con la Iglesia. Doce es un número bíblicamente asociado con el pueblo de Dios: Israel estaba dividido en doce tribus; e incluso se habla de la administración de la Iglesia del Nuevo Pacto en términos de «doce tribus», porque la Iglesia es el nuevo Israel (véanse Mt. 19:28; Mc. 3:14-19; Hch. 1:15-26; cf. Stg. 1:1). El apóstol Juan utiliza la palabra anciano doce veces en Apocalipsis (4:4, 10; 5:5, 6, 7, 11, 14; 7:11, 13; 11:16; 14:3; 19:4). El número veinticuatro es, pues, una «doble porción» de doce. Los múltiplos de doce también están integrados en la estructura simbólica de la nueva Jerusalén, como leemos en la visión final de la profecía (21:12-14):

> Tenía un muro grande y alto con doce puertas, y en las puertas doce ángeles; y en ellas había nombres escritos, que son los de las doce tribus de los hijos de Israel...
> El muro de la ciudad tenía doce cimientos, y en ellos estaban los doce nombres de los doce apóstoles del Cordero.

Pero la imagen de los veinticuatro ancianos se basa en algo mucho más específico que la mera noción de multiplicar por doce. En la adoración del Antiguo Pacto había veinticuatro divisiones de sacerdotes (1Cró. 24) y veinticuatro divisiones de cantores en el templo (1Cró. 25). Por lo tanto, la imagen de veinticuatro líderes de adoración no era una idea nueva para aquellos que leyeron por primera vez Apocalipsis: Había sido una característica del culto del pueblo de Dios durante más de mil años.[14] De hecho, el apóstol Juan ha reunido dos imágenes que apoyan nuestra conclusión general: (1) Los ancianos se sientan en tronos— son *reyes*; (2) Los ancianos son veinticuatro en número— son *sacerdotes*. Lo que ve el apóstol Juan es simplemente el presbiterio del cielo: la asamblea representativa del sacerdocio real, la Iglesia.[15]

Que estos ancianos sean a la vez sacerdotes y reyes muestra que el sacerdocio aarónico del Antiguo Pacto ha sido superado y trascendido; el sacerdocio del Nuevo Pacto, con Jesucristo como Sumo Sacerdote, es un sacerdocio del orden de Melquisedec. Por eso el

---

[14] Véase Alfred Edersheim, *The Temple: Its Ministry and Services as They Were at the Time of Jesus Christ* (Grand Rapids: William B. Eerdmans Pubfishing Co., 1980), pp. 75, 86ss. Ezequiel vio a veinticinco hombres sirviendo en el templo: los representantes de los veinticuatro clases del sacerdocio, más el Sumo Sacerdote (Ez. 8:16).

[15] Otro argumento a favor de esta interpretación se desarrollará en el análisis de 5:9. Veremos que el cántico de los ancianos que allí se registra afirma claramente que se encuentran entre los redimidos— un grupo que no incluye a los ángeles (Heb. 2:16). Por lo tanto, los ancianos deben interpretarse en el sentido habitual, es decir, como representantes de la Iglesia.

apóstol Juan nos dice que estos sacerdotes-ancianos llevan coronas, porque a todos se les ha dado la corona de sumo sacerdote. Los dos testimonios independientes del siglo II de que Santiago en Jerusalén y Juan en Éfeso llevaban la corona de oro del sumo sacerdote han sido generalmente descartados por los eruditos modernos;[16] pero estas tradiciones pueden reflejar la práctica real de la Iglesia primitiva.

Esto nos lleva a otro punto que conviene mencionar antes de seguir adelante. Ya hemos señalado (véase 3:20) varios problemas causados por las tendencias racionalistas de los grupos que surgieron de la Reforma. Lamentablemente, en esos mismos grupos se hizo común prescindir de la toga de los ancianos. Aunque la preocupación era por la «espiritualidad», los efectos reales fueron platonizar la doctrina y el culto, y democratizar el gobierno y el ministerio— otros pasos en el largo y polvoriento camino hacia la esterilidad reformada. Como nos recuerda Richard Paquier, «el color es un maestro a través de la vista, y crea estados de ánimo. Malinterpretamos la naturaleza humana y el lugar de la percepción en nuestra vida interior cuando rebajamos este factor psicológico en el culto de la Iglesia».[17] Dios nos ha creado así, y la continua validez de las vestiduras oficiales se desprende adecuadamente de los patrones establecidos en el Antiguo Testamento: El carácter oficial del anciano se enfatiza mediante el uso de togas oficiales, del mismo modo que los jueces en nuestra cultura todavía llevan toga— una práctica, por cierto, que surgió de la práctica de la Iglesia.

Paquier continúa: «Es natural, por tanto, que el hombre que oficia en el culto de la Iglesia vaya vestido de una manera que corresponda a la tarea que se le ha asignado y que exprese visiblemente lo que hace. Además, quien dirige en el acto de culto no actúa como particular, sino como ministro de la Iglesia; es el representante de la comunidad y el portavoz del Señor. De ahí que una vestimenta especialmente prescrita, una especie de «uniforme» eclesiástico, sea útil para recordar tanto a los fieles como a sí mismo que en este acto no es el Sr. Tal, sino un ministro de la Iglesia en medio de una multitud de otros. Lo que no era menos indispensable en la antigüedad, cuando prevalecía el sentido de la comunidad y de la objetividad de la acción cultual, se ha convertido en nuestro tiempo en una ayuda muy útil y, de hecho, verdaderamente necesaria, ya que el individualismo y la subjetividad se han arraigado tan profundamente en la piedad de las iglesias reformadas».[18]

5-8 El apóstol Juan describe la corte celestial en términos de los familiares efectos acústicos y visuales que acompañan a la nube de gloria, como en el Sinaí (Éx. 19:16-19): **Del trono salen relámpagos, voces y truenos**. De nuevo, como en 1:4-5, las imágenes se muestran

---

[16] Véase Dom Gregory Dix, *The Shape of the Liturgy* (Nueva York: The Seabury Press, [1945] 1982), p. 313; W. H. C. Frend, *The Rise of Christianity* (Filadelfia: Fortress Press, 1984), p. 127.

[17] Richard Paquier, *Dynamics of Worship: Foundations and Uses of Liturgy* (Filadelfia: Fortress Press, 1967), p. 143.

[18] Ibid., p. 138. Resultó que algunas de las iglesias de la Reforma que conservaron la túnica optaron por la toga académica negra, quizá en parte como reacción contra lo que se percibía como los excesos de la Iglesia romana, y para enfatizar la función docente del ministro. Pero, como señala Paquier, «no hay ni una sola referencia a la toga negra en la Biblia, mientras que las togas y vestiduras blancas se mencionan muchas veces, real o simbólicamente».

«De hecho, si hay un color que se sugiere como expresión adecuada del Evangelio y del servicio divino evangélico, ciertamente es el blanco. En la Biblia, el blanco es el color divino por excelencia, porque simboliza la santidad y la perfección de Dios (Sal. 104:2; Dan. 7:9; Ap. 1:14; 19:11; 20:11)» (ibid., pp. 139s.).

como el original celestial de la estructura del tabernáculo (Heb. 8:5; 9:23): Al igual que el candelabro con sus siete lámparas ardiendo dentro del Lugar Santo, hay **siete lámparas de fuego ardiendo ante su trono**, las siete lámparas que representan los **siete Espíritus de Dios**, el Espíritu Santo en su séptuple plenitud de actividad. He aquí, una vez más, la combinación de los tres aspectos de la imagen de la nube de gloria: la Voz (v. 1), la gloria radiante (v. 3) y el Espíritu (v. 5).

Ante el trono, el apóstol Juan ve, por así decirlo, **un mar de vidrio como el cristal**. Este es otro punto en el que esta visión se cruza con la registrada en Ezequiel 1. Pero el trono se ve desde dos perspectivas diferentes. Mientras que el apóstol Juan está de pie en el atrio celestial mismo, mirando hacia abajo sobre el «mar» de cristal (que corresponde, en lo que respecta al mobiliario del tabernáculo, a la fuente, también llamada «mar»: Éx. 30:17-21; 1Re. 7:23-26), Ezequiel se encuentra en la parte inferior de la nube de gloria, mirando a través de su cono, y el «mar» en su parte superior aparece como un firmamento azul[19] por encima de él:

> Miré, y he aquí que un viento huracanado venía del norte, una gran nube con fuego fulgurante y un resplandor a su alrededor, y en su centro, algo como metal refulgente en medio del fuego. En su centro había figuras semejantes a cuatro seres vivientes... Sobre las cabezas de los seres vivientes había algo semejante a un firmamento con el brillo deslumbrante de un cristal... Y sobre el firmamento que estaba por encima de sus cabezas había algo semejante a un trono... (Ez. 1:4-5, 22, 26)

Otra similitud con la visión de Ezequiel es que el apóstol Juan ve **cuatro criaturas vivientes** de pie **en medio del trono y a su alrededor**, sosteniendo el carro-trono en su vuelo (cf. Sal. 18:10), al igual que los cuatro querubines de Ezequiel (nótese que ambos están «en medio» y «alrededor» del trono; cf. la estrecha conexión entre el trono y los seres vivientes en 5:6). Estos seres están **llenos de ojos por delante y por detrás**, y aparecen en forma de un **león**, un **toro**, un **hombre** y un **águila**. Una comparación detallada de estos versículos con Ezequiel 1 y 10 revelará muchos paralelismos interesantes, así como diferencias entre los relatos (también debe hacerse referencia a la visión de los serafines de seis alas en Isaías 6:14). Que haya **cuatro** de ellos indica alguna relación con la tierra en forma de altar (compárense las ideas bíblicas de las cuatro esquinas de la tierra, los cuatro vientos, las cuatro direcciones, los cuatro ríos del Edén que regaban toda la tierra, etc.). Michael Wilcock explica: «Los querubines de la Biblia están muy lejos de ser niños regordetes con alas y hoyuelos. Son criaturas imponentes, indicaciones visibles de la presencia de Dios.

Así, cuando se nos dice (Sal. 18:10) que el Señor vuela sobre un querubín y sobre las alas del viento, podemos empezar a ver un vínculo entre los cuatro seres vivientes de 4:6 y los cuatro vientos de 7:1. Podríamos llamar a estos querubines-criaturas «naturaleza», siempre que recordemos lo que es realmente la naturaleza: una inmensa construcción palpitante con la actividad incesante de Dios. Tal vez sus rostros (4,7; Ez. 1:10) representen

---

[19] A Moisés y a los ancianos de Israel, el firmamento-mar les pareció un pavimento de color zafiro (azul) (Éx. 24:10).

su majestad, su fuerza, su sabiduría y su grandeza, y sus innumerables ojos su incesante vigilancia sobre cada parte de su creación. Conviene, pues, que sean cuatro, correspondientes a los puntos cardinales y a los ángulos de la tierra, y que representen al mundo de Dios, como los veinticuatro ancianos representan a la Iglesia».[20]

Juan Calvino habría estado de acuerdo con Wilcock, pero sus observaciones sobre el significado de las cuatro caras de los querubines son aún más radicales: «Por medio de estas cabezas nos fueron representadas todas las criaturas vivientes Estos animales comprenden dentro de sí todas las partes del universo por esa figura de lenguaje por la cual una parte representa el todo. Entre tanto, puesto que los ángeles son seres vivientes, debemos observar en qué sentido Dios atribuye a los propios ángeles la cabeza de un león, de un águila y de un hombre, pues esto parece poco acorde con su naturaleza. Pero no podría expresar mejor la conexión inseparable que existe en el movimiento de los ángeles y de todas las criaturas... Debemos entender, por lo tanto, que mientras los hombres se mueven y cumplen con sus deberes, se aplican en diferentes direcciones al objeto de su persecución, y lo mismo hacen las bestias salvajes; sin embargo, hay movimientos angélicos por debajo, de modo que ni los hombres ni los animales se mueven por sí mismos, sino que todo su vigor depende de una inspiración secreta».[21]

Como Calvino dice unas páginas más adelante, con más fuerza, *«todas las criaturas están animadas por el movimiento angélico»*.[22] Esto va directamente en contra de las nociones humanistas de «naturaleza» y «ley natural», pero es la enseñanza bíblica. La razón por la que nos suena extraña es que nuestra visión del mundo ha sido impregnada por una filosofía que tiene mucho en común con el antiguo baalismo. James B. Jordan ha escrito: «Los detalles del culto a Baal no tienen mucha importancia para nosotros ahora. Es la filosofía subyacente del baalismo la que impera en la educación y la vida estadounidenses de hoy, y la que se enseña en los departamentos de ciencias de casi todas las universidades cristianas actuales, y no solo en los departamentos de ciencias. Las Escrituras enseñan que Dios sostiene la vida directamente, no indirectamente. No existe tal cosa como la naturaleza. Dios no ha dado ningún poder inherente de desarrollo al universo como tal. Dios creó el universo y toda la vida por *acciones* inmediatas, no por *procesos* mediatos. Cuando Dios retira su aliento (que es el Espíritu Santo, el Señor y dador de vida), sobreviene inmediatamente la muerte (Gén. 7:22). La idea de que Dios dio cuerda al universo y luego lo dejó seguir su curso, de modo que existe algo como la naturaleza que tiene un poder intrínseco, es deísmo, no cristianismo. La evolución teísta es deísmo, no cristianismo. En la

---

[20] Michael Wilcock, *I Saw Heaven Opened: The Message of Revelation* (Downers Grove, IL: InterVarsity Press, 1975), p. 64.
[21] Juan Calvino, *Commentaries on the First Twenty Chapters of the Book of the Prophet Ezekiel* (Grand Rapids: Baker Book House, 1979), vol. 1, pp. 334s.
[22] Ibid., p. 340; cf. pp. 65-74, 333-340. Calvino fue atacado por su propio traductor por hacer estas y otras afirmaciones similares (véase vol. 1, pp. xxvs.; vol. 2, pp. 421s., 448-55, 466-68, 473s.). No obstante, estos pensamientos están elaborados muy cuidadosamente en el curso de su exposición, y este comentario, que Calvino no llegó a terminar, representa su pensamiento maduro sobre el tema. Es uno de los volúmenes más fascinantes que he leído nunca, y constituye un rico depósito de valiosas ideas.

medida en que los procesos de la naturaleza sustituyen a los actos de Dios en cualquier sistema, en esa medida el sistema se ha convertido en baalista».[23]

«Debido a la influencia del neobaalismo (humanismo secular) en nuestra cultura moderna, tendemos a pensar que Dios, cuando hizo el mundo, instaló ciertas 'leyes naturales' o procesos que funcionan de forma automática e impersonal. Esta es una visión deísta, no cristiana, del mundo. Lo que llamamos ley natural o física es en realidad una generalización aproximada sobre la actividad ordinaria de Dios al gobernar su creación. La materia, el espacio y el tiempo han sido creados por Dios y son gobernados directa y activamente por Él. Su gobierno se llama «ley». Dios casi siempre hace que las cosas se hagan de la misma manera, según las regularidades del pacto (el equivalente cristiano de las leyes naturales), cuyas las cuales se establecieron en Génesis 8:22. La ciencia y la tecnología son posibles porque Dios no cambia las reglas, de modo que el hombre puede explorar el mundo con confianza y aprender a funcionar en él. Esta confianza, sin embargo, es siempre una forma de fe, fe en la naturaleza (Baal) y en la ley natural, o fe en Dios y en la fiabilidad de su compromiso de mantener las regularidades del pacto».[24]

Hay otro aspecto del simbolismo relacionado con los cuatro seres vivientes que debe mencionarse: su correspondencia con los signos del Zodíaco. Los escritores bíblicos estaban familiarizados con el mismo sistema de constelaciones que conocemos hoy, salvo que el nombre del Águila parece haber sido sustituido habitualmente por el del Escorpión. La razón de esto puede ser que la antigua asociación entre el Escorpión y la Serpiente (cf. Lc. 10:17-19) llevó a los escritores bíblicos a sustituir el Águila en su lugar; algunos eruditos, sin embargo, han argumentado que «en los días de Abraham, Escorpio fue figurado como un Águila», de acuerdo con el sistema caldeo entonces en boga.[25] Las caras de los querubines, tanto en Ezequiel como en Apocalipsis, son los signos medios de los cuatro cuartos del Zodíaco: el **León** es Leo; el **Toro** es Tauro; el **Hombre** es Acuario, el vertedor de agua; y el **Águila**, como hemos visto, es «Escorpio». El apóstol Juan los enumera aquí en orden contrario a las agujas del reloj, hacia atrás alrededor del Zodíaco (probablemente porque los está viendo desde arriba, en el cielo, más que desde abajo, en la tierra); pero cuando los utiliza en la estructura de su profecía propiamente dicha, los enumera en el orden directo de las estaciones.[26] Después del Preámbulo (capítulo 1), Apocalipsis se divide en cuatro cuartos, cada uno «gobernado» por una de estas criaturas. El primer cuarto (capítulos 2-3) estaba regido por Tauro; de ahí el énfasis en las siete estrellas, sobre el hombro del Toro. El segundo cuarto (capítulos 4-7) está regido por la figura del «León de la Tribu de Judá», que ha vencido para abrir el libro sellado. El águila vuela en medio del cielo con gritos de dolor a lo largo del tercer cuarto (capítulos 8-14). Y el cuarto (Capítulos 15-22) está gobernado por el

---

[23] James B. Jordan, *Judges: God's War Against Humanism* (Tyler, TX: Geneva Ministries, 1985), pp. 37s.

[24] Ibid., p. 102. Véase también *Commentaries on the Last Four Books of Moses* (Grand Rapids: Baker Book House, 1979), vol. 1, pp. 385-87; *Commentary on a Harmony of the Evangelists* (Grand Rapids: Baker Book House, 1979), vol. 1, pp. 213-15.

[25] Richard Hinckley Allen, *Star Names: Their Lore and Meaning* (Nueva York: Dover Publications, [1899] 1963), p. 57; cf. p. 362.

[26] Por cierto, el término «Zodíaco» no es una palabra oculta; significa simplemente círculo, y se refiere a la trayectoria aparente del sol a través de los cielos. Las doce constelaciones principales son los grupos de estrellas dispuestos a lo largo de la trayectoria del sol.

Hombre, Acuario el «vertedor de agua» (cf. el vertido de las copas de la ira, y el río de la vida fluyendo desde el trono).

No hay nada oculto en todo esto. De hecho, la Biblia condena enérgicamente todas las formas de ocultismo (el deseo de sabiduría esotérica o autónoma), incluido el ocultismo astrológico (Dt. 18:9-13, 2Re. 23:3-5; Is. 8:19-20, 44:24-25; 47:8-15).[27]

Pero esto no significa que las constelaciones en sí mismas sean malas, como tampoco el culto pagano al sol nos prohíbe ver el sol como símbolo de Cristo (Sal. 19:4-6; Mal. 4:2; Lc. 1:78; Ef. 5:14). Todo lo contrario: Las constelaciones fueron creadas por Dios y manifiestan su gloria (Sal. 19:1-6). No son simples grupos aleatorios de estrellas (nada en el universo de Dios es aleatorio, en el sentido último); más bien, han sido específicamente colocadas allí por Dios (Job 9:7-9, 26:13, 38:31-33; Am. 5:8).[28] La disposición de las doce tribus de Israel alrededor del tabernáculo (Núm. 2) correspondía al orden del Zodíaco;[29] y, al igual que los querubines, cuatro de las tribus representaban los signos medios de cada cuarto: Judá era el león, Rubén el hombre, Efraín el toro y Dan el águila.[30] La razón de las correspondencias entre Israel y las estrellas la explica Gordon J. Wenham: «La Escritura se refiere con frecuencia a los cuerpos celestes como las huestes celestiales de Dios (por ejemplo, Dt. 4:19), mientras que los ejércitos de Israel son sus huestes terrestres (por ejemplo, Jos. 5:14 y a lo largo de Núm. 1). El tabernáculo terrenal era una réplica de la morada celestial de Dios (Éx. 25:9, 40). Ambos contaban con la presencia de los ejércitos del Señor. Por último, Génesis 37:9 compara a Jacob y a sus hijos (los antepasados de las doce tribus) con el sol, la luna y las estrellas».[31] El ejemplo más famoso de simbolismo astronómico en la Biblia, por supuesto, es que el nacimiento del propio Mesías fue anunciado a los reyes magos por las estrellas (Mt. 2:2), como se había predicho (Núm. 24:17; Is. 60:1-3).[32]

A continuación, el apóstol Juan describe el culto de los cuatro seres vivientes, utilizando una sección coral para interpretarnos el significado de los símbolos de su visión del trono, un recurso que repite a lo largo del libro. Llama la atención sobre las seis alas de los seres vivientes, para asociarlos con los serafines de la visión de Isaías:

> En el año de la muerte del rey Uzías vi yo al Señor sentado sobre un trono alto y sublime, y la orla de su manto llenaba el templo. Por encima de Él había serafines;

---

[27] La mejor refutación cristiana del engaño astrológico se encuentra en *La ciudad de Dios* de Agustín, libro V, capítulos 1-11.

[28] Para un estudio de la relación de las constelaciones con el mensaje bíblico, véase Joseph A. Seiss, *The Gospel in the Stars* (Grand Rapids: Kregel Publications, [1882] 1972).

[29] O, como buenos agustinianos, ¡podemos decir que el Zodíaco corresponde al orden de las doce tribus!

[30] Véase Ernest L. Martin, *The Birth of Christ Recalculated* (Pasadena, CA: Foundation for Biblical Research, second ed., 1980), pp. 167ss.; cf. J. A. Thompson, Numbers, en D. Guthrie y J. A. Mower, eds., *The New Bible Commentary* (Grand Rapids: William B. Eerdmans Publishing Co., 3ra. ed., 1970), p. 173.

[31] Gordon J. Wenham, *Numbers: An Introduction and Commentary* (Downers Grove, Il: Inter-Varsity Press, 1981), p. 65. Wenham no se refiere a las constelaciones zodiacales, sino a algo aún más asombroso: ¡el hecho de que las cifras del censo de las tribus de Israel se correspondan con los períodos sinódicos de los planetas! Como señala Wenham, las cifras del censo «afirman el carácter sagrado de Israel. Nos recuerdan que las promesas de Dios a Abraham se han cumplido, y que el pueblo santo de Dios está llamado a luchar por él en la tierra como las estrellas luchan por él en los lugares celestiales» (ibid.). «*Les recensements du Livre des Nombres et l'astronomie babylonienne*», Vetus Testamentum 27, 1977, pp. 280-303. Este documento está disponible en inglés en Geneva Ministries.

[32] Véase Martin, *The Birth of Christ Recalculated*, pp. 4-25.

cada uno tenía seis alas: con dos cubrían sus rostros, con dos cubrían sus pies y con dos volaban. Y el uno al otro daba voces, diciendo:
Santo, Santo, Santo, es el Señor de los ejércitos,
llena está toda la tierra de su gloria.
(Is. 6:1-3)

Del mismo modo, los seres criaturas vivientes de Apocalipsis tienen como fin principal glorificar a Dios y gozar de Él para siempre, alabándole—aparentemente de forma antifonal, como hacían los serafines de Isaías— por su santidad, su poder omnipotente y su eternidad: Santo, Santo, Santo, es el Señor Dios, el todopoderoso, el que era y el que es y el que ha de venir. Esto también tiene su contrapartida en la liturgia cristiana estándar, en la que el *Sanctus* sigue al *Sursum Corda*:

> *Oficiante*: Por tanto, con los ángeles y los arcángeles, y con toda la compañía del cielo, alabamos y magnificamos tu glorioso nombre; siempre alabándote y diciendo,
> *Todos*: SANTO, SANTO, SANTO, Señor Dios de los ejércitos; El cielo y la tierra están llenos de tu gloria; ¡Hosanna en las alturas!

9-11 Pero la alabanza celestial no termina con el canto de los seres vivientes; porque **cuando ellos den gloria y honor y gracias** a Dios, **los veinticuatro ancianos** se unirán ellos mismos con alabanza antifonal (o responsiva). **Se postrarán ante él... y le adorarán... y echarán sus coronas ante el trono**, reconociendo que su autoridad y dominio vienen de Él. Luego le alabarán por sus obras en la creación y en la historia: **Digno eres tú, Señor y Dios nuestro, de recibir la gloria, el honor y el poder; porque tú creaste todas las cosas, y por tu voluntad existen y fueron creadas**.

Para apreciar todo el significado de esta afirmación directa de la doctrina de la creación, contrastémosla con una declaración emitida hace unos años por los dirigentes de una de las mayores iglesias de Estados Unidos:

Al principio – Elección

En el principio, Dios creó la elección. Antes de que Dios creara nada, ni la tierra, ni el cielo, ni el hombre, ya había decidido que el hombre tendría elección. No una elección limitada, como qué color de calcetines ponerse hoy. Dios le dio al hombre un poder completo de selección, tan completo que el hombre podía elegir— o rechazar— a Dios. Dios se colocó en una posición bastante arriesgada cuando dotó al hombre de semejante herramienta. Le dio al hombre un arma para usar contra Dios.

¿Se imagina que algo que usted ha hecho le dijera: «No te quiero ni como amigo»? Dios le dio al hombre esa misma opción, aunque sabía cuál sería la elección del hombre. Dios sabía que su creación se apartaría de él, le odiaría. Pero también se dio cuenta de que no hay mejor manera de demostrar el amor que arriesgándose a la alternativa del rechazo. El amor genuino requiere decisión, porque el amor genuino no puede exigirse, ordenarse, ni siquiera regularse. Debe ser voluntario.

Esto nos dice algo sobre Dios. Dios no hace las cosas por gusto. Debió de sentir, en cierto sentido, la necesidad de ser amado. ¿Crees que es justo concluir que Dios «nos necesita»? Yo creo que sí. Pero nunca rebaja el calibre de su amor tratando de obligarnos a amarle...[33]

Hablando con caridad, se trata de un disparate con tendencia a la blasfemia. Lo único honesto que tiene es su falta de referencias bíblicas. Hay muchos puntos objetables que podríamos considerar, pero el principal para nuestros propósitos es la cuestión de la soberanía e independencia de Dios. ¿Necesitaba Dios crear? ¿Está Dios solo? ¿Necesita Él a su creación? Dejemos que hablen las Escrituras:

Todas las naciones ante Él son como nada, menos que nada e insignificantes son consideradas por Él. (Is. 40:17)

Acordaos de las cosas anteriores ya pasadas, porque yo soy Dios, y no hay otro; yo soy Dios, y no hay ninguno como yo, que declaro el fin desde el principio y desde la antigüedad lo que no ha sido hecho. Yo digo: «Mi propósito será establecido, y todo lo que quiero realizaré» (Is. 46:9-10)

El Dios que hizo el mundo y todo lo que en él *hay*, puesto que es Señor del cielo y de la tierra, no mora en templos hechos por manos *de hombres*, ni es servido por manos humanas, como si necesitara de algo, puesto que Él da a todos vida y aliento y todas las cosas (Hch. 17:24-25).[34]

En su culto divinamente sancionado, los ancianos han proclamado la verdad: La creación existe, no porque Dios necesitara crear, o porque dependa de su creación de alguna manera, sino simplemente porque fue su voluntad crear; le complació hacerlo. Dios es soberano, totalmente independiente de la creación. La distinción bíblica entre el creador y la criatura es absoluta.

El servicio de adoración celestial aquí nos muestra lo que Dios quiere en la adoración terrenal. Primero, la adoración debe ser corporativa, la adoración bíblica no es individualista, quieta o únicamente interna. Esto no quiere decir que no haya lugar para la adoración privada; pero sí significa que el énfasis bíblico en la adoración corporativa está muy lejos de la adoración aislada de muchos evangélicos, que consideran que la adoración individual tiene prioridad sobre la adoración corporativa, y que incluso conciben la adoración corporativa

---

[33] Folleto publicado cerca de 1978 por una iglesia de Santa Ana, California, anunciando sus conciertos de los sábados por la noche.

[34] Un punto más debería recibir al menos una nota a pie de página: ¿Es cierto, como alega el panfleto, que «el amor genuino no puede exigirse, ordenarse o incluso regularse»? véanse Dt. 6:5-6; Mt. 22:37-40, Ef. 5:25; 1Jn. 4:19.

como una simple agregación de adoradores individuales.[35] Otro aspecto olvidado de la necesidad del culto colectivo es el hecho de que los llamados «servicios de adoración» en las iglesias modernas son, en realidad, salas de conferencias o espectáculos. Por el contrario, el patrón de adoración bíblica es el culto corporativo, con la plena participación de los miembros unidos de la congregación, demostrando una armonía de unidad y diversidad.

En segundo lugar, el culto debe ser responsivo. Veremos más de esto a medida que avancemos en Apocalipsis— que trata tanto de la adoración como de cualquier otra cosa— pero esto ya ha ocurrido en el pasaje que acabamos de estudiar. Los ancianos y los cuatro seres vivientes se muestran cantando respuestas musicales de ida y vuelta, manteniendo un diálogo. Y, en el culto de la Iglesia en la tierra, eso es lo que hacemos (o deberíamos hacer) también. Respondemos litúrgicamente a la lectura de la Escritura, a las oraciones, al canto de salmos e himnos, a la enseñanza y a los sacramentos. Porque esto es lo que vemos en el culto celestial, y nuestro culto debe estructurarse, en la medida de lo posible, imitando el modelo celestial, según la oración que Cristo nos enseñó: «Hágase tu voluntad en la tierra como en el cielo» (Mt. 6:10).

En tercer lugar, el culto debe ser ordenado. Los ancianos y los seres vivientes no se interrumpen unos a otros ni intentan eclipsarse mutuamente. Aunque el culto debe ser colectivo, con la participación de toda la Iglesia, no debe ser caótico. En 1Corintios 14:40 se establece una norma básica para el culto: «Que todo se haga decentemente y con orden». Los carismáticos tienden a tener ciertos instintos correctos— que la adoración debe incluir a toda la congregación— pero su práctica real tiende hacia la confusión y el desorden, con todos «adorando» individualmente a la vez. La solución, reconocida tanto en el Antiguo como en el Nuevo Testamento, y por la Iglesia a lo largo de la historia, es proporcionar una liturgia común, con oraciones y respuestas formales, para que la gente pueda adorar inteligentemente junta de una manera que sea a la vez colectiva y ordenada.

El culto público bíblico es muy diferente del culto privado o familiar; es radicalmente diferente de un mero grupo de estudio bíblico, por importante que este sea. El culto dominical de la Iglesia es cualitativamente único: Es el pueblo de Dios entrando en el palacio para una ceremonia formal ante el trono, una audiencia oficial con el rey. Venimos a confesar nuestra fe y lealtad, a hacer juramentos solemnes, a recibir el perdón, a ofrecer oraciones, a ser instruidos por los oficiales de Dios, a comer en su mesa, y a dar gracias por todos sus beneficios; y debemos responder a todo esto con música y cantos. Todo esto es corporativo, y eso significa necesariamente liturgia. Esto puede significar ciertos cambios complejos e implicados en nuestros hábitos y patrones de adoración. Pero Dios no debe tener nada menos que lo mejor. Él es el rey, y adorar significa servirle.

---

[35] Un ejemplo de esto en el campo reformado, entre otros que pueden ser citados, es B. M. Palmer, *The Theology of Prayer* (Sprinkle Publications, [1894] 1980). Esta extensa obra (352 páginas), que pretende ofrecer «una articulación completa de la oración en el sistema de gracia», se ocupa exclusivamente de la devoción individual; no menciona ni una sola vez la oración colectiva.

5

CRISTO *VICTOR*

El Cordero y el libro (5:1-14)

1 Y vi en la mano derecha del que estaba sentado en el trono un libro escrito por dentro y por fuera, sellado con siete sellos.

2 Y vi a un ángel poderoso que pregonaba a gran voz: ¿Quién es digno de abrir el libro y de desatar sus sellos?

3 Y nadie, ni en el cielo ni en la tierra ni debajo de la tierra, podía abrir el libro ni mirar su contenido.

4 Y yo lloraba mucho, porque nadie había sido hallado digno de abrir el libro ni de mirar su contenido.

5 Entonces uno de los ancianos me dijo: No llores; mira, el León de la tribu de Judá, la Raíz de David, ha vencido para abrir el libro y sus siete sellos.

6 Miré, y vi entre el trono (con los cuatro seres vivientes) y los ancianos, a un Cordero, de pie, como inmolado, que tenía siete cuernos y siete ojos, que son los siete Espíritus de Dios enviados por toda la tierra.

7 Y vino, y tomó el libro de la mano derecha del que estaba sentado en el trono.

8 Cuando tomó el libro, los cuatro seres vivientes y los veinticuatro ancianos se postraron delante del Cordero; cada uno tenía un arpa y copas de oro llenas de incienso, que son las oraciones de los santos.

9 Y cantaban un cántico nuevo, diciendo: Digno eres de tomar el libro y de abrir sus sellos, porque tú fuiste inmolado, y con tu sangre compraste para Dios a gente de toda tribu, lengua, pueblo y nación.

10 Y los has hecho un reino y sacerdotes para nuestro Dios; y reinarán sobre la tierra.

11 Y miré, y oí la voz de muchos ángeles alrededor del trono y de los seres vivientes y de los ancianos; y el número de ellos era miríadas de miríadas, y millares de millares,

12 que decían a gran voz: El Cordero que fue inmolado digno es de recibir el poder, las riquezas, la sabiduría, la fortaleza, el honor, la gloria y la alabanza.

13 Y a toda cosa creada que está en el cielo, sobre la tierra, debajo de la tierra y en el mar, y a todas las cosas que en ellos hay, oí decir: Al que está sentado en el trono, y al Cordero, sea la alabanza, la honra, la gloria y el dominio por los siglos de los siglos.

14 Y los cuatro seres vivientes decían: Amén. Y los ancianos se postraron y adoraron.

1-4 El apóstol Juan ve al que está sentado en el trono sosteniendo **un libro... sellado** con siete sellos. Como observó Theodor Zahn, los siete sellos indican que este documento es un testamento. Aunque esta no es toda la explicación, es importante para una comprensión adecuada del libro. Zahn escribió: «La palabra *biblion* [libro] en sí misma permite muchas interpretaciones, pero para los lectores de aquella época se designaba por los siete sellos de su reverso sin posibilidad de error. Del mismo modo que en Alemania, antes de la introducción de los giros postales, todo el mundo sabía que una carta sellada con cinco sellos contenía dinero, el miembro más sencillo de las iglesias asiáticas sabía que un *biblion* sellado con siete sellos era un testamento. Cuando fallecía un testador, se presentaba el testamento y, cuando era posible, se abría en presencia de los siete testigos que lo habían sellado; es decir, se desprecintó, se leyó en voz alta y se ejecutó... El documento con siete sellos es el símbolo de la promesa de un reino futuro. La disposición ocurrió hace mucho tiempo y fue documentada y sellada, pero aún no se llevó a cabo».[1] Cualquier lector cristiano[2] habría comprendido inmediatamente el significado de esta descripción, pues se basa en la descripción de los Diez Mandamientos. Las dos tablas del testimonio, que eran copias duplicadas,[3] estaban inscritas tanto en el anverso como en el reverso (Éx. 32:15). Un análogo de esto se encuentra en los tratados de soberanía del Antiguo Cercano Oriente: Un rey victorioso (el soberano) imponía un tratado o pacto al rey conquistado (el vasallo) y a todos los que estaban bajo su autoridad. Se redactaban dos copias del tratado (como en los contratos modernos), y cada parte colocaba su copia del contrato en la casa de su dios, como documento legal que atestiguaba la transacción. En el caso de Israel, por supuesto, el Señor era a la vez soberano y Dios; así que ambas copias del pacto se colocaban en el tabernáculo (Éx. 25:16, 21; 40:20, Dt. 10:2).

Meredith Kline explica: «El propósito de la copia del pacto de Israel era el de un testigo documental (Dt. 31:26). Era un testimonio a favor y en contra de Israel, que recordaba las obligaciones juradas y reprendía por las obligaciones violadas, declarando la esperanza de la bienaventuranza del pacto y pronunciando la perdición de las maldiciones del pacto. Su proclamación pública tenía por objeto enseñar el temor del Señor a todo Israel, especialmente

---

[1] Theodor Zahn, *Introduction to the New Testament*, vol. III, pp. 393f.; citado en G. R. Beasley-Murray, *The Book of Revelation* (Grand Rapids: William B. Eerdmans Publishing Co., ed. revisado, 1978), p. 121.

[2] Al decir esto, doy por sentado que el cristiano medio del siglo I tenía más sentido común que el comentarista medio del siglo XX. Apenas hay un solo comentario que dedique siquiera una mirada de pasada a los Diez Mandamientos en este sentido.

[3] Meredith G. Kline, *Treaty of the Great King: The Covenant Structure of Deuteronomy* (Grand Rapids: William B. Eerdmans Publishing Co., 1963), pp. 13ss.; idem, *The Structure of Biblical Authority* (Grand Rapids: William B. Eerdmans Publishing Co., 2da. ed., 1975), pp. 113ss.

a los niños (Dt. 31:13, cf. Sal. 78:5ss.)... Considerado en relación con el juramento y la promesa divinos, el duplicado de la tabla del pacto del Señor tenía una finalidad análoga a la del arco iris en su pacto con Noé (Gén. 9:13-16). Contemplando esta tabla, recordaba su juramento a sus siervos y llevaba a cabo fielmente la bendición prometida».[4]

Hemos visto que el apóstol Juan ha organizado esta profecía en términos de la estructura de pacto establecida. Más aún, gran parte de la información específica de Apocalipsis ha indicado que la idea de pacto es central en su mensaje. El libro se presenta desde el principio como parte del canon, escrito principalmente para ser leído en la liturgia (1:3). La imagen del tabernáculo se utiliza en la doxología de apertura (1:4-5), y se declara que la Iglesia se constituye como el nuevo reino de los sacerdotes, como Israel lo había sido en el Sinaí (1:6). El tema del libro, expuesto en 1:7, es la venida de Cristo en la nube de gloria; luego, casi inmediatamente, el apóstol Juan utiliza tres palabras que casi siempre aparecen en relación con la actividad de creación de pactos: Espíritu, día y voz (1:10). La siguiente visión de Cristo como Sumo Sacerdote glorioso (1:12-20) combina muchas imágenes del Antiguo Testamento— la nube, el día del Señor, el ángel del Señor, el creador y soberano universal, el Hijo del Hombre/segundo Adán, el conquistador de las naciones, el poseedor de la Iglesia— todas ellas relacionadas con las profecías de la llegada del Nuevo Pacto. A la visión sigue el mensaje de Cristo a las Iglesias, que se presenta como un recuento de la historia del pacto (capítulos 2-3). Luego, en el capítulo 4, el apóstol Juan ve el trono, sostenido por los querubines y rodeado por el sacerdocio real, todos cantando alabanzas a Dios con el acompañamiento de relámpagos, voces y truenos semejantes a los del Sinaí. No debe sorprendernos que este magnífico despliegue de imágenes de creación de pactos culmine en la visión de un documento de testamento/tratado, escrito por delante y por detrás, en la mano del que está sentado en el trono. El libro es nada menos que el testamento del Cristo resucitado y ascendido: el Nuevo Pacto.

Pero la llegada del Nuevo Pacto implica la desaparición del Antiguo Pacto y el juicio del Israel apóstata. Como vimos en la introducción, los profetas bíblicos hablaron en términos de la estructura del tratado de pacto, actuando como abogados de la acusación en nombre del soberano divino, entablando un juicio de pacto contra Israel. La imagen del documento inscrito por ambas caras se utiliza en la profecía de Ezequiel, en la que el apóstol Juan ha modelado su profecía. Ezequiel cuenta que recibió un pergamino con una lista de juicios contra Israel:

> Entonces me dijo: Hijo de hombre, yo te envío a los hijos de Israel, a una nación de rebeldes que se ha rebelado contra mí; ellos y sus padres se han levantado contra mí hasta este mismo día... Entonces miré, y he aquí, una mano estaba extendida hacia mí, y en ella *había* un libro en rollo. Él lo desenrolló delante de mí, y estaba escrito por delante y por detrás; y en él estaban escritas lamentaciones, gemidos y ayes. (Ez. 2:3, 9-10)

---

[4] Kline, *Treaty of the Great King*, pp. 21, 24; *The Structure of Biblical Authority*, pp. 123f., 127.

Por lo tanto, cuando el apóstol Juan vea la apertura del Nuevo Pacto, también verá cumplidas las maldiciones del Antiguo Pacto sobre el pueblo apóstata del pacto. Esta conclusión se hace más clara cuando observamos el movimiento general de la profecía. Los siete sellos del libro se rompen para revelar su contenido; pero la ruptura del séptimo sello inicia el sonido de las siete trompetas (8:1-2). La visión final de la sección de las trompetas se cierra con una horrible escena de una gran vendimia, en la que las «uvas de la ira» humanas son pisoteadas y toda la tierra es inundada por un torrente de sangre (14:19-20). Esto conduce directamente a la sección final de Apocalipsis, en la que el apóstol Juan ve cómo se derrama la sangre del lagar desde las siete copas de la ira (16:1-21). Parece, por tanto, que debemos entender las siete copas como el contenido de la séptima trompeta, «el último Ay» que caerá sobre la tierra (cf. 8:13; 9:12; 11:14-15; 12:12). Todos estos— sellos, trompetas y copas— son el contenido del libro de los siete sellos, el Nuevo Pacto. Pero hay una crisis: **Nadie** en toda la creación— ni en **el cielo, ni en la tierra**, ni bajo la tierra— es **capaz** (o, como explica el apóstol Juan, **digno) de abrir el libro, o de mirarlo**. Nadie puede cumplir las condiciones exigidas al mediador del Nuevo Pacto. Todos los mediadores anteriores— Adán, Moisés, David y los demás— se mostraron en última instancia inadecuados para la tarea. Nadie podía quitar el pecado y la muerte; por cuanto todos pecaron, y están destituidos de la gloria de Dios (Rom. 3:23). El sacrificio de animales no podía realmente quitar los pecados, porque tal cosa es imposible (Heb. 10:4); y el sumo sacerdote que ofrecía los sacrificios era él mismo un pecador, «sujeto a flaquezas» (Heb. 5:1-3; 7:27) y teniendo que ser reemplazado después de su muerte (7:23). No se podía encontrar a nadie que garantizara un pacto mejor. Con el anhelo profético y la tristeza de la Iglesia del Antiguo Pacto, el apóstol Juan **empezó a llorar mucho**. El Nuevo Pacto había sido ofrecido por el que estaba sentado en el trono, pero nadie era digno de actuar en nombre tanto de Dios como del hombre para ratificar el pacto. El libro de los siete sellos permanecería cerrado.

5-7 El apóstol Juan es consolado por **uno de los ancianos**, que dice (como se lee literalmente): **Deja de llorar; ¡he aquí que ha vencido!** La Iglesia predica así el Evangelio al apóstol Juan; y parece como si el anciano estuviera tan entusiasmado con su mensaje que suelta el clímax antes incluso de explicar quién ha vencido. Pasa a describir al Cristo conquistador: **el León de la tribu de Judá**, el cumplimiento fuerte y poderoso de la antigua profecía de Jacob a su cuarto hijo:

> Cachorro de león es Judá;
> de la presa, hijo mío, has subido.
> Se agazapa, se echa como león,
> o como leona, ¿quién lo despertará?
> El cetro no se apartará de Judá,
> ni la vara de gobernante de entre sus pies,
> hasta que venga Siloh. (Gén. 49:9-10)

5 - *Cristo* Victor

Fue a David, el León de Judá conquistador del Antiguo Pacto, a quien Dios reveló tanto el plan del templo (1Cró. 28:11-19) como el plan del pacto eterno, la «Carta para la Humanidad» por la que el rey-sacerdote venidero llevaría la bendición de Abraham a todas las naciones (2Sam. 7:18-29; 23:2-5; 1Cró. 17:16-27; Sal. 16; 110; Hch. 2:25-36).[5] Por fin, el hijo mayor de David vino y conquistó, estableciendo el dominio eterno y abriendo el pacto. Encarnando y cumpliendo todas sus promesas, Él es Aquel «a quien pertenece».

A Cristo también se le llama la **Raíz de David**, una expresión extraña, a nuestro modo de ver. Podemos entender más fácilmente el término de Isaías: «un retoño del tronco de Isaí» (Is. 11:1). Como descendiente de Isaí y David, Jesús podría ser llamado «renuevo» (Jer. 23:5; Zac. 3:8); pero ¿cómo podría ser llamado la **Raíz**? Nuestra perplejidad tiene su origen en nuestra visión no bíblica del funcionamiento de la historia. Estamos acostumbrados a pensar en la historia como si fuera una máquina cósmica de Rube Goldberg: Accionamos una palanca en un extremo, y una serie de quién sabe qué cosas chocan entre sí como un dominó, produciendo finalmente un resultado al azar en el otro extremo de la máquina. Por pura causa y efecto, cada suceso provoca otros sucesos, en sucesión cronológica directa.

Esto es cierto, pero no es toda la verdad. De hecho, tomada por sí sola y de forma autónoma, no es cierta en absoluto, ya que tal tesis es evolutiva en sus supuestos, en lugar de bíblica. La historia no es simplemente una cuestión de que el pasado causa el futuro; también es cierto que *el futuro causa el pasado*, como explica R. J. Rushdoony: «El movimiento del tiempo, según la Biblia, procede de la eternidad, puesto que ha sido creado por Dios y se mueve a partir de y en función de su decreto eterno... Puesto que el tiempo está predestinado, y puesto que su principio y su fin ya están establecidos, el tiempo no se desarrolla de forma evolutiva del pasado al presente y al futuro. Por el contrario, se desarrolla de futuro a presente ha pasado».[6]

Una simple ilustración puede ayudarnos a entenderlo. Supongamos que alguien le encuentra preparando una bolsa de comida un sábado por la mañana y le pregunta por qué. Tú respondes: «Porque hoy voy a hacer un picnic en el parque». ¿Qué ha ocurrido? En cierto sentido, *el futuro*— el picnic previsto— *ha determinado el pasado*. Como usted quería ir de picnic al parque, planeó una comida. Lógicamente, el picnic precedió y causó la preparación del almuerzo, aunque cronológicamente le siguió. De la misma manera, Dios deseaba glorificarse en Jesucristo; por eso creó a Isaí y a David, y a todos los demás antepasados de la naturaleza humana de Cristo, para traer a su hijo al mundo. La **raíz** de la existencia misma de David fue el Hijo de David, Jesucristo. ¡El «efecto» determinó la «causa»![7]

El Señor Jesucristo es así presentado de la manera más radical posible como el centro de toda la historia, la raíz divina así como la rama, el principio y el fin, Alfa y Omega. Y es

---

[5] Véase Walter C. Kaiser Jr., «The Blessing of David: The Charter for Humanity», en John H. Skilton ed., *The Law and the Prophets: Old Testament Studies Prepared in Honor of Oswald Thompson Allis* (Presbyterian and Reformed Publishing co., 1974), pp. 298-318.

[6] Rousas John Rushdoony, *The Biblical Philosophy of History* (Nutley, NJ: Presbyterian and Reformed Publishing Co., 1969), p. 11; cf. Rushdoony, *The One and the Many*, p. 145; Augustín, *La ciudad de Dios*, Lib. XII, Cap. 13-15; Nathan R. Wood, *The Secret of the Universe* (Grand Rapids: William B. Eerdmans Publishing Co., [1936] 1955), pp. 43-45.

[7] Una de las más claras afirmaciones de estas ideas está en Gordon H. Clark, *Biblical Predestination* (Nutley, NJ: Presbyterian and Reformed Publishing Co., 1969), esp. pp. 18-30.

como León conquistador y Raíz determinante como ha prevalecido para **abrir el libro y sus siete sellos**.

El apóstol Juan se vuelve para ver a Aquel que es descrito de esta manera— y, en lugar de ver un León o una Raíz, ve **un Cordero de pie** ante **el trono**. Este es el patrón que observamos por primera vez en 1:11, en el que Juan primero *oye* y luego *ve*. Obviamente, Aquel de quien el apóstol Juan oyó hablar en el versículo 5 es idéntico a Aquel que ahora contempla en el versículo 6. El León es el Cordero.

¿En qué sentido es Jesucristo un Cordero? El pasaje no se refiere a Jesús en su naturaleza— Él no es «semejante a un cordero» en el sentido de ser manso, dulce o suave, como algunos erróneamente entenderían este texto.[8] Cristo es llamado Cordero, no en vista de su persona, sino en vista de su *obra*. Él es el Cordero **inmolado**, «que quita el pecado del mundo» (Jn. 1:29). Así pues, el centro de la historia es la *obra acabada y sacrificial de Cristo*. El fundamento de su realeza mediadora (Cristo como el León) es su expiación mediadora (Cristo como el Cordero). Es por su sacrificio que Él ha sido exaltado al lugar de gobierno y autoridad suprema. Cristo ha alcanzado la victoria a través de su sufrimiento sacrificial y muerte en nuestro nombre.

El apóstol Juan lo subraya con su lenguaje específico: **un Cordero en pie, como si lo hubieran inmolado**. Philip Carrington sugiere que la palabra griega «en pie» (*hestëkos*) es «una traducción griega aproximada del hebreo Tamid, que significa 'en pie' o 'continuo', y se refiere al holocausto diario en el templo. Es el término técnico habitual y constituye el título de la sección de la Mishná que trata de ese sacrificio. El Cordero del Tamid es una expresión inteligible, que bien podría haberse convertido en el *Arnion Hestëkos* del griego. La palabra griega *Hestëkos* no significa 'continuo', sino solo 'de pie' en sentido literal; pero podría ser un equivalente aproximado como *Christos* (untado), que significa Mesías. *Arnion Hestëkos* podría ser, pues, *'baboo'*, en griego, Cordero del sacrificio.

«La palabra *Arnion* también ha suscitado discusión. Nuestro Señor es llamado Cordero de Dios en el cuarto evangelio (1:29), igual que aquí es llamado Cordero del Tamid; pero las dos palabras son diferentes, *Arnion* aquí y *Amnos* en el evangelio. Es posible que mientras *Amnos* sea la palabra más común y natural para Cordero, *Arnion Hestëkos* sea un término técnico del templo judío...[9]

El apóstol Juan continúa con las imágenes simbólicas: Cristo, el Cordero, tiene **siete cuernos**. El cuerno en la Escritura es un símbolo comprensible de fuerza y poder (cf. Sal. 75,10); más que esto, sin embargo, el pensamiento del lector bíblicamente instruido se habría visto impulsado a recordar los siete cuernos de carnero que se utilizaron para anunciar el juicio de Dios sobre sus enemigos y la victoria y salvación del pueblo del pacto en la histórica batalla de Jericó (Jos. 6:2-5). Del mismo modo, el gran Cordero del sacrificio, al que apuntaban todos los demás sacrificios, proporciona ahora poder, fuerza y victoria a su pueblo en su guerra por el dominio de la tierra. Es la victoria definitiva de Cristo la que garantiza

---

[8] Hal Lindsay habla de esto en conexión con la «mansedumbre y gentileza similar a la de un cordero» de Cristo *en There's a New World Coming: A Prophetic Odyssey* (Eugene, OR: Harvest House Publishers, 1973), p. 94.

[9] Philip Carrington, *The Meaning of The Revelation* (Londres: SPCK, 1931), pp. 119s.

las victorias progresivas de la Iglesia y el dominio final de todo el territorio que le ha sido asignado— que, en esta época, no es solo Palestina, sino el mundo entero (Mt. 28:18-20).

El Cordero tiene también **siete ojos, que son los siete Espíritus de Dios enviados a toda la tierra** (cf. Zc. 6:5). Para comprenderlo, hay que remontarse a Génesis 1, donde se menciona por primera vez al **Espíritu**: que revolotea sobre la **tierra**, la observa, la forma y la llena, la llama a la vida. A medida que avanza la creación, el Espíritu realiza **siete** actos de *visión:* los siete **ojos** del Espíritu, por así decirlo. Siete veces se nos dice que «vio Dios que era bueno» (Gén. 1:4, 10, 12, 18, 21, 25, 31). Mientras Dios creaba su mundo, también lo juzgaba, evaluaba y aprobaba, hasta que se hizo el juicio final y culminante como preludio del comienzo del séptimo día.[10] Aquí, en Apocalipsis, se presenta a Cristo como el centro de la historia, el vencedor que recibe el Nuevo Pacto para los hombres; y, como tal, se le ve ser creador y juez a la vez, con plenitud de conocimiento gracias a su inconmensurable posesión del Espíritu que ve y discierne (Jn. 3:34). Incluso en el principio, cuando el Espíritu salió para formar la tierra y evaluarla, «procedía del Padre *y del Hijo*». La comprensión que Cristo tiene de la creación y de la historia no se origina en la historia misma, sino en el hecho de que Él es a la vez el creador y el redentor del mundo. Así, sobre la base de su persona, su obra y su posición exaltada como salvador y gobernante del mundo, Jesucristo ascendió al cielo, se adelantó al trono de su Padre y tomó el libro de **la mano derecha del que estaba sentado en el trono**. Así lo describió el profeta Daniel:

> Seguí mirando en las visiones nocturnas,
> y he aquí, con las nubes del cielo
> venía uno como un Hijo de Hombre,
> que se dirigió al Anciano de Días
> y fue presentado ante Él.
> Y le fue dado dominio,
> gloria y reino,
> para que todos los pueblos, naciones y lenguas
> le sirvieran.
> Su dominio es un dominio eterno
> que nunca pasará,
> y su reino uno
> que no será destruido. (Dan. 7:13-14)

El mensaje central de la Biblia es la salvación por medio de Jesucristo, el mediador del Nuevo Pacto. Sin su obra, mediante la cual adquirió y posee eternamente el pacto, no hay esperanza para la humanidad. Él ha vencido abrumadoramente para abrir el Tratado del Gran Rey; y por medio de Él también nosotros somos más que vencedores.

8-10 Al oír esto, la compañía de los santos y los ángeles del cielo prorrumpió en alabanzas: **Los cuatro seres vivientes y los veinticuatro ancianos** se postraron **ante el Cordero,**

---

[10] Véase Meredith G. Kline, *Images of the Spirit* (Grand Rapids: Baker Book House, 1980), pp. 107.

postrándose en adoración mientras se preparaban para adorarle con cánticos, **teniendo cada uno un arpa**. Otro aspecto importante de la escena tiene que ver con las **copas de oro llenas de incienso, que son** (es decir, que representan o exponen simbólicamente) **las oraciones de los santos** (cf. Sal. 141:2; Lc. 1:10). Geerhardus Vos explicó: «El simbolismo reside en parte en que el humo es, por así decirlo, la quintaesencia refinada de la ofrenda, y en parte en la forma ascendente de la misma. El hecho de que el altar del incienso tenga su lugar más cercano a la cortina que precede al 'Lugar Santísimo' significa la especificidad religiosa de la oración como lo más cercano al corazón de Dios. La ofrenda era de carácter perpetuo. La noción del olor agradecido del incienso encendido en las narices de Jehová está un poco alejada de nuestro gusto por las imágenes religiosas, pero no por ello debe pasarse por alto, ya que el sentido hebreo de la religión no la considera inapropiada en lo más mínimo».[11]

A continuación, los seres vivientes y los ancianos entonan un **cántico nuevo,** y de nuevo se utiliza una sección coral para explicar los símbolos. De hecho, nuestra interpretación se ve confirmada por la expresión que el apóstol Juan utiliza aquí. El cántico nuevo se menciona siete veces en el Antiguo Testamento (Sal. 33:3, 40:3, 96:1; 98:1; 144:9; 149:1; Is. 42:10), siempre en referencia a los actos redentores/creadores de Dios en la historia. El cántico nuevo celebra la firma del pacto y predice la venida de Cristo para traer la salvación a las naciones y la victoria universal a los piadosos:

> Cantad al Señor un cántico nuevo,
> porque ha hecho maravillas,
> su diestra y su santo brazo le han dado la victoria.
> El Señor ha dado a conocer su salvación;
> a la vista de las naciones ha revelado su justicia.
> Se ha acordado de su misericordia y de su fidelidad para con la casa de Israel;
> todos los términos de la tierra han visto la salvación de nuestro Dios. (Sal. 98:1-3)

> Cantad al Señor un cántico nuevo,
> *cantad* su alabanza desde los confines de la tierra…
> Den gloria al Señor,
> y proclamen en las costas su alabanza.
> El Señor como guerrero saldrá,
> como hombre de guerra despertará su celo;
> gritará, sí, lanzará un grito de guerra,
> contra sus enemigos prevalecerá. (Isaías 42:10a,12-13)

Cada vez que en la Biblia se alcanza una nueva etapa en la historia redentora (como el Éxodo, la fundación del reino teocrático, etc.), hay un periodo correspondiente de revelación canónica; como dijo Geerhardus Vos, «la revelación sigue a los acontecimientos».[12] Más

---

[11] Geerhardus Vos, *Biblical Theology: Old and New Testaments* (Grand Rapids: William B. Eerdmans Publishing co., 1948), p. 168.
[12] Ibid., p. 203.

concretamente, la aparición de la Escritura canónica asiste a la redención victoriosa de Dios sobre su pueblo, como señala Meredith G. Kline a propósito del «nacimiento de la Biblia»: «En medio de un mundo caído y frente a la hostilidad satánica manifestada en diversas formas históricas, un pueblo elegido de Dios no podía alcanzar la condición de reino sin que los juicios redentores lo libraran del poder del adversario. Sólo cuando el Señor Dios hubiera logrado este triunfo salvífico estaría preparado el camino para que promulgara su tratado-reino, estableciendo sus mandamientos entre su pueblo elegido y ordenando la existencia de su reino bajo el dominio de su voluntad soberana...

«La revelación del pacto ya estaba dirigida a Abraham, Isaac y Jacob, con sus familias, ofreciéndoles el reino en promesa. Pero la Escritura exigía para su aparición algo más que la mera promesa de un reino. Era necesario que se cumplieran la promesa y el juramento dados a los patriarcas; el pueblo elegido debía alcanzar realmente la condición de nación. Hasta que Dios no hubiera creado el reino-comunidad de Israel sacado de la tiranía del faraón a la asamblea del Sinaí, no podría emitir el pacto canónico del tipo bíblico. Así pues, la aparición de la Escritura canónica tuvo que esperar a la victoria del Señor en el Éxodo. Esa victoria señaló la plenitud del tiempo para el nacimiento del tratado de la Palabra de Dios.

«La programación del nacimiento de la Palabra escrita precisamente en esa coyuntura histórica nos indica la cualidad peculiar de la Escritura canónica. Originada como consecuencia de una impresionante demostración del poder del Señor en la salvación y el juicio, de acuerdo con las promesas proféticas dadas a los patriarcas, la Escritura tiene desde el principio el carácter de una palabra de cumplimiento triunfal. Es la declaración incontestable de que el nombre del Dios de Israel es el Señor, poderoso Señor del pacto. Aunque el reino mosaico establecido en el Sinaí era en sí mismo solo provisional y prometedor en relación con las realidades mesiánicas de la era del Nuevo Testamento, la palabra de Dios del Antiguo Testamento que anunciaba el reino israelita era inequívocamente para la etapa premesiánica de la historia redentora una palabra de promesas abiertamente cumplidas y de la realeza triunfante del Señor decisiva y dramáticamente manifiesta. Desde su primera aparición en la secuela de la victoria, por tanto, la Escritura canónica se enfrenta a los hombres como una palabra divina de triunfo».[13]

Lo que el Sinaí mostró de forma provisional, el Calvario y los Olivos lo revelaron de forma definitiva: la redención victoriosa del pueblo elegido de Dios en el Nuevo Pacto, cuando el León de la tribu de Judá conquistó para abrir el libro. Y porque Jesucristo obtuvo el Nuevo Pacto para su pueblo, encargó la redacción de las Escrituras canónicas del Nuevo Testamento como la muestra decisiva y dramática de su realeza triunfante, su «divina palabra de triunfo».

Junto con la nueva revelación escrita, esta nueva y última etapa de la historia redentora traída por el Nuevo Pacto exigía **un cántico nuevo**, una nueva respuesta litúrgica por parte de la asamblea adoradora de Dios. Del mismo modo que las épocas anteriores de la historia

---

[13] Meredith G. Kline, *The Structure of Biblical Authority* (Grand Rapids: William B. Eerdmans Publishing Co., 2da. ed., 1975), pp. 77ss.

del pacto evocaban un cántico nuevo,[14] el establecimiento definitivo de la nueva nación con su nuevo reino-tratado requería un nuevo culto, que fuera un verdadero cumplimiento del antiguo, una superación de todo lo que este presagiaba. El vino nuevo del Nuevo Pacto no podía contenerse en los odres del Antiguo; la nueva redención requería para su plena y adecuada expresión el cántico nuevo de la liturgia cristiana. Esto es exactamente lo que el cántico nuevo proclama como su base:

El reino de los cielos: **Digno eres de tomar el libro y romper sus sellos.**
Redención: **Porque tú fuiste inmolado, y nos compraste para Dios con tu sangre.**
Nación: **Los has hecho para ser un reino y sacerdotes de nuestro Dios.**
Dominio: **Y reinarán sobre la tierra.**

Un aspecto del cántico ha suscitado un serio problema interpretativo: Como señalamos en 4:4, Ned Stonehouse (junto con muchos otros) sostenía que los veinticuatro ancianos son una clase de ángeles. La base de la opinión de Stonehouse se reduce al hecho de que un manuscrito griego del Nuevo Testamento contiene una variación textual que, según él, indica esto: Mientras que la mayoría de los manuscritos dicen que Cristo nos compró, la variante de lectura preferida por Stonehouse dice que Cristo compró *a hombres*. La diferencia, obviamente, sería que los cantores en el primer caso son definitivamente identificados entre los redimidos, mientras que los cantores de la segunda lectura no se incluyen necesariamente entre los comprados por la sangre de Cristo.

Por desgracia para la interpretación de Stonehouse, hay dos hechos que, de entrada, argumentan en su contra. En primer lugar, incluso si todos los manuscritos contuvieran la lectura preferida por Stonehouse, ello no probaría su caso; Stonehouse simplemente estaba haciendo una suposición que puede (pero no necesariamente) seguirse de su premisa. (Después de todo, cualquier creyente podría seguir orando por «la Iglesia» o «el pueblo de Dios» sin excluirse a sí mismo; el mero hecho de que los ancianos den gracias a Dios por redimir a «los hombres» no significaría necesariamente que ellos mismos no estén redimidos).

En segundo lugar, sin embargo, de los cientos de manuscritos que contienen Apocalipsis, solo uno contiene esta lectura extremadamente dudosa. La variante no se encuentra en ninguna «familia» de manuscritos, y desde luego no en nada que pueda llamarse una «tradición» de manuscritos; solo se da en un manuscrito solitario. Basar una interpretación en un fundamento tan inestable es, como mínimo, un método de estudio bíblico extremadamente subjetivo y precario.

Sin duda, la lectura tradicional («nosotros») es la verdadera. Pero decir esto parece plantear otros dos problemas: (1) Se dice que los cuatro seres vivientes, que no parecen representar a la Iglesia, entonan este cántico; (2) el cántico pasa a la tercera persona entre los

---

[14] Los cánticos que se produjeron por la redención del Éxodo incluyen aquellos registrados en Éxodo 15, Deuteronomio 32 y Salmos 90; la nueva organización del reino teocrático bajo un gobernante humano, y los acontecimientos que condujeron al establecimiento del templo, dieron como resultado el salterio (la colección final de «cánticos nuevos» bajo el Antiguo Pacto).

versículos 9 y 10. En el versículo 9 leemos: «Tú nos compraste»; y en el versículo 10 leemos: «Los hiciste reyes... y reinarán». En realidad, estos dos problemas se resuelven mutuamente. Aparentemente es un ejemplo de lo que ya hemos visto en este libro, y de lo que nos resultará más familiar a medida que avancemos en él: la alabanza antifonal. Esta pauta de respuestas corales continúa en este capítulo (cf. v. 11-14). Un esquema probable de esta parte de la liturgia celestial sería el siguiente:

> *Ancianos y criaturas vivientes:* **Digno eres de tomar el libro y romper sus sellos.**
> *Ancianos:* **Porque tú fuiste inmolado, y nos compraste para Dios con tu sangre de toda tribu, lengua, pueblo y nación.**
> *Criaturas vivientes:* **Y los has hecho reyes y sacerdotes para nuestro Dios; y reinarán sobre la tierra.**[15]

Cristo ha comprado a su pueblo de entre las naciones, no solo para redimirlo del pecado, sino para permitirle cumplir el mandato de dominio original de Dios para el hombre. Como el Segundo Adán, Cristo pone a su nueva creación la tarea que Adán perdió— esta vez, sin embargo, sobre el fundamento inquebrantable de su muerte, resurrección y ascensión. La salvación tiene un propósito, una salvación *para* y una salvación *de*. Cristo ha **hecho de** su pueblo **reyes y sacerdotes de nuestro Dios**, y ha garantizado su destino: **Reinarán sobre la tierra**. Esto nos muestra la dirección de la historia: Los redimidos del Señor, que ya son una nación de sacerdotes reales, están avanzando hacia el dominio completo que Dios había planeado como su programa original para el hombre. En Adán se había perdido; Jesucristo, el Segundo Adán, nos ha redimido y restaurado en nuestro sacerdocio real, de modo que reinaremos **sobre la tierra**. Mediante la obra de Cristo se ha obtenido la victoria definitiva sobre Satanás. Se nos prometen victorias crecientes, y un gobierno y dominio cada vez mayores, a medida que llevemos a buen término el evangelio y la ley del gran rey en todo el mundo.

11-14 En respuesta a la alabanza de los cuatro seres vivientes y de los veinticuatro ancianos, todo el coro de **los ángeles**, compuesto por **miríadas de miríadas**,[16] y **miles de miles**, se une a **gran voz**, proclamando que **el Cordero que fue inmolado** es, sobra la base de su persona y obra, **digno** de heredar todas las cosas (los siete elementos enumerados indican plenitud) en el cielo y en la tierra: **el poder, las riquezas, la sabiduría, la fortaleza, el honor, la gloria y la alabanza**. Y, como en respuesta gozosa a esta gran declaración de la herencia universal de Cristo, toda la creación (cuádruple) responde con alabanzas, como clímax de esta sección de la liturgia. **Todas las cosas creadas que están a) en el cielo y b) en la tierra y c) bajo la tierra y d) en el mar, y todas las cosas que hay en ellas**— toda la realidad creada pasa a formar parte del coro cósmico, cantando: **Al que está sentado en el**

---

[15] Este esquema también es sugerido por Moses Stuart, *A Commentary on the Apocalypse*, 2 vols. (Andover: Allen, Morrill and Wardwell, 1845), vol. 2, p. 134.

[16] Literalmente, una miríada son 10.000; pero a menudo, especialmente en plural, se usa en un sentido más vago para significar «un número muy grande». Miríadas de miríadas significa, obviamente, simplemente «incontables miles».

trono, y al Cordero, sea a) **la alabanza y** b) **el honor y** c) **la gloria y** d) **el dominio por los siglos de los siglos**. Un día, toda la creación reconocerá a Cristo como Señor (Fil. 2:10-11); en principio, sin embargo, esto ya está establecido por el sacrificio y la victoria del Cordero. Una vez más, el apóstol Juan nos ha revelado que el objetivo de la historia es el reconocimiento universal del señorío de Cristo y la gloria eterna de Dios por medio de Jesucristo.

La Iglesia de la época del apóstol Juan estaba a punto de experimentar una época de duras pruebas y persecuciones. Ya estaban viendo lo que, en una época sana, apenas podía imaginarse: una unión entre Israel y la bestia anticristiana de Roma. Estos cristianos necesitaban entender la historia como algo no gobernado por el azar o por hombres malvados o incluso por el diablo, sino gobernado desde el trono de Dios por Jesucristo. Necesitaban ver que Cristo reinaba *ahora*, que ya había arrancado al mundo de las garras de Satanás, y que incluso ahora todas las cosas del cielo y de la tierra estaban obligadas a reconocerle como rey. Necesitaban verse a sí mismos en la verdadera luz: No como tropas olvidadas en un puesto de avanzada solitario librando una batalla perdida, sino como reyes y sacerdotes que ya libraban la guerra y vencían, predestinados a la victoria, con la absoluta seguridad de la conquista y el dominio con el máximo rey sobre la tierra. Necesitaban la filosofía bíblica de la historia: que toda la historia, creada y controlada por el gobierno personal y total de Dios, avanza inexorablemente hacia el dominio universal del Señor Jesucristo. La nueva y última era de la historia ha llegado; el Nuevo Pacto ha llegado. ¡He aquí que Él ha vencido!

6

EN EL CAMINO DEL CABALLO BLANCO

El apóstol Juan nos lleva ahora a la ruptura de los siete sellos del libro (seis de los sellos se rompen en el capítulo 6; el séptimo sello se rompe en 8:1, y está relacionado con las siete trompetas). Hemos visto que el libro representa el documento del tratado del Nuevo Pacto, cuya apertura resultará en la destrucción del Israel apóstata (véase 5:14). ¿Qué representa entonces la ruptura de los sellos? Algunos han pensado que esto significa una lectura cronológica del libro, y que los acontecimientos descritos siguen un orden histórico directo. Esto es improbable por dos razones. En primer lugar, los sellos parecen estar en el *borde exterior* del libro (que tiene forma de pergamino): no se puede empezar a leer realmente el libro hasta que se han roto todos los sellos. El séptimo sello, que consiste en un llamado a la acción mediante el toque de las siete trompetas, abre realmente el libro para que podamos leer su contenido.

En segundo lugar, una lectura cuidadosa de los acontecimientos mostrados por cada sello revela que no están enumerados en orden cronológico. Por ejemplo, en el quinto sello— después de todos los estragos causados por los cuatro jinetes— se dice a los mártires que piden juicio que esperen. Pero el juicio es derramado inmediatamente en el sexto sello, la creación entera «destrozado a cintarazos asestados del pecho a las quijadas». Sin embargo, después de todo esto, Dios ordena a los ángeles que retengan el juicio hasta que los siervos de Dios sean protegidos (7:3). Obviamente, los sellos no pretenden representar una cronología progresiva. Es más probable que revelen las ideas principales del contenido del libro, los temas principales de los juicios que sobrevinieron a Israel durante los últimos días, del 30 al 70 d. C.

R. H. Charles señaló la estrecha similitud estructural entre los seis sellos de este capítulo y los acontecimientos del llamado *pequeño Apocalipsis* registrado en los evangelios sinópticos. Como demuestra su esquema (adaptado a continuación), «presentan prácticamente el mismo material».[1]

Apocalipsis 6
1. Guerra (v. 1-2)
2. Conflictos internacionales (v. 3-4)
3. Hambrunas (v. 5-6)
4. Pestilencia (v. 7-8)
5. Persecución (v. 9-11)
6. Terremoto; decreación (v. 12-17)

Mateo 24
1. Guerras (v. 6)
2. Conflictos internacionales (v. 7a)
3. Hambrunas (v. 7b)
4. Terremotos (v. 7c)
5. Persecuciones (v. 9-13)
6. Decreación (v. 15-31)

Marcos 13
1. Guerras (v. 7)
2. Conflictos internacionales (v. 8a)
3. Terremotos (v. 8b)
4. Hambrunas (v. 8c)
5. Persecuciones (v. 9-13)
6. Decreación (v. 14-27)

Lucas 21
1. Guerras (v. 9)
2. Conflictos internacionales (v. 10)
3. Terremotos (v. 11a)
4. Plagas y hambrunas (v. 11b)
5. Persecución (v. 12-19)
6. Decreación (v. 20-27)

Esto es muy perspicaz por parte de Charles y de los muchos comentaristas que han seguido su ejemplo. Lo sorprendente es que no vean el propósito del apóstol Juan al presentar «el mismo material» que los sinópticos: profetizar los acontecimientos que condujeron a la

---

[1] R. H. Charles, *A Critical and Exegetical Commentary on the Revelation of St. John*, 2 vol. (Edimburgo: T. & T. Clark, 1920), vol. 1, p. 158.

destrucción de Jerusalén. Mientras que todos admiten con facilidad que el *pequeño Apocalipsis* es una profecía contra Israel. (véase Mt. 23:29-39; 24:1-2, 15-16, 34; Mc. 13:2, 14, 30; Lc. 21:5-6, 20-24, 32), pocos establecen la conexión obvia: ¡El *Gran Apocalipsis* es también una profecía contra Israel!

Los cuatro jinetes (6:1-8)

1 Vi cuando el Cordero abrió uno de los siete sellos, y oí a uno de los cuatro seres vivientes que decía, como con voz de trueno: Ven

2 Miré, y he aquí, un caballo blanco; y el que estaba montado en él tenía un arco; se le dio una corona, y salió conquistando y para conquistar.

3 Cuando abrió el segundo sello, oí al segundo ser viviente que decía: Ven.

4 Entonces salió otro caballo, rojo; y al que estaba montado en él se le concedió quitar la paz de la tierra y que los hombres se mataran unos a otros; y se le dio una gran espada.

5 Cuando abrió el tercer sello, oí al tercer ser viviente que decía: Ven. Y miré, y he aquí, un caballo negro; y el que estaba montado en él tenía una balanza en la mano.

6 Y oí como una voz en medio de los cuatro seres vivientes que decía: Un litro de trigo por un denario, y tres litros de cebada por un denario, y no dañes el aceite y el vino.

7 Cuando abrió el cuarto sello, oí la voz del cuarto ser viviente que decía: Ven

8 Y miré, y he aquí, un caballo amarillento; y el que estaba montado en él se llamaba Muerte; y el Hades lo seguía. Y se les dio autoridad sobre la cuarta parte de la tierra, para matar con espada, con hambre, con pestilencia y con las fieras de la tierra.

El pasaje central del Antiguo Testamento en el que se basa la imaginería de los «cuatro jinetes del Apocalipsis» es Zacarías 6:1-7, que presenta a los cuatro vientos como carros de Dios conducidos por sus agentes, que van y vienen patrullando la tierra. Siguiendo e imitando la acción del Espíritu (véase 5:6), son los medios de Dios para controlar la historia (véase más adelante 7:1, donde los cuatro vientos se identifican con ángeles y son controlados por ellos; véase también Salmo 18:10, donde las «alas del viento» se relacionan con «querubines»). El simbolismo bíblico ve la tierra (y especialmente la tierra de Israel) como el altar de Dios de cuatro esquinas, y por ello a menudo representa juicios nacionales de gran alcance de una manera cuádruple. Los jinetes, por lo tanto, nos muestran los medios de Dios para controlar y traer el juicio sobre la nación desobediente de Israel.

Los comentarios de Milton Terry son útiles: «La verdadera interpretación de estos cuatro primeros sellos es la que los reconoce como una representación simbólica de las 'guerras, hambres, pestes y terremotos' que Jesús declaró que serían 'el principio de los dolores' en la desolación de Jerusalén (Mt. 24:6-7; Lc. 21:10-11, 20). El intento de identificar cada figura por separado con un acontecimiento específico no corresponde ni al espíritu ni al método del simbolismo apocalíptico. El objetivo es dar una imagen cuádruple y muy impresionante de esa terrible guerra contra Jerusalén que estaba destinada a vengar la sangre justa de profetas y apóstoles (Mt. 23:35-37), y a implicar una 'gran tribulación', como nunca antes había habido (Mt. 24:21). Como las cuatro nubes sucesivas pero estrechamente conectadas de langostas en Joel 1:4; como los cuatro jinetes en caballos de diferentes colores en Zacarías 1:8, 18, y los cuatro carros tirados por otros tantos caballos de diferentes colores en Zacarías 6:1-8, estos cuatro juicios dolorosos de Jehová se mueven a la orden de los cuatro seres vivientes junto al trono para ejecutar la voluntad de Aquel que declaró que los 'escribas, fariseos e hipócritas' de su tiempo eran 'serpientes y generación de víboras', y les aseguró que 'todas estas cosas vendrían sobre esta generación' (Mt. 23:33, 36). Los escritos de Josefo muestran abundantemente cuán temerosamente se cumplieron todas estas cosas en la sangrienta guerra de Roma contra Jerusalén».[2]

Tan importante como Zacarías en el trasfondo de este pasaje es la oración de Habacuc (Hab. 3), la lectura tradicional de la sinagoga para el segundo día de Pentecostés,[3] en la que el profeta relata una visión de Dios viniendo en juicio, brillando como el sol, centelleando con relámpagos (Hab. 3:34; cf. Ap. 1:16; 4:5), trayendo pestilencia y plaga (Hab. 3:5; Ap. 6:8), destrozando los montes y derrumbando las colinas (Hab. 3:6, 10; Ap. 6:14), cabalgando a caballo contra sus enemigos (Hab. 3:8, 15; Ap. 6:2, 6:1-2 4-5, 8), armado con un arco (Hab. 3:9, 11; Ap. 6:2), apagando el sol y la luna (Hab. 3:11; Ap. 6:12-13) y pisoteando a las naciones en su furia (Hab. 3:12; Ap. 6:15). Habacuc interpreta claramente sus imágenes como una profecía de la invasión militar de Judá por los caldeos, los instrumentos paganos de la ira divina (Hab. 3:16; cf. 1:5-17). Con imágenes similares, el apóstol Juan describe la destrucción de Israel a manos de los ejércitos invasores edomitas y romanos.

1-2 Las visiones/el libro comienzan, como los mensajes, con Cristo sosteniendo un racimo de siete **sellos** en su mano. Cuando el Cordero rompe cada uno de los cuatro primeros **sellos**, el apóstol Juan oye a **uno de los cuatro seres vivientes decir como con voz de trueno: Ven.** No se trata de una indicación al apóstol Juan para que «venga y vea»,[4] sino que cada uno de los seres vivientes llama a uno de los cuatro jinetes. Las cuatro esquinas de la tierra, por así decirlo, de pie alrededor del altar, están llamando a los justos juicios de Dios para que vengan y destruyan a los malvados— al igual que el grito característico de la Iglesia apostólica para el juicio y la salvación era *¡Maranata! Oh, Señor, ven!* —y ¡trae *Anatema!*[5]

Cuando el primer ser viviente llama, el apóstol Juan ve un **caballo blanco**, su jinete armado para la batalla, portando un **arco**. El jinete *ya es victorioso*, pues **se le ha dado una corona** (el apóstol Juan utiliza generalmente el pasivo impersonal a lo largo de la profecía para indicar que algo es hecho por Dios; cf. 6:2, 4, 8, 11; 7:2, 4; 8:2, 3, etc.). Habiendo

---

[2] Milton Terry, *Biblical Apocalyptics: A Study of the Most Notable Revelations of God and of Christ in the Canonical Scriptures* (Nueva York: Eaton and Mains, 1898), p. 329s.

[3] M. D. Goulder, *The Evangelists' Calendar: A Lectionary Explanation for the Development of Scripture* (Londres: SPCK, 1978), p. 177.

[4] Contrariamente a la lectura de la versión King James, que no está respaldada por la mayoría de los manuscritos.

[5] 1Co. 16:22 (cf. Ap. 6:10); Según la Didajé (cap. 10), *Maranata* se repetía al final de la liturgia eucarística. Si la hipótesis de John A. T. Robinson es correcta (que la Didajé fue escrita en los años 40-60 d.C.), esto representa la oración final de cada culto durante décadas antes de la caída de Jerusalén. Véase su *Redating the New Testament* (Filadelfia: The Westminster Press, 1976), p. 324-27, 352.

alcanzado la victoria, cabalga hacia nuevas victorias: **Salió conquistando y para conquistar**. Sorprendentemente, la interpretación dispensacional común afirma que este jinete del caballo blanco es el Anticristo.[6] Hal Lindsey declara que el Anticristo es «la única persona que podría lograr todas estas hazañas».[7]

Pero hay varios puntos sobre este jinete que demuestran concluyentemente que no puede ser otro que el Señor Jesucristo. En primer lugar, monta un **caballo blanco**, como lo hace Jesús en 19:11-16. En segundo lugar, lleva un **arco**. Como hemos visto, el pasaje de Habacuc que constituye la base de Apocalipsis 6 muestra al Señor como el rey-guerrero que lleva un arco (Hab. 3:9, 11). El apóstol Juan también apela aquí al Salmo 45, una de las grandes profecías de la victoria de Cristo sobre sus enemigos, en la que el salmista alegremente lo nombra a Él, como el que cabalga conquistando y para conquistar:

Ciñe tu espada sobre el muslo, oh valiente,
en tu esplendor y tu majestad.
En tu majestad cabalga en triunfo,
por la causa de la verdad, de la humildad y de la justicia; que tu diestra te enseñe cosas tremendas;
Tus saetas son agudas;
Los pueblos caen debajo de ti,
En el corazón de los enemigos del rey están tus flechas. (Sal. 45:3-5)

Llegados a este punto, deberíamos hacernos una pregunta bastante obvia, tan obvia que a menudo no la captamos: *¿De dónde sacó Cristo el arco?* La respuesta (como suele ocurrir) comienza en Génesis. Cuando Dios hizo el pacto con Noé, declaró que ya no estaba en guerra con la tierra, debido al «aroma tranquilizador» del sacrificio (Gén. 8:20-21); y como prueba de ello descolgó su arco y lo colgó «en la nube» para que todos lo vieran (Gén. 9:13-17). Más tarde, cuando Ezequiel fue «arrebatado» al trono en lo alto de la nube de gloria, vio el arco colgado sobre el trono (Ez. 1:26-28); y todavía estaba allí cuando el apóstol Juan ascendió al cielo (Ap. 4:3). Pero cuando el Cordero se adelantó para recibir el libro de la mano de su Padre, también alzó la mano y descolgó el arco, para usarlo en juicio contra los apóstatas de Israel. Para aquellos que continúan «pecando deliberadamente después de haber recibido el conocimiento de la verdad, ya no queda sacrificio alguno por los pecados, sino cierta horrenda expectación de juicio, y la furia de un fuego que ha de consumir a los adversarios. Cualquiera que viola la ley de Moisés muere sin misericordia por el testimonio de dos o tres testigos. ¿Cuánto mayor castigo pensáis que merecerá el que ha hollado bajo sus pies al Hijo de Dios, y ha tenido por inmunda la sangre del pacto por la cual fue santificado, y ha ultrajado al Espíritu de gracia? Pues conocemos al que dijo: Mia es la venganza, yo pagare. Y otra vez: El Señor juzgara a su pueblo. ¡Horrenda cosa es caer en las

---

[6] Esto no es cierto para todos los dispensacionalistas. Entre los disidentes en este punto me complace señalar Henry Morris, *The Revelation Record* (Wheaton, Illinois: Tyndale House, 1983), p. 112, y Zane C. Hodges, «The First Horseman of the Apocalypse», *Bibliotheca Sacra* 119 (1962), p. 324ss.

[7] *There's a New World Coming: A Prophetic Odyssey* (Eugene, Oregon: Harvest House Publishers, 19731 p. 103.

manos del Dios vivo!» (Heb. 10:26-31). Era, pues, necesario que el primer jinete fuese visto portando el arco de la venganza de Dios, para significar el desencadenamiento de la maldición sobre el suelo de Israel; para estos apóstatas, el pacto de Noé está deshecho.

Los primeros lectores del apóstol Juan habrían entendido inmediatamente que su referencia a este jinete con el arco se refería a Jesucristo, sobre la base de lo que ya hemos visto. Pero, en tercer lugar, el hecho de que el jinete lleve una **corona** también concuerda con lo que sabemos de Cristo por Apocalipsis (14:14; 19:11-13).[8] El cuarto y último punto, sin embargo, debería hacer que esta interpretación fuera completamente segura: el jinete sale **conquistando**.[9] Se trata de la misma palabra griega que se utilizó en las cartas a las siete iglesias para *vencer* o *conquistar* (véase Ap. 2:7, 11, 17, 26; 3:5, 12, 21). Considere cómo Apocalipsis ha utilizado esta palabra hasta este punto:

Al *vencedor*, le concederé sentarse conmigo en mi trono, como yo también *vencí* y me senté con mi Padre en su trono. (3:21)

...el León de la tribu de Judá, la Raíz de David, ha *vencido* para abrir el libro. (5:5)

Miré, y he aquí, un caballo blanco; y el que estaba montado en él tenía un arco; se le dio una corona, y salió *conquistando* y para *conquistar*. (6:2)

Cristo es el conquistador por excelencia. Todos los acontecimientos de la historia están a sus órdenes, y es totalmente apropiado que sea Él quien esté representado aquí como el líder de los juicios de Dios. Él es el centro de la historia, y es Él quien trae los juicios sobre la tierra. La apertura del Nuevo Pacto por él garantizó la caída de Israel; así como Él conquistó para abrir el libro, así cabalgó en victoria para implementar el significado del libro en la historia. En su resurrección y ascensión cabalgó como el rey ya victorioso, conquistando y para conquistar, extendiendo las aplicaciones de su victoria definitiva por toda la tierra. Y debemos prestar especial atención a los terribles juicios que le siguen. Los jinetes representan las fuerzas que Dios siempre utiliza para quebrantar a las naciones desobedientes, y ahora se vuelven contra el pueblo de su pacto. Lo mismo vale, por supuesto, para todos los hombres y naciones. Todos los intentos de encontrar paz y seguridad sin Jesucristo están condenados al fracaso. La nación que no se someta será aplastada por sus ejércitos, por las fuerzas históricas que están constantemente a su absoluta disposición.

Hay diferencias entre esta visión de Cristo y la de Apocalipsis 19. La razón principal de esto es que en el capítulo 19, Cristo es visto con una espada saliendo de su boca, y la visión simboliza su conquista de las naciones después del año 70 d.C. con el Evangelio. Pero eso no se ve durante la ruptura de los sellos. Aquí, Cristo viene contra sus enemigos en juicio.

---

[8] Esta palabra para *corona* (*stephanos*) se usa siete veces en Apocalipsis con referencia a Cristo y su pueblo (2:10; 3:11; 4:45 10; 6:2; 12:1; 14:14).

[9] Ireneo, *Contra las herejías*, iv.xxi.3.

No viene a salvar, ni a sanar, sino a destruir. Los horribles y aterradores jinetes que le siguen no son mensajeros de esperanza, sino de ira. Israel está condenado.

3-4 El Cordero rompe **el segundo sello**, y el apóstol Juan **oye al segundo ser viviente decir: ¡Ven!** En respuesta al llamado, sale un jinete montado en un **caballo rojo sangre**, a quien Dios **concede** el poder **de quitar la paz de la tierra, y que los hombres se maten unos a otros; y se le da una gran espada**. Este segundo jinete, que representa la guerra, muestra cuán completamente depravado es el hombre. Dios no tiene que incitar a los hombres a luchar unos contra otros; simplemente ordena a sus ángeles que eliminen las condiciones de paz. En un mundo pecador, ¿por qué no hay más guerras de las que hay? ¿Por qué no hay más derramamiento de sangre? Es porque hay *restricciones a la maldad del hombre*, a la libertad del hombre para llevar a cabo las consecuentes implicaciones de su odio y rebelión. Pero si Dios elimina las restricciones, la degeneración ética del hombre se revela en toda su fealdad. Juan Calvino escribió: «La mente del hombre se ha alejado tan completamente de la justicia de Dios que solo concibe, desea y emprende lo que es impío, pervertido, sucio, impuro e infame. El corazón está tan impregnado del veneno del pecado, que no puede exhalar más que un hedor repugnante. Pero si algunos hombres de vez en cuando hacen alarde de bondad, sus mentes, sin embargo, permanecen siempre envueltas en hipocresía y engaño, y sus corazones atados por la depravación interior».[10]

Todo esto se cumplió abundantemente en Israel y las naciones circundantes durante los últimos días, cuando la tierra estaba llena de asesinos, revolucionarios y terroristas de todo tipo; cuando «cada ciudad estaba dividida en dos ejércitos acampados unos contra otros, y la preservación de una parte estaba en la destrucción de la otra; así que el día se pasaba en el derramamiento de sangre, y la noche en el miedo… Entonces era común ver las ciudades llenas de cadáveres, todavía sin enterrar, y los de los ancianos, mezclados con los de los niños, todos muertos, y esparcidos juntos; las mujeres también yacían entre ellos, sin ninguna cubierta para su desnudez; se podía ver entonces toda la provincia llena de calamidades inexpresables, mientras que el temor de prácticas aún más bárbaras que amenazaban, era en todas partes mayor que lo que ya se había perpetrado».[11]

5-6 Pisándole los talones a la guerra, aparece el tercer jinete angélico, montado en **un caballo negro**, sosteniendo **una balanza en la mano**, símbolo de la hambruna según la profecía de Ezequiel, en la que se obligaba a los hambrientos habitantes de Jerusalén a pesar cuidadosamente sus alimentos (Ez. 4:10). Este jinete trae la *penuria económica*, una situación descrita como completamente caótica. Una voz desde **el centro de los seres vivientes**— es decir, desde el trono de Dios— dice: Un litro de trigo por un denario, y tres litros de cebada por un denario, y no dañes el aceite y el vino. Esta maldición significa, pues,

---

[10] Juan Calvino, *Institución de la religion cristiana*, ii,v.19, Ford Lewis Battles trad. (Filadelfia: The Westminster Press, 1960), p. 340.

[11] Flavio Josefo, *La guerra de los judíos*, ii.xviii.2; para hacerse una idea exacta (y por tanto espeluznante) de hasta qué punto las profecías de Apocalipsis y los evangelios sinópticos son paralelas a los acontecimientos de los últimos días de Israel, que condujeron al asedio de Tito a Jerusalén, es necesario leer los libros ii-iv de la historia de Josefo.

una escasez de los alimentos básicos necesarios: una medida de trigo que se eleva a más del 1000% de su precio anterior, consumiendo el salario de todo un día,[12] de modo que todo el trabajo de un hombre se gasta en obtener alimentos. Esta es la maldición de Dios sobre los hombres cada vez que se rebelan: La tierra misma los vomita (Lev. 18:24-28; Is. 24). La maldición devora la productividad en todos los ámbitos, y la cultura impía perece por inanición, enfermedad y opresión (Dt. 28:15-34). Así es como Dios controla a los impíos: Deben pasar tanto tiempo simplemente sobreviviendo, que son incapaces de ejercer un dominio impío sobre la tierra. A la larga, esta es la historia de toda cultura que se aparta de la Palabra de Dios.[13]

Josefo describe la frenética búsqueda de alimentos durante el asedio final: «A medida que el hambre empeoraba, el frenesí de los insurgentes seguía su ritmo, y cada día ambos horrores ardían con más ferocidad. Como no se veía grano por ninguna parte, los hombres irrumpían en las casas y, si encontraban algo, maltrataban a los ocupantes por haberles negado su posesión; si no encontraban nada, los torturaban como si lo hubieran ocultado con más cuidado. El aspecto físico de los desdichados probaba si tenían comida o no; se consideraba que los que aún estaban en buenas condiciones estaban bien provistos de alimentos, mientras que se pasaba por alto a los que ya se estaban consumiendo, pues parecía inútil matar a personas que pronto morirían de inanición. Muchos intercambiaban en secreto sus bienes por una sola medida de trigo, si eran ricos, o de cebada, si eran pobres. Luego se encerraban en los rincones más oscuros de sus casas; en el extremo del hambre, algunos incluso comían su grano bajo tierra, mientras que otros lo cocían, guiados por la necesidad y el miedo. En ninguna parte se ponía la mesa— la comida se arrancaba a medio cocer del fuego y se hacía pedazos».[14]

Por otra parte, sin embargo, en esta maldición específica sobre Jerusalén, los lujos del aceite y el vino no se ven afectados por la subida general de precios; al jinete negro se le prohíbe tocarlos. La **balanza** es el signo de Libra, que abarca septiembre y octubre; Farrer conjetura que si la cosecha de cereales fracasaba en abril y mayo, «los hombres podrían empezar a apretarse el cinturón en octubre. Entonces estarían terminando de recoger los frutos y podrían observar la ironía de la naturaleza, que las uvas y las aceitunas habían salido indemnes; de la tríada tradicional del maíz, vino y aceite, el maíz, en un apuro, te mantendrá con vida sin los otros dos, pero no ellos sin el maíz».[15] Con toda probabilidad, otra dimensión del significado de esta expresión es que los mensajeros de la destrucción de Dios no dañan a los justos: La Escritura habla a menudo de las bendiciones de Dios sobre los justos en términos de **aceite y vino** (cf. Sal. 104:15); y, por supuesto, el aceite y el vino se utilizan en

---

[12] Robert H. Mounce, *The Book of Revelation* (Grand Rapids: William B. Eerdmans Publishing Co., 1977), p. 155.
[13] Véase David Chilton, *Productive Christians in an Age of Guilt Manipulators: A Biblical Response to Ronald J. Sider* (Tyler, Texas: Institute for Christian Economics, 3ra. ed., 1985), p. 921s.
[14] Josefo, *La guerra de los judíos*, v.x.2.
[15] Austin Farrer, *The Revelation of St. John the Divine* (Oxford: At the Clarendon Press, 1964), p. 100. J. Massyngberde Ford menciona una orden de Tito durante el asedio de Jerusalén para que no se perturbaran los olivares ni los viñedos (*Revelation: Introduction, Translation, and Commentary* [Garden City, Nueva York: Doubleday and Co., 1975], p. 107).

los ritos de la Iglesia (Stg. 5:14-15; 1Co. 11:25). Esto sería paralelo a otros pasajes en los que se protege a los piadosos de la destrucción (véase 7:3).

7-8 Finalmente, se rompe **el cuarto sello**, y el **cuarto ser viviente** llama al último jinete del juicio, que monta **un caballo verde**[16]— el color verde connota una palidez enfermiza, presagio de muerte. Así, el cuarto jinete, con una comisión mucho más amplia y exhaustiva, recibe el nombre de **Muerte**; y le sigue el **Hades** (la tumba); ambos han sido desatados por el Hijo del Hombre, que les abrió con su llave (1:18). **Y se le dio autoridad** para traer cuatro plagas sobre la tierra de los cuatro puntos cardinales: **matar con espada y con hambre y con muerte y por las bestias salvajes de la tierra**. Esto es simplemente un resumen de todas las maldiciones del pacto en Levítico 26 y Deuteronomio 28. Además, es paralelo a la enumeración que hace Dios de sus cuatro categorías básicas de maldiciones con las que castiga a las naciones impías y desobedientes: «¡...mis cuatro terribles juicios contra Jerusalén: espada, hambre, fieras y plaga para cortar de ella hombres y animales!». (Ez. 14:21; cf. Ez. 5:17). Sin embargo, en esta fase preliminar— y en consonancia con lo «cuádruple» del pasaje en su conjunto— la Muerte y la tumba solo tienen autoridad para engullir una cuarta parte de la tierra. Los juicios de trompeta se llevarán un **tercio de la tierra** (cf. 8:7-12), y los juicios de las copas la devastarán toda.

Tal vez el obstáculo más significativo para una interpretación correcta de este pasaje ha sido que los comentaristas y predicadores han tenido miedo y han sido incapaces de ver que es Dios quien está trayendo estos juicios sobre la tierra que son llamados desde el trono, y que los mensajeros del juicio son los mismos ángeles de Dios. Especialmente viciosa y dañina es cualquier interpretación que parezca enfrentar al Hijo de Dios con la corte del cielo, de modo que las maldiciones aquí registradas sean vistas como algo inferior a su carácter. Pero es Jesús, el Cordero, quien rompe los sellos del juicio, y es Jesús, el Rey de reyes, quien sale a la conquista, dirigiendo los ejércitos angélicos contra las naciones, para destruir a los que se rebelan contra su gobierno universal.

Era crucial que los primeros cristianos comprendieran esto, pues estos juicios se desataban ya entonces sobre su mundo. En todas las épocas, los cristianos deben afrontar el mundo con confianza, con la convicción inquebrantable de que todos los acontecimientos de la historia están predestinados, tienen su origen en el trono de Dios. Cuando vemos el mundo convulsionado por guerras, hambrunas, plagas y catástrofes naturales, debemos decir, con el salmista: «Venid, contemplad las obras del Señor, que ha hecho asolamientos en la tierra» (Sal 46:8). En última instancia, la actitud del cristiano ante los juicios de Dios sobre un mundo perverso es la misma que la de los cuatro seres vivientes en torno al trono, que gritan alegres a los mensajeros del juicio de Dios: «Ven». También nosotros, en nuestras oraciones, hemos de suplicar a Dios que haga caer su ira sobre los impíos, que manifieste su justicia en la tierra. Ante estas impresionantes revelaciones de juicio, ¿cuál es nuestra respuesta adecuada? Se nos dice, en 22:17: El Espíritu y la esposa dicen: «¡Ven!».

---

[16] La palabra griega es *chloros*, y significa simplemente verde; se utiliza dos veces más en Apocalipsis (8:7; 9:4), y una vez en Marcos (6:39). Los traductores la han traducido generalmente como «pálido», aparentemente bajo la firme convicción de que, puesto que no existe tal cosa como un caballo verde, el apóstol Juan no podría haber visto uno.

Los mártires vengados (6:9-17)

9 Cuando el Cordero abrió el quinto sello, vi debajo del altar las almas de los que habían sido muertos a causa de la palabra de Dios y del testimonio que habían mantenido;
10 Y clamaban a gran voz, diciendo: ¿Hasta cuándo, oh Señor santo y verdadero, esperarás para juzgar y vengar nuestra sangre de los que moran en la tierra?
11 Y se les dio a cada uno una vestidura blanca; y se les dijo que descansaran un poco más de tiempo, hasta que se completara también el número de sus consiervos y de sus hermanos que habrían de ser muertos como ellos lo habían sido.
12 Vi cuando el Cordero abrió el sexto sello, y hubo un gran terremoto, y el sol se puso negro como cilicio hecho de cerda, y toda la luna se volvió como sangre,
13 Y las estrellas del cielo cayeron a la tierra, como la higuera deja caer sus higos verdes al ser sacudida por un fuerte viento.
14 Y el cielo desapareció como un pergamino que se enrolla, y todo monte e isla fueron removidos de su lugar.
15 Y los reyes de la tierra, y los grandes, los comandantes, los ricos, los poderosos, y todo siervo y todo libre, se escondieron en las cuevas y entre las peñas de los montes;
16 Y decían a los montes y a las peñas: Caed sobre nosotros y escondednos de la presencia del que está sentado en el trono y de la ira del Cordero,
17 Porque ha llegado el gran día de la ira de ellos, ¿y quién podrá sostenerse?

9-10 Para los lectores del siglo I de este libro, las tribulaciones descritas en él se estaban volviendo demasiado reales: Cada iglesia pronto conocería la angustia de tener a algunos de sus líderes más francos y capaces encarcelados y ejecutados **a causa de la Palabra de Dios, y a causa del testimonio que habían mantenido**. Para muchos cristianos, en todo el imperio, los meses y años venideros supondrían una gran angustia, ya que las familias serían separadas y los seres queridos asesinados. Cuando la tragedia golpea, estamos tentados a preguntar: ¿Le importa a Dios? Esta pregunta es especialmente intensa cuando el dolor es causado por viciosos enemigos de la fe empeñados en destruir al pueblo de Dios, y la injusticia del sufrimiento se hace evidente. Si los cristianos fueran realmente siervos del rey, ¿cuándo actuaría Él? ¿Cuándo vendría a castigar a los apóstatas que primero habían utilizado el poder del estado romano para crucificar al Señor, y ahora utilizaban ese mismo poder para matar y crucificar a los «profetas, sabios y escribas» (Mt. 23:34) que Cristo había enviado?

Así, la ruptura **del quinto sello** revela una escena en el cielo, donde **las almas de los que habían sido asesinados** están **debajo**, o alrededor de la base **del altar**. La imagen está tomada de los sacrificios del Antiguo Testamento, en la que la **sangre** de la víctima descendía por los lados del altar y formaba un charco alrededor de su base («el alma [heb. *nephesh*] de la carne está en la sangre», Lev. 17:11).[17] La sangre de los mártires ha sido derramada (cf.

---

[17] Véase Rousas John Rushdoony, *Thy Kingdom Come: Studies in Daniel and Revelation* (Tyler, Texas: Thoburn Press, ([1970] 1978). p. 145.

2Tim. 4:6), y al llenar la zanja bajo el altar clama desde el suelo con fuerte voz, diciendo: **¿Hasta cuándo, oh Señor santo y verdadero, esperarás para juzgar y vengar nuestra sangre de los que moran en la tierra?** La Iglesia del cielo está de acuerdo con los querubines en invocar los juicios de Dios: **¿Hasta cuándo?** es una frase habitual en toda la Escritura para invocar la justicia divina para los oprimidos (cf. Sal. 6:3; 13:1-2; 35:17; 74:10; 79:5; 80:4; 89:46; 90:13, 94:3-4; Hab. 1:2, 2:6). Sin embargo, el trasfondo concreto de su uso aquí se encuentra de nuevo en la profecía de Zacarías (1:12): Después de que los cuatro jinetes han estado patrullando por la tierra, el ángel pregunta: «Oh Señor de los ejércitos, ¿hasta cuándo seguirás sin compadecerte de Jerusalén?». El apóstol Juan lo invierte. Después de que sus cuatro jinetes han sido enviados a su misión, muestra a los mártires preguntando hasta cuándo Dios seguirá soportando a Jerusalén. Los lectores del apóstol Juan no habrían dejado de notar otro punto sutil: si la sangre de los mártires fluye alrededor de la base del altar, deben ser los sacerdotes de Jerusalén quienes la han derramado. Los oficiales del pacto han asesinado a los justos. Como Jesús y los apóstoles testificaron, Jerusalén fue la asesina de los profetas (Mt. 23:34-37; Lc. 13:33; Hch. 7:51-52). La conexión con «la sangre de Abel» que clamaba desde el suelo cerca del altar (Gén. 4:10) es otra indicación de que este pasaje en su conjunto se refiere al juicio sobre Jerusalén (cf. Mt. 23:35-37). Como Caín, los «hermanos mayores» del Antiguo Pacto envidiaban y asesinaban a sus justos «hermanos menores» del Nuevo Pacto (cf. 1Jn. 3:11-12). Y así clama la sangre de los justos: Los santos oran para que se cumpla la profecía de Cristo sobre «los días de venganza» (Lc. 21:22).

El hecho de que este contundente grito de venganza nos parezca extraño, demuestra hasta qué punto nuestra época pietista ha degenerado con respecto a la cosmovisión bíblica. Si nuestras iglesias estuvieran más familiarizadas con el himnario fundacional de la Iglesia, los Salmos, entenderíamos esto mucho más fácilmente. Pero hemos creído que de alguna manera es «poco cristiano» orar para que la ira de Dios se derrame sobre los enemigos y perseguidores de la Iglesia. Sin embargo, eso es lo que vemos hacer al pueblo de Dios, con la aprobación de Dios, en ambos Testamentos de las Sagradas Escrituras.[18] De hecho, una característica del hombre piadoso es que desprecia a los réprobos (Sal. 15:4). El espíritu expresado en las oraciones imprecatorias de la Escritura es un aspecto necesario de la actitud del cristiano (cf. 2Tim. 4:14). Gran parte de la impotencia de las Iglesias actuales es directamente atribuible al hecho de que se han acobardado. Tales iglesias, incapaces incluso de enfrentarse al mal— y mucho menos de «vencerlo»— están a riesgo de ser capturadas y dominadas por sus enemigos.

11 Los santos justos y fieles en el cielo son reconocidos como reyes y sacerdotes de Dios, y por ello **se les da a cada uno de ellos un manto blanco**, que simboliza el reconocimiento de Dios de su pureza ante Él, símbolo de la victoria de los vencedores (cf. 3:4-5). La blancura

---

[18] Véase, por ejemplo, Sal. 5, 7, 35, 58, 59, 68, 69, 73, 79, 83, 109, 137, 140. El término común para estos y otros pasajes es *Salmos imprecatorios*; sin embargo, tal expresión puede inducir a error, ya que la *mayoría* de los Salmos contienen secciones imprecatorias (*maldiciones*) (cf. Sal. 1:4-6; 3:7; 6:8-10; 34:16; 37:12-15; 545; 104:35; 139:19-22), y *todos* los Salmos son implícitamente imprecatorios, en el sentido de que las bendiciones de los justos se mencionan con el corolario asumido: Los impíos son maldecidos.

del manto forma parte de un modelo ya establecido en Apocalipsis (las siete cartas), en el que los tres últimos elementos de una estructura séptuple coinciden con los cuatro primeros. Así:

Primer sello	Cabello blanco	*Quinto sello*	Vestiduras blancas
Segundo sello	Caballo rojo	*Sexto sello*	Luna como sangre
Tercer sello	Caballo negro		Sol negro como cilicio
Cuarto sello	Caballo verde	*Séptimo sello*	Pasto verde quemado

En respuesta a la súplica de venganza de los santos, Dios les responde que descansen un poco más, hasta que se complete también el número de sus consiervos y hermanos que iban a ser asesinados como ellos. El número total de mártires aún no se ha completado; la iniquidad total de sus perseguidores aún no se ha alcanzado (cf. Gén. 15:16), aunque se está acercando rápidamente la fatalidad de que la «ira [de Dios] ha venido sobre ellos hasta el extremo», hasta que se derrame sobre ellos (1Ts. 2:14-16). Debemos recordar que la aplicación primaria de esto tiene que ver con el Israel apóstata— **los que moran en la tierra**— que (en cooperación con las autoridades romanas) estaba asesinando a los santos. Los mártires son instruidos a esperar **por poco tiempo**, y el juicio de Dios golpeará con seguridad, trayendo la prometida «Gran Tribulación» sobre el que ha quebrantado el pacto, Israel.

12-14 A medida que se rompe el sexto sello, nos adentramos más claramente en los acontecimientos finales de los últimos días. El Cordero revela el siguiente gran aspecto de sus juicios de pacto, en un símbolo utilizado a menudo en la profecía bíblica: la *de-creación*. Del mismo modo que se habla de la salvación del pueblo de Dios en términos de creación (cf. 2Co. 4:6, 5:17; Ef. 2:10; 4:24; Col. 3:10),[19] también se habla de los juicios de Dios (y de la revelación de su presencia como juez sobre un mundo pecador) en términos de de-creación, el colapso del universo— Dios rompiendo y disolviendo la estructura de la creación.[20] Así, el apóstol Juan utiliza las estructuras fundamentales de la creación para describir la caída de Israel:

1. Tierra
2. Sol
3. Luna
4. Estrellas
5. Firmamento
6. Terreno
7. Hombre

---

[19] Véase David Chilton, *Paradise Restored: A Biblical Theology of Dominion* (Ft. Worth, Texas: Dominion Press, 1985), p. 22ss.
[20] Véase ibid., p. 98ss., 133ss.

Estos siete juicios se detallan en términos de la imaginería profética familiar del Antiguo Testamento. Primero, desestabilización: **un gran terremoto** (cf. Éx. 19:18; Sal. 18:7, 15; 60:2; Is. 13:13-14; 24:19-20; Nah. 1:5). En segundo lugar, el eclipse y el luto de Israel: **el sol se puso negro como cilicio** (Éx. 10:21-23; Job 9:7, Is. 5:30; 24:23; Ez. 32:7; Jl. 2:10, 31; 3:15; Am. 8:9; Miq. 3:6). En tercer lugar, la imagen continuada de un eclipse, con la idea de *profanación* añadida: **Toda la luna se volvió como sangre** (Job 25:5; Is. 13:10; 24:23; Ez. 32:7; Jl. 2:10, 31). El cuarto juicio afecta a las estrellas, que son imágenes del gobierno (Gén. 1:16); también son relojes (Gén. 1:14), y su caída muestra que el *tiempo de Israel se ha agotado*: **Las estrellas del cielo cayeron a la tierra, como la higuera deja caer sus higos verdes al ser sacudida por un fuerte viento** (Job 9:7; Ec. 12:2, Is. 13:10; 34:4; Ez. 32:8; Dan. 8:10; Jl. 2:10; 3:15); **el gran viento**, por supuesto, era traído por los cuatro jinetes, que en la imaginería original de Zacarías eran los cuatro vientos (Zc. 6:5), y que volverán a ser presentados al apóstol Juan en esa forma en 7:1; y **la higuera** es el propio Israel (Mt. 21:19; 24:32-34; Lc. 21:29-32). Quinto, ahora Israel simplemente desaparece: **El cielo desapareció como un pergamino que se enrolla**.[21] (Is. 34:4; 51:6; Sal. 102:25-26; sobre el simbolismo de Israel como «cielo», véase Is. 51:15-16; Jer. 4:23-31; cf. Heb. 12:26-27). Sexto, los poderes gentiles también son sacudidos: **Todo monte e isla fueron removidos de su lugar** (Job 9:5-6; 14:18-19; 28:9-11; Is. 41:5, 15-16; Ez. 38:20, Nah. 1:4-8, Sof. 2:11).[22]

Así pues, la «vieja creación» de Dios, Israel, va a ser de-creada, ya que el reino se transfiere a la Iglesia, la nueva creación (cf. 2Pe. 3:7-14). Ya que los gobernantes de la viña de Dios han matado a su Hijo, ellos también serán asesinados (Mt. 21:33-45). La viña misma será destrozada, destruida y asolada (Is. 5:1-7). En la justa destrucción de Israel, Dios sacudirá incluso el cielo y la tierra (Mt. 24:29-30; Heb. 12:26-28) para entregar su reino a su nueva nación, la Iglesia.

15-17 Las imágenes proféticas del Antiguo Testamento siguen estando presentes cuando el apóstol Juan describe aquí a los apóstatas sometidos a juicio. Esta es la séptima fase de la de-creación: la destrucción de los hombres. Pero este séptimo punto de la lista se abre para revelar otro «siete» dentro de él (al igual que el séptimo sello y la séptima trompeta contienen cada uno el siguiente conjunto de siete juicios), pues aquí se nombran siete clases de hombres, mostrando que la destrucción es total, afectando a pequeños y grandes por igual: **los reyes de la tierra y los grandes hombres y los comandantes y los ricos y los fuertes y todo esclavo y hombre libre**. Ninguno podrá escapar, independientemente de su condición privilegiada o de su insignificancia. Toda la tierra ha rechazado a Cristo, y toda la tierra está siendo excomulgada. Una vez más, los paralelismos muestran que esta profecía se refiere al

---

[21] Refiriéndose a la imaginería bíblica (cf. Gn 1:7) de un cielo «sólido», Ford explica: «El hecho de que el cielo haya sido 'arrancado como un pergamino que se enrolla' conduce a una imagen no de un rollo de papiro o de cuero, sino de un pergamino como los dos de cobre encontrados en Qumrán. La idea de ruido se transmite de forma más dramática si se pretende que el lector se imagine un pergamino de metal que se cierra de repente». J. Massyngberde Ford, *Revelation: Introduction, Translation, and Commentary* (Garden City, Nueva York: Doubleday and co., 1975), p. 100.

[22] En contraste con las interpretaciones populares de los textos que hablan de que la fe mueve montañas (Mt. 17:20; 21:21; Mc. 11:23), cabe señalar que esta expresión aparece en pasajes que hablan del juicio venidero y la caída de la Jerusalén apóstata. En las Escrituras, a Jerusalén se le llama a menudo «el monte» (por ejemplo, Dan. 9:16); así, se representa a los santos junto al altar (6:9-11) clamando, con fe, para que caiga este gran monte. En consecuencia, la destrucción de Jerusalén se representa, en parte, como una montaña ardiente que es arrojada al mar (8:8; cf. Zc. 14:4).

juicio sobre Israel (cf. Is. 2 y 24-27), aunque otras naciones («los reyes de la tierra») también se verán afectadas.

Cuando la tierra es de-creada, y la revelación natural mediadora es eliminada—colocando a los pecadores cara a cara con la revelación desnuda del Dios santo y justo— los hombres de Israel intentan huir y buscar protección en cualquier cosa que parezca ofrecer refugio. Huir bajo tierra y a cuevas es señal de estar bajo maldición (cf. Gén. 19:30-38). Así que **se escondieron** (cf. Gén. 3:8) **en las cuevas y entre las rocas de los montes** (la *lex talionis* por maltratar a los justos: Heb. 11:38; cf. Jud. 7:25)[23] **y decían a los montes y a las peñas: Caed sobre nosotros y escondednos de la presencia del que está sentado en el trono y de la ira del Cordero, porque ha llegado el gran día de la ira de ellos,**[24] (Nah. 1:6; Mal. 3:2) **¿y quién podrá sostenerse?** La interpretación dada aquí se confirma de nuevo: Este pasaje no habla del fin del mundo, sino *del fin de Israel en* el año 70 d.C. El origen del simbolismo utilizado aquí está en la profecía de Oseas contra Israel:

> Efraín se cubrirá de vergüenza,
> E Israel se avergonzará de su consejo.
> Samaria será destruida con su rey,
> Como una astilla sobre la superficie del agua.
> También serán destruidos los lugares altos de Avén, el pecado de Israel; espinos y abrojos crecerán sobre sus altares.
> Entonces dirán a los montes: ¡Cubridnos!,
> Y a los collados: ¡Caed sobre nosotros! (Os. 10:6-8)

Jesús citó este texto de camino a la crucifixión, afirmando que se cumpliría sobre el Israel idólatra en vida de los que entonces estaban presentes:

> Y le seguía una gran multitud del pueblo y de mujeres que lloraban y se lamentaban por Él. Pero Jesús, volviéndose a ellas, dijo: Hijas de Jerusalén, no lloréis por mí; *llorad más bien por vosotras mismas y por vuestros hijos*. Porque he aquí, vienen días en que dirán: «Dichosas las estériles, y los vientres que nunca concibieron, y los senos que nunca criaron». Entonces comenzarán a decir a los montes: «Caed sobre nosotros»; y a los collados: «Cubridnos». (Lc. 23:27-30)

Cuando las iglesias de Asia Menor leyeron por primera vez esta visión, los juicios profetizados ya estaban teniendo lugar; el fin definitivo se acercaba rápidamente. La generación que había rechazado al hijo del hacendado (cf. Mt. 21:33-45) pronto estaría gritando estas mismas palabras. El Señor crucificado y resucitado venía a destruir a los

---

[23] Véase James B. Jordan, *Judges: God's War Against Humanism* (Tyler, Texas: Geneva Ministries, 1985), p. 114, 140.

[24] G. B. Caird afirma que «la ira de Dios en Apocalipsis, como en otras partes del Antiguo y Nuevo Testamento, no representa la actitud personal de Dios hacia los pecadores, sino un proceso impersonal de retribución que se desarrolla en el curso de la historia». *A Commentary on the Revelation of St. John the Divine* (Nueva York: Harper and Row, 1966), p. 91.

apóstatas. Este iba a ser el gran día de la ira derramada del Cordero, a quien ellos habían matado.

7

EL VERDADERO ISRAEL

Las dos visiones de este capítulo (v. 1-8 y v. 9-17) siguen formando parte del sexto sello, pues proporcionan una resolución del problema de la caída de Israel. Sin embargo, también forman un interludio o intermisión, un período de retraso entre el sexto y el séptimo sello que sirve para aumentar la sensación de espera de la que se quejan los santos en 6:10, ya que esta sección es en parte la respuesta divina a su oración (cf. el retraso entre la sexta y la séptima trompeta, 10:1-11:14).

Antes de la caída de Jerusalén, el cristianismo aún se identificaba en gran medida con Israel, y los futuros de ambos estaban interconectados. Los cristianos no eran separatistas; se consideraban a sí mismos como los verdaderos herederos de Abraham y Moisés, su religión como el cumplimiento de todas las promesas a los padres. Que la Iglesia existiera completamente separada de la nacionalidad israelita y de tierra santa era prácticamente inimaginable. Por lo tanto, si la ira de Dios se desatara sobre Israel con toda la furia sin diluir descrita en el sexto sello, trayendo la decreación del cielo y la tierra y la aniquilación de la humanidad, ¿qué sería de la Iglesia? ¿Qué pasaría con los fieles que se encuentran en medio de una civilización que se derrumba? ¿Sería destruido el remanente creyente en la conflagración venidera junto con los enemigos de la fe?

La respuesta dada en estas visiones es que «No nos ha destinado Dios para ira, sino para obtener salvación por medio de nuestro Señor Jesucristo» (1Ts. 5:9): La Iglesia será preservada. De hecho, en cuanto al juicio venidero sobre Israel, el Señor había dado instrucciones explícitas sobre cómo escapar de la tribulación (véanse Mt. 24:15-25, Mc. 13:14-23; Lc. 21:20-24). Los cristianos que vivían en Jerusalén obedecieron la advertencia profética y fueron preservados, como señaló Marcellus Kik en su estudio de Mateo 24: «Una de las cosas más notables del asedio de Jerusalén fue la milagrosa huida de los cristianos. Se calcula que más de un millón de judíos perdieron la vida en aquel terrible asedio, pero ninguno de ellos era cristiano. Esto lo indicó nuestro Señor en el versículo 13: 'Pero el que persevere hasta el fin, ese será salvo'. Que el 'fin' del que se hablaba no era la terminación de la vida de un cristiano, sino más bien el fin de Jerusalén, es evidente por el contexto. Inmediatamente después de este versículo, Cristo pasa a relatar el momento exacto del fin. Los cristianos que vivieran hasta el final se salvarían de la terrible tribulación. Cristo indica también el momento en que el cristiano debe huir de la ciudad para poder salvarse durante su destrucción. Esto se verifica en un pasaje paralelo (Lc. 21:18): 'Ni un cabello de vuestra cabeza perecerá'. En otras palabras, durante la desolación de Jerusalén, los cristianos saldrían ilesos, aunque en el período anterior algunos perderían la vida a causa de la persecución».[1]

Los 144.000 sellados (7:1-8)

1 Después de esto, vi a cuatro ángeles de pie en los cuatro extremos de la tierra, que detenían los cuatro vientos de la tierra, para que no soplara viento alguno, ni sobre la tierra ni sobre el mar ni sobre ningún árbol.

2 Y vi a otro ángel que subía de donde sale el sol y que tenía el sello del Dios vivo; y gritó a gran voz a los cuatro ángeles a quienes se les había concedido hacer daño a la tierra y al mar,

3 diciendo: No hagáis daño, ni a la tierra ni al mar ni a los árboles, hasta que hayamos puesto un sello en la frente a los siervos de nuestro Dios.

4 Y oí el número de los que fueron sellados: ciento cuarenta y cuatro mil sellados de todas las tribus de los hijos de Israel;

5 de la tribu de Judá fueron sellados doce mil; de la tribu de Rubén, doce mil; de la tribu de Gad, doce mil;

6 de la tribu de Aser, doce mil; de la tribu de Neftalí, doce mil; de la tribu de Manasés, doce mil;

7 de la tribu de Simeón, doce mil; de la tribu de Leví, doce mil; de la tribu de Isacar, doce mil;

8 de la tribu de Zabulón, doce mil; de la tribu de José, doce mil, y de la tribu de Benjamín fueron sellados doce mil.

1-3 El apóstol Juan ve a **cuatro ángeles de pie en las cuatro esquinas de la tierra**, mensajeros divinos **a quienes se concedió dañar la tierra y el mar**; sin embargo, aquí están reteniendo **los cuatro vientos de la tierra, para que ningún viento sople sobre la tierra ni sobre el mar ni sobre ningún árbol**. Mientras que la *tierra* y el *mar* están en genitivo, *el árbol* está en acusativo, lo que indica que el apóstol Juan quiere llamar especialmente la atención sobre él. En toda la Biblia, los árboles son imágenes de los hombres (Jue. 9:8-15). En particular, son símbolos de los justos (Éx. 15:17; Sal. 1:3; 92:12-14; Is. 61:3; Jer. 17:5-8).[2]

---

[1] J. Marcellus Kik, *An Eschatology of Victory* (Nutley, Nueva Jersey: The Presbyterian and Reformed Publishing Company, 1971), p. 96s.
[2] Véanse los próximos estudios de James B. Jordan, *Food and Faith* y *Frees and Thorns*.

7 - El verdadero Israel

En las Escrituras, el viento se utiliza en relación con la venida de Dios y la acción de sus ángeles para bendecir o maldecir (Gén. 8:1; 41:27; Éx.10:13, 19; 14:21; 15:10; Núm. 11:31; Sal. 18:10; 104-.3-4; 107:25; 135:7; 147:18; 148:8, Jn. 3:8; Hch.2:2). En este caso, el ángel está hablando del siroco, la ráfaga caliente del desierto que abrasa la vegetación como figura del juicio ardiente de Dios sobre los impíos (cf. 16:9, y contraste 7:16):

> Aunque él florezca entre los juncos,
> vendrá el solano,
> viento del Señor que sube del desierto,
> y su fuente se secará
> y su manantial se agotará;
> despojará su tesoro de todos los objetos preciosos.
> Samaria será considerada culpable,
> porque se rebeló contra su Dios.
> Caerán a espada;
> serán estrellados sus niños,
> y abiertos los vientres de sus mujeres encinta.
> (Os. 13:15-16)

Como hemos visto,[3] la asociación de los ángeles con la «naturaleza» no es «mera» imaginería. Dios, a través de sus ángeles, controla realmente los patrones climáticos, y utiliza el clima como una agencia de bendición y juicio. Desde el primer versículo, la Biblia está escrita en términos de lo que Gary North llama *personalismo cósmico*: «Dios no creó un universo autosuficiente que ahora se deja funcionar en términos de leyes autónomas de la naturaleza. El universo no es un gigantesco mecanismo, como un reloj, al que Dios dio cuerda al principio de los tiempos. El nuestro no es un mundo mecanicista, ni una entidad biológica autónoma, que crece según algún código genético del cosmos. El nuestro es un mundo sostenido activamente por Dios a tiempo completo (Job 38-41). Toda la creación es ineludiblemente *personal* y *teocéntrica*. 'Porque desde la creación del mundo, sus atributos invisibles, su eterno poder y divinidad, se han visto con toda claridad, siendo entendidos por medio de lo creado...' (Rom. 1:20).

Si el universo es ineludiblemente personal, entonces no puede haber ningún fenómeno o acontecimiento en la creación que sea independiente de Dios. No puede decirse que exista ningún fenómeno al margen del plan totalmente inclusivo de Dios para las edades. No existe una 'facticidad bruta' no interpretada. Nada en el universo es *autónomo*... Nada en la creación genera sus propias condiciones de existencia, incluyendo la estructura de la ley bajo la cual algo opera o es operado. Cada hecho en el universo, de principio a fin, es interpretado exhaustivamente por Dios en términos de su ser, plan y poder».[4]

---

[3] Véanse los comentarios sobre 4:5-8, anteriormente.
[4] *The Dominion Covenant: Genesis* (Tyler, Texas: Institute for Christian Economics, 1982), p. 1-2; cf. p. 2-11, 425-54; véase también Rousas John Rushdoony, *The Mythology of Science* (Nutley, Nueva Jersey: The Craig Press, 1967).

Los cuatro ángeles están refrenando el juicio en obediencia al mandato de **otro ángel**, a quien el apóstol Juan **ve ascender desde la salida del sol**, de donde tradicionalmente procedían las acciones de Dios en la historia (cf. Is. 41:1-4, 25; 46:11, Ez. 43:1-3). Este ángel viene como representante de Cristo, el Sol salido de lo alto que nos ha visitado (Lc. 1:78), el Sol de justicia que ha salido con sanidad en sus alas (Mal. 4:2; cf. Ef. 5:14; 2Pe. 1:19). Posee el Espíritu sin medida (Jn. 3:34), **el sello del Dios viviente** con el que marca al pueblo de su propia posesión, y por su orden los juicios sobre la tierra no se derraman plenamente **hasta que nosotros**— Cristo y sus mensajeros— hayamos **puesto un sello en la frente a los siervos de nuestro Dios**: El sello del Espíritu (Ef. 1:13; 4:30) se aplica a los justos antes de que los sellos de la ira se apliquen a los impíos; Pentecostés precede a Holocausto.

En el mundo bíblico, el sello significaba una concesión de autoridad y poder, una garantía de protección y una marca de propiedad (cf. 2Co. 1:21-22, 2Tim. 2:19). El principal antecedente veterotestamentario de las imágenes del apóstol Juan es Ezequiel 9:1-7, que muestra a Dios encargando a unos verdugos que destruyan a todos los habitantes de la ciudad de Jerusalén; los primeros en ser asesinados son los ancianos del templo. Antes, sin embargo, ordena a otro ángel diciéndole: «Pasa por en medio de la ciudad, por en medio de Jerusalén, y pon una señal en la frente de los hombres que gimen y se lamentan por todas las abominaciones que se cometen en medio de ella» (v. 4). Los piadosos son marcados para su protección, a fin de que los apóstatas de Jerusalén sean destruidos.

La marca en la frente es, pues, un símbolo de la restauración de la comunión del hombre con Dios. Un ejemplo llamativo de esto era el Sumo Sacerdote, cuya frente estaba marcada con letras de oro que proclamaban que era *SANTO PARA EL SEÑOR* (Éx. 28:36). Además, en Deuteronomio todo el pueblo de Dios es sellado en la frente y en la mano con la ley de Dios, del mismo modo que se caracteriza en la vida por la obediencia fiel en pensamiento y acción a cada palabra de Dios.

La «marca» protectora de Ezequiel 9 es literalmente *tav*, la última letra del alfabeto hebreo. La antigua forma hebrea de la *tav* era + , una cruz— un hecho que no pasó desapercibido a la Iglesia primitiva, que lo vio como «una referencia casi profética a la señal de la cruz tal como la usan los cristianos, y es posible que el uso de esa señal en el Bautismo pueda haberse originado en este pasaje».[5] Tertuliano creía que Dios había dado a Ezequiel «la forma misma de la cruz, que predijo que sería la señal en nuestras frentes en la verdadera Jerusalén católica».[6] El santo Bautismo, el sello del Espíritu (2Co. 1:21-22, Gál. 3:27; Ef. 1:13-14; 4:30; cf. Rom. 4:11), marca a estos creyentes como **siervos de nuestro Dios** que guardan el pacto, que serán preservados de la ira de Dios cuando los impíos sean destruidos. «El propósito del sello era preservar al verdadero Israel de Dios como una simiente santa. No fue diseñado para salvarlos de la tribulación, sino para preservarlos en medio de la gran

---

[5] E. H. Plumptre, *The Pulpit Commentary: Ezekiel* (Londres: Funk and Wagnalls Co., n.d), vol. 1, p. 162s.

[6] Tertuliano, *Contra Marción*, iii.22, en Alexander Roberts y James Donaldson, eds., *The Ante-Nicene Fathers* (Grand Rapids: William B. Eerdmans Publishing Co., 1973), vol. III, p. 340s. Sobre la legitimidad de la señal de la cruz como acción simbólica, véase James B. Jordan, *The Sociology of the Church: Essays in Reconstruction* (Tyler, Texas: Geneva Ministries, 1986), p. 207ss.

tribulación que estaba por venir y glorificarlos con ello. Aunque el antiguo Israel sea desechado, un nuevo y santo Israel ha de ser elegido y sellado con el Espíritu del Dios vivo».[7]

4-8 Se lee al apóstol Juan el número de los sellados: ciento cuarenta y cuatro mil sellados de todas las tribus de los hijos de Israel, con **doce mil** de cada una de las doce tribus. El número 144.000 es obviamente simbólico: *doce* (el número de Israel) elevado al cuadrado y multiplicado por *1.000* (*diez* y sus múltiplos simbolizan *muchos*; cf. Dt., 1:11; 7:9; Sal. 50:10; 68:17, 84:10; 90:4). El apóstol Juan nos presenta el Israel ideal, el Israel tal como debía ser, en toda su perfección, simetría y plenitud; el ejército santo de Dios, reunido para la batalla según sus millares (cf. 1Cró. 4-7). El «millar» era la división militar básica en el campamento de Israel (Núm. 10:24, 35-36; 31:1-5, 48-54; 2Sam. 18:1, 1Cró. 12:20; 13:1; 15:25; 26:26, 27:1; 28:1; 29:6; 2Cró. 1:2; 17:14-19; Sal. 68:17). Este es el significado de la famosa profecía de Miqueas sobre el nacimiento: Aunque Belén es demasiado pequeña para ser contada «entre los millares de Judá», demasiado insignificante para ser tenida en cuenta seriamente en la estrategia militar de la nación, sin embargo «de ti me saldrá el que ha de ser gobernante en Israel», el rey que establecerá la justicia y la paz de Dios hasta los confines de la tierra (Miq. 5:1-15). Es en términos de esta imaginería bíblica que el apóstol Juan oye gritar los nombres de las tribus: Está escuchando el pase de lista de las huestes del Señor. En este caso, cada una de las doce tribus puede disponer de doce divisiones completas, un ejército numéricamente perfecto de **144.000** soldados del Señor.

La visión del apóstol Juan de un ejército israelita es, por tanto, en palabras de Milton Terry, «una imagen apocalíptica de esa 'simiente santa' de la que habla Isaías en Isaías 6:13— ese remanente superviviente que estaba destinado a permanecer como el tocón de un roble caído después de que las ciudades hubieran sido arrasadas y toda la tierra se hubiera convertido en una desolación— ese 'remanente de Jacob', que iba a ser preservado de la 'consumación determinada en medio de toda la tierra' (Is. 10:21-23). Es el mismo 'remanente conforme a la elección de la gracia de Dios' del que habla Pablo en Romanos 9:27-28; 11:5. Dios no destruirá Jerusalén ni desolará los lugares que una vez fueron santos hasta que primero elija y selle a un número selecto como el comienzo de un nuevo Israel. La primera Iglesia cristiana se formó con siervos de Dios escogidos de 'las doce tribus que están en la dispersión' (Stg. 1:1), y el fin de la era judía no llegaría hasta que por el ministerio de los apóstoles y profetas cristianos judíos se hubiera predicado el Evangelio del reino en todo el mundo para testimonio a todas las naciones (Mt. 24:14)».[8]

El apóstol Juan consuela a sus lectores: El juicio se derramará con toda seguridad sobre los apóstatas del Antiguo Pacto, pero la Iglesia misma no está en peligro. De hecho, el verdadero pueblo del pacto está a salvo, entero y completo. Aunque Dios está a punto de destruir Jerusalén, aniquilando hasta el último vestigio del orden mundial y del sistema de culto del Antiguo Pacto, Israel perdura. Las promesas del pacto a Abraham, Isaac y Jacob no peligran en lo más mínimo. De hecho, el derramamiento de la ira de Dios en la destrucción

---

[7] Milton Terry, *Biblical Apocalyptics: A Study of the Most Notable Revelations of God and of Christ in the Canonical Scriptures* (Nueva York: Eaton and Mains, 1898), p. 336.

[8] Ibid., p. 341s.

de Jerusalén solo servirá para revelar al verdadero Israel en mayor gloria que nunca. Jerusalén es saqueada y quemada, sus habitantes muertos y dispersos; pero *Israel*— todo su pueblo, en todas sus tribus— es sellado y salvo. «Así pues, el juicio no es solo la otra cara de la moneda de la salvación, sino también un acto de gracia y misericordia para el pueblo de Dios. Por muy devastadora que fuera la caída de Jerusalén para el remanente fiel, sin esa caída no habría quedado ningún remanente».[9]

El orden de las doce tribus en Apocalipsis

[He establecido esto como una sección separada porque, sin duda, será la parte más fatigosa del libro. El lector que se canse con facilidad debería echarle un breve vistazo y seguir adelante. Aunque he intentado simplificar el debate en la medida de lo posible, me temo que sigue pareciendo excesivamente complejo. Todo esto sería mucho más fácil si conociéramos nuestras Biblias tan bien como los niños de las sinagogas del siglo I: Si nos supiéramos de memoria los nombres de los hijos de Jacob y de sus madres, y la veintena de órdenes diferentes en que aparecen en el Antiguo Testamento (y las razones de cada variación), entenderíamos casi de inmediato lo que el apóstol Juan ha hecho con su lista, y por qué.

Algunas observaciones de Austin Farrer son especialmente pertinentes aquí: «El propósito de los símbolos es que sean comprendidos inmediatamente, el propósito de exponerlos es restaurar y construir tal comprensión. Se trata de una tarea delicada. El autor no había pensado conscientemente en cada sentido, en cada interconexión de sus imágenes. Habían funcionado en su pensamiento, pero no habían sido pensadas. Si nos esforzamos por exponerlas, parecerá que intelectualizamos en exceso el proceso de su mente, que representamos un nacimiento imaginativo como una construcción especulativa. Tal representación no solo tergiversa, sino que también destruye la creencia, porque nadie puede creer en el proceso cuando se representa así. Ninguna mente, nos damos cuenta, podría *pensar* con tal complejidad, sin destruir la vida del producto del pensamiento. Sin embargo, si no intelectualizamos así, no podemos exponer en absoluto; es una distorsión necesaria del método, y debe ser soportada pacientemente por el lector. Digamos de una vez por todas que la convención de la intelectualización no debe tomarse al pie de la letra. No pretendemos distinguir entre lo pensado discursivamente y lo concebido intuitivamente en una mente que penetraba sus imágenes con la inteligencia y enraizaba sus actos intelectivos en la imaginación...

El lector que persevere en los análisis que siguen puede preguntarse naturalmente: '¿Cuánto de todo esto comprendieron las congregaciones de las siete iglesias, cuando se les leyó la pastoral apocalíptica de su arzobispo?'. La respuesta es, sin duda, que del análisis esquemático al que recurrimos no entendieron nada, porque estaban escuchando Apocalipsis

---

[9] Rousas John Rushdoony, *Salvation and Godly Rule* (Vallecito, California: Ross House Books, 1983), p. 141.

del apóstol Juan, y no las elucubraciones del presente escritor. Eran hombres de su misma generación, oían constantemente el Antiguo Testamento en sus asambleas, y estaban adiestrados por el predicador (que podía ser el propio apóstol Juan) para interpretarlo según ciertas convenciones. Y así, sin análisis intelectual, recibirían los símbolos simplemente por lo que eran. Entenderían lo que entenderían, y eso sería tanto como tuvieran tiempo de digerir»].[10]

Durante mucho tiempo, los eruditos se han preguntado por el orden de las tribus en la lista del apóstol Juan. Obviamente, Judá se nombra en primer lugar porque es la tribu de Jesucristo; aparte de eso, muchos han supuesto que la lista es o bien aleatoria (dada la extrema atención al detalle de los escritores bíblicos, especialmente del apóstol Juan, es muy poco probable), o bien permanentemente encerrada en el misterio (pero deberíamos recordar siempre que, si no podemos responder a una pregunta, probablemente alguien lo hará en los próximos cien años). Sin embargo, como de costumbre, la explicación de Austin Farrer es la más interesante. Señalando que los nombres de las doce tribus están escritos en las puertas de la nueva Jerusalén de cuatro esquinas (21:12), propone que el orden de las tribus se corresponde con el orden en que se enumeran las puertas: *este, norte, sur, oeste*. Como podemos ver en el primer diagrama (que, al igual que los mapas del mundo antiguo, está orientado hacia el este),[11] el apóstol Juan comienza en la esquina oriental con **Judá** (porque el ángel sellador viene del este, v. 2), pasa por **Rubén** y **Gad** hasta **Aser** en la esquina norte, luego baja por el lado noroeste con **Neftalí** y **Manasés**; comenzando de nuevo (veremos por qué en un momento), enumera a **Simeón** y **Leví** en el lado sureste hasta **Isacar** en el sur, luego da la vuelta a la esquina y pasa por **Zabulón** y **José**, terminando con **Benjamín** en la esquina oeste.

---

[10] Oriente significa este; por lo tanto, si usted está realmente «orientado», ya está «orientado al este», colocado de forma que esté mirando en la dirección correcta (que suele ser, aunque no siempre, el este).

[11] Oriente significa este; por lo tanto, si usted está realmente «orientado», ya está «orientado al este», colocado de forma que esté mirando en la dirección correcta (que suele ser, aunque no siempre, el este).

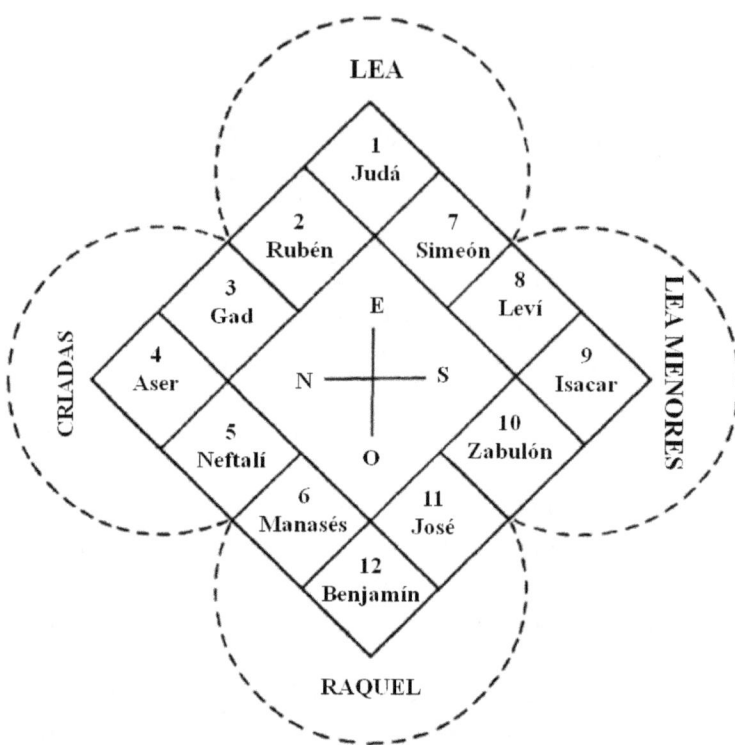

¿Por qué el apóstol Juan ordenó la lista de tribus de esta manera? La respuesta más probable (la de Farrer) se encuentra en Génesis y Ezequiel. Las doce tribus descienden de los doce hijos de Jacob, que este engendró a través de sus esposas Lea y Raquel, y de sus respectivas siervas, Zilpa y Bilha (legalmente, los hijos de las siervas pertenecían a Lea y Raquel; véase Gén. 29:31-30:24 y 35:16-18). La lista de los hijos de Jacob es la siguiente:

LEA	Rubén	Gad (de Zilpa)
	Simeón	Aser (de Zilpa)
	Leví	Isacar
	Judá	Zebulón
RAQUEL	Dan (de Bilha)	José
	Neftalí (de Bilha)	Benjamín

Cuando el profeta Ezequiel expuso su visión de la Jerusalén ideal, también mostró doce puertas, una para cada tribu (Ez. 48:30-35).

7 - El verdadero Israel

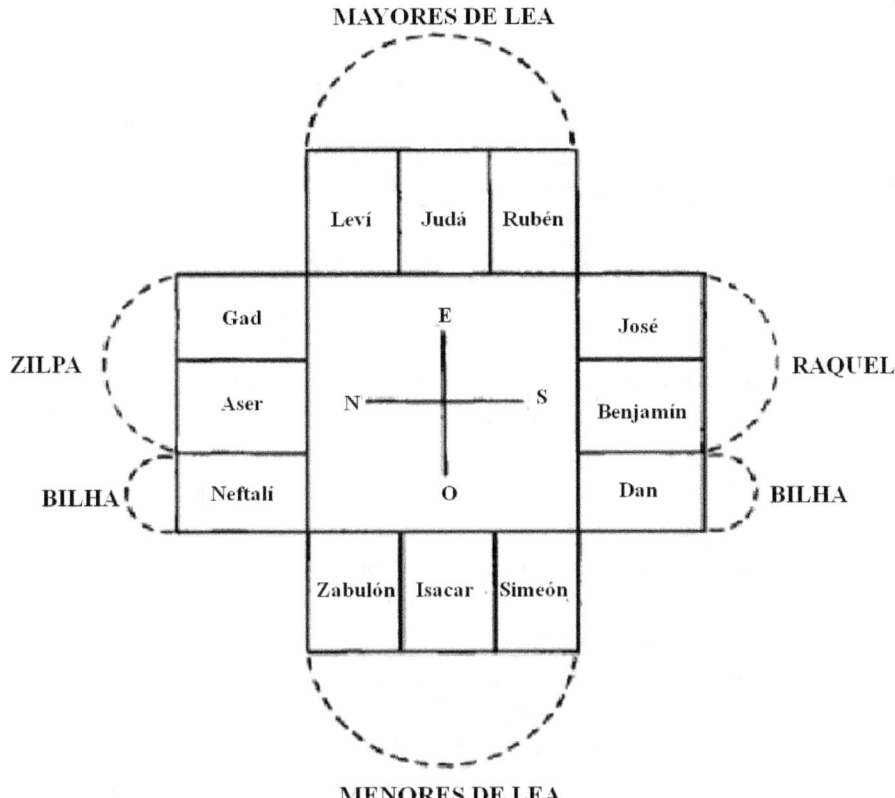

A primera vista, no parece tener mucho en común con la del apóstol Juan; sin embargo, una vez que las vemos juntas, parecen realmente muy cercanas. La lista de Ezequiel está dispuesta de forma muy simétrica. Ezequiel ha dividido a los hijos de Lea en dos grandes grupos de tres («mayores» y «menores»), equilibrados entre sí en el norte y el sur. Los dos hijos de Raquel, al este, se sitúan frente a los dos hijos de Zilpa, al oeste; y debajo de cada pareja se encuentra uno de los hijos de Bilha. Ezequiel también ha colocado a Judá (la tribu real) en la fila superior de tres, cambiándolo de lugar con Simeón.

Farrer explica la revisión del apóstol Juan de Ezequiel: «Hace un auténtico tres por Raquel, sustituyendo el nombre de Dan por el de Manasés. De hecho, la tribu de José se había convertido en dos tribus, Efraín y Manasés. Como Efraín era el principal heredero de José, José cubre a Efraín; se añade Manasés. Un subproducto de esta mejora es la desaparición de la lista de Dan, uno de los Doce. Tal vez no le haya disgustado al apóstol Juan que Dan sea el Judas de los patriarcas. De hecho, Dan tenía una reputación dudosa (Gén. 49:17; Lev. 24:10-11; 1Re. 12:28-30; Jer. 4:15 y 8:16). Al final (Ap. 21:12-14), el apóstol Juan pone los nombres de los apóstoles alrededor de la ciudad, emparejándolos con las tribus. No podemos suponer que el nombre de Iscariote permanezca allí, como tampoco el de Dan.

Luego, en cuanto a la promoción artificial de Judá: en lugar de intercambiar Judá y Simeón, el apóstol Juan simplemente pone a Judá dos lugares más arriba. El resultado es que Leví, y no Simeón, es desplazado de los tres primeros. La alteración es presumiblemente deliberada, pues en la nueva dispensación Leví es degradado. El sacerdocio está unido a la realeza en la tribu de Judá, como explica tan copiosamente el escritor a los Hebreos; Leví no tiene ninguna posición especial (véase especialmente Heb. 7:11-14)».[12]

La gran multitud (7:9-17)

9 Después de esto miré, y vi una gran multitud, que nadie podía contar, de todas las naciones, tribus, pueblos y lenguas, de pie delante del trono y delante del Cordero, vestidos con vestiduras blancas y con palmas en las manos.

10 Y clamaban a gran voz, diciendo: La salvación pertenece a nuestro Dios que está sentado en el trono, y al Cordero.

11 Y todos los ángeles estaban de pie alrededor del trono y alrededor de los ancianos y de los cuatro seres vivientes, y cayeron sobre sus rostros delante del trono, y adoraron a Dios,

12 diciendo: ¡Amén! La bendición, la gloria, la sabiduría, la acción de gracias, el honor, el poder y la fortaleza, sean a nuestro Dios por los siglos de los siglos. Amén.

13 Y uno de los ancianos habló diciéndome: Estos que están vestidos con vestiduras blancas, ¿quiénes son y de dónde han venido?

14 Y yo le respondí: Señor mío, tú lo sabes. Y él me dijo: Estos son los que vienen de la gran tribulación, y han lavado sus vestiduras y las han emblanquecido en la sangre del Cordero.

15 Por eso están delante del trono de Dios, y le sirven día y noche en su templo; y el que está sentado en el trono extenderá su tabernáculo sobre ellos.

16 Ya no tendrán hambre ni sed, ni el sol los abatirá, ni calor alguno,

17 pues el Cordero en medio del trono los pastoreará y los guiará a manantiales de aguas de vida, y Dios enjugará toda lágrima de sus ojos.

9 Ya nos hemos fijado en un recurso literario que el apóstol Juan utiliza para mostrar sus imágenes desde varios ángulos: *oír*, luego *ver*. Por ejemplo, en 1:10-13, el apóstol Juan *oye* una voz, y luego se vuelve para *ver* al Señor; en 5:5-6, *oye* hablar del León de Judá, y luego *ve* al Cordero; en 6:1-8, *oye a* una criatura viviente decir «Ven» y luego *ve* al objeto de la orden de la criatura. El mismo patrón se repite en este capítulo: el apóstol Juan nos dice: **Oí el número de los que fueron sellados** (v. 4); luego, **después de esto**— después de oír el número de los redimidos— **miré, y he aquí una gran multitud** (v. 9). Esta pauta, y el hecho de que las bendiciones atribuidas a ambos grupos son bendiciones que pertenecen a la Iglesia, indican que estos dos grupos son, en cierta medida, dos aspectos diferentes de la Iglesia única y universal.

---

[12] Austin Farrer, *The Revelation of St. John the Divine*, p. 108.

7 - El verdadero Israel

Así, desde un punto de vista, el pueblo de Dios está definitivamente contado; no falta ninguno de los elegidos, y la Iglesia es perfectamente simétrica y completa. Desde otro punto de vista, la Iglesia es innumerable, una gran hueste **que nadie podría contar**. Vista desde una perspectiva, la Iglesia es el nuevo, el verdadero Israel de Dios: los hijos de Jacob reunidos en todas sus tribus, plenos y completos. Desde otra perspectiva, igualmente verdadera, la Iglesia es el mundo entero: una gran multitud redimida **de todas las naciones, tribus, pueblos y lenguas.**

En otras palabras, los 144.000 son el remanente de Israel; sin embargo, el cumplimiento de las promesas a Israel tiene lugar mediante la salvación del mundo, al traer a los gentiles para que compartan las bendiciones de Abraham (Gál. 3:8). El número del remanente se llena con las multitudes de los salvos de todas las naciones, al igual que la nueva Jerusalén— cuyas dimensiones se miden en doce y en cuyas puertas están inscritos los nombres de las doce tribus— se llena con la gloria y el honor de las naciones del mundo (21:12-27). Farrer dice: «Mediante el contraste entre las tribus numeradas y la hueste innumerable, el apóstol Juan da expresión a dos temas antitéticos, ambos igualmente tradicionales. Dios conoce el número de sus elegidos; los que heredan la bendición de Abraham son tan innumerables como las estrellas (Gén. 15:5). Sin embargo, el apóstol Juan no puede querer decir ni que el número de los santos gentiles sea desconocido para Dios, ni que el número de los israelitas justos pueda ser contado por los hombres. Lo que nos dice es que su oído recibe un número resultante de un censo angélico, y que a su ojo se le presenta una multitud que no puede contar, como le ocurrió a Abraham cuando fue llamado a mirar las estrellas. La visión de la hueste vestida de blanco, purificada por el martirio, debe en todo caso reflejar Daniel 11:35. El tema continúa en Daniel 12:1-3, donde las mismas personas son descritas como 'inscritas en el libro' y como 'como las estrellas'; es fácil concluir 'numeradas, por tanto, pero incontables'».[13]

En la visión del apóstol Juan, por tanto, el remanente sellado de Israel es la simiente santa, las «primicias» (14:4) de la nueva Iglesia, destinada a expandirse en una multitud innumerable reunida en adoración ante el trono en el cielo. El núcleo de Israel se convierte en la Iglesia, redimida de entre todas las naciones en cumplimiento de la promesa abrahámica (Gén. 15:5; 22:17-18); y así la Iglesia se convierte en el mundo entero. La salvación solo de Israel nunca había sido la intención de Dios; Él envió a su Hijo «para que el mundo sea salvo por Él» (Jn. 3:16-17). Como dijo el Padre al Hijo, al proyectar el pacto de redención:

Poca cosa es que tú seas mi siervo,
para levantar las tribus de Jacob
y para restaurar a los que quedaron de Israel;
también te haré luz de las naciones,
para que mi salvación alcance hasta los confines de la tierra
(Is. 49:6).

---

[13] Ibid., p. 110.

El número real de los salvos, lejos de limitarse a meras decenas de miles, es en realidad **una multitud que nadie podría contar**, tan vasta que no puede ser comprendida. Y es que *Cristo vino a salvar al mundo*. Tradicionalmente— aunque los calvinistas han sido técnicamente correctos al declarar que los beneficios completos de la expiación estaban destinados solo a los elegidos— tanto calvinistas como arminianos han tendido a pasar por alto el punto de Juan 3:16. Ese punto ha sido bellamente resumido por Benjamin Warfield: «No debes imaginar, entonces, que Dios se sienta impotente mientras el mundo, que Él ha creado para sí mismo, se precipita desesperadamente a la destrucción, y Él solo es capaz de arrebatar con dificultad aquí y allá un tizón de la hoguera universal. El mundo no lo gobierna en ninguno de sus actos: Él lo gobierna y lo conduce firmemente hacia el fin que, desde el principio, o desde que una viga de él había sido colocada, Él había determinado para él... A través de todos los años corre un propósito *creciente*, un fin *creciente*: los reinos de la tierra se convierten cada vez más en el reino de nuestro Dios y de su Cristo. El proceso puede ser lento; el progreso puede parecer lento a nuestros ojos impacientes. Pero es Dios quien construye: y bajo sus manos la estructura se eleva tan firme como lentamente, y a su debido tiempo la piedra angular se colocará en su lugar, y a nuestros ojos asombrados se revelará nada menos que un mundo salvo».[14]

Por desgracia, muchos no han sabido apreciar plenamente las implicaciones de este pasaje. Durante más de un siglo, el cristianismo ha estado plagado de un derrotismo totalmente injustificado: Hemos creído más en la depravación del hombre que en la soberanía de Dios. Tenemos más fe en el poder de una criatura no regenerada para resistirse a la Palabra de Dios, que en el poder del creador Todopoderoso para volver el corazón de un hombre según su voluntad. Tal actitud impotente no siempre ha caracterizado al pueblo de Dios. Charles Spurgeon animó a una reunión de misioneros con estas palabras: «Yo mismo creo que el rey Jesús reinará, y que los ídolos serán abolidos por completo; pero espero que el mismo poder que una vez puso el mundo patas arriba seguirá haciéndolo. El Espíritu Santo nunca permitiría que recayera sobre su santo nombre, la imputación de que no fue capaz de convertir al mundo».[15]

Debido a la resurrección y ascensión de Cristo, esta es la era del triunfo del Evangelio. Las claras indicaciones de la Escritura son que la tendencia de las naciones, con el tiempo, será hacia la conversión. Los salvos superarán ampliamente en número a los perdidos. A lo largo de Apocalipsis, como en el resto de la Biblia, encontramos a Satanás continuamente derrotado ante el gran ejército de los elegidos. Incluso cuando Satanás parece dominar, sabe que «tiene poco tiempo» (12:12). El período del aparente triunfo de Satanás se cuenta en días y meses (12:6; 13:5), e incluso entonces no es más que una loca e inútil lucha por un poder efímero; en marcado contraste, el período del dominio de los santos se mide en *años*— mil de ellos— y desde el primero (1:6) hasta el último (20:4-6) son designados como *reyes*. Jesús es el vencedor. Ha venido a salvar al mundo, a redimir a las naciones, y no quedará

---

[14] Benjamin B. Warfield, de un sermón sobre Juan 3:16 titulado «God's Immeasurable Love», en *Biblical and Theological Studies* (Filadelfia: Presbyterian and Reformed Publishing Co., 1968), p. 518s.

[15] Citado en Iain Murray, *The Puritan Hope: Revival and the Interpretation of Prophecy* (Londres: The Banner of Truth Trust, 1971), p. 258.

defraudado: «Verá a su descendencia, prolongará sus días, y la voluntad del Señor en su mano prosperará» (Is. 53:10).

El apóstol Juan ve al mundo redimido, con los santos victoriosos de **pie delante del trono y delante del Cordero** en adoración. Están **vestidos con vestiduras blancas**, que simbolizan la justicia, con **palmas en las manos**, como el conocido símbolo de la restauración del pueblo de Dios en el paraíso. Esto también recuerda a la Fiesta de los Tabernáculos, iniciada durante el Éxodo: no es casualidad que la palabra *tabernáculo* aparezca en este pasaje (véase el v. 15 más abajo).[16] R. J. Rushdoony muestra lo extensa que es la imaginería de Éxodo en el simbolismo de Apocalipsis: «Jesús es a la vez el verdadero Moisés (el Cántico de Moisés se cita en Ap. 15:2ss.), y el gran Josué. Es el libertador del pueblo de Dios. Simeón declaró en el templo que sus ojos habían visto la salvación de Dios, al haber visto al niño salvador (Lc. 2:30; cf. Is. 52:10), pues era uno de los que 'esperaban la redención de Jerusalén' (Lc. 2:38), es decir, su liberación del cautiverio, del Egipto espiritual. La matanza de los niños por Faraón es paralela a la orden asesina de Herodes (Éx. 1:16; 2:15; 4:19; Mt. 2:16). Al niño Cristo se le llama el verdadero Israel llamado a salir de Egipto (Mt. 2:14s; cf. Éx. 4:22; Os. 11:1). Los 40 años de tentación de Israel en el desierto, y su fracaso, se corresponden con los 40 días de tentación de Cristo en el desierto, que terminan en victoria; Jesús resistió citando a Moisés. Jesús envió a 12 discípulos, para que fueran el nuevo Israel de Dios, los nuevos jefes de una nueva nación o pueblo. Jesús también envió a 70 (Lc. 10:1ss.), al igual que Moisés reunió a 70, a quienes Dios dio el Espíritu (Núm. 11:16ss.). Se nos ofrecen paralelismos con la conquista de Canaán y la destrucción de sus ciudades por el fuego del juicio (Mt. 10:15; 11:20ss.; Lc. 10:12ss.; Dt. 9:1ss.; Mt. 24). La antigua Jerusalén tiene ahora el papel de Canaán y ha de ser destruida (Mt. 24). El mundo entero es la nueva Canaán, que ha de ser juzgada y conquistada: 'Id por todo el mundo... ' Tanto Éxodo como Apocalipsis concluyen con el tabernáculo, el primero con el tipo, el segundo con la realidad».[17]

También hay otros paralelismos. La fiesta de la Dedicación (Janucá) conmemoraba la limpieza del templo por Judas Macabeo en 164/165 a.C., tras su profanación por Antíoco IV Epífanes, cuando los judíos se regocijaron «con acción de gracias y ramas de palmera, arpas, címbalos, violas, himnos y cánticos, porque había sido destruido un gran enemigo de Israel» (1Mac. 13:51). Jesús asistió a esta fiesta (Jn. 10:22), y el Domingo de Ramos imitó la acción de Judas Macabeo limpiando el templo de su contaminación por los cambistas (Mt. 21:12-13; Mc. 11:15-17; Lc. 19:4546; cf. Jn. 2:13-16).

Al establecer un paralelismo con la purificación del templo, la escena de la multitud redimida en Apocalipsis también invierte la imagen; pues, a diferencia de la gran multitud que saludó a Jesús con ramas de palma (Mt. 21:8), pero que solo poseía hojas y ningún fruto (Mt. 21:19), la multitud de Apocalipsis 7 es la nueva nación de Cristo, que da fruto y hereda el reino (Mt. 21:43). Que el apóstol Juan pretende que veamos este paralelismo queda claro

---

[16] Véase David Chilton, *Paradise Restored: A Biblical Theology of Dominion* (Ft. Worth, TX: Dominion Press, 1985), p. 44-46, 60.

[17] Rousas John Rushdoony, *Thy Kingdom Come: Studies in Daniel and Revelation* (Tyler, Texas: Thoburn Press, [1970] 1978), p. 149s.

por el hecho de que la palabra traducida como **palma** (*phoinix*) solo aparece dos veces en el Nuevo Testamento: aquí y en el relato del Domingo de Ramos en el evangelio de Juan (12:13).

10 Uniéndose a la liturgia celestial, la multitud innumerable grita: **La salvación** (es decir, **¡Hosanna!** cf. Jn. 12:13) **pertenece a nuestro Dios que está sentado en el trono, y al Cordero**— escribiendo a Dios y al Cordero lo que Roma reclamaba para los Césares. Marco Antonio dijo de Julio César que su «única obra era salvar allí donde alguien necesitaba ser salvo»;[18] y ahora estaba en el trono Nerón, a quien Séneca (hablando como «Apolo») había alabado como el divino Salvador del mundo:

Se parece a mí en mucho, en forma y apariencia, en su poesía y canto y juego. Y como el rojo de la mañana ahuyenta la noche oscura, como ni la bruma ni la niebla resisten ante los rayos del sol, como todo se vuelve brillante cuando aparece mi carro, así es cuando Nerón asciende al trono. Sus cabellos dorados, su hermoso rostro, brillan como el sol cuando atraviesa las nubes. La lucha, la injusticia y la envidia se derrumban ante él. Él devuelve al mundo la edad de oro.[19]

En contradicción directa con las blasfemias de adoración al estado de Roma e Israel, la Iglesia declara que la salvación es competencia exclusiva de Dios y de su Hijo. En todas las épocas, esta ha sido una cuestión básica. ¿Quién es el dueño y determinador de la realidad? ¿La palabra de quién es ley? ¿Es el estado el proveedor de la salvación? Para nosotros, como para la Iglesia primitiva, no existe un término medio seguro entre la fe y la apostasía.

11-12 Los **ángeles** también son vistos aquí en este servicio de adoración celestial, rodeando a la congregación alrededor del trono y dando una bendición séptuple a Dios en alabanza— una bendición precedida y terminada con un juramento: **¡Amén! La bendición, la gloria, la sabiduría, la acción de gracias, el honor, el poder y la fortaleza, sean a nuestro Dios por los siglos de los siglos. Amén.** Como en muchas otras descripciones bíblicas del culto, aquí se observa la posición de los adoradores: **Cayeron sobre sus rostros delante del trono**. En la Escritura, el culto público y oficial nunca muestra a los participantes sentados en oración; la oración pública siempre se realiza en las posiciones reverenciales de pie o inclinándose. El platonista nominalista moderno, creyéndose más espiritual que los personajes bíblicos (¡incluso que los ángeles!), respondería que la posición corporal es irrelevante, siempre y cuando la actitud adecuada llene el corazón. Pero esto pasa por alto el hecho de que la Escritura conecta la actitud del corazón con la actitud del cuerpo. En el culto *público*, como mínimo, nuestras iglesias deberían seguir el modelo bíblico de reverencia física en la oración.

Cuando los protestantes racionalistas abandonaron el uso del reclinatorio en el culto, contribuyeron a los brotes de pietismo individualista que han causado daño a la Iglesia. *El hombre necesita liturgia y simbolismo*. Dios nos creó así. Cuando la Iglesia niega al hombre este aspecto de la naturaleza que Dios le ha dado, él buscará realizarlo mediante sustitutos

---

[18] Ethelbert Stauffer, *Christ and the Caesars* (Filadelfia: The Westminster Press, 1955), p. 52.
[19] Ibid., p. 139. Nerón acabó pagando a Séneca toda una vida de idolatría servil ordenándole que se suicidara.

inadecuados o pecaminosos. Un retorno a la liturgia basada en la Biblia no es una panacea, pero será un correctivo a la «espiritualidad» superficial, frenética y fuera de lugar que ha sido el legado de siglos de pobreza litúrgica.

13-14 Uno de los ancianos reta ahora al apóstol Juan a que le diga la identidad de esta gran multitud de todas las naciones. El apóstol Juan confiesa su incapacidad, y el anciano le explica: **Estos son los que vienen de la Gran Tribulación**. Aunque este texto puede y debe utilizarse para consolar a los cristianos que atraviesan cualquier período de sufrimiento y persecución, su referencia principal es a «la hora de la prueba, esa hora que está por venir sobre todo el mundo para poner a prueba a los que habitan sobre la tierra» (3:10), la «Gran Tribulación» de la que Jesús advirtió cuando habló a sus discípulos en el Monte de los Olivos (Mt. 24:21; Mc. 13:19)— una tribulación que Él declaró que tendría lugar durante la generación que existía en ese tiempo (Mt. 24:34; Mc. 13:30; Lc. 21:32); la mayor tribulación que jamás ha habido ni habrá (Mt. 24:21; Mc. 13:19).

El punto, para los cristianos del primer siglo que lo leían, era que la tribulación que estaban a punto de sufrir no los destruiría. Al enfrentarse a la persecución, debían verse a sí mismos, en primer lugar, como «el Israel de Dios» (Gál. 6:16), sellado y protegido; y, en segundo lugar, como una multitud innumerable y victoriosa. Tal como Dios los veía, no eran grupos dispersos y aislados de individuos pobres y perseguidos, acusados como criminales por un estado-poder demoníaco y despiadado; eran, más bien, una vasta multitud de vencedores, que habían **lavado sus vestiduras y las habían emblanquecido en la sangre del Cordero**, están delante del trono de Dios y revestidos de la justicia de Jesucristo. El apóstol Juan se refiere probablemente al ritual de ordenación-investidura tras el riguroso examen para el sacerdocio. En primer lugar, se examinaba la genealogía del futuro sacerdote. «Si no satisfacía al tribunal sobre su perfecta legitimidad, el candidato era vestido y velado de negro, y permanentemente removido. Si superaba esa prueba, se investigaba a continuación si tenía algún defecto físico, de los cuales Maimónides enumera ciento cuarenta que descalificaban permanentemente y veintidós que descalificaban temporalmente para el ejercicio del oficio sacerdotal... Aquellos que habían superado la doble prueba eran vestidos con vestiduras blancas, y sus nombres permanentemente inscritos».[20] Las vestiduras blancas de estos sacerdotes corresponden así a la túnica blanca de su Sumo Sacerdote; y así como se dice que su túnica está «bañada en sangre», así las suyas son **lavadas y blanqueadas en la sangre del Cordero**.

En marcado contraste con lo que se ha enseñado a algunos grupos cristianos en los últimos años, la Iglesia primitiva no esperaba ser preservada milagrosamente de todas las penurias en esta vida. Sabían que serían llamados a sufrir persecución (2Tim. 3:12) y tribulación (Jn. 16:33; Hch. 14:22; Rom. 5:3; 8:35; Ap. 1:9). El apóstol Pedro ya había escrito para preparar a la Iglesia para la Gran Tribulación: «Amados, no os sorprendáis del fuego de prueba que en medio de vosotros ha venido para probaros, como si alguna cosa

---

[20] Alfred Edersheim, *The Temple: Its Ministry and Services as They Were at the Time of Jesus Christ* (Grand Rapids: William B. Eerdmans Publishing co., 1980), p. 95; cf. Ap. 3:5.

extraña os estuviera aconteciendo; antes bien, en la medida en que compartís los padecimientos de Cristo, regocijaos, para que también en la revelación de su gloria os regocijéis con gran alegría» (1Pe. 4:12-13). En un sentido secundario, esto es ciertamente aplicable a los cristianos de todo el mundo que sufren tribulaciones. No debemos ver la salvación como una fórmula mágica para evitar problemas. Como ejército de Cristo vestido de blanco, somos más que vencedores. Nuestra vocación es resistir y vencer.

En su influyente estudio sobre la expansión de la Iglesia primitiva, Adolf Harnack escribió: «Lo notable es que, aunque los cristianos no fueron en absoluto numerosos hasta después de mediados del siglo II, reconocieron que el cristianismo constituía el punto central de la humanidad como campo de la historia política, así como su factor determinante. Tal autoconciencia es perfectamente inteligible en el caso del judaísmo, pues los judíos eran realmente una gran nación y tenían una gran historia a sus espaldas. Pero es verdaderamente asombroso que un minúsculo conjunto de personas se enfrentara a toda la fuerza del Imperio romano, que viera en la persecución de los cristianos el papel principal de ese imperio y que hiciera que la historia del mundo culminara en semejante conflicto. La única explicación reside en el hecho de que la Iglesia simplemente ocupó el lugar de Israel y, en consecuencia, se sintió un pueblo; esto implicaba que también era un factor político y, de hecho, el factor que se situaba como decisivo junto al estado y por el que, al final, el estado debía ser vencido».[21]

15-17 El anciano continúa su explicación: **Por esta razón**— por su redención y unión con el Cordero a través de su sangre, **están ante el trono de Dios** en adoración. Imitando a los querubines (4:8), estos sacerdotes vestidos de blanco **le sirven día y noche en su templo** (cf. 1Cró. 9:33; 23:30; Sal. 134:1). Reciben así la bendición más característica del pacto, la sombra del Todopoderoso: El **que está sentado en el trono extenderá su tabernáculo sobre ellos**. Se refiere a la sombra proporcionada por la nube de gloria, que se movía sobre la tierra en el momento de su creación (Gén. 1:2) y sobre Israel en el desierto (Dt. 32:10-11).[22] Llena de «muchos millares de ángeles» (Sal. 68:17; cf. 2Re 2:2), la nube proporcionaba un refugio en el aire, «un refugio contra la tormenta, una sombra contra el calor» (Is. 25:4, cf. Sal. 17:8; 36:7; 57:1; 61:4; 63:7; 91:1-13; 121:5-6). Todo esto fue resumido en una profecía de la venidera Iglesia del Nuevo Pacto: «Cuando el Señor haya lavado la inmundicia de las hijas de Sion y haya limpiado la sangre derramada de en medio de Jerusalén con el espíritu del juicio y el espíritu abrasador, entonces el Señor creará sobre todo lugar del Monte Sion y sobre sus asambleas, una nube durante el día, o sea humo, y un resplandor de llamas de fuego por la noche; porque sobre toda la gloria habrá un dosel» (Is. 4:4-5; cf. 51:16).

Esta nube/cobertura de la presencia de Dios también se denomina tienda (2Sam. 22:12; Sal. 18:11; Lam. 3:44; Sal. 91:4), la misma palabra utilizada para describir la posición de los

---

[21] Adolf Harnack, *The Mission and Expansion of Christianity in the First Three Centuries*, James Moffatt, trad. (Gloucester, Massachusetts: Peter Smith, [1908] 1972), p. 257s.
[22] Véase Meredith G. Kline, *Images of the Spirit* (Grand Rapids: Baker Book House, 1980), p. 13ss; cf. Chilton, *Paradise Restored*, p. 58ss.

querubines tallados que se cernían sobre el arca del pacto (Éx. 25:20). Este término es también la palabra traducida como *cabañas* o *tabernáculos* en Levítico 23:33-43, donde Dios ordena a su pueblo erigir cabañas de ramas frondosas para habitar en ellas durante la Fiesta de los Tabernáculos. Como vieron los profetas de la restauración, esta fiesta era una profecía escenificada de la conversión de todas las naciones, el pueblo del pacto siendo llenado con el mundo entero. El último día de la Fiesta de los Tabernáculos, Dios habló a través de Hageo: «Haré temblar a todas las naciones; vendrán entonces los tesoros de todas las naciones, y yo llenaré de gloria esta casa [el templo]» (Hag. 2:7). También Zacarías profetizó el significado de esta fiesta en términos de conversión de las naciones y santificación de todos los ámbitos de la vida (Zc. 14:16-21).

En los últimos días, durante la celebración de la misma fiesta, Jesucristo volvió a exponer su significado: el derramamiento del Espíritu sobre el creyente restaurado, para que la Iglesia se convierta en un medio de restauración para el mundo entero. La promesa de la Fiesta de los Tabernáculos estaba a punto de cumplirse, después de la gloriosa ascensión del Hijo al trono: «Y en el último día, el gran día de la fiesta, Jesús puesto en pie, exclamó en alta voz, diciendo: Si alguno tiene sed, que venga a mí y beba. El que cree en mí, como ha dicho la Escritura: 'De lo más profundo de su ser brotarán ríos de agua viva'. Pero Él decía esto del Espíritu, que los que habían creído en Él habían de recibir; porque el Espíritu no había sido dado todavía, pues Jesús aún no había sido glorificado» (Jn. 7: 37-39).

La visión del apóstol Juan del mundo redimido revela el resultado ineludible de la ascensión de Cristo, la consumación del paraíso: **Ya no tendrán hambre ni sed, ni el sol los abatirá, ni calor alguno, pues el Cordero en medio del trono los pastoreará y los guiará a manantiales de aguas de vida, y Dios enjugará toda lágrima de sus ojos.** Anteriormente señalamos las palabras del Padre al Hijo de Isaías 49, que dan la promesa de la salvación del mundo, así como de Israel. El pasaje continúa:

> Te guardaré y te daré por pacto del pueblo,
> para restaurar la tierra, para repartir las heredades asoladas,
> para decir a los presos: «Salid»;
> a los que están en tinieblas: «Mostraos».
> Por los caminos pacerán,
> y en todas las alturas desoladas tendrán sus pastos.
> No pasarán hambre ni sed,
> no los herirá el calor abrasador ni el sol,
> porque el que tiene compasión de ellos los guiará,
> y a manantiales de aguas los conducirá.
> Convertiré todos mis montes en camino,
> y mis calzadas serán levantadas.
> Mirad, estos vendrán de lejos;
> y he aquí, otros del norte y del occidente,
> y otros de la tierra de Sinim [China]
> Gritad de júbilo, cielos, y regocíjate, tierra.

Prorrumpid, montes, en gritos de alegría,
porque el Señor ha consolado a su pueblo,
y de sus afligidos tendrá compasión.
(Is. 49:8-13)

Las iglesias del siglo I estaban al borde de la mayor tribulación de todos los tiempos. Muchos perderían sus vidas, sus familias, sus posesiones. Pero el apóstol Juan escribe para decir a las iglesias que la tribulación no es una muerte, sino un nacimiento (cf. Mt. 24:8), el preludio del establecimiento del reino mundial de Cristo. Les muestra la escena del otro lado: la inevitable celebración de la victoria.

En el Circo Máximo de Nerón, escenario de sus sangrientas y repugnantes matanzas de cristianos— por bestias salvajes, por crucifixión, por fuego y espada— se alzaba un gran obelisco de piedra, mudo testigo de la valerosa conducta de aquellos valientes santos que soportaron la tribulación y consideraron todas las cosas como pérdida por amor a Cristo. El bestial Nerón y sus secuaces hace tiempo que pasaron de la escena a su recompensa eterna, pero el obelisco sigue en pie, ahora en el centro de la gran plaza frente a la Basílica de San Pedro. En su base están cinceladas estas palabras, tomadas del himno triunfal de los mártires vencedores:

CRISTO VINCIT
CRISTO REGNAT
CRISTO IMPERAT

—que traducido es: Cristo está conquistando; Cristo está reinando; Cristo gobierna sobre todo.

PARTE IV

SANCIONES DEL PACTO: LAS SIETE TROMPETAS
(Apocalipsis 8-14)

Introducción

La cuarta sección del documento estándar del tratado trataba de las sanciones (maldiciones y bendiciones) del pacto (cf. Dt. 27:1-30:20).[1] En Deuteronomio, estas sanciones se exponen en el contexto de una ceremonia de ratificación, en la que se renueva el pacto entre Dios y el pueblo. Moisés instruyó al pueblo para que se dividiera en dos grupos, seis tribus en el monte Gerizim (el símbolo de la bendición) y seis en un altar construido en el monte Ebal (el símbolo de la maldición). La congregación debía hacer un juramento solemne, repitiendo *Amén* mientras los levitas repetían las maldiciones del pacto, invocando esas maldiciones sobre sí mismos si alguna vez abandonaban la ley (Dt. 27:1-26). Moisés dejó claro que este juramento del pacto implicaba no sólo a las personas que lo juraban, con sus esposas, hijos y sirvientes, sino también a las generaciones venideras (Dt. 29:10-15).

Deuteronomio 28 es prácticamente la sección paradigmática de bendiciones y maldiciones de toda la Biblia. Las bendiciones por la obediencia se enumeran en los versículos 1-14, y las maldiciones por la desobediencia se enumeran (con más detalle) en los versículos 15-68. *La Guerra Judía* de Josefo se lee casi como un comentario sobre este pasaje, pues la Gran Tribulación que culminó con la caída de Jerusalén en el año 70 d.C. y la subsiguiente dispersión de los judíos por toda la tierra fue el cumplimiento definitivo de

---

[1] Véase Meredith G. Kline, *Treaty of the Great King: The Covenant Structure of Deuteronomy* (Grand Rapids: William B. Eerdmans Publishing Co., 1963), pp. 121-34; cf. Ray R. Sutton, *That You May Prosper: Dominion By Covenant* (Tyler, TX: Institute for Christian Economics, 1987).

sus maldiciones. Cuando la turba judía pedía a gritos que crucificaran a Jesús, invocaban las maldiciones de este capítulo: «Y respondiendo todo el pueblo, dijo: ¡Caiga su sangre sobre nosotros y sobre nuestros hijos!» (Mt. 27:25). Cuando finalmente llegaron los días de venganza para aquella generación, fueron maldecidos en todos los aspectos de la vida (Dt. 28:15-19); azotados por toda clase de plagas (Dt. 28:20-26); visitados por la peste, la violencia y la opresión (Dt. 28:27-37); azotados por malas cosechas, reveses económicos y la pérdida de sus hijos (Dt. 28:38-48); asediados por enemigos y obligados a practicar el canibalismo (Dt. 28:49-57); esclavizados y dispersos por las naciones del mundo, viviendo con miedo y desesperación día y noche (Dt. 28:58-68).

Moisés advirtió que la tierra de Israel se convertiría en una desolación si el pueblo abandonaba el pacto; como Sodoma y Gomorra, un monumento al juicio de Dios. «Y la generación venidera, vuestros hijos que se levanten después de vosotros y el extranjero que venga de tierra lejana, cuando vean las plagas de la tierra y las enfermedades con las que el SEÑOR la ha afligido, dirán: 'Toda su tierra es azufre, sal y calcinación, sin sembrar, nada germina y el pasto no crece en ella, como en la destrucción de Sodoma y Gomorra, de Adma y de Zeboim que el SEÑOR destruyó en su ira y en su furor'. Y dirán todas las naciones: '¿Por qué ha hecho así el SEÑOR a esta tierra? ¿Por qué esta gran explosión de ira?'. Y *los hombres* dirán: «Porque abandonaron el pacto que el SEÑOR, el Dios de sus padres, hizo con ellos cuando los sacó de la tierra de Egipto. Y ellos fueron y sirvieron a otros dioses y los adoraron, dioses que no habían conocido y los cuales Él no les había dado. Por eso, ardió la ira del SEÑOR contra aquella tierra, para traer sobre ella toda maldición que está escrita en este libro; y el SEÑOR los desarraigó de su tierra con ira, con furor y con gran enojo, y los arrojó a otra tierra, hasta hoy». (Dt. 29:22-28).

Las siete trompetas de Apocalipsis anuncian que este juicio está a punto de derramarse sobre Israel por su rechazo de Cristo. A lo largo de esta sección vuela el querubín-águila con su grito de Ay, un recordatorio de la nación conquistadora de la que se advierte en Deuteronomio 28:49. El águila es un símbolo bíblico tanto de la bendición del pacto (cf. Éx. 19:4; Dt. 32:11) como de la maldición del pacto (cf. Jer. 4:13; Hab. 1:8). Al igual que la apertura de la sección sanciones/ratificación del pacto de Oseas (Os. 8:1), el águila en Apocalipsis está relacionada con el toque de las trompetas que señala el desastre; sin embargo, el águila también trae la salvación a los fieles del pacto (cf. Ap. 12:14).

Al igual que en Deuteronomio, esta sección de Apocalipsis nos muestra dos montes: el monte de la maldición en el capítulo 8, que es incendiado con carbones del altar y arrojado al abismo; y el monte de la bendición en el capítulo 14, el Monte de Sión, donde el Cordero se reúne con su ejército de 144.000, el remanente de la tierra de Israel. Deuteronomio 30:1-10 promete una restauración final del pueblo, cuando Dios circuncidaría verdaderamente sus corazones, y cuando volvería a bendecirlos abundantemente en todos los ámbitos de la vida. Kline comenta: «Como muestra el desarrollo de este tema en los profetas, la renovación y restauración que Moisés predice es la cumplida por Cristo en el Nuevo Pacto. La profecía no se refiere estrictamente a los judíos étnicos, sino a la comunidad del pacto, aquí concretamente denotada en su identidad del Antiguo Testamento como Israel. Sin embargo, en el ámbito del Nuevo Pacto desaparece el muro de las distinciones étnicas. En consecuencia, la figura del Antiguo Testamento utilizada aquí de los israelitas exiliados que son reunidos de nuevo con el Señor en Jerusalén (v. 3b, 4; cf. 28:64) encuentra su principal cumplimiento en la reunión universal del Nuevo Testamento de los pecadores de la raza humana, exiliados del paraíso, de vuelta al Señor Cristo entronizado en la Jerusalén celestial».[2]

Así, la imagen central de esta sección de Apocalipsis es una ceremonia de ratificación del Pacto (capítulo 10), en la que el ángel del pacto está de pie sobre el mar y sobre la tierra, levantando su mano derecha al cielo, haciendo un juramento y proclamando la llegada del Nuevo Pacto la inauguración de una nueva administración del mundo bajo «el Señor y su Cristo; y reinará por los siglos de los siglos» (Ap. 11:15).

---

[2] Kline, pp. 132s.

8

LITURGIA E HISTORIA

Se abre el libro (8:1-5)

1 Cuando el Cordero abrió el séptimo sello, hubo silencio en el cielo como por media hora.
2 Y vi a los siete ángeles que están de pie delante de Dios, y se les dieron siete trompetas.
3 Otro ángel vino y se paró ante el altar con un incensario de oro, y se le dio mucho incienso para que lo añadiera a las oraciones de todos los santos sobre el altar de oro que estaba delante del trono.
4 Y de la mano del ángel subió ante Dios el humo del incienso con las oraciones de los santos.
5 Y el ángel tomó el incensario, lo llenó con el fuego del altar y lo arrojó a la tierra, y hubo truenos, ruidos, relámpagos y un terremoto.

1-2 Finalmente, se rompe **el séptimo sello**, que se abre para revelar **las siete trompetas** que anuncian la perdición de Jerusalén, la otrora ciudad santa que se ha paganizado y que, como su precursora Jericó, caerá por el toque de siete trompetas (cf. Jos. 6:4-5). Pero antes, en esta gran liturgia celestial que constituye Apocalipsis, se hace el **silencio en el cielo durante una media hora**. Milton Terry comenta: «Tal vez la idea de este silencio fue sugerida por el cese de los cantores y las trompetas cuando el rey Ezequías y los que estaban con él se inclinaron en reverente adoración (2Cró. 29:28-29), y la media hora puede tener alguna referencia a la ofrenda de incienso descrita en los versículos 3 y 4, ya que sería más o menos el tiempo necesario para que un sacerdote entrara en el templo, ofreciera incienso y regresara (cf. Lev. 16:13-14; Lc. 1:10, 20».[1]

La descripción que hace Alfred Edersheim de esta ceremonia del templo nos ayuda a comprender el escenario que aquí se refleja: «Lentamente, el sacerdote incensador y sus ayudantes ascendían los escalones del Lugar Santo, precedidos por los dos sacerdotes que antes habían vestido el altar y el candelabro, y que ahora retiraban los recipientes que habían dejado, y, adorando, se retiraban. A continuación, uno de los asistentes esparcía reverentemente los carbones sobre el altar de oro; el otro disponía el incienso; y luego el sacerdote oficiante principal quedaba solo dentro del Lugar Santo, para esperar la señal del presidente antes de quemar el incienso. Fue probablemente mientras estaba así expectante cuando el ángel Gabriel se apareció a Zacarías [Lc. 1:8-11]. Cuando el presidente dio la orden de que 'había llegado la hora del incienso', 'toda la multitud del pueblo que estaba fuera' se retiró del atrio interior y se postró ante el Señor, extendiendo las manos[2] en oración silenciosa».

«Este es el período más solemne, cuando en los vastos edificios del templo reinaba un profundo silencio sobre la multitud que adoraba, mientras que en el santuario mismo el sacerdote depositaba el incienso sobre el altar de oro y la nube de 'olores' [5:8] se elevaba ante el Señor, que sirve como imagen de las cosas celestiales en esta descripción».[3]

Tras este silencio sobrecogedor, **los siete ángeles que están ante Dios**[4] reciben las **siete trompetas** (la liturgia del templo utilizaba siete trompetas: 1Cró. 15:24; Neh. 12:41). El apóstol Juan parece suponer que reconoceremos a estos siete ángeles; y bien que deberíamos, pues ya los hemos conocido. Las cartas de Apocalipsis 2-3 fueron escritas a «los siete ángeles» de las iglesias, y son ellos quienes están representados aquí (concediendo, por supuesto, que estas figuras no son necesariamente «idénticas» a los ángeles de las iglesias). Es evidente que están relacionados entre sí, como podemos ver cuando nos alejamos del texto (y de nuestras ideas preconcebidas) y permitimos que se nos presente el cuadro completo. Cuando hacemos esto, vemos que Apocalipsis está estructurado en sietes, y en patrones recurrentes de sietes. Uno de esos modelos recurrentes es el de los **siete ángeles** (capítulos 1-3, 8-11, 14, 15-16). Al igual que el culto terrenal sigue el modelo del culto celestial (Heb. 8:5; 9:23-24), lo mismo ocurre con el gobierno de la Iglesia (Mt. 16:19; 18:18; Jn. 20:23); además, según las Escrituras, existen numerosas correspondencias entre las actividades humanas y las angélicas (cf. 21:17). Los ángeles están presentes en los cultos de la Iglesia (1Co. 11:10; Ef. 3:10)— o, más exactamente, en el día del Señor estamos reunidos en adoración en torno al trono de Dios, en la corte celestial.

---

[1] Milton S. Terry, *Biblical Apocalyptics: A Study of the Most Notable Revelations of God and of Christ in the Canonical Scriptures* (Nueva York: Eaton and Mains, 1898), pp. 343s. Véase también Alfred Edersheim, *The Temple: Its Ministry and Services as They Were at the Time of Jesus Christ* (Grand Rapids: William B. Eerdmans, 1980), pp. 167s.

[2] Edersheim señala aquí que «la práctica de juntar las manos en la oración data del siglo V de nuestra era, y es de origen puramente sajón».

[3] Alfred Edersheim, *The Temple*, p. 167.

[4] Tobías 12:15 habla de «los siete santos ángeles, que presentan las oraciones de los santos, y que entran y salen delante de la gloria del Santo».

Así se nos muestra en el libro de Apocalipsis que el gobierno de la Iglesia terrenal corresponde al gobierno celestial, angélico, del mismo modo que nuestro culto oficial corresponde al que se lleva a cabo en torno al trono celestial por los ángeles. Además, los juicios que caen sobre la tierra son traídos a través de las acciones de los siete ángeles (de nuevo, no podemos divorciar a los ángeles humanos de sus contrapartes celestiales). Los oficiales de la Iglesia son comisionados y facultados para hacer fructificar las bendiciones y maldiciones de Dios en la tierra. Los oficiales de la Iglesia son los administradores divinamente designados de la historia del mundo. Las implicaciones de este hecho, como veremos, son literalmente estremecedoras.

3-5 El apóstol Juan ve a **otro ángel** ante el **altar** celestial del incienso, con **un incensario de oro en la mano**. Una gran cantidad de **incienso**, símbolo de **las oraciones de todos los santos** (cf. comentarios sobre 5:8), es entregada al ángel **para que la añada** a las oraciones del pueblo de Dios, asegurando que las oraciones serán recibidas como una ofrenda de olor fragante para el Señor. Luego, el humo del incienso, con las oraciones de los santos, asciende ante Dios de la mano del ángel, mientras el ministro ofrece las peticiones de su congregación.

Lo que sucede a continuación es asombroso: El ángel llena el incensario con brasas del altar del incienso y arroja el fuego sobre la tierra en señal de juicio; y a esto le siguen el **sonido de truenos, voces, relámpagos y un terremoto**. Estos fenómenos, por supuesto, deberían resultarnos familiares como acompañantes comunes de la nube de gloria: «Y aconteció que al tercer día, cuando llegó la mañana, hubo truenos y relámpagos y una densa nube sobre el monte y un fuerte sonido de trompeta... Y todo el monte Sinaí humeaba, porque el Señor había descendido sobre él en fuego; el humo subía como el humo de un horno, y todo el monte se estremecía con violencia». (Éx. 19:16, 18).

La ironía de este pasaje se hace evidente cuando tenemos en cuenta que es una profecía contra el Israel apóstata. En el culto del Antiguo Testamento, el fuego del altar de los holocaustos se originaba en el cielo y descendía sobre el altar cuando se preparaban el tabernáculo y el templo (Lev. 9:24; 2Cró. 7:1). Este fuego, encendido por Dios, era mantenido encendido por los sacerdotes, y era llevado de un lugar a otro para que pudiera ser utilizado para encender otros fuegos sagrados (Lev. 16:12-13; cf. Núm. 16:46-50; Gén. 22:6). Ahora bien, cuando al pueblo de Dios se le ordenó destruir una ciudad apóstata, Moisés ordenó además: «Aamontonarás todo su botín en medio de su plaza, y prenderás fuego a la ciudad con todo su botín, todo ello *como ofrenda encendida* al Señor tu Dios» (Dt. 13:16; Jue. 20:40; cf. Gén. 19:28). La única forma aceptable de quemar una ciudad como holocausto era con el fuego de Dios— el fuego del altar.[5] Así, cuando una ciudad iba a ser destruida, el sacerdote tomaba el fuego del altar de Dios y lo utilizaba para encender el montón de botín que servía de leña, ofreciendo así toda la ciudad como sacrificio. Es esta práctica de poner una ciudad «bajo la prohibición», de modo que nada sobreviva a la

---

[5] Ofrecer un sacrificio con «fuego extraño» (es decir, fuego hecho por el hombre, no del altar) se castigaba con la muerte: Lev. 10:14.

conflagración (Dt. 13:12-18), la que el libro de Apocalipsis utiliza para describir el juicio de Dios contra *Jerusalén*.[6]

Dios hace llover sus juicios sobre la tierra en respuesta específica al culto litúrgico de su pueblo. Como parte del culto formal y oficial en el cielo, el ángel del altar ofrece las oraciones del pueblo de Dios; y Dios responde a las peticiones, actuando en la historia en nombre de los santos. La íntima conexión entre liturgia e historia es un hecho ineludible, que no podemos permitirnos ignorar. No se trata de sugerir que el mundo corre el peligro de caer en el «no ser» cuando el culto de la Iglesia es defectuoso. De hecho, Dios utilizará fuerzas históricas (incluso paganas) para castigar a la Iglesia cuando no esté a la altura de su elevada vocación como reino de sacerdotes. El punto aquí es que el culto oficial de la comunidad del pacto es cósmicamente significativo. La historia de la Iglesia es la clave de la historia del mundo: Cuando la asamblea que rinde culto invoca al Señor del pacto, el mundo experimenta sus juicios. La historia se gestiona y dirige desde el altar del incienso, que ha recibido las oraciones de la Iglesia».[7]

> En mi angustia invoqué al SEÑOR,
> y clamé a mi Dios;
> desde su templo oyó mi voz,
> y mi clamor delante de Él llegó a sus oídos.
> Entonces la tierra se estremeció y tembló;
> los cimientos de los montes temblaron
> y fueron sacudidos, porque Él se indignó.
> Humo subió de su nariz,
> y el fuego de su boca consumía;
> carbones fueron por él encendidos.
> También inclinó los cielos, y descendió
> con densas tinieblas debajo de sus pies.
> Cabalgó sobre un querubín, y voló;
> y raudo voló sobre las alas del viento.
> De las tinieblas hizo su escondedero, su pabellón a su alrededor;
> tinieblas de las aguas, densos nubarrones.
> Por el fulgor de su presencia se desvanecieron sus densas nubes
> en granizo y carbones encendidos.
> El Señor también tronó en los cielos,
> y el Altísimo dio su voz:
> granizo y carbones encendidos.
> Y envió sus saetas, y los dispersó,
> y muchos relámpagos, y los confundió.

---

[6] Para un estudio profundo de todo este tema, véase James B. Jordan, *Sabbath-Breaking and the Death Penalty: A Theological Investigation* (Tyler, TX: Geneva Ministries, 1986), esp. caps. 3-5.

[7] Por tanto, el uso simbólico del incienso es apropiado (pero, por supuesto, no obligatorio) en la liturgia del Nuevo Pacto.

> Entonces apareció el lecho de las aguas,
> y los cimientos del mundo quedaron al descubierto
> a tu reprensión, oh SEÑOR,
> al soplo del aliento de tu nariz.
> (Sal. 18:6-15)

En este pasaje se abordan varios aspectos del significado simbólico de las **trompetas**. En primer lugar, las trompetas se utilizaban en la liturgia del Antiguo Testamento para procesiones ceremoniales, en particular como escolta del arca del pacto; el ejemplo más obvio y destacado es la marcha alrededor de Jericó antes de su caída (Jos. 6; cf. 1Cró. 15:24; Neh. 12:41). Como dice G. B. Caird, «Juan debió de tener este relato en mente cuando escribió; pues nos dice que al sonar la séptima trompeta apareció el arca (11:19), y también que una de las consecuencias de los toques de trompeta fue que cayó la décima parte de la gran ciudad (11:13)».[8]

En segundo lugar, se tocaban trompetas para proclamar el reinado de un nuevo rey (1Re. 1:34, 39; cf. Sal. 47:5): «La séptima trompeta de Juan es la señal para que el coro celestial cante su himno de coronación, alabando a Dios porque ha asumido la soberanía y ha empezado a reinar (11:15)».[9]

En tercer lugar, la trompeta daba la alarma, advirtiendo a Israel de la proximidad del juicio e instando al arrepentimiento nacional (Is. 58:1; Jer. 4:5-8; 6:1, 17; Ez. 33:1-6; Jl. 2:1, 15). «Juan también creía que el propósito de los toques de trompeta y los desastres que anunciaban era llamar a los hombres al arrepentimiento, aunque ese propósito no se lograra. El resto de la humanidad que sobrevivió a estas plagas aún no renunció a los dioses de su propia creación» (9:20; cf. Am. 4:6-11).[10]

En cuarto lugar, Moisés recibió instrucciones de usar dos trompetas de plata tanto «para convocar a la congregación» a la adoración como «para que los campamentos se pusieran en marcha» en la batalla contra el enemigo (Núm. 10:1-9). Es significativo que estos dos propósitos, la guerra y el culto, se mencionen al mismo tiempo. Gordon Wenham observa que «al igual que la disposición del campamento con el tabernáculo en el centro, y la ordenación de las tribus en formación de batalla, las trompetas de plata declaran que Israel es el ejército del Rey de reyes que se prepara para una guerra santa de conquista».[11] La ironía de Apocalipsis, por supuesto, es que Dios ordena ahora que se toquen las trompetas de la guerra santa contra el propio Israel.

En quinto lugar, también se tocaban trompetas en las fiestas y el primer día de cada mes (Núm. 10:10), con especial énfasis en el 1 de Tishrei, el Año Nuevo civil (en el año eclesiástico, el primer día del séptimo mes); este día de las Trompetas era el reconocimiento litúrgico especial del día del Señor (Lev. 23:24-25; Núm. 29:1-6). Por supuesto, el trasfondo

---

[8] G. B. Caird, *The Revelation of St. John the Divine* (Nueva York: Harper & Row, Publishers, 1966), p. 108.
[9] Ibid.
[10] Ibid., p. 109.
[11] Gordon J. Wenham, *Numbers: An Introduction and Commentary* (Downers Grove, IL: Inter-Varsity Press, 1981), p. 102.

más básico de todo esto es la nube de gloria, que va acompañada de toques de trompeta angélicos que anuncian la soberanía y el juicio del Señor (Éx. 19:16); la liturgia terrenal del pueblo de Dios era una recapitulación de la liturgia celestial, otra indicación de que el pueblo redimido de Dios había sido restaurado a su imagen. (Esta fue la razón del método que utilizó el ejército de Gedeón para derrotar a los madianitas, en Jueces 7:15-22: al rodear al enemigo con luces, gritos y el toque de trompetas, los israelitas eran un reflejo terrenal del ejército celestial de Dios en la nube, que venía en venganza sobre los enemigos de Dios). El simbolismo bíblico habría resultado muy familiar a los lectores del apóstol Juan en siglo I, y «en cualquier caso, el propio Juan les ha dicho con suficiente claridad que las trompetas eran una escolta para el arca, una proclamación de la soberanía divina y un llamado al arrepentimiento general; y al ponerlas en manos de los ángeles de la presencia ha indicado su estrecha asociación con el culto».[12]

Como señala J. Massyngberde Ford,[13] hay cuatro «inversiones» llamativas en el texto:

1. Del trono y del altar, el «propiciatorio», sale la ira;
2. El incienso, «aroma agradable al Señor» (Lev. 1:13), se convierte en agente de muerte (cf. 2Co. 2:14-16);
3. Las trompetas, que llamaban a Israel a la adoración, se convierten ahora en heraldos de su destrucción;
4. La propia liturgia celestial, designada para la santificación de Israel, se convierte en el medio de su derrocamiento y disolución.

La primera trompeta (8:6-7)

6 Entonces los siete ángeles que tenían las siete trompetas se prepararon para tocarlas.
7 El primero tocó la trompeta, y vino granizo y fuego mezclados con sangre, y fueron arrojados a la tierra; y se quemó la tercera parte de la tierra, se quemó la tercera parte de los árboles y se quemó toda la hierba verde.

6-7 Además de recordarnos la caída de Jericó, los juicios provocados por el sonido de estas trompetas también recuerdan las plagas que cayeron sobre Egipto antes del Éxodo. En conjunto, se representa que destruyen un tercio de la tierra. Obviamente, como el juicio no es total ni definitivo, no puede ser el fin del mundo físico. Sin embargo, la devastación es tremenda y contribuye a provocar el fin de la nación judía, objeto de estas terribles profecías. Israel se ha convertido en una nación de egipcios y cananeos, y lo que es peor: en una tierra de apóstatas del pacto. Todas las maldiciones de la Ley están a punto de ser derramadas sobre los que una vez habían sido el pueblo de Dios (Mt. 23:35-36). Al parecer, las cuatro

---

[12] Caird, p, 111.
[13] J. Massyngberde Ford, *Revelation: Introduction, Translation, and Commentary* (Garden City, NY: Doubleday & Co., 1975), pp. 135s.

primeras trompetas se refieren a la serie de desastres que asolaron Israel en los últimos días, y principalmente a los acontecimientos que condujeron al estallido de la guerra.

Así como los juicios del sello se cuentan en cuartos, los juicios de la primera trompeta se cuentan en tercios. Suena la primera trompeta, y una triple maldición (granizo, fuego, sangre) es lanzada, afectando a un tercio de la tierra; tres objetos en particular son señalados. El apóstol Juan ve **granizo y fuego, mezclados con sangre, que son arrojados sobre la tierra**. La sangre de los testigos asesinados se mezcla con el fuego del altar, haciendo caer la ira sobre los perseguidores. El resultado de esta maldición, que tiene algunas similitudes con la séptima plaga egipcia (Éx. 9:22-26), es la quema de **un tercio de la tierra y un tercio de los árboles, y toda la hierba verde** (es decir, toda la hierba de un tercio de la tierra; cf. 9:4). Si los árboles y la hierba representan al remanente elegido (como parece en 7:3 y 9:4), esto indica que no están exentos del sufrimiento físico y la muerte cuando la ira de Dios se abata sobre los impíos. No obstante, (1) la Iglesia no puede ser completamente destruida en ningún juicio (Mt. 16:18), y (2) a diferencia de los impíos, el destino final del cristiano no es la ira, sino la vida y la salvación (Rom. 2:7-9; 1Ts. 5:9).

A los paganos que se burlaban de que Dios no hubiera rescatado a los cristianos de sus enemigos, Agustín les respondió: «Toda la familia de Dios, altísima y verdadera, tiene, por tanto, un consuelo propio, un consuelo que no puede engañar, y que tiene en él una esperanza más segura que la que pueden ofrecer los tambaleantes y caídos asuntos de la vida. No rechazarán la disciplina de esta vida temporal, en la que se les instruye para la vida eterna; ni lamentarán su experiencia de ella, pues las cosas buenas de la vida las aprovechan como peregrinos que no se detienen en ellas, y sus males los prueban o mejoran.

«En cuanto a los que insultan sobre ellos en sus pruebas, y cuando les sobrevienen males dicen: '¿Dónde está tu Dios? [Sal. 42:10] podemos preguntarles dónde están sus dioses cuando sufren las mismas calamidades por las que sostienen que deberían ser adorados; pues la familia de Cristo está provista de su respuesta: Nuestro Dios está presente en todas partes, totalmente en todas partes; no está confinado a ningún lugar. Puede estar presente sin ser percibido, y estar ausente sin moverse; cuando nos expone a adversidades, es para probar nuestras perfecciones o corregir nuestras imperfecciones; y a cambio de nuestra paciente resistencia a los sufrimientos del tiempo, nos reserva una recompensa eterna. Pero, ¿quiénes sois vosotros para que nos dignemos hablaros siquiera de vuestros propios dioses, y mucho menos de nuestro Dios, que es 'temible sobre todos los dioses'? Porque todos los dioses de las naciones son ídolos; pero el Señor hizo los cielos [Sal. 96:4-5]».[14]

A los impíos, en cambio, solo les espera ira y angustia, tribulación y aflicción (Rom. 2:8-9). Literalmente, la vegetación de Judea, y especialmente la de Jerusalén, sería destruida por los métodos de guerra romanos quemar la tierra: «El campo, como la ciudad, era un espectáculo lamentable, pues donde antes había multitud de árboles y parques, ahora había un desierto total desprovisto de madera; y ningún forastero que hubiera visto la antigua Judea y los gloriosos suburbios de su capital, y ahora contemplara la desolación total, podría abstenerse de llorar o reprimir un gemido ante un cambio tan terrible. La guerra había

---

[14] Agustín, *La ciudad de Dios*, i.29 (Marcus Dods, trad.; Nueva York: The Modern Library, 1950, pp. 34s.).

borrado todo rastro de belleza, y nadie que la hubiera conocido en el pasado y se encontrara con ella de repente habría reconocido el lugar, pues aunque ya estuviera allí, seguiría buscando la ciudad».[15] Pero esto no era más que el principio; le esperaban muchas más penas— y mucho peores (cf. 16:21).

La segunda trompeta (8:8-9)

> **8** El segundo ángel tocó la trompeta, y algo como una gran montaña ardiendo en llamas fue arrojado al mar, y la tercera parte del mar se convirtió en sangre.
> **9** Y murió la tercera parte de los seres que estaban en el mar y que tenían vida; y la tercera parte de los barcos fue destruida.

8-9 Con el toque de trompeta del **segundo ángel**, vemos un paralelismo con la primera plaga sobre Egipto, en la que el Nilo se convirtió en sangre y los peces **murieron** (Éx. 7:17-21). La causa de esta calamidad fue que **un gran monte ardiendo en fuego fue arrojado al mar**. El significado de esto queda claro cuando recordamos que la nación de Israel era el «monte santo» de Dios, el «monte de la heredad de Dios» (Éx. 15:17). Como pueblo redimido de Dios, había sido devuelto al Edén, y el uso repetido de la imagen del monte a lo largo de su historia (incluido el hecho de que el Monte Sion era el símbolo aceptado de la nación) lo demuestra vívidamente. Pero ahora, como apóstatas, Israel se había convertido en un «monte destructor», contra el que se había vuelto la ira de Dios. Dios habla ahora de *Jerusalén* en el mismo lenguaje que utilizó en su día para hablar de *Babilonia*, un hecho que será central en las imágenes de este libro:

> He aquí, yo estoy contra ti, monte destructor,
> que destruyes toda la tierra— declara el SEÑOR.
> Extenderé mi mano contra ti,
> te haré rodar desde las peñas
> y te reduciré a monte quemado...
> El mar ha subido sobre Babilonia;
> con la multitud de sus olas ha sido cubierta.
> (Jer. 51:25, 42)

Conecte esto con el hecho de que Jesús, en medio de una larga serie de discursos y parábolas sobre la destrucción de Jerusalén (Mt. 20-25), maldijo una higuera infructuosa, como símbolo del juicio sobre Israel. Luego dijo a sus discípulos: «En verdad os digo que si tenéis fe y no dudáis, no solo haréis lo de la higuera, sino que aun si decís a *este monte*: 'Quítate y échate al mar', así sucederá. Y todo lo que pidáis en oración, creyendo, lo recibiréis» (Mt. 21:21-22). ¿Estaba Jesús siendo frívolo? ¿De verdad esperaba que sus discípulos fueran por

---

[15] Josefo, *La guerra de los judíos*, vi.i.1.

ahí orando para mover montañas? Por supuesto que no. Lo más importante es que Jesús no estaba cambiando de tema. Todavía les estaba dando una lección sobre la caída de Israel. ¿Cuál era la lección? Jesús estaba instruyendo a sus discípulos para que hicieran oraciones imprecatorias, suplicando a Dios que destruyera a Israel, que marchitara la higuera, que arrojara la montaña apóstata al mar. [16]

Y eso es exactamente lo que ocurrió. La Iglesia perseguida, bajo la opresión de los judíos apóstatas, comenzó a orar por la venganza de Dios sobre Israel (6:9-11), pidiendo que el monte de Israel «fuera tomado y arrojado al mar». Sus ofrendas fueron recibidas en el altar celestial de Dios, y en respuesta Dios ordenó a sus ángeles que arrojaran sus juicios sobre la tierra (8:3-5). Israel fue destruido. Debemos notar que el apóstol Juan está escribiendo esto antes de la destrucción, para instrucción y aliento de los santos, para que continúen orando con fe. Como les había dicho al principio: «Bienaventurado el que lee y los que oyen las palabras de la profecía y guardan las cosas que están escritas en ella, porque el tiempo está cerca» (1:3).

La tercera trompeta (8:10-11)

9 El tercer ángel tocó la trompeta, y cayó del cielo una gran estrella, ardiendo como una antorcha, y cayó sobre la tercera parte de los ríos y sobre los manantiales de las aguas.

10 Y el nombre de la estrella es Ajenjo; y la tercera parte de las aguas se convirtió en ajenjo, y muchos hombres murieron por causa de las aguas, porque se habían vuelto amargas.

10-11 Al igual que el símbolo anterior, la visión de la tercera trompeta combina imágenes bíblicas de la caída de Egipto y Babilonia. El efecto de esta plaga— las aguas **se vuelven amargas**— es similar al de la primera plaga sobre Egipto, en la que el agua se volvió amarga a causa de la multitud de peces muertos y en descomposición (Éx. 7:21). La amargura de las aguas es causada por **una gran estrella** que **cayó del cielo, ardiendo como una antorcha**. Esto es paralelo a la profecía de Isaías sobre la caída de Babilonia, pronunciada en términos de la caída original del paraíso en 8:10-12:

¡Cómo has caído del cielo,
oh lucero de la mañana[j], hijo de la aurora!
Has sido derribado por tierra,
tú que debilitabas a las naciones.
Pero tú dijiste en tu corazón:

---

[16] Según William Telford, esta montaña era una expresión habitual entre el pueblo judío para referirse al monte del templo, «la montaña por excelencia»; véase *The Barren Temple and the Withered Tree* (Department of Biblical Studies, University of Sheffield, 1980), p. 119.

«Subiré al cielo,
por encima de las estrellas de Dios levantaré mi trono,
y me sentaré en el monte de la asamblea,
en el extremo norte.
Subiré sobre las alturas de las nubes,
me haré semejante al Altísimo».
Sin embargo, has sido derribado al Seol,
a lo más remoto del abismo.
(Is. 14:12-15)

El **nombre** de esta estrella caída es **Ajenjo**, término utilizado en la Ley y los Profetas para advertir a Israel de su destrucción como castigo por la apostasía (Dt. 29:18; Jer. 9:15; 23:15; Lam. 3:15, 19; Am. 5:7). Una vez más, al combinar estas alusiones del Antiguo Testamento, el apóstol Juan expone su punto de vista: Israel es apóstata y se ha convertido en Egipto; Jerusalén se ha convertido en Babilonia; y los que rompen el pacto serán destruidos, tan ciertamente como Egipto y Babilonia fueron destruidos.

La cuarta trompeta (8:12-13)

12 El cuarto ángel tocó la trompeta, y fue herida la tercera parte del sol, la tercera parte de la luna y la tercera parte de las estrellas, para que la tercera parte de ellos se oscureciera y el día no resplandeciera en su tercera parte, y asimismo la noche.
13 Entonces miré, y oí volar a un águila en medio del cielo, que decía a gran voz: ¡Ay, ay, ay, de los que habitan en la tierra, a causa de los toques de trompeta que faltan, que los otros tres ángeles están para tocar!

12 Al igual que la novena plaga egipcia de «densas tinieblas» (Éx. 10:21-23), la maldición que trae **el cuarto ángel** golpea a los portadores de luz, **el sol, la luna** y **las estrellas, de modo que un tercio de ellos se oscurece**. Los profetas utilizaron durante mucho tiempo estas imágenes para describir la caída de naciones y gobernantes nacionales (Is. 13:9-11, 19; 24:19-23, 34:4-5, Ez. 32:7-8, 11-12; Jl. 2:10, 28-32; Hch. 2:16-21). En cumplimiento de esto, observa Farrar, «gobernante tras gobernante, caudillo tras caudillo del Imperio romano y de la nación judía fue asesinado y arruinado. Cayo, Claudio, Nerón, Galba, Otón, Vitelio, todos murieron por asesinato o suicidio; Herodes el Grande, Herodes Antipas, Herodes Agripa, y la mayoría de los príncipes herodianos, junto con no pocos de los principales Sumos Sacerdotes de Jerusalén, perecieron en desgracia, o en el exilio, o por manos violentas. Todos ellos fueron soles apagados y estrellas oscurecidas».[17]

---

[17] F. W. *Farrar, The Early Days of Christianity* (Chicago: Belford, Clarke and Co., Publishers, 1882), p. 519.

13 El águila-querubín volando (4:7) rige la sección de las trompetas de Apocalipsis (cf. Os. 8:1), y es apropiado que el apóstol Juan vea ahora **un ángel volando en medio del cielo**, advirtiendo de la ira venidera. El águila, como muchos otros símbolos del pacto, tiene una doble naturaleza. Por un lado, significa la salvación que Dios proporcionó a Israel:

> Porque la porción de Jehová es su pueblo;
> Jacob la heredad que le tocó.
> Le halló en tierra de desierto,
> Y en yermo de horrible soledad;
> Lo trajo alrededor, lo instruyó,
> Lo guardó como a la niña de su ojo.
> Como el águila que excita su nidada,
> Revolotea sobre sus pollos,
> Extiende sus alas, los toma,
> Los lleva sobre sus plumas,
> (Dt. 32:9-11; cf. Éx. 19:4)

Pero el águila también es un ave depredadora temible, asociado con sangre, muerte y sangre en descomposición:

> Sus polluelos chupan la sangre;
> Y donde hubiere cadáveres, allí está ella.
> (Job 39:30)

Las advertencias proféticas sobre la destrucción de Israel se formulan a menudo en términos de águilas que descienden sobre la carroña (Dt. 28:49, Jer. 4:13; Lam. 4:19; Os. 8:1, Hab. 1:8; Mt. 24:28). De hecho, un aspecto básico de la maldición del pacto es el de ser devorado por las aves del cielo (Gén. 15:9-12; Dt. 28:26, 49; Prov. 30:17, Jer. 7:33-34; 16:34; 19:7; 34:18-20; Ez. 39:17-20, Ap. 19:17-18). El águila-querubín reaparecerá en esta sección de Apocalipsis como imagen de la salvación (12:14), y al final será sustituido por (o visto de nuevo como) un ángel que **vuela en medio del cielo** proclamando el *Evangelio* a **los que habitan la tierra** (14:6), pues su misión es en última instancia redentora en su alcance. Pero la salvación del mundo se producirá por la caída de Israel (Rom. 11:11-15, 25). Así pues, el águila comienza su mensaje con ira, proclamando tres **ayes** que caerán sobre **los que habitan la tierra**.

De la misma forma que las plagas originales sobre Egipto, las maldiciones se intensifican y se aplican con mayor precisión. El apóstol Juan va in crescendo, utilizando los tres ayes del águila (correspondientes al quinto, sexto y séptimo **toques de la trompeta**; cf. 9:12; 11:14-15) para dramatizar los crecientes desastres que se abaten sobre la tierra de Israel. Después de muchos retrasos y mucha paciencia por parte del celoso y santo Señor de los ejércitos, las terribles sanciones de la Ley se desatan finalmente contra los transgresores del pacto, para que Jesucristo pueda heredar los reinos del mundo y llevarlos a su templo (11:15-19; 21:22-27).

9

SE DESATA EL INFIERNO

La quinta trompeta (9:1-12)

1 El quinto ángel tocó la trompeta, y vi una estrella que había caído del cielo a la tierra, y se le dio la llave del pozo del abismo.
2 Cuando abrió el pozo del abismo, subió humo del pozo como el humo de un gran horno, y el sol y el aire se oscurecieron por el humo del pozo.
3 Y del humo salieron langostas sobre la tierra, y se les dio poder como tienen poder los escorpiones de la tierra.
4 Se les dijo que no dañaran la hierba de la tierra, ni ninguna cosa verde, ni ningún árbol, sino solo a los hombres que no tienen el sello de Dios en la frente.
5 No se les permitió matar a nadie, sino atormentarlos por cinco meses; y su tormento era como el tormento de un escorpión cuando pica al hombre.
6 En aquellos días los hombres buscarán la muerte y no la hallarán; y ansiarán morir, y la muerte huirá de ellos.
7 Y el aspecto de las langostas era semejante al de caballos dispuestos para la batalla, y sobre sus cabezas tenían como coronas que parecían de oro, y sus caras eran como rostros humanos.
8 Tenían cabellos como cabellos de mujer, y sus dientes eran como de leones.
9 También tenían corazas como corazas de hierro; y el ruido de sus alas era como el estruendo de carros, de muchos caballos que se lanzan a la batalla.
10 Tienen colas parecidas a escorpiones, y aguijones; y en sus colas está su poder para hacer daño a los hombres por cinco meses.
11 Tienen sobre ellos por rey al ángel del abismo, cuyo nombre en hebreo es Abadón, y en griego se llama Apolión.
12 El primer ¡ay! ha pasado; he aquí, aún vienen dos ayes después de estas cosas.

1-6 Con el primer ay, las plagas se hacen más intensas. Aunque esta maldición es similar a las grandes nubes de langostas que cayeron sobre Egipto en la octava plaga (Éx. 10:12-15), estas «**langostas**» son diferentes: son *demonios* **del abismo**, el pozo sin fondo, del que se habla siete veces en Apocalipsis (9:1, 2, 11; 11:7; 17:8; 20:1, 3). La Septuaginta utiliza el término por primera vez en Génesis 1:2, refiriéndose a las profundidades y tinieblas originales que el Espíritu cubrió creativamente (y metafóricamente «venció»; cf. Jn. 1:5). El abismo es el extremo más alejado del cielo (Gén. 49:25; Dt. 33:13) y de las altas montañas (Sal. 36:6). Se utiliza en las Escrituras como referencia a las partes más profundas del mar (Job 28:14; 38:16; Sal. 33:7) y a ríos subterráneos y bóvedas de agua (Dt. 8:7; Job 38:16), de donde procedían las aguas del Diluvio (Gén. 7:11; 8:2, Prov. 3:20; 8:24), y que alimentaban el reino de Asiria (Ez. 31:4, 15). La travesía del Mar Rojo por el pueblo del pacto, se compara repetidamente con el paso por el abismo (Sal. 77:16; 106:9; Is. 44:27; 51:10; 63:13). El profeta Ezequiel amenazó a Tiro con una gran desolación de la tierra, en la que Dios haría subir el abismo para cubrir la ciudad con un nuevo diluvio, haciendo descender a su pueblo a la fosa en las partes más bajas de la tierra (Ez. 26:19-21), y Jonás habló del abismo en términos de excomunión de la presencia de Dios, un destierro del templo (Jon. 2:2-6). El dominio del dragón (Job 41:31; Sal. 148:7; Ap. 11:7; 17:8), la prisión de los demonios (Lc. 8:31; Ap. 20:1-3; cf. 2Pe. 2:4; Jud. 6), y el reino de los muertos (Rom. 10:7) son todos llamados con el nombre de *abismo*. El apóstol Juan advierte así a sus lectores de que el infierno está a punto de desatarse sobre la tierra de Israel; como ocurrió con Tiro en el pasado, el abismo está siendo dragado para cubrir la tierra con sus espíritus inmundos. El Israel apóstata será expulsado de la presencia de Dios, excomulgado del templo y lleno de demonios. Uno de los mensajes centrales de Apocalipsis es que la Iglesia tiene su tabernáculo en el cielo; el corolario de esto es que la falsa iglesia tiene su tabernáculo en el infierno.

¿Por qué la plaga de langostas dura **cinco meses**? Esta cifra hace referencia, en primer lugar, al período de cinco meses, de mayo a septiembre, en el que normalmente aparecen las langostas. (Lo inusual es que *estas* langostas *permanecen* durante todo el período, atormentando constantemente a la población). En segundo lugar, esto puede referirse en parte a las acciones de Gessius Florus, el procurador de Judea, que durante un período de cinco meses (comenzando en mayo del 66 con la matanza de 3.600 ciudadanos pacíficos) aterrorizó a los judíos, buscando deliberadamente incitarlos a la rebelión. Tuvo éxito: Josefo data el comienzo de la guerra de los judíos en esta ocasión.[1] En tercer lugar, el uso del término cinco está asociado en las Escrituras con el poder, y específicamente con la organización militar —la disposición de la milicia israelita en una formación de pelotón de cinco escuadrones (Éx. 13:18; Núm. 32:17; Jos. 1:14; 4:12; Jud. 7:11; cf. 2Re. 1:9ss).[2] Por orden de Dios, Israel iba a ser atacado por un ejército demoníaco del abismo.

---

[1] Flavio Josefo, *La guerra de los judíos*, ii.xiv.9-xix.9.

[2] En estos textos, la palabra hebrea suele traducirse como «equipado», «armado» o en «formación marcial», pero la traducción literal es simplemente cinco en fila (es decir, cinco escuadrones de diez hombres en cada escuadrón). Véase James B. Jordan, *The Law of the Covenant: An Exposition of Exodus 21-23* (Tyler, Texas: Institute for Christian Economics, 1984), p. 264s.; idem, Judges: God's War Against Humanism (Tyler, TX: Geneva Ministries, 1985), p. 17.

Durante el ministerio de Cristo, **Satanás había caído a la tierra como una estrella del cielo** (cf. 12:4, 9, 12); y le fue entregada **la llave del pozo del abismo. Y abrió el pozo del abismo**. Lo que todo esto significa es exactamente lo que Jesús profetizó durante su ministerio terrenal: la tierra que había recibido los beneficios de su obra y luego lo había rechazado, se llenaría de demonios del abismo. Debemos notar aquí que la llave es *dada* a Satanás, pues es Dios quien envía los demonios como azote sobre su pueblo rebelde.

> Los hombres de Nínive se levantarán con esta generación en el juicio y la condenarán, porque ellos se arrepintieron con la predicación de Jonás; y mirad, algo más grande que Jonás está aquí. La Reina del Sur se levantará con esta generación en el juicio y la condenará, porque ella vino desde los confines de la tierra para oír la sabiduría de Salomón; y mirad, algo más grande que Salomón está aquí.
> Cuando el espíritu inmundo sale del hombre, pasa por lugares áridos buscando descanso y no lo halla. Entonces dice: «Volveré a mi casa de donde salí»; y cuando llega, la encuentra desocupada, barrida y arreglada. Va entonces, y toma consigo otros siete espíritus más depravados que él, y entrando, moran allí; y el estado final de aquel hombre resulta peor que el primero. *Así será también con esta generación perversa* (Mt. 12:41-45).

Debido al rechazo de Israel al Rey de reyes, las bendiciones que habían recibido se convertirían en maldiciones. Jerusalén había sido «barrida y limpiada» por el ministerio de Cristo; ahora se convertiría en «habitación de demonios, en guarida de todo espíritu inmundo y en guarida de toda ave inmunda y aborrecible» (18:2). Toda la generación estaba cada vez más poseída por el demonio; su progresiva locura nacional es evidente a medida que se lee el Nuevo Testamento, y sus horribles etapas finales se describen en las páginas de *La guerra de los judíos,* de Josefo: la pérdida de toda capacidad de razonar, las turbas frenéticas atacándose unas a otras, las multitudes engañadas siguiendo a los profetas más descaradamente falsos, la búsqueda enloquecida y desesperada de comida, los asesinatos en masa, las ejecuciones y los suicidios, los padres masacrando a sus propias familias y las madres comiéndose a sus propios hijos. Satanás y las huestes del infierno simplemente pululaban por la tierra de Israel y consumían a los apóstatas.

La vegetación de la tierra está específicamente exenta de la destrucción causada por las «langostas». Se trata de una maldición contra los *hombres* desobedientes. Sólo los cristianos son inmunes a la picadura de **escorpión** de los demonios (cf. Mc. 6:7; Lc. 10:17-19; Hch. 26:18); los israelitas no bautizados, **que no tienen el sello de Dios en la frente** (véase sobre 7:3-8), son atacados y atormentados por los poderes demoníacos. Y el propósito inmediato que Dios tiene al desatar esta maldición no es la muerte, sino simplemente el **tormento**, la miseria y el sufrimiento, ya que la nación de Israel fue sometida a una serie de convulsiones demoníacas. El apóstol Juan repite lo que nos ha dicho en 6:16, que **en aquellos días los hombres buscarán la muerte y no la hallarán; y ansiarán morir, y la muerte huirá de ellos**. Jesús había profetizado específicamente este anhelo de muerte entre la generación final, la generación de judíos que lo crucificó (Lc. 23:27-30). Como la Sabiduría de Dios había dicho mucho antes: «Pero el que peca contra mí, a sí mismo se daña; todos los que me odian, aman la muerte» (Prov. 8:36).

7-12 La descripción de las langostas demoníacas guarda muchas similitudes con los ejércitos paganos invasores mencionados en los profetas (Jer. 51:27; Joel 1:6, 2:4-10, cf. Lev. 17:7 y 2Cró. 11:15, donde la palabra hebrea para *demonio* es *peludo*). Este pasaje también puede referirse, en parte, a las bandas satánicas de zelotes asesinos que se atacaban con los ciudadanos de Jerusalén. Como nos dice Josefo, el pueblo tenía más que temer de los zelotes que de los romanos: «Con su insaciable hambre de botín, saqueaban las casas de los ricos, asesinaban a los hombres y violaban a las mujeres por deporte; bebían su botín con sangre, y por mera saciedad se entregaban descaradamente a prácticas afeminadas, trenzándose el pelo y vistiéndose con ropas de mujer, empapándose de perfumes y pintándose los párpados para resultar atractivos. Copiaron no solo el vestido, sino también las pasiones de las mujeres, ideando en su exceso de libertinaje placeres ilícitos en los que se revolcaban como en un burdel. Así contaminaron por completo la ciudad con sus sucias prácticas. Aunque llevaban rostros de mujer, sus manos eran asesinas. Se acercaban con paso vacilante, se convertían de repente en combatientes y, sacando sus espadas de debajo de sus mantos teñidos, arrollaban a todos los transeúntes».[3]

Un punto especialmente interesante sobre la descripción del ejército demoníaco, es la afirmación del apóstol Juan de que el ruido **de sus alas era como el de carros, el de muchos caballos que corren a la batalla**. Es el mismo sonido que hacían las alas de los ángeles en la nube de gloria (Ez. 1:24; 3:13; 2Re. 7:5-7); la diferencia aquí es que el ruido lo hacen los ángeles *caídos*.

El apóstol Juan pasa a identificar al **rey** de los demonios, **el ángel del abismo**, dando su nombre tanto en hebreo (**Abadón**) como en griego (**Apolión**)— una de las muchas indicaciones del carácter esencialmente hebraico de Apocalipsis.[4] Las palabras significan *destrucción* y *destructor*; **Abadón** se utiliza en el Antiguo Testamento para designar el reino de los muertos, el «lugar de la destrucción» (Job 26:6; 28:22; 31:12; Sal. 88:11; Prov. 15:11; 27:20). El apóstol Juan presenta así a Satanás como la personificación misma de la muerte (cf. 1Co. 10:10; Heb. 2:14). Es evidente que el hecho de que toda la hueste de destructores de Satanás se soltara sobre la nación judía fue un verdadero infierno en la tierra. Y, sin embargo, el apóstol Juan nos dice que este brote de demonios en la tierra es solo **el primer ay**. Incluso esto no es lo peor, porque **dos ayes** (es decir, la sexta y séptima trompeta) **todavía vienen después de estas cosas**.

---

[3] Flavio Josefo, *La guerra de los judíos*, iv.ix.10.
[4] Para un extenso análisis de la gramática del apóstol Juan, con especial atención al estilo hebraico, véase R. H. Charles, *A Critical and Exegetical Commentary on the Revelation of St. John*, 2 vols. (Edimburgo: T. & T. Clark, 1920), vol. 1, p. cxvii-clix. Charles resume la razón del estilo único de Juan en que «mientras escribe en griego, piensa en hebreo...» (p. cxliii).

La sexta trompeta (9:13-21)

13 El sexto ángel tocó la trompeta, y oí una voz que salía de los cuatro cuernos del altar de oro que está delante de Dios,

14 y decía al sexto ángel que tenía la trompeta: Suelta a los cuatro ángeles que están atados junto al gran río Éufrates.

15 Y fueron desatados los cuatro ángeles que habían sido preparados para la hora, el día, el mes y el año, para matar a la tercera parte de la humanidad.

16 Y el número de los ejércitos de los jinetes era de doscientos millones; yo escuché su número.

17 Y así es como vi en la visión los caballos y a los que los montaban: los jinetes tenían corazas color de fuego, de jacinto y de azufre; las cabezas de los caballos eran como cabezas de leones, y de sus bocas salía fuego, humo y azufre.

18 La tercera parte de la humanidad fue muerta por estas tres plagas: por el fuego, el humo y el azufre que salían de sus bocas.

19 Porque el poder de los caballos está en su boca y en sus colas; pues sus colas son semejantes a serpientes, tienen cabezas y con ellas hacen daño.

20 Y el resto de la humanidad, los que no fueron muertos por estas plagas, no se arrepintieron de las obras de sus manos ni dejaron de adorar a los demonios y a los ídolos de oro, de plata, de bronce, de piedra y de madera, que no pueden ver ni oír ni andar;

21 y no se arrepintieron de sus homicidios ni de sus hechicerías ni de su inmoralidad ni de sus robos.

13 Una vez más se nos recuerda que las desolaciones que Dios lleva a cabo en la tierra son en favor de su pueblo (Sal. 46), en respuesta a su adoración oficial y de pacto: la orden **al sexto ángel** es emitida por **una voz que salía de los cuatro cuernos del altar de oro** (es decir, el altar del incienso) **que está delante Dios**. La mención de este punto tiene evidentemente por objeto alentar al pueblo de Dios en la adoración y la oración, asegurándole que las acciones de Dios en la historia proceden de su altar, donde ha recibido sus oraciones. El apóstol Juan afirma que la voz procedía de **los cuatro cuernos** (salientes en forma de cuerno situados en cada esquina del altar), en referencia a un aspecto importante de la liturgia del Antiguo Testamento: la ofrenda de purificación. Esta ofrenda se refería a la contaminación y profanación de un *lugar* por el pecado. Si el lugar contaminado por el pecado no se purificaba, la muerte será el resultado. En su excelente estudio del sistema levítico, Gordon Wenham nos dice que «la ofrenda de purificación se ocupaba de la contaminación causada por el pecado. Si el pecado contaminaba la tierra, contaminaba particularmente la casa donde Dios moraba. La gravedad de la contaminación dependía de la gravedad del pecado, que a su vez estaba relacionada con el estatus del pecador. Si un ciudadano particular pecaba, su acción contaminaba el santuario solo hasta cierto punto. Por lo tanto, la sangre de la ofrenda de purificación solo se untaba en los cuernos del altar del holocausto. Sin embargo, si toda la nación pecaba o el miembro más sagrado de la nación, el sumo sacerdote, pecaba, esto era más grave. La sangre debía llevarse al interior del tabernáculo y rociarse sobre el velo y el altar del incienso».[5]

Los pecados de la nación se expiaban ofreciendo un sacrificio en el altar de bronce, tomando luego la sangre y untándola en los cuernos del altar de oro del incienso (Lev. 4:13-21). De este modo se purificaba el altar, para poder ofrecer el incienso con la seguridad de que Dios escucharía sus plegarias. Los lectores de Apocalipsis en el siglo I habrían reconocido la importancia de este hecho: La orden de Dios a sus ángeles, en respuesta a las oraciones de su pueblo, se pronuncia desde los cuernos del altar de oro. Sus pecados han sido cubiertos, y no se interponen en el camino del libre acceso a Dios.

Conviene observar un punto más. Las oraciones de la Iglesia en el altar del incienso son oraciones imprecatorias contra la nación de Israel. El «Israel» que ha rechazado a Cristo está contaminado y manchado (cf. Lev. 18:24-30), y sus oraciones no serán escuchadas por Dios, pues ha rechazado la única expiación por el pecado. Por lo tanto, la tierra impura de Israel será juzgada en términos de las maldiciones de Levítico 26, un capítulo que amenaza repetidamente con un juicio séptuple sobre la nación si se contamina por el pecado (Lev. 26:18, 21, 24, 28; hemos visto que esta es la fuente de los repetidos juicios séptuples de Apocalipsis). Pero la Iglesia de Jesucristo es el nuevo Israel, la nación santa, el verdadero pueblo de Dios, que posee «confianza para entrar al Lugar Santísimo por la sangre de Jesús» (Heb. 10:19). Una vez más, el apóstol Juan asegura a la Iglesia del siglo I que sus oraciones serán escuchadas y atendidas por Dios. Él se vengará de sus perseguidores, porque la tierra es bendecida y juzgada por las acciones litúrgicas y los decretos judiciales de la Iglesia.

La disposición de Dios para escuchar y la voluntad de conceder las oraciones de su pueblo, se proclaman continuamente a través de las Escrituras. (Sal. 9:10; 10:17-18, 18:3; 34:15-17, 37:4-5; 50:14-15, 145:18-19). Dios nos ha dado numerosos ejemplos de oraciones imprecatorias, mostrando repetidamente que un aspecto de la actitud de un hombre piadoso es el odio hacia los enemigos de Dios y la oración ferviente por su caída y destrucción (Sal. 5:10; 10:15; 35:1-8, 22-26; 59:12-13; 68:1-4; 69:22-28; 83; 94; 109; 137:8-9; 139:19-24; 140:6-11). ¿Por qué entonces no vemos el derrocamiento de los malvados en nuestro propio tiempo? Una parte importante de la respuesta es la falta de voluntad de la Iglesia moderna para orar bíblicamente; y Dios nos ha asegurado: **No tenéis, porque no pedís** (Stg. 4:2). Pero la Iglesia del primer siglo, orando fiel y fervientemente por la destrucción del apóstata Israel, había sido escuchada en el altar celestial de Dios. Sus ángeles fueron comisionados para atacar.

14-16 El **sexto ángel recibe el encargo** de **liberar a los cuatro ángeles** que habían sido **atados junto al gran río Éufrates**; entonces traen contra Israel un ejército formado por **miríadas de miríadas**. El río Éufrates formaba la frontera entre Israel y las temibles fuerzas paganas que Dios utilizaba como azote contra su pueblo rebelde. «Era la frontera septentrional de Palestina [cf. Gén. 15:18; Dt. 11:24; Jos. 1:4], a través de la cual los invasores asirios, babilonios y persas habían llegado para imponer su soberanía pagana sobre

---

[5] Gordon J. Wenham, *The Book of Leviticus* (Grand Rapids: William B. Eerdmans Publishing Co., 1979), p. 96.

9 - Se desata el infierno

el pueblo de Dios. Por tanto, todas las advertencias bíblicas sobre un enemigo del norte encuentran su eco en la visión espeluznante de Juan» (Jer. 6:1, 22; 10:22; 13:20; 25:9, 26; 46:20, 24; 47:2; Ez. 26:7; 38:6, 15; 39:2).[6] Hay que recordar también que el *norte* (la ubicación original del Edén)[7] era la zona del trono de Dios (Is. 14:13); y tanto la nube de gloria como los agentes de venganza de Dios se ven venir del norte, es decir, del Éufrates (Ez. 1:4; Is. 14:31; Jer. 1:14-15). Así, este gran ejército del norte es *el* ejército *de Dios*, y está bajo su control y dirección, aunque es claramente demoníaco y pagano en su carácter (sobre la atadura de los ángeles caídos, cf. 2Pe. 2:4; Jud. 6). Dios es completamente soberano, y utiliza tanto a los demonios como a los paganos para cumplir sus santos propósitos (1Re. 22:20-22; Job 1:12-21; por supuesto, luego castiga a los paganos por sus malvados motivos y objetivos que los llevaron a cumplir su decreto: cf. Is. 10:5-14). Los ángeles atados en el Éufrates **habían sido preparados para la hora, el día, el mes y el año**, su papel en la historia estaba totalmente predestinado y seguro.

El apóstol Juan oye el **número** de los jinetes: **miríadas de miríadas**. En la introducción a este volumen hemos señalado algunas de las interpretaciones más extravagantes de esta expresión (véanse las páginas 39-72). Sin embargo, si mantenemos nuestra imaginación atada a la Escritura, observaremos que está tomada del Salmo 68:17, que dice: «Los carros de Dios son miríadas, millares y millares». Mounce observa correctamente que «los intentos de reducir esta expresión a la aritmética pierden el punto. Una 'doble miríada de miríadas' es un número indefinido de inmensidad incalculable».[8] El término significa simplemente *muchos miles*, e indica una vasta hueste que debe pensarse en conexión con el ejército angélico del Señor de miles y miles de carros.

17-19 Evitando las deslumbrantes especulaciones tecnológicas formuladas por algunos comentaristas, observaremos simplemente que mientras el *número* del ejército pretende recordarnos al ejército de Dios, las *características* de los caballos— **el fuego y el humo y el azufre que salían de sus bocas**— nos recuerdan al dragón, el Leviatán que escupe fuego (Job 41:18-21). «La imagen pretende ser inconcebible, horripilante e incluso repugnante. Porque estas criaturas no son de la tierra. El fuego y el azufre pertenecen al infierno (19:20; 21:8), así como el humo es característico de la fosa (9:2). Sólo los monstruos de abajo arrojan tales cosas».[9] Así, para resumir la idea: Un ejército innumerable avanza sobre Jerusalén desde el Éufrates, origen de los enemigos tradicionales de Israel; es una fuerza feroz, hostil, demoníaca, enviada por Dios en respuesta a las oraciones de venganza de su pueblo. En resumen, este ejército es el cumplimiento de todas las advertencias de la ley y los profetas sobre una horda vengadora enviada para castigar a los infractores del pacto. Los horrores descritos en Deuteronomio 28 iban a caer sobre esta generación malvada (véanse

---

[6] G. B. Caird, p. 122.

[7] Véase David Chilton, *Paradise Restored: A Biblical Theology of Dominion* (Ft. Worth, Texas: Dominion Press, 1985), p. 29s.

[8] Robert H. Mounce, *The Book of Revelation* (Grand Rapids: William B. Eerdmans Publishing co., 1977), p. 201.

[9] G. R. Beasley-Murray, *The Book of Revelation* (Grand Rapids: William B. Eerdmans Publishing Co., [1974] 1981), p. 165s.

especialmente los versículos 49-68). Moisés había declarado: *Y te volverás loco por lo que verán tus ojos* (Dt. 28:34).

Tal y como se desarrolló en la historia, la rebelión judía en reacción a la «plaga de langostas» de Gessius Florus durante el verano del 66 provocó la invasión de Palestina por parte de Cestio en otoño, con un gran número de tropas a caballo procedentes de las regiones cercanas al Éufrates[10] (aunque el punto principal de la referencia del apóstol Juan es el significado simbólico del río en la historia y la profecía bíblicas). Tras asolar el campo, sus fuerzas llegaron a las puertas de Jerusalén en el mes de Tishrei— el mes que comienza con el día de las trompetas. El ejército rodeó la ciudad: «Durante cinco días, los romanos atacaron por todos los flancos, pero no avanzaron; el sexto día, Cestio dirigió una gran fuerza de hombres escogidos con los arqueros para asaltar el lado norte del templo. Los judíos resistieron el ataque desde el tejado del pórtico e hicieron retroceder repetidamente a los que alcanzaron el muro, pero al final, abrumados por la lluvia de proyectiles, cedieron. La primera fila de romanos colocó entonces sus broqueles contra el muro y sobre ellas la segunda fila apoyó las suyas, y así sucesivamente, hasta formar una cubierta protectora conocida como 'la tortuga', desde la que los proyectiles rebotaron inofensivamente, mientras los soldados socavaban el muro y se preparaban para prender fuego a la puerta del monte del templo.

Absoluto pánico se apoderó de los insurgentes, y muchos empezaron a huir de la ciudad, creyendo que caería en cualquier momento. El pueblo se animó de nuevo, y cuanto más retrocedían los desdichados,[11] más se acercaban los primeros para abrir las puertas y dar la bienvenida a Cestio como benefactor».[12] Entonces, en el preciso momento en que la victoria completa estaba a su alcance, Cestio retiró sus fuerzas repentina e inexplicablemente. Animados, los judíos persiguieron a los soldados en retirada y los atacaron, infligiéndoles grandes bajas. Gaalya Cornfeld comenta que «el fracaso de Cestio transformó la revuelta contra Roma en una auténtica guerra. Un éxito tan inesperado y sensacional había fortalecido naturalmente las manos del grupo que estaba a favor de la guerra. La mayoría de los opositores a la revuelta se encontraron en minoría y tendieron a aliarse con los zelotes vencedores, aunque no creían posible la victoria. Sin embargo, aunque no se proclamaban abiertamente, creían más conveniente dar la apariencia de aprobación por miedo a perder el control sobre el pueblo en su conjunto. Así, los círculos del sumo sacerdote y los moderados, aunque notorios en su lealtad al bando de la paz, decidieron asumir la dirección de la guerra que ahora se consideraba inevitable... El respiro obtenido por los judíos tras la retirada de Cestio a Siria fue aprovechado para organizar una fuerza de defensa nacional».[13]

20-21 Pero el resto de los hombres, que no murieron a causa de estas plagas, no se arrepintieron... para no adorar a los demonios y a los ídolos. Los judíos se habían

---

[10] Véase Josefo, *La guerra de los judíos*, ii.xviii.9-xix.7; cf. J. Massyngberde Ford, *Revelation: Introduction, Translation, and Commentary* (Garden City, Nueva York: Doubleday and co., 1975), p. 154.

[11] Los zelotes, que mantenían la ciudad en rebeldía contra Roma y contra los deseos de los judíos más prósperos y pacifistas.

[12] Josefo, *La guerra de los judíos*, ii.xix.5-6.

[13] Gaalya Cornfeld, ed., *Josephus: The Jewish War* (Grand Rapids: Zondervan Publishing House, 1982), p. 201.

entregado tan completamente a la apostasía que ni la bondad ni la ira de Dios pudieron apartarlos de su error. Por el contrario, como informa Josefo, incluso hasta el final— después de la hambruna, los asesinatos en masa, el canibalismo, la crucifixión de sus compañeros judíos a razón de 500 por día— los judíos siguieron escuchando los delirios locos de falsos profetas que les aseguraban la liberación y la victoria: «Así fue como el pueblo miserable fue engañado por estos charlatanes y falsos mensajeros de Dios, mientras ignoraban y eran incrédulos a los inconfundibles presagios que anunciaban la desolación venidera; pero, como atónitos, ciegos, sin sentido, no prestaron atención a las claras advertencias de Dios».[14]

¿Qué «claras advertencias» les había dado Dios? Aparte de la predicación apostólica, que era lo único que realmente necesitaban (cf. Lc. 16:27-31), Dios había enviado señales milagrosas y prodigios para dar testimonio del juicio venidero; Jesús había advertido que, antes de la caída de Jerusalén, «habrá terrores y grandes señales del cielo» (Lc 21:11). Esto fue especialmente cierto durante las festividades del año 66, como informa Josefo: «Mientras el pueblo se reunía para la Fiesta de los Panes sin Levadura, el octavo del mes Xanthicus (Nisán), a la hora novena de la noche [3:00 a.m.] una luz tan brillante brilló alrededor del altar y del templo que parecía plena luz del día; y esto duró media hora. Los inexpertos lo consideraron un buen presagio, pero los escribas sagrados lo interpretaron inmediatamente de acuerdo con los acontecimientos posteriores».[15]

Durante la misma fiesta tuvo lugar otro suceso espantoso: «La puerta oriental del santuario interior era una puerta maciza de bronce y tan pesada que apenas podía ser movida cada noche por veinte hombres; estaba sujeta por barras de hierro y asegurada por pernos hundidos muy profundamente en un umbral hecho de un solo bloque de piedra; sin embargo, se vio que esta puerta se abría por sí misma a la hora sexta de la noche [medianoche]. Los guardias del templo corrieron e informaron de la noticia al capitán, que subió y, con grandes esfuerzos, consiguió cerrarla.[16] A los no iniciados también les pareció el mejor de los presagios, pues habían supuesto que Dios les había abierto la puerta de la felicidad. Pero personas más sabias se dieron cuenta de que la seguridad del templo se estaba quebrando por sí misma y que la apertura de las puertas era un regalo para el enemigo; y lo interpretaron en sus propias mentes como un presagio de la desolación venidera».[17] (Un acontecimiento similar, por cierto, ocurrió en el año 30 d.C., cuando Cristo fue crucificado y el velo exterior del templo— ¡7 metros de ancho y más de 24 metros de alto!— se rasgó de arriba abajo [Mt. 27:50-54; Mc. 15:37-39; Lc. 23:44-47]: El Talmud recoge que en el año 30 d.C. las puertas del templo se abrieron solas, al parecer debido al derrumbe del dintel superior, una piedra que pesaba unas 30 toneladas).[18]

Los que no podían asistir a la fiesta regular de la Pascua debían celebrarla un mes después (Núm. 9:9-13). Josefo informa de una tercera gran maravilla que ocurrió al final de esta

---

[14] Josefo, *La guerra de los judíos*, vi.v.3.
[15] Ibid.
[16] Presumiblemente con la ayuda de los doscientos porteros que estaban de servicio en ese momento.
[17] Josefo, vi.v.3.
[18] Yoma 39b; cf. Alfred Edersheim, *The Life and Times of Jesus the Messiah*, 2 vol. (McLean, Virginia: MacDonald Publishing Co, n.d.), vol. 2, p. 610s.; Ernest L. Martin, *The Place of Christ's Crucifixion* (Pasadena: Foundation for Biblical Research, 1984), p. 9-14.

segunda Pascua del año 66: «Se vio una aparición sobrenatural, demasiado asombrosa para ser creída. Lo que ahora voy a relatar sería, me imagino, tachado de imaginario, si no hubiera sido atestiguado por testigos oculares, y luego seguido por desastres subsiguientes que merecieron ser así señalados. Pues antes de la puesta del sol se vieron carros en el aire sobre todo el campo, y batallones armados que atravesaban velozmente las nubes y rodeaban las ciudades».[19]

Una cuarta señal se produjo en el interior del templo el día de la siguiente gran fiesta, y fue presenciada por los veinticuatro sacerdotes que estaban de guardia: «En la fiesta llamada Pentecostés, cuando los sacerdotes habían entrado de noche en los atrios interiores del templo para realizar sus ministraciones habituales, declararon que se habían percatado, primero, de una violenta conmoción y estruendo, y después de una voz como de ejército que gritaba: '¡Nos iremos de aquí!'».[20]

Ese año hubo una quinta señal en los cielos: «Una estrella que parecía una espada se posó sobre la ciudad y un cometa que se prolongó durante todo un año».[21] Era evidente, como dice Josefo, que Jerusalén «ya no era la morada de Dios».[22] Apelando cuatro años más tarde a los revolucionarios judíos para que se rindieran, declaró: «Creo que la Deidad ha huido de los lugares santos y está ahora del lado de aquellos con los que estáis en guerra. ¿Por qué, cuando un hombre honorable huye de un hogar licencioso y aborrece a sus moradores, pensáis que Dios aún permanece con este hogar en su iniquidad, Dios que ve cada cosa oculta y oye lo que está envuelto en silencio?»[23] Sin embargo, Israel no se arrepintió de su maldad. Ciega a sus propios males y a los crecientes juicios que se cernían sobre ella, permaneció firme en su apostasía, siguió rechazando al Señor y se adhirió de todo corazón a sus falsos dioses.

¿Adoraban realmente los judíos **a demonios** e **ídolos**? Ya hemos señalado (véase 2:9 y 3:9) el carácter del judaísmo, que no es una religión del Antiguo Testamento, sino más bien un culto falso que afirma tener autorización bíblica (al igual que el mormonismo, la Iglesia de la Unificación y otros cultos que afirman lo mismo). Como señala Herbert Schlossberg, «La idolatría en su significado más amplio se entiende propiamente como cualquier sustitución del creador por lo creado».[24] Al rechazar a Jesucristo, los judíos se habían involucrado ineludiblemente en la idolatría; se habían apartado de la fe de Abraham y servían a dioses de su propia creación. Además, como veremos, la idolatría judía no era un vago, indefinido y apóstata «teísmo». Abandonando a Cristo, los judíos se convirtieron en adoradores del César.

---

[19] Josefo, *La guerra de los judíos*, vi.v.3s.

[20] Ibid.; cf. el resumen de estos acontecimientos por el historiador romano Tácito: «En el cielo apareció una visión de ejércitos en conflicto, de relucientes armaduras. Un repentino relámpago procedente de las nubes iluminó el templo. Las puertas del lugar sagrado se abrieron bruscamente, se oyó una voz sobrehumana que declaraba que los dioses lo abandonaban, y en el mismo instante se produjo el tumulto precipitado de su partida...» (*Histories*, v.13).

[21] Ibid.

[22] Ibid., v.i.3.

[23] Ibid., v.ix.4; cf. la discusión de estos y otros eventos relacionados con los últimos días en Ernest L. Martin, *The Original Bible Restored* (Pasadena: Foundation for Biblical Research, 1984), p. 154-60.

[24] Herbert Schlossberg, *Idols for Destruction: Christian Faith and Its Confrontation with American Society* (Nashville: Thomas Nelson Publishers, 1983), p. 6.

Josefo da testimonio elocuente de esto, escribiendo repetidamente de la ira de Dios contra la apostasía de la nación judía como la causa de sus males: «Estos hombres, por lo tanto, pisotearon todas las leyes del hombre, y se rieron de las leyes de Dios; y en cuanto a los oráculos de los profetas, los ridiculizaron como trucos de malabaristas; sin embargo, estos profetas predijeron muchas cosas acerca de las recompensas de la virtud, y los castigos del vicio, que cuando estos zelotes las violaron, ocasionaron el cumplimiento de esas mismas profecías pertenecientes a su propio país».[25]

«Ni ninguna otra ciudad sufrió jamás tales miserias, ni ninguna época engendró una generación más fecunda en maldad que esta, desde el principio del mundo».[26]

«Supongo que si los romanos se hubieran demorado más en venir contra estos villanos, la ciudad habría sido tragada por la tierra que se abría sobre ellos, o bien desbordada por el agua, o bien destruida por un trueno como el que hizo perecer la tierra de Sodoma, pues había engendrado una generación de hombres mucho más ateos que los que sufrieron tales castigos; pues por su locura fue que todo el pueblo llegó a ser destruido».[27]

«Cuando la ciudad fue cercada y ya no pudieron recoger hierbas, algunas personas se vieron abocadas a una angustia tan terrible que buscaron en las cloacas comunes y en los viejos estercoleros del ganado, y comieron el estiércol que encontraron allí; y lo que antes ni siquiera podían mirar, ahora lo utilizaban como alimento. Cuando los romanos apenas oyeron esto, se despertó su compasión; sin embargo, los rebeldes, que también lo vieron, no se arrepintieron, sino que permitieron que les sobreviniera la misma angustia; porque estaban cegados por aquel destino que ya se cernía sobre la ciudad, y también sobre ellos mismos».[28]

Se dice que los **ídolos** de Israel eran **de oro, plata, bronce, piedra y madera**, una descripción bíblica estándar de los materiales utilizados en la construcción de falsos dioses (cf. Sal. 115:4; 135:15; Is. 37:19). La Biblia ridiculiza sistemáticamente a los ídolos de los hombres como obras de sus manos, meros cepos y piedras **que no pueden ver, oír ni andar**. Es un eco de la burla del salmista a los ídolos paganos:

Tienen boca, y no hablan;
tienen ojos, y no ven;
tienen oídos, y no oyen;
tienen nariz, y no huelen;
tienen manos, y no palpan;
tienen pies, y no caminan;
no emiten sonido alguno con su garganta.
Luego viene el remate:
Se volverán como ellos, los que los hacen,
y todos los que en ellos confían. (Sal. 115:5-8; cf. 135:16-18)

---

[25] Josefo, *La guerra de los judíos*, iv.vi.3.
[26] Ibid., v.x.5.
[27] Ibid., v.xiii.6.
[28] Ibid., v.xiii.7.

Schlossberg comenta: «Cuando una civilización se vuelve idólatra, su pueblo cambia profundamente por esa experiencia. En una especie de santificación inversa, el idólatra se transforma a semejanza del objeto de su culto. Israel 'anduvo tras lo vano y se hicieron vanos' (Jer. 2:5).[29] Como tronó el profeta Oseas, los idólatras de Israel 'se hicieron tan abominables como lo que amaban'» (Os. 9:10).

La descripción que hace el apóstol Juan de la idolatría de Israel está en consonancia con la postura profética habitual; pero su acusación es una referencia aún más directa a la condena de Daniel a *Babilonia*, concretamente en lo que se refiere a su *adoración de dioses falsos con los utensilios sagrados del templo*. Daniel dijo al rey Belsasar: «Te has ensalzado contra el Señor del cielo; y han traído delante de ti los vasos de su templo, y tú y tus nobles, tus mujeres y tus concubinas, habéis estado bebiendo vino en ellos y habéis alabado a los dioses de plata y oro, de bronce, hierro, madera y piedra, que ni ven, ni oyen, ni entienden; pero al Dios que tiene en su mano tu propio aliento y es dueño de todos tus caminos, no has glorificado» (Dan. 5:23).

La implicación del apóstol Juan es clara: Israel se ha convertido en Babilonia, cometiendo sacrilegio al adorar a dioses falsos con los tesoros del templo; como Babilonia, ha sido «pesada en la balanza y hallada falta»; como Babilonia, será conquistada y su reino será poseído por los paganos (cf. Dan. 5:25-31).

Por último, el apóstol Juan resume los crímenes de Israel, todos ellos derivados de su idolatría (cf. Rom. 1:18-32): Esto le llevó a **asesinar** a Cristo y a los santos (Hch. 2:23, 36; 3:14-15; 4:26; 7:51-52, 58-60); sus **hechicerías** (Hch. 8:9, 11; 13:6-11; 19:13-15; cf. Ap. 18:23; 21:8; 22:15); su **fornicación**, una palabra que el apóstol Juan utiliza doce veces en referencia a la apostasía de Israel (2:14; 2:20; 2:21; 9:21; 14:8; 17:2 [dos veces]; 17:4; 18:3 [dos veces]; 18:9; 19:2); y sus **robos**, un crimen que la Biblia asocia a menudo con la apostasía y la consiguiente opresión y persecución de los justos (Is. 61:8; Jer. 7:9-10, Ez. 22:29; Os. 4:1-2; Mc. 11:17; Rom. 2:21; Stg. 5:1-6).

A lo largo de los últimos días, hasta la llegada de los romanos, habían sonado las trompetas, advirtiendo a Israel que se arrepintiera. Pero la alarma no fue escuchada, y los judíos se endurecieron en su impenitencia. La retirada de Cestio se interpretó, por supuesto, en el sentido de que las profecías de Cristo sobre la destrucción de Jerusalén eran falsas: Los ejércitos del Éufrates habían llegado y rodeado Jerusalén (cf. Lc. 21:20), pero la amenazada «desolación» no se había producido. Por el contrario, los romanos habían huido arrastrando el rabo entre las piernas. Cada vez más confiados en la bendición divina, los judíos se lanzaron temerariamente a mayores actos de rebelión, sin saber que fuerzas aún mayores más allá del Éufrates se preparaban para la batalla. Esta vez, no habría retirada. Judea se convertiría en un desierto, los israelitas serían masacrados y esclavizados, y el templo sería arrasado, sin dejar piedra sobre piedra.

---

[29] Schlossberg, p. 295.

10

EL TESTIGO FIEL

El testimonio de la nueva creación (10:1-7)

1 Vi descender del cielo a otro ángel fuerte, envuelto en una nube, con el arco iris sobre su cabeza; y su rostro era como el sol, y sus pies como columnas de fuego.

2 Tenía en su mano un librito abierto; y puso su pie derecho sobre el mar, y el izquierdo sobre la tierra;

3 y clamó a gran voz, como ruge un león; y cuando hubo clamado, siete truenos emitieron sus voces.

4 Cuando los siete truenos hubieron emitido sus voces, yo iba a escribir; pero oí una voz del cielo que me decía: Sella las cosas que los siete truenos han dicho, y no las escribas.

5 Y el ángel que vi en pie sobre el mar y sobre la tierra, levantó su mano al cielo,

6 y juró por el que vive por los siglos de los siglos, que creó el cielo y las cosas que están en él, y la tierra y las cosas que están en ella, y el mar y las cosas que están en él, que el tiempo no sería más,

7 sino que en los días de la voz del séptimo ángel, cuando él comience a tocar la trompeta, el misterio de Dios se consumará, como él lo anunció a sus siervos los profetas.

1 El **ángel fuerte** no puede ser otro que el propio Jesucristo, el «ángel del Señor» que apareció en el Antiguo Testamento. Esto quedará suficientemente claro si se compara la descripción de este ángel con la de Cristo en 1:14-16, y con la de Dios en su trono en Ezequiel 1:25-28. Sin embargo, hay otros indicios de la identidad divina de este ángel fuerte.

En primer lugar, se ve al ángel **vestido con una nube**— una expresión que nos recuerda la nube de gloria. Y aunque la nube está llena de innumerables ángeles (Dt. 33:2; Sal. 68:17), solo hay Uno de quien podría decirse que está vestido con ella. Compárese Salmo 104:1-3:

> Jehová Dios mío, mucho te has engrandecido;
> Te has vestido de gloria y de magnificencia.
> El que se cubre de luz como de vestidura,
> Que extiende los cielos como una cortina,
> Que establece sus aposentos entre las aguas,
> El que pone las nubes por su carroza,
> El que anda sobre las alas del viento…

La referencia básica para esto, por supuesto, es el hecho de que Dios estaba de hecho «vestido con la nube» en el tabernáculo (cf. Éx. 40:34-38; Lev. 16:2). Esto no podía decirse de ningún ángel creado. Estar vestido con la nube es estar vestido con toda la corte del cielo; son, de hecho, los ángeles creados los que forman la nube. Jesucristo está vestido con las huestes del cielo (cf. Gén. 28:12; Jn. 1:51).

En segundo lugar, **el ángel tenía el arco iris sobre su cabeza**. Ya hemos visto el arco iris en 4:3, alrededor del trono de Dios; y Ezequiel dice del que vio entronizado que «había un resplandor a su alrededor. Como la aparición del arco iris en las nubes en un día lluvioso, así era la aparición del resplandor circundante. Tal era la apariencia de la semejanza de la gloria del Señor» (Ez. 1:27-28).

En tercer lugar, **el rostro del ángel era como el sol**. Esto concuerda con la descripción de Cristo en 1:16, y en Mateo 17:2, el relato de la transfiguración de Cristo (cf. Ez. 1:4, 7, 27; Hch. 26:13; 2Co. 4:6). Él es «el Sol de justicia» (Mal. 4:2), «el Sol que sale de lo alto» (Lc. 1 : 78; cf. Sal. 84:11; 2Pe. 1:16-19). En particular, la imaginería del sol y la salida del sol— como ya hemos señalado con las palabras *día* y *luz*— se usa a menudo para describir la gloria de Dios brillando en juicio (cf. Sal. 19:4-6; Ez. 43:2; Zac. 14: 7; Mal. 4:1-3; Rom. 13:12); y el «fuego ardiente» del juicio es descrito por Pablo como el «rostro» y la «gloria» de Cristo (2Ts. 1:7-9)[1] Esto es especialmente apropiado aquí, ya que Cristo ha venido al apóstol Juan para anunciar la aniquilación de Jerusalén.

Cuarto, sus **piernas** eran **como columnas de fuego**. Se trata de una de las imágenes más complejas de toda la Biblia. Obviamente, la frase pretende recordarnos «la columna de fuego y nube»— la nube de gloria del Éxodo (Éx. 14:24). Como hemos visto, es el Señor quien «viste» la nube (Dt. 31:15), y la nube también se identifica como el ángel del Señor (Éx. 32:34; 33:2; Núm. 20:16). Parece que el doble aspecto de la nube (el humo y el fuego) representaba simbólicamente las piernas de Dios. Así, el Señor *caminaba* delante del pueblo en la nube (Éx. 13:21-22; 14:19, 24; 23:20, 23); venía en la nube y *se ponía* delante de ellos (Éx. 33:9-10; Núm. 12:5; Hag. 2:5). En términos de esta imaginería, la Novia describe las piernas del Novio como «columnas» (Cant. 5:15). También debemos tener en cuenta que la

---

[1] Cf. Meredith G. Kline, *Images of the Spirit* (Grand Rapids: Baker Book House, 1980), pp. 108, 121.

doble naturaleza de la columna, que representa las piernas de Dios, se incorporó a la arquitectura del templo (1Re. 7:15-22; 2Cró. 3:15-17); así, «el arca del pacto situada bajo la gloria entronizada se llama, en consecuencia, estrado de Dios (Is. 60:13)».[2] La importancia de todo esto, y su relación con el pasaje en su conjunto, se pondrá de manifiesto más adelante. Sin embargo, ya se ha visto lo suficiente como para demostrar, más allá de toda duda razonable, que este ángel vestido de nubes y con aureola de arco iris que **desciende del cielo** es (o representa) al Señor Jesucristo.

2-3 El ángel, con un **librito en la mano**,[3] puso entonces su pie derecho **sobre el mar y el izquierdo sobre la tierra**. H. B. Swete comenta: «La postura del ángel denota tanto su tamaño colosal como su misión para con el mundo: 'mar y tierra' es una fórmula del A. T. para la totalidad de las cosas terrestres (Éx. 20:4, 11; Sal. 69:34)».[4] Podríamos modificar este punto con la observación de que en la Biblia, y especialmente en Apocalipsis, «mar y tierra» parecen representar a *las naciones gentiles* contrastadas con *la tierra de Israel* (2Sam. 22:4-5; Sal. 65:7-8; Is. 5:30; 17:12-13; 57:20; Jer. 6:23; Lc. 21:25; Ap. 13:1, 11). Así pues, esta imagen tiene un significado cósmico, mundial; pero su significado, como veremos más adelante, está ligado al hecho de que Cristo está de pie sobre Israel y las naciones (v. 5-7).

Y clamó con voz potente, como cuando ruge un león;[5] a estas alturas, por supuesto, estamos familiarizados con la gran voz que viene de la nube; como dice Kline, la voz «es característicamente fuerte, arrebatadoramente fuerte. Se asemeja al crescendo del océano y la tormenta, al rugido retumbante de un terremoto. Es el ruido de la guerra, las trompetas y el fragor de la batalla. Es el trueno del carro de tormenta del Señor-guerrero, que viene en juicios que convulsionan la creación y confunden a los reyes de las naciones».[6] En respuesta adoradora a su voz, **los siete truenos emitieron sus voces**. Este trueno séptuple se identifica a su vez con la voz en Salmos 29, donde se señalan algunos de sus efectos fenomenales: Rompe cedros en pedazos, sacude naciones enteras con terremotos, dispara poderosos rayos, abre las entrañas de la tierra, hace parir animales y derriba árboles, desnudando bosques enteros. Esto añade una dimensión a nuestra comprensión de la naturaleza de la voz que emana de la nube: Consiste en la antífona celestial en la que el coro angélico responde a las declaraciones del Señor soberano.

4 Por supuesto, todo el mundo quiere saber: ¿Qué dijeron los siete truenos? Se ha gastado una cantidad asombrosa de tinta erudita en la solución de este problema. Pero, al menos en esta vida, nunca podremos conocer la respuesta. El apóstol Juan **estaba a punto de escribir** lo que habían dicho los truenos, cuando **oyó una voz del cielo que decía: Sella las cosas**

---

[2] Ibid., p. 19; cf. 1Cró. 28:2; Sal. 99:5; 132:7. En el templo cósmico más grande («los cielos y la tierra»), la tierra es llamada el estrado de los pies de Dios (Is. 66:1), y así se dice que la tierra tiene pilares (1Sam. 2:8; Job 38:4-6; Sal. 75:3; 104:5; Is. 51:13, 16; 54:11) y bases para sostener los pilares (Job 38:6; la misma palabra es usada para las bases de los pilares en Num. 3:36-37; 4:31-32).

[3] El significado del librito será discutido más adelante, en conexión con v. 8-11.

[4] Henry Barclay Swete, *Commentary on Revelation* (Grand Rapids: Kregel Publications, 3rd ed., {1911} 1977), p. 127.

[5] He aquí otra identificación del ángel con Cristo: Es el León que «ha vencido para abrir el libro» (Ap. 5:5).

[6] Kline, p. 101.

que han dicho los siete truenos, y no las escribas. El mensaje estaba destinado únicamente a los oídos del apóstol Juan. No estaba destinado a la Iglesia en general. Pero lo importante aquí es que Dios quería que el apóstol Juan registrara el hecho de que no debía revelar lo que los siete truenos dijeran. Dios quería que la Iglesia supiera que hay algunas cosas (muchas cosas, en realidad) que Dios no tiene intención de decirnos de antemano.

Esto sirve bien como represión a la tendencia de la mayoría de los sermones y comentarios sobre este libro: la de una curiosa búsqueda de aquellas cosas que Dios no ha tenido a bien revelar. «Las cosas secretas pertenecen al SEÑOR nuestro Dios, mas las cosas reveladas nos pertenecen a nosotros y a nuestros hijos para siempre, a fin de que guardemos todas las palabras de esta ley». (Dt. 29:29). En otras palabras: «Al hombre se le ha dado la ley, que debe obedecer. Se le ha dicho cuáles son las consecuencias de la obediencia y de la desobediencia. Más que eso, el hombre no necesita saber».[7] R. J. Rushdoony escribe: «El hombre es impulsado más a menudo por la curiosidad que por la obediencia... Por cada pregunta que recibe un pastor sobre los detalles de la ley de Dios, normalmente recibe varias que expresan poco más que una curiosidad sobre Dios, la vida venidera y otras cosas que son aspectos de 'las cosas secretas que pertenecen a Dios...'. En contra de la curiosidad y la indagación sobre 'cosas secretas', se nos ordena claramente obedecer la ley de Dios y reconocer que la ley nos da un conocimiento del futuro que es legítimo».[8]

En el capítulo final del libro se ordena al apóstol Juan: «*No selles* las palabras de la profecía de este libro, porque el tiempo está cerca» (22:10); el mensaje de Apocalipsis en su conjunto es de naturaleza contemporánea, refiriéndose a acontecimientos que están a punto de tener lugar. En cambio, el mensaje de los siete truenos nos remite a un futuro muy lejano: A Daniel se le dijo que «ocultara estas palabras y sellara el libro hasta el tiempo del fin» (Dan. 12:4), por la razón de que el tiempo de su cumplimiento *no* estaba próximo. Del mismo modo, cuando al apóstol Juan se le ordena **sellar** las palabras pronunciadas por los truenos, es otra indicación de que el propósito de Apocalipsis no es «futurista»; la profecía se refiere al tiempo del establecimiento del Nuevo Pacto, y apunta más allá de sí misma a un «tiempo del fin» que aún estaba muy lejano para el apóstol Juan y sus lectores. Así pues, se nos enseñan dos cosas: En primer lugar, que Apocalipsis es una profecía contemporánea, referida casi exclusivamente a los acontecimientos redentores-escatológicos del siglo I; en segundo lugar, que los acontecimientos del siglo I no fueron exhaustivos de la escatología. En contra de las teorías de aquellos intérpretes que se autodenominan preteristas coherentes, la caída de Jerusalén no constituyó la segunda venida de Cristo, el fin del mundo y la resurrección final. Hay más por venir.[9]

---

[7] Rousas John Rushdoony, *Salvation and Godly Rule* (Vallecito, CA: Ross House Books, 1983), p. 388.
[8] Ibid.
[9] Max R. King, *The Spirit of Prophecy* (n.p., 1971). Aunque la obra de King tiene mucho valor para el estudiante perspicaz, su tesis última— que no hay una futura venida de Cristo ni un juicio final— es herética. El cristianismo histórico y ortodoxo de todas partes, con una sola voz, siempre ha enseñado que Cristo «vendrá otra vez, con gloria, para juzgar a vivos y muertos» (Credo Niceno). Este es un artículo no negociable de la fe cristiana. Cf. David Chilton, *Paradise Restored: A Biblical Theology of Dominion* (Ft. Worth, TX: Dominion Press, 1985), pp. 138-48.

5-7 El apóstol Juan nos muestra ahora el propósito de Cristo al revelarse de este modo: El ángel **levantó su mano derecha al cielo** (la postura apropiada para un testigo en un tribunal de justicia: Gén. 14:22; Éx. 6:8; Dt. 32:40; Ez. 20:5-6; Dan. 12:7) y **prestó juramento**. Algunos comentaristas han tomado este hecho como base para sostener que este ángel *no* es Cristo, aparentemente considerando jurar como algo por debajo de su dignidad o fuera de carácter. Sin embargo, sabemos que el Señor Dios jura en toda la Sagrada Escritura (cf. Gén. 22:16; Is. 45:23; Jer. 49:13; Am. 6:8), y de hecho nuestra salvación se basa en la fidelidad de Dios a su juramento del pacto, el fundamento de la seguridad y la esperanza del cristiano (Heb. 6:13-20).

Debemos observar atentamente que Cristo se presenta aquí en posición de *testigo*, como ya nos ha informado el apóstol Juan en dos ocasiones (1:5; 3:14). Este es el punto en el que convergen los diversos detalles de la visión. Ya hemos señalado el significado de la aparición de sus piernas como columnas de fuego (v. 1), y es preciso desarrollarlo más. En primer lugar, las columnas se utilizan en el simbolismo y el ritual bíblicos como *testigos* (Gén. 31:45, 52; Dt. 27:1-8; Jos. 8:30-35; 22:26-28, 34; 24:26-27). Del mismo modo, las dos tablas de piedra que contenían los Diez Mandamientos sirvieron como testigos (Dt. 31:26), documentos legales de testimonio de las estipulaciones del pacto. De ahí que la ley reciba el nombre de *testimonio* (Éx. 16:34; 25:16, 21-22; 32:15, 34:29; Lev. 16:13; 24:3; Núm. 1:50, 53; 4:5, Jos. 4:16; 2Re. 11:12).[10] Cuando Dios se paró en la doble columna de nube/fuego ante Israel en la «tienda del testimonio» (Núm. 9:15; 10:11), se estaba identificando como el testigo del pacto (cf. 1Sam. 12:5; Jer. 29:23; 42:5; Miq. 1:2; Mal. 2:14).

El ángel-testigo jura que **no habrá más demora,**[11] **sino que en los días del séptimo ángel, cuando esté a punto de sonar, entonces se cumplirá el misterio de Dios**. La palabra misterio no significa algo «misterioso» en nuestro sentido moderno, sino «algo antes oculto y ahora desvelado».[12] Es *revelación*: conocimiento que Dios antes retenía, pero que ahora «como ahora es revelado a sus santos apóstoles y profetas por el Espíritu» (Ef. 3:5), un misterio «que ha estado oculto desde los siglos y generaciones *pasadas*, pero que ahora ha sido manifestado a sus santos» (Col. 1:26). Este «misterio» es un aspecto principal de las cartas a los Efesios y a los Colosenses: *la unión de judíos y gentiles creyentes en una sola Iglesia, sin distinción*; «que los gentiles son coherederos y miembros del mismo cuerpo, y copartícipes de la promesa en Cristo Jesús por medio del evangelio» (Ef. 3:6). Los gentiles, que estaban ajenos a la comunidad de Israel y de las promesas del pacto, son ahora, por obra de Cristo, hijos de pleno derecho de Abraham, herederos del pacto, en estatus de igualdad e indistinguibles de los judíos creyentes (Ef. 2:11-22; Gál 3). Forman un solo «hombre nuevo», una sola Iglesia, un solo cuerpo de Cristo, en el único Nuevo Pacto. Y este único reino de

---

[10] Meredith G. Kline, *The Structure of Biblical Authority* (Grand Rapids: William B. Eerdmans Publishing Co., 1975), pp. 113-30. La ley exigía dos testigos (Dt. 17:6; 19:15) y, como hemos señalado en la introducción, las dos tablas eran copias duplicadas del pacto.

[11] «El sentido aquí no es una abolición del tiempo y su sustitución por la intemporalidad, sino 'no más tiempo' desde las palabras del ángel hasta la culminación del propósito divino». James Barr, *Biblical Words for Time* (Naperville, IL: Alec R. Allenson Inc., rev. ed, 1969), p. 80.

[12] F. F. Bruce, *Commentary on the Epistle to the Colossians* (Grand Rapids: William B. Eerdmans Publishing Co., 1957), p. 218.

pacto, el cumplimiento de las promesas del Antiguo Testamento, tendrá dominio universal: Todas las naciones afluirán ahora al monte del Señor, a medida que los reinos del mundo se conviertan en el único reino de Cristo (11:15). El **misterio de Dios**, la universalización del reino de Dios, ha de **cumplirse— como se predicó en el Evangelio**[13] a sus siervos los profetas. El misterio es simplemente la revelación del mensaje del Evangelio.

Por eso el ángel se alza como testigo sobre **el mar y sobre la tierra** (cf. v. 2), hecho que se repite para enfatizarlo en el versículo 5. El ángel hace el juramento con las bases de sus columnas plantadas sobre Israel y las naciones, proclamando el Nuevo Pacto que unirá a ambos en una nueva nación en Cristo. Además, jura *en nombre del creador*: **por que vive por los siglos de los siglos, que creó el cielo y las cosas que hay en él, y la tierra y las cosas que hay en ella, y el mar y las cosas que hay en él** (cf. Éx. 20:11; Sal. 146:6; Neh. 9:6). El ángel jura así porque se erige en testigo divino de la nueva creación. Los detalles del pasaje nos recuerdan otros dos acontecimientos de la nueva creación: el pacto Noé (el arco iris) y el pacto en el Sinaí (la columna de fuego). Ambos recordaban cómo «el Espíritu al principio sobrevoló la creación como testigo divino del pacto de la creación, como señal de que la creación existía bajo la égida de su señorío de pacto». Este es el trasfondo del uso posterior del arco iris como señal del pacto de Dios con la tierra».[14] «En la ratificación del Antiguo Pacto en el Sinaí, esta forma de teofanía en forma de nube-columna representaba a Dios de pie como testigo de su pacto con Israel. Una vez más, en la ratificación del Nuevo Pacto en Pentecostés, fue Dios Espíritu, apareciendo en fenómenos que deben ser vistos como una versión neotestamentaria del fuego de gloria, quien proporcionó el testimonio divino confirmatorio».[15] Así, hemos visto varias ideas bíblicas uniéndose en este punto para formar un patrón coherente: *pacto, juramento, creación, testimonio* y *testigo*. El Espíritu, apareciendo como la columna de fuego original, estuvo presente en la creación original, y luego en los eventos posteriores de re-creación en la historia de la redención: el Diluvio, el Éxodo, la construcción del tabernáculo y el templo, y el día de Pentecostés. La venida del Espíritu en Pentecostés fue descrita proféticamente por Joel en términos de la nube de gloria: «Y haré prodigios en el cielo y en la tierra: sangre, fuego y columnas de humo» (Jl. 2:30); y el apóstol Pedro, citando la declaración de Joel, afirmó que el acontecimiento de Pentecostés era el cumplimiento de la antigua profecía (Hch. 2:16-21).[16]

De este modo, los distintos acontecimientos de la creación se interpretan y reinterpretan mutuamente. El hecho de que los pactos se hicieran en términos de la creación demuestra que son recreaciones provisionales que apuntan a la nueva creación definitiva en Cristo (2Co. 5:17; Ef. 4:24). Y el hecho de que los relatos de la creación utilicen un lenguaje y unos

---

[13] «Predicó el Evangelio» en lugar de «declaraba», es la traducción literal del texto en griego.

[14] Kline, *Images of the Spirit*, pp. 19ss.

[15] Meredith G. Kline, *Kingdom Prologue*, Volume I (pénsum publicado de manera privada, 1981), p. 28. Kline también señana (pp. 5s,) que las palabras juramento y pacto con frecuencia se usan de forma altenativa (cf. Dt. 29:12; Ez. 16:8).

[16] No se puede dar otra interpretación legítima a las palabras del apóstol. La venida del Espíritu fue el cumplimiento de Joel 2:28-32. «Los últimos días» habían llegado. Véase Chilton, *Paradise Restored*, pp. 115-22.

escenarios de pactos (columna-testigo, juramento y testimonio) demuestra que fue un pacto (es decir, si los *pactos* son *recreaciones*, entonces la *creación* tuvo *carácter de pacto*).[17]

Otro tema común a la creación y al pacto es la forma sabática en que ambas están estructuradas.[18] Todo Apocalipsis está, como hemos señalado anteriormente, estructurado en sietes, lo que revela su naturaleza de registro de un proceso de la creación de un pacto; y aquí vemos que «el misterio de Dios» se declara completado con el sonido de la séptima trompeta. El Sábado «es un día de acción divina que presenta el juicio divino con la penetración de las tinieblas por la luz de la gloria teofánica, es un día de creación del cielo y de la tierra y de consumación de un templo de Dios hecho a semejanza de la gloria, es un día de revelación de la gloria soberana del Señor del pacto. En conjunto, los siete días son la plenitud del tiempo de la creación, la séptuple plenitud del día del Señor. En la re-creación redentora, el día del Señor, en el que lo viejo pasa y todo es creado de nuevo, es de nuevo una plenitud de tiempo, en el que, como declara Pablo, todo el misterio de Dios llega finalmente al cumplimiento escatológico» (ver Gál. 4:4; Ef. 1:9-10; cf. Mt. 13:11-17; Mc. 1:15; Col. 1:15-20, Ap. 10:7).[19]

Apocalipsis 10 sirve, pues, para introducirnos en el primer gran clímax de la profecía: el anuncio de la destrucción de Jerusalén. Y mediante el uso de imágenes bíblicas de múltiples capas, declara que la caída de Jerusalén es un aspecto ineludible del gran acontecimiento final del pacto. El sonido del séptimo ángel será la señal irrefutable de que la nueva creación prometida, el Nuevo Pacto, es un hecho consumado. El gran misterio de Dios— la terminación y llenura de su nuevo y definitivo templo— habrá sido revelado al mundo (11:15-19).

El libro agridulce (10:8-11)

8 La voz que oí del cielo habló otra vez conmigo, y dijo: Ve y toma el librito que está abierto en la mano del ángel que está en pie sobre el mar y sobre la tierra.

9 Y fui al ángel, diciéndole que me diese el librito. Y él me dijo: Toma, y cómelo; y te amargará el vientre, pero en tu boca será dulce como la miel.

10 Entonces tomé el librito de la mano del ángel, y lo comí; y era dulce en mi boca como la miel, pero cuando lo hube comido, amargó mi vientre.

11 Y él me dijo: Es necesario que profetices otra vez sobre muchos pueblos, naciones, lenguas y reyes.

8-10 Las instrucciones de **tomar** y **comer** el libro que sostiene el ángel se basan en un incidente similar en la vida de Ezequiel, a quien se le ordenó comer un rollo que simbolizaba la denuncia profética de la «casa rebelde» de Israel (2:8-10; 3:1-3). Esta referencia nos permite identificar el libro dado al apóstol Juan como su encargo, basado en el Nuevo Pacto,

---

[17] Véase Kline, Kingdom Prologue, vol. I, pp. 33s.
[18] Ibid., p. 33.
[19] Kline, *Images of the Spirit*, pp. 114s.

de profetizar «lamentaciones, lamentos y ayes» contra el Israel apóstata. El libro es, pues, en esencia, el propio Apocalipsis. Al igual que a Ezequiel, al apóstol Juan el juicio del pacto le supo **dulce como la miel** (cf. Ez. 3:3), pero **le amargó el estómago** (cf. Ez. 3:14). Esto no debería ser difícil de entender. El apóstol Juan fue llamado a profetizar sobre la victoria de la Iglesia y del reino de Dios. Un corolario necesario del triunfo de los justos es la destrucción de los malvados. El modelo se mantiene a lo largo de la Escritura en la historia de la salvación: Los mismos juicios que nos liberan también destruyen a los enemigos de Dios. «La salvación y el juicio son dos aspectos del mismo acontecimiento».[20] El antiguo Israel se había apartado del Dios verdadero para adorar a los ídolos y a los demonios; se había convertido en una ramera y en un perseguidor de los santos, y tenía que ser destruido. Y aunque el apóstol Juan podía alegrarse de la victoria de la Iglesia sobre sus enemigos, no dejaría de ser una experiencia desgarradora ver la ciudad otrora santa reducida a escombros, el templo derribado y reducido a cenizas, y cientos de miles de sus parientes y compatriotas muertos de hambre y torturados, asesinados o vendidos como esclavos. Todos los profetas experimentaron este mismo desgarro emocional, que no solía implicar una rebelión contra su vocación (Jonás es una notable excepción), sino más bien un reconocimiento profundamente arraigado de la naturaleza de doble filo de la profecía, del hecho de que el mismo «día del Señor» traería tanto bendiciones inconmensurables como desgracias indecibles (cf. Am. 5:18-20). Hay que señalar, sin embargo, que un gran abismo separa a los profetas de muchos de sus intérpretes de nuestros días. Mientras que los teólogos modernos lloran por los sufrimientos de la «humanidad» en general, o en abstracto, los profetas no tenían esos impulsos humanitarios.[21] Los profetas se afligían por los hijos desobedientes del pacto. La amargura que experimentará el apóstol Juan no es por el destino del Imperio romano. Se aflige por Israel, considerado como el pueblo del pacto. Están a punto de ser desheredados y ejecutados, para nunca ser restaurados como la nación del pacto.[22] El divorcio del antiguo Israel es necesario en el plan de redención de Dios, y el apóstol Juan lo acoge y proclama con vigorosa alegría. Sin embargo, hay un dolor legítimo por las ovejas perdidas de la casa de Israel.

11 En el trasfondo veterotestamentario de Apocalipsis, el ángel del Señor es identificado como el profeta original (cf. 23:20-23; Dt. 18:15-19).[23] Como tal, suscitó y comisionó a otros profetas a su imagen, reproduciéndose en ellos (Éx. 3:2ss., 33:14, 34:5ss., 29-35; 2Re. 1:3,

---

[20] Véase R. J. Rushdoony, Salvation and Godly Rule, pp. 19ss., 140s.

[21] Para un análisis incisive del humanitarianismo, véase Herbert Schlossberg, *Idols for Destruction: Christian Faith and Its Confrontation with American Society* (Nashville: Thomas Nelson Publishers, 1983), pp. 39-87.

[22] Que Israel se arrepentirá algún día y se volverá a Cristo es, para mí, indiscutible (Rom. 11; cf. Chilton, *Paradise Restored*, pp. 125-31). No se trata de eso aquí. La cuestión sigue siendo, sin embargo, que para ser restaurados enl pacto, los judíos deben unirse a la Iglesia de Jesucristo junto con todos los demás. Israel nunca tendrá una identidad de pacto distinta de la Iglesia. Para discusiones más profundas sobre el lugar de Israel en la profecía, véase (en niveles ascendentes de complejidad) Iain Murray, *The Puritan Hope: Revival and the Interpretation of Prophecy* (Edimburgo: The Banner of Truth Trust, 1971); John Murray, *The Epistle to the Romans*, 2 vols. (Grand Rapids: William B. Eerdmans Publishing Co., [1959, 1965] 1968), vol. 2, pp. 65-108; Willem A. VanGemeren, «Israel as the Hermeneutical Crux in the Interpretation of Prophecy» (I), Westminster Theological Journal 45 (1983), pp. 132-44; idem, «Israel as the Hermeneutical Crux in the Interpretation of Prophecy» (II), Westminster Theological Journal 46 (1984), p. 254-297.

[23] Véase la discusión de esto en Kline *Images of the Spirit*, pp. 75-81, 91-95.

15; 1Cró. 21:18). Por esta razón, a los profetas se les llama a menudo **ángeles** (mensajeros), expresando su recreación a imagen del ángel-profeta divino (2Cró. 36:15-16; Hag. 1:13; Mal. 3:1).[24] El mismo modelo se repite aquí: el ángel-profeta, que proclama su mensaje a caballo sobre la tierra habitada, encarga al apóstol Juan que **profetice de nuevo sobre muchos pueblos y naciones y lenguas y reyes**. La profecía del apóstol Juan sobre la destrucción de Israel y el establecimiento del Nuevo Pacto abarcará a las naciones del mundo. Cristo ha anunciado el Evangelio, el mensaje del dominio universal del reino, a «sus siervos los profetas» (v. 7), y ahora su siervo Juan debe extender la proclamación de ese Evangelio a todas las naciones. Cristo ha redimido a los hombres de todas las naciones (7:9). El mismo poderoso Imperio romano es, en última instancia, un instrumento de la voluntad de Dios (17:16-17), que finalmente será aplastado y desechado cuando su utilidad haya cesado (19:17-21; cf. Dan. 2:44). «Los reinos del mundo no son sino el andamiaje del templo espiritual de Dios, que será derribado cuando se cumpla su propósito».[25]

---

[24] Ibid., pp. 57ss.
[25] Thomas V. Moore, *A Commentary on Haggai and Malachi* (Londres: The Banner of Truth Trust, [1856] 1968), p. 80.

11

EL FINAL DEL PRINCIPIO

Los neotestigos contra Jerusalén (11:1-14)

1 Me fue dada una caña de medir semejante a una vara, y alguien dijo: Levántate y mide el templo de Dios y el altar, y a los que en él adoran.

2 Pero excluye el patio que está fuera del templo, no lo midas, porque ha sido entregado a las naciones, y estas hollarán la ciudad santa por cuarenta y dos meses.

3 Y otorgaré autoridad a mis dos testigos, y ellos profetizarán por mil doscientos sesenta días, vestidos de cilicio.

4 Estos son los dos olivos y los dos candelabros que están delante del Señor de la tierra.

5 Y si alguno quiere hacerles daño, de su boca sale fuego y devora a sus enemigos; así debe morir cualquiera que quisiera hacerles daño.

6 Estos tienen poder para cerrar el cielo a fin de que no llueva durante los días en que ellos profeticen; y tienen poder sobre las aguas para convertirlas en sangre, y para herir la tierra con toda suerte de plagas todas las veces que quieran.

7 Cuando hayan terminado de dar su testimonio, la bestia que sube del abismo hará guerra contra ellos, los vencerá y los matará.

8 Y sus cadáveres yacerán en la calle de la gran ciudad, que simbólicamente se llama Sodoma y Egipto, donde también su Señor fue crucificado.

9 Y gente de todos los pueblos, tribus, lenguas y naciones, contemplarán sus cadáveres por tres días y medio, y no permitirán que sus cadáveres sean sepultados.

10 Y los que moran en la tierra se regocijarán por ellos y se alegrarán, y se enviarán regalos unos a otros, porque estos dos profetas atormentaron a los que moran en la tierra.

11 Pero después de los tres días y medio, el aliento de vida de parte de Dios vino a ellos y se pusieron en pie, y gran temor cayó sobre quienes los contemplaban.

12 Entonces oyeron una gran voz del cielo que les decía: Subid acá. Y subieron al cielo en la nube, y sus enemigos los vieron.

13 En aquella misma hora hubo un gran terremoto y la décima parte de la ciudad se derrumbó, y siete mil personas murieron en el terremoto, y los demás, aterrorizados, dieron gloria al Dios del cielo.

14 El segundo ¡ay! ha pasado; he aquí, el tercer ¡ay! viene pronto.

1-2 Se ordena al apóstol Juan que **mida el templo de Dios** (literalmente, **el santuario interior** del templo, **el lugar santo**), **el altar y a los que adoran en él**. La imagen está tomada de Ezequiel 40-43, donde el sacerdote angélico mide el templo ideal, el pueblo de Dios del Nuevo Pacto, la Iglesia (cf. Mc. 14:58; Jn. 2:19; 1Co. 3:16; Ef. 2:19-22; 1Tim. 3:15; Heb. 3:6, 1Pe. 2:5; Ap. 3:12). R. J. McKelvey explica cómo se interpreta la idea del templo en la carta a los Hebreos: «Según el escritor a los Hebreos, el santuario celestial es el modelo (*typos*), es decir, el original (cf. Éx. 25:8ss.), y el santuario terrenal utilizado por los judíos es 'copia y sombra' (Heb. 8:5). El santuario celestial es, por tanto, el verdadero santuario (Heb. 9:24). Pertenece al pueblo del Nuevo Pacto (Heb. 6:19-20). Además, el hecho de que Cristo, nuestro Sumo Sacerdote, esté en este santuario significa que nosotros, aunque aún estemos en la tierra, ya participamos de su culto (10:19ss., 12:22ss.). ¿Qué es este templo? El escritor nos da una pista cuando dice que el santuario celestial fue purificado (9:23), es decir, hecho apto para su uso (cf. Núm. 7:1). La asamblea de los primogénitos (Heb. 12:23), es decir, la Iglesia triunfante, es el templo celestial».[1]

Que esto es lo que quiere decir el apóstol Juan debería quedar claro por lo que ya hemos visto, pues gran parte de la acción de este libro ha tenido lugar en el santuario interior o se ha originado en él. Además, **los que adoran** ante el altar del incienso en el Lugar Santo son sacerdotes (Éx. 28:43; 29:44): el apóstol Juan nos ha dicho que somos un reino de sacerdotes (1:6; 5:10; cf. Mt. 27:51; Heb. 10:19-20), y nos ha mostrado al pueblo de Dios ofreciendo sus oraciones en el altar del incienso (5:8; 6:9-10; 8:34).

El apóstol Juan debe **medir** el atrio interior, la Iglesia, pero debe **desechar el atrio que está fuera del templo**, y se le ordena específicamente: **No lo midas**. Medir es una acción simbólica utilizada en las Escrituras para «dividir entre lo santo y lo profano» e indicar así la protección divina contra la destrucción (véanse Ez. 22:26; 40-43; Zc. 2:1-5; Jer. 10:16; 51:19; Ap. 21:15-16). «A lo largo de la Escritura, los sacerdotes son los que miden las dimensiones del templo de Dios, siendo el hombre con la vara de medir de Ezequiel 40ss. el ejemplo más destacado. Esta medición, al igual que el testimonio, implica *ver*, y es la condición previa para *juzgar*, como hemos visto en las acciones del pacto de Dios en Génesis 1. El aspecto sacerdotal de la medición y el testimonio se puede ver en que se correlaciona con la vigilancia, ya que establece y fija límites, y da testimonio de si esos límites se han

---

[1] R. J. McKelvey, «Temple», en J. D. Douglas, ed., *The New Bible Dictionary* (William B. Eerdmans Publishing Co., [1962] 1965), p. 1249.

respetado o no. Podríamos decir que la función real tiene que ver con el llenado, y la sacerdotal con la separación, la primera con el cultivo y la segunda con los celos, el decoro y la protección».[2]

Entre el sexto y el séptimo sello, los 144.000 santos del verdadero Israel fueron protegidos del juicio venidero (7:1-8). Esa acción es paralela aquí a la medición que hace el apóstol Juan del atrio interior entre la sexta y la séptima trompetas, protegiendo ahora al templo verdadero del derramamiento de la ira de Dios. El atrio exterior (el «atrio de los gentiles») representa, por tanto, al Israel apóstata (cf. Is. 1:12), que será excluido del pueblo fiel del pacto, la morada de Dios. Al apóstol Juan, como sacerdote autorizado del Nuevo Pacto, se le ordena **expulsar** (excomulgar) a los infieles. Este verbo (*ekballó*) se utiliza generalmente en los Evangelios para expulsar a los espíritus malignos (Mc. 1:34, 39; 3:15; 6:13); también se utiliza para la expulsión de los cambistas del templo que hizo Cristo (Mt. 21:12; Mc. 11:15; Jn. 2:15). Jesús advirtió que el Israel incrédulo en su conjunto sería expulsado de la Iglesia, mientras que los gentiles creyentes entrarían en el reino y recibirían las bendiciones prometidas a la simiente de Abraham:

> Esforzaos por entrar por la puerta estrecha, porque os digo que muchos tratarán de entrar y no podrán. Después que el dueño de la casa se levante y cierre la puerta, y vosotros, estando fuera, comencéis a llamar a la puerta, diciendo: «Señor, ábrenos»,
> Él respondiendo, os dirá: «No sé de dónde sois».
> Entonces comenzaréis a decir: «Comimos y bebimos en tu presencia, y enseñaste en nuestras calles»; y Él dirá: «Os digo que no sé de dónde sois; APARTAOS DE MÍ, TODOS LOS QUE HACÉIS INIQUIDAD».
> Allí será el llanto y el crujir de dientes cuando veáis a Abraham, a Isaac, a Jacob y a todos los profetas en el reino de Dios, pero vosotros echados fuera [*ekballó*]. Y vendrán del oriente y del occidente, del norte y del sur, y se sentarán a la mesa en el reino de Dios. (Lc. 13:24-29, cf. Mt. 8:11-12)

El Israel incrédulo ha sido excluido de la medida protectora, **pues ha sido entregado a las naciones; y ellas hollarán la ciudad santa durante cuarenta y dos meses** (véase Lc. 21:24). Dios garantiza su protección a la Iglesia, pero Jerusalén ha sido entregada a la destrucción. **Cuarenta y dos meses** (que equivalen a *1.260 días* y *tres años y medio*) está tomado de Daniel 7:25, donde simboliza un período limitado durante el cual triunfan los malvados; también habla de un período de ira y juicio debido a la apostasía, un recordatorio de los tres años y medio de sequía entre la primera aparición de Elías y la derrota de Baal en el Monte Carmelo (1Re. 17-18; cf. Stg. 5:17). Mientras que el siete se utiliza para representar la totalidad y la culminación, el *tres y medio* parece ser un siete *roto*: tristeza, muerte y destrucción (Dan. 9:24; 12:7; Ap. 12:6, 14; 13:5). Los periodos de tiempo mencionados en

---

[2] James B. Jordan, «Rebellion, Tyranny, and Dominion in the Book of Genesis», en Gary North, ed., *Tactics of Christian Resistance*, Christianity and Civilization No. 3 (Tyler, TX: Geneva Ministries, 1983), p. 42.

la sección de las trompetas están dispuestos de forma quiasmática, otra indicación de su naturaleza simbólica:

    A.   11:2 —cuarenta y dos meses
        B.   11:3 — doscientos sesenta días
           C.   11:9 — tres días y medio
           C.   11:11 — tres días y medio
        B.   12:6 — doscientos sesenta días
    A.   13:5 — cuarenta y dos meses

Este tipo de imágenes se utiliza en toda la Biblia.[3] En su evangelio, Mateo se esfuerza deliberadamente por llamar nuestra atención sobre el número **cuarenta y dos**, ordenando su lista de antepasados de Cristo para que sumen hasta él: «De manera que todas las generaciones desde Abraham hasta David son catorce; desde David hasta la deportación a Babilonia, catorce; y desde la deportación a Babilonia hasta Cristo, catorce» (Mt. 1:17)[4]— todo sumando **cuarenta y dos**, el número de espera entre la promesa y el cumplimiento, desde la esclavitud hasta la redención. Pero ahora, en Apocalipsis, el tiempo se ha acortado: La Iglesia ya no tiene que esperar cuarenta y dos generaciones, sino solo cuarenta y dos meses. El mensaje de estos versículos, por tanto, es que la Iglesia se salvará durante la tribulación venidera, durante la cual Jerusalén será destruida por una invasión de gentiles. El final de este período significará el pleno establecimiento del reino. El pasaje es, pues, paralelo al Discurso del Monte de los Olivos (Mt. 24, Mc. 13, Lc. 21), en el que Jesús profetiza la destrucción de Jerusalén, que culminará con la invasión romana del año 70 d.C.[5]

3-4 Pero antes de que Jerusalén sea destruida, el apóstol Juan escucha otro testimonio de su culpabilidad, un resumen de la historia apóstata de la ciudad, centrado en su perenne persecución de los profetas. Dios le dice al apóstol Juan que ha ordenado a **dos testigos** que **profeticen durante mil doscientos sesenta días**, el número de días de unos cuarenta y dos meses idealizados (de treinta días cada uno). Este número, por tanto, está relacionado (pero

---

[3] Por ejemplo, a Daniel se le dijo: «Y desde el tiempo que sea quitado el continuo sacrificio hasta la abominación desoladora, habrá mil doscientos noventa días. Bienaventurado el que espere, y llegue a mil trescientos treinta y cinco días». (Dan. 12:11-12). Estos números se basan en el período de 430 años de opresión en Egipto (Éx. 12:40) y los 45 años desde la esclavitud hasta la conquista de la tierra (Jos. 14:6-10); los símbolos indican que el próximo período de opresión, comparado con el de Egipto, será breve (días en lugar de años), pero tres veces más intenso (3x430=1.290). Los que perseveren en la fe, sin embargo, alcanzarán el día 1.335 de victoria y dominio.

[4] Mateo eligió probablemente dividir la genealogía en tres grupos de catorce para destacar el nombre de David, que tiene un valor numérico de 14 en hebreo. David es la figura central de la genealogía de Cristo, y Cristo es presentado en toda la Escritura como el gran David (cf. Hch. 2:25-36). Sin embargo, para llegar a esta disposición simétrica, Mateo omite tres generaciones entre Joram y Uzías en el v. 8 (Ocozías, Joás y Amasías; cf. 2Re 8:25; 11:21; 14:1), y cuenta a Jeconías dos veces en los v. 11-12. Ahora bien, Mateo no es tonto, sabía sumar cifras correctamente (¡había sido recaudador de impuestos!); además, sabía que las genealogías reales estaban a disposición de sus lectores. Pero escribió su evangelio para ofrecer una cristología, no una cronología. Su lista está escrita para exponer los «cuarenta y dos» del período que precedió al advenimiento de Cristo, y los «catorce» del propio Cristo, revelando al Salvador como «hijo de David, hijo de Abraham» (1:1).

[5] Curiosamente, el sitio romano de Jerusalén bajo Vespasiano y Tito duró literalmente tres años y medio, del 67 al 70. Pero el punto principal es su significado simbólico, que se basa en su uso en los profetas. Como en muchos otros casos, es obvio que Dios llevó a cabo los acontecimientos históricos de un modo que armoniza con el simbolismo bíblico del que es autor.

no es idéntico) con los cuarenta y dos meses, y sigue expresando el carácter esencial de «cuarenta y dos» del periodo que precede a la plena instauración del reino.[6] Los testigos están **vestidos de cilicio**, la vestimenta tradicional de los profetas desde Elías hasta Juan el Bautista, que simboliza su luto por la apostasía nacional (2Re. 1:8; Is. 20:2; Jon. 3:6; Zc. 13:4; Mt. 3:4; Mc. 1:6). La ley bíblica exigía dos testigos (Núm. 35:30, Dt. 17:6, 19:15; Mt. 18:16; cf. Éx. 7:15-25; 8-11; Lc. 10:1); la idea es un tema muy presente en toda la profecía y el simbolismo bíblicos. Por tanto, una conclusión preliminar sobre los dos testigos es que representan la línea de profetas, que culmina en Juan el Bautista, que dieron testimonio contra Jerusalén durante la historia de Israel.

Los dos testigos son identificados como los **dos olivos y los dos candelabros que están ante el Señor de la tierra**. En este punto, la imaginería se vuelve mucho más compleja. El apóstol Juan vuelve de nuevo a la profecía de Zacarías sobre el candelabro (Zc. 4:1-5; cf. Ap. 1:4, 13, 20; 4:5). Las siete lámparas del candelabro están conectadas a dos olivos (cf. Sal. 52:8; Jer. 11:16), de los que mana un incesante suministro de aceite, símbolo de la obra llenadora y potenciadora del Espíritu Santo en los líderes de su pueblo del pacto. El significado del símbolo se resume en Zacarías 4:6: «No por el poder ni por la fuerza, sino por mi Espíritu»— dice el SEÑOR de los ejércitos. El mismo pasaje de Zacarías habla también de dos testigos, dos *hijos del aceite* («ungidos»), que dirigen al pueblo de Dios: Josué el sacerdote y Zorobabel el *rey* (Zc. 3-4; cf. Esd. 3, 5-6; Hag. 1-2). En resumen, pues, Zacarías nos habla de un complejo de olivo y candelabro que representa a los oficiales del pacto: dos testigos—figuras que pertenecen a la casa real y al sacerdocio. Apocalipsis conecta libremente todo esto, hablando de dos candelabros brillantes que ELLOS son dos olivos llenos de aceite, que son también dos testigos, un rey y un sacerdote— todo ello representando el testimonio profético inspirado por el Espíritu del reino de los sacerdotes (Éx. 19:6). (Un aspecto importante del mensaje del apóstol Juan, como hemos visto, es que la Iglesia del Nuevo Pacto entra en la plena herencia de las promesas como el verdadero reino de los sacerdotes, el sacerdocio real en el que «todo el pueblo del Señor es profeta»). Que estos testigos son miembros del Antiguo Pacto y no del Nuevo se muestra, entre otras indicaciones, por su vestimenta de cilicio— la vestimenta característica de la privación del Antiguo Pacto y no de la plenitud del Nuevo.

5-6 El apóstol Juan habla ahora de los dos testigos en términos de los dos grandes testigos del Antiguo Testamento, Moisés y Elías— la Ley y los Profetas. **Si alguien quiere hacerles daño, sale fuego de su boca y devora a sus enemigos**. En Números 16:35, el fuego descendió del cielo a la palabra de Moisés y consumió a los falsos adoradores que se habían rebelado contra él; y, de forma similar, el fuego cayó del cielo y consumió a los enemigos de Elías cuando pronunció la palabra (2Re. 1:9-12). Esto se convierte en un símbolo estándar del poder de la Palabra profética, como si realmente saliera fuego de la boca de los testigos

---

[6] Para algunos aspectos interesantes del número 1.260 y su relación con el número de la bestia (666), véanse los comentarios sobre 13:18.

de Dios. Como dijo el Señor a Jeremías: «he aquí, pongo mis palabras en tu boca por fuego y a este pueblo por leña, y los consumirá». (Jer. 5:14).

Ampliando la imagen, el apóstol Juan dice que los testigos **tienen el poder de cerrar el cielo para que no llueva durante los días de su profecía**, es decir, durante mil doscientos sesenta días (tres años y medio), la misma duración de la sequía provocada por Elías en 1Reyes 17 (véase Lc. 4:25; Stg.5:17). Al igual que Moisés (Éx. 7-13), los testigos **tienen poder sobre las aguas para convertirlas en sangre y para azotar la tierra con todas las plagas que deseen**.

Ambas figuras proféticas señalaban más allá de sí mismas al profeta mayor, Jesucristo. El último mensaje del Antiguo Testamento los menciona juntos en una profecía de la venida de Cristo: «Acordaos de la ley de Moisés, mi siervo... He aquí que yo os envío al profeta Elías... (Mal. 4:4-5). Malaquías continúa declarando que el ministerio de Elías se recapitularía en la vida de Juan el Bautista (Mal. 4:5-6; cf. Mt. 11:14; 17:10-13; Lc. 1:15-17). Pero Juan, como Elías, era solo un precursor, que preparaba el camino para Uno que vendría después de él, el Primogénito, que tendría una porción doble— más aún, sin medida— del Espíritu (cf. Dt. 21:17; 2Re. 2:9; Jn. 3:27-34). Y, como a Moisés, a Juan le sucedería un Josué, Jesús el conquistador, que llevaría al pueblo del pacto a su herencia prometida. Los dos testigos, por tanto, resumen todos los testigos del Antiguo Pacto, culminando en el testimonio de Juan.

7 Ahora la escena cambia: Los testigos son— a todas luces— derrotados y destruidos. **Cuando hayan terminado su testimonio, la bestia que sale del abismo les hará la guerra, los vencerá y los matará**. Esta es la primera mención de **la bestia** en este libro, pero el apóstol Juan parece esperar que sus lectores entiendan su referencia. De hecho, el tema de la bestia es familiar en la historia bíblica. Al principio se nos cuenta cómo Adán y Eva se negaron a convertirse en «dioses» mediante la sumisión a Dios[7] y, en su lugar, buscaron la divinidad autónoma y definitiva. Al someterse a una bestia (la serpiente), ellos mismos se convirtieron en «bestias» en lugar de dioses, con la marca de rebelión de la bestia en sus

---

[7] La doctrina cristiana de la *deificación* (cf. Sal. 82:6; Jn. 10:34-36; Rom. 8:29-30; Ef. 4:13, 24; Heb. 2:10-13; 12:9-10; 2Pe. 1:4; 1Jn. 3:2) se conoce generalmente en las iglesias occidentales con los términos *santificación y glorificación*, que se refieren a la plena herencia de la imagen de Dios por parte del hombre. Esta doctrina (que no tiene absolutamente nada en común con las teorías realistas paganas sobre la continuidad del ser, las nociones humanistas sobre la "chispa de divinidad" del hombre o las fábulas politeístas mormonas sobre la evolución humana hacia la divinidad) es universal en todos los escritos de los Padres de la Iglesia; véase, por ejemplo, Georgios r. Mantzaridis, *The Deification of Man: St. Gregory Palamas and the Orthodox Tradition*, Liadain Sherrard, trad. (Crestwood, Nueva York: St. Vladimir's Seminary Press, 1984). Atanasio escribió: «El Verbo no es de las cosas creadas, sino que Él mismo es su creador. Por eso asumió un cuerpo humano creado, para, habiéndolo renovado como su creador, divinizarlo en Sí mismo, y así introducirnos a todos en el reino de los cielos por nuestra semejanza con Él. Porque el hombre no habría sido deificado si se hubiera unido a una criatura, o a menos que el Hijo fuera Dios mismo; ni el hombre habría sido llevado a la presencia del Padre, a menos que Él hubiera sido su Verbo natural y verdadero que se había revestido del cuerpo. Y así como no habríamos sido liberados del pecado y de la maldición, si la carne que el Verbo asumió no hubiera sido por naturaleza humana (pues nada tendríamos en común con lo que nos es ajeno); así tampoco la humanidad habría sido deiforme, si el Verbo que se hizo carne no hubiera sido por naturaleza derivado del Padre y verdadero y propio de Él. Por tanto, la unión fue de este tipo, para unir lo que es hombre por naturaleza a Aquel que naturalmente pertenecía a la Divinidad, para que su salvación y deificación fueran seguras». (*Discursos contra los arrianos*, ii.70). Lo expresó más sucintamente en una famosa declaración de su obra clásica *La encarnación del Verbo* (54): «El Verbo se hizo hombre para que nosotros nos hiciéramos dioses».

frentes (Gén. 3:19); aún en redención siguieron vestido con las pieles de bestias (Gén. 3:21).[8] Una imagen posterior de la caída se muestra en la caída de Nabucodonosor, que era, como Adán, «eres rey de reyes, a quien el Dios del cielo ha dado el reino, el poder, la fuerza y la gloria» (Dan. 2:37). Sin embargo, por orgullo, por buscar la divinidad autónoma, fue juzgado: «fue echado de entre los hombres, comía hierba como el ganado y su cuerpo se empapó con el rocío del cielo hasta que sus cabellos crecieron como las plumas de las águilas y sus uñas como las de las aves». (Dan. 4:33). La rebelión del hombre contra Dios también es representada por la rebelión de las bestias contra el hombre; así, los malvados perseguidores de Cristo en la crucifixión son llamados «perros» y «toros de Basán», y son comparados con «un león rapaz y rugiente» (Sal. 22:12-13, 16).

Otra imagen de la «bestialidad» de la rebelión estaba contenida en los requisitos sacrificiales/dietéticos del Antiguo Pacto contra los animales «impuros», como observa James Jordan: «Todos los animales inmundos *se parecen a la serpiente* en tres aspectos. Comen 'suciedad' (carroña podrida, estiércol, basura). Se mueven en contacto con la 'suciedad' (arrastrándose sobre sus vientres, las almohadillas carnosas de sus patas en contacto con el suelo, sin escamas que mantengan su piel en contacto con su entorno acuoso). Se rebelan contra el dominio humano, matando a hombres o a otras bestias. Bajo el simbolismo del Antiguo Pacto, tales bestias satánicas representan a las naciones satánicas (Lev. 20:22-26), pues los animales son 'imágenes' de los hombres.[9] Comer animales satánicos, bajo el Antiguo Pacto, era 'comer' el estilo de vida satánico, 'comer' muerte y rebelión».[10]

Así pues, el enemigo de Dios y de la Iglesia es siempre la **bestia**, en sus diversas manifestaciones históricas. Los profetas hablaron a menudo de los estados paganos como bestias terroríficas que guerreaban contra el pueblo del pacto (Sal. 87:4; 89:10; Is. 51:9; Dan. 7:3-8, 16-25). Todo esto se recogerá en la descripción que el apóstol Juan hace de Roma y del Israel apóstata en Apocalipsis 13. Sin embargo, debemos recordar que estos poderes perseguidores no eran sino las manifestaciones inmediatas del enemigo permanente de la Iglesia: el dragón, que se presenta formalmente en 12:3,[11] pero que era bien conocido por cualquier persona con conocimientos bíblicos de la audiencia de Juan. Los cristianos ya conocían la identidad última de la bestia que surge del **abismo**. Es Leviatán, el dragón, la serpiente antigua, que sale una y otra vez de su prisión en el mar para atormentar al pueblo de Dios. El abismo, la oscura y furiosa profundidad, es donde Satanás y sus espíritus malignos son mantenidos prisioneros excepto por liberaciones periódicas para atormentar a

---

[8] Para representar la imagen restaurada de Dios, los sacerdotes eran vestidos con vegetales (lino) en lugar de animales (algodón); tenían prohibido usar pieles de bestias, porque producían sudor (Ez. 44:17-18; cf. Gén. 3:19). Sobre «la divinidad judicial» y la vestimenta de pieles de Adán y Eva, véase James B. Jordan, «Rebellion, Tyranny, and Dominion in the Book of Genesis», en Gary North, ed., *Christianity and Civilization* 3 (1983): Tactics of Christian Resistance, pp. 43-47.

[9] Cf. Prov. 6:6; 26:11; 30:15, 19, 24-31; Dan. 5:21; Éx. 13:2, 13.

[10] James B. Jordan, *The Law of the Covenant: An Exposition of Exodus 21-23* (Tyler, TX: Institute for Christian Economics, 1984), p. 122.

[11] Estrechamente relacionada con la doctrina bíblica de la bestia, está la «teología de los dinosaurios» de la Biblia; para ello, véanse mis comentarios sobre 12:3.

los hombres cuando cometen apostasía.[12] (Nótese que la legión de espíritus malignos del endemoniado gadareno suplicaba que se les mantuviera fuera del abismo; con engaño divino, Jesús los envió a la manada de cerdos, y los cerdos se precipitaron de cabeza al mar: Lc. 8:31-33). La persecución del pueblo del pacto nunca es una contienda meramente «política», por más que los estados malvados intenten colorear sus perversas acciones. Siempre se origina en el pozo del infierno.

A lo largo de la historia de la redención, la bestia **hizo la guerra** contra la Iglesia, en particular contra sus testigos proféticos. El ejemplo final de esto en el período del Antiguo Pacto es la guerra de Herodes contra Juan el precursor, a quien **venció y mató** (Mc. 6:14-29); y la culminación de esta guerra contra los profetas fue el asesinato de Cristo, el profeta final, de quien todos los demás profetas eran imágenes, y cuyo testimonio dieron. Cristo fue crucificado por la colaboración de las autoridades romanas y judías, y esta asociación en la persecución continuó durante toda la historia de la Iglesia primitiva (véanse Hch. 17:5-8; 1Ts. 2:14-17).[13]

8-10 Los **cadáveres** de los testigos del Antiguo Pacto, «desde el justo Abel hasta Zacarías» (Mt. 23:35) yacen metafóricamente **en la calle de la gran ciudad que espiritualmente** [es decir, *por la revelación del Espíritu Santo*] se llama Sodoma y Egipto. Esta ciudad es, por supuesto, Jerusalén; el apóstol Juan explica que **es donde también su Señor fue crucificado** (sobre Israel como Sodoma, véase Dt. 29:22-28; 32:32; Is. 1:10, 21; 3:9; Jer. 23:14; Ez. 16:46). Los comentaristas suelen ser incapaces de encontrar referencias bíblicas que comparen Israel (o Jerusalén) con Egipto, pero este es el viejo problema de no ser capaz de ver el bosque por los árboles. Pues la prueba está contenida en todo el mensaje del Nuevo Testamento. Jesús es considerado constantemente como el nuevo Moisés (Hch. 3:20-23; Heb. 3-4), el nuevo Israel (Mt. 2:15), el nuevo templo (Jn. 1:14; 2:19-21) y, de hecho, una recapitulación/trascendencia viviente de toda la historia del Éxodo (cf. 1Co. 10:14).[14] En el monte de la Transfiguración (Lc. 9:31), habló con *Moisés y Elías* (otro vínculo con este pasaje), llamando «*Éxodo*» (la palabra griega es *exodon*) a su próxima muerte y resurrección en Jerusalén. De todo esto se desprende el lenguaje de Apocalipsis, que habla de las plagas egipcias derramadas sobre Israel (8:6-12; 16:2-12). La guerra de los testigos contra el Israel apóstata y los estados paganos se describe en los mismos términos que el Éxodo original de Egipto (cf. también la nube y la columna de fuego en 10:1). Jerusalén, la ciudad otrora santa, ahora apóstata, se ha vuelto pagana y perversa, opresora del verdadero pueblo del pacto, uniéndose a la bestia para atacarlo y matarlo. Es Jerusalén la culpable de la sangre de los testigos del Antiguo Pacto; ella es, por excelencia, la asesina de profetas (Mt. 21:33-43;

---

[12] Véase anteriormente sobre 9:1-6.

[13] El intento de la bestia de borrar el testimonio de los testigos de Dios condujo finalmente a su ataque contra la tierra de Israel, el lugar de nacimiento de la Iglesia; Tito supuso que podía destruir el cristianismo destruyendo el templo en el año 70 d.C. (véase 17:14). El motivo religioso central de la guerra romana contra los judíos era su odio profundamente arraigado contra la Iglesia cristiana.

[14] La evidencia es mucho más extensa como para repetirla aquí, pero véase Meredith G. Kline, *The Structure of Biblical Authority* (Eerdmans, 2da. ed., 1975), pp. 183-95; véase también Robert D Brinsmead, *The Pattern of Redemptive History* (Fallbrook, CA: Verdict Publications, 1979), pp. 23-33.

23:34-38). De hecho, dijo Jesús, «no puede ser que un profeta muera fuera de Jerusalén» (Lc. 13:33).

Con la muerte de los testigos, se acalla su voz de condena; y ahora **los de los pueblos y tribus y lenguas y naciones** consideran muerta a la propia Iglesia, mostrando abiertamente su desprecio por el pueblo de Dios, cuyos **cadáveres** yacen insepultos **en la calle**, bajo una aparente maldición, pues **no permiten que sus cadáveres sean depositados en una tumba** (cf. 1Re. 13:20-22; Jer. 8:1-2; 14:16; 16:34). El deseo de insertarse en la tierra prometida en la muerte era un interés central para los testigos fieles del Antiguo Pacto, como prenda de su futura resurrección (Gén. 23; 47:29-31; 49:28-33; 50:1-14, 24-26; Éx. 13:19; Jos. 24:32; 1Sam. 31:7-13; Hch. 7:15-16, Heb. 11:22). La opresión del reino de los sacerdotes por parte de los paganos se expresaba a menudo en estos términos:

> Oh Dios, las naciones han invadido tu heredad;
> han profanado tu santo templo;
> han dejado a Jerusalén en ruinas.
> Han dado los cadáveres de tus siervos por comida a las aves del cielo,
> la carne de tus santos a las fieras de la tierra.
> Como agua han derramado su sangre alrededor de Jerusalén;
> y no hubo quien les diera sepultura.
> (Sal. 79:1-3)

La ironía, sin embargo, es que ahora son **los que moran en la Tierra**— los propios judíos (cf. 3:10)— los que se unen a las naciones paganas para oprimir a los justos. Los apóstatas de Israel **se regocijan y se alegran; y se enviarán regalos unos a otros, porque estos dos profetas atormentaron a los que moran en la tierra** (cf. la fiesta de Herodes, durante la cual Juan fue encarcelado y luego decapitado: Mt. 14:3-12). El precio de la paz del mundo fue la aniquilación del testigo profético; Israel y el mundo pagano se unieron en su malvado regodeo por la destrucción de los profetas, cuyo fiel doble testimonio había **atormentado** a los desobedientes con la convicción del pecado, llevándoles a cometer asesinatos (cf. Gén. 4:3-8; 1Jn. 3:11-12; Hch. 7:54-60). Los enemigos naturales se reconciliaron entre sí mediante su participación conjunta en el asesinato de los profetas. Esto fue especialmente cierto en el asesinato de Cristo: «Herodes y Pilato se hicieron amigos aquel mismo día, pues antes habían estado enemistados el uno con el otro» (Lc. 23:12). A la muerte de Cristo, toda clase de gente se regocijó y se burló: los gobernantes, los sacerdotes, las facciones religiosas rivales, los soldados romanos, los sirvientes, los criminales; todos se unieron para celebrar su muerte (Mt. 27:27-31, 39-44; Mc. 15:29-32, Lc. 22:63-65; 23:8-12, 35-39); todos se pusieron del lado de la bestia contra el Cordero (Jn. 19:15). El intento de destruir a los testigos pareció tener éxito, no solo silenciando a profetas individuales, sino aboliendo el testimonio del pacto en sí. La guerra progresiva contra la palabra alcanzó su clímax con el asesinato de Cristo; este fue el crimen definitivo que provocó la destrucción de Jerusalén. Moisés había instruido al pueblo de Israel acerca del profeta venidero, advirtiéndoles que serían maldecidos si se negaban a escucharle (Dt. 18:15-19); el mártir Esteban citó esta profecía (Hch. 7:37), y concluyó:

> Vosotros, que sois duros de cerviz e incircuncisos de corazón y de oídos, resistís siempre al Espíritu Santo; como hicieron vuestros padres, así también hacéis vosotros. ¿A cuál de los profetas no persiguieron vuestros padres? Ellos mataron a los que antes habían anunciado la venida del Justo, del cual ahora vosotros os hicisteis traidores y asesinos. (Hch. 7:51-52)

Por ahora, los perseguidores son victoriosos y se regocijan durante **tres días y medio**. Esto no es más un período literal que las cifras anteriores de 42 meses y 1.260 días. Como hemos señalado, «tres y medio» representa un siete roto, un período de tristeza y opresión. En cada sección de Apocalipsis, las figuras del apóstol Juan armonizan entre sí: Los juicios del sello están en *cuartos*, los juicios de las trompetas están en *tercios*, y los números de los capítulos 11-13 corresponden a *tres y medio* (42 meses y 1.260 días equivalen a tres años y medio). La simetría poética de apóstol Juan continúa este simbolismo: Los días durante los cuales los justos son oprimidos, sus cuerpos maltratados, son un tres y medio, un tiempo de aflicción cuando los malvados triunfan. Sin embargo, el tiempo del mal es breve, pues solo dura *tres días y medio*. De este modo convergen aquí varias líneas de imaginería; y el apóstol Juan ha mantenido el período en concordancia general con los tres **días** del descenso de Cristo a los infiernos. En su muerte, toda la comunidad del pacto y su testimonio yacen muertos en las calles de Jerusalén, bajo la maldición.

11-12 Después de los tres días y medio, los testigos resucitan: **El aliento de vida de Dios entró en ellos** en la nueva creación (cf. Gén. 2:7; Ez. 37:1-14; Jn. 20:22) **y se pusieron en pie** (cf. Hch. 7:55), causando terror y consternación a sus enemigos. Los que los contemplaban **sintieron gran temor** (Hch. 2:43; 5,5; 19:17; Jn. 7:13; 12:42; 19:38; 20:19), y con razón: Mediante la resurrección de Cristo, la Iglesia y su testimonio se hicieron imparables. En unión con Cristo en su ascensión a la gloria (Ef. 2:6), **subieron al cielo en la nube, y sus enemigos los contemplaron**.[15] Los testigos no sobrevivieron a las persecuciones; murieron. Pero en la resurrección de Cristo resucitaron al poder y dominio que existía no por la fuerza, ni por el poder, sino por el Espíritu de Dios, el mismo aliento de vida de Dios. «No somos los señores de la historia y no controlamos su desenlace, pero tenemos la seguridad de que hay un señor de la historia y él controla su desenlace. Necesitamos una interpretación teológica del desastre, que reconozca que Dios actúa en acontecimientos como cautiverios, derrotas y crucifixiones. La Biblia puede interpretarse como una cadena de triunfos de Dios disfrazados de desastres».[16]

---

[15] Esto guarda cierta similitud con la experiencia de Elías, con la gran diferencia de que fue su amigo, y no sus enemigos, quien vio su ascensión (2Re. 2:9-14).
[16] Herbert Schlossberg, *Idols for Destruction: Christian Faith and Its Confrontation with American Society* (Nashville: Thomas Nelson Publishers, 1983), p. 304.

El apóstol Juan traza aquí un importante paralelismo que no debe pasarse por alto, pues se halla cerca del núcleo del significado del pasaje. La ascensión de los testigos se describe en el mismo lenguaje que la propia ascensión del apóstol Juan:

4:1 Después de esto miré, y vi una puerta abierta en el cielo; y la primera voz que yo había oído, como sonido de trompeta que hablaba conmigo, decía: Sube acá...

11:11-12 Pero después de los tres días y medio... oyeron una gran voz del cielo que les decía: Subid acá...

La historia de los dos testigos es, por tanto, la historia de la Iglesia testigo, que ha recibido el mandato divino de **subir acá arriba** y ha ascendido con Cristo a la nube del cielo, al trono (Ef. 1:20-22; 2:6; Heb. 12:22-24): Ahora posee una concesión imperial para ejercer el gobierno sobre los confines de la tierra, discipulando a las naciones a la obediencia de la fe (Mt. 28:18-20, Rom. 1:5).

13-14 Uno de los resultados de la ascensión de Cristo, como él predijo, sería el sonido de la perdición para el Israel apóstata, el temblor del cielo y de la tierra. La Escritura conecta como un evento teológico la venida— el nacimiento, vida, muerte, resurrección, ascensión de Cristo, el derramamiento de su Espíritu sobre la Iglesia en el año 30 d.C., y el derramamiento de su ira sobre Israel en el Holocausto del 66-70 d.C.: Así que **en ese día hubo un gran terremoto** (cf. Ap. 6:12; Ez. 38:19-20; Hag. 2:6-7; Zac. 14:5; Mt. 27:51-53; Heb. 12:26-28). Debido a que el triunfo de Cristo significó la derrota de sus enemigos, cayó **una décima parte de la ciudad**. En realidad, toda la ciudad de Jerusalén cayó en el año 70 d.C.; pero, como hemos visto, los juicios de las trompetas no alcanzan todavía el fin último de Jerusalén, sino que (aparentemente) llegan solo hasta el primer sitio de Jerusalén, bajo Cestio. De conformidad con la naturaleza de la trompeta como alarma, el hecho de que Dios tomara un «diezmo» de Jerusalén en el primer asedio fue una advertencia a la ciudad.

Por razones claramente simbólicas y bíblico-teológicas, el apóstol Juan nos dice que **siete mil personas murieron** en el terremoto. En última instancia, el terremoto de tierra y cielo traído por el Nuevo Pacto mató a muchas más de siete mil personas. Pero la cifra representa exactamente lo contrario de la situación en tiempos de Elías. En 1Reyes 19:18, Dios le dijo a Elías que 7.000 en Israel permanecieron fieles al pacto. Incluso entonces, lo más probable es que se tratara de un número simbólico, que indicaba lo *completo* (siete) multiplicado por *muchos* (mil). En otras palabras, Elías no debía desanimarse, pues no estaba solo. Los justos elegidos de Dios eran numerosos, y todos estaban presentes y contados. Por otra parte, sin embargo, estaban en minoría. Pero ahora, en el Nuevo Pacto, la situación se invierte. Los Elías de los últimos días, los testigos fieles en la Iglesia, no deben desanimarse cuando parezca que Dios está destruyendo a todo Israel, y los fieles son pocos en número. Porque esta vez son los apóstatas, los adoradores de Baal, quienes son los «siete mil en Israel». Se le ha dado la vuelta a la tortilla. En el Antiguo Testamento, solo existían «7000» fieles; en el Nuevo Testamento, solo «7000» son impíos. Ellos son destruidos, y el resto—

la inmensa mayoría— se convierte y se salva: **Los demás se aterrorizaron y dieron gloria al Dios del cielo**— lenguaje bíblico para la conversión y la fe (cf. Jos. 7:19; Is. 26:9; 42:12; Jer. 13:16; Mt. 5:16; Lc. 17:15-19; 18:43; 1Pe. 2:12; Ap. 14:7; 15:4; 16:9; 19:7; 21:24). La tendencia en la era del Nuevo Pacto es el *juicio para salvación*.

El apóstol Juan cierra la sección de la sexta trompeta con estas palabras: **El segundo ay ha pasado; he aquí, el tercer ay viene pronto**. El apóstol Juan no nos dice explícitamente cuándo llega el tercer ay. Ya que el primer y el segundo ay se refieren a las advertencias que Israel recibió en el ataque demoníaco a gran escala contra la tierra (9:1-12) y en la primera invasión romana bajo Cestio (9:13-21), es posible tomar el tercer ay como la propia caída de Jerusalén; seis ayes (en tres pares) se enumeran en rápida sucesión en 18:10, 16, 19. Es más acorde con apóstol Juan que la tercera trompeta. Sin embargo, es más acorde con la estructura literaria de apóstol Juan considerar el tercer ay como una consecuencia de la séptima trompeta (al igual que el primer y segundo ay corresponden a la quinta y sexta trompeta: cf. 8:13; 9:12); el ay se declara en 12:12, tras la derrota del dragón por parte de Miguel, y continúa hasta el final del capítulo 14, mostrando la «gran ira» del dragón durante su «breve tiempo» de dominio.

La séptima trompeta (11:15-19)

15 El séptimo ángel tocó la trompeta, y se levantaron grandes voces en el cielo, que decían: El reino del mundo ha venido a ser el reino de nuestro Señor y de su Cristo; y Él reinará por los siglos de los siglos.

16 Y los veinticuatro ancianos que estaban sentados delante de Dios en sus tronos, se postraron sobre sus rostros y adoraron a Dios,

17 diciendo: Te damos gracias, oh Señor Dios Todopoderoso, el que eres y el que eras, porque has tomado tu gran poder y has comenzado a reinar.

18 Y las naciones se enfurecieron, y vino tu ira y llegó el tiempo de juzgar a los muertos y de dar la recompensa a tus siervos los profetas, a los santos y a los que temen tu nombre, a los pequeños y a los grandes, y de destruir a los que destruyen la tierra.

19 El templo de Dios que está en el cielo fue abierto; y el arca de su pacto se veía en su templo, y hubo relámpagos, voces y truenos, y un terremoto y una fuerte granizada.

15 Conforme al modelo bíblico que une las ideas de sábado y consumación, la trompeta del **séptimo ángel** anuncia que «el misterio de Dios» se ha cumplido y consumado (cf. 10:6-7). En este momento de la historia se hace patente el plan de Dios: ha colocado a judíos y gentiles en pie de igualdad en el pacto. La destrucción del Israel apóstata y del templo reveló que Dios había creado una nueva nación, un nuevo templo, como Jesús había profetizado a los dirigentes judíos: «Por eso os digo que el reino de Dios os será quitado y será dado a una nación que produzca sus frutos». (Mt. 21:43). Más tarde, Jesús dijo a sus discípulos cuál sería el efecto de la destrucción de Jerusalén: «Entonces aparecerá en el cielo la señal del Hijo del Hombre» (Mt. 24:30). Marcelo Kik explica: «El juicio sobre Jerusalén fue la señal de que el Hijo del Hombre reinaba en el cielo. Ha habido malentendidos debido a la lectura de este versículo, ya que algunos han pensado que era 'una señal en el cielo'. Pero esto no es lo que dice el versículo; dice la señal del *Hijo del Hombre en el cielo*. La frase 'en el cielo' define la localidad del Hijo del Hombre y no de la señal. Una señal no debía aparecer en los cielos, sino que la destrucción de Jerusalén debía indicar el reinado del Hijo del Hombre en el cielo».[17]

Kik continúa: «El apóstol Pablo afirma en el undécimo capítulo de Romanos que la caída de los judíos fue una bendición para el resto del mundo. Habla de ello como el enriquecimiento de los gentiles y la reconciliación del mundo. La catástrofe de Jerusalén señaló realmente el comienzo de un reino nuevo y mundial, marcando la plena separación de la Iglesia cristiana del judaísmo legalista. Todo el sistema de culto, tan estrechamente asociado con Jerusalén y el templo, recibió, por así decirlo, un golpe mortal de Dios mismo. Dios había terminado ya con el Antiguo Pacto hecho en el Sinaí: la señal del Nuevo Pacto se imponía por completo».[18]

Así, el reino de Dios, el «quinto reino» profetizado en Daniel 2, se universaliza, como canta el coro celestial: **El reino del mundo se ha convertido en el reino de nuestro Señor y de su Cristo, y Él reinará por los siglos de los siglos**. La disociación final del cristianismo del judaísmo significa que ahora es una religión mundial. El reino de Cristo comienza ahora el proceso de abarcar y envolver todos los reinos del mundo. La tierra será regenerada. Esto quedó claro con la caída de Jerusalén, la señal de que Cristo había ascendido realmente a su trono celestial y estaba gobernando las naciones, derramando ira y tribulación sobre sus enemigos a petición de su Iglesia orante. Los ejércitos romanos que aniquilaron Jerusalén, masacrando y esclavizando a sus habitantes, eran sus ejércitos (Dan. 9:26), cumpliendo su Palabra (Dt. 28:49-68).

Según el calendario bíblico, la «séptima trompeta» sonó el 1 de Tishrei, primer día del séptimo mes del año litúrgico y del primer mes del año civil: *Rosh Hashaná*, el día de las trompetas. Ernest L. Martin ha señalado una serie de aspectos interesantes del día de las trompetas que guardan relación directa con el significado de la séptima trompeta en Apocalipsis: «Antes del período del Éxodo en tiempos de Moisés, este era el día que aparentemente iniciaba el año bíblico. También parece que este era el día en que a muchas personas se les adelantaba un año de vida— sin importar en qué mes del año nacieran realmente. Obsérvese que el patriarca Noé llegó a los 601 años de edad 'en el primer mes [Tishrei], el primer día del mes [que más tarde se llamaría el día de las trompetas]'» (Gén. 8:13). Ese fue el mismo día en que «Noé quitó la cubierta del arca y miró, y he aquí estaba seca la superficie de la tierra» (v. 13). No solo fue el cumpleaños oficial de Noé, sino también

---

[17] Marcellus Kik, *An Eschatology of Victory* (Nutley, NJ: The Presbyterian and Reformed Publishing Co., 1971), p. 137. La traducción común en las versiones modernas de la Biblia («entonces aparecerá en el cielo la señal del Hijo del Hombre») simplemente refleja los prejuicios no bíblicos de unos pocos traductores y editores. La traducción más literal en la versión King James es lo que dice el texto griego. Cf. la discusión en *Paradise Restored: A Biblical Theology of Dominion* (Ft. Worth, TX: Dominion Press, 1985), pp. 97-105.

[18] Ibid., p. 138.

un nuevo nacimiento para la tierra... Incluso el primer día de la creación mencionado en Génesis 1:1-5 podría contarse hasta este mismo día...

Puesto que el otoño aparentemente comenzó todos los años bíblicos antes del Éxodo, y puesto que toda la fruta estaba en los árboles lista para que Adán y Eva la comieran (Gén. 1:29; 2:9, 16-17), sugiere que... el primer día de la creación mencionado en Génesis fue también el primero de Tishrei (al menos Moisés sin duda pretendía dar esa impresión). Esto significa que no solo el cumpleaños de la nueva tierra en los días de Noé fue lo que más tarde se convirtió en el día de las trompetas, sino que también fue el día que dio inicio a la creación original de la tierra.

«...La opinión mayoritaria de los ancianos judíos (que aún domina los servicios de las sinagogas) era que el día de las trompetas era el día conmemorativo del comienzo del mundo. Prevalecía la opinión autorizada de que el primero de Tishrei era el primer día de Génesis 1:1-5. Llegó a considerarse como el cumpleaños del mundo» (M'Clintock & Strong, *Cyclopaedia*, vol. X, p. 568). Era incluso más que un aniversario de la creación física. El judaísmo considera el Año Nuevo no solo como un aniversario de la creación, sino— lo que es más importante— como una renovación de la misma. Es entonces cuando el mundo renace» (Theodor H. Gaster, *Festivals of the Jewish Year*, p. 109)...

«Cada uno de los meses judíos se introducía oficialmente mediante el toque de trompetas (Núm. 10:10). Puesto que el año festivo (en el que se encontraban todas las fiestas mosaicas) tenía siete meses de duración, el último mes (Tishrie) era el último mes para una introducción por trompeta. Esta es una de las razones por las que el día fue llamado 'el día de las trompetas'. La 'última trompeta' de la serie siempre se tocaba en este día, así que era el día final de las trompetas» (Lev. 23:24; Núm. 29:1).

«Este era el día exacto que muchos de los antiguos reyes y gobernantes de Judá consideraban como el día de su toma de posesión del gobierno.... De hecho, era costumbre que la ceremonia final de la coronación de los reyes fuera el toque de trompetas. Para Salomón: 'Tocad la trompeta y decid: Dios salve al rey Salomón' (1Re. 1:34). Para Jehú: 'Tocaron las trompetas, diciendo: Jehú es rey' (2Re. 9:13). En la entronización de Joás: 'El pueblo del país se alegró y tocó las trompetas' (2Re. 11:14)».[19]

M. D. Goulder resume el significado de Rosh Hashaná: «El Año Nuevo es el equivalente judío del adviento cristiano: combina la alegría por la llegada definitiva del reino de Dios con la penitencia por el juicio que traerá ese reino. Está marcada por el toque del shofar (Lev. 23:24), para proclamar el día (*këryxates*, Joel 2:15); y por tres bendiciones propias, las Malkuyot, las Zikronot y las Shofarot. Cada una de ellas comprende diez versículos de la Escritura: el primero sobre la realeza de Dios, con vistas a su reinado final (por ejemplo, Zc. 14:9); el segundo sobre el recuerdo de Dios de los actos de los hombres para juzgarlos o recompensarlos, y su recuerdo de su pacto; el tercero sobre el toque del Shofar, desde el Sinaí hasta la última trompeta que reunirá a la dispersión en Jerusalén».[20]

---

[19] Ernest L. Martin, *The Birth of Christ Recalculated* (Pasadena: Foundation for Biblical Research, 2da. ed., 1980), pp. 155ss.

[20] M. D. Goulder, *The Evangelists' Calendar: A Lectionary Explanation of the Development of Scripture* (Londres: SPCK, 1978), pp. 245s.

Todo esto estaría naturalmente en la mente del apóstol Juan y de su audiencia del primer siglo al mencionar la gran séptima trompeta. Ahora, añade una nueva dimensión de simbolismo, al mostrar el significado cristiano de Rosh Hashaná, aquello a lo que siempre había apuntado: El día de las trompetas es el comienzo del nuevo mundo, la nueva creación, el día de la coronación del Rey de reyes, cuando es entronizado como juez supremo sobre el mundo entero. De hecho, como veremos en el capítulo 12, el significado del 1 de Tishrei es considerado por el apóstol Juan— teológicamente, si no «realmente»— como el cumpleaños de Jesucristo. Por ahora, sin embargo, lo presenta como el cumpleaños de la nueva creación, fruto de la resurrección y ascensión de Cristo y sus santos.

16-18 A la declaración coral del señorío universal de Cristo y del triunfo mundial de su reino se unen los **veinticuatro ancianos, sentados en sus tronos ante Dios**. (Nótese la referencia arquitectónica: La postura característica del maestro/gobernante en el Nuevo Testamento es la entronización; Jesús se levantaba para leer las Escrituras y se sentaba para enseñar, Lucas 4:16, 20.) Estos **ancianos se postraron sobre sus rostros y adoraron a Dios, diciendo: Te damos gracias, Señor Dios, Todopoderoso**. El verbo dar **gracias** es *eucharisteó*, utilizado a lo largo de la historia cristiana para designar la Comunión del cuerpo y la sangre del Señor: La Eucaristía. Este término adquiere su significado técnico muy pronto (cf. Didajé 9-10), basándose en su uso en los relatos neotestamentarios de la Cena del Señor (Mt. 26:26-27; Mc. 14:22-23; Lc. 22:17, 19; 1Co. 11:24). Es bastante evidente aquí. Porque el apóstol Juan nos ha mostrado que el modelo de la acción redentora de Dios en la historia es el mismo que el que se lleva a cabo cada día del Señor: La Iglesia, muerta y resucitada en Cristo (v. 7-11), asciende al cielo en medio de los juicios cósmicos por orden divina (v. 12-14). Rodeados por las huestes celestiales que cantan alabanzas (v. 15), los ancianos se postran ante la majestad de Dios, proclamando: *¡Eucharistoumen! ¡Damos gracias!* (v. 16-17).

Los ancianos continúan el servicio con una confesión de fe, alabando al Señor por la inauguración de su reino: **Has tomado tu gran poder y has comenzado a reinar**. Era Cristo el Señor quien incitaba a las naciones del Imperio romano a luchar contra Israel, porque Israel había perseguido y masacrado a sus santos. Así que **las naciones se enfurecieron, y vino tu ira**, y la Jerusalén apóstata y perseguidora sufre el peso de ambas; **y llegó el tiempo de que los muertos sean vindicados, y el tiempo de dar su recompensa a tus siervos los profetas y a los santos y a los que temen tu nombre, a los pequeños y a los grandes**. Esto no es más que una reformulación de la declaración de Cristo a Jerusalén en su último discurso público: «que recaiga sobre vosotros la culpa de toda la sangre justa derramada sobre la tierra, desde la sangre del justo Abel hasta la sangre de Zacarías, hijo de Berequías, a quien asesinasteis entre el templo y el altar. En verdad os digo que todo esto vendrá sobre esta generación» (Mt. 23:35-36). Los **siervos de Dios, los profetas** (términos equivalentes en Apocalipsis: véase 1:1; 10:7; 16:6; 18:24; 19:2, 10; cf. Dan. 9:6, 10; Am. 3:7; Zc. 1:6), serían vindicados y recompensados en el juicio venidero— no el juicio final en el último día, sino más bien *la vindicación histórica y la venganza de los santos martirizados*, los que habían sufrido a manos del impío Israel, como Jesús había predicho.[21] Justo antes de la caída de Israel, el apóstol Pablo había escrito de los judíos, que perseguían constantemente a los cristianos, que «la ira ha venido sobre ellos hasta el extremo» (1Ts. 2:16). Ahora, la mirada del apóstol Juan al futuro próximo muestra que, cuando la ira contenida de Dios cayó con toda su furia, la Iglesia se regocijó. Haciéndose eco del conocido tema de la expulsión del Edén, el canto concluye con la observación de que la destrucción de Israel sirvió para **destruir a quienes destruyen la tierra** (cf. Lev. 18:24-30).

19 Aquí se resume el significado teológico de la caída de Israel: Significó que se abrió **el templo de Dios en el cielo** (Mt. 27:51; Ef. 2:19-22; Heb. 8:1-6; 9:8). El templo terrenal desapareció, y ahora solo queda el templo verdadero. Se revela que el templo de Dios es la Iglesia; y ahora **el arca de su pacto apareció en su templo**, ya que la presencia residente de Dios se manifiesta allí (Ef. 2:22). Técnicamente, un «santo» es alguien que tiene *acceso al santuario*, alguien con privilegios de santuario. En el Nuevo Pacto, todos somos santos; todos tenemos acceso al trono (Heb. 4:16; 10:19-25), habiendo ascendido en Cristo (definitivamente en su ascensión, progresivamente cada día del Señor en el culto). En el Antiguo Pacto, los Diez Mandamientos estaban «escondidos» en el santuario, y a nadie se le permitía entrar (aunque la revelación de Dios fue publicada provisionalmente por Moisés). Pero ahora, en el Nuevo Pacto, el misterio ha sido publicado abiertamente, y el hombre en Cristo tiene acceso. Con el sonido de la séptima trompeta, la revelación es completa y definitiva; el misterio ya no es misterioso. El apóstol Pablo encomendó a los santos de Roma «Y a aquel que es poderoso para afirmaros conforme a mi evangelio y a la predicación de Jesucristo, según la revelación del misterio que ha sido mantenido en secreto durante siglos sin fin, pero que ahora ha sido manifestado, y por las Escrituras de los profetas, conforme al mandamiento del Dios eterno, se ha dado a conocer a todas las naciones para guiarlas a la obediencia de la fe» (Rom. 16:25-26).

Por eso, todos los fenómenos meteorológicos que se asociaban a la nube en la revelación del Antiguo Pacto (cf. Sal. 18) son mencionados ahora por el apóstol Juan en relación con la Iglesia: **Hubo relámpagos, voces, truenos, un terremoto y una gran granizada**. En la Iglesia de Jesucristo se nos ha abierto la puerta del cielo. Nuestra santificación es por medio de la Iglesia, a través de su ministerio y sacramentos, como escribió Ireneo: «Recibimos nuestra fe de la Iglesia y la guardamos; y es como un depósito precioso guardado en un vaso fino, siempre renovando su vitalidad a través del Espíritu de Dios, y causando la renovación del vaso en el que está guardado. Porque este don de Dios ha sido confiado a la Iglesia, como el aliento de vida al hombre creado, para que todos los miembros, al recibirlo, sean vivificados. Y en esto se nos ha concedido nuestro medio de comunión con Cristo, es decir, el Espíritu Santo, garantía de inmortalidad, fortalecimiento de nuestra fe, escalera por la que ascendemos a Dios. Pues el apóstol dice: «Dios ha constituido en la Iglesia apóstoles, profetas, maestros» [1Co. 12:28] y todos los demás medios de la acción del Espíritu. Pero

---

[21] La palabra juicio, cuando se usa del pueblo de Dios, generalmente significa vindicación y venganza en su favor (véase 1Sam. 24:15; 2Sam. 18:19, 31; Sal. 10:18; 26:1; 43:1; Is. 1:17; Heb. 10:30-39).

11 - El final del principio

no tienen parte en este Espíritu quienes no se unen a la actividad de la Iglesia... Porque donde está la Iglesia, allí está el Espíritu de Dios; y donde está el Espíritu de Dios, allí está la Iglesia y toda clase de gracia. El Espíritu es la verdad. Por tanto, los que no tienen parte en el Espíritu no se alimentan ni reciben la vida en el seno materno, ni gozan de la fuente chispeante que brota del cuerpo de Cristo».[22] Los primeros cristianos que leyeron por primera vez Apocalipsis, especialmente los de trasfondo judío, tuvieron que comprender que la destrucción de Jerusalén no significaría el fin del pacto o del reino. La caída del viejo Israel no era «el principio del fin». Por el contrario, era la señal de que el reino mundial de Cristo realmente había comenzado, que su Señor estaba gobernando las naciones desde su trono celestial, y que la eventual conquista de todas las naciones por los ejércitos de Cristo estaba asegurada. Para estos humildes y sufridos creyentes, la era prometida del reinado del Mesías había llegado. Y lo que estaban a punto de presenciar en la caída de Israel era el fin del principio.

---

[22] Ireneo, *Against Heresies*, iii.xxiv.l; traducción por Henry Bettenson, ed., *The Early Christian Fathers* (Oxford: Oxford University Press, 1956, 1969), p. 83.

12

LA GUERRA SANTA

El libro de Apocalipsis, como hemos señalado, está organizado en términos de la estructura de tratado en cinco partes del pacto bíblico. El capítulo 12 cae dentro de la cuarta serie principal de visiones (trompetas), proclamando el juicio de Dios sobre el falso rey y el falso profeta (cap. 8-14). Pero el capítulo 12 también marca la intersección de esta estructura quíntuple con otro patrón general del libro: el tema del novio y la novia. Los capítulos 1-11 tratan de la victoria de Cristo sobre sus enemigos, que culmina con el glorioso establecimiento de la Iglesia como su templo santo. Los capítulos 12-22 tratan de la victoria de la Iglesia sobre sus enemigos, culminando con su glorioso establecimiento como templo santo de Dios. Así pues, la segunda mitad de Apocalipsis abarca prácticamente el mismo tema que la primera, pero desde una perspectiva diferente. Milton S. Terry comenta: «La primera parte ha revelado al Cordero de Dios bajo varios símbolos, glorioso en poder, abriendo el libro de los misterios divinos, vengando a los santos martirizados y exhibiendo los temibles juicios destinados a venir sobre los enemigos de Dios. Todo es visto como desde el trono del Rey del cielo, que envía sus ejércitos y destruye a los desafiantes asesinos de sus profetas y quema su ciudad (comp. Mt. 22:7).

La segunda parte revela a la Iglesia en conflicto con principados y poderes infernales y mundanos, sobreviviendo a toda persecución y triunfando por la palabra de su testimonio, y, después de que Babilonia la ramera caiga y desaparezca de la vista, apareciendo como la esposa del Cordero, el tabernáculo de Dios con los hombres, gloriosa en su belleza e imperecedera como el trono de Dios».[1]

Así, aunque en la segunda mitad de Apocalipsis se produce un desarrollo progresivo hacia un clímax, también veremos tanto una repetición de conceptos familiares como una diversidad a la hora de representarlos, un recurso utilizado a menudo por los profetas bíblicos

---

[1] Milton S. Terry, *Biblical Apocalyptics: A Study of the Most Notable Revelations of God and of Christ in the Canonical Scriptures* (Nueva York: Eaton & Mains, 1896), p. 381.

(véanse ejemplos de ello en Gén. 41:18-25, 32; Dan. 2,7). «El gran dragón rojo (12:3) no debe considerarse diferente del ángel del abismo (9:11). Los ciento cuarenta y cuatro mil del Monte Sion (14:1) son los mismos que los israelitas sellados de 7:4-8. Las siete últimas plagas (cap. 15 y 16) corresponden notablemente a las siete trompetas de condenación. 'Babilonia la grande' es la misma que la gran ciudad donde el Señor fue crucificado (11:8), y la nueva Jerusalén, llena de la gloria de Dios y del Cordero, no es sino otro símbolo del templo de Dios en el cielo (11:19)».[2]

Este punto de la profecía, por tanto, es algo así como un nuevo comienzo; y para mostrar el conflicto entre Satanás y la Iglesia, el apóstol Juan se remonta al principio, al nacimiento de Cristo y a los infructuosos intentos de Satanás por destruirlo, terminando con la ascensión victoriosa de Cristo al cielo. Esto prepara el escenario y revela el origen y el significado de la persecución de Satanás contra la Iglesia cristiana en todo el mundo. La lucha será feroz y sangrienta; pero Satanás ya está condenado, porque Cristo reina desde su trono celestial, y su pueblo está destinado a la victoria completa sobre la base de su obra y a través de su propia proclamación fiel e intrépida del evangelio.

La serpiente y la simiente de la mujer (12:1-6)

1 Y una gran señal apareció en el cielo: una mujer vestida del sol, con la luna debajo de sus pies, y una corona de doce estrellas sobre su cabeza;

2 estaba encinta, y gritaba, estando de parto y con dolores de alumbramiento.

3 Entonces apareció otra señal en el cielo: he aquí, un gran dragón rojo que tenía siete cabezas y diez cuernos, y sobre sus cabezas había siete diademas.

4 Su cola arrastró la tercera parte de las estrellas del cielo y las arrojó sobre la tierra. Y el dragón se paró delante de la mujer que estaba para dar a luz, a fin de devorar a su hijo cuando ella diera a luz.

5 Y ella dio a luz un hijo varón, que ha de regir a todas las naciones con vara de hierro; y su hijo fue arrebatado hasta Dios y hasta su trono.

6 Y ella dio a luz un hijo varón, que ha de regir a todas las naciones con vara de hierro; y su hijo fue arrebatado hasta Dios y hasta su trono.

1-2 El apóstol Juan nos advierte desde el principio que debemos prestar mucha atención al tema de esta visión, ya que el símbolo de la mujer aquí es **una gran señal**.[3] Los «literalistas» quieren que el uso de este término implique que «*la mayor parte* de Apocalipsis debe tomarse literalmente».[4] Pero esto es errar el punto. El apóstol Juan no está diciendo que este pasaje, en contraste con el resto del libro, sea una «señal», pues ya nos ha dicho que *todo el libro*

---

[2] Ibid.

[3] La palabra señal se utiliza siete veces en los capítulos 12-19; tres son en el cielo (12:1, 3; 15:1), cuatro son en la tierra (13:13, 14; 16:14; 19:20).

[4] Henry M. Morris, *The Revelation Record; A Scientific and Devotional Commentary on the Book of Revelation* (Wheaton: Tyndale House Publishers, Inc., 1983), p. 213.

está compuesto de «señales» (1:1). El punto aquí es que se trata de una *gran* señal, un símbolo importante, central para la interpretación de la profecía en su conjunto. El apóstol Juan está diciendo a sus lectores que piensen detenidamente en el significado bíblico de la señal.

Este símbolo central es una **mujer**,[5] una imagen bíblica familiar para la Iglesia, el pueblo de Dios. (En concreto, como veremos, la mujer representa aquí a la Iglesia en la *forma del Israel del Antiguo Pacto*). Los primeros lectores del apóstol Juan habrían pensado inmediatamente en anteriores usos proféticos de la mujer como representación de la Iglesia (véanse, por ejemplo, Is. 26; 49-50; 54; 66; Jer. 3-4; Lam. 1; Ez. 16; Os. 1-4; Mic. 4). Algunos de los pasajes proféticos sobre la mujer-Iglesia no son especialmente elogiosos, ya que Israel había caído a menudo en adulterio con dioses paganos. Pero el símbolo de Apocalipsis 12 es una visión gloriosa de la Iglesia en su pureza, como esposa de Dios: Ella está, a imagen de su esposo (Sal. 104:2; Ap. 1:16; 10:1), **vestida** (la misma palabra que en 10:1) con el sol (cf. Is. 60:1-2). La **luna debajo de sus pies** y su **corona de doce estrellas** realzan la imagen de gloria y dominio; de hecho, de su ascensión de gloria en gloria (1Co. 15:41; 2Co. 3:18). Salomón proclama que la esposa es «hermosa como Jerusalén, terrible como un ejército con estandartes» (Cant. 6:4); ella

> se asoma como el alba,
> hermosa como la luna llena,
> refulgente como el sol,
> imponente como escuadrones abanderados. (Cant. 6:10)

Esta mujer, dice el apóstol Juan, es la madre de Cristo: Se le ve **encinta** (la misma expresión griega utilizada para referirse a María en Mateo 1:18, 23), llevando en su vientre al Mesías destinado a «regir a todas las naciones con vara de hierro» (v. 5). La imagen de la mujer/madre tiene su origen en el jardín del Edén y en el *protevangelium*, la primera proclamación del Evangelio, en la que Dios reveló que a través de la mujer vendría el redentor para aplastar la cabeza de la serpiente (Gén. 3:15). La imagen se convierte entonces en un *motivo* habitual en la realización histórica de los propósitos de Dios con Israel. Un ejemplo conocido es la historia de Jael y Sísara, en la que una mujer destruye al enemigo del pueblo de Dios y le rompe la cabeza (Jue. 4:9, 17-22; 5:24-27; cf. la muerte de Abimelec en Jue. 9:53). Este es también un tema importante en la historia de Ester y su liberación de Israel. El cumplimiento definitivo de esta profecía tuvo lugar en el nacimiento virginal, como María reconoció claramente:

> Ha hecho proezas con su brazo;
> ha esparcido a los soberbios en el pensamiento de sus corazones.
> Ha quitado a los poderosos de sus tronos;

---

[5] La palabra mujer (o mujeres) se utiliza 19 veces en Apocalipsis, lo que lleva a Ford a sugerir que «el símbolo de la mujer es casi tan importante como el del Cordero» (*Revelation: Introduction, Translation, and Commentary* [Garden City: Doubleday and Company, 1975]), p. 188.

y ha exaltado a los humildes;
a los hambrientos ha colmado de bienes
y ha despedido a los ricos con las manos vacías.
Ha ayudado a Israel, su siervo,
para recuerdo de su misericordia
tal como dijo a nuestros padres,
a Abraham y a su descendencia para siempre. (Lc. 1:51-55)

La profecía de Isaías sobre la virgen madre es el trasfondo bíblico específico de la visión de la mujer del apóstol Juan, como explica Philip Carrington: Las palabras en sí no proceden de ningún mito pagano, sino del profeta Isaías: «*El Señor habló de nuevo a Acaz, diciendo: Pide para ti una señal del Señor tu Dios que sea tan profunda como el Seol o tan alta como el cielo*» (7:10-11); o, para traducirlo al lenguaje juanino, en el abismo o en el cielo. En Isaías el lenguaje parece ser puramente una floritura retórica; pero es obviamente el origen de la señal del apóstol Juan en el cielo.

«Esto queda perfectamente claro por lo que sigue en Isaías. El rey se niega a pedir la señal, e Isaías responde: *el Señor mismo os dará una señal: He aquí, una virgen concebirá y dará a luz un hijo, y le pondrá por nombre Emmanuel* [7:14]. Las palabras del apóstol Juan son simplemente una cita del profeta anterior: *Una gran señal apareció en el cielo: una mujer... estaba encinta, y gritaba, estando de parto y con dolores de alumbramiento*. Es más, el apóstol Juan nos ha dado una traducción del hebreo mucho más cercana que nuestra Versión Autorizada, que está influenciada por la Septuaginta; la traducción griega dice, en efecto, *Una virgen concebirá*, pero el original hebreo solo dice, *una mujer está encinta*, y el apóstol Juan nos lo ha dado de forma exacta. Y, lo que es más, las palabras *gritaba, estando de parto y con dolores de alumbramiento* provienen también de Isaías (26:17).

El apóstol Juan está, pues, anunciando el nacimiento del niño varón, el rey guerrero, predicho por Isaías».[6]

El apóstol Juan reúne así toda la imaginería femenina de la Biblia en este retrato compuesto de la comunidad del pacto, que está dando a luz al Mesías: Es Eva, la madre de todos los vivientes, cuya simiente aplastará la cabeza del dragón; es también Sara, Rebeca, Raquel, Jocabed, Ana y las demás mujeres del pacto que dieron a luz a libertadores, precursores de la simiente; es María, a través de la cual se cumplieron las promesas hechas a los padres. Pero esta gran figura cósmica no puede identificarse sin más con ninguna de estas mujeres, sino que cada una de ellas encarnó individualmente y retrató ante el mundo una faceta distinta del significado de la mujer, imaginando los trabajos de la Iglesia para dar a luz al Mesías:

Como la mujer encinta, al acercarse el momento de dar a luz,
se retuerce y grita en sus dolores de parto,
así éramos nosotros delante de ti, oh Señor. (Is. 26:17)

---

[6] Philip Carrington, *The Meaning of the Revelation* (Londres: SPCK, 1930, p. 204s.

A medida que la revelación profética avanza en las Escrituras, se hace cada vez más evidente que la Iglesia del Antiguo Pacto está trabajando para dar a luz al Cristo (cf. Miq. 2:1). Él era la promesa básica del pacto abrahámico. Esto es lo que Israel estaba esperando, **estando de parto y sufriendo** durante toda su existencia. Este es el sentido más esencial de la historia de Israel, sin el cual carece de significado: el nacimiento del Hijo varón (cf. Jn. 16:20-22), el Salvador del mundo. Desde el *protovangelio* hasta el Diluvio, desde el pacto con Abraham hasta la esclavitud en Egipto, el Éxodo, la colonización de Canaán, el cautiverio de Babilonia, el regreso del exilio y el sufrimiento bajo los griegos y los romanos, Israel estuvo trabajando para dar a luz al Cristo, para traer la era mesiánica.

Por eso, en medio de las luchas de la Iglesia, ella **gritó**. Este verbo (*krazō*) tiene un significado especial en la Escritura, ya que generalmente se utiliza para un juramento o la proclamación solemne de la revelación de Dios; a menudo se usa de los siervos de Dios que hablan frente a la oposición.[7] Aquí tiene referencia a la declaración oficial de la Iglesia de la Palabra de Dios, la profecía que pronunció mientras sufría dolores de parto. Esta era la esencia de toda revelación profética, dar testimonio del Cristo (Jn. 5:39, 45-46; Lc. 24:25-27, Hch. 3:24; 13:27).

Es importante reconocer la relación de todo esto con el evidente simbolismo astronómico del texto. La palabra que el apóstol Juan utiliza para **señal** era el término empleado en el mundo antiguo para describir las constelaciones del Zodíaco; el modelo del apóstol Juan para esta visión de la Iglesia es la constelación de virgo, que tiene una «corona» de **doce estrellas**.[8] Parece probable que las doce estrellas representen también los doce signos del Zodíaco, considerados desde la antigüedad como símbolos de las doce tribus de Israel; en el famoso sueño de José, su padre, su madre y las doce tribus estaban simbolizados por el sol, la luna y doce estrellas o constelaciones (Gén. 37:9).[9] Ya hemos visto cómo la disposición divina de las tribus de Israel en torno al tabernáculo (Núm. 2) se correspondía con el orden zodiacal de las constelaciones.[10] La séptima trompeta de 11:15 nos llevó a Rosh Hashaná: el día de las trompetas, el primer día del séptimo mes, el primer día del nuevo año, el día de la entronización del Rey de reyes en la nueva creación. La afirmación de que virgo está «coronada» con las doce constelaciones, por lo tanto, «significa que ella es la única entre las doce que reina en ese momento», es decir, durante el séptimo mes, justo cuando «las garras de Escorpio parecen estar a punto de atrapar a la virgen».[11] En términos de simbolismo astral, por lo tanto, el nacimiento del Mesías tiene lugar el día de las trompetas.

---

[7] Véase, por ejemplo, Mt. 27:50; Mc. 3:11; 5:7; 9:24; 10:48; 15:13; Jn. 1:15; 7:28; 12:13, 44; Hch. 19:28, 32, 34; Rom. 9:27; Gál. 4:6; Stg. 5:4; y véase su uso especialmente en Apocalipsis: 6:10; 7:2, 10; 10:3; 14:15; 19:17.

[8] Las doce estrellas son: «(l) Pi, (2) Nu, (3) Beta (cercano a la eclíptica), (4) Sigma, (5) Chi, (6) Iota— estas seis estrellas forman el hemisferio sur alrededor de la cabeza de virgo. Luego están (7) Theta, (8) Star 60, (9) Delta, (10) Star 93, (11) Beta (la segunda estrella en magnitud), (12) Ómicron— estas seis últimas forman el hemisferio norte alrededor de la cabeza de virgo. Todas estas estrellas son visibles y podrían haber sido vistas por observadores». Ernest L. Martin, *The Birth of Christ Recalculated* (Pasadena, California: Foundation for Biblical Research, 2da. ed., 1980), p. 159.

[9] Véase Josefo, *Antiguedades de los judíos,* iiLviL7, donde explica las doce piedras del pectoral del Sumo Sacerdote, que representan las doce tribus de Israel (Éx. 28:17-21), en términos del Zodíaco.

[10] Véanse los comentarios sobre Ap. 4:7; cf. Ernest L. Martin, *The Birth of Christ Recalculated,* p. 168s.

[11] Farrer, *The Revelation of St. John the Divine* (Oxford: At the Clarendon Press, 1964), p. 141.

Es interesante que, siguiendo varias líneas de pruebas muy convincentes, el Prof. Ernest Martin reduce cuidadosa y meticulosamente la fecha probable del nacimiento de Cristo a algún momento de septiembre del año 3 a.C.[12] Martin añade entonces la guinda del pastel: «En el período del nacimiento de Cristo, el sol entró en la posición de la cabeza de la mujer alrededor del 13 de agosto, y salió de sus pies alrededor del 2 de octubre. Pero el apóstol Juan vio la escena cuando el sol 'viste' o 'adorna' a la mujer. Esto seguramente indica que la posición del sol en la visión estaba situada en algún lugar a mitad del cuerpo de la mujer— entre el cuello y las rodillas. (Difícilmente podría decirse que el sol 'viste' a la mujer si estuviera situado en su cara o cerca de sus pies).

El único momento del año en que el sol podría estar en posición de 'vestir' a esta mujer celeste (de cuerpo medio) es cuando estaba situado entre unos 150 y 170 grados a lo largo de la eclíptica. Esta 'vestimenta' de la mujer por el sol ocurre durante un período de 20 días cada año. Esta dispersión de 20 grados podría indicar el momento general en que nació Cristo. En el año 3 a.C., el sol habría entrado en esta región celeste alrededor del 27 de agosto y salido de ella alrededor del 15 de septiembre. Si Juan en el libro de Apocalipsis está asociando el nacimiento de Cristo con el período en que el sol está a medio cuerpo de la mujer, entonces Cristo habría tenido que nacer dentro de ese período de 20 días. Desde el punto de vista de los magos (que eran astrólogos), este habría sido la única señal lógica bajo el cual podría nacer el Mesías judío, especialmente si iba a nacer de una virgen. Incluso hoy en día, los astrólogos reconocen que el signo de virgo es el que hace referencia a un gobernante mesiánico mundial que nacería de una virgen...

Pero hay una manera de llegar a un tiempo mucho más cercano para el nacimiento de Cristo que un simple período de 20 días. La posición de la luna en la visión de Juan podría señalar la natividad dentro de un día— tal vez a un período de una hora o menos. Esto puede parecer absurdo, pero es totalmente posible.

La clave es la luna. El apóstol dijo que estaba situada 'bajo sus pies'. ¿Qué significa la palabra 'bajo' en este caso? ¿Significa que la mujer de la visión estaba de pie sobre la luna cuando Juan la observó o significa que sus pies estaban situados ligeramente por encima de la luna? Juan no nos lo dice. Esto, sin embargo, no tiene mayor importancia al utilizar la luna para responder a nuestra pregunta porque solo implicaría la diferencia de uno o dos grados. En vista que los pies de virgo la virgen representan los últimos 7 grados de la constelación (en la época de Cristo esto habría sido entre unos 180 y 187 grados a lo largo de la eclíptica), la luna tiene que estar posicionada en algún lugar por debajo de ese arco de 7 grados. Pero la luna también tiene que estar en ese lugar exacto cuando el sol está a mitad de virgo. En el año 3 a.C., estos dos factores llegaron a un acuerdo preciso durante menos de dos horas, según se observó desde Palestina o Patmos, el 11 de septiembre. La relación comenzó hacia

---

[12] Generalmente se sostiene que Herodes el Grande murió en el año 4 a.C. y, por tanto, que Cristo nació en el año 6 ó 7 a.C. Martin, sin embargo, presenta un argumento detallado y persuasivo a favor de que la muerte de Herodes se produjo en el año 1 a.C. Véase su *Birth of Christ Recalculated,* p. 26-131.

las 18:15 (puesta del sol), y duró hasta alrededor de las 19:45 (puesta de la luna). Este es el *único* día en todo el año en que esto pudo haber tenido lugar».[13]

Una ventaja añadida: la puesta de sol del 2 de septiembre del año 3 a.C. fue el comienzo del 1 de Tishrei en el calendario judío: ¡Rosh Hashaná, el día de las trompetas![14] Martin resume: «El tema central del día de las trompetas es claramente el de la entronización del gran Rey de reyes. Este era el entendimiento general del día en el judaísmo primitivo— y ciertamente es el del Nuevo Testamento. En Apocalipsis 11:15 el séptimo ángel hace sonar su 'última trompeta' y los reinos de este mundo se convierten en los de Cristo. Esto sucede en un momento en que se ve en el cielo a una mujer con doce estrellas alrededor de su cabeza y el sol a medio cuerpo de ella, con la luna bajo sus pies. Esta es claramente una escena de luna nueva para el día de las trompetas».[15]

3 El apóstol Juan ve **otra señal... en el cielo: un gran dragón rojo**. Como explica en el v.9, el dragón no es otro que «la serpiente antigua que se llama diablo y Satanás», el enemigo de Dios y de su pueblo. El apóstol Juan lo revela como el poder detrás de los tronos imperiales del mundo antiguo que perseguían a la Iglesia; porque, al igual que las cuatro bestias-imperios de la profecía de Daniel, el dragón tiene **siete cabezas y diez cuernos**: Las bestias de Daniel poseían siete cabezas entre ellas (la tercera bestia tenía cuatro), y la cuarta bestia tenía diez cuernos (Dan. 7:3-7). Babilonia, Medo-Persia, Grecia y Roma fueron todas etapas en el intento del dragón de establecer su ilícito imperio sobre el mundo. (El significado de las siete cabezas no es, pues, simplemente que el dragón sea difícil de matar, sino más bien que se identifica con las terribles bestias de la visión de Daniel; cf. las «cabezas» del dragón en Sal. 74:13-15). Él era la gran bestia, de la que solo habían sido imágenes parciales. Era el enemigo permanente del pueblo de Dios. En todas las luchas de Israel contra las bestias, en todos los intentos de los imperios humanos de destruir la simiente del pacto, el dragón había sido su enemigo. Llevaba las **diademas** de los imperios perseguidores.

¿Por qué se representa al diablo como un dragón? Para entenderlo, debemos considerar la teología bíblica de los dinosaurios, que es sorprendentemente muy detallada. Aunque la Biblia habla de dinosaurios terrestres (cf. *Behemot* en Job 40:15-24),[16] aquí nos centraremos en *los dragones y las serpientes marinas* (cf. Job 7:12; 41:1-34).[17] Esencialmente, como

---

[13] Ibid., p. 146s. ¿Y el 25 de diciembre, fecha tradicional de la Natividad? Como demuestra Martin, durante los años 3-2 a.C., se produjeron numerosos fenómenos astronómicos sorprendentes. El principal de estos acontecimientos celestes fue el hecho de que Júpiter, reconocido por judíos y gentiles por igual como el «planeta del mesías», estaba situado en el vientre de virgo y quieto, directamente sobre Belén, el 25 de diciembre del año 2 a.C., cuando el niño tenía poco más de un año. (Mateo afirma que la sagrada familia estaba instalada en una casa, no en un establo, en el momento de la visita de los magos [Mt. 2:11]. Además, Herodes ordenó la matanza de los inocentes «de dos años para abajo, según el tiempo que había averiguado de los magos» [Mt. 2:16], lo que indica que el niño ya no era un recién nacido). Para un relato completo de los acontecimientos astronómicos del 3-2 a.C., véase Martin, p. 4-25, 144-77.

[14] Ibid., p. 152ss.

[15] Ibid., p. 158.

[16] Algunos suponen erróneamente que se trata de un hipopótamo. Su descripción en el texto bíblico indica que era mucho más parecido a un brontosaurio.

[17] La criatura mencionada en esta última referencia, un enorme dragón que escupe fuego llamado Leviatán, es considerada por algunos como un cocodrilo. Sin embargo, de las afirmaciones de Job se desprende claramente que al menos algunos grandes dinosaurios fueron contemporáneos de este patriarca primitivo. Para un examen sobrio de los supuestos avistamientos de monstruos marinos en épocas más recientes, véase Bernard Heuveimans, *In the Wake of the*

parte de la buena creación de Dios (véase Gén. 1:21: *monstruos marinos*), no hay nada «malo» en estas criaturas (Gén. 1:31; Sal. 148: 7); pero, debido a la caída, se utilizan en las Escrituras para simbolizar al hombre rebelde en el apogeo de su poder y gloria.

En las Escrituras se habla de tres clases de dragones: *tannin* (*dragón*; Sal. 91:13), *Leviatán* (Sal. 104:26) y *Rahab* (Job 26:12-13).[18] La Biblia relaciona a cada uno de estos monstruos con la serpiente, que representa al enemigo sutil y engañoso del pueblo de Dios (Gén. 3:1-5, 13-15). Así, para demostrar la victoria y el dominio divinos sobre la rebelión del hombre, Dios convirtió las varas de Moisés (Éx. 4:14) y de Aarón (*tannin*; Éx. 7:8-12) en una «serpiente». El dragón/serpiente, por tanto, se convierte en la Escritura en un símbolo de la cultura pagana rebelde de inspiración satánica (cf. Jer. 51:34), especialmente ejemplificada por Egipto en su guerra contra el pueblo del pacto. Esto es especialmente cierto en relación con el monstruo Rahab (que significa *el orgulloso*), que a menudo es sinónimo de Egipto (Sal. 87:4, 89:10; Is. 30:7). La liberación de pacto de su pueblo por parte de Dios en el Éxodo, se describe tanto en términos de la creación original como del triunfo de Dios sobre el dragón:

> Despierta, despierta, vístete de poder, oh brazo del Señor;
> despierta como en los días de antaño, en las generaciones pasadas.
> ¿No eres tú el que despedazó a Rahab, el que traspasó al dragón?
> ¿No eres tú el que secó el mar,
> las aguas del gran abismo;
> el que transformó en camino las profundidades del mar
> para que pasaran los redimidos? (Is. 51:9-10)

La Biblia también habla del Éxodo como una salvación del Leviatán:

> Tú dividiste el mar con tu poder;
> quebraste las cabezas de los monstruos en las aguas.
> Tú aplastaste las cabezas de Leviatán;
> lo diste por comida a los moradores del desierto. (Sal. 74:13-14)

Así, en cumplimiento provisional de la promesa del Edén, la cabeza del dragón fue aplastada cuando Dios salvó a su pueblo de Egipto. Por supuesto, la herida de la cabeza se curó, y el dragón (acompañado por el estado-dragón a su imagen) siguió regresando para asolar y perseguir a la simiente de la mujer. Esto sucede una y otra vez a lo largo del Antiguo Testamento, que registra numerosos aplastamientos provisionales de la cabeza del dragón (Jue. 4:21; 5:26-27; 9:50-57; 1Sam. 5:1-5; 17:49-51, 2Sam. 18:9, 20:21-22; Sal. 68:21; Hab. 3:13). En este sentido, los profetas esperaban la derrota definitiva del dragón en la obra de

---

Sea-Serpents (Nueva York: Hill and Wang, 1968). Duane T. Gish ha propuesto una posible explicación para la biología de «respirar fuego» en su *Dinosaurs: Those Terrible Lizards* (San Diego: Creation-Life Publishers, 1977), p. 50ss.

[18] En hebreo, se trata de una palabra completamente diferente del nombre de Rahab, la ramera cananea que salvó a los espías hebreos en Jos. 2.

Cristo. Isaías vio a Israel como una mujer embarazada, retorciéndose y gritando en sus dolores de parto, esperando que naciera el Libertador (Is. 26:17-21); el versículo siguiente dice:

> Aquel día el Señor castigará con su espada feroz, grande y poderosa,
> a Leviatán, serpiente huidiza,
> a Leviatán, serpiente tortuosa,
> y matará al dragón que vive en el mar. (Is. 27:1)

Daniel repite la misma idea en lo que podría llamarse su «comentario» sobre el relato de Moisés de la creación en Génesis 1. Escribiendo sobre el quinto y sexto días de la creación, Moisés había dicho que Dios *creó*[19] los «monstruos marinos» (*tano*) en el mar, y el «ganado» (*Behemot*) en la tierra (Gén. 1:20-25); pero a estos les sucedió el Hombre, que, como imagen de Dios, fue creado para el dominio sobre las criaturas (Gén. 1:26-28). Daniel 7 amplía simbólicamente esta idea mostrándonos una serie de bestias: los poderosos y terribles poderes mundiales que ejercían un dominio impío sobre la tierra (v. 1-8). Pero Daniel ve que su reinado es solo «por un tiempo determinado» (v. 12); y, mientras sigue mirando, las visiones nocturnas terminan con el Anciano de Días entregando el dominio del mundo al Hijo del Hombre, el Segundo Adán— «un dominio eterno que nunca pasará» (v. 13-14), porque Él es la última obra de Dios.

4 La cola del dragón barre **un tercio de las estrellas del cielo**. El apóstol Juan está capitalizando el hecho de que Escorpio, con el que se asocia al dragón/serpiente,[20] «tiene un tercio de las estrellas (zodiacales) en su cola, pues cuatro de los doce signos vienen tras él».[21] ¿Qué hay de la afirmación de que **las arrojó a la tierra**? Eso, como observa Farrer con justicia, «es teología, no astronomía».[22] El apóstol Juan ya ha asociado las estrellas con los ángeles, una conexión bíblica familiar (véanse los comentarios sobre 1:20); ahora describe simbólicamente la caída de Satanás y los ángeles malignos, un acontecimiento relatado en un lenguaje más directo en 2Pedro 2:4, Judas 6 y el propio comentario del apóstol Juan sobre su alegoría en el versículo 9. Las «estrellas» del dragón son los ángeles caídos, que se unieron a él en la rebelión.

¿Por qué arrastra el dragón a **un tercio** de los ángeles? En primer lugar, esta es la forma en que se lanzan los juicios de las trompetas (cf. 8:7-12; 9:15, 18). Cristo es el primogénito; la porción de dos tercios (cf. Dt. 21:17) está reservada para Él y su reino. En segundo lugar, también puede estar implicado el principio bíblico de los dos testigos (el apóstol Juan utiliza cierto lenguaje de tribunal en este capítulo): Por cada falso testigo que Satanás pueda reunir

---

[19] La palabra hebrea aquí es *bara*, utilizada por lo demás sólo para la creación de los cielos y la tierra, v. 1, y del hombre, v. 27.
[20] Cf. Dt. 8:15; Lc. 10:19; 11:11-12, Ap. 9:3-11.
[21] Farrer, p. 143.
[22] Ibid.

contra el pacto, Dios tiene dos ángeles de su parte; el mal informe queda más que anulado por el testimonio que Dios y sus ángeles pueden dar.

El objetivo del dragón es abortar la obra de Cristo, devorarlo y matarlo. Así que **el dragón se paró** (cf. Gén. 3:14) **ante la mujer** para **devorar a su niño**, para matar a Cristo tan pronto como naciera. Una vez más, el apóstol Juan utiliza la astronomía con fines alegóricos; pues, como hemos visto, es justo cuando el sol está «vistiendo» a virgo cuando las garras del Escorpión parecen estar a punto de atraparla;[23] de hecho, parece dispuesto a abalanzarse sobre su Hijo tan pronto como nazca. Este conflicto entre Cristo y Satanás fue anunciado en Génesis 3:15, la guerra entre las dos simientes, la simiente de la mujer y la simiente de la serpiente. Desde el primer libro de la Biblia hasta el último, esta es la guerra básica de la historia. El dragón está en guerra contra la mujer y su simiente, principalmente Jesucristo. A lo largo de la historia, Satanás estuvo tratando de impedir que Cristo naciera, o de matarlo tan pronto como naciera. Por eso Caín mató a Abel, bajo la inspiración del dragón: El ataque a Abel fue un intento de destruir la simiente. No tuvo éxito, pues Eva dio a luz a Set, el designado, «en lugar de Abel» (Gén. 4:25), y la simiente se conservó en él. La siguiente táctica de Satanás consistió en corromper el linaje de Set; así, en el transcurso de diez generaciones a partir de Adán, prácticamente todos los descendientes de Set apostataron mediante matrimonios mixtos con paganos (Gén. 6:1-12), y toda la tierra quedó corrompida excepto un hombre justo y su familia. La furia de Satanás por atacar a la simiente fue tan grande que el mundo entero fue destruido, pero aun así fracasó. La simiente fue preservada dentro de una sola familia en el arca.

El dragón volvió a intentar asesinar a la simiente en sus ataques a la familia de Abraham. En dos ocasiones Satanás intentó que Sara fuera violada por un rey pagano (Gén. 12:10-20; 20:1-18); volvió a intentarlo con Rebeca (Gén. 26:1-11). La enemistad dracónica contra la simiente se manifiesta también en la enemistad de Esaú contra Jacob, una lucha entre las dos simientes que comenzó en el vientre materno (Gén. 25:22-23). También podemos ver los intentos de Satán de obstruir a la simiente en el plan pecaminoso de Isaac para engañar a Jacob y privarle de su herencia divinamente designada (Gén. 27). De nuevo, cuando los hijos de Israel estaban en Egipto, el dragón trató de destruir la simiente haciendo que mataran a todos los hijos varones (Éx. 1). Quinientos años más tarde, la simiente era llevada en un pastorcillo, y de nuevo el dragón atacó, inspirando dos veces a un rey poseído por el demonio a lanzarle jabalinas (1Sam. 18:10-11). De hecho, toda la maquinaria del reino de Saúl se puso en marcha solo para intentar matar a David (1Sam. 18-27). Del mismo modo, la malvada reina Atalía «destruyó toda la descendencia real de la casa de Judá» (2Cró. 22:10), aunque la simiente se conservó en el infante Joás. Amán, el malvado Primer Ministro de Persia, habría tenido éxito en su intento de lanzar un pogromo a gran escala para destruir a todos los judíos, de no haber sido por el valor y la sabiduría de la reina Ester (Est. 3-9). El ejemplo más llamativo de este patrón a gran escala se da a lo largo de la historia de Israel, desde el Éxodo hasta el Exilio: la perenne y constante tentación del pueblo del pacto de

---

[23] La constelación de libra (la balanza) también se consideraba en el mundo antiguo como las garras de escorpio; véase Richard Hinckley Allen, *Star Names: Their Lore and Meaning* (Nueva York: Dover Publications, 1963), p. 269ss.

asesinar a sus propios hijos, de ofrecerlos como sacrificios a los demonios (Lev. 18:21; 2Re. 16:3; 2Cró. 28:3; Sal. 106:37-38; Ez. 16:20). ¿Por qué? Era la guerra de las dos simientes. El dragón intentaba destruir al Cristo.

Este patrón llega a un clímax dramático en el nacimiento de Cristo, cuando el dragón posee al rey Herodes, el gobernante edomita de Judea, y le inspira a masacrar a los niños de Belén (Mt. 2:13-18); de hecho, la visión del apóstol Juan de la mujer, el niño y el dragón parece casi una alegoría de ese acontecimiento. El dragón volvió a intentarlo, por supuesto: tentando al Señor (Lc. 4:1-13), intentando que lo asesinaran (Lc. 4:28-29), sometiéndolo a la opresión humana y demoníaca durante todo su ministerio, poseyendo a uno de los discípulos de más confianza para que lo traicionara (Jn. 13:2, 27) y, finalmente, orquestando su crucifixión. Incluso entonces— más bien, especialmente entonces— el dragón fue derrotado, pues la cruz fue la forma que tuvo Dios de engañar a Satanás para que cumpliera sus propósitos, de acuerdo con su sabiduría— «la sabiduría oculta», dice el apóstol Pablo, «que, desde antes de los siglos, Dios predestinó para nuestra gloria; la sabiduría que ninguno de los gobernantes de este siglo ha entendido, porque si la hubieran entendido no habrían crucificado al Señor de gloria» (1Co. 2:7-8). Al herir el calcañar de la simiente, la cabeza de la serpiente fue aplastada.

5 Y ella dio a luz un hijo varón (cf. Is 66:7-8) **que ha de regir a todas las naciones con vara de hierro.** El apóstol Juan vuelve al Salmo 2, uno de sus textos favoritos, para explicar su simbolismo. El Hijo es, obviamente, Jesucristo, la simiente de la mujer, el niño de la virgen, nacido de Israel para gobernar a las naciones. En este versículo, el apóstol Juan recorre toda la historia del ministerio terrenal de Cristo, afirmando (como si hubiera sucedido de golpe) que **su hijo fue arrebatado hasta Dios y hasta su trono...** Es como si la encarnación de Cristo hubiera conducido directamente a su ascensión al trono de gloria. El punto del apóstol Juan no es menospreciar la expiación y la resurrección, sino subrayar que el Ungido del Señor escapa completamente al poder del dragón; y debemos notar que el orden del apóstol Juan sigue el del Salmo. Hablando de su exaltación al trono celestial, el Cristo dice:

Ciertamente anunciaré el decreto del Señor
que me dijo: «Mi Hijo eres tú,
yo te he engendrado hoy.[24]
Pídeme, y te daré las naciones como herencia tuya,
y como posesión tuya los confines de la tierra.
Tú los quebrantarás con vara de hierro;
los desmenuzarás como vaso de alfarero». (Sal. 2:7-9)

---

[24] Algunos argumentarán que esta frase no se refiere a la encarnación o nacimiento físico de Cristo, sino a su generación eterna; sin embargo, para los propósitos de alusión bíblica de Juan, esa cuestión no viene al caso. Su énfasis es, junto con el salmista, que el niño va desde el nacimiento hasta el reinado.

«El salmo hace del nacimiento celestial del Mesías todo uno con su entronización; si es engendrado por Dios, él reina».[25] A pesar de todo lo que hace el dragón, la simiente es elevada al trono y ahora gobierna las naciones con vara de hierro, como si hubiera ido directamente de la encarnación al trono; Satanás no tenía poder para detenerle. La ascensión era la meta de la venida de Cristo.

6 Y la mujer huyó al desierto donde tiene un lugar preparado por Dios. Como se verá más adelante, la huida de la mujer al desierto es una imagen de la huida de los judeocristianos de la destrucción de Jerusalén, de modo que la ira del dragón se descarga sobre el Israel apóstata y no sobre el fiel. Mientras está en el desierto, la mujer es alimentada **durante mil doscientos sesenta días**,[26] un período equivalente al «tiempo, tiempos y medio tiempo» (3 y 1/2 años) del versículo 14, y relacionado simbólicamente con los 42 meses/1.260 días de 11:2-3 y 13:5. Vimos en 11:2 que las Escrituras usan esta terminología para hablar de un período limitado de maldad ascendente y triunfante, un período de ira y juicio debido a la apostasía del pacto. Durante este tiempo, por lo tanto, cuando Satanás parece dominar, la Iglesia está protegida. La huida de la mujer al desierto evoca asociaciones con la estancia de Elías en el desierto durante los tres años y medio de sequía, cuando fue alimentado milagrosamente por cuervos (1Re. 17:3-6); del mismo modo, dice el apóstol Juan, la huida de la mujer no significa que Dios la abandone, sino más bien su amorosa provisión. La esposa fiel **tiene un lugar preparado por Dios** (cf. 2Sam. 7:10; 1Cró. 17:9; Jn. 14:2-3). Dios encarga a sus mensajeros que se ocupen de ella (Sal. 91:11-13) y la envía al desierto para que **allí la alimenten**. El apóstol Juan también quiere que pensemos, como veremos más adelante, en la huida de Israel al desierto de la cara del dragón egipcio; y en la huida de María a Egipto de la ira asesina del rey Herodes (Mt. 2:13-21).

La guerra en el cielo (12:7-12)

7 Entonces hubo guerra en el cielo: Miguel y sus ángeles combatieron contra el dragón. Y el dragón y sus ángeles lucharon,
8 pero no pudieron vencer, ni se halló ya lugar para ellos en el cielo.
9 Y fue arrojado el gran dragón, la serpiente antigua que se llama el diablo y Satanás, el cual engaña al mundo entero; fue arrojado a la tierra y sus ángeles fueron arrojados con él.
10 Y oí una gran voz en el cielo, que decía: Ahora ha venido la salvación, el poder y el reino de nuestro Dios y la autoridad de su Cristo, porque el acusador de nuestros hermanos, el que los acusa delante de nuestro Dios día y noche, ha sido arrojado.
11 Ellos lo vencieron por medio de la sangre del Cordero y por la palabra del testimonio de ellos, y no amaron sus vidas, llegando hasta sufrir la muerte.

---

[25] Farrer, p. 141.
[26] Para la relación de los 1.260 días con el número de la bestia (666), véanse los comentarios sobre 13:18.

12 Por lo cual regocijaos, cielos y los que moráis en ellos. ¡Ay de la tierra y del mar!, porque el diablo ha descendido a vosotros con gran furor, sabiendo que tiene poco tiempo.

7-9 La escena cambia bruscamente: el apóstol Juan ve ahora la **guerra en el cielo, a Miguel y sus ángeles combatiendo contra el dragón.** No se trata, como algunos suponen, de una secuela de la visión precedente, como si Satanás, frustrado en su intento de devorar al Mesías, dirigiera ahora su asalto hacia el cielo. Al contrario, el apóstol Juan devela esta escena para explicar el versículo anterior, para mostrar por qué la mujer tuvo que huir al desierto. Una vez explicado esto, en los versículos 7-12, vuelve al tema de la huida de la mujer. Además, el apóstol Juan utiliza las imágenes de este pasaje para mostrar otro aspecto del conflicto del niño con el dragón. Cronológicamente, esta sección explicativa se sitúa entre los versículos 5 y 6.

Para empezar, debemos observar que la guerra santa no la inicia el dragón, sino **Miguel y sus ángeles**. No hay duda de que este capitán de la hueste angélica es un símbolo de la simiente de la mujer, el Hijo de Dios— representado ahora no como un niño, sino como Miguel, el gran guerrero-protector que dirige los ejércitos del cielo en la batalla contra los demonios. El simbolismo del apóstol Juan no es casual; es intencionado y muy preciso. Eligió cuidadosamente revelar a Cristo en términos de las connotaciones bíblicas específicas asociadas a Miguel.

El nombre **Miguel** (que significa ¿Quién como Dios?) solo aparece en las Escrituras en Daniel y Judas. En Daniel, Miguel es representado como «el gran príncipe», protector especial del pueblo de Dios. En el cielo estalla una guerra entre los ángeles buenos y malos, e incluso Gabriel es incapaz de vencer a los demonios hasta que Miguel viene a luchar contra el enemigo (Dan. 10:12-13, 20-21). En vista de lo que se revela sobre Miguel en la última parte de Daniel 10, es probable que la visión de la primera parte del capítulo, que de otro modo no se explicaría, también se refiera a él: Daniel vio a un hombre vestido de lino, cuya cintura estaba ceñida con un cinturón de oro puro de Ufaz. Su cuerpo era como de berilo, su rostro tenía la apariencia de un relámpago, sus ojos eran como antorchas de fuego, sus brazos y pies como el brillo del bronce bruñido, y el sonido de sus palabras como el estruendo de una multitud. (Dan. 10:5-6)

El pasaje final de la profecía de Daniel se refiere a Miguel como el guardián del pueblo de Dios, que se levantará para luchar en su favor durante un tiempo de gran tribulación, salvando a todos aquellos cuyos nombres están escritos en el libro de la vida (Dan. 12:1).[27] El nombre de Miguel no vuelve a aparecer en la Biblia hasta una mención improvisada de Judas, que nos dice que él «contendía con el diablo y disputaba acerca del cuerpo de Moisés» (Jud. 9).[28] Judas también lo llama *arcángel*, un término que—contrariamente a algunas especulaciones que se han desarrollado sobre los diversos rangos de los ángeles— no

---

[27] Calvino reconoció que esta descripción de Miguel debe ser una referencia a Jesucristo; véanse sus *Commentaries on the Book of the Prophet Daniel* (Grand Rapids: Baker Book House, 1979), vol. 2, p. 369ss.

[28] Por «cuerpo de Moisés», Judas se refiere probablemente a la comunidad del pacto del Antiguo Testamento, el equivalente del «cuerpo de Cristo»: cf. las «casas» de Moisés y Cristo en Heb. 3:2-6.

significa necesariamente «miembro de una clase superior de ángeles», sino simplemente «el jefe de los ángeles», una expresión equivalente a «capitán del ejército del Señor» (Jos. 5:13-15). Esto también tendería a identificar a Miguel con el ángel del Señor (cf. Éx. 23:20-23), una figura que es, en la mayoría de los casos, una aparición preencarnada de Cristo.[29] La única otra aparición bíblica de la palabra *Arcángel* es en 1Tesalonicenses 4:16, donde Cristo desciende en la segunda venida «con voz de mando, con voz de arcángel», o, mejor, «con un grito, con voz arcangélica». La clara implicación es que Cristo mismo grita con la voz arcangélica.[30] (El hecho de que haya rangos superiores de ángeles [cf. Rom. 8:38; Ef. 1:21; Col. 1:16] significa que un uso más general del término *arcángel* es teológicamente válido. Pero la Biblia misma no parece utilizarlo de este modo). Carrington observa que el término *arcángel* «puede incluso compararse con 'Señor de los ejércitos,' y puede quizás haber significado aquella manifestación de Dios en la que Él aparece como líder de los ejércitos de Israel o de los cielos».[31] De acuerdo con esto, en el libro de Apocalipsis le encontramos dirigiendo los ejércitos del cielo en conflicto victorioso con Satanás, acciones claramente realizadas por Cristo a lo largo del Nuevo Testamento (cf. Mt. 12:22-29; Lc. 11:14-22, Col. 2:15; Heb. 2:14-15, 1Jn. 3:8, Ap. 19:11-16).

Incluso a primera vista, por lo tanto, hay mucho que recomendar a la opinión de que **Miguel** es una representación simbólica de Cristo, un nombre que hace hincapié en su naturaleza y poder divinos; y que los «ángeles» que le acompañan son sus apóstoles, «junto con todas las fuerzas angélicas en solidaridad y cooperación con ellos».[32] Este punto de vista explica y se ve reforzado por el pasaje en su conjunto. Como sostiene Philip Carrington, «da sentido al capítulo. Por supuesto, si usted quiere que el libro sea un rompecabezas chino, esto no le pesará; pero si piensa que el autor (o incluso el editor final) del libro pretendía que este capítulo tuviera un significado, entonces le parecerá razonable considerar una interpretación del mismo que elimine la confusión. Una mujer que es representada como la esposa del Señor da a luz un Hijo; ella es la nueva Eva, y por lo tanto su hijo debe aplastar a la serpiente; ella es la virgen de Isaías, y por lo tanto él es un rey guerrero. Sigue una guerra con la serpiente, en la que un adversario la arroja del cielo; la serpiente se fue entonces *a hacer la guerra con el resto de la simiente de la mujer*. Está claro, pues, que la persona con la que luchó primero era también la simiente de la mujer. ¿Por qué arrastrar a alguien más?

A la batalla real le sigue un canto coral desde el cielo y, como hemos visto, la función de estos cantos corales es dejar clara la acción principal que se representa en símbolos. Dice: *Ahora ha venido la salvación, el poder y el reino de nuestro Dios y la autoridad de su Cristo*, y luego (pasando a pensar en los seguidores de Cristo más que en Cristo mismo), *lo vencieron por medio de la sangre del Cordero y por la palabra del testimonio*. Ahora bien, esto significa ciertamente que es el Cristo cuyo poder ha venido, y que es a través de su sangre

---

[29] Véase el debate sobre este punto en Herman Bavinck, *The Doctrine of God*, trad. por William Hendriksen (Grand Rapids: William B. Eerdmans Publishing Co., 1951), p. 256ss.

[30] Carrington, p. 218-24, ofrece un análisis muy útil de toda esta cuestión. Véase también E. W. Hengstenberg, *The Revelation of St. John* (Cherry Hill, Nueva Jersey: Mack Publishing co., [1851] 1972), vol. 1, p. 464-72.

[31] Carrington, p. 222.

[32] Terry, p. 386.

que se ha obtenido la victoria. Nos dice quién venció a Satanás y cómo; fue Jesús en la cruz».[33]

Ya hemos señalado que la guerra santa se inició con el ataque de Miguel y el ejército del cielo. En respuesta, **el dragón y sus ángeles emprendieron la guerra**. Pero esta acción defensiva de las fuerzas del mal resultó un fracaso absoluto: **No eran lo suficientemente fuertes, y ya no había lugar para ellos en el cielo. Y el gran dragón fue derribado**, en abyecta derrota. Para las fuerzas del mal, la batalla está perdida. Esto es exactamente lo que Jesús profetizó sobre las perspectivas de su Iglesia militante: «Las puertas del Hades no prevalecerán contra ella» (Mt. 16:18).

Jesús presenta a la Iglesia, no como una ciudad sitiada por las fuerzas del mal, sino más bien como un gran ejército, que asedia la capital y el cuartel general del enemigo; y son las fuerzas del mal las que sucumben ante la embestida de la Iglesia. El pueblo de Dios es el agresor: Toman la iniciativa en la guerra, y tienen éxito en su asalto a las puertas del infierno. Satanás y todas sus fuerzas **no son lo bastante fuertes,** mientras que el cristiano puede decir con el apóstol Pablo: *Todo lo puedo en Cristo que me fortalece.* (Fil. 4:13).

El apóstol Juan aporta información detallada sobre la identidad del dragón: **Es la serpiente antigua**, el antiguo tentador que sedujo a Eva en el principio (Gén. 3:1-15). El dragón es conocido como **el diablo**, término que significa el calumniador, pues es, como dijo el Señor, «mentiroso y padre de la mentira» (Jn. 8:44). Un término relacionado para el dragón es **Satanás** (o, más propiamente, *el satán*), la palabra hebrea para un adversario, especialmente en asuntos legales. El ser al que llamamos *Satán* es el abogado de la acusación, el acusador que presenta cargos legales contra los hombres en el tribunal de Dios, el maligno que acusa incansablemente a los hermanos «día y noche» (v. 10). Satanás fue el acusador de Job (Job 1:6-11; 2:1-5) y del Sumo Sacerdote Josué (Zc. 3:1-10)— y, como puede verse en ambos casos, sus acusaciones supuestamente legales son meras mentiras. El acusador del pueblo de Dios es un calumniador, el padre de la mentira.[34] Como es el mentiroso por excelencia, **engaña al mundo entero**. Fue Satanás quien estuvo detrás de las calumniosas acusaciones contra los primeros cristianos, los rumores difamatorios y los cargos criminales alegando que eran apóstatas, ateos, asesinos rituales, caníbales, revolucionarios sociales y aborrecedores de la humanidad.[35]

Pero, dice el apóstol Juan, el gran **fue arrojado a la tierra y sus ángeles fueron arrojados con él**. En el versículo 9 se utiliza tres veces la expresión **arrojado**, lo que subraya el significado y la finalidad de este acontecimiento. Aquí se aplica el principio de *lex talionis* (ojo por ojo): En 12:4 la cola del dragón barrió un tercio de las estrellas del cielo y las arrojó a la tierra; ahora el propio dragón es arrojado a la tierra con sus ángeles malignos. En los versículos siguientes, el apóstol Juan explica la visión, diciéndonos claramente cuándo tuvo lugar esta gran expulsión de los demonios.

---

[33] Carrington, p. 219.

[34] Sobre el carácter esencial de Satanás como un calumniador, «acusador de los hermanos», véase Greg Bahnsen, «The Person, Work, and Present Status of Satan», en *The Journal of Christian Reconstruction*, vol. 1, No. 2 (Winter, 1974).

[35] Cf. Robert L. Wilken, *The Christians as the Romans Saw Them* (New Haven: Yale University Press, 1984), p. 17ss, 117ss.

10-11 La explicación viene, como a menudo sucede con el apóstol Juan, en un llamado a la adoración desde **una gran voz en el cielo**, exhortando a la asamblea a alabar al Señor por sus maravillosas obras. El resultado de la victoria de Miguel sobre el dragón es cuádruple, cubriendo la tierra: **Ahora ha venido la salvación**— la liberación victoriosa en un «espacio amplio y abierto»— e**l poder y el reino de nuestro Dios y la autoridad de su Cristo**. El resultado de la guerra santa es este: ¡El reino ha llegado! El poder de Dios y la autoridad de Cristo **han llegado**, se han manifestado en la historia, **porque el acusador de nuestros hermanos, el que los acusa delante de nuestro Dios día y noche, ha sido arrojado**.

Esta gran batalla apocalíptica, la lucha más grande de toda la historia, ya ha sido librada y ganada por el Señor Cristo, dice el apóstol Juan, y el dragón ha sido derrocado. Además, los mártires que gastaron sus vidas al servicio de Cristo no murieron en vano; son partícipes de la victoria: **Vencieron** al dragón **por medio de la sangre del Cordero**— a través de[36] su victoria definitiva, de una vez para siempre— **y por la palabra del testimonio de ellos**. La fidelidad de los mártires a Cristo se demuestra en que **no amaron sus vidas, llegando hasta sufrir la muerte**, sabiendo que «el que ama su vida la pierde; y el que aborrece su vida en este mundo, la conservará para vida eterna» (Jn. 12:25).

Por lo tanto, la guerra santa entre Miguel y el dragón no puede ser una representación de la batalla final de la historia en el fin del mundo. No puede ser futura en absoluto. No es una batalla que tendrá lugar en la segunda venida. La victoria sobre el dragón, según el apóstol Juan, no tiene lugar por medio de un acontecimiento cataclísmico al final de la historia, sino por medio *del* acontecimiento cataclísmico que tuvo lugar en medio de la historia: el sacrificio del Cordero. El lenguaje utilizado para describir la base de la conquista de Miguel no tiene nada que ver con la segunda venida, pero tiene todo que ver con la primera venida. Los mártires vencen por medio de la sangre derramada de Cristo, y por medio de la proclamación intrépida del Evangelio. La victoria cósmica sobre el dragón tiene lugar mediante el Evangelio, y solo mediante el Evangelio: el Evangelio en su aspecto objetivo (la obra de Cristo), y el Evangelio en su aspecto subjetivo (la proclamación de la obra de Cristo),

¿Cuándo, pues, cayó Satanás del cielo? Cayó, definitivamente, durante el ministerio de Cristo, que culminó con la expiación, la resurrección y la ascensión del Señor a su trono celestial. Podemos ver las etapas de la guerra santa a lo largo del mensaje de los evangelios. Mientras que la actividad de los demonios parece relativamente rara en el Antiguo Testamento, el Nuevo Testamento registra numerosos brotes de demonismo. Abra las páginas del Nuevo Testamento y los demonios son casi ineludibles. ¿Por qué? ¿Qué marcó la diferencia? La presencia de Cristo. Él pasó a la ofensiva, entrando en la historia para luchar contra el dragón, e inmediatamente el dragón contraatacó, respondiendo con todas sus fuerzas, causando el mayor estrago posible. Y cuando vemos al Señor guerreando contra el diablo, vemos también que recibe ayuda angélica (cf. Mt. 4:11; 26:53; Lc. 22:43). Como Miguel guiando a los ángeles, Cristo dirigió a sus apóstoles contra el dragón, expulsándolo

---

[36] Sangre y palabra están ambos en caso acusativo, pero la preposición debe leerse aquí en el sentido de medios, así como de motivos (Mt. 15:6; Jn. 6:57; 15:3; Ef. 5:18; Ap. 13:14); véase Isbon T. Beckwith, *The Apocalypse of John: Studies in Introduction with a Critical and Exegetical Commentary* (Grand Rapids: Baker Book House, [1919] 1979), p. 627.

de su posición. El mensaje de los evangelios es que en el ministerio terrenal de Cristo y de sus discípulos, Satanás perdió su lugar de poder y cayó a la tierra:

Los setenta regresaron con gozo, diciendo: Señor, hasta los demonios se nos sujetan en tu nombre. Y Él les dijo: Yo veía a Satanás caer del cielo como un rayo. Mirad, os he dado autoridad para hollar sobre serpientes y escorpiones, y sobre todo el poder del enemigo, y nada os hará daño. Sin embargo, no os regocijéis en esto, de que los espíritus se os sometan, sino regocijaos de que vuestros nombres están escritos en los cielos. (Lc. 10:17-20)

Lo que describe Apocalipsis 12 es precisamente eso: no solo el sometimiento de los demonios a los santos, sino el registro de los nombres de los santos en el cielo, su sentencia de justificación, de posición correcta en la sala de justicia del cielo, porque su acusador ha sido expulsado del tribunal, su falso testimonio invalidado. La palabra **conquistar** en este versículo (*nikaō*) tiene la connotación, no solo de una victoria militar, sino también de una victoria legal; la obtención de un veredicto favorable (cf. Rom. 3:4). El cumplimiento definitivo de esto, por supuesto, fue la expiación de Cristo por los pecados de su pueblo; así, justo antes de ofrecerse a sí mismo como sacrificio, nuestro Señor dijo: «Ya está aquí el juicio de este mundo; ahora el príncipe de este mundo será echado fuera» (Jn. 12:31). Con la victoria de Cristo, la salvación y el reino llegaron a la tierra. Satanás fue derrotado.

El propio lenguaje de los evangelios lo confirma. El término estándar para la «expulsión» de los demonios por parte de Cristo a lo largo de su ministerio (*ekballō*, cf. Mt. 8:16, 31; 9:33-34, 10:1, 8; 12:24, 26-28) es simplemente una forma intensiva de la palabra usada repetidamente en Apocalipsis 12 para el «derribo» del dragón (*ballō*). Y Jesús anunció: «Pero si yo expulso los demonios por el Espíritu de Dios, entonces el reino de Dios ha llegado a vosotros» (Mt. 12:28). El mensaje de Apocalipsis es coherente con el del Nuevo Testamento en su conjunto: Cristo ha llegado, Satanás ha sido abatido y el reino ha llegado. Por su muerte y resurrección, Cristo «desarmó» a los demonios, triunfando sobre ellos (Col. 2:15). Satanás ha quedado sin poder (Heb. 2:14-15), y por eso, el apóstol Pablo pudo asegurar a los creyentes de Roma que «el Dios de paz aplastará pronto a Satanás debajo de vuestros pies» (Rom. 16:20). La cruz era la señal, dijo Jesús, del juicio del mundo (Jn. 12:31)— o, como lo tradujo Juan Calvino, la reforma y restauración del mundo.[37] El gobernante ilegítimo del mundo fue expulsado por la venida de Cristo. Como anunció en su ascensión, «Toda autoridad (*exousia*) me ha sido dada en el cielo y en la tierra» (Mt. 28:18). La visión del apóstol Juan declara lo mismo: **¡El reino de nuestro Dios y la autoridad** (*exousia*) **de su Cristo han llegado!**

12 La voz del cielo exhorta a la congregación a una adoración exultante: **Por lo cual regocijaos, cielos y los que moráis [tienen su tabernáculo] en ellos.** ¿Quiénes son los que tienen su tabernáculo (no solo *moran*) en el cielo? El apóstol Juan ya ha dejado claro que el culto de la Iglesia tiene lugar, real y verdaderamente, ante el trono celestial de Dios (4:4-11; 5:8-14; 7:9-17). El Nuevo Testamento refleja claramente este entendimiento por parte de los

---

[37] Juan Calvino, *Commentary on the Gospel According to John* (Grand Rapids: Baker Book House, 1979), vol. 2, p. 36; cf. Ronald S. Wallace, *Calvin's Doctrine of the Christian Life* (Tyler, Texas: Geneva Ministries, [1959] 1982), p. 110.

apóstoles y la Iglesia primitiva, declarando que Dios nos ha resucitado con Cristo a los lugares celestiales (Ef. 2:6), donde tenemos nuestra ciudadanía (Fil. 3:20). Nuestra adoración es contemplada por la multitud angélica (1Co. 11:10; Ef. 3:10), pues hemos llegado a la Jerusalén celestial, donde innumerables ángeles se reúnen en asamblea festiva con la Iglesia (Heb. 12:22-23). Los llamados a la alabanza gozosa por la venida del reino y la derrota del dragón son, pues, la Iglesia. Hemos seguido al niño en su ascensión victoriosa (Ef. 1:20-22; 2:6), y nos hemos convertido en su tabernáculo (cf. 7:15; 13:6).

Pero la conquista definitiva del dragón por Cristo no significa el fin de su actividad. De hecho, como una rata acorralada, se vuelve aún más frenéticamente feroz, su furia gruñendo aumenta con su frustración e impotencia. La voz del cielo declara así: **¡Ay de la tierra y del mar!, porque el diablo ha descendido a vosotros con gran furor, sabiendo que tiene poco tiempo**. La séptima trompeta ha sonado (11:15), y el tercer ay ha llegado (ver 8:13; 11:14). El dominio del dragón, tras su derrota en la ascensión de Cristo, se ha convertido ahora en la tierra y el mar; ha perdido para siempre el santuario edénico, que le había sido entregado por Adán. Así, en el capítulo 13, el apóstol Juan ve dos grandes bestias a imagen del dragón, surgidas del mar y de la tierra. El mar, en la imaginería del apóstol Juan, resultará ser las naciones paganas (véase más adelante, sobre 13:1-2), enfurecidas y espumeantes en su odio contra el Señor y su Cristo (cf. Sal. 2:1). Y, como hemos visto repetidamente, Israel está representado por la tierra. La voz está advirtiendo que tanto Israel como el Imperio serán demonizados en el loco frenesí de Satanás por aferrarse a los restos decadentes y marchitos de su dominio ilícito. Al dragón solo le queda un breve período en el que provocar la ruina de la Iglesia, mientras aún esté conectada al viejo Israel; tratará de agitar tierra y mar, primero en una asociación demoníaca contra la Iglesia, y luego en una guerra entre sí, con el fin de aplastar a la Iglesia entre ambos. Como un gánster depuesto que huye, el dragón intenta consolidar su poder para una última y desesperada resistencia. Pero sabe que está condenado; el tiempo casi se ha agotado.

El dragón ataca a la Iglesia (12:13-17)

13 Cuando el dragón vio que había sido arrojado a la tierra, persiguió a la mujer que había dado a luz al hijo varón.

14 Y se le dieron a la mujer las dos alas de la gran águila a fin de que volara de la presencia de la serpiente al desierto, a su lugar, donde fue sustentada por un tiempo, tiempos y medio tiempo.

15 Y la serpiente arrojó de su boca, tras la mujer, agua como un río, para hacer que fuera arrastrada por la corriente

16 Pero la tierra ayudó a la mujer, y la tierra abrió su boca y tragó el río que el dragón había arrojado de su boca.

17 Entonces el dragón se enfureció contra la mujer, y salió para hacer guerra contra el resto de la descendencia de ella, los que guardan los mandamientos de Dios y tienen el testimonio de Jesús.

13 El apóstol Juan vuelve al tema mencionado en el versículo 6: la huida de la mujer del dragón. Esto sucede como resultado directo de la derrota del dragón a manos de Miguel, pues **cuando el dragón vio que había sido arrojado a la tierra, persiguió a la mujer que había dado a luz al hijo varón.** Nunca se insistirá demasiado en que, para el apóstol Juan y su audiencia, este es uno de los puntos más cruciales de todo el capítulo. *El dragón persigue a la Iglesia precisamente porque Cristo lo derrotó.* Debemos recordar esto cuando leemos las conspiraciones del dragón, sus astutas maquinaciones entre bastidores para provocar la destrucción de la Iglesia; ¡todos sus ataques contra la Iglesia tienen su origen en el hecho de que ya ha sido vencido!

Es importante para nuestra interpretación observar también que la persecución de la mujer surge en relación con la caída del dragón en **la tierra** de Israel. Es allí, en primer lugar, donde intenta destruir a la Iglesia.

14 Pero la mujer es liberada, volando **hacia el desierto sobre las dos alas de la gran águila**. El apóstol Juan vuelve a utilizar imágenes de Éxodo, en las que los pilares llenos de ángeles de la nube de gloria se describen como «alas de águila», con las que Dios había traído a Israel hacia sí mismo en el desierto, para que fuera un pueblo de su propiedad, un reino de sacerdotes para Dios, una nación santa (Éx. 19:4-6; cf. 1Pe. 2:9-10). El cuadro se desarrolla aún más cuando Moisés, al repasar la historia del pueblo del pacto al final de su vida, habla de cómo Dios salvó a Israel en el desierto:

> Lo encontró en tierra desierta,
> en la horrenda soledad de un desierto;
> lo rodeó, cuidó de él,
> lo guardó como a la niña de sus ojos.
> Como un águila que despierta su nidada,
> que revolotea sobre sus polluelos,
> extendió sus alas y los tomó,
> los llevó sobre su plumaje. (Dt. 32:10-11)*

Moisés utiliza dos palabras clave en este pasaje: *desierto* y *revolotear*. Ambas palabras solo aparecen una vez más en todo el Pentateuco, y de nuevo juntas, en Génesis 1:2. *Desierto* se utiliza para describir la condición inhabitable de la tierra en el momento de su creación («sin forma»); y *revolotear* es el término que utiliza Moisés para referirse a la actividad del Espíritu que «se mueve» con poder creador sobre la faz de las profundidades. Dios no es descuidado con el lenguaje. Su profeta Moisés tenía una razón específica para repetir esas palabras clave en su discurso de despedida. Estaba subrayando el mensaje de que la salvación de Israel era un acontecimiento de la creación. El pacto del Sinaí fue una recreación, una reorganización del mundo.[38] Del mismo modo, el apóstol Juan toma prestada la terminología del mismo pasaje de Moisés para presentar ese mensaje a la Iglesia: Dios ha llevado a término las recreaciones provisionales del antiguo orden. La venida de Cristo ha traído la recreación definitiva, el Nuevo Pacto. Y, como en los días de antaño, cuando Dios preservó milagrosamente a Israel en todas sus aflicciones, proporcionándole un paraíso en medio del desierto, así Él nutrirá y cuidará ahora a la Iglesia, su esposa y la madre de su Hijo Unigénito. su pueblo del pacto habita a la sombra de la nube de gloria, a la sombra de sus alas (Sal. 17:8; 36:7, 57:1; 61:4, 91:4, 11). Las alas del águila, que significan muerte y destrucción para los enemigos del pacto (Dt. 28:49, Job 39:27-30, Jer. 48:40, Os. 8:1; Hab. 1:8; Mt. 24:28), son un emblema de paz, seguridad y bendición para los herederos de la gracia del pacto.

De nuevo (cf. v. 6), el apóstol Juan señala que la huida de la mujer al desierto no es una prueba de su abandono por parte de Dios; no es una señal de que haya perdido la batalla o de que los acontecimientos estén fuera de control. Más bien vuela sobre alas de águila por encima de las aguas (v. 15) **a su lugar, para poder ser sustentada** durante el periodo de tribulación (cf. Lc. 4:25-26), los tres años y medio estándar de juicio mencionados en los profetas, o, como dice aquí el apóstol Juan en el lenguaje de Daniel 7:25 y 12:7, **por un tiempo, tiempos y medio tiempo.**

Los comentaristas preteristas han visto tradicionalmente este pasaje en términos de la huida de la Iglesia de Judea de las invasiones edomita y romana durante la guerra judía, cuando, en obediencia a las órdenes de Cristo (Mt. 24:15-28), los cristianos escaparon para refugiarse en las cuevas del desierto.[39] No hay nada de malo en este punto de vista, hasta donde llega, pero no va lo suficientemente lejos. La alegoría de la mujer del apóstol Juan es la historia de la Iglesia, no solo de una rama concreta de ella. La liberación de la Iglesia de Judea debe considerarse el principal referente histórico de este texto, pero teniendo en cuenta que su experiencia es representativa e ilustrativa de la liberación de la Iglesia en su conjunto en este período difícil, cuando el Señor le preparó una mesa **frente** a sus enemigos (Sal 23:5).

15-16 El apóstol Juan continúa su imaginería de Éxodo, recordándonos cuando los hijos de Israel habían quedado atrapados «entre el diablo y el profundo Mar Rojo»: **Y la serpiente arrojó de su boca, tras la mujer, agua como un río, para hacer que fuera arrastrada por la corriente**. Farrer dice: «La mujer es tratada como la congregación de Israel, que fue salva de Egipto, levantada por el Señor en alas de águila y llevada al Sinaí. El hecho de que el dragón la persiga lanzando un torrente de agua tras ella es una imagen generalizada de la acción del Faraón, que (l) ordena a los niños israelitas y especialmente a Moisés que sean arrastrados por el Nilo, (2) sale con una hueste tras escapar Israel, y (3) cuenta con el Mar

---

*Nota del traductor: Aparece con otros términos en LBLA. Esta es la traducción directa de la versión usada por el autor, y se ha realizado así para los fines de su análisis posterior.

[38] David Chilton, *Paradise Restored: A Biblical Theology of Dominion* (Ft. Worth Texas: Dominion Press, 1985), p. 59; Meredith G. Kline, *Images of the Spirit* (Grand Rapids: Baker Book House, 1980), p. 13ss.

[39] Eusebio, *Historia eclesiástica*, iii.v.

Rojo para encerrar a Israel».[40] La imaginería bíblica era familiar: un río amenazador que busca abrumar al pueblo de Dios, fluyendo de la boca de sus enemigos (Sal. 18:4, 16; 124:3-6, Is. 8:5-8; 59:19, Jer. 46:7-8; 47:2; Os. 5:10).

Pero de nuevo, como en el Éxodo, el plan del dragón se ve frustrado: **la tierra ayudó a la mujer, y la tierra abrió su boca y tragó el río que el dragón había arrojado de su boca.**[41] La imagen se basa parcialmente en el incidente registrado en Números 16:28-33, cuando la tierra abrió su boca y se tragó a los instigadores de una rebelión contra Moisés. Milton Terry resume el sentido de las alusiones del apóstol Juan al Antiguo Testamento en este pasaje: «El gran pensamiento en todas estas imágenes es que el poder divino se pone en marcha para liberar y sostener a la Iglesia de Dios del Nuevo Testamento en el día de su persecución— el mismo poder que antaño obró los milagros de Egipto, y del Mar Rojo, y del desierto».[42] Ese es de hecho el énfasis del apóstol Juan aquí. La Iglesia está divinamente protegida y preservada a través de todas sus tribulaciones. No importa lo que haga el dragón en sus intentos por destruir a la Iglesia— incluso provocando la revuelta judía, haciendo que los edomitas y los romanos masacren a los habitantes de Israel— la Iglesia escapa a su poder. Para cuando Roma ataca, la mujer ya se ha ido; la tierra de Israel se traga el río de la ira, absorbiendo el golpe en su lugar. La destrucción de Jerusalén dejó ilesos a la verdadera ciudad y al templo, pues estaban a salvo con la mujer bajo la sombra del Todopoderoso.

17 El dragón tuvo «poco tiempo» (v. 12) para destruir a la Iglesia, y fracasó de nuevo. Frustrado en su intento de destruir a la Iglesia madre, **se enfureció contra la mujer, y salió para hacer guerra contra el resto de la descendencia de ella,** los cristianos que salieron ilesos de la guerra del dragón con la mujer. ¿Cómo simbolizan a la Iglesia tanto la mujer como sus hijos? «Estas distinciones son fáciles de hacer y mantener. La Iglesia, considerada como una institución y un cuerpo orgánico, se distingue de sus hijos, como muestran claramente Isaías 66:7-8 y Gálatas 4:22-26... En consecuencia, observamos que la Iglesia es, en un punto de vista, la totalidad de todos sus miembros; en otras formas, familiar a la Escritura, sus miembros individuales son considerados como relacionados con ella como los niños a una madre».[43]

Habiendo sido frustrados sus designios de destruir tanto a la madre como a su simiente, el dragón se vuelve furioso contra **el resto de su simiente**, la Iglesia Cristiana (predominantemente gentil) en todo el Imperio. Fijémonos bien en la descripción que hace el apóstol Juan de estos hermanos y hermanas del Señor Jesucristo: **guardan los**

---

[40] Farrer, p. 148. Farrer también señala las imágenes astronómicas involucradas aquí: «Ahí está la gran águila del cielo estrellado, con sus dos alas, y la dama del zodíaco bien puede recibir su ayuda para huir del escorpión perseguidor; pues todos esperamos escapar del funesto presagio de su nombre aceptando al águila en su lugar, cuando contamos las cuatro caras del cielo... Es después de que la mujer ha recibido las alas del águila cuando el dragón le dispara un río. Esto también es astrológico: el gran río del cielo, la Vía Láctea, sube desde el escorpión y barre el águila» (ibid.).

[41] Curiosamente, tanto Cristo como el dragón aparecen en Apocalipsis escupiendo a la gente por la boca: Cristo vomita a los apóstatas (3:16), y el dragón arroja riadas de ejércitos (12:16-17) (igual que había arrojado las estrellas a la tierra en 12:4). En una figura relacionada, la tierra vomita a los cananeos y a los israelitas apóstatas en Levítico 18:28, pero aquí se traga el río escupido por el dragón.

[42] Terry, p. 390.

[43] Ibid., p. 391. Un ejemplo relacionado es el uso bíblico de las expresiones *Sión* e *hija de Sión* (cf. Sal. 9:11, 14; Cant. 3:11) e *hijos de Sión* (cf. Sal. 149:2).

mandamientos de Dios y tienen el testimonio de Jesús. La definición del cristiano, desde una perspectiva, es que es miembro de la asamblea organizada del pueblo de Dios; igual de importante es que se define en términos de su conformidad ética con la ley de Dios.

> Y en esto sabemos que hemos llegado a conocerle: si guardamos sus mandamientos. El que dice: Yo he llegado a conocerle, y no guarda sus mandamientos, es un mentiroso y la verdad no está en él (1Jn. 2:3-4)

> Porque este es el amor de Dios: que guardemos sus mandamientos, y sus mandamientos no son gravosos. (1Jn. 5:3)

Como ya nos ha informado el apóstol Juan, los santos vencen al dragón mediante la palabra de su testimonio y su fiel obediencia, incluso hasta la muerte (v. 11). Los capítulos siguientes detallarán varias etapas cruciales en la guerra continua entre la simiente de la serpiente y la simiente de la mujer. El pasaje no pretende ser cronológicamente exacto, como si el dragón se volviera contra el resto de la Iglesia solo después del fracaso de la guerra judía. Más bien, la huida de la Iglesia de Judea es solo la culminación de una serie de liberaciones a lo largo de los últimos días, simbolizadas por la huida de la mujer. El apóstol Juan está describiendo en imágenes las diversas estratagemas ideadas por Satanás para destruir a la Iglesia, y muestra que todas ellas son un completo fracaso. El dragón está librando una batalla perdida, pues ya ha sido derrotado en la cruz y en la tumba. No hay una pulgada cuadrada de tierra en el cielo o en la tierra o debajo de la tierra donde haya paz entre la serpiente y la simiente de la mujer, y Cristo ya ha ganado abrumadoramente, en todos los frentes. Desde la ascensión de Cristo, la historia del mundo ha sido una operación de limpieza. La Iglesia militante, mientras sea la Iglesia obediente, será también la Iglesia triunfante.

13

LEVIATÁN Y BEHEMOT

Apocalipsis es un documento de pacto. Es una profecía, como las profecías del Antiguo Testamento. Esto significa que no se ocupa de hacer «predicciones» de acontecimientos asombrosos como tales. Como profecía, su enfoque es redentor y ético. Su interés es el pacto. La Biblia es la revelación de Dios sobre su pacto con su pueblo. Fue escrita para mostrar lo que Dios ha hecho para salvar a su pueblo y glorificarse a través de él.

Por eso, cuando Dios habla del Imperio romano en Apocalipsis, no lo hace para contarnos cotilleos sobre la vida en la corte de Nerón. Habla de Roma solo en relación con el pacto y la historia de la redención. «Debemos tener presente que en todo este simbolismo profético tenemos ante nosotros *al Imperio romano como poder perseguidor*. Este Apocalipsis no se ocupa de la historia de Roma... La bestia no es un símbolo de Roma, sino de la gran *potencia mundial romana*, concebida como órgano de la serpiente antigua, el diablo, para perseguir a los santos de Dios dispersos».[1] El hecho más importante de Roma, desde el punto de vista de Apocalipsis, no es que sea un estado poderoso, sino que es bestia, en oposición al Dios del pacto; la cuestión no es esencialmente política, sino religiosa (cf. comentarios sobre 11:7). El Imperio romano no es visto en términos de sí mismo, sino únicamente en términos de 1) *la tierra* (Israel), y 2) *la Iglesia*.

La bestia del mar (13:1-10)

1 El *dragón* se paró sobre la arena del mar. Y vi que subía del mar una bestia que tenía diez cuernos y siete cabezas; en sus cuernos *había* diez diademas, y en sus cabezas *había* nombres blasfemos.

---

[1] Milton Terry, *Biblical Apocalyptics: A Study of the Most Notable Revelations of God and of Christ in the Canonical Scriptures* (Nueva York: Eaton and Mains, 1898), pp. 393s.

2 La bestia que vi era semejante a un leopardo, sus pies eran como los de un oso y su boca como la boca de un león. Y el dragón le dio su poder, su trono y gran autoridad.

3 Y *vi* una de sus cabezas como herida de muerte, pero su herida mortal fue sanada. Y la tierra entera se maravilló y *seguía* tras la bestia;

4 y adoraron al dragón, porque había dado autoridad a la bestia; y adoraron a la bestia, diciendo: ¿Quién es semejante a la bestia, y quién puede luchar contra ella?

5 Se le dio una boca que hablaba palabras arrogantes y blasfemias, y se le dio autoridad para actuar durante cuarenta y dos meses.

6 Y abrió su boca en blasfemias contra Dios, para blasfemar su nombre y su tabernáculo, *es decir, contra* los que moran en el cielo.

7 Se le concedió hacer guerra contra los santos y vencerlos; y se le dio autoridad sobre toda tribu, pueblo, lengua y nación.

8 Y la adorarán todos los que moran en la tierra, cuyos nombres no han sido escritos, desde la fundación del mundo, en el libro de la vida del Cordero que fue inmolado.

9 Si alguno tiene oído, que oiga.

10 Si alguno es destinado a la cautividad, a la cautividad va; si alguno ha de morir a espada, a espada ha de morir. Aquí está la perseverancia y la fe de los santos.

1-2 El apóstol Juan nos dice que, al igual que había ascendido al trono de Dios para contemplar el mundo celestial (4:1; cf. Ez. 3:14; 8:3), el Espíritu le **colocó** ahora **sobre la arena del mar**, el punto de observación desde el que puede ver a la **bestia saliendo del mar**. En un sentido visual y dramático, el poderoso Imperio romano parecía surgir del mar, de la península itálica al otro lado del océano desde la tierra. Más que esto, sin embargo, el simbolismo bíblico del mar está a la vista aquí. El mar, como vimos en 9:1-3, está asociado con el abismo, la morada de los demonios, que fueron encarcelados allí después de haber sido expulsados del jardín. El abismo está en Génesis 1:2, «sin forma y vacío», inhabitable para el hombre. Está alejado de la tierra seca del entorno humano, y es el lugar donde los demonios son mantenidos prisioneros mientras los hombres son fieles a Dios. Cuando los hombres apostatan, los demonios son liberados; a medida que el hombre se restaura progresivamente, los espíritus malignos son devueltos al abismo (Lc. 8:26-33). Aquí vemos la fuente última de la «bestialidad» de la bestia: En esencia, procede del mar, de la caótica profundidad y oscuridad del abismo, que tuvo que ser conquistado, formado y llenado por la luz del Espíritu (Gén. 1:2; Jn. 1:5). Esto no quiere decir que hubiera un conflicto real entre Dios y su creación; en el principio, todo era «muy bueno». El mar es fundamentalmente una imagen de la vida. Pero después de la caída, la imagen del mar embravecido se utiliza y desarrolla en la Escritura como símbolo del mundo en caos por la rebelión de los hombres y las naciones contra Dios: «Pero los impíos son como el mar agitado, que no puede estar quieto,

y sus aguas arrojan cieno y lodo». (Is. 57:20; cf. Is. 17:12). Más adelante se le dice al apóstol Juan que «Las aguas que viste… son pueblos, multitudes, naciones y lenguas». (17:15). De esta masa caótica y rebelde de la humanidad surgió Roma, todo un imperio fundado sobre la premisa de la oposición a Dios.

La bestia tiene **diez cuernos y siete cabezas**, una imagen especular (cf. Gén. 1:26) del dragón (12:3), que da a la bestia **su poder y su trono y gran autoridad**. Los diez cuernos coronados (poderes)[2] de la bestia se explican en 17:12 en términos de los gobernadores de las diez provincias imperiales, mientras que las siete cabezas se explican como la línea de los Césares (17:9-11): Nerón es una de las «cabezas». Debemos tener presente la distinción lógica ya trazada entre *sentido* (el significado y las asociaciones de un símbolo) y *referente* (el significado especial del símbolo tal como se utiliza en un caso particular). Las connotaciones de cabezas y cuernos son las mismas tanto en el dragón como en la bestia, pero se refieren a objetos diferentes.

En una parodia de pesadilla del Sumo Sacerdote bíblico, que llevaba el nombre divino en la frente (Éx. 28:36-38), la bestia exhibe **en sus cabezas nombres blasfemos**: Según la teología imperial romana, los césares eran dioses. Cada emperador se llamaba *Augustus* o *Sebastos*, que significa *Uno a quien hay que adorar*; también tomaban el nombre de *divus* (dios) e incluso *Deus* y *Theos* (Dios). Se les erigieron numerosos templos por todo el Imperio, especialmente, como hemos señalado, en Asia Menor. Los césares romanos recibían honores que solo pertenecían al único Dios verdadero; Nerón ordenaba obediencia absoluta, e incluso erigió una imagen de sí mismo de casi 37 metros de altura. Por esta razón, el apóstol Pablo llamó al César «el hombre de pecado»; era, dijo Pablo, «…el hombre de pecado, el hijo de perdición, el cual se opone y se exalta sobre todo lo que se llama dios o *es* objeto de culto, de manera que se sienta en el templo de Dios, presentándose como si fuera Dios». (2Ts. 2:3-4). El apóstol Juan subraya este aspecto de la bestia: Y se le dio **una boca que hablaba palabras arrogantes y blasfemias... Y abrió su boca en blasfemias contra Dios** (13:5-6). Los cristianos fueron perseguidos porque se negaron a unirse a este culto idólatra al emperador.

El Imperio romano se simboliza además como un animal feroz y voraz, indomable y bajo la maldición. El apóstol Juan dice que la apariencia de la bestia era **como la de un leopardo**, con **patas como las de un oso** y **boca como la de un león**: «Los tres animales, así combinados por el escritor, simbolizan rapidez y ferocidad para saltar sobre la presa, tenacidad para retenerla y arrastrarla, y un apetito voraz para devorar».[3] Estos son también los mismos animales (enumerados en orden inverso) utilizados para describir los tres primeros de los cuatro grandes imperios mundiales en Daniel 7:1-6 (Babilonia, Medo-Persia y Grecia; cf. la descripción de Daniel de los mismos imperios bajo un símbolo diferente, en Dan. 2:31-45). El cuarto imperio, Roma, participa de las características malignas y bestiales de los otros imperios, pero es mucho peor: «y he aquí, una cuarta bestia, terrible, espantosa y en gran manera fuerte que tenía enormes dientes de hierro; devoraba, desmenuzaba y hollaba los restos con sus pies. Era diferente de todas las bestias que le antecedieron y tenía diez cuernos». (Dan. 7:7)[4] Esto, como señalamos en 12:3, es el origen de los **diez cuernos y**

---

[2] Cf. 1Re. 22:11; Zc. 1:18-21; Sal.. 75:10.

[3] Moses Stuart, *A Commentary on the Apocalypse* (Andover: Allen, Morrill and Wardwell, dos vols., 1845), vol. 2, p. 276.

[4] Según Moses Stuart y Milton Terry, las bestias de Daniel son Babilonia, Media, Persia y Grecia. Incluso si este fuera el caso (cosa que dudo), su «renacimiento» en las imágenes de Apocalipsis significaría simplemente que Roma combina las peores características de los cuatro imperios mundiales precedentes.

siete cabezas del dragón (y por lo tanto de la bestia) (las tres cabezas de las bestias 1, 2 y 4, más las cuatro cabezas de la bestia 3: Dan. 7:6). La bestia de Apocalipsis es claramente el Imperio romano, que «combinaba en sí mismo todos los elementos de lo terrible y lo opresivo, que habían existido en conjunto en los otros grandes imperios que le precedieron; su extensión también era igual a la de todos ellos unidos».[5]

Esta bestia, sin embargo, no es solo una institución, sino una persona; concretamente, como veremos, es el emperador Nerón. Esto se debe a que, sobre todo en la forma en que la Biblia ve las cosas, los dos podrían ser considerados como uno solo. Roma estaba, hasta cierto punto, identificada desde el punto de vista del pacto con su líder, como la raza humana lo estaba con Adán; el Imperio estaba encarnado y representado en el César reinante (Nerón). Así, la profecía del apóstol Juan puede alternar entre ambos, o considerarlos a los dos juntos, bajo la misma designación. Y tanto Nerón como el Imperio estaban sumidos en actividades degradantes, degeneradas y bestiales. Nerón, que asesinó a numerosos miembros de su propia familia (incluida su esposa embarazada, a la que mató a patadas); que era homosexual, la etapa final de la degeneración (Rom. 1:24-32); cuyo afrodisíaco favorito consistía en ver a la gente sufrir las torturas más horribles y repugnantes; que se disfrazaba de bestia salvaje para atacar y violar a prisioneros (hombres y mujeres); que utilizaba los cadáveres de cristianos quemados en la hoguera como las originales «velas romanas» para iluminar sus sucias fiestas en el jardín; que lanzó la primera persecución imperial de cristianos a instigación de los judíos, con el fin de destruir la Iglesia; *este* pervertido animal era el gobernante del imperio más poderoso de la tierra. Y marcó la pauta para sus súbditos. Roma era la cloaca moral del mundo.[6]

3-4 Y vi una de sus cabezas como degollada, y su herida mortal estaba curada. Algunos han señalado que, después de que Nerón fuera asesinado, comenzó a correr el rumor de que resucitaría de nuevo y recuperar el trono; de alguna manera, suponen, el apóstol Juan debe estar refiriéndose a este mito de *Nerón redivivus*. Este, me parece, es un método muy insatisfactorio de tratar con las Escrituras. El apóstol Juan menciona la «herida de muerte» de la bestia tres veces en este pasaje (véanse v. 12, 14); claramente, esto es mucho más que un símbolo casual, y deberíamos intentar una explicación bíblica para ello.[7]

La bestia, como vimos, se parece al dragón. El hecho de que reciba una *herida en la cabeza* debería hacernos pensar en la escena del jardín del Edén, cuando Dios prometió que

---

[5] Ibid.

[6] Véase Suetonio, *The Twelve Caesars*, Robert Graves, trad. (Nueva York: Penguin Books, revised ed., 1979), pp. 213-46; Tácito, *The Annals of Imperial Rome*, Michael Grant, trad. (Nueva York: Penguin Books, revised ed., 1977), pp. 252-397; Miriam T. Griffin, *Nero: The End of a Dynasty* (New Haven: Yale University Press, 1984).

[7] Prácticamente todos los comentarios que defienden la interpretación preterista (o incluso la tienen en cuenta) plantean este punto. Generalmente se considera un argumento crucial; se da la impresión de que el caso en su conjunto se sostiene o cae con el mito de Nerón redivivo. Mis objeciones a su uso como eje interpretativo son, brevemente, las siguientes: Juan escribía cuando Nerón aún vivía, y no podía estar apelando a un mito que aún no había surgido; lo que es más importante, tal enfoque es defectuoso, ya que utiliza fábulas paganas en lugar de las Escrituras como su principal fuente de interpretación. La propia Biblia es el contexto hermenéutico amplio de los libros canónicos. El valor de la literatura extrabíblica es, en el mejor de los casos, secundario. (Así, el mito redivivo puede tener una importancia menor como complemento histórico de la perspectiva teológica; de hecho, es posible que una interpretación errónea de la profecía de Juan diera lugar al mito en primer lugar).

Cristo vendría y aplastaría la cabeza del dragón (Gén. 3:15). Daniel había profetizado que en los días de los gobernantes romanos, el reino de Cristo aplastaría a los imperios satánicos y los reemplazaría, llenando la tierra. En consecuencia, el testimonio apostólico proclamó que el reino de Cristo había llegado, que el diablo había sido derrotado, desarmado y atado, y que todas las naciones comenzarían a fluir hacia la montaña de la casa del Señor. En la primera generación, el Evangelio se extendió rápidamente por todo el mundo, a todas las naciones; surgieron iglesias por todas partes, y miembros de la propia casa del César entraron en la fe (Fil. 4:22). De hecho, Tiberio César llegó a solicitar formalmente que el Senado romano reconociera oficialmente la divinidad de Cristo.[8] Durante un tiempo, por tanto, pareció que se estaba produciendo un *golpe de estado*: El cristianismo estaba en ascenso y pronto se haría con el control. La cabeza de Satanás había sido aplastada, y con ella el Imperio romano había sido herido de muerte con la espada (véase 13:14) del Evangelio.[9]

Pero entonces se voltearon las tortillas. Aunque el Evangelio se había extendido por todas partes, también lo habían hecho la herejía y la apostasía; y bajo la persecución de los judíos y del estado romano, grandes masas de cristianos comenzaron a alejarse (1Tim. 1:3-7, 19-20; 4:1-3; 6:20-21; 2Tim. 2:16-18; 3:1-9, 13; 4:10, 14-16; Ti. 1:10-16; 1Jn. 2:18-19). El Nuevo Testamento da la impresión definitiva de que la *mayoría* de las iglesias se desmoronaron y abandonaron la fe; bajo la persecución de Nerón, la Iglesia parecía haber sido erradicada por completo. La bestia había recibido la herida en la cabeza, la herida de muerte, pero aún vivía. La realidad, por supuesto, era que Cristo había derrotado al dragón y a la bestia; pero las implicaciones de su victoria aún tenían que ser resueltas; los santos aún tenían que vencer y tomar posesión (cf. Dan. 7:21-22; Ap. 12:11).

Y toda la tierra se maravilló en pos de la bestia; y adoraron al dragón, porque dio su autoridad a la bestia; y adoraron a la bestia, diciendo: ¿Quién es como la bestia, y quién puede hacer guerra contra ella? El apóstol Juan no está hablando de que el mundo siga a la bestia; la *palabra* que utiliza aquí es *tierra*, es decir, *Israel*. Sabemos esto porque el contexto identifica a sus adoradores como *los que habitan en la tierra* (Ap. 13:8, 12, 14)— una frase técnica utilizada doce veces en Apocalipsis para denotar al Israel apóstata (véase más arriba sobre 3:10). Es cierto, por supuesto, que Nerón era amado en todo el Imperio como el proveedor benevolente de bienestar y entretenimiento. Pero es *Israel* en particular el que es condenado por adorar al emperador. Enfrentados a la elección entre Cristo y el César, habían proclamado: *¡No tenemos más rey que el César!* (Jn. 19:15). «Con este grito

---

[8] Esto es reportado por Tertuliano en su *Apología*, capítulo 5 (*The Ante-Nicene Fathers*, Alexander Roberts y James Donaldson, eds.; Eerdmans, 1973): «A menos que los dioses den satisfacción a los hombres, no habrá deificación para ellos: el dios tendrá que propiciar al hombre. En consecuencia, Tiberio, en cuyos días el nombre cristiano hizo su entrada en el mundo, habiendo recibido él mismo información de Palestina sobre acontecimientos que habían demostrado claramente la verdad de la divinidad de Cristo, llevó el asunto ante el Senado, con su propia decisión a favor de Cristo. El Senado, por no haber dado él mismo la aprobación, rechazó su propuesta. César mantuvo su opinión, amenazando con la ira contra todos los acusadores de los cristianos. Consulta tus historias...» (pp. 21s.) A. Cleveland Coxe comenta: «Hay que poner gran énfasis en el hecho de que Tertuliano era probablemente un jurisconsulto, familiarizado con los archivos romanos, e influenciado por ellos en su propia aceptación de la verdad divina. No es de suponer que tal hombre se hubiera arriesgado a su audaz apelación a los registros, al protestar con el Senado y en las mismas caras del emperador y sus colegas, si no hubiera sabido que la evidencia era irrefragable» (pp. 57s.).

[9] El tema de aplastar cabezas en la Biblia es especialmente prominente en el libro de Jueces; véase James B. Jordan, *Judges: God's War Against Humanism* (Tyler, TX: Geneva Ministries, 1985).

el judaísmo era, en la persona de sus representantes, culpable de negación de Dios, de blasfemia, de apostasía. Se suicidó».[10] Su reacción ante la guerra aparentemente victoriosa del César contra la Iglesia (Ap. 11:7) fue de asombro y adoración. *Israel se puso del lado del César y del Imperio contra Cristo y la Iglesia.* En última instancia, por lo tanto, estaban adorando al dragón, y por esta razón Jesús mismo llamó a sus asambleas de adoración *sinagogas de Satanás* (Ap. 2:9; 3:9).

5-7 De nuevo el apóstol Juan llama nuestra atención sobre las **blasfemias** de la bestia **contra Dios** (cf. 13:1). Concretamente, dice, la bestia trata de **blasfemar de su nombre y de su tabernáculo, los que tienen su tabernáculo en el cielo**. Nuestra ciudadanía está en el cielo (Fil. 3:20), allí estamos entronizados en Cristo, nuestro representante (Ef. 1:20; 2:6), y, como hemos visto, el culto oficial de la Iglesia tiene lugar en los lugares celestiales, con miríadas de ángeles en asamblea festiva (Heb. 12:22-23; cf. comentarios sobre 8:1-2). A diferencia de los que rechazan la fe, que «habitan en la tierra», el pueblo del Nuevo Pacto tiene su tabernáculo en el cielo, en torno al trono de Dios. Por lo tanto, al mismo tiempo, el apóstol Juan habla a la Iglesia tanto de la cruel oposición de la bestia contra ellos como de su certeza de protección en torno al trono en la corte celestial.

Alexander Schmemann ha llamado bellamente la atención sobre la naturaleza del culto como ascensión semanal de la Iglesia al cielo (cf. Éx. 24:9-11; 34:1-8, 29-35; Mc 9:1-29): «Los primeros cristianos se dieron cuenta de que para convertirse en templo del Espíritu Santo debían *ascender al cielo*, adonde Cristo había ascendido. Se dieron cuenta también de que esta ascensión era la condición misma de su misión en el mundo, de su ministerio al mundo. Porque allí— en el cielo— estaban inmersos en la nueva vida del reino; y cuando, después de esta «liturgia de la ascensión», regresaban al mundo, sus rostros reflejaban la luz, la «alegría y la paz» de ese reino y eran verdaderamente sus testigos. No llevaban programas ni teorías, pero allí donde iban brotaban las semillas del reino, se encendía la fe, se transfiguraba la vida, se hacían posibles cosas imposibles. Eran testigos, y cuando se les preguntaba: «¿De dónde brilla esta luz, dónde está la fuente de su poder?», sabían qué responder y adónde llevar a los hombres. En la iglesia de hoy, tan a menudo nos encontramos solo con el mismo viejo mundo, no con Cristo y su reino. No nos damos cuenta de que nunca llegamos a ninguna parte porque nunca dejamos atrás ningún lugar.[11]

A la bestia se le dio **autoridad para actuar durante cuarenta y dos meses y para hacer la guerra a los santos y vencerlos**. Como observé anteriormente (véanse los comentarios sobre 11:2), el período de 42 meses (o tres años y medio, un siete roto) es una figura simbólica en el lenguaje profético, que significa un tiempo de angustia, cuando los enemigos de Dios están en el poder, o cuando se está derramando el juicio, mientras el pueblo de Dios espera la llegada del reino (como ya hemos señalado, la bestia oprimió a los santos del Antiguo Pacto durante 42 generaciones, según Mateo 1:1-17). Su uso profético no es

---

[10] Alfred Edersheim, *The Life and Times of Jesus the Messiah* (McLean, VA: MacDonald Publishing Company, two vols., n.d.), vol. 2, p. 581.
[11] Alexander Schmemann, *For the Life of the World: Sacraments and Orthodoxy* (Nueva York: St. Vladimir's Seminary Press, revised ed., 1973), p. 28.

principalmente literal, aunque es interesante que la persecución de la Iglesia por Nerón durara de hecho 42 meses completos, desde mediados de noviembre del 64 hasta principios de junio del 68. Este período de 42 meses corresponde, por tanto, a la época en que Nerón persiguió a la Iglesia. Este periodo de 42 meses se corresponde (aunque no es necesariamente idéntico) con los 42 meses/1.260 días de 11:2-3 y el «tiempo, tiempos y la mitad de un tiempo» de 12:14. Durante el tiempo del triunfo de la bestia, esta ejerce su **autoridad sobre un cuarto de la tierra: toda tribu, pueblo, lengua y nación**. Esto era verdad del Imperio romano, como era verdad de la bestia en general. Satanás gobernaba «todos los reinos del mundo» (cf. Mt. 4:8-9) como su «príncipe» (Jn. 12:31; cf. Dan. 10:13, 20). Su autoridad era «legal», en cierto modo, puesto que Adán había abdicado del trono; pero también era ilegítima. Los Padres de la Iglesia hacen mucho hincapié en el hecho de que el segundo Adán recuperó el mundo del dominio de Satanás por medios justos y legales, y no por la fuerza.[12]

8 El apóstol Juan repite lo que nos ha dicho en el v. 34: **Todos los que habitan en la tierra** (es decir, los israelitas apóstatas) **le adorarán**. Debemos recordar que la Biblia habla de adoración tanto en términos de adoración oficial y litúrgica (un «servicio de adoración») como de lealtad y obediencia cotidiana y práctica. Cuando se enfrentaron a la elección práctica entre César y su Señor, los judíos eligieron a César. La idolatría— la adoración de la criatura en lugar del creador— es la marca de aquel **cuyo nombre no ha sido escrito desde la fundación del mundo en el libro de la vida del Cordero que ha sido inmolado**. Desde el principio, los malvados han sido predestinados a la condenación. Esto no solo es un correlato necesario de las doctrinas bíblicas de la soberanía de Dios y su elección incondicional de su pueblo (véase, por ejemplo, Hch. 13:48), sino que se enseña explícitamente como tal en las Escrituras (véase Prov. 16:4; Mt. 11:25; Mc. 4:11-12, Jn. 12:37-40, Rom. 9:13; 11:7-10, 1Pe. 2:7-8; Jud. 4; Ap. 17:8, 17). La lista de miembros de la Iglesia celestial de Dios ha existido desde la fundación del mundo, eterna e inmutable. Desde el punto de vista del decreto eterno de Dios, por lo tanto, estos circuncidados quebrantadores del pacto que adoran a la bestia nunca han sido incluidos en el libro de la vida. Aquellos que buscan excomulgar a los seguidores del Cordero son ellos mismos excluidos del pacto.

9-10 El apóstol Juan interrumpe su descripción de los adoradores de la bestia para exhortar a sus lectores a prestar mucha atención a lo que va a decir a continuación: **Si alguno tiene oído, que oiga** (el origen probable de esta expresión es una referencia a la «circuncisión» o apertura de la oreja del esclavo «nacido en casa», que representa la muerte y resurrección de pacto, el renacimiento y la obediencia renovada a la palabra del amo; véanse Éx. 21:5-6; Dt.

---

[12] Cf. las palabras de Ireneo: «El Todopoderoso Verbo de Dios, que nunca falla en la justicia, actuó justamente incluso al tratar con el espíritu de rebelión. Porque fue por persuasión, no por la fuerza, que redimió su propia propiedad... porque así le correspondía a Dios lograr su propósito: con el resultado de que la justicia no fue infringida, y la obra original de Dios fue salvada de perecer» (*Contra las herejías*, v.i.l). Agustín añade: «Cristo demostró justicia con su muerte, prometió poder con su resurrección. ¿Qué cosa más justa que llegar hasta la muerte de cruz, por amor a la justicia? ¿Qué mayor acto de poder que resucitar de entre los muertos y ascender al cielo con la misma carne en la que fue inmolado? Primero la justicia venció al diablo, después el poder; la justicia, porque no tenía pecado y fue injustamente condenado a muerte por el diablo; el poder, porque revivió después de la muerte, para no morir nunca más» (*La Trinidad*, xiii.18).

15:16-17; Sal. 40:6-8).[13] A continuación declara la perdición de los seguidores de la bestia, de los que habitan en la tierra: **Si alguien está destinado al cautiverio, al cautiverio va; si alguien mata a espada, a espada ha de morir**. El apóstol Juan está citando libremente de Jeremías 15 un versículo que ocurre en un extenso pasaje que detalla el rechazo de Dios a Jerusalén. A Jeremías se le ordena que no ore por la nación, porque está destinada a la destrucción (Jer. 14:10-12); de hecho, aunque los grandes intercesores Moisés (Éx. 32:11-14; Núm. 14:13-24) y Samuel (1Sam. 7:5-9; 12:9-15) oraran por ellos, Dios dice que no les escuchará (Jer. 15:1). No habrá lugar donde esconderse del juicio, y cuando el pueblo aterrorizado preguntó:

> «¿Adónde iremos?». Jeremías debía responder:
> Los destinados para la muerte, a la muerte;
> los destinados para la espada, a la espada;
> los destinados para el hambre, al hambre,
> y los destinados para el cautiverio, al cautiverio.
> (Jer. 15:2; cf. 42:11, en su contexto)

En un lenguaje que recuerda a las premonitorias palabras de Jesús a las mujeres de Jerusalén (Lc. 23:28-31), Jeremías describe la próxima destrucción del país (Jer. 15:5-9). Al recordar a sus lectores este pasaje y su cumplimiento histórico en la destrucción de Jerusalén y del primer templo por los babilonios (587 a.C.), el apóstol Juan insiste en la certeza del juicio venidero sobre los judíos apóstatas del siglo I, los que se alían con la bestia para perseguir a los santos. Los malvados no pueden escapar: Han sido destinados al cautiverio y a la espada. La confianza en el gobierno de Dios es la esencia de la fe paciente a la que está llamado el pueblo de Dios. No debemos depositar nuestra confianza en el hombre, ni en las malvadas maquinaciones de conspiradores diabólicos, sino en Dios, que gobierna el mundo para su gloria. Su juicio vendrá sin duda. La paciente espera de esto es **la perseverancia y la fe de los santos**.

La bestia de la tierra (13:11-18)

11 Y vi otra bestia que subía de la tierra; tenía dos cuernos semejantes a los de un cordero y hablaba como un dragón.

12 Ejerce toda la autoridad de la primera bestia en su presencia, y hace que la tierra y los que moran en ella adoren a la primera bestia, cuya herida mortal fue sanada.

13 También hace grandes señales, de tal manera que aun hace descender fuego del cielo a la tierra en presencia de los hombres.

---

[13] Para un estudio amplio de la circuncisión del oído, véase James B. Jordan, *The Law of the Covenant: An Exposition of Exodus 21-23* (Tyler, TX: Institute for Christian Economics, 1985), pp. 77-84.

14 Además engaña a los que moran en la tierra a causa de las señales que se le concedió hacer en presencia de la bestia, diciendo a los moradores de la tierra que hagan una imagen de la bestia que tenía la herida de la espada y que ha vuelto a vivir.

15 Se le concedió dar aliento a la imagen de la bestia, para que la imagen de la bestia también hablara e hiciera dar muerte a todos los que no adoran la imagen de la bestia.

16 Y hace que a todos, pequeños y grandes, ricos y pobres, libres y esclavos, se les dé una marca en la mano derecha o en la frente,

17 y que nadie pueda comprar ni vender, sino el que tenga la marca: el nombre de la bestia o el número de su nombre.

18 Aquí hay sabiduría. El que tiene entendimiento, que calcule el número de la bestia, porque el número es el de un hombre, y su número es seiscientos sesenta y seis.

11 Así como la bestia del mar era a imagen del dragón, así vemos otra criatura que es a imagen de la bestia. El apóstol Juan vio a ésta saliendo **de la tierra**, surgiendo de dentro del mismo Israel. En 16:13 y 19:20, se nos dice la identidad de esta bestia de la tierra. Es el falso profeta, que representa lo que Jesús había predicho que ocurriría en los últimos días de Israel: «Muchos vendrán en mi nombre, diciendo: 'Yo soy el Cristo', y engañarán a muchos... Surgirán muchos falsos profetas, y engañarán a muchos» (Mt. 24:5, 11). El ascenso de los falsos profetas fue paralelo al de los anticristos; pero mientras que los anticristos habían apostatado al judaísmo desde dentro de la Iglesia, los falsos profetas eran líderes religiosos judíos que trataban de seducir a los cristianos desde fuera. Como ha señalado Cornelis Vanderwaal, «en las Escrituras, la falsa profecía solo aparece en el contexto del pacto»;[14] es la imitación de la verdadera profecía, y opera en relación con el pueblo del pacto. Moisés había advertido que *entre el pueblo del pacto* surgirían falsos profetas que realizarían señales y prodigios (Dt. 13:1-5).

Es importante recordar que el judaísmo no es una religión del Antiguo Testamento en absoluto; más bien, es un rechazo total de la fe bíblica a favor de la herejía farisaica y talmúdica. Al igual que los mormones, los Testigos de Jehová, la Iglesia de la Unificación y otros cultos, afirma basarse en la Biblia, pero su autoridad real proviene de las tradiciones de los hombres. Jesús fue muy claro: el judaísmo niega a Cristo precisamente porque niega a *Moisés* (Jn. 5:45-47). Sólo el cristianismo ortodoxo es la verdadera continuación y cumplimiento de la religión del Antiguo Testamento (véanse Mt. 5:17-20; 15:1-9; Mc. 7:1-13; Lc. 16:29-31; Jn. 8:42-47).

Los falsos profetas judíos tenían la apariencia de **un Cordero**, como había advertido Jesús: «Cuidaos de los falsos profetas, que vienen a vosotros con vestidos de ovejas, pero por dentro son lobos rapaces». (Mt. 7:15). Se refiere no solo al disfraz del falso profeta como miembro del rebaño de Dios, sino a sus pretensiones específicamente mesiánicas. En

---

[14] Cornelis Vanderwaal, *Search the Scriptures*, vol. 10: *Hebrews-Revelation* (St. Catherines, Ontario: Paideia Press, 1979), p. 89; cf. p. 100.

realidad, era un lobo, una bestia, que **hablaba como un dragón**. ¿Cómo habla el dragón? Utiliza un lenguaje engañoso, sutil y seductor para apartar al pueblo de Dios de la fe y hacerlo caer en una trampa (Gén. 3:1-6, 13; 2Co. 11:3; Ap. 12:9); además, es mentiroso, calumniador y blasfemo (Jn. 8:44; Ap. 12:10). El libro de Hechos registra numerosos ejemplos de falso testimonio draconiano por parte de los judíos contra los cristianos, un problema importante para la Iglesia primitiva (Hch. 6:9-15; 13:10; 14:2-5; 17:5-8; 18:6, 12-13; 19:9, 21:27-36; 24:1-9, 25:2-3, 7).

12 Los líderes judíos, simbolizados por esta bestia de la tierra, unieron fuerzas con la bestia de Roma en un intento de destruir la Iglesia (Hch. 4:24-28, 12:1-3, 13:8; 14:5; 17:5-8; 18:12-13; 21:11; 24:1-9; 25:2-3, 9, 24). Así, la bestia terrestre **ejerce toda la autoridad de la primera bestia**: «Como la primera bestia es el agente del dragón, así la segunda bestia es el agente de la primera bestia. Toda la autoridad hace de la segunda bestia el agente completo de la primera». [15] El judaísmo apóstata se volvió completamente servil al estado romano. Esto es enfatizado por la declaración del apóstol Juan (repetida en el v. 14) de que el falso profeta ejerció la autoridad de la bestia **en su presencia**. Esto contrasta directamente con la función del verdadero profeta, que estaba «ante [*la faz de*] el Señor», en presencia de Dios, bajo su autoridad y bendición (1Sam. 1:22; 2:18; 1Re. 17:1; cf. Núm. 6:24-26; Os. 6:2; Jon. 1:3, 10), al igual que se dice que los siete ángeles de las trompetas «estaban ante Dios» (8:2). El profeta tenía el privilegio de entrar en el trono de Dios en la nube de gloria como miembro del concilio celestial, donde se formulaba la política divina (cf. Éx. 33:8-11; 1Re. 22:19-23; Jer. 23:18; Ez. l, 10; Am. 3:7; esto también se indica en el hecho de que a los profetas se les llama *ángeles*: 2Cró. 36:15-16; Hag. 1:13; Mal. 3:1)[16] «El verdadero profeta vive en la presencia de Dios, recibiendo sus órdenes de Él y haciendo su voluntad; el falso profeta está delante de la bestia, de quien es intérprete y siervo».[17] Que tal cosa pudiera decirse alguna vez del liderazgo religioso de Israel, el pueblo del pacto, muestra cuán lejos habían caído de la fe de sus padres. Ellos condujeron a Israel en la adoración del emperador, haciendo que **la tierra y los que moran en ella adoraran a la primera bestia, cuya herida fatal fue sanada** (una falsa resurrección de un falso hijo). Curiosamente, es la resurrección de la bestia la que se da (aquí y en el versículo 14) como la razón para la adoración, al igual que la adoración cristiana se basa en última instancia en la resurrección de Cristo como la prueba de su carácter mesiánico y posición (1Co. 15). La falsa resurrección de Roma sirvió como el falso testimonio de Israel, su «prueba» de que Cristo no era el Mesías.

13-14 El falso profeta también realiza grandes milagros al servicio del Imperio: A diferencia de los impotentes falsos profetas de Baal, **incluso hace bajar fuego del cielo a la tierra**; así este falso Elías **engaña a los que habitan en la tierra**. Jesús había advertido que «se

---

[15] R. C. H. Lenski, *The Interpetation of St. John's Revelation* (Minneapolis: Augsburg Publishing House, 1943, 1963), p. 404.

[16] La exposición más detallada de esto está en Meredith G. Kline, *Images of the Spirit* (Grand Rapids: Baker Book House, 1980), pp. 57-96.

[17] Henry Barclay Swete, *Commentary on Revelation* (Grand Rapids: Kregel Publications, 3ra. ed. [1911] 1977), p. 169.

levantarán falsos Cristos y falsos profetas, y mostrarán grandes señales y prodigios, para así engañar, de ser posible, aun a los escogidos» (Mt. 24:24), y esto se cumplió numerosas veces a medida que el período de los «últimos días» de Israel avanzaba hacia su clímax. El libro de Hechos registra varios casos de falsos profetas judíos hacedores de milagros que entraron en conflicto con la Iglesia (cf. Hch. 8:9-24) y trabajaron bajo las órdenes de oficiales romanos (cf. Hch. 13:6-11); como Jesús había predicho (Mt. 7:22-23), algunos de ellos incluso utilizaban su nombre en sus conjuros (Hch. 19:13-16). A imitación de los profetas bíblicos, que invocaban el poder de Dios invocaban el poder de Dios.

Con la ira ardiente contra los apóstatas e infractores de la ley (Lev. 10:1-2; Núm. 16:28-35; 1Re. 18:36-40, 2Re. 1:9-16, Am. 1:3-2:5; Ap. 11:5), los líderes judíos parecían ejercer el juicio de Dios contra la Iglesia, excomulgando a los cristianos de las sinagogas y persiguiéndolos hasta la muerte. Una vez más, el apóstol Juan subraya la condición apóstata de estos profetas judíos, al observar que realizan sus prodigios **en presencia de los hombres y en presencia de la bestia,** en lugar de «ante el trono y ante el Cordero» (7:9; cf. 3:5; 4:10; 5:8; 7:11, 15; 8:2, 11:4, 16; 14:3, 10; 15:4).

La perversidad de los dirigentes de Israel es tal que animan a los que habitan en la tierra— el pueblo judío— a hacer una imagen a la bestia, como Nabucodonosor se había erigido una imagen a sí mismo (Dan. 3). Antes de que podamos hacer una identificación completa de esta imagen será necesario examinar el trasfondo religioso y el contexto en el que se sitúa. La profundidad de la apostasía de Israel debe verse en primer lugar en su rechazo del Señor Jesucristo, el verdadero Dios y Salvador, en favor del César. El apóstol Juan revela esto en su verdadera luz como idolatría (cf. 9:20). No es necesario suponer que los judíos se inclinaban literalmente ante una imagen esculpida; la cuestión es que adoraban y servían a un dios ajeno.

Algunos objetarían que los judíos nunca fueron culpables de «idolatría» después del Exilio. En respuesta, repetimos de nuevo el excelente resumen de Herbert Schlossberg sobre la esencia de la idolatría: «La idolatría en su significado más amplio se entiende propiamente como cualquier sustitución de lo creado por el creador. La gente puede adorar la naturaleza, el dinero, la humanidad, el poder, la historia o los sistemas sociales y políticos en lugar del Dios que los creó a todos. Los escritores del Nuevo Testamento, en particular, reconocieron que la relación no tiene por qué ser *explícitamente* de culto; un hombre puede colocar a cualquiera o a cualquier cosa en la cima de su pirámide de valores, y eso es en última instancia a lo que sirve. La importancia de ese servicio afecta profundamente a su modo de vida».[18] Además, está claro que los profetas postexílicos sí consideraban idólatras a los judíos de su época (cf. Zc. 13:1-3; Mal. 3:5-7).

El carácter idólatra del Israel apóstata se asume en todo el mensaje del Nuevo Testamento. El apóstol Pablo acusa específicamente a los judíos de anarquía y apostasía en Romanos 2. En los versículos 21-22, dice: «tú, pues, que enseñas a otro, ¿no te enseñas a ti mismo? Tú que predicas que no se debe robar, ¿robas? Tú que dices que no se debe cometer

---

[18] Herbert Schlossberg, *Idols for Destruction: Christian Faith and its Confrontation with American Society* (Nashville: Thomas Nelson, 1983), p. 6. 13:13-14.

adulterio, ¿adulteras? *Tú que abominas los ídolos, ¿saqueas templos?*» Claramente, el apóstol Pablo está acusando al Israel apóstata de cometer idolatría (o su equivalente). Es crucial notar que todas las acusaciones en Romanos 2 se refieren a *Israel como un todo*; obviamente, si se aplicaran solo a unos pocos elegidos su argumento no tendría fuerza. (Puesto que también los acusa de cometer adulterio, es posible que se refiera al adulterio «religioso» contra su verdadero esposo, Jesucristo). En general, los comentaristas han supuesto que la acusación de idolatría significa o bien que los judíos eran culpables de robar en los templos paganos (por ejemplo, Crisóstomo, Henry Alford, John Murray; cf. Hch. 19:37, que indica que los judíos pueden haber sido considerados responsables de esta ofensa), o que estaban cometiendo «sacrilegio» en un sentido más general, por su impiedad, irreverencia e incredulidad (por ejemplo, Juan Calvino, Charles Hodge; cf. 1Sam. 15:23; Neh. 13:4-12; Mal. 1:6-14; 3:8-9; Col. 3:5). Lo que generalmente no se nota es que toda la lista de crímenes en Romanos 2:20-23 está tomada de Malaquías 2-3, indicando que el cargo de «robar templos» (y por lo tanto de idolatría) está relacionado con la falta de diezmo de los israelitas, su negativa a honrarlo como Dios (cf. Mt. 15:7-9). Dios dice a través de Malaquías:

> Desde los días de vuestros padres os habéis apartado de mis estatutos y no los habéis guardado. Volved a mí y yo volveré a vosotros —dice el SEÑOR de los ejércitos. Pero decís: «¿Cómo hemos de volver?». ¿Robará el hombre a Dios? Pues vosotros me estáis robando. Pero decís: «¿En qué te hemos robado?». En los diezmos y en las ofrendas. Con maldición estáis malditos, porque vosotros, la nación entera, me estáis robando. (Mal. 3:7-9)

Una buena parte de la definición de idolatría del Catecismo Mayor de Westminster (prácticamente cada palabra de la cual está abundantemente referenciada a las Escrituras) es aplicable al carácter religioso de Israel durante los últimos días: «Los pecados prohibidos en el segundo mandamiento son: idear, aconsejar, ordenar, usar y aprobar cualquier culto religioso no instituido por Dios mismo; tolerar una religión falsa;... todo artificio supersticioso que corrompa el culto de Dios, añadiéndole o quitándole algo, ya sea inventado y tomado de nosotros mismos, o recibido por tradición de otros, aunque sea bajo el título de antigüedad, costumbre, devoción, buena intención o cualquier otro pretexto; simonía; sacrilegio; toda negligencia, desprecio, impedimento y oposición al culto y a las ordenanzas que Dios ha establecido» (cf. Mt. 15:3-9; Hch. 13:45; 1Ts. 2:15-16).[19] El punto esencial para nuestro propósito es simplemente que el apóstol Pablo está acusando al pueblo judío de algún tipo de idolatría. Ciertamente es un término lo bastante amplio como para abarcar su rechazo de Jesucristo.

15-17 El alcance del poder demoníaco del falso profeta es tal que es capaz **de dar aliento (o espíritu) a la imagen de la bestia, que la imagen de la bestia podría incluso hablar**. Mientras que algunos han argumentado que esto se refiere a algún truco de maquinaria o

---

[19] *The Confession of Faith* (Free Presbyterian Church of Scotland, 1970), pp. 193ss.

ventriloquia (y por lo tanto una aparente refutación del Salmo 135:15-16: «Los ídolos de las naciones... tienen boca, pero no hablan», es más probable que el pasaje en su conjunto pretenda transmitir la idea de un intento judío apóstata de recrear el mundo. En el principio, cuando Dios creó la tierra, dio aliento/espíritu a su imagen y la colocó en su templo-jardín (Gén. 2:7-8); y lo primero que vemos hacer a la imagen es *hablar*, nombrar y definir la creación en términos del mandato de Dios (Gén. 2:19-20).

La propia imagen inspirada por el espíritu de la bestia es capaz de causar la **muerte de todos aquellos que no adoren la imagen de la bestia**. Las sinagogas judías imponían la sumisión al emperador. De hecho, la acusación de sus líderes contra el propio Cristo era que Él era un rival de la autoridad total del César (Jn. 19:12-15). Del mismo modo, organizaron boicots económicos contra aquellos que se negaban a someterse al César como Señor, los líderes de las sinagogas «prohibían todo trato con los excomulgados»,[20] llegando incluso a darles muerte.

Y hace que todos, (nótese las seis categorías) **los pequeños y los grandes, a los ricos y a los pobres, a los libres y a los esclavos, que se les ponga una marca en la mano derecha o en la frente, y dispone que nadie pueda comprar ni vender, sino el que tenga la marca, ya sea el nombre de la bestia o el número de su nombre**. El libro de Hechos está plagado de incidentes de persecución judía organizada contra la Iglesia (Hch. 4:1-3, 15-18; 5:17-18, 27-33, 40; 6:8-15; 7:51-60, 9:23, 29; 13:45-50, 14:2-5, 17:5-8, 13; 18:17; 20:3, 22:22-23; 23:12, 20-21; 24:27; 26:21; 28:17-29; cf. 1Ts. 2:14-16). Todo esto sirvió en última instancia a los intereses del César contra Cristo y la Iglesia; y la «marca de la bestia», por supuesto, es la parodia satánica del «sello de Dios» en la frente y las manos de los justos (3:12; 7:24; 14:1), la marca de la obediencia incondicional a la Ley en pensamiento y obra (Dt. 6:6-8), la marca de bendición y protección (Ez. 9:4-6), la señal de que uno es *SANTO PARA EL SEÑOR* (cf. Éx. 28:36). Israel ha rechazado a Cristo, y está «marcado» con el sello del señorío total de Roma; ha dado su lealtad al César, y es obediente a su gobierno y ley. Israel eligió ser salvo por el estado pagano, y persiguió a los que buscaban la salvación en Cristo.

El Nuevo Testamento da abundante testimonio de este hecho. La jerarquía judía estaba implicada en un intento masivo y organizado de destruir la Iglesia mediante el engaño y la persecución. En pos de este objetivo diabólico, se unieron en una conspiración con el gobierno romano contra el cristianismo. Algunos de ellos fueron capaces de realizar milagros al servicio de Satanás. Todo esto es exactamente lo que se nos dice de la bestia de la tierra. El falso profeta de Apocalipsis representa nada menos que a los dirigentes del Israel apóstata, que rechazaron a Cristo y adoraron a la bestia.

Hay una interesante inversión de imágenes en el texto. El libro de Job nos ha preparado para la profecía del apóstol Juan, pues también nos habla de una bestia terrestre (*Behemot*, Job 40:15-24) y de una bestia marina (*Leviatán*, Job 41:1-34). En el Antiguo Testamento griego que utilizaba la Iglesia primitiva, la palabra hebrea *Behemot* se traduce *thêrion*, la misma palabra que el apóstol Juan utiliza para *bestia*; y *Leviatán* se traduce *drakõn* (*dragón*).

---

[20] Austin Farrer, *The Revelation of St. John the Divine* (Londres: Oxford University Press, 1964), p. 157.

Pero las visiones del apóstol Juan amplían las descripciones de Job de estos dinosaurios, y el orden de su aparición se invierte. Job vio primero al Behemot (Job 40), luego al Leviatán (Job 41) y finalmente a Dios (Job 42). En Apocalipsis, el apóstol Juan nos muestra el reverso demoníaco de este patrón: Primero vemos a Satanás como el dragón, el Leviatán; luego viene la bestia del mar, que es a imagen del dragón; finalmente, siguiéndoles y sirviéndoles, viene la bestia de la tierra, a imagen de la bestia del mar, trayendo consigo otra imagen de la bestia. Al enumerar las bestias en orden inverso, el apóstol Juan subraya su punto: Israel, que debía haber sido un reino de sacerdotes para las naciones del mundo, ha cedido su posición de prioridad a Leviatán y a la bestia. En lugar de dejar una huella piadosa en todas las culturas y sociedades, Israel se ha transformado en la imagen del estado pagano y anticristiano, convirtiéndose en su profeta. Los hijos de Abraham se han convertido en la simiente de la serpiente.

Durante tres años de ministerio en Éfeso, el apóstol Pablo sufrió continuamente persecuciones a causa de «las conspiraciones de los judíos» (Hch. 20:19); al describir sus conflictos con ellos, los llamó «bestias salvajes» (1Co. 15:32). La bestia judía fue el enemigo más engañoso y peligroso de la Iglesia primitiva. Pablo advirtió enérgicamente a la Iglesia sobre los judaizantes que propagaban «mitos judíos»: «Profesan conocer a Dios, pero con *sus* hechos *lo* niegan, siendo abominables y desobedientes e inútiles para cualquier obra buena». (Tit. 1:16).

Ahora estamos en condiciones de intentar una identificación más precisa de **la imagen de la bestia**, que es una continuación de la falsificación satánica, la inversión demoníaca del orden de Dios. Así como el Hijo de Dios es la imagen del Padre (Jn. 1:18; Col, 1:15), la Iglesia ha sido redentoramente recreada como la imagen del Hijo (Rom. 8:29; Ef. 4:24; Col. 3:10). La visión de la Iglesia profética, sacerdotal y dominical vista por el apóstol Juan es paralela a la del Señor Jesucristo: Al igual que su Señor, está revestida de luz gloriosa (1:13-16; 10:1; 12:1; 19:6-8; 21:9-22:5). Las siete estrellas/ángeles de la presencia (8:2), dirigidas por el Espíritu Santo (los siete espíritus, relacionados con los ángeles en 3:1), asisten al Hijo en su obra a lo largo de Apocalipsis. El orden divino es el siguiente

Padre
Hijo (imagen del Padre)
Ángeles/obispos
Iglesia (imagen del Hijo)

La parodia satánica de esto es:

Dragón
Bestia (imagen del dragón)
Falso profeta
Sinagoga de Satanás (imagen de la bestia)

A lo largo de Apocalipsis, la Iglesia habla litúrgicamente, y los ángeles actúan en la historia para atar y desatar por medio de la trompeta y la copa, llevando el juicio sobre los desobedientes; del mismo modo, la sinagoga «habla», y el falso profeta lleva sus falsos juicios sobre los que desafían su autoridad. La Iglesia ha sido resucitada, traída a la vida por el mismo Espíritu/Aliento de Dios (11:11; cf. Gén. 2: 7; Jn. 20:22); la sinagoga de Satanás también estaba animada por un espíritu/aliento (13:15). Y, al igual que el ángel de Dios marcaba la frente de los justos para protegerlos (7:3), el «ángel» de la bestia estampaba a los malvados con su propia marca del mal. Los líderes de Israel trabajaron para imponer la adoración, no del Dios verdadero, como en las iglesias cristianas, sino de *la sinagoga misma*— **la imagen de la bestia**.

18 Ya estaba claro para los lectores del apóstol Juan que la bestia marina era el Imperio romano. El apóstol Juan proporciona ahora a sus lectores una identificación de la bestia en una forma muy diferente: **Aquí está la sabiduría. Que el que tenga entendimiento calcule el número de la bestia, porque el número es el de un hombre; y su número es 666»**. Como veremos, 666 (literalmente, χξς)[21], es el valor numérico del nombre Nerón César.[22] Aunque esta es una solución conveniente (y, hasta donde llega, perfectamente correcta), también plantea varios problemas. Si la bestia ha de identificarse con el Imperio romano en su conjunto, en lugar de solo con Nerón, ¿no cambia esto el «número de la bestia» cuando otro César está en el trono? Además, ¿no es esto un mero ejemplo de «exégesis periodística»— utilizando periódicos del siglo I?[23] La respuesta es que el nombre de Nerón *no es* la referencia principal del *666*; más bien, el número de la bestia se basa en varios hilos de datos bíblicos que apuntan en última instancia al Imperio romano. El nombre de *Nerón César* no agota en absoluto el significado del enigma. La propia Biblia nos da suficiente información para permitirnos identificar a Roma como la bestia, el cumplimiento del 666.

Empezamos con el simple número 6, que está asociado tanto a la *bestia* como al *hombre* desde el principio, ya que ambos fueron creados el sexto día de la semana (Gén. 1:24-31). Se conceden seis días de los siete al hombre y a la bestia para trabajar (Éx. 20:8-11); el esclavo hebreo estaba en esclavitud durante seis años antes de su liberación en el séptimo año (Éx. 21:2); se designaron seis ciudades de refugio para el asesinato accidental de un hombre (Núm. 35:9-15). *Seis* es, pues, **el número del hombre, es decir, un número**

---

[21] En tiempos del Nuevo Testamento se utilizaba la letra obsoleta ς (stigma, que hacía el sonido *st*) para el numeral 6; véase A. T. Robertson y W. Hersey Davis, *A New Short Grammar of the Greek Testament* (Nueva York: Harper & Brothers, 1931, 1933) p. 109.

[22] A veces se objeta que, utilizando diversos sistemas de cálculo, es posible dar a prácticamente cualquier nombre el valor de 666; así, los intérpretes han identificado a la bestia con el Papa, Martín Lutero, Napoleón, Adolf Hitler y Henry Kissinger (entre una multitud de otros). Sin embargo, debe entenderse que «no se requiere cualquier solución posible del nombre, sino más bien una solución pertinente». Habiendo demostrado ya que el Imperio romano es la bestia descrita en los versículos 1-8 de este capítulo, buscamos naturalmente algún nombre que dé designación específica de ese poder» (Milton Terry, *Biblical Apocalyptics*, p. 401).

[23] Existe, por supuesto, cierta justificación para una «exégesis periodística» del siglo I, ya que el propio libro de Apocalipsis nos lleva a esperar un cumplimiento de sus profecías en el siglo I. Deberíamos buscar—cuidadosamente—acontecimientos históricos del siglo I que se correspondan con las visiones apocalípticas. Esto no se presta necesariamente a especulaciones indebidas, pues se trata simplemente de tomar en serio las propias declaraciones de Juan sobre su libro. Dijo que se cumpliría «en breve».

humano. Lenski explica: «Juan escribe el número no con palabras, sino con letras griegas: χ' = 600, ξ' = 60, ς' = 6, por tanto 666. Este es el número 6, más su múltiplo por 10, es decir, 60, de nuevo más su múltiplo por 10 x 10 (plenitud intensificada), es decir, 600, es decir, 666, tres veces por debajo del 7 divino. En otras palabras, no 777, sino compitiendo con 777, tratando de borrar 777, pero haciéndolo de forma abortada, siendo su fracaso tan completo como lo fue su expansión al inflarse de 6 a 666».[24] *Seis* es, pues, el número con el que nació el hombre, el número de su creación; la repetición del número revela al hombre en oposición a Dios, tratando de aumentar su número, tratando de trascender su condición de criatura. Pero, por mucho que lo intente, no puede ser más que un seis, o una serie de seises.

Y esto es exactamente lo que vemos en las Escrituras, cuando el hombre apóstata intenta deificarse a sí mismo. Goliat, el antiguo enemigo del pueblo de Dios, es tan alto como «seis codos y un palmo» (1Sam. 17:4), es decir, *seis, más una mano que agarra más*; la cabeza de su lanza pesa 600 siclos de hierro. (Goliat es, en varios aspectos, una bestia; como simiente del dragón, lleva *armadura de escamas*, 1Sam. 17:5; pero la simiente de la mujer lo destruye infligiéndole una herida en la cabeza, 1Sam. 17:49-51.) Otro ejemplo sorprendente de este patrón tiene lugar cuando el rey Nabucodonosor erige una imagen de sí mismo que mide 60 codos de alto y 6 codos de ancho (Dan. 3:1)[25] El impacto de esto se magnifica cuando consideramos que el valor numérico de las letras hebreas[26] en Daniel 3:1 (que describe la imagen de Nabucodonosor) suman 4.683— que es 7 veces 666 (4.662), más 21, el *triángulo de 6* (la triangulación se explicará más adelante).

Una breve digresión aquí servirá para situar este punto en su marco simbólico más amplio, ya que— en contraste con los seises multiplicados de la imagen de Nabucodonosor— los nombres de Daniel y sus tres amigos que se negaron a adorar al ídolo suman 888 en hebreo.[27] Este es también el número de *Jesús* en griego.[28] La caída del hombre ocurrió en el séptimo día de la creación (el primer día completo de vida del hombre); Jesucristo, el segundo Adán, pasó el séptimo día en la tumba, para pagar por el pecado de Adán. Su resurrección tuvo lugar en el octavo día, que se convierte en el Sábado sustitutivo de la nueva

---

[24] R. C. H. Lenski, *The Interpretation of St. John's Revelation* (Minneapolis: Augsburg Publishing House, 1943, 1963), pp. 411s.

[25] Ireneo ve el 666 como una combinación de la edad de Noé en el Diluvio (600)— simbolizando «toda la mezcla de maldad que tuvo lugar antes del Diluvio»— con el 60+6 de la imagen de Nabucodonosor, simbolizando «todo error de ídolos ideados desde el Diluvio, junto con la matanza de los profetas y la tala de los justos». *Against Heresies*, en Alexander Roberts y James Donaldson, eds., *The Ante-Nicene Fathers* (Grand Rapids: Wm. B. Eerdmans Publishing Co., 1973 reimpreso), vol. 1, p. 558.

[26] En hebreo (como en la mayoría de las lenguas antiguas), el alfabeto tenía una doble función: cada letra era también un número. Así, cualquier palabra o grupo de palabras tenía un valor numérico, que podía calcularse simplemente sumando los números. El sistema lingüístico occidental lo evita utilizando el alfabeto romano para las letras y el alfabeto árabe para los números. A nosotros nos resulta difícil y artificial imaginarnos yendo y viniendo entre el uso de letras y el uso de números de los caracteres de nuestra lengua, pero para los antiguos era algo natural. Con toda probabilidad, no necesitaban realizar grandes cambios mentales, sino que simplemente veían y comprendían ambos aspectos a la vez.

[27] Véase Ernest L. Martin, *The Original Bible Restored* (Pasadena, CA: Foundation for Biblical Research, 1984), p. 110. En su visión de la gran imagen que representaba a los imperios paganos que conducirían al reino de Cristo, Nabucodonosor era la «cabeza de oro» (Dan. 2:37-38); Martin ha señalado que 666 años después de que Nabucodonosor inaugurara su reinado (604 a.C.), comenzó el último ciclo sabático de Israel (otoño del 63 d.C.), que terminó con la destrucción de Jerusalén y el templo en el otoño del 70.

[28] ΙΗΣΟΥΣ (Ι=10+Η=8+Σ=200+Ο=70+Υ=400+Σ=200)=888

creación.[29] Austin Farrer comenta: «Jesús resucitó al *tercer* día, siendo el *octavo* de esa semana: él es la resurrección y la vida. Para el *ocho* que significa resurrección, véase 1Pedro 3:20-21, y 2Pedro 2:5. Pero el tercer día en el que Jesús resucitó es el tercero de ese sexto día (viernes) en el que el Anticristo tuvo su aparente triunfo; así que si Cristo tiene un nombre que vale 888, el Anticristo debería tener un nombre que valga 666».[30]

Farrer amplía este punto: «¿Por qué el Anticristo debe ser tan enfáticamente *seis*? Toda la disposición de Apocalipsis lo explica. La obra divina de la que trata es una obra de juicio: es el juicio el que tiene el patrón séxtuple de los días de trabajo, y siempre en el sexto día está la culminación del juicio.[31] En el sexto día de la semana, y a la hora sexta, dice el apóstol Juan [Jn. 19:13-22; Ap. 13:16-14:1], los reinos de Cristo y del Anticristo se miraron a la cara en el tribunal de Pilato, y los seguidores del falso profeta (Caifás) escribieron firmemente en sus frentes la marca de la bestia, cuando dijeron: 'No tenemos más rey que el César'. En seguida vieron al Cordero levantado con su verdadero nombre sobre la cabeza, 'Rey de los judíos': y por más que pudieron hacer, no consiguieron que se lo borraran: «Lo que he escrito», dijo Pilato, «lo he escrito». La victoria de Cristo el viernes es la manifestación suprema también del Anticristo.[32]

Hay una interesante propiedad matemática del número 666, que no habría escapado a los lectores del apóstol Juan: *666 es el triángulo del cuadrado de 6. Es* decir, el *cuadrado* de 6 (6 x 6) es 36. El triángulo de 36 es 666. El *triangular de 36 es 666*. La triangulación es un método de cálculo que era popular en el mundo antiguo y muy familiar para la gente del siglo I, pero que se ha olvidado en gran medida en nuestros días. Funciona así:

Estos diagramas, ambos con seis unidades en cada lado, muestran que 36 es el *cuadrado* de 6, mientras que 21 es el *triángulo* de 6. Si extendemos el triángulo una línea más, obtendríamos el triángulo de siete (28); otra línea nos daría el triángulo de ocho (36). Si lo extendemos hasta 36 líneas obtendremos el número 666.[33] El número de la bestia, por lo tanto, es una «exposición» completa del número del hombre.

---

[29] Véase James B. Jordan, *The Law of the Covenant: An Exposition of Exodus 21-23* (Tyler, TX: Institute for Christian Economics, 1984), p. 164.

[30] Austin Farrer, *The Revelation of St. John the Divine* (Londres: Oxford University Press, 1964), p. 156; Farrer se refiere, por supuesto, a la bestia con el término común (pero técnicamente inexacto) de Anticristo, que en realidad es la designación dada por el apóstol Juan a los apóstatas de la fe cristiana.

[31] Cf. Gén. 1:31; Ap. 6:12-17; 9:13-21.

[32] Farrer, *A Rebirth of Images*, p. 259.

[33] Por cierto, la forma más fácil de calcular el triángulo de cualquier número es multiplicarlo por el número inmediatamente superior y luego dividirlo por dos; de este modo 36x37/2=666.

Pero hay más. Si quitáramos el borde exterior de quince estrellas del triángulo anterior, nos quedaría un «triángulo dentro de un triángulo», formado por seis estrellas; por tanto, se podría decir que el triángulo 21 es el «relleno», o cumplimiento, de 15 (el número de unidades del triángulo exterior, o periferia).

Ahora bien, el triángulo 666 contiene 12 de estos triángulos, uno dentro del otro, con el triángulo más exterior formado por 105 unidades; así pues, el triángulo 666 es el «cumplimiento» de 105. Esto nos lleva a la parte interesante, ya que los factores de 105 son 30 x 3 1/2. *Tres años y medio* de doce meses en cada año y *treinta* días en cada mes es igual a los *mil doscientos sesenta* días, el período del triunfo de la bestia.

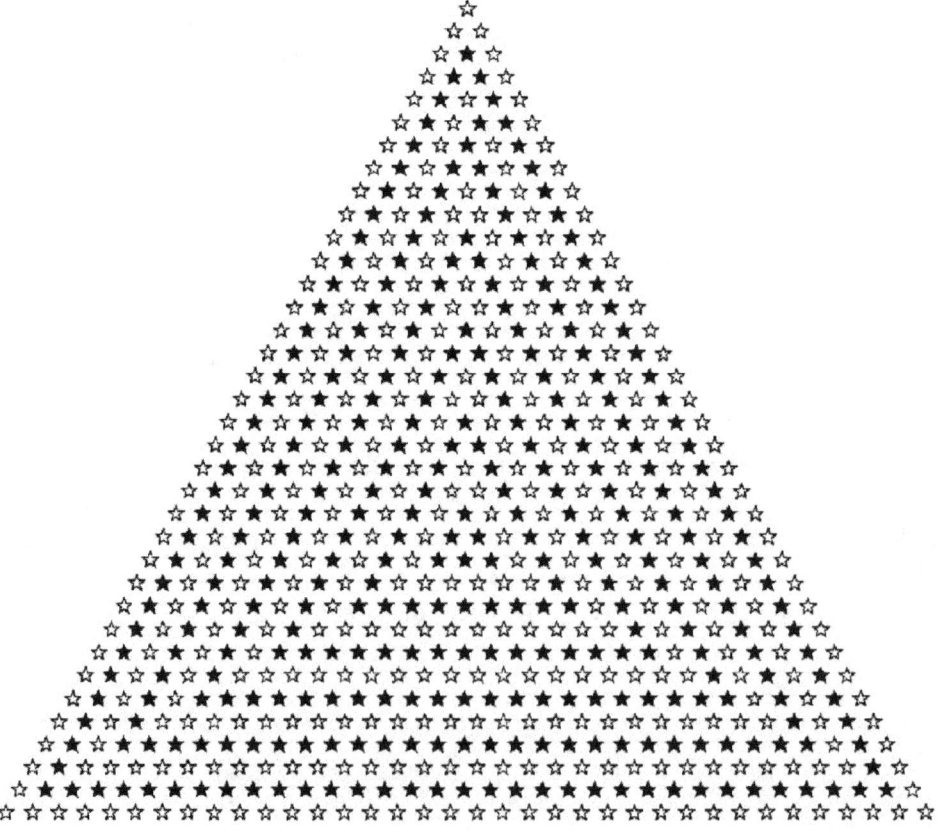

Austin Farrer explica: «666, por lo tanto, es un triángulo de 12 con una periferia de 30 x 3 ½. La coincidencia entre este cálculo y los factores del triángulo 666 no es un mero accidente. El cálculo del período del apóstol Juan es artificial, ideado para ajustarse a los factores del triángulo 666. No existe ni existió ningún calendario en el mundo. No existe ni existió ningún calendario en el que 3 1/2 años sean 3 ½ por doce meses de treinta días cada uno.[34] El propósito del cálculo artificial es exhibir el reinado fatalmente limitado de la bestia en función de su número».[35]

E W. Farrar describió cómo los primeros lectores de Apocalipsis habrían considerado el misterioso 666: «Su aspecto era espantoso. La primera letra era la inicial del nombre de Cristo. La última letra era la primera letra doble (*st*) de la cruz (*stauros*). Entre las dos, la serpiente se confesaba con su señal retorcida y su siseo. El conjunto formaba una triple repetición del 6, el número esencial del trabajo y la imperfección; y este símbolo numérico del Anticristo, el 666, se oponía terriblemente al 888— los tres 8 perfectos del nombre de Jesús».[36]

Más que todo esto, el número 666 se menciona explícitamente en los libros de Reyes y Crónicas, de los que, como hemos visto, el apóstol Juan toma muchos de sus números simbólicos (véanse los comentarios sobre 4:4). Estos inspirados escritos históricos nos dicen que Salomón (un tipo bíblico tanto de Cristo como de la bestia) recibió *666 talentos de oro* en un año, en el apogeo de su poder y gloria (1Re. 10:14; 2Cró. 9:13). Ese número marca tanto el punto culminante de su reinado como el comienzo de su caída; a partir de entonces, todo va cuesta abajo hacia la apostasía. Una por una, Salomón rompe las tres leyes de la realeza piadosa registradas en Deuteronomio 17:16-17: la ley contra multiplicar el oro (1Re. 10:14-25); la ley contra multiplicar los caballos (1Re. 10:26-29); y la ley contra multiplicar las esposas (1Re. 11:1-8). Para los hebreos, el 666 era una temible señal de apostasía, la marca tanto de un rey como de un reino a imagen del dragón.

Como ya hemos señalado, las lenguas antiguas también utilizaban cada letra del alfabeto como un número; así, el «número» del nombre de cualquiera podía calcularse simplemente sumando el valor numérico de sus letras. Evidentemente, el apóstol Juan esperaba que sus lectores *contemporáneos* fueran capaces de utilizar este método para descubrir el nombre de la bestia, indicando así, una vez más, el *mensaje contemporáneo* de Apocalipsis; no esperaba que averiguaran el nombre de un funcionario de un gobierno extranjero del siglo XX. Al mismo tiempo, sin embargo, les dice que no será tan fácil como podrían pensar: hará falta alguien «que tenga entendimiento». Porque el apóstol Juan no dio una cifra que pudiera calcularse en griego, que es lo que esperaría un funcionario romano que escudriñara Apocalipsis en busca de contenido subversivo. El elemento inesperado en el cálculo era que tenía que hacerse en hebreo, una lengua que al menos algunos miembros de las iglesias conocían. Sus lectores ya habrían adivinado que hablaba de Nerón, y los que entendían

---

[34] La nota de Farrer en este punto dice: «Un calendario solar requiere que aproximadamente cada dos meses sea de 31 días, no de 30. Un calendario lunar debe tener cada dos meses 29 días y un mes intercalar un poco más frecuentemente que cada tres años. Por lo tanto, según el cálculo lunar, 3 años y medio equivale a unos 1.270 o 1.300 días o, si no tenemos en cuenta la intercalación, a unos 1.240 días. En ningún caso son 1.260 días».

[35] Farrer, *A Rebirth of Images*, pp. 259s.

[36] F. W. Farrar, *The Early Days of Christianity* (Chicago y Nueva York: Belford, Clarke & Co., 1882), p. 539.

hebreo probablemente lo comprendieron al instante. Los valores numéricos de las letras hebreas en *Neron Kesar* (Nerón César) son:

נ=50   ר=200   ו=6   נ=50   ק=100   ס=60   ר=200

Así

נְרוֹךְ קֵסַר =666

Como mencioné anteriormente, el punto no es que el nombre de Nerón sea la identificación principal del 666. El punto es, en cambio, lo que el número significaba para las iglesias. Los lectores del apóstol Juan, bíblicamente informados, ya habrán reconocido muchos indicios claros de la identidad de la bestia como Roma (de hecho, ya lo sabían por la lectura del libro de Daniel). Ahora Nerón ha llegado a la escena como el primer gran perseguidor de la Iglesia, la encarnación del «666» del Imperio, y ¡he aquí!— su propio nombre se deletrea con 666.[37]

Es significativo que «todos los primeros escritores cristianos sobre Apocalipsis, desde Ireneo hasta Victorino de Pettau y Comodiano en el IV, Andreas en el V, Beato en el siglo VIII, relacionan a Nerón, o a algún emperador romano, con la bestia apocalíptica».[38] No debería haber ninguna duda razonable sobre esta identificación. El apóstol Juan escribía a los cristianos del siglo I, advirtiéndoles de cosas que iban a suceder «dentro de poco». Estaban comprometidos en la batalla más crucial de historia, contra el dragón y el Imperio maligno que poseía.

El propósito de Apocalipsis era confortar a la Iglesia con la seguridad de que Dios tenía el control, de modo que ni siquiera el impresionante poder del dragón y de la bestia no podrían ante los ejércitos de Jesucristo. Cristo fue herido en su calcañar el viernes, el sexto día, el día de la bestia— sin embargo, ese es el día que aplastó la cabeza del dragón. En su más poderoso, Juan dice, la bestia es solo un seis, o una serie de seises; nunca un siete. Sus

---

[37] Algunos sostienen que *Neron Kesar* no es más que un conveniente «error ortográfico» del nombre de Nerón en hebreo. Esta objeción pasa por alto el hecho de que antes de la introducción moderna de los diccionarios el mundo simplemente no estaba tan preocupado como nosotros por la uniformidad en la ortografía de los nombres. Eran comunes las grafías alternas (por ejemplo, «Joram» y «Jehoram» en el Antiguo Testamento), especialmente en la transliteración de palabras a una lengua extranjera. Pero, de todos modos, la acusación de error ortográfico es totalmente errónea. La forma *Neron Kesar* (J) es la forma hebrea lingüísticamente «correcta», (2) es la forma que se encuentra en el Talmud y otros escritos rabínicos, y (3) era utilizada por los hebreos en el siglo I, como han demostrado las pruebas arqueológicas. Como observó F. W. Farrar, «el cristiano judío habría probado el nombre tal como pensaba en el nombre, es decir, en letras hebreas. Y en el momento en que lo hizo, el secreto quedó revelado. Ningún judío pensó nunca en Nerón excepto como 'Neron Kesar,' y esto da de inmediato... 666» (*The Early Days of Christianity*, Chicago y Nueva York: Belford, Clarke & Co., 1882, p. 540). De algún interés relacionado es el hecho de que si el nombre de Nerón se escribe sin la *n* final (es decir, de la forma en que se le ocurriría a un gentil deletrearlo en hebreo), da el número 616, que es exactamente la lectura variante en unos pocos manuscritos del Nuevo Testamento. La explicación más razonable de esta variante es que surgió de la confusión sobre la *n* final.

[38] F. W. Farrar, *The Early Days of Christianity* (Chicago y Nueva York: Belford, Clarke & Co., 1882), p. 541. Véase, por ejemplo, Sulpicio Severus (363-420 d.C.), quien claramente cita Ap. 13 en su descripción de Nerón: *Sacred History*, in *A Select Library of Nicene and Post-Nicene Fathers of the Christian Church* (Grand Rapids: Eerdmans, 1973 reimpresión), pp. HOC.

13 - Leviatán y Behemot

planes de dominio mundial nunca se cumplirán, y la Iglesia vencerá a través de su Señor Jesús, el 888, que venció en el octavo día.

TABLA DE NUMERALES EN USO DURANTE EL PERIODO BÍBLICO

	Hebreo	Griego
1	א	α
2	ב	β
3	ג	γ
4	ד	δ
5	ה	ε
6	ו	ζ
7	ז	η
8	ח	θ
9	ט	ι
10	י	κ
20	כ	λ
30	ל	μ
40	מ	ν
50	נ	ξ
60	ס	ο
70	ע	π
80	פ	ρ
90	צ	σ
100	ק	τ
200	ר	υ
300	ש	φ
400	ת	χ
500		ψ
600		ω
700		
800		

14

EL REY EN EL MONTE SION

El apóstol Juan acaba de revelar la tríada maligna de enemigos a la que se enfrenta la Iglesia primitiva: el dragón, la bestia del mar y la bestia de la tierra. Ha dejado claro que estos enemigos son implacables, que el conflicto con ellos exigirá fidelidad hasta la muerte. La pregunta surge de nuevo de forma natural: ¿Sobrevivirá la Iglesia a tal ataque? Por tanto, en esta sección final de la cuarta gran división de su profecía, Juan aborda de nuevo estos temores de su audiencia. La acción del libro se detiene cuando el apóstol da consuelo y proporciona razones para confiar en la victoria venidera de la Iglesia sobre toda su oposición. «La revelación de los tres grandes enemigos, el dragón, la bestia del mar y la bestia de la tierra, es seguida inmediatamente por una séptuple revelación de victoria y juicio en los cielos. El propósito de estas visiones y voces del cielo es obviamente mostrar que los poderes de los cielos son más poderosos que los de la serpiente infernal y su grupo. La trinidad de fuerzas hostiles, armada con muchos prodigios mentirosos, podría parecer invencible desde el punto de vista humano. Pero Juan, como el joven siervo de Eliseo cuando se enfrentó a los caballos y carros y al inmenso ejército del rey de Siria, es amonestado aquí de que los que están con la Iglesia perseguida son más y más poderosos que los que le hacen la guerra (comp. 2Re. 6:15-17)».[1]

El Cordero con su bello ejército (14:1-5)

1 Miré, y he aquí que el Cordero estaba de pie sobre el Monte Sion, y con Él ciento cuarenta y cuatro mil que tenían el nombre de Él y el nombre de su Padre escrito en la frente.

---

[1] Milton Terry, *Biblical Apocalyptics: A Study of the Most Notable Revelations of God and of Christ in the Canonical Scriptures* (New York: Eaton and Mains, 1898), p. 402.

2 Y oí una voz del cielo, como el estruendo de muchas aguas y como el sonido de un gran trueno; y la voz que oí era como el sonido de arpistas tocando sus arpas.

3 Y cantaban un cántico nuevo delante del trono y delante de los cuatro seres vivientes y de los ancianos; y nadie podía aprender el cántico, sino los ciento cuarenta y cuatro mil que habían sido rescatados de la tierra.

4 Estos son los que no se han contaminado con mujeres, pues son castos. Estos son los que siguen al Cordero adondequiera que va. Estos han sido rescatados de entre los hombres como primicias para Dios y para el Cordero.

5 En su boca no fue hallado engaño; están sin mancha.

1 Estamos de nuevo en el Salmo 2: El apóstol Juan nos ha mostrado a los paganos enfurecidos contra el Señor y contra su Cristo, rebelándose contra la autoridad de la divinidad; y ahora el Señor dice: «Pero en cuanto a mí, he instalado a mi rey sobre Sion, mi monte santo», garantizando que las naciones se someterán a su gobierno completo. En oposición a las bestias que se levantan del mar y de la tierra, **el Cordero** está **de pie** (cf. 5:6) **en el Monte Sion**, ya entronizado como rey de reyes, el gobernante de todas las naciones. La imagen bíblica del monte es claramente una referencia al monte sagrado original, la ubicación del jardín del Edén (Ez. 28:13-14). Las promesas proféticas de la restauración del monte en la tierra (Is. 2:24; Dan. 2:32-35, 44-45; Miq. 4:14), así como las numerosas actividades redentoras en los montes (Gén. 22:2; Éx. 19:16-19; 2Cró. 3:1, Mt. 28:16-20), significaban el cumplimiento y la consumación del paraíso mediante la expiación del Mesías, cuando el reino de Dios llenaría la tierra (Is. 11:9).[2] El Cordero de pie sobre el monte es un símbolo de la victoria de Cristo sobre todos sus enemigos, con su pueblo restaurado al Edén y a la comunión con Dios. El hecho de que el monte sea **Sion** (mencionada siete veces en el Nuevo Testamento: Mt. 21:5, Jn. 12:15; Rom. 9:33; 11:26; Heb. 12:22; 1Pe. 2:6) sirve para resaltar esta victoria, ya que Sion es el «monte santo» especial de Jerusalén, el símbolo de la presencia de Dios con su pueblo y de su reinado victorioso sobre la tierra, cuando todos los reinos se reúnan para servirle en el Nuevo Pacto (cf. Sal. 9:1-20; 4:7; 20:1-2, 48:1-14; 69:35; 87:1-3; 99:1-9; 102:13-22; Is. 24:21-23; 51-52; 59:16-20; Jer. 31:10-37; Zc. 9:9-17).[3]

Así pues, el Cordero no está solo en Sion, pues su pueblo participa de su victoria. Están allí con Él, los **ciento cuarenta y cuatro mil**, el remanente de Israel ordenado para la batalla según los millares de sus tribus (véase 7:4-8). Vimos que la marca de la bestia (13:16-17) era la parodia del sello divino del verdadero Israel (7:2-8); ahora el apóstol Juan nos recuerda

---

[2] Véase David Chilton, *Paradise Restored: A Biblical Theology of Dominion* (Ft. Worth, TX: Dominion Press, 1985), pp. 29-32.

[3] Una vez que comprendemos que el jardín del Edén estaba en una montaña, podemos entender más fácilmente la base de la asombrosa concordancia entre las mitologías de las diferentes culturas. Todas las culturas se originaron a partir de la dispersión en el Monte Ararat, y más tarde en Babel; y se llevaron consigo los recuerdos del paraíso original. Así, en todas las culturas antiguas hay mitos de la morada de Dios en la Montaña Cósmica (por ejemplo, el Monte Olimpo), y de la expulsión del hombre del paraíso y sus intentos de regresar (por ejemplo, la preocupación casi universal por construir jardines-torres, pirámides y montículos; cf. las «arboledas» y «lugares altos» del Israel apóstata). Véase R. J. Rushdoony, *The One and the Many: Studies in the Philosophy of Order and Ultimacy* (Tyler, TX: Thoburn Press, [1971] 1978), pp. 36-53; cf. Mircea Eliade, *The Myth of the Eternal Return: or, Cosmos and History* (Princeton: Princeton University Press, 1954, 1971), pp. 12-17.

el sello original, la marca de la propiedad y protección de Dios sobre su pueblo obediente. El hecho de que los 144.000 sean considerados miembros de la Iglesia, y no en última instancia una categoría separada de israelitas étnicos, queda subrayado por la combinación que hace Juan de las imágenes anteriores. Antes se nos dijo que los 144.000 están sellados **en la frente** (7:3), mientras que son todos los vencedores de Cristo los que tienen **su nombre y el nombre de su Padre escrito en la frente** (3:12). Los 144.000, por tanto, pertenecen a la Iglesia, el ejército de los vencedores. Pero son también un grupo especial: la Iglesia-remanente de la primera generación.

2-3 Con los ojos fijos en el Cordero y su ejército, el apóstol Juan oye **una voz del cielo**, el recuerdo familiar de la presencia de Dios en la nube de gloria: como el **estruendo de muchas aguas y como el estruendo de grandes truenos, y... como el sonido de arpistas tocando sus arpas**, la orquesta celestial acompañando el cántico de victoria del ejército de los santos, que **entonan un cántico nuevo ante el trono y ante los cuatro seres vivientes y los ancianos. El cántico nuevo** es, como vimos en 5:9, la nueva liturgia necesaria y provocada por la nueva época en la historia de la redención. Y esta liturgia, la respuesta exultante de los redimidos, pertenece solo a la Iglesia (cf. 2,17): **Nadie podría aprender el cántico excepto los ciento cuarenta y cuatro mil que han sido comprados a la tierra**, redimidos como esclavos de la tiranía de la bestia de la tierra.

4-5 El apóstol Juan da otras descripciones de los redimidos: Estos son **los que no se han contaminado con mujeres, pues son hombres castos**. En esta afirmación intervienen varios elementos de la imaginería bíblica. Debemos prescindir de la idea de que Juan está hablando de celibato literal al llamarlos «hombres castos» (o «vírgenes»), como señaló Carrington: «'Vírgenes' aquí es obviamente un símbolo violento para la pureza, igual que 'eunucos' en Mateo [19:12] es un símbolo violento para el celibato; ninguno de los dos debe tomarse literalmente. No son hombres que no han tenido relaciones sexuales con mujeres, sino hombres *que no se han contaminado con mujeres*, que es una idea muy diferente, y ciertamente no está destinada a describir el matrimonio».[4] *Virgen* se usa frecuentemente en el Antiguo Testamento para Sion, el pueblo de Dios (2Re. 19:21; Is. 23:12; 37:22; Jer. 14:17; 18:13; 31:4, 21; Lam. 1:15; 2:13). Más concretamente, la castidad aquí es una referencia simbólica al requisito de abstinencia sexual por parte de los soldados-sacerdotes durante la guerra santa (cf. Éx. 19:15; Lev. 15:16; Dt. 20:7, 23:10-11; 1Sam. 21:4-5; 2Sam. 11:8-11). Además, el contexto condena la «fornicación» cometida por las naciones, en relación con la adoración de la bestia (v. 8-10). En toda la Biblia, la fornicación y la prostitución son potentes metáforas de la apostasía y la idolatría (Is. 1:21; Jer. 2:20-3:11; Ez. 16:15-43; Ap. 2:14, 20-22), mientras que la fidelidad religiosa se denomina castidad (2Co. 11:2). El ejército del Cordero, reunido en torno a Él en el Monte Sion, es casto, fiel a Él y consagrado sin reservas a la guerra santa.

---

[4] Philip Carrington, *The Meaning of the Revelation* (Londres: SPCK, 1931), p. 237.

El apóstol Juan nos dice además que estos soldados **son los que siguen al Cordero dondequiera que vaya**, siendo el término **seguir** una metáfora típica de la obediencia de un discípulo (Mt. 9:9; 10:38; 16:24; Mc. 9:38; 10:21, 28; Lc. 9:23; Jn. 8:12; 10:4-5, 27; 21:22). Sin embargo, en la siguiente frase se da una declaración precisa de los que componen este grupo: **Estos han sido comprados de entre los hombres como primicias para Dios y para el Cordero**. La expresión **primicias** se refiere esencialmente a un sacrificio, la ofrenda de la primera cosecha de la tierra al Señor, reclamada por Él como propiedad exclusiva (Éx. 22:29; 23:16, 19; Lev. 23:9-21; Dt. 18:4-5; Neh. 10:35-37; Prov. 3:9-10); estos cristianos se han ofrecido al servicio de Dios por amor de Cristo. Además, el Nuevo Testamento utiliza el término *primicias* para describir a la Iglesia de los últimos días, la Iglesia de la «primera generación» (Rom. 16:5; 1Co. 16:15), especialmente el remanente fiel de las doce tribus de Israel (Stg. 1:1, 18): «Los confesores y mártires de la Iglesia apostólica, que vencieron gracias a su testimonio y a la sangre del Cordero, son así declarados *primicias*, una selección escogida entre la innumerable compañía de los santos. El propósito de este Apocalipsis era dar un estímulo especial a estos espíritus vírgenes».[5]

Las características de este grupo son sorprendentemente similares a las de Israel cuando se convirtió por primera vez en la novia de Dios:

> De ti recuerdo el cariño de tu *juventud*,
> el amor de tu *desposorio*,
> de cuando me *seguías* en el desierto,
> por tierra no sembrada...
> ...*primicias de su cosecha*...
> (Jer. 2:2-3; cf. v. 32)

Por último, dice el apóstol Juan, **no se halló mentira en su boca, porque son irreprensibles**. Es el dragón el engañador, el falso acusador, el padre de la mentira (Jn. 8:44; Ap. 12:9); el pueblo de Dios se caracteriza por la veracidad (Ef. 4:24-27). Como declaró el apóstol Pablo con respecto a los paganos, la mentira básica es la idolatría: «Profesando ser sabios, se volvieron necios, y cambiaron la gloria del Dios incorruptible por una imagen en forma de hombre corruptible, de aves, de cuadrúpedos y de reptiles... porque cambiaron la verdad de Dios por la mentira, y adoraron y sirvieron a la criatura en lugar del creador, quien es bendito por los siglos» (Rom. 1:22-25). En el fondo, la mentira es falsa profecía (cf. Jer. 23), la rendición de honor y gloria a la criatura en lugar del creador. Hemos visto que el conflicto entre la profecía verdadera y la falsa, entre los siervos profetas que dan testimonio y el falso profeta, ocupa un lugar central en Apocalipsis. En oposición a sus enemigos, la Iglesia lleva y proclama la verdad. Como habían predicho los profetas, Dios levantó un remanente fiel durante el tiempo de la ira y la tribulación sobre Jerusalén:

---

[5] Terry, p. 404.

Y dejaré en medio de ti
un pueblo humilde y pobre,
que se refugiará en el nombre del SEÑOR.
El remanente de Israel no hará injusticia
ni dirá mentira,
ni se hallará en su boca
lengua engañosa.
(Sof. 3:12-13)

Los comentaristas se han preguntado a menudo si este cuadro representa a la Iglesia terrestre o a la Iglesia en reposo, en el cielo. Debería ser obvio que aquí se contemplan ambos aspectos de la Iglesia, sobre todo porque, como hemos visto, la Iglesia en la tierra *está* «en el cielo» (12:12; 13:6). La famosa afirmación de Hebreos 12:22-23 es una prueba convincente: «Os *habéis acercado* al Monte Sion y a la ciudad del Dios vivo, la Jerusalén celestial, y a miríadas de ángeles, a la asamblea general e iglesia de los primogénitos que están inscritos en los cielos…». Milton Terry observa acertadamente: «El cielo de nuestro apocalíptico es la esfera visual de la gloria y el triunfo de la Iglesia, y no se reconoce ninguna distinción marcada entre los santos de la tierra y los del cielo. Son concebidos como una gran compañía, y la muerte no tiene importancia para ellos... Así, todo el pasaje sirve para ilustrar cómo los santos 'que moran en los lugares celestiales en Cristo Jesús' son todos uno en espíritu y triunfo, sin importar la localidad física que puedan ocupar».[6] Para el apóstol Juan, Sion «no está ni en Jerusalén ni por encima de las nubes; es toda la asamblea de los santos, vivos y difuntos». [7]

De hecho, Stuart Russell sostenía que Hebreos 12:22-23 se basaba en este pasaje de Apocalipsis: «Los puntos de semejanza son tan marcados y numerosos que no pueden ser accidentales. El escenario es el mismo: el Monte Sion; los *personajes* son los mismos: 'la asamblea general y la iglesia de los primogénitos, que están inscritos en el cielo', que corresponden a los ciento cuarenta y cuatro mil que llevan el sello de Dios. En la epístola se les llama 'la iglesia de los *primogénitos*'; la visión explica el título: son 'las primicias para Dios y para el Cordero'; los primeros convertidos a la fe de Cristo en la tierra de Judea. En la epístola se les designa como 'los espíritus de los justos hechos perfectos'; en la visión son 'vírgenes inmaculadas, en cuya boca no se ha hallado engaño; porque son irreprensibles ante el trono de Dios'. Tanto en la visión como en la epístola encontramos 'la innumerable compañía de los ángeles' y 'el Cordero', por quien se realizó la redención. En resumen, queda fuera de toda duda razonable que, puesto que no se puede suponer que el autor de Apocalipsis haya extraído su descripción de la epístola, el escritor de la epístola debe haber derivado sus ideas e imágenes de Apocalipsis».[8]

---

[6] Terry, p. 404.

[7] Carrington, p, 236.

[8] J. Stuart Russell, *The Parousia: A Critical Inquiry into the New Testament Doctrine of Our Lord's Second Coming* (Grand Rapids: Baker Book House, [1887] 1983), pp. 469s. Puede admitirse que Russell no ha probado su caso «más allá de toda duda razonable». Pero ha establecido claramente al menos una relación conceptual (si no dependiente) entre Hebreos 12 y Apocalipsis 14.

Así, aunque la *aplicación específica* de los 144.000 es a la Iglesia de la primera generación, *en principio se les considera* como la Iglesia en su totalidad (que, en la época en que el apóstol Juan escribía, precisamente lo eran). Así lo confirma la comparación de los paralelismos entre este pasaje y la descripción de los redimidos en 5:6-11:

	14:1-5		*5:6-11*
1	Miré, y he aquí que el Cordero *estaba* de pie…	6	Miré, y vi…a un Cordero, de pie…
3	… delante de los cuatro seres vivientes y de los ancianos…	6	…entre el trono (con los cuatro seres vivientes) y los ancianos.
2	la voz… *era* como *el sonido* de arpistas tocando sus arpas.	8	los veinticuatro ancianos… cada uno tenía un arpa
3	Y cantaban un cántico nuevo.	9	Y cantaban un cántico nuevo.
4	Estos han sido rescatados de entre los hombres como primicias para Dios y para el Cordero.	9	con tu sangre [la del Cordero] compraste para Dios *a gente* de toda tribu, lengua, pueblo y nación.

El evangelio y las copas envenenadas (14:6-13)

6 Y vi volar en medio del cielo a otro ángel que tenía un evangelio eterno para anunciarlo a los que moran en la tierra, y a toda nación, tribu, lengua y pueblo,
7 diciendo a gran voz: Temed a Dios y dadle gloria, porque la hora de su juicio ha llegado; adorad al que hizo el cielo y la tierra, el mar y las fuentes de las aguas.
8 Y le siguió otro ángel, el segundo, diciendo: ¡Cayó, cayó la gran Babilonia!; la que ha hecho beber a todas las naciones del vino de la pasión de su inmoralidad.
9 Entonces los siguió otro ángel, el tercero, diciendo a gran voz: Si alguno adora a la bestia y a su imagen, y recibe una marca en su frente o en su mano,
10 él también beberá del vino del furor de Dios, que está preparado puro en el cáliz de su ira; y será atormentado con fuego y azufre delante de los santos ángeles y en presencia del Cordero.
11 Y el humo de su tormento asciende por los siglos de los siglos; y no tienen reposo, ni de día ni de noche, los que adoran a la bestia y a su imagen, y cualquiera que reciba la marca de su nombre.
12 Aquí está la perseverancia de los santos que guardan los mandamientos de Dios y la fe de Jesús.
13 Y oí una voz del cielo que decía: Escribe: «Bienaventurados los muertos que de aquí en adelante mueren en el Señor». Sí —dice el Espíritu— para que descansen de sus trabajos, porque sus obras van con ellos.

6-7 El resto de este capítulo se divide en siete secciones: una visión de Cristo glorificado, flanqueado a cada lado por tres ángeles. El apóstol Juan está a punto de hacer la transición entre las visiones de trompeta (proclamaciones de juicio) y las visiones de copas (aplicaciones de juicio). Previendo este cambio, los tres primeros ángeles hacen *proclamaciones especiales* sobre la victoria del Cordero, y los tres últimos ángeles llevan a cabo *acciones especiales* para ayudarle a llevar a cabo su conquista. Como cabría esperar, estas proclamaciones y acciones angélicas son paralelas a los deberes de la Iglesia, en particular de sus gobernantes y dirigentes.

En primer lugar, el apóstol Juan ve a **otro ángel volando en medio del cielo**, la esfera de los gritos de desdicha del águila a la tierra (8:13). Pero este ángel predica la paz: El juicio venidero no es un fin en sí mismo, sino parte de la proclamación del **evangelio eterno**. Contrariamente a las especulaciones de varios expositores, no hay razón para suponer que se trata de otra cosa que del evangelio del que habla constantemente el Nuevo Testamento, es el mensaje de la venida del reino, como Juan y Jesús lo habían anunciado desde el principio: «En aquellos días llegó Juan el bautista predicando en el desierto de Judea, diciendo: Arrepentíos, porque el reino de los cielos se ha acercado» (Mt. 3:1-2); «Después que Juan había sido encarcelado, Jesús vino a Galilea proclamando el evangelio de Dios, y diciendo: 'El tiempo se ha cumplido y el reino de Dios se ha acercado; arrepentíos y creed en el evangelio'». (Mc. 1:14-15). Y este es el evangelio predicado por el ángel, cada uno de cuyos elementos es un aspecto del mensaje del Nuevo Testamento: **Temed a Dios** (Lc. 1:50; 12:5; Hch. 10:35), **y dadle gloria** (Mt. 5:16; 9:8; 15:31), **porque ha llegado la hora de su juicio** (Jn. 12:23, 31-32; 16:8-11); **y adorad a aquel que hizo el cielo y la tierra y el mar** (el mundo, Gén. 1) **y manantiales de aguas** (el paraíso, Gén. 2). Todo esto tiene un parecido asombroso con lo que se registra del evangelio apostólico (cf. Hch. 14:15; 17:24-31).

El ángel predica este evangelio **a los que están sentados sobre la tierra**. La expresión habitual para referirse a los apóstatas israelitas es los que *habitan en la tierra* (3:10; 13:8, 12, 14; 17:2, 8). Esta vez, la atención se centra en el mensaje a las autoridades de Israel, los que están sentados o entronizados sobre la tierra (el verbo es el mismo que el utilizado en el v. 14, del Hijo del Hombre entronizado en la nube). El mensaje del evangelio ordenaba a los gobernantes de Palestina que se sometieran al señorío de Cristo, que le honraran a Él, y no al César, como Dios. Pero los gobernantes y las autoridades le rechazaron, diciendo: «No queremos que este reine sobre nosotros». (Lc. 19:14).

El Señor mismo proclamó la gloria y el juicio de Dios a las autoridades de Israel (Mt. 26:64), y advirtió a sus discípulos que predicarían un evangelio impopular a los gobernantes: «Pero cuidaos de los hombres, porque os entregarán a los tribunales y os azotarán en sus sinagogas; y hasta seréis llevados delante de gobernadores y reyes por mi causa, como un testimonio a ellos y a los gentiles». (Mt. 10:17-18). Además, «Y este evangelio del reino se predicará en todo el mundo como testimonio a todas las naciones, y entonces vendrá el fin» (Mt. 24:14). Y este era el orden del evangelio: primero a los judíos y luego a los gentiles (Hch. 3:26; 11:18; 13:46-48; 28:23-29; Rom. 1:16; 2:9): El ángel predica a los gobernantes de Palestina, y luego **a toda nación y tribu y lengua y pueblo**. Antes de que llegara el fin en el año 70 d.C., nos dice el apóstol Pablo, el evangelio se predicó realmente a todo el mundo (Rom. 1:8; 10:18; Col. 1:5-6, 23). A pesar de los intentos del dragón y sus dos bestias por frustrar el progreso del evangelio, la misión de los apóstoles, evangelistas, mártires y confesores de la Iglesia primitiva tuvo éxito. El mundo fue evangelizado.[9]

8 Sigue **otro ángel, un segundo**, que presenta otro aspecto de la proclamación de la Iglesia primitiva: **¡Ha caído, ha caído la gran Babilonia!** Esta es la primera mención de «Babilonia» en Apocalipsis, una referencia proléptica que prefigura la exposición completa que vendrá en capítulos posteriores (similar a la referencia temprana a la bestia en 11:7). Sin embargo, es posible que los lectores del apóstol Juan comprendieran su significado inmediatamente. En su primera epístola, presumiblemente escrita antes de Apocalipsis, el apóstol Pedro describió la iglesia local desde la que escribía como «la que está en Babilonia» (1Pe. 5:13). Muchos han supuesto que se trataba de Roma, donde Pedro fue (según la tradición) martirizado más tarde; pero es mucho más probable que el apóstol estuviera en Jerusalén cuando escribió estas palabras. Basándonos en datos del propio Nuevo Testamento, nuestra suposición natural debería ser que «Babilonia» era Jerusalén, ya que allí fue donde vivió y ejerció su ministerio (Hch. 8:1; 12,3; Gál. 1:18; 2,1-9; cf. 1Pe. 4:17). Además, la primera epístola del apóstol Pedro también envía saludos de Marcos y Silas [Silvano] (1Pe. 5:12-13), ambos residentes en Jerusalén (Hch. 12:12; 15:22-40).[10]

En cualquier caso, el impulso principal de la profecía se ha dirigido contra Jerusalén; se ha ocupado de Roma solo en la medida en que Roma estaba relacionada con Israel. Juan no nos da ninguna indicación de que se haya cambiado de tema. Como veremos en los capítulos 17 y 18, las pruebas de que la **Babilonia** profética era Jerusalén son abrumadoras. El término se utiliza para referirse a la ciudad apóstata del mismo modo que «Sodoma» y «Egipto» se utilizaron en 11:8 para describir «la gran ciudad... donde fue crucificado el Señor» (obsérvese también que la misma expresión la gran ciudad se utiliza en 16:19 para describir «Babilonia»). La razón del apóstol Juan para aplicar la palabra a Jerusalén es que Jerusalén se ha convertido en una Babilonia, una réplica de la opresora orgullosa, idólatra y perseguidora del pueblo de Dios. Terry observa con razón que «como Jesús en Mateo 24:14 dijo que el fin de esta ciudad y de la era premesiánica seguiría a la predicación del evangelio entre las naciones, así en este Apocalipsis la proclamación de la caída de la **gran Babilonia** sigue inmediatamente a la del evangelio eterno».[11]

Esta gran ciudad-prostituta (17:1) **ha hecho beber a todas las naciones del vino del ardor de su fornicación** (un contraste irónico con el legítimo y bendito «vino del amor» celebrado por Salomón, Cant. 1:24; 4:10; 5:1; 7:2, 9). La palabra habitualmente traducida como *ira* significa básicamente calor (algunas versiones la traducen como *pasión*). En el versículo 10 la idea es definitivamente de ira, pero aquí Juan simplemente está usando la imagen bíblica familiar del Israel apóstata como una ramera, encendiendo las pasiones de los hombres con el calor de la lujuria. Israel ha abusado de su posición privilegiada como

---

[9] David Chilton, *Paradise Restored; A Biblical Theology of Dominion* (Ft. Worth, TX: Dominion Press, 1985), pp. 90s.

[10] Para más material sobre el significado de la referencia de Pedro a «Babilonia», véase J. Stuart Russell, *The Parousia*, pp. 346ss.

[11] Terry, p. 407.

«guía de ciegos» y «luz de los que están en tinieblas» (Rom. 2:19). Las naciones acudieron a ella en busca de instrucción, pero acabaron blasfemando el nombre de Dios a causa de su maldad (Rom. 2:24). Dios había querido que fuera la señora Sabiduría, que invitara a todos los hombres a comer de su alimento, a beber de su vino y a vivir por el camino del entendimiento (Prov. 9:1-6). En cambio, se había convertido en la señora Insensatez, que utilizaba bienes robados para tentar a los hombres a las profundidades del infierno (Prov. 9:13-18). Al igual que la bestia de la tierra (el falso profeta que habla como el dragón), la principal ocupación de Babilonia es seducir a otros a la **fornicación**, la adoración de dioses falsos.

9-11 Y otro ángel, el tercero, los siguió, con un mensaje apropiado de condenación para **cualquiera** que **adore a la bestia y a su imagen, o reciba una marca en su frente o en su mano** (véase antes, sobre 13:15-18). La gran ofensa de la bestia terrestre— el liderazgo religioso del Israel apóstata— fue la promoción e imposición de la adoración de la bestia (13:11-17). El apóstol Juan da así una pista sobre la identidad de la gran ciudad al repetir sus palabras sobre la bestia terrestre inmediatamente después de su primera afirmación sobre «Babilonia». También está recordando a los cristianos, especialmente a los «ángeles», los oficiales de la Iglesia, su deber de proclamar todo el consejo de Dios. Deben predicar el mensaje inflexible del señorío exclusivo y completo de Jesucristo contra todos los pretendientes al trono. Deben hablar proféticamente a su generación, condenando severamente la adoración de la bestia, advirtiendo que los que beben de la copa herética de Babilonia de adoración al estado **también beberán del vino de la ira de Dios, que se mezcla con toda su fuerza**—literalmente, **mezclado sin mezclar** (o, como un comentarista lo traduce deliciosamente, mezclado puramente[12])— **en la copa de su ira**. La advertencia es clara: no se puede beber una copa sin la otra.

Moses Stuart explica las imágenes: «A menudo se dice que Dios da la *copa del furor* o la *indignación* a las naciones que está a punto de destruir (por ejemplo, Is. 51:17; Lam. 4:21; Jer. 25:15-16; 49:12; 51:7, Ez. 23:31-34, Job 21:20; Sal. 75:8). Las personas intoxicadas son incapaces de destruir o incluso de resistir a los que las asaltan; de modo que representarlas como intoxicadas en el camino del castigo es representarlas como entregadas a la destrucción irremediable. O podemos presentar el asunto bajo otra luz. A los criminales a punto de sufrir se les daba a menudo, por compasión de los verdugos o de los espectadores, una poción estupefaciente que disminuía su sensibilidad al dolor, pero que por supuesto era el índice o precursor de una muerte segura. Así, en Marcos 15:23 consta que Jesús se negó a beber 'el vino mezclado con mirra' que le ofrecieron cuando estaba a punto de ser clavado en la cruz. El santo Salvador no disminuiría ninguna parte de sus agonías mediante el uso de una bebida embriagante. Pero en cualquiera de estas dos formas en que se explique la expresión de nuestro texto, el significado sigue siendo sustancialmente el mismo, pues beber de tal copa embriagadora es el preludio de una muerte segura».[13]

---

[12] Carrington, pp. 248s. Con el sentido británico del decoro, Carrington admite cierto grado de inquietud en esta interpretación.

[13] Moses Stuart, *A Commentary on the Apocalypse* (Andover: Allen, Morrill and Wardwell, 1845), pp. 297s.

Como vimos en el versículo 8, la palabra que se traduce como **ira** es en realidad **calor**; aquellos que desean la copa de «calor» de Babilonia obtendrán una bebida más caliente de lo que esperaban, la copa de la ira sin diluir de Dios. Los que forniquen con la bestia **serán atormentados con fuego y azufre en presencia de los santos ángeles y en presencia del Cordero. Y el humo de su tormento sube por los siglos de los siglos**. La imagen de su condena permanente está tomada de la destrucción total de Sodoma y Gomorra por fuego y azufre, cuando «el humo de la tierra subió como el humo de un horno» (Gén. 19:28; cf. su uso simbólico en Is. 34:9-10, que describe la caída de Edom). Increíblemente, M.S. Ford afirma que «la alusión al Cordero es embarazosa para el cristiano».[14] ¡Ni mucho menos tan embarazosa como las observaciones de ciertos comentaristas! La verdadera razón de la vergüenza que sienten algunos eruditos al encontrar a estos adoradores de la bestia destruidos con fuego y azufre en presencia del Cordero es su propia forma moderna de marcionismo, una dicotomía herética entre el Cristo «amable y amoroso» del Nuevo Testamento y la deidad «iracunda» del Antiguo Testamento. Tal distinción es completamente ajena a la Biblia. El apóstol Juan, con más sentido común (y sin vergüenza aparente), simplemente ha sido fiel a su fuente veterotestamentaria, refundiéndola en términos neotestamentarios: «Entonces *el Señor hizo llover* sobre Sodoma y Gomorra azufre y fuego *de parte del Señor* desde los cielos, y *destruyó* aquellas ciudades, y todo el valle, y a todos los moradores de aquellas ciudades, y lo que crecía en la tierra» (Gén. 19:24-25). Ciertamente, el propio texto subraya que el tormento de los sodomitas tuvo lugar en presencia del Señor (igual que el altar está ante el trono en el tabernáculo). Y el apóstol Juan es plenamente consciente, aunque sus comentaristas no lo sean, de que el Cordero es el Señor.

Hay aquí un contraste sombrío: Los adoradores de la bestia, y los que reciben su marca, **no tienen descanso ni de día ni de noche** de sus tormentos. Las palabras se repiten de la descripción de los querubines en 4:8, que no tienen descanso ni de **día ni de noche**, eternamente ocupados en un sacrificio de alabanza.

12-13 Aquí está la perseverancia de los santos. La paciente confianza, esperanza, expectación y fe del pueblo de Dios está en la justicia de su continuo gobierno sobre la tierra y la certeza de su juicio venidero (cf. 13:10). Los santos no deben preocuparse por los malhechores, porque se marchitarán como la hierba; debemos confiar en el Señor y hacer el bien, descansar en el Señor y esperarle pacientemente, y finalmente heredaremos la tierra (Sal. 37). Los malvados perseguidores serán destruidos, dice el apóstol Juan a sus lectores, y eso en breve; con Santiago puede decir:

> Sed pacientes hasta la venida del Señor. Mirad cómo el labrador espera el fruto precioso de la tierra, siendo paciente en ello hasta que recibe la lluvia temprana y la tardía. Sed también vosotros pacientes; fortaleced vuestros corazones, porque la venida del Señor está cerca. Hermanos, no os quejéis unos contra otros, para que no seáis juzgados; mirad, el Juez está a las puertas. (Stg. 5:7-9)

---

[14] J. Massyngberde Ford, *Revelation: Introduction, Translation, and Commentary* (Garden City: Doubleday and Co., 1975), p. 237.

La perseverancia de los santos está necesariamente ligada al hecho de que guardan **los mandamientos de Dios y la fe de Jesús**. En oposición a toda forma de culto a las criaturas, los cristianos guardan los mandamientos; guardan la fe. El Nuevo Testamento no conoce nada de un cristianismo sin ley, ni de una devoción que niegue el contenido objetivo de «de una vez para siempre fue entregada a los santos» (Jud. 3). El cristianismo exige una perseverancia obediente y fiel frente a la oposición. Naturalmente, eso tiene consecuencias, no todas agradables. Los lectores del apóstol Juan sabían que mantener la fe podía significar su muerte. Por su bien, recoge las siguientes palabras de la **voz del cielo, que dice: Escribe, Bienaventurados desde ahora los muertos que mueren en el Señor**. Por obra de Cristo, el cielo se ha abierto al pueblo de Dios. El *limbus patrum*, la morada de ultratumba de los fieles del Antiguo Testamento (el «seno de Abraham» de Lc. 16:22), ha sido abierto y sus habitantes liberados (cf. 1Pe. 3:19; 4:6). La muerte es ahora la entrada a la comunión en la gloria con Cristo y los santos difuntos. Jesucristo nos ha liberado del miedo último a la muerte; podemos decir, en los famosos versos de «*Death Be Not Proud*» [Muerte, no seas orgullosa] de John Donne.

Un corto sueño pasado, nos despertamos eternamente,
Y la muerte no será más; muerte, morirás.

Los primeros cristianos comprendieron que la muerte había sido vencida por la resurrección de Cristo; este tema se repite una y otra vez en sus escritos. Una y otra vez se percibe la nota de victoria en la actitud de los mártires ante la muerte. Atanasio escribió sobre este hecho en su famosa defensa de la fe cristiana: «Todos los discípulos de Cristo desprecian la muerte; toman la ofensiva contra ella y, en lugar de temerla, por la señal de la cruz y por la fe en Cristo la pisotean como a algo muerto. Antes de la divina estancia del Salvador, hasta los hombres más santos temían a la muerte y lloraban a los muertos como a los que perecen. Pero ahora que el Salvador ha resucitado su cuerpo, la muerte ya no es terrible, sino que todos los que creen en Cristo la pisotean como si no fuera nada, y prefieren morir antes que negar su fe en Cristo, sabiendo muy bien que cuando mueren no perecen, sino que viven realmente, y se hacen incorruptibles por la resurrección. Pero aquel demonio que antiguamente se regocijaba en la muerte, ahora que los dolores de la muerte se han desatado, es el único que permanece verdaderamente muerto. También hay pruebas de ello, porque los hombres que antes de creer en Cristo consideran horrible la muerte y le temen, una vez convertidos la desprecian tan completamente, que van ansiosamente a su encuentro, y ellos mismos se convierten en testigos de la resurrección del Salvador de ella. Incluso los niños se apresuran así a morir, y no solo los hombres, sino también las mujeres se entrenan mediante la disciplina corporal para afrontarla. Tan débil se ha vuelto la muerte que, hasta las mujeres, que antes se dejaban llevar por ella, se burlan ahora de ella como de una cosa muerta despojada de toda su fuerza. La muerte se ha vuelto como un tirano que ha sido completamente conquistado por el monarca legítimo; atada de pies y manos como está ahora, los transeúntes se burlan de ella, golpeándola y abusando de ella, ya sin miedo de su crueldad y furia, a causa del rey que la ha conquistado. Así, la muerte ha sido vencida y señalada como lo que es por el Salvador en la cruz. Está atada de pies y manos, todos los que están en Cristo la pisotean a su paso y como testigos de Él se burlan de ella, mofándose y diciendo: '¿Dónde está, oh muerte, tu victoria? ¿Dónde, oh sepulcro, tu aguijón?».[15]

El obispo Eusebio, el gran historiador de la Iglesia, fue testigo ocular de muchos de los primeros martirios, y registró lo que ocurría a menudo cuando los cristianos eran sometidos a juicio: «Fuimos testigos del más admirable ardor de ánimo, y de la energía y presteza verdaderamente divinas de los que creían en el Cristo de Dios. Pues tan pronto como se pronunció la sentencia contra el primero, otros se precipitaron desde otras partes al tribunal ante el juez, confesando que eran cristianos, muy indiferentes a las espantosas y multiformes torturas que les esperaban, pero declarándose plenamente y de la manera más impertérrita sobre la religión que solo reconoce al único Dios supremo. Recibieron, en efecto, la sentencia final de muerte con alegría y exultación, hasta el punto de cantar y elevar himnos de alabanza y acción de gracias, hasta que exhalaron el último suspiro».[16]

La misma esperanza alegre es evidente en Ignacio, obispo de Antioquía, el mártir primitivo que fue despedazado por bestias salvajes en Roma (alrededor del año 107 d.C.). En una de sus famosas cartas, suplicaba a sus hermanos cristianos de Roma que no buscaran su liberación, sino que le permitieran ser «derramada una libación a Dios, mientras todavía hay un altar preparado»: «Escribo a todas las iglesias, y hago saber a todos, que por mi propia voluntad moriré por Dios, a menos que vosotros me lo impidáis. Os exhorto a que no seáis inoportunos conmigo. Dejad que me entreguen a las fieras, pues a través de ellas puedo llegar a Dios. Yo soy el trigo de Dios, y soy molido por los dientes de las fieras para que sea hallado pan puro de Cristo. Atraed más bien a las fieras, para que se conviertan en mi sepulcro y no dejen parte de mi cuerpo, a fin de que, cuando me haya dormido, no sea una carga para nadie. Entonces seré verdaderamente discípulo de Jesucristo, cuando el mundo ni siquiera vea mi cuerpo. Suplicad al Señor por mí, para que por medio de estos instrumentos pueda ser hallado un sacrificio para Dios. Yo no os exijo, como Pedro y Pablo. Ellos eran apóstoles, yo soy un convicto; ellos eran libres, pero yo soy un esclavo hasta esta misma hora. Sin embargo, si sufro, entonces soy un hombre libre de Jesucristo, y resucitaré libre en Él. Ahora estoy aprendiendo a desechar todo deseo».

«Desde Siria hasta Roma lucho con bestias salvajes, por tierra y por mar, de noche y de día, atado entre diez leopardos, incluso con una compañía de soldados, que solo empeoran cuando se les trata amablemente. Sin embargo, a través de sus maldades me convierto en un discípulo más completo; no obstante, no estoy justificado por ello. Que tenga gozo de las fieras que me han preparado; y ruego que las encuentre prontas; es más, las atraeré para que me devoren prontamente, no como han hecho con algunos, negándose a tocarlas por miedo. Sí, aunque por sí mismos no estén dispuestos mientras yo esté listo, yo mismo los forzaré a ello. Tened paciencia conmigo. Yo sé lo que me conviene, ahora que empiezo a ser discípulo. Que nada de lo visible ni de lo invisible me envidie, para llegar a Jesucristo. Vengan el fuego

---

[15] Atanasio, *On the Incarnation*, traducido y editado por la hermana Penelope Lawson, C.S.M.V. (Nueva York: Macmillan Publishing Co., 1946, 1981), pp. 42s.

[16] Eusebio, *Ecclesiastical History*, viii.ix.5, trad. Christian Frederick Cruse (Grand Rapids: Baker Book House, [n.d.] 1955), p. 328.

y la cruz y las luchas con las fieras, los cortes y las mutilaciones, el desgarramiento de los huesos, el corte de los miembros, los aplastamientos de todo mi cuerpo, vengan las crueles torturas del diablo a asaltarme. Sólo yo puedo alcanzar a Jesucristo».

«De nada me servirán los confines del universo, ni los reinos de este mundo. Me conviene más morir por Jesucristo que reinar sobre los confines de la tierra. A él busco, que murió por nosotros; a él deseo, que resucitó por nosotros. Los dolores de un nuevo nacimiento están sobre mí. Soportadme, hermanos. No me impidáis vivir; no deseéis mi muerte. No des al mundo a quien desea ser de Dios, ni lo seduzcas con cosas materiales. Permitidme recibir la luz pura. Cuando llegue allí, entonces seré un hombre. Permíteme ser un imitador de la pasión de mi Dios. Si alguien lo tiene dentro de sí, que comprenda lo que deseo, y que tenga comunión conmigo, pues Él sabe las cosas que me angustian».[17]

Alexander Schmemann nos recuerda, sin embargo, que «el cristianismo no es reconciliación de la muerte. Es la revelación de la muerte, y revela la muerte porque es la revelación de la vida. Cristo es esta vida. Y solo si Cristo es la vida, la muerte es lo que el cristianismo proclama que es, es decir, el enemigo que hay que destruir, y no un 'misterio' que hay que explicar».[18]

Sí, dice el Espíritu, para que descansen de sus trabajos; y sus obras sigan con ellos. De nuevo hay un contraste con el destino de los adoradores de las bestias, que *no* tendrán *descanso ni de día ni de noche* de sus tormentos. Los santos perseverantes son animados a continuar en la fidelidad, porque su descanso eterno está llegando y sus obras serán recompensadas. La perseverancia bíblica está determinada por las recompensas de la eternidad, no por las tribulaciones del momento. La esperanza bíblica trasciende la batalla. Esto no significa que la Biblia ordene descuidar la vida presente desde el otro mundo; pero tampoco aprueba una perspectiva que sea solo, o principalmente, de este mundo. Nuestra tendencia pecaminosa es ir en una dirección en vez de en la otra, pero Dios nos llama a ser tanto de este mundo como del otro. La fe bíblica nos llama a trabajar en este mundo para dominarlo con todas nuestras fuerzas (Gén. 1:28; Ecl. 9:10), y al mismo tiempo nos recuerda constantemente nuestra esperanza eterna, nuestro descanso final.

El Hijo del Hombre, la cosecha y la vendimia (14:14-20)

14 Y miré, y he aquí una nube blanca, y sentado en la nube estaba uno semejante a hijo de hombre, que tenía en la cabeza una corona de oro, y en la mano una hoz afilada.

---

[17] Ignacio, *Epistle to the Romans*, iv-vi, ed. y trad. J. B. Lightfoot, *The Apostolic Fathers (Grand Rapids: Baker Book House*, [1891] 1956), pp. 76s. Sobre la actitud cristiana acerca del martirio al principio, véase Louis Bouyer, *The Spirituality of the New Testament and the Fathers* (Minneapolis: The Seabury Press, 1963), pp. 190-210.

[18] Alexander Schmemann, *For the Life of the World: Sacraments and Orthodoxy* (Crestwood, NY: St. Vladimir's Seminary Press, 1973), pp. 99s.

15 Entonces salió del templo otro ángel clamando a gran voz al que estaba sentado en la nube: Mete tu hoz y siega, porque la hora de segar ha llegado, pues la mies de la tierra está madura.

16 Y el que estaba sentado en la nube blandió su hoz sobre la tierra, y la tierra fue segada.

17 Salió otro ángel del templo que está en el cielo, que también tenía una hoz afilada.

18 Y otro ángel, el que tiene poder sobre el fuego, salió del altar; y llamó a gran voz al que tenía la hoz afilada, diciéndole: Mete tu hoz afilada y vendimia los racimos de la vid de la tierra, porque sus uvas están maduras.

19 El ángel blandió su hoz sobre la tierra, y vendimió los racimos de la vid de la tierra y los echó en el gran lagar del furor de Dios.

20 Y el lagar fue pisado fuera de la ciudad, y del lagar salió sangre que subió hasta los frenos de los caballos por una distancia como de trescientos veinte kilómetros.

14-16 Estos versículos constituyen la pieza central de toda la sección, versículos 6-20. Hemos visto a tres ángeles haciendo proclamaciones a la tierra de Israel (v. 6-13). Hemos visto a tres ángeles haciendo proclamaciones a la tierra de Israel (v. 6-13); aparecerán tres más, para realizar acciones simbólicas sobre la tierra (v. 15, 17-20); y en el centro hay **una nube blanca, y sentado sobre la nube uno como un Hijo del Hombre, con una corona de oro sobre la cabeza**. Esta es la conocida nube de gloria, con la que Cristo fue revestido en 10:1; ahora es **blanca**, y no oscura como en el Sinaí (Éx. 19:16-18; cf. Sof. 1:14-15). La razón del apóstol Juan para referirse a la nube en este contexto puede discernirse de su conexión con el **Hijo del Hombre**. La referencia es a la profecía de Daniel sobre la venida del Mesías a su investidura como rey universal, una visión que sigue a su profecía de las bestias de siete cabezas y diez cuernos:

> Seguí mirando en las visiones nocturnas,
> y he aquí, con las nubes del cielo
> venía uno como un Hijo de Hombre,
> que se dirigió al Anciano de Días
> y fue presentado ante Él.
> Y le fue dado dominio,
> gloria y reino,
> para que todos los pueblos, naciones y lenguas
> le sirvieran.
> Su dominio es un dominio eterno
> que nunca pasará,
> y su reino uno
> que no será destruido.
>   (Dan. 7:13-14)

El punto del apóstol Juan es claro: ¡Que las bestias hagan lo peor que puedan— el Hijo del Hombre ha ascendido en las nubes y ha recibido dominio eterno sobre todos los pueblos y naciones! Está claro también que se trata de una visión, no de una futura venida a la tierra, sino del resultado de la ascensión original de Cristo al Padre en las nubes: la *parusía* definitiva.[19] El Hijo del Hombre reina ahora como el segundo Adán, el rey de reyes. El apóstol Juan no muestra a Cristo viniendo en la nube, sino de hecho ya *sentado* en la nube, instalado en su trono celestial. Antes (v. 6), nos mostró a los funcionarios israelitas *sentados* sobre la tierra; frente a ellos está sentado el Señor Cristo, entronizado en la nube de gloria (cf. Sal. 2:2-6).

El rey no solo tiene una corona en la cabeza, sino también una **hoz afilada en la mano. Y otro ángel salió del templo, gritando a gran voz al que estaba sentado en la nube: Mete tu hoz y siega, porque ha llegado la hora de segar, porque la mies de la tierra está madura**. El primer ángel de esta tríada repite lo que había dicho el primer ángel de la otra tríada (v. 7): Ha llegado la **hora**. Esta vez, sin embargo, el énfasis no recae sobre el juicio, sino sobre la bendición, la reunión de los elegidos. Esto también está relacionado con la obra del Hijo del Hombre en su parusía, cuando envíe a sus «ángeles», sus mensajeros apostólicos, para *reunir a los elegidos* (Mt. 24:30-31). La palabra para reunir es, literalmente, *sinagogar*; su significado es que Israel, que rehusó ser *sinagogado* bajo Cristo (Mt. 23:37-38), será reemplazado por la Iglesia como la nueva sinagoga. Las primeras iglesias eran simplemente «sinagogas» cristianas (Stg. 2:2), y esperaban el día que pronto llegaría, cuando el Israel apóstata sería completamente desheredado, y la Iglesia se revelaría como la verdadera sinagoga, «reunida» en la forma final del Nuevo Pacto (2Ts. 2:1). Jesús describió el reino de Dios como una gran cosecha (Mc. 4:26-29), y dijo a sus discípulos: «Ya el segador recibe salario y recoge fruto para vida eterna, para que el que siembra se regocije juntamente con el que siega. [cf. Ap. 14:4, 13] (Jn. 4:35-36).

En consecuencia, el primer ángel (que representa a sus homólogos terrenales) pide al Hijo del Hombre que meta su **hoz** (mencionada siete veces en este pasaje) y **siegue**, suplicando en obediencia al mandato de Cristo: «La mies es mucha, pero los obreros pocos. Por tanto, rogad al Señor de la mies que envíe obreros a su mies» (Mt. 9:37-38). Desde su trono de nubes, el rey responde a la oración de la Iglesia: Arrojando su hoz sobre la tierra, envía segadores; la tierra es segada y los frutos son llevados a su reino. La imagen de la hoz se relaciona en la Escritura con Pentecostés, celebrado después de la siega del grano (Dt. 16:9), cuando el Espíritu se derrama en salvación y bendición (Hch. 2).

17-18 El apóstol Juan retoma el tema del juicio, pues la reunión de la Iglesia va acompañada de la excomunión de Israel. Génesis 21 relata cómo el reconocimiento de Isaac como hijo de la promesa exigió la expulsión de la esclava Agar y de su hijo Ismael; y el apóstol Pablo vio en esta historia una alegoría del rechazo del antiguo Israel y del reconocimiento de la Iglesia como «heredera de la promesa». Así se lo explicó a las iglesias de Galacia, que habían sido

---

[19] Véase David Chilton, *Paradise Restored: A Biblical Theology of Dominion* (Ft. Worth, TX: Dominion Press, 1985), pp. 68th, 102s.

infiltradas por las enseñanzas judaicas: «Porque está escrito que Abraham tuvo dos hijos, uno de la sierva y otro de la libre. Pero el hijo de la sierva nació según la carne, y el hijo de la libre por medio de la promesa. Esto contiene una alegoría, pues estas *mujeres* son dos pactos; uno *procede* del Monte Sinaí que engendra hijos para ser esclavos; este es Agar. Ahora bien, Agar es el Monte Sinaí en Arabia, y corresponde a la Jerusalén actual, porque ella está en esclavitud con sus hijos. Pero la Jerusalén de arriba es libre; esta] es nuestra madre… Y vosotros, hermanos, como Isaac, sois hijos de la promesa. Pero así como entonces el que nació según la carne persiguió al que *nació* según el Espíritu, así también *sucede* ahora. Pero, ¿qué dice la Escritura? ECHA FUERA A LA SIERVA Y A SU HIJO, PUES EL HIJO DE LA SIERVA NO SERÁ HEREDERO CON EL HIJO DE LA LIBRE. Así que, hermanos, no somos hijos de la sierva, sino de la libre. La vieja Jerusalén, capital del judaísmo apóstata y perseguidor, fue expulsada, excomulgada del pacto, al mismo tiempo que la Iglesia era reconocida como legítima heredera de la promesa. Los cristianos, nacidos del Espíritu, son los verdaderos hijos de la Jerusalén celestial.

Así pues, un segundo ángel sale del **templo que está en el cielo** para ayudar en la siega con su **afilada hoz**. A primera vista, parece una mera continuación de la primera siega, pero el apóstol Juan da un sutil giro y se remonta al principio de esta sección de Apocalipsis para inspirarse en sus imágenes de ira. Cristo ordenó a sus discípulos que oraran, no solo por la conversión de Israel, sino también por su destrucción; y así en 6:9-11 vimos a los santos reunidos alrededor del altar de oro del incienso, ofreciendo sus oraciones imprecatorias por venganza. Poco después de esa escena, al comienzo de las visiones de las trompetas, un ángel tomó el incensario de las oraciones de los santos, lo llenó con el fuego del altar y lo arrojó sobre la tierra; «y siguieron truenos y voces y relámpagos y un terremoto» (8:3-5). Ahora, al final de la sección de las trompetas, el apóstol Juan ve al mismo ángel, el **que tiene poder**, no solo «sobre fuego», como dice la mayoría de las traducciones, sino **sobre *el* fuego**, el fuego que arde en el altar; y viene específicamente **del altar** de las oraciones de los santos para juzgar, para dar la respuesta histórica al culto y las oraciones de la Iglesia. También él ora por la vendimia, pero esta vez será la vendimia de los impíos, las «uvas de la ira» (Jl. 3:13 combina de manera similar las imágenes de la vendimia y la cosecha). Así que este tercer ángel llama al segundo, el que lleva la hoz, y le dice: **Mete tu hoz afilada y recoge los racimos de la viña de la tierra, porque sus uvas están maduras**. La viña de Dios, Israel, está madura para el juicio.

> Mi bien amado tenía una viña en una fértil colina.
> La cavó por todas partes, quitó sus piedras,
> y la plantó de vides escogidas.
> Edificó una torre en medio de ella,
> y también excavó en ella un lagar;
> y esperaba que produjera uvas buenas,
> pero solo produjo uvas silvestres.
> Y ahora, moradores de Jerusalén y hombres de Judá,
> juzgad entre mí y mi viña.

¿Qué más se puede hacer por mi viña,
que yo no haya hecho en ella?
¿Por qué, cuando esperaba que produjera uvas buenas,
produjo uvas silvestres?
Ahora pues, dejad que os diga
lo que yo he de hacer a mi viña:
quitaré su vallado y será consumida;
derribaré su muro y será hollada.
Y haré que quede desolada;
no será podada ni labrada,
y crecerán zarzas y espinos.
También mandaré a las nubes que no derramen lluvia sobre ella.
Ciertamente, la viña del SEÑOR de los ejércitos es la casa de Israel,
y los hombres de Judá su plantío delicioso.
Él esperaba equidad, pero he aquí derramamiento de sangre;
justicia, pero he aquí clamor.
(Is. 5:14)

19-20 La viña es juzgada: **El ángel arrojó su hoz a la tierra, y recogió la vid de la tierra, y la echó en el gran lagar de la ira de Dios** para producir la sustancia que será vertida de las copas en el capítulo 16. Las repetidas referencias a **la tierra** (seis veces en los versículos 15-19), combinadas con la imaginería de la vid **de la tierra**, enfatizan que se trata de un juicio sobre la tierra de Israel. Repasando el extenso trasfondo bíblico de la idea de la viña, Carrington concluye: «No parece posible suponer que el apóstol Juan pudiera haber tenido la intención de aplicar estas palabras a otro país que no fuera Israel, o a otra ciudad que no fuera Jerusalén. Se hacen eco de las palabras de Juan el bautista, con las que comenzó todo el movimiento profético cristiano: *Ahora también se ha puesto el hacha a la raíz del árbol*. Lo que es contingente en el bautista es absoluto en Apocalipsis. Israel es rechazado».[20]

Las imágenes de este pasaje se basan en la profecía de Isaías sobre la destrucción de Edom, en la que se describe a Dios como un hombre que aplasta uvas en un lagar. Explica por qué su manto está manchado de «jugo»:

El lagar lo he pisado yo solo;
de los pueblos, ningún hombre estaba conmigo.
Los pisé en mi ira
y los hollé en mi furor;
su sangre salpicó mis vestiduras
y manché todo mi ropaje.
Porque el día de la venganza estaba en mi corazón,

---

[20] Carrington, p. 256, sobre el uso de la imagen de la viña por parte de Cristo en sus parábolas, véase Chilton, *Paradise Restored*, pp. 76-82.

y el año de mi redención había llegado.
Miré, y no había quien ayudara,
me asombré de que no hubiera quien apoyara;
entonces me salvó mi brazo,
y fue mi furor el que me sostuvo.
Pisoteé los pueblos en mi ira,
los embriagué en mi furor
y derramé su sangre por tierra.
(Is. 63:3-6)

Y el lagar fue hollado fuera de la ciudad, y salió sangre del lagar hasta las bridas de los caballos, por una distancia de mil seiscientos estadios. Es lamentable que traducciones como la *New American Standard Version*, debido a presupuestos literalistas, conviertan esta medida en una medida americana moderna: doscientas millas. Aunque esa traducción da una buena idea de la magnitud del derramamiento de sangre, no tiene en cuenta la importante cifra simbólica de **mil seiscientos,** un número que vuelve a hacer hincapié en la tierra: cuatro al cuadrado (la tierra), por diez al cuadrado (la grandeza). Mil seiscientos estadios es algo más que la longitud de Palestina: Toda la tierra de Israel se representa así como desbordante de sangre en el juicio nacional que se avecina. Las corrientes de sangre se convierten en un gran Mar Rojo, que llega **hasta las correas de los caballos**, en una recapitulación del derrocamiento de los caballos y carros del Faraón (Éx. 14:23, 28; 15:19; cf. el amplio uso de la imaginería de Éxodo en el capítulo siguiente). Zacarías había predicho un día en que todas las cosas de la tierra serían santas, en que la tierra se llenaría de adoradores puros, en que *SANTIDAD AL SEÑOR* estaría grabado incluso «en los cascabeles de los caballos» de Israel (Zc. 14:20-21). Pero Dios había suscitado en el Monte Sion un Israel nuevo y puro, en el que se cumplirían las promesas. El viejo Israel se había vuelto apóstata e impuro, y sus caballos nadaban en sangre.

El derramamiento de sangre cubre la tierra, pero está **fuera de la ciudad**. El cumplimiento histórico de esto fue, desde una perspectiva, cuando «Galilea estaba toda llena de fuego y sangre», cuando las tropas de Vespasiano y Tito invadieron el país. Toda la tierra, excepto Jerusalén, se cubrió de muerte y devastación.[21] Teológicamente, sin embargo, el cumplimiento de este texto debe relacionarse también con el sacrificio de Cristo, pues ese fue el derramamiento de sangre definitivo «fuera de la ciudad». En el sistema de sacrificios del Antiguo Testamento, «los cuerpos de aquellos animales, cuya sangre es llevada al santuario por el sumo sacerdote como ofrenda por el pecado, son quemados fuera del campamento. Por lo cual también Jesús, para santificar al pueblo mediante su propia sangre, padeció fuera de la puerta. Así pues, salgamos a Él fuera del campamento, llevando su oprobio. Porque no tenemos aquí una ciudad permanente, sino que buscamos la que está por venir» (Heb. 13:11-14). Fuera de la ciudad, por tanto, era el lugar del juicio, donde se disponía de los cuerpos de los animales sacrificados; y era *el* lugar del juicio, donde la sangre

---

[21] Véase Josefo, *La guerra de los judíos*, libro iii.

de Cristo fue derramada por el Israel rebelde. En esta imagen estratificada, entonces, la sangre que fluye fuera de la ciudad pertenece a Cristo, sacrificado fuera del campamento; y debe ser también la sangre del Israel apóstata, expulsado y excomulgado de «la Jerusalén de arriba» y desheredado por el Padre. Aquí está la doctrina de la expiación limitada, y con una venganza: La sangre correrá— si la sangre no es de Cristo, derramada en nuestro favor, ¡será nuestra! «En el año 70 d.C. la vid de Israel es cortada y pisoteada en el lagar; pero esta destrucción es la culminación de un proceso que ha durado más de cuarenta años; comenzó fuera de la ciudad, cuando uno a quien despreciaban y rechazaban pisó solo el lagar, y del pueblo no había nadie con Él. Fue en ese momento cuando cayó Jerusalén».[22]

---

[22] Carrington, p. 261.

PARTE IV

SUCESIÓN Y CONTINUIDAD DEL PACTO: LAS SIETE COPAS
(Apocalipsis 15-22)

Introducción

Como hemos visto, la sección final de Apocalipsis corresponde a la carta de Cristo al ángel de la iglesia de Tiatira, que habla de su juicio sobre «Jezabel», la falsa esposa; y, al igual que la carta al ángel de la iglesia de Laodicea, habla contra la iglesia económicamente rica pero espiritualmente miserable (judaísmo), a la que Cristo está a punto de vomitar de su boca. Esta sección también corresponde a la última de las cuatro criaturas vivientes, el hombre-querubín, y (en el orden del apóstol Juan) al último cuarto del Zodíaco, gobernado por la constelación de Acuario el vertedor de agua; por consiguiente, el símbolo del juicio en esta sección es el de los ángeles vertiendo la ira de Dios de sus copas.

También hemos observado que la última división de Apocalipsis corresponde a la quinta y última parte de la estructura del tratado de pacto: las disposiciones sucesorias. Se trata de la continuidad del pacto, la desherencia de los miembros ilegítimos y la herencia de los que son fieles a sus obligaciones juradas (cf. Dt. 31-34).[1] Moisés comienza esta sección de Deuteronomio con órdenes para prolongar el pacto en el futuro. Encarga al pueblo (31:1-6), a Josué (31:7-8) y a los sacerdotes (31:9-13) con el deber de seguir el programa del pacto y asegurar su transmisión a las generaciones venideras. Luego (31:14-15) Dios aparece en la nube de gloria a la entrada del tabernáculo para reunirse con Moisés y Josué, y les ordena

---

[1] Véase Meredith G. Kline, *Theaty of the Great King: The Covenant Structure of Deuteronomy* (Grand Rapids: William B. Eerdmans Publishing Co., 1963), p. 135-49; cf. Ray R. Sutton, *That You May Prosper: Dominion By Covenant* (Tyler, Texas: Institute for Christian Economics, 1987).

que enseñen un cántico de testimonio a los hijos de Israel. Dice a Moisés: «He aquí, tú vas a dormir con tus padres; y este pueblo se levantará y fornicará tras los dioses extranjeros de la tierra en la cual va a entrar, y me dejará y quebrantará mi pacto que hice con él. Y se encenderá mi ira contra él en aquel día; los abandonaré y esconderé mi rostro de ellos. Será consumido, y muchos males y tribulaciones vendrán sobre él... Ahora pues, escribid este cántico para vosotros, y tú, enséñaselo a los hijos de Israel; ponlo en su boca, para que este cántico me sea por testigo contra los hijos de Israel...Sucederá entonces que cuando muchos males y tribulaciones vengan sobre ellos, este cántico declarará contra ellos como testigo» (31:16-21).

Como muestra Kline, el cántico de los testigos (Dt. 32) es «el litigio del pacto del Señor contra su pueblo ingrato e infiel, pronunciado proféticamente por medio de Moisés, 'el hombre de Dios' (véase Dt. 33:1, 'el hombre de X' es un título para los mensajeros de los grandes reyes)».[2] Como modelo del litigio del pacto, el cántico está estructurado según la forma estándar del documento del tratado. Así tenemos el esquema familiar:

    I.   *Preámbulo* (32:1-4)
    II. *Prólogo histórico* (32:5-14)
    III. *Registro de la rebelión contra las estipulaciones del pacto* (32:15-18)
    IV. *Sanciones*:
        A. *Maldiciones contra los transgresores del pacto* (32:19-25)
        B. *Bendiciones sobre sobre el remanente a través del juicio redentor* (32:26-43)
    V. *Arreglos de sucesión* (32:44-34:12)[3]

Tanto Moisés como Josué enseñaron el cántico del testimonio al pueblo (32:44); bien podría llamarse «la canción de Moisés y Josué». Por consiguiente, en la correspondiente quinta sección de Apocalipsis, el apóstol Juan comienza con una manifestación de la gloria de Dios en «el santuario del tabernáculo del testimonio», donde Dios da una comisión de pacto a siete ángeles-sacerdotes; como acompañamiento coral de todo esto, el remanente canta «el cántico de Moisés, siervo de Dios, y el cántico del Cordero». El Cordero, como todos los lectores del apóstol Juan saben, es *Jesús*, la forma griega del nombre hebreo *Josué*; el cántico es, por tanto, «el cántico de Moisés y (el más grande) Josué».

En Apocalipsis 15 y 16 se abre el tabernáculo y los sacerdotes son enviados a derramar las copas del juicio sobre Israel como castigo por su prostitución, el principal crimen que motivó el cantar de los testigos original (Dt. 31:16). Aquí debemos señalar un elemento importante que une los capítulos 15-22 como una unidad literaria. Después de que los siete ángeles han derramado sus copas de ira, uno de los mismos siete ángeles viene a mostrar al apóstol Juan «el juicio de la gran ramera» (17:1). Más tarde, en la visión final del libro, otro de estos ángeles de las copas, muestra al apóstol Juan el número opuesto de la ramera: «la

---

[2] Kline, *Treaty of the Great King*, p. 139.
[3] Véase ibíd., p. 140-49; he modificado ligeramente el esquema de Kline.

novia, la esposa del Cordero» (21:9). Claramente, las visiones relativas tanto a la ramera como a la novia son extensiones de la sección de las siete copas de la profecía.

Como Dios había declarado en el cántico de los testigos de Moisés, Él es el esposo celoso, traicionado por la infidelidad de esta «generación perversa» (Dt. 32:5, 16, 20-21; cf. Mt. 17:17; Hch. 2:40). El castigo que Él enviará será el ya amenazado en Deuteronomio 28:49-57: Una temible nación enemiga se levantará para destruir a Israel, trayendo venganza sobre la «esposa» apóstata de Dios (Dt. 32:21-25).[4] Este tema es retomado y ampliado en Apocalipsis 17-18, donde la novia ramera es destruida por su infidelidad. Sin embargo, el remanente se salva; y, como hemos visto, este «remanente» es finalmente mayor que el original, transformándose en una gran multitud que nadie puede contar, superando ampliamente en número al antiguo Israel (Ap. 7). Dios garantiza la sucesión del pacto al establecer el trascendente Nuevo Pacto. Distinguiendo a sus verdaderos herederos, los incorpora a la esposa del Cordero, la nueva Jerusalén; y esposa y esposo se reúnen en la cena sacramental, la cena de las bodas del Cordero (Ap. 19:1-10).

Después del cántico del testigo, Moisés esboza el futuro de las doce tribus en un testamento final (Dt. 33; cf. Ap. 21:12), que proclama la venida del Señor en salvación (Dt. 33:2), y se regocija en el dominio sacerdotal y majestuoso que Dios proporcionará a su pueblo:

Nadie hay como el Dios de Jesurún,
que cabalga los cielos para venir en tu ayuda,
y las nubes, en su majestad.
El eterno Dios es tu refugio,
y debajo están los brazos eternos.
El echó al enemigo delante de ti,
y dijo: «¡Destruye!».
Por eso Israel habita confiado,
la fuente de Jacob habita separada
en una tierra de grano y mosto;
sus cielos también destilan rocío.
Dichoso tú, Israel.
¿Quién como tú, pueblo salvado por el Señor?
Él es escudo de tu ayuda,
y espada de tu gloria.
Tus enemigos simularán someterse ante ti,
y tú hollarás sus lugares altos. (Dt. 33:26-29, cf. Ap. 19:11-22:5)

Finalmente, el Señor lleva a Moisés a la cima del Monte Nebo, mostrándole la tierra prometida, pero le informa de nuevo de que no podrá guiar al pueblo hasta ella; su lugar

---

[4] Sin embargo, la nación utilizada como vara de la ira de Dios será aplastada por su propia desobediencia, y el remanente de Israel será salvo (Dt. 32:26-43; cf. Is. 10:5-34; Ap. 17:16-17; 19:17-21).

deberá ocuparlo Josué el conquistador (Dt. 34:1-9). No obstante, el estatuto de Moisés sigue siendo único, pues «desde entonces no ha vuelto a surgir en Israel un profeta como Moisés, *a quien el Señor conocía cara a cara*» (Dt. 34:10). Sin embargo, el mensaje del apóstol Juan en Apocalipsis es que (como quería Moisés), todo el pueblo del Señor es profeta (Núm. 11:29). Los cristianos, como «siervos» al igual que Moisés (Ap. 15:3; 19:2, 5), no son inferiores ni siquiera a los ángeles en sus privilegios del santuario (19:10), sino que tienen acceso completo a Dios, ejerciendo la misma libertad de expresión (cf. Heb. 10:19) de la que él disfrutó. Ante el trono celestial de Dios «sus siervos le servirán... *Ellos verán su rostro, y su nombre estará en sus frentes*» (Ap. 22:4).

15

SIETE ÚLTIMAS PLAGAS

El canto de la victoria (15:1-4)

1 Y vi otra señal en el cielo, grande y maravillosa: siete ángeles que tenían siete plagas, las últimas, porque en ellas se ha consumado el furor de Dios.

2 Vi también como un mar de cristal mezclado con fuego, y a los que habían salido victoriosos sobre la bestia, sobre su imagen y sobre el número de su nombre, en pie sobre el mar de cristal, con arpas de Dios.

3 Y cantaban el cántico de Moisés, siervo de Dios, y el cántico del Cordero, diciendo: ¡Grandes y maravillosas son tus obras, oh Señor Dios, Todopoderoso! ¡Justos y verdaderos son tus caminos, oh Rey de las naciones!

4 ¡Oh Señor! ¿Quién no temerá y glorificará tu nombre? Pues solo tú eres santo; porque todas las naciones vendrán y adorarán en tu presencia, pues tus justos juicios han sido revelados.

1 El apóstol Juan nos habla ahora de **otra señal en el cielo, grande y maravillosa**. Dos veces antes nos había mostrado una *gran señal en el cielo*: la mujer vestida del sol (12:1), y el gran dragón rojo (12:3). Como dice Farrer, es «como si todo en 12-14 hubiera sido el desarrollo de ese poderoso conflicto, y el siguiente acto fuera ahora a comenzar».[1] Esta nueva señal inicia el clímax del libro: **siete plagas, las últimas, porque en ellas se ha consumado el furor de Dios**. No hay razón para suponer que estas deban ser las «últimas» plagas en un sentido definitivo, absoluto y universal; más bien, en términos del propósito y alcance específicamente limitados de Apocalipsis, comprenden el derramamiento final de la ira de Dios, su gran juicio cósmico contra Jerusalén, aboliendo de una vez por todas el orden mundial del Antiguo Pacto. Al igual que el de las trompetas, esta serie de juicios ha de ser

---

[1] Austin Farrer, *The Revelation of St. John the Divine* (Oxford: At the Clarendon Press, 1964), p. 169.

llevada a cabo por **siete ángeles** (como veremos en el capítulo siguiente, existen varios paralelismos entre las proclamaciones tocadas por las trompetas y las libaciones vertidas desde las copas). Esta declaración inicial es más o menos el prólogo del resto del libro, y se explica en los versículos siguientes.

2 Comienza la visión: el apóstol Juan ve, por **así decirlo, un mar de vidrio**, el mar de cristal ante el trono de Dios (4:6), que se corresponde con el «pavimento» de zafiro visto por Moisés en el monte santo (Éx. 24:10), el «firmamento» de cristal azul por el que pasó Ezequiel en su ascensión en la nube de gloria (Ez. 1:26), y el mar de bronce (el lavatorio) en el templo (1Re. 7:23-26). En esta visión, sin embargo, el mar ya no es azul, sino rojo: El cristal está **mezclado con fuego**. Las imágenes relacionan esta visión con la última escena del capítulo 14, la del gran río de sangre que recorre toda la tierra, un verdadero Mar Rojo, a través del cual los justos han sido liberados, pero en el que sus enemigos fueron destruidos. Ahora el apóstol Juan imagina a los santos regocijándose al borde del agua como Moisés y los israelitas después del cruce original del Mar Rojo (Éx. 14:30-31; 15:1-21), **victoriosos** sobre el monstruo de las profundidades; literalmente, ellos son **los vencedores** o **los conquistadores**, «pues es el carácter permanente de 'conquistador' sobre el que se pone énfasis, y no el hecho de la conquista».[2] La descripción de su conquista es triple: Han salido **victoriosos sobre la bestia, sobre su imagen y sobre el número de su nombre**.

A la orilla del mar, en el borde de la fuente, los conquistadores ofrecen alabanzas: **en pie sobre el mar de cristal, con arpas de Dios**, componen el nuevo coro sacerdotal del templo que se alza ante la fuente purificadora, por la que fueron santificados. El apóstol Pablo describió la liberación del Mar Rojo como un «bautismo» del pueblo de Dios (1Co. 10:1-2), y la tribulación fue de hecho el bautismo de fuego de la Iglesia: «Así, el gran cuenco de cristal del mar se ve 'lleno de una mezcla ardiente'. Aquello que los israelitas son llevados a atravesar para su salvación, sus perseguidores lo experimentarán para su destrucción; el Faraón y sus huestes perecen en las aguas que retornan. Y así sabemos que el bautismo de fuego debe caer sobre el pueblo del Anticristo; la visión de las copas nos mostrará cómo».[3]

Otro aspecto interesante de la imagen del lavatorio, procede del relato del cronista sobre la dedicación del templo por el rey Salomón: «se puso delante del altar del Señor en presencia de toda la asamblea de Israel y extendió las manos. Porque Salomón había hecho un estrado* de bronce[4] de cinco codos de largo, cinco codos de ancho y tres codos de alto, y lo había puesto en medio del atrio; se puso sobre él, se hincó de rodillas en presencia de toda la asamblea de Israel y extendiendo las manos al cielo» realizó la oración de dedicación (2Cró. 6:12-13). No se trataba de *la* gran fuente situada en la esquina sureste del templo (cuyas dimensiones se describen en 2Cró. 4:2-5), sino de una de las varias fuentes de bronce construidas por Salomón (2Cró. 4:6, 14). Salomón se paró en este «mar» ante el altar y

---

*Nota del traductor: Es la palabra usada para el texto en las versiones en español. En el original es la misma que «lavatorio».

[2] Henry Barclay Swete, *Commentary on Revelation* (Grand Rapids: Kregel Publications, [1911] 1977), p. 194.

[3] Farrer, p. 170s

[4] Heb. *kiyyor*, la palabra estándar para lavatorio: por ejemplo: Éx. 30:18, 28; 40:7, 11, 30.

ofreció su súplica, agradeciendo a Dios por sus poderosas obras, invocando sus justos juicios y rogándole por la conversión de todas las naciones (2Cró. 6:14-42; cf. Ap. 15:34). Inmediatamente después, leemos: «Cuando Salomón terminó de orar, descendió fuego desde el cielo y consumió el holocausto y los sacrificios, y la gloria del Señor llenó la casa. Los sacerdotes no podían entrar en la casa del Señor, porque la gloria del Señor llenaba la casa del Señor» (2Cró. 7:1-2). Del mismo modo, al final de la oración de los santos de pie sobre el mar, los siete ángeles reciben copas llenas de ira ardiente, que caerán sobre la tierra para consumir al Israel apóstata como un holocausto entero; la gloria llena el templo, y nadie puede entrar hasta que se consuma el sacrificio (Ap. 15:5-8).

Otro pasaje paralelo es Zacarías 12, que presenta a Jerusalén como una copa de embriaguez para las naciones (Zc. 12:2; cf. Ap. 14:8-10), un *lavatorio de fuego* que consumirá a los paganos (Zc. 12:6; Ap. 15:2). La ironía de Apocalipsis, como hemos visto repetidamente, es que el propio Israel del siglo I ha ocupado el lugar de las naciones paganas en las profecías: Se consume en el lavatorio de fuego— el lago de fuego— mientras que la Iglesia, habiendo pasado por el holocausto, hereda la salvación.

3 Ya vimos en la introducción a la quinta parte que el cántico de **Moisés... y el cántico del Cordero** se refiere al cántico de los testigos que Moisés y Josué (= Jesús, el Cordero) enseñaron a los hijos de Israel en la frontera de la tierra prometida (Dt. 31-32). Las imágenes, sin embargo, están tomadas de Éxodo 15, que recoge el cántico triunfal de Moisés tras la derrota del faraón y su ejército en el Mar Rojo (otras dos paráfrasis bíblicas del cántico de Moisés en Éxodo son Is. 12 y Hab. 3). Es importante señalar que ambos cánticos de Moisés están firmemente enraizados en la historia: Ambos proclaman que la salvación que Dios proporciona es su victoria en este mundo, sobre los paganos de este mundo. Estos santos por medio de Cristo son *vencedores*, en el tiempo y en la tierra. Como dice R. J. Rushdoony, «La tierra es del Señor, y el área de su victoria. La cuestión de la batalla del reino no será más una huida de la historia de lo que fue la encarnación y la expiación. Dios Hijo no entró en la historia para rendirse a ella. Vino a redimir a sus elegidos, a hacer valer sus derechos de corona, a manifestar las implicaciones de su victoria, y luego a recrear todas las cosas en términos de su voluntad soberana».[5]

El texto del apóstol Juan del cántico de Moisés no cita en realidad ni Éxodo 15 ni Deuteronomio 32, aunque algunas de sus frases contienen débiles ecos de este último; sin embargo, como observa Farrer, «es característico del apóstol Juan que se contente con haber hecho las referencias; el hermoso salmo que pone en boca de los santos es un centón de frases de todo el salterio y de otros lugares».[6] Edersheim comenta la relación de esta escena con los servicios sabáticos en el templo: «Es el sábado de la Iglesia; y como el sábado, además del salmo del día [Sal. 92] en el sacrificio ordinario, cantaban en el sacrificio sabático adicional [Núm. 28:9-10], por la mañana, el cántico de Moisés, en Deuteronomio 32, y por la tarde el de Éxodo 15, así la Iglesia victoriosa celebra su verdadero Sábado de descanso

---

[5] Rousas John Rushdoony, *Thy Kingdom Come: Studies in Daniel and Revelation* (Tyler, Texas: Thoburn Press, [1970] 1978), p. 93.
[6] Farrer, p. 171.

cantando este mismo 'cántico de Moisés y del Cordero', solo que en un lenguaje que expresa el significado más pleno de los cánticos sabáticos en el templo».[7]

Probablemente sea imposible rastrear por completo las alusiones del Antiguo Testamento en el cántico, pero al menos he anotado algunas de ellas: **Grandes y maravillosas son tus obras, oh Señor Dios, Todopoderoso** (Éx. 34:10; Dt. 32:3-4; 1Cró. 16:8-12; Sal 92:5; 111:2; 139:14; Is. 47:4; Jer. 10:16; Am. 4:13; cf. Ap. 1:8); el apóstol Juan aclara que los santos no se limitan a hacer una afirmación general de hecho, sino que se refieren específicamente a los «grandes y maravillosos» *juicios finales* en los que «se consuma la ira de Dios» (15:1). **Justos y verdaderos son tus caminos** (Dt. 32:4; Sal. 145:17, Os. 14:9); de nuevo, se dice que Dios es «justo y verdadero» con especial referencia a sus juicios salvadores, liberando a la Iglesia y destruyendo a sus enemigos (cf. 16:7). «En tiempos de tribulación en la tierra, cuando el poder mundano parece triunfar sobre la Iglesia, esta ha sido llevada a menudo a dudar de la grandeza de las obras de Dios, de la justicia y verdad de sus caminos; a dudar de si Él era realmente el rey de los paganos. Ahora esta duda es puesta en vergüenza; es disipada por los hechos; las nubes, que velaban la gloria de Dios ante sus ojos, se hacen desaparecer por completo».[8] **Oh Rey de las naciones** (Sal. 22:28; 47:2, 7-8; 82:8; cf. 1Tim. 1:17; 6:15; Ap. 1:5, 19:16); como gobernante de todas las naciones mueve los ejércitos de la tierra para cumplir sus propósitos en juicio; los aplasta por su rebelión; y los lleva al arrepentimiento.

4 ¡Oh Señor! ¿Quién no temerá y glorificará tu nombre? (Éx. 15:14-16; Jer. 10:6-7; cf. Ap. 14:7); esto significa, en un lenguaje con el que estamos más familiarizados: ¿Quién no se convertirá? ¿Quién no servirá a Dios, le adorará y le obedecerá? La clara implicación (que se hará explícita en la siguiente frase) es que la abrumadora mayoría de todos los hombres entrará en la salvación que Dios ha provisto en Jesucristo. Esta es la gran esperanza de los padres del Antiguo Pacto, como atestiguan abundantemente numerosos pasajes. **Pues solo tú eres santo** (Éx. 15:11; 1Sam. 2:2; Sal. 99:3, 5, 9; Is. 6:3; 57:5, 15; Os. 11:9; cf. Mt. 19:17; 1Tim. 6:16). La «santidad» de Dios en la Escritura a menudo se refiere no tanto a sus cualidades éticas como a su majestad única, su absoluta trascendencia y «otredad». Sin embargo, aquí se afirma que esta misma «inaccesibilidad» es la razón precisa de su inmanencia, su cercanía, su accesibilidad a todos los pueblos. La doctrina se declara positivamente: **porque todas las naciones vendrán y adorarán en tu presencia, pues tus justos juicios han sido revelados** (1Cró. 16:28-31; Sal. 2:8; 22:27; 65:2; 66:4; 67:1-7; 86:8-9, 117:1, Is. 26:9, 66:23; Jer. 16:19); la conversión de todas las naciones es tanto el objetivo definitivo como el resultado inevitable de los juicios de Dios. La caída de Israel, dice el apóstol Juan a la Iglesia, traerá la salvación del mundo (y el apóstol Pablo extendió la lógica: La caída de Israel debe, por tanto, producir finalmente su propia restauración en el pacto; Rom. 11:11-12, 15:23-32).

---

[7] Alfred Edersheim, *The Temple: Its Ministry and Services as They Were at the Time of Jesus Christ* (Grand Rapids: William B. Eerdmans Publishing co., 1980), p. 76.

[8] E. W. Hengstenberg, *The Revelation of St. John*, 2 vol. (Cherry Hill, Nueva Jersey: Mack Publishing co., [1851] 1972), vol. 2, p. 146s.

Se abre el santuario (15:5-8)

5 Después de estas cosas miré, y se abrió el templo del tabernáculo del testimonio en el cielo,
6 y salieron del templo los siete ángeles que tenían las siete plagas, vestidos de lino puro y resplandeciente, y ceñidos alrededor del pecho con cintos de oro
7 Entonces uno de los cuatro seres vivientes dio a los siete ángeles siete copas de oro llenas del furor de Dios, que vive por los siglos de los siglos.
8 Y el templo se llenó con el humo de la gloria de Dios y de su poder; y nadie podía entrar al templo hasta que se terminaran las siete plagas de los siete ángeles.

5 Ahora cambia la escena y se nos muestra **el templo del tabernáculo del testimonio en el cielo**, el «*verdadero* tabernáculo» (Heb. 8:2), el modelo divino, del que el tabernáculo en la tierra era «copia y sombra» (Heb. 8:5; 9:11-12, 23-24; 10:1; Éx. 25:9, 40; 26:30; Núm. 8:4; Hch. 7:44). El apóstol Juan tiene mucho cuidado de utilizar aquí expresiones técnicas correctas para sus imágenes, basadas en el orden del Antiguo Pacto. El documento básico del pacto era el Decálogo; a menudo se le llamaba **el testimonio**, enfatizando su carácter legal como registro del juramento del pacto (Éx. 16:34; 25:16, 21-22; 31:18; 32:15; cf. Sal. 19:7, Is. 8:16, 20). El tabernáculo, en el que se guardaba el testimonio, se llamaba por tanto el **tabernáculo del testimonio** (Éx. 38:21; Núm. 1:50, 53; 9:15; 10:11; Hch. 7:44). Como hemos visto, en Apocalipsis el **templo** (griego *naos*) es el **santuario** o Lugar Santo (3:12; 7:15; 11:1-2, 19; 14:15, 17).

Un aspecto importante del mensaje del apóstol Juan en Apocalipsis es la llegada del Nuevo Pacto. En su teología (como en el resto del Nuevo Testamento), la Iglesia es el naos, el templo. El escritor a los Hebreos, muestra que el tabernáculo mosaico era tanto una copia del original celestial como una prefiguración de la Iglesia en el Nuevo Pacto (Heb. 8:5; 10:1); el apóstol Juan saca la conclusión, mostrando que estos dos, el patrón celestial y la forma final, se unen en la era del Nuevo Pacto: La Iglesia tabernáculo en el cielo. Y, si el templo es la Iglesia, el testimonio es el Nuevo Pacto, el *testimonio de Jesús* (1:2, 9; 6:9; 12:11, 17; 19:10; 20:4).

6-7 Los siete ángeles que tenían las siete plagas salieron del templo, para aplicar las maldiciones proclamadas por las trompetas. Como sacerdotes del Nuevo Pacto, estos ángeles-ministros están **vestidos de lino, puro y resplandeciente, y ceñidos alrededor del pecho con cintos de oro**, a imagen y semejanza de su Señor (1:13; cf. Éx. 28:26-29, 39-43; Lev. 16:4).

Y uno de los cuatro seres vivientes dio a los siete ángeles siete copas de oro; presumiblemente, este querubín es el que tiene cara de hombre (4:7), puesto que los otros tres ya han aparecido en el escenario del drama, y puesto que el apóstol Juan está procediendo sistemáticamente a través de los cuartos del Zodíaco. Vimos que comenzó en la primavera (Pascua), con el signo de Tauro gobernando el preámbulo y las siete letras; pasó por el verano con Leo gobernando los siete sellos; continuó por el otoño bajo escorpio (el águila/escorpión) y las siete trompetas; y ahora llega al invierno, con Acuario, el vertedor de agua, supervisando el derramamiento de la **ira de Dios** desde las siete copas.

En algunas versiones se ha llamado **cálices** a estos siete recipientes, para enfatizar su carácter de «sacramento negativo». Desde una perspectiva, la sustancia en las copas (la ira de Dios, que es «ardiente», 14:10) parece ser *fuego*, y varios comentaristas han visto los recipientes como incensarios (5:8; 8:3-5). Sin embargo, los malvados son condenados en 14:10 a «beber del *vino* de la ira de Dios, que está mezclado con toda su fuerza en la copa de su furor»; y, cuando se derraman las plagas, el «ángel de las aguas» se regocija en lo apropiado de la justicia de Dios: «Porque derramaron la sangre de los santos y de los profetas, y Tú les diste a beber sangre» (16:6). Unos versículos más adelante, el apóstol Juan vuelve a la imagen de «la copa del *vino* de su ardiente ira» (16:19). Lo que se está modelando en el cielo para instrucción de la Iglesia en la tierra es la excomunión final del apóstata Israel, cuando por fin se le niegue la Comunión del Cuerpo y la sangre (Cena del Señor). Los ángeles-obispos, encargados de las sanciones sacramentales del pacto, son enviados desde el mismo templo celestial, y desde el trono de Dios, para derramar sobre ella la sangre del pacto. Jesús advirtió a los rebeldes de Israel que les enviaría a sus mártires para que los mataran, «para *que recaiga sobre vosotros la culpa de toda la sangre justa* derramada sobre la tierra, desde la *sangre* del justo Abel hasta la *sangre* de Zacarías, hijo de Berequías, a quien asesinasteis entre el templo y el altar. En verdad os digo que todo esto vendrá sobre esta generación» (Mt. 23:35-36). Beber sangre es ineludible: O los ministros del Nuevo Pacto nos la servirán en la Eucaristía, o la derramarán de sus copas sobre nuestras cabezas.

Austin Farrer explica algunas de las imágenes del Antiguo Pacto que se esconden tras el símbolo de las copas. «Las 'copas', *phialae*, son copas de libación. Ahora bien, la libación, u ofrenda de libación, se derramaba en el sacrificio diario justo después de que las trompetas hubiesen comenzado a sonar, de modo que, al colocar las copas en secuencia con las trompetas, el apóstol Juan mantiene la secuencia de la acción ritual que comenzaba con el Cordero sacrificado, continuaba con la ofrenda de incienso y pasaba a los toques de trompeta. Como la libación ocupaba tal posición, era el último acto ritual, que completaba el servicio del altar, y era proverbial en ese sentido (Fil. 2:17). La libación, como da a entender el apóstol Pablo, se derramaba sobre la víctima sacrificada, que ardía en el fuego. Como en el cielo no hay sacrificio sangriento, los ángeles derraman sus libaciones sobre el terrible holocausto de venganza que la justicia divina hace en la tierra».[9]

Debemos recordar en este contexto la ofrenda de purificación, destinada a expiar la profanación de un *lugar*, para que Dios pudiera seguir habitando con su pueblo (cf. comentarios sobre 9:13). Si toda la nación pecaba, de modo que toda la tierra quedaba contaminada, los sacerdotes debían realizar ritos especiales de purificación: La sangre del sacrificio se rociaba siete veces hacia el velo ante el lugar santísimo, luego se untaba en los cuatro cuernos del altar y el resto se derramaba al pie del altar (Lev. 4:13-21).[10] Pero en las plagas derramadas por las copas del juicio, esto se invierte, como señala Philip Carrington:

---

[9] Farrer, p. 174.
[10] Véase Gordon J. Wenham, *The Book of Leviticus* (Grand Rapids: William B. Eerdmans Publishing Co., 1979), p. 86-103.

«Esta sangre, en lugar de traer reconciliación, trae rechazo y venganza. En lugar de ser rociada siete veces hacia el velo, es derramada siete veces sobre la tierra. En lugar de la aparición del Sumo Sacerdote con la sangre de la reconciliación, tenemos a siete ángeles con la sangre de la venganza».[11]

¿Por qué en Apocalipsis ya no se rocía la sangre hacia el velo? Porque la sangre de Jesús ya ha sido ofrecida, e Israel la ha rechazado. Como el escritor a los Hebreos advirtió justo antes del holocausto: «Si continuamos pecando deliberadamente después de haber recibido el conocimiento de la verdad, *ya no queda sacrificio alguno por los pecados*, sino cierta horrenda expectación de juicio, y la furia de un fuego que ha de consumir a los adversarios. Cualquiera que viola la ley de Moisés muere sin misericordia por el testimonio de dos o tres testigos. ¿Cuánto mayor castigo pensáis que merecerá el que ha hollado bajo sus pies al Hijo de Dios, y ha tenido por inmunda la sangre del pacto por la cual fue santificado, y ha ultrajado al Espíritu de gracia? Pues conocemos al que dijo: Mia es la venganza, yo pagare. Y otra vez: El Señor juzgara a su pueblo. ¡Horrenda cosa es caer en las manos *del Dios vivo*!» (Heb. 10:26-31).

Ese es precisamente el punto del apóstol Juan aquí: La sangre y el fuego están a punto de ser derramados sobre la tierra de Israel desde las siete copas, que están **llenas del furor de Dios, que vive por los siglos de los siglos.** De hecho, la naturaleza eterna de Dios («¡Como que vivo yo para siempre!») fue dada en el cántico de Moisés como garantía de su venganza contra sus enemigos, y contra aquellos que derraman la sangre de sus siervos (Dt. 32:40-43). Así, se nos muestra que los siete ángeles con las plagas proceden del *tabernáculo del testimonio*, llevando en sus manos las maldiciones del pacto; proceden del templo, la Iglesia, como ministros que imponen en la tierra los decretos del cielo contra los que han rechazado el testimonio de Jesús; y proceden *del propio trono de Dios*, habiendo recibido sus copas de la ira de uno de los querubines que portan el trono de Dios (cf. 4:6).

8 En la dedicación tanto del tabernáculo de Moisés como del templo de Salomón, el santuario **se llenó con el humo de la gloria de Dios y de su poder; y nadie podía entrar** (véase Éx. 40:34-35; 1Re. 8:10-11; 2Cró. 5:11-14, 7:1-3). Como hemos visto, este fenómeno ocurría en conexión con el fuego celestial que descendía y consumía los sacrificios (Lev. 9:23-24; 2Cró. 7:1-3). Por lo tanto, que se llenase el templo era tanto una señal de la presencia misericordiosa de Dios con su pueblo como una revelación impresionante de su terrible ira contra los pecadores, una advertencia de que su ardiente juicio sería enviado desde el templo contra aquellos que se rebelaran contra Él (para ejemplos de esto, véase Lev. 10:1-3, Núm. 11:1-3, 16:35).

Con la llegada del Nuevo Pacto, la Iglesia de Jesucristo se convirtió en el templo de Dios. Este nuevo acontecimiento redentor fue señalado por el Espíritu que llenó la Iglesia el día de Pentecostés, como había llenado el tabernáculo y el templo. Sin embargo, como declaró el apóstol Pedro, el derramamiento pentecostal iría acompañado también, al final de la era, por un derramamiento del holocausto: «sangre, fuego y columna de humo» (Hch. 2:16-21; cf. Jl.

---

[11] Philip Carrington, *The Meaning of the Revelation* (Londres: SPCK, 1931), p. 262.

2:28-32). Para que la Iglesia tomara plena posesión de su herencia, para que asumiera su lugar propio como templo del Nuevo Pacto, el andamiaje corrupto del Antiguo Pacto tenía que ser derribado y demolido. A los cristianos de la primera generación se les exhortaba continuamente a esperar el día que se acercaba rápidamente, en el que sus adversarios serían consumidos, y la Iglesia reunida como templo definitivo (cf. 2Ts. 2:1; Heb. 10:25). En el sentido completo de la plenitud y «perfección» del Nuevo Pacto (cf. 1Co. 13:12), **nadie pudo entrar en el templo hasta que las siete plagas de los siete ángeles terminaron** en la destrucción del Israel del Antiguo Pacto.

E. W. Hengstenberg menciona un aspecto relacionado de este símbolo: «Mientras Israel fue el pueblo del Señor, la columna de nube exclamó a todos sus enemigos: 'No toquéis a mis ungidos, ni hagáis mal a mis profetas.' Así que aquí; que el templo está lleno de humo, y nadie es capaz de entrar en él, esto es 'una señal para los creyentes, que el Señor en amor a ellos ahora iba a completar la destrucción de sus enemigos'.[12] Además, vemos muy claramente en Isaías 6 la razón por la que nadie podía entrar. Si Dios se manifiesta en toda la gloria de su naturaleza, en toda la energía de su justicia punitiva, la criatura debe sentirse penetrada por un profundo sentimiento de su condición de vacío, no solo la criatura *pecadora*, como en el caso de Isaías, sino también la *finita*, según Job 4:18; 15:15… Bengel[13] observa: Cuando Dios derrama su furia, es conveniente que incluso aquellos que están bien con Él se retiren un poco y contengan sus miradas inquisitivas. Todos deben retroceder en profunda reverencia, hasta que el cielo vuelva a despejarse».[14]

---

[12] C. F. J. Ziillig, *Die Offenbarung Johannis erklärt* (Stuttgart, 1834-40).
[13] J. A. Bengel, *Erklärte Offenbarung Johannis* (Stuttgart, 1740).
[14] Hengstenberg, vol. 2, p. 153.

16

EL JUICIO DESDE EL SANTUARIO

La séptima trompeta fue la señal de que «ya no habrá dilación» (cf. 10:6-7). El tiempo se ha agotado; la ira hasta el extremo ha caído sobre Israel. A partir de este momento, el apóstol Juan abandona el lenguaje y las imágenes de advertencia, concentrándose totalmente en el mensaje de la inminente destrucción de Jerusalén. A medida que describe la perdición de la ciudad, amplía e intensifica las imágenes de Éxodo, ya tan omnipresentes a lo largo de la profecía. De nuevo menciona «la gran ciudad» (16:19), recordando a sus lectores una referencia anterior: «la gran ciudad, que simbólicamente se llama Sodoma y Egipto, donde también su Señor fue crucificado». (11:8). Jerusalén se llama Sodoma por su apostasía sensual y lujuriosa (cf. Ez. 16:49-50), y porque está consagrada a la destrucción total como todo un holocausto (Gén. 19:24-28; Dt. 13:12-18). Pero las metáforas más habituales del apóstol Juan para la gran ciudad están tomadas del modelo del Éxodo: Jerusalén no es solo Egipto, sino también los demás enemigos de Israel. Nos ha mostrado al dragón egipcio persiguiendo a la mujer en el desierto (cap. 12); a Balac y Balaam resucitados que intentan destruir al pueblo de Dios mediante la guerra y la seducción a la idolatría (cap. 13); a los ejércitos sellados del nuevo Israel reunidos en el Monte Sion para celebrar las fiestas (cap. 14); y a los santos en pie triunfantes junto al «Mar Rojo», cantando el cántico de Moisés (cap. 15). Ahora, en el capítulo 16, siete juicios correspondientes a las diez plagas egipcias serán derramados sobre la gran ciudad.

También existe una marcada correspondencia entre estos juicios de las copas y los juicios de las trompetas de los capítulos 8-11.[1] Como las trompetas eran esencialmente advertencias, solo tomaron un tercio de la tierra; con las copas, la destrucción es total.

---

[1] Sin embargo, la correspondencia no es exacta; y Russell demasiado lejos cuando, después de una comparación superficial, declara: «Esto no puede ser una mera coincidencia casual: es identidad, y sugiere la pregunta: ¿Por qué razón se repite así la visión?» (J. Stuart Russell, *The Parousia: A Critical Inquiry into the New Testament Doctrine of Our Lord's Second Coming* [Grand Rapids: Baker Book House, 1983], p. 476).

	COPAS	*TROMPETAS*	*PLAGAS DE EGIPTO*
1	En la tierra convirtiéndose en llaga (16:2)	En la tierra; 1/3 tierra, árboles, hierba quemados (8:7)	Úlceras (sexta plaga: Éx. 9:8-12)
2	En el mar convirtiéndose en sangre (16:3)	En el mar; 1/3 mar se convirtió en sangre, 1/3 de las creaturas marinas murieron; 1/3 de los barcos fue destruida (8:8-9)	Aguas se convierten en sangre (primera plaga: Éx. 7:17-21)
3	En los ríos y en las fuentes, convirtiéndose en sangre (16:4-7)	Sobre los ríos y las fuentes; 1/3 de las aguas se convirtieron en ajenjo (8:10-11)	Aguas se convierten en sangre (primera plaga: Éx. 7:17-21)
4	Sobre el sol, permitiéndole quemar a los hombres con fuego (16:8-9)	1/3 del sol, la luna y las estrellas se oscurecieron (8:12)	Tinieblas (novena plaga: Éx. 10:4-20)
5	Sobre el trono de la bestia, causando oscuridad (16:10-11)	Langostas diabólicas que atormentan a los hombres (9:1-12)	Langostas (Octava plaga: Éx. 10:4-20)
6	Sobre el gran río Éufrates; y sus aguas se secaron para preparar camino para los reyes del Oriente; invasión de ranas-demonios; Armagedón (16:12-16)	Ejército del Éufrates mata 1/3 de la humanidad (9:13-21)	Invasión de ranas (segunda plaga: Éx. 8:2-4)
7	En el aire, causando relámpagos, truenos y un gran terremoto (16:17-21)	Voces, tormentas, terremoto, relámpagos, granizo (11:15-19)	Granizos (séptima plaga: Éx. 9:18-26)

Las cuatro primeras copas: La creación de Dios se venga (16:1-9)

1 Y oí una gran voz que desde el templo decía a los siete ángeles: Id y derramad en la tierra las siete copas del furor de Dios.
2 El primer *ángel* fue y derramó su copa en la tierra; y se produjo una llaga repugnante y maligna en los hombres que tenían la marca de la bestia y que adoraban su imagen.
3 El segundo *ángel* derramó su copa en el mar, y se convirtió en sangre como de muerto; y murió todo ser viviente que *había* en el mar.
4 El tercer *ángel* derramó su copa en los ríos y en las fuentes de las aguas, y se convirtieron en^j sangre.

5 Y oí al ángel de las aguas, que decía: Justo eres tú, el que eres, y el que eras, oh Santo, porque has juzgado estas cosas;

6 pues ellos derramaron sangre de santos y profetas y tú les has dado a beber sangre; lo merecen.

7 Y oí al altar, que decía: Sí, oh Señor Dios Todopoderoso, verdaderos y justos son tus juicios.

8 El cuarto *ángel* derramó su copa sobre el sol; y *al sol* le fue dado quemar a los hombres con fuego.

9 Y los hombres fueron quemados con el intenso calor; y blasfemaron el nombre de Dios que tiene poder sobre estas plagas, y no se arrepintieron para darle gloria.

1 La orden que autoriza los juicios es dada por una **fuerte voz desde el templo**, enfatizando de nuevo tanto el origen divino como eclesiástico de estas terribles plagas (cf. 15:5-8).[2] «Los juicios de las copas son el desbordamiento de la ira de Dios que arde y llena su templo, una visitación o presencia concedida en respuesta a las oraciones de sus santos».[3] Se dice a los **siete ángeles** (cf. 15:1) que **derramen** las copas de la ira de Dios: La Septuaginta utiliza este verbo (*ekcheô*) en las instrucciones al sacerdote para que derrame la sangre del sacrificio alrededor de la base del altar (cf. Lev. 4:7, 12, 18, 25, 30, 34; 8:15; 9:9). El término se utiliza en Ezequiel en referencia a la fornicación del apóstata Israel con las naciones (Ez. 16:36; 23:8), a su derramamiento de sangre inocente por opresión e idolatría (Ez. 22:34, 6, 9, 12, 27) y a la amenaza de Dios de derramar su ira sobre él (Ez. 14:19; 20:8, 13, 21; 21:31). En el Nuevo Testamento, se utiliza de forma similar en contextos paralelos a los temas principales de Apocalipsis: el derramamiento de vino (Mt. 9:17; Mc. 2:22; Lc. 5:37), el derramamiento de la sangre de Cristo (Mt. 26:28; Mc. 14:24; Lc. 22:20), el derramamiento de la sangre de los mártires (Mt. 23:35; Lc. 11:50; Hch. 22:20; Rom. 3:15), y el derramamiento del Espíritu (Hch. 2:17-18, 33; 10:45; Rom. 5:5, Tit. 3:6, cf. Jl. 2:28-29, Zc. 12:10). Todas estas diferentes asociaciones están en el trasfondo de este derramamiento de plagas **sobre la tierra** que ha derramado la sangre de Cristo y de sus testigos, el pueblo que ha resistido y rechazado al Espíritu: Los odres viejos de Israel están a punto de romperse.

2 A medida que el primer ángel derrama su copa sobre la tierra, se convierte **en una llaga repugnante y maligna sobre los hombres que tenían la marca de la bestia y que adoraban su imagen**. Las llagas son una retribución adecuada por la apostasía, «un horrible sello vengador de la marca de la bestia»[4]—como si la marca hubiera «brotado en una infección mortal».[5] Así como Dios había derramado forúnculos sobre los egipcios impíos, adoradores del estado, que perseguían a su pueblo (Éx. 9:8-11), así Él está plagando a estos adoradores de la bestia en la tierra de Israel— el pueblo del pacto que ahora se ha convertido

---

[2] Cf. Is. 66:6—«Voz de estruendo viene de la ciudad, una voz sale del templo: la voz del Señor que da el pago a sus enemigos».

[3] Austin Farrer, *The Revelation of St. John the Divine* (Oxford: At the Clarendon Press, 1964), p. 175.

[4] Ibid., p. 175.

[5] J. P. M. Sweet, *Revelation* (Filadelfia: The Westminster Press, 1979), p. 244.

en perseguidores egipcios de la Iglesia. Esta plaga es mencionada específicamente por Moisés en su lista de las maldiciones del pacto por idolatría y apostasía: «Te herirá el SEÑOR con los furúnculos de Egipto y con tumores, sarna y comezón, de los que no podrás ser sanado... Te herirá el SEÑOR en las rodillas y en las piernas con pústulas malignas de las que no podrás ser sanado, desde la planta de tu pie hasta la coronilla» (Dt. 28:27, 35).

3 El segundo ángel vierte su copa **en el mar,** y este se convierte en sangre, como en la primera plaga egipcia (Éx. 7:17-21) y en la segunda trompeta (Ap. 8:8-9). Esta vez, sin embargo, la sangre no corre a raudales, sino que es **como la de un hombre muerto**: coagulada y putrefacta.[6] La sangre se menciona cuatro veces en este capítulo; cubre la faz de Israel, derramándose por los cuatro puntos cardinales de la tierra.

Aunque el significado principal de esta plaga es simbólico, pues se refiere a la impureza del contacto con la sangre y la muerte (Lev. 7:26-27, 15:19-33, 17:10-16, 21:1, Núm. 5:2; 19:11-19), existen paralelismos cercanos en los acontecimientos reales de la Gran Tribulación. En una ocasión, miles de rebeldes judíos huyeron al Mar de Galilea de la masacre romana de Taricheae. Partieron hacia el lago en pequeñas y endebles embarcaciones, pero pronto fueron perseguidos y alcanzados por las robustas balsas de las fuerzas superiores de Vespasiano. Entonces, como relata Josefo, fueron masacrados sin piedad: «Los judíos no pudieron escapar a tierra, donde todos estaban en armas contra ellos, ni sostener una batalla naval en igualdad de condiciones... El desastre los alcanzó y fueron enviados al fondo, con barcas y todo. Algunos intentaron abrirse paso, pero los romanos pudieron alcanzarlos con sus lanzas, matando a otros saltando sobre las embarcaciones y atravesándoles el cuerpo con sus espadas; a veces, cuando las balsas se cerraban, los judíos quedaban atrapados en medio y eran capturados junto con sus naves. Si alguno de los que se habían sumergido en el agua salía a la superficie, era rápidamente eliminado con una flecha o una balsa lo alcanzaba; si, en su extremo, intentaba subir a bordo de las balsas enemigas, los romanos le cortaban la cabeza o las manos. Así murieron estos desgraciados por todas partes, en número incontable y de todas las formas posibles, hasta que los supervivientes fueron rodeados y conducidos a la orilla, con sus naves custodiadas por el enemigo. Al arrojarse sobre ellos, muchos fueron alanceados cuando aún estaban en el agua; muchos saltaron a tierra, donde fueron asesinados por los romanos.

«Se podía ver todo el lago manchado de sangre y atestado de cadáveres, pues no escapó ni uno. Durante los días que siguieron, un horrible hedor se cernió sobre la región, que presentaba un espectáculo igualmente horripilante. Las playas estaban sembradas de restos de naufragios y cadáveres hinchados, que, calientes y húmedos por la descomposición,

---

[6] De paso, podemos señalar aquí un ejemplo de la tendencia constante de la llamada interpretación «literalista» a entregarse a especulaciones fantasiosas sobre el cumplimiento de estas profecías. El Dr. Henry Morris, que ha escrito lo que sus editores han llamado «la exposición más literal de Apocalipsis que jamás se haya leído», ofrece su interpretación de este fenómeno: «No es más que una solución química, agua que contiene hierro y otras sustancias químicas que le dan un aspecto sanguinolento». (*The Revelation Record: A Scientific and Devotional Commentary on the Book of Revelation* [Wheaton: Tyndale House Publishers, 1983], p. 298). Esto es especialmente interesante a la luz de su principio de interpretación: «En realidad, una 'interpretación literal' es una contradicción en los términos, ya que uno no interpreta (es decir, 'traduce' diciendo 'esto significa aquello') si simplemente acepta que un enunciado significa precisamente lo que dice. Además, los términos 'más literal' o 'más literal' son redundancias. Literal es literal» (p. 24).

hacían que el aire fuera tan viciado que la catástrofe que sumió en el luto a los judíos sublevó incluso a los que la habían provocado».[7]

4-7 La plaga de la tercera copa se asemeja más directamente a la primera plaga egipcia (y a la tercera trompeta: cf. 8:10-11), ya que afecta a **los ríos y a los manantiales de agua**, convirtiendo toda el agua potable en **sangre**. El agua es símbolo de vida y bendición en toda la Escritura, desde el relato de la creación y el jardín del Edén.[8] En esta plaga, las bendiciones del paraíso se invierten y se convierten en una pesadilla; lo que antes era puro y limpio se contamina y ensucia por la apostasía.

El ángel de las aguas responde a esta maldición alabando a Dios por su justo juicio: **Justo eres tú, que eres y que eras, oh santo, porque juzgaste estas cosas**. No debemos avergonzarnos por un pasaje como este. Toda la Biblia está escrita desde la perspectiva del personalismo cósmico: la doctrina de que Dios, que es personalidad absoluta, está constantemente activo en toda su creación, presente en todas partes con la totalidad de su ser, haciendo que todas las cosas sucedan inmediatamente por su poder y mediatamente a través de sus siervos angélicos. No existe la «ley» natural, sino que, como ha dicho Auguste Lecerf, «las relaciones constantes que llamamos leyes naturales son simplemente 'hábitos divinos': o, mejor, el orden habitual que Dios impone a la naturaleza. Son estos hábitos, o este proceso habitual, lo que constituye el objeto de las ciencias naturales y físicas».[9]

Esto es lo que garantiza la validez y fiabilidad tanto de la investigación científica como de la oración: Por un lado, los ángeles de Dios tienen hábitos: una danza cósmica, una liturgia que abarca todos los aspectos del universo entero, de la que se puede depender en todas las labores tecnológicas del hombre cuando ejerce su dominio bajo Dios sobre el mundo. Por otra parte, los ángeles de Dios son seres personales, que cumplen constantemente sus órdenes; en respuesta a nuestras peticiones, Él puede ordenar y ordena a los ángeles que cambien la danza.[10]

Hay, por tanto, un «ángel de las aguas» (en términos de la progresión zodiacal del apóstol Juan, se trata presumiblemente del querubín del cuarto, Acuario);[11] él, junto con toda la creación personal de Dios, se regocija en el justo gobierno de Dios sobre el mundo. La estricta justicia de Dios, resumida en el principio de *lex talionis*, se pone de manifiesto en este juicio; el castigo se ajusta al crimen. **Derramaron la sangre de los santos y de los profetas, y les diste a beber sangre**. Como hemos visto, el crimen característico de Israel fue siempre el asesinato de los profetas (cf. 2Cró. 36:15-16; Lc. 13:33-34; Hch. 7:52): Jesús mencionó este hecho como la razón específica por la que *la sangre de los justos* sería derramada en juicio sobre aquella generación (Mt. 23:31-36).

---

[7] Flavio Josefo, *La guerra de los judíos*, iii.x.9.

[8] David Chilton, *Paradise Restored: A Biblical Theology of Dominion* (Ft. Worth, TX: Dominion Press, 1985), pp. 18ss, 30s.

[9] Auguste Lecerf, *An Introduction to Reformed Dogmatics*, trad. André Schlemmer (Grand Rapids: Baker Book House, [1949] 1981), p. 147.

[10] Cf. ibid., p. 147-49.

[11] La mención del angel de las aguas también funciona como otra de las muchas conexiones sutiles entre Apocalipsis y el evangelio de Juan; véase Jn. 5:34.

El ángel de las aguas concluye con una declaración interesante: Por el derramamiento de sangre de los apóstatas, ¡**son dignos!** Se trata de un paralelismo deliberado con el mensaje del cántico nuevo: «*Digno eres* de tomar el libro y de romper sus sellos, porque *fuiste inmolado* y *con tu sangre* nos compraste para Dios» (5:9). Así como el Cordero recibió su recompensa por la sangre que derramó, así estos perseguidores han recibido ahora la justa recompensa por su derramamiento de sangre.

Dios había prometido una vez a los oprimidos de Israel que pagaría a sus enemigos según sus malas obras:

Haré comer a tus opresores su propia carne,
y como con vino dulce, con su sangre se embriagarán;
y toda carne sabrá que yo, el Señor, soy tu Salvador
y tu Redentor, el Poderoso de Jacob.
(Is. 49:26)

Como de costumbre, esto se ha invertido: ahora es Israel, el perseguidor por excelencia, el que se verá obligado a beber su propia sangre y devorar su propia carne. Esto era cierto en mucho más que un sentido figurado: Como Dios había predicho a través de Moisés (Dt. 28:53-57), durante el sitio de Jerusalén los israelitas se convirtieron realmente en caníbales; las madres se comían literalmente a sus propios hijos.[12] Como derramaron la sangre de los santos, Dios les da a beber su propia sangre (17:6; 18:24).

Uniéndose al ángel en la alabanza, llega la voz **del mismo altar**, donde se había derramado la sangre de los santos y profetas. El altar se regocija: **Sí, Señor Dios todopoderoso, ¡tus juicios son verdaderos y justos!** Los santos reunidos en torno a la base del altar habían clamado justicia, venganza contra sus opresores (6:9-11). En la destrucción de Israel se responde a esa oración; los testigos son vindicados. Es más que una coincidencia que estas oraciones de los versículos 5-7 (junto con el texto del cántico de Moisés en 15:34) estén en realidad «basadas en el cántico entonado por los sacerdotes y levitas durante el intervalo entre la preparación y la ofrenda del sacrificio».[13] Irónicamente— justo cuando Dios mismo se está preparando para el sacrificio completamente quemado del año 70 d.C.— los mismos ángeles del cielo estaban cantando la propia liturgia del Israel apóstata contra él.

8-9 El cuarto ángel derrama ahora su copa **sobre el sol; y le fue dado abrasar a los hombres con fuego**. Mientras que la cuarta trompeta resultó en una plaga de tinieblas (8:12), ahora el calor del sol se incrementa, de modo que los hombres **fueron abrasados con gran calor**. Esto también es una inversión de una bendición básica del pacto que estaba presente en el Éxodo, cuando Israel estaba protegido del calor del sol por la nube-gloria, la sombra del Todopoderoso (Éx. 13:21-22; cf. Sal. 91:1-6). Esta promesa se repite una y otra vez a lo largo de los profetas:

---

[12] Flavio Josefo, *La guerra de los judíos*, iii.3-4.
[13] J. Massyngberde Ford, *Revelation: A New Translation with Introduction and Commentary* (Garden City, NY: Doubleday and Co., 1975), p. 266.

El Señor es tu guardador;
el Señor es tu sombra a tu mano derecha.
El sol no te herirá de día,
ni la luna de noche.
El SEÑOR te protegerá de todo mal;
Él guardará tu alma.
(Sal. 121:5-7)

No pasarán hambre ni sed,
no los herirá el calor abrasador ni el sol,
porque el que tiene compasión de ellos los guiará,
y a manantiales de aguas los conducirá.
(Is. 49:10)

Bendito es el hombre que confía en el SEÑOR,
cuya confianza es el SEÑOR.
Será como árbol plantado junto al agua,
que extiende sus raíces junto a la corriente;
no temerá cuando venga el calor,
y sus hojas estarán verdes;
en año de sequía no se angustiará
ni cesará de dar fruto.
(Jer. 17:7-8)

Por eso están delante del trono de Dios, y le sirven día y noche en su templo; y el que está sentado en el trono extenderá su tabernáculo sobre ellos. Ya no tendrán hambre ni sed, ni el sol los abatirá, ni calor alguno, pues el Cordero en medio del trono los pastoreará y los guiará a manantiales de aguas de vida, y Dios enjugará toda lágrima de sus ojos.
(Ap. 7:15-17)

Ya hemos observado varias veces que el apóstol Juan utiliza la voz pasiva para indicar el control divino. Vuelve a insistir en la soberanía de Dios al decirnos que se le **concedió** al sol abrasar a los hombres; y, en la línea siguiente, es aún más explícito: **Dios... tiene el poder sobre estas plagas**. El apóstol Juan no conoce a un «Dios» que se sienta impotente al margen, viendo pasar el mundo; tampoco reconoce a un «Dios» demasiado amable para enviar juicios sobre los malvados. Sabe que las plagas que caen sobre Israel son «obras del SEÑOR, que ha hecho asolamientos en la tierra» (Sal. 46:8).

En su libro sobre la Trinidad, Agustín subraya el mismo punto: «Toda la creación está gobernada por su creador, de quien y por quien y en quien fue fundada y establecida. Y así, la voluntad de Dios es la causa primera y suprema de todas las apariencias y movimientos corporales. Porque nada sucede en la esfera visible y sensible que no esté ordenado o permitido desde la corte interior, invisible e inteligible del altísimo emperador, en esta vasta e ilimitada mancomunidad de toda la creación, según la inexpresable justicia de sus premios y castigos, gracias y retribuciones».[14] Pero los apóstatas se niegan a someterse al señorío de Dios sobre ellos. Al igual que la bestia, cuya cabeza está coronada con «nombres de blasfemia» (13:1) y cuya imagen adoran, **los hombres blasfemaron el nombre de Dios que tiene el poder sobre estas plagas**. Y, al igual que el impenitente Faraón (Éx. 7:13, 23; 8:15, 19, 32; 9:7, 12, 34-35; 10:20, 27; 11:10; 14:8), **no se arrepintieron para darle gloria**. Israel se ha convertido en Egipto, endureciendo su corazón; y, como Egipto, será destruido.

Las tres últimas copas: ¡Se ha hecho! (16:10-21)

10 El quinto *ángel* derramó su copa sobre el trono de la bestia; y su reino se quedó en tinieblas, y se mordían la lengua de dolor.

11 Y blasfemaron contra el Dios del cielo por causa de sus dolores y de sus llagas, y no se arrepintieron de sus obras.

12 El sexto *ángel* derramó su copa sobre el gran río Éufrates; y sus aguas se secaron para que fuera preparado el camino para los reyes del oriente.

13 Y vi *salir* de la boca del dragón, de la boca de la bestia y de la boca del falso profeta, a tres espíritus inmundos semejantes a ranas;

14 pues son espíritus de demonios que hacen señales, los cuales van a los reyes de todo el mundo, a reunirlos para la batalla del gran día del Dios Todopoderoso.

15 (He aquí, vengo como ladrón. Bienaventurado el que vela y guarda sus ropas, no sea que ande desnudo y vean su vergüenza.)

16 Y los reunieron en el lugar que en hebreo se llama Armagedón.

17 Y el séptimo *ángel* derramó su copa en el aire; y una gran voz salió del templo, del trono, que decía: Hecho está.

18 Entonces hubo relámpagos, voces y truenos; y hubo un gran terremoto tal como no lo había habido desde que el hombre está sobre la tierra; *fue* tan grande *y* poderoso terremoto.

19 La gran ciudad quedó dividida en tres partes, y las ciudades de las naciones cayeron. Y la gran Babilonia fue recordada delante de Dios para darle el cáliz del vino del furor de su ira.

20 Y toda isla huyó, y los montes no fueron hallados.

21 Y enormes granizos, como de un talento cada uno, cayeron sobre los hombres; y los hombres blasfemaron contra Dios por la plaga del granizo, porque su plaga fue sumamente grande.

---

[14] Agustín, *On the Trinity*, iii.9; Henry Bettenson, ed. y trad., *The Later Christian Fathers* (Oxford: Oxford University Press, 1197211977), p. 191.

Los objetivos simbólicos de las cuatro primeras copas eran los elementos de la creación física: La tierra, el mar, las aguas y el sol. Con las tres últimas plagas, las consecuencias del ataque angélico son de naturaleza más «política»: la interrupción del reino de la bestia; la guerra del gran guía de Dios; y la caída de «Babilonia».

10-11 Aunque la mayoría de los juicios de Apocalipsis se dirigen específicamente al Israel apóstata, los paganos que se unen a Israel contra la Iglesia también son condenados. De hecho, la Gran Tribulación misma resultaría ser «la hora de la prueba, esa *hora* que está por venir sobre todo el mundo para poner a prueba a los que habitan sobre la tierra» (3:10). Por tanto, el quinto ángel derrama su copa **sobre el trono de la bestia**; y, mientras el calor del sol abrasa a los que adoran a la bestia, las luces se apagan en **su reino**, y este se **oscurece**— un símbolo bíblico familiar para la agitación política y la caída de los gobernantes (cf. Is. 13:9-10; Am. 8:9; Ez. 32:7-8). El significado primordial de esta plaga sigue siendo el juicio sobre Israel, pues (en términos del mensaje de Apocalipsis) ese era el **trono** y el **reino** de la bestia. Además, como veremos, el pueblo que sufre la quinta copa es identificado como sufriendo también la primera copa, que fue derramada sobre la tierra, sobre los israelitas adoradores de la bestia (v. 2).

Sin embargo, también es probable que este juicio se corresponda parcialmente con las guerras, revoluciones, disturbios y «convulsiones mundiales»[15] que asolaron el Imperio después de que Nerón se suicidara en junio del 68. F. W. Farrar escribe a este respecto sobre «los horrores infligidos a Roma y a los romanos en las guerras civiles por los gobernadores provinciales— ya simbolizados como los cuernos de la bestia salvaje, y aquí caracterizados como reyes aún sin reino. Tales fueron Galba, Otón, Vitelio y Vespasiano.[16] Vespasiano y Muciano planearon deliberadamente matar de hambre a la población romana;[17] y en la feroz lucha de los vitelianos contra Sabino y Domiciano, y la masacre que siguió, se produjo el acontecimiento que sonó tan portentosamente en los oídos de todos los romanos: el incendio del templo de Júpiter Capitolino, el 19 de diciembre del año 69 d.C.[18] No fue la menor de las señales de los tiempos que en el espacio de un año se vieran envueltos en llamas los dos santuarios más sagrados del mundo antiguo: el templo de Jerusalén y el templo del gran dios latino».[19] Un breve pasaje de Tácito proporciona una idea de las caóticas condiciones de la capital: «Cerca de los combates estaba el pueblo de Roma como el público de un espectáculo, animando y aplaudiendo por turnos a uno y otro bando, como si se tratara de un simulacro de batalla en la arena. Cuando uno de los bandos cedía, los hombres se escondían en las tiendas o se refugiaban en alguna gran casa. Entonces eran sacados a rastras y asesinados a instancias de la muchedumbre, que se llevaba la mayor parte del botín, ya que los soldados estaban empeñados en el derramamiento de sangre y la masacre, y el botín recaía en la multitud».

---

[15] Cornelio Tácito, *The Histories*, iii.49.
[16] Los gobernantes durante el 69, «el año de los cuatro emperadores».
[17] Tácito, *The Histories*, iii.48; Josefo, *La guerra de los judíos*, iv.x.5.
[18] Tácito, *The Histories*, iii.71-73; Josefo, *La guerra de los judíos*, iv.xi,4.
[19] F. W. Farrar, *The Early Days of Christianity* (Chicago and New York: Belfors, Clarke & Co., 1882), pp. 555s.

«Toda la ciudad presentaba una espantosa caricatura de su ser normal: combates y heridos en un punto, baños y restaurantes en otro, aquí el derramamiento de sangre y los desechos de cadáveres, cerca prostitutas y similares: todo el vicio asociado a una vida de ociosidad y placer, todos los actos espantosos típicos de un saco despiadado. Todo ello estaba tan íntimamente ligado que un observador habría pensado que Roma se hallaba sumida en una orgía simultánea de violencia y disipación. En efecto, había habido ocasiones en el pasado en que los ejércitos habían luchado dentro de la ciudad, dos veces cuando Lucio Sila obtuvo el control, y una vez bajo Cinna. Entonces no se había mostrado menos crueldad, pero ahora había una indiferencia brutal, y ni siquiera una interrupción momentánea en la búsqueda del placer. Como si se tratara de un entretenimiento más de la temporada festiva, se regodeaban en los horrores y sacaban provecho de ellos, sin importarles qué bando ganaba y gloriándose en las calamidades del estado».[20]

De nuevo el apóstol Juan llama la atención sobre la impenitencia de los apóstatas. Su respuesta al juicio de Dios es solo una mayor rebelión, pero su rebelión es cada vez más impotente: **Y se mordían la lengua a causa del dolor, y blasfemaban contra el Dios del cielo a causa de sus dolores y de sus llagas; y no se arrepentían para darle gloria**. Un rasgo distintivo de las plagas de la copa es que vienen todas a la vez, sin «respiro» entre ellas. Las plagas son suficientemente malas de una en una, como en los juicios sobre Egipto. Pero este pueblo todavía se está mordiendo la lengua y blasfemando contra Dios a causa de sus llagas— las llagas que les sobrevinieron cuando se derramó la primera copa. Los juicios se están derramando tan rápidamente que cada plaga sucesiva encuentra al pueblo todavía sufriendo por todas las que la precedieron. Y, como su carácter no ha sido transformado, no se arrepienten. La idea de que los grandes sufrimientos producen piedad es un mito. Sólo la gracia de Dios puede apartar a los malvados de la rebelión; pero Israel se ha resistido al Espíritu, para su propia destrucción.

12 En correspondencia con la sexta trompeta (9: 13-21), la sexta copa es derramada **sobre el gran río, el Éufrates, y sus aguas se secaron, a fin de preparar el camino a los reyes desde la salida del sol**. Como vimos en 9:14, el Éufrates era la frontera septentrional de Israel, de donde saldrían ejércitos invasores para asolar y oprimir al pueblo del pacto, La imagen del secado del Éufrates para un ejército conquistador está tomada, en parte, de una estratagema de Ciro de Persia, que conquistó Babilonia desviando temporalmente el Éufrates de su curso, lo que permitió a su ejército marchar por el cauce del río hasta la ciudad, tomándola por sorpresa.[21] La idea más básica, por supuesto, es la desecación del Mar Rojo (Éx. 14:21-22) y del Jordán (Jos. 3:9-17; 4:22-24) para el pueblo victorioso de Dios. De nuevo subyace la nota de trágica ironía: Israel se ha convertido en la nueva Babilonia, un enemigo de Dios que ahora debe ser conquistado por un nuevo Ciro, mientras el verdadero pueblo del pacto es milagrosamente liberado y llevado a su herencia. Como observa Carrington, la llegada de los ejércitos del Éufrates «seguramente no representa otra cosa que

---

[20] Tácito, *The Histories*, iii.48; trad. Kenneth Wellesley (Nueva York: Penguin Books, IH, 1975), pp. 197s.
[21] Herodoto, *Historia*, i. 191; véase las profecías de esto en Jer. 50:38; 51:32, 36.

el regreso de Tito para asediar Jerusalén con más refuerzos»;[22] y ciertamente es más que una coincidencia que miles de estas mismas tropas vinieran realmente del Éufrates.[23]

13-14 El apóstol Juan ve ahora **tres espíritus inmundos** que salen de la **boca del dragón, de la boca de la bestia y de la boca del falso profeta** (la bestia terrestre de 13:11; cf. 19:20). Se establece aquí una conexión con la segunda plaga egipcia, pues la multitud de ranas que infestaba Egipto procedía del río (Éx. 8:1-7). El apóstol Juan ha combinado estas imágenes en estos versículos: Primero, una invasión desde un río (v. 12); segundo, una plaga de **ranas** (en las leyes dietéticas del Antiguo Pacto, las ranas son **impuras**: Lev. 11:9-12, 41-47). Pero estas «ranas» son en realidad **espíritus de demonios, que realizan señales** para engañar a la humanidad. De nuevo hay un énfasis múltiple en el dragón (imitado por sus secuaces) lanzando cosas por la **boca** (12:15-16; 13:5-6; contraste 1:16; 11:5; 19:15, 21); y la triple repetición de **boca** aquí sirve también como otro punto de contacto con la sexta trompeta (9:17-19). Estos espíritus inmundos del diablo, el gobierno romano y los líderes de Israel **salen a los reyes de todo el mundo** (cf. Sal. 2) para reunirlos **para la guerra de ese gran día de Dios**. Con sus falsas profecías y obras milagrosas incitan a los ejércitos del mundo a unirse en guerra contra Dios. Lo que no se dan cuenta es que la batalla es del Señor, y que los ejércitos están siendo traídos para cumplir los propósitos de Dios, no los suyos. Es Él quien les prepara el camino, incluso secando el Éufrates para su paso.

El profeta Micaías dio un mensaje muy parecido al malvado rey Acab de Israel, explicándole por qué moriría en la batalla contra los arameos:

> Yo vi al Señor sentado en su trono, y todo el ejército de los cielos estaba junto a Él, a su derecha y a su izquierda. Y el Señor dijo: «¿Quién inducirá a Acab para que suba y caiga en Ramot de Galaad?». Y uno decía de una manera, y otro de otra. Entonces un espíritu se adelantó, y se puso delante del Señor, y dijo: «Yo le induciré». Y el Señor le dijo: «¿Cómo?». Y él respondió: «Saldré y seré espíritu de mentira en boca de todos sus profetas». Entonces Él dijo: «Le inducirás y también prevalecerás. Ve y hazlo así». (1Re. 22:19-22)

De ello se hace eco la profecía del apóstol Pablo a los Tesalonicenses:

> Porque el misterio de la iniquidad ya está en acción, solo que aquel que por ahora lo detiene, lo hará hasta que él mismo sea quitado de en medio. Y entonces será revelado ese inicuo, a quien el Señor matará con el espíritu de su boca, y destruirá con el resplandor de su venida; inicuo cuya venida es conforme a la actividad de Satanás, con todo poder y señales y prodigios mentirosos, y con todo engaño de iniquidad para los que se pierden, porque no recibieron el amor de la verdad para ser salvos.

---

[22] Philip Carrington, *The Meaning of the Revelation* (Londres: SPCK, 1931), p. 265.
[23] Véase Josefo, *La guerra de los judíos*, iii.i.3; iii.iv.2; v.i.6; vii.i.3.

> Por esto Dios les enviará un poder engañoso, para que crean en la mentira, a fin de que sean juzgados todos los que no creyeron en la verdad sino que se complacieron en la iniquidad.
> (2Ts. 2:7-12)

En última instancia, la «obra de error» realizada por estos espíritus mentirosos es enviada por Dios para provocar la destrucción de sus enemigos en **la guerra de ese gran día de Dios**, un término bíblico para un día de juicio, de calamidad para los malvados (cf. Is. 13:6, 9; Jl. 2:1-2, 11, 31; Am. 5:18-20; Sof. 1:14-18). Concretamente, este será el día de la condena y ejecución de Israel; el día, como predijo Jesús en su parábola, en que el rey enviaría a sus ejércitos para destruir a los asesinos e incendiar su ciudad (Mt. 22:7). El apóstol Juan vuelve a subrayar este punto al referirse al Señor **como Dios todopoderoso**, la traducción griega de la expresión hebrea *Dios de las huestes*, el Señor de los *ejércitos* del cielo y de la tierra (cf. 1:8). Los ejércitos que vienen a provocar la destrucción de Israel— independientemente de su motivación— son ejércitos de Dios, enviados por Él (incluso a través de espíritus mentirosos, si es necesario) para llevar a cabo sus propósitos, para su gloria. Los demonios-ranas malignos realizan sus falsos prodigios y obras de error porque el ángel de Dios derramó su copa de ira.

15 La narración se interrumpe de repente: **¡He aquí que vengo como un ladrón**! Este es el tema central de Apocalipsis, que resume las advertencias de Cristo a las iglesias en las siete cartas (2:5, 16, 25; 3:3, 11). La venida de los ejércitos romanos será, en realidad, la venida de Cristo en terrible ira contra sus enemigos, los que le han traicionado y han matado a sus testigos. La redacción específica y las imágenes parecen estar basadas en la carta a la iglesia de Sardis: «Vendré como ladrón, y no sabrás a qué hora vendré sobre ti» (3:3; cf. Mt. 24:42-44, Lc. 12:35-40, 1Ts. 5:1-11). Esa carta dice también: «Ponte en vela y afirma las cosas que quedan, que estaban a punto de morir, porque no he hallado completas tus obras delante de mi Dios… Pero tienes unos pocos en Sardis que no han manchado sus vestiduras, y andarán conmigo vestidos de blanco, porque son dignos. Así el vencedor será vestido de vestiduras blancas y no borraré su nombre del libro de la vida, y reconoceré su nombre delante de mi Padre y delante de sus ángeles» (3:2, 4-5). Del mismo modo, el texto de la sexta copa continúa, en la tercera bienaventuranza de Apocalipsis: **Dichoso el que permanece despierto y guarda sus vestiduras, no sea que ande desnudo y los hombres vean su vergüenza** (cf. 3:18, en la carta a Laodicea: «te aconsejo que de mí compres… vestiduras blancas para que te vistas y no se manifieste la vergüenza de tu desnudez»). John Sweet comenta: «Aquí el tiempo de **ir desnudos** y **ser vistos** es subjuntivo presente= 'andar desnudos habitualmente'. El peligro es ser sorprendido no momentáneamente sino habitualmente con la guardia baja— no, por decirlo crudamente, con los pantalones abajo, sino sin nada de pantalones».[24]

---

[24] Sweet, p. 249.

Philip Carrington explica el origen de la alusión del apóstol Juan: «Había un oficial de guardia en el templo cuya tarea consistía en pasearse y vigilar que los que estaban de guardia se mantuvieran despiertos; si los encontraba dormidos, los golpeaba; si los encontraba por segunda vez, quemaba sus ropas. Esta es la única explicación posible de este pasaje. Significa: Ahora es el momento de que los que están vigilando el templo se mantengan despiertos. Todo el simbolismo de la sexta copa, por lo tanto, de la cual esto es una parte, tiene que ver con un ataque al templo».[25] El juicio y la destrucción se acercan rápidamente; no queda tiempo que perder. Las iglesias deben estar despiertas y en alerta.

16 Se reanuda la narración: Los demonios reúnen a los reyes de la tierra **en el lugar que en hebreo se llama Armagedón**.[26] Literalmente, se escribe **Har-Magedon**, que significa **Monte Meguido**. Aquí surge un problema para los literalistas, pues Meguido es una ciudad en una llanura, no una montaña. Nunca hubo ni habrá una «Batalla del Armagedón» literal, porque no existe tal lugar. La montaña más cercana a la llanura de Meguido es el Monte Carmelo, y esto es presumiblemente lo que el apóstol Juan tenía en mente. ¿Por qué no dijo simplemente «Monte Carmelo»? responde Farrer: «Uno puede solo suponer que el apóstol Juan quiere referirse al mismo tiempo a Meguido y al Carmelo»[27]— el Carmelo, por su relación con la derrota de los falsos profetas de Jezabel, y Meguido, por haber sido escenario de varios enfrentamientos militares importantes en la historia bíblica. Meguido figura entre las conquistas de Josué (Jos. 12:21), y es especialmente importante por ser el lugar donde Débora derrotó a los reyes de Canaán (Jue. 5:19). El rey Ocozías de Judá, el malvado nieto del rey Acab de Israel, murió en Meguido (2Re. 9:27). Quizá el acontecimiento más significativo que tuvo lugar allí, en términos de la imaginería del apóstol Juan, fue el enfrentamiento entre el rey Josías de Judá y el faraón egipcio Necao. Desobedeciendo deliberadamente la Palabra de Dios, Josías se enfrentó a Necao en la batalla de Meguido y fue herido de muerte (2Cró. 35:20-25). Tras la muerte de Josías, la espiral descendente de Judá hacia la apostasía, la destrucción y la esclavitud fue rápida e irrevocable (2Cró. 36). Los judíos lloraron la muerte de Josías, incluso hasta la época de Esdras (ver 2Cró. 35:25), y el profeta Zacarías utiliza esto como una imagen del luto de Israel por el Mesías: Después de prometer «destruir a todas las naciones que vengan contra Jerusalén» (Zc. 12:9), Dios dice:

Y derramaré sobre la casa de David y sobre los habitantes de Jerusalén, el Espíritu de gracia y de súplica, y me mirarán a mí, a quien han traspasado. Y se lamentarán por

---

[25] Carrington, pp. 265s.; cf. Alfred Edersheim, *The Temple: Its Ministry and Services As They Were at the Time of Jesus Christ* (Grand Rapids: Witliam B. Eerdmans Publishing Co., 1980), pp. 142, 148.

[26] Cf. la frase similar en Juan 19:13: «Pilato... se sentó en el tribunal, en un lugar llamado el Empedrado, pero en hebreo, Gabata». Carrington (p. 267) comenta: «Cualesquiera que sean nuestros puntos de vista sobre la autoría de la literatura junina, es cierto que las semejanzas en pensamiento, plan y dicción entre Apocalipsis y el evangelio son a veces extraordinariamente estrechas, y aquellos eruditos que sostienen que son de autores diferentes y están inspirados por motivos diferentes tienen algunos puntos difíciles de explicar. En el caso que nos ocupa se pretende establecer un contraste entre Jesús, juzgado y abocado a la muerte a manos del procurador del emperador, y Jerusalén, juzgada y abocada a su destrucción a manos del emperador».

[27] Farrer, p. 178.

Él, como quien se lamenta por un hijo único, y llorarán por Él, como se llora por un primogénito. Aquel día habrá gran lamentación en Jerusalén, como la lamentación de Hadad-rimón en la llanura de Meguido· Y se lamentará la tierra, cada familia por su lado...
(Zac. 12:10-12)

A esto le sigue la declaración de Dios de que apartará de Israel a los ídolos, los falsos profetas y los espíritus malignos (Zc. 13), y que traerá ejércitos hostiles para asediar Jerusalén (Zc. 14).[28]

«Megido» era para el apóstol Juan un símbolo de derrota y desolación, un «Waterloo» que significaba la derrota de los que se oponían a Dios, como explica Farrer: «En resumen, el Monte Meguido representa en su mente un lugar donde la profecía mentirosa y sus incautos van al encuentro de su perdición; donde los reyes y sus ejércitos son engañados para su destrucción; y donde todas las tribus de la tierra lloran, para ver a aquel en poder, a quien en debilidad habían traspasado».[29]

16 Por último, el séptimo ángel derrama su copa **sobre el aire**. La razón de esto no parece ser que el aire sea el dominio de Satanás, «el príncipe de la potestad del aire» (Ef. 2:2), sino más bien que es el elemento en el que se producirán los relámpagos y los truenos (v. 18) y el granizo (v. 21). De nuevo una **voz** viene del **templo del cielo**, **del trono**, significando el control y la aprobación de Dios. El apóstol Juan nos dijo en 15:1 que estas siete plagas debían ser «las últimas, porque en ellas la ira de Dios es consumada»; con la séptima copa, por tanto, la voz proclama: ¡**Se ha hecho**! (cf. 21:6). «El pronunciamiento es una sola palabra, *ghegonen*, que es tan semejante al trueno como la palabra *uai* es semejante al grito de un águila (8:13). 'Se ha cumplido' es el sello de un logro, como aquel otro discurso de una sola palabra, 'Consumado es', *tetelestai* [Jn. 19:30], pronunciado por el Cristo juanino, mientras muere en la cruz».[30]

18 Aparecen de nuevo los fenómenos asociados con el día del Señor y la actividad hacedora de pacto de la nube de gloria: relámpagos, **truenos y voces; y hubo un gran terremoto**. Siete veces menciona el apóstol Juan en Apocalipsis un terremoto (6:12; 8:5; 11:13 [dos veces]; 11:19; 16:18 [dos veces]), subrayando sus dimensiones de pacto. Cristo vino a traer el terremoto definitivo, el gran terremoto cósmico del Nuevo Pacto, uno como **no había habido desde que los hombres pisaron la tierra, un terremoto tan poderoso y tan grande** (cf. Mt. 24:21; Éx. 9:18, 24; Dan. 12:1; Joel 2:1-2).

---

[28] Carrington (pp. 268-71) proporciona una extensa lista de las alusiones de Juan a Zacarías, observando que «junto a Ezequiel es el que más ha influido en el apóstol. Es importante darse cuenta, por tanto, de que habla de la destrucción de esta Jerusalén y de una venganza sobre sus habitantes; espera la gloria de una nueva Jerusalén bajo la casa de David, y que los gentiles vengan a adorar allí» (p. 271).

[29] Farrer, p. 178.

[30] Farrer, p. 179.

Este fue también el mensaje del escritor a los Hebreos. Comparando el pacto hecho en el Sinaí con la venida del Nuevo Pacto (que se establecería con la destrucción del templo y la completa desaparición del Antiguo Pacto), dijo:

> Mirad que no rechacéis al que habla. Porque si aquellos no escaparon cuando rechazaron al que les amonestó sobre la tierra, mucho menos escaparemos nosotros si nos apartamos de aquel que nos amonesta desde el cielo. Su voz hizo temblar entonces la tierra, pero ahora Él ha prometido, diciendo: AÚN UNA VEZ MÁS, YO HARÉ TEMBLAR NO SOLO LA TIERRA, SINO TAMBIÉN EL CIELO. [Hag. 2:6]. Y esta expresión: Aún, una vez más, indica la remoción de las cosas movibles, como las cosas creadas, a fin de que permanezcan las cosas que son inconmovibles. Por lo cual, puesto que recibimos un reino que es inconmovible, demostremos gratitud, mediante la cual ofrezcamos a Dios un servicio aceptable con temor y reverencia; porque nuestro Dios es fuego consumidor. (Heb. 12:25-29)

El eminente teólogo puritano John Owen comentó este texto sobre este «terremoto» definitivo: «Es el trato de Dios con la iglesia, y las alteraciones que haría en el estado de la misma, del que trata el apóstol. Por lo tanto, son *los cielos y la tierra del culto mosaico*, y la iglesia-estado judaica, con la *tierra de su estado político* perteneciente a ella, los que aquí se mencionan. Estos fueron los que fueron sacudidos en la venida de Cristo, y tan sacudidos, que poco después fueron removidos y quitados, para la introducción del culto más celestial del evangelio, y la iglesia-estado evangélica inamovible. Esta fue la mayor conmoción y alteración que Dios haya hecho jamás en los cielos y en la tierra de la iglesia, y que había de hacerse una sola vez...»

«Esta es la conclusión de toda la parte argumentativa de esta epístola, lo que se pretendía desde el principio. Habiendo demostrado plenamente la excelencia del evangelio y el estado de la iglesia en él, por encima de la que estaba bajo la ley, y confirmado por un examen de todos los aspectos de la una y de la otra, como hemos visto; Ahora declara por la Escritura, de acuerdo con su manera habitual de tratar con los hebreos, que todas las *antiguas instituciones* de culto, y toda la iglesia-estado del Antiguo Pacto, ahora iban a ser *removidos y quitados*; y que para dar paso a un estado mejor, más glorioso, y que nunca sería detestable [es decir, sujeto] a cambio o alteración».[31]

19 Como hemos visto, **la gran ciudad** es la antigua Jerusalén, donde el Señor fue crucificado (11:8; cf. 14:8); originalmente destinada a ser «la luz del mundo, una ciudad asentada sobre

---

[31] John Owen, *An Exposition of the Epistle to the Hebrews*, W. H. Goold ed., 7 vols. (Grand Rapids: Baker Book House, [1855] 1980), vol. 7, pp. 366s. Owen observa además: «Aunque se refiere principalmente a la eliminación del culto mosaico y del antiguo estado eclesiástico, que se llevó a cabo con la venida de Cristo y la promulgación del evangelio desde el cielo por él, todas las demás oposiciones a él y a su reino están incluidas; no sólo las que existían entonces, sino todas las que sobrevendrán hasta el fin del mundo. Las 'cosas inconmovibles' han de permanecer y establecerse contra toda oposición. Por lo tanto, así como los cielos y la tierra del mundo idólatra fueron sacudidos y removidos en otro tiempo, así también lo serán los del mundo anticristiano, que en la actualidad parecen prevalecer en muchos lugares. Todas las cosas deben ceder, cualesquiera que sean los nombres del cielo y de la tierra aquí abajo, al evangelio y al reino de Cristo en ellos. Porque si Dios le abrió paso mediante la remoción de sus propias instituciones, que él designó por un tiempo, ¿qué otra cosa impedirá su establecimiento y progreso hasta el fin?» (p. 368).

una colina», ahora es una asesina apóstata, condenada a perecer. Bajo el juicio de la séptima copa, será dividida **en tres partes**. Las imágenes proceden del quinto capítulo de Ezequiel, en el que Dios ordena al profeta que escenifique la destrucción de Jerusalén. Ezequiel debía afeitarse la cabeza con una espada afilada y luego dividir cuidadosamente el cabello en tres partes:

> Una tercera parte quemarás a fuego en medio de la ciudad cuando terminen los días del sitio. …Tomarás y golpearás con la espada alrededor de la ciudad; y la otra tercera parte esparcirás al viento, y yo desenvainaré la espada detrás de ellos. Toma también de allí unos pocos en número y átalos en la orla de tu manto. Y toma otra vez algunos de ellos, échalos en medio del fuego, y quémalos en el fuego. De ahí saldrá el fuego hacia toda la casa de Israel.
>
> Así dice el Señor DIOS: «Esta es Jerusalén; yo la coloqué en el centro de las naciones y de los territorios a su alrededor. Pero ella se ha rebelado contra mis ordenanzas con más impiedad que las naciones, y contra mis estatutos más que los territorios alrededor de ella; porque ellos han desechado mis ordenanzas y no han andado en mis estatutos». Por tanto, así dice el Señor DIOS: «Porque vuestra rebelión es mayor que la de las naciones que os rodean, y no habéis andado en mis estatutos ni observado mis ordenanzas, ni tampoco observado las ordenanzas…
>
> …Por eso, así dice el Señor DIOS: «He aquí, yo, yo mismo, estoy contra ti, y yo ejecutaré juicios en medio de ti a la vista de las naciones. Y yo haré en ti lo que no he hecho y lo que no volveré a hacer jamás a causa de todas tus abominaciones. Por eso, los padres se comerán a sus hijos en medio de ti, y los hijos se comerán a sus padres; ejecutaré juicios en ti y esparciré cuantos te queden a todos los vientos.
>
> Por tanto, ¡vivo yo!— declara el Señor DIOS— que por haber profanado mi santuario con todos tus ídolos detestables y con todas tus abominaciones, yo me retiraré, mi ojo no tendrá piedad, y tampoco perdonaré. Una tercera parte de ti morirá de pestilencia o será consumida por el hambre en medio de ti, otra tercera parte caerá a espada alrededor de ti y la otra tercera parte esparciré a todos los vientos, y yo desenvainaré la espada tras ellos. (Ez. 5:1-12)

Aunque la imagen del apóstol Juan de la división de la ciudad en tres partes está claramente tomada de Ezequiel, el referente específico puede ser el conjeturado por Carrington: «Se refiere a la división en tres facciones, que se agudizó tras el regreso de Tito. Mientras Tito la asediaba desde el exterior, los tres líderes de las facciones rivales luchaban ferozmente en el interior: de no ser por esto, la ciudad podría haber evitado la derrota durante mucho tiempo, incluso indefinidamente, ya que ningún ejército fuerte podía mantenerse durante mucho tiempo en aquellos días en los alrededores de Jerusalén; no había agua ni suministros. Esta lucha dentro de la ciudad la entregó rápidamente en manos de Tito; 'los días se acortaron'».[32] Otro indicio de que la gran ciudad es Jerusalén es el hecho de que el apóstol Juan la distingue **de las ciudades de los gentiles**, que **cayeron** con ella. Hay que recordar que Jerusalén era la capital del reino de los sacerdotes, el lugar del templo; dentro de sus muros se ofrecían sacrificios y oraciones por todas las naciones. El sistema del Antiguo Pacto era un *orden*

---

[32] Carrington, p, 266; cf. Josefo, *La guerra de los judíos*, v.v. 1-5.

mundial, el fundamento sobre el cual se organizaba y mantenía la estabilidad del mundo entero. Representaba pacíficamente a todas las naciones del mundo, y con su caída se derrumbaron. La nueva organización del mundo debía basarse en la nueva Jerusalén, edificada sobre la roca.

Y Babilonia la grande (cf. en 14:8) **fue recordada ante Dios, para darle la copa del vino de su ira feroz**. Como observa Ford, «la frase se ajusta al contexto litúrgico del texto. Se han derramado las libaciones, pero en lugar de que el recuerdo sea una vuelta de Dios hacia su pueblo con gracia y misericordia, es para juzgarlo. El 'recordar' de Dios es siempre un acto eficaz y creador, no una mera actividad intelectual; recuerda en el acto de bendecir (transmitir vitalidad o vida) y maldecir (destruir). La ironía del versículo 19 reside en la exhortación a Israel a 'recordar' el pacto y la bondad de Dios en general. Se le exhorta especialmente, como en Deuteronomio 6, a mantener un recuerdo perpetuo de los acontecimientos del Éxodo y del Sinaí, a recordarlos día y noche, y a no olvidar nunca a Dios, que fue quien los hizo realidad…»

«En este capítulo el autor da a entender que, debido a que Israel se olvidó y se volvió arrogante, las plagas egipcias se volvieron contra ella. Incluso entonces no se arrepintió, sino que blasfemó (cf. Job 1:22; 2:10), y Dios se acordó de ella para juzgarla».[33]

20 En este juicio final, todo falso refugio desaparece; los montes y las rocas ya no pueden ocultar a los malvados «de la presencia del que está sentado en el trono y de la ira del Cordero» (6:16): **Toda isla huyó, y los montes no fueron hallados**.

21 Hemos señalado varias veces la estrecha relación entre Apocalipsis y la profecía de Ezequiel. También en este caso existe un paralelismo: Ezequiel declaró que los falsos profetas de Jerusalén traerían su destrucción mediante una violenta tormenta de granizo (Ez. 13:1-16). El apóstol Juan predice el mismo destino: **Y granizo grande, como del peso de un talento [50 kilos], desciende del cielo sobre los hombres; y los hombres blasfemaron contra Dios a causa de la plaga del granizo, porque su plaga es sobremanera grande**. Como en las otras plagas, la imaginería está tomada de las plagas que Moisés trajo sobre Egipto (en este caso, la séptima plaga: Éx. 9:18-26). La plaga de piedras de granizo también evoca asociaciones con «las grandes piedras desde el cielo» que Dios arrojó sobre los cananeos cuando la tierra estaba siendo conquistada bajo Josué (Jos. 10:11); como cantó Débora, las mismas estrellas del cielo hacen la guerra contra los enemigos de Dios (Jue. 5:20).

Un referente histórico específico de esta «tormenta de granizo» puede haber sido registrado por Josefo, en su extraño relato de los enormes misiles de piedra lanzados por las catapultas romanas contra la ciudad: «Los proyectiles de piedra pesaban un talento y recorrían dos estadios o más, y su impacto no solo sobre los primeros en ser alcanzados, sino también sobre los que venían detrás, era enorme. Al principio, los judíos vigilaban la piedra— pues era blanca— y su aproximación era indicada al ojo por su superficie brillante,

---

[33] Ford, p. 275.

así como al oído por su sonido zumbante. Los vigías apostados en las torres daban la alarma cada vez que se encendía la máquina y la piedra se precipitaba hacia ellos, gritando en su lengua nativa: '¡Ya viene el Hijo!' Los que se encontraban en la línea de fuego se abrían paso y caían tendidos, precaución que provocaba que la piedra pasara inofensivamente y cayera en su retaguardia. Para frustrarlo, a los romanos se les ocurrió ennegrecer las piedras para que no pudieran ser vistas tan fácilmente de antemano; entonces dieron en el blanco y destruyeron a muchos de un solo disparo».[34]

Después de considerar varias teorías sobre el significado de esta frase, Stuart Russell escribe: «No podía sino ser bien conocido por los judíos que la gran esperanza y fe de los cristianos era la pronta venida del Hijo. Fue por esta misma época, según Hegesipo, que Santiago, el hermano de nuestro Señor, testificó públicamente en el templo que 'el Hijo del Hombre estaba a punto de venir en las nubes del cielo', y luego selló su testimonio con su sangre. Parece muy probable que los judíos, en su blasfemia desafiante y desesperada, al ver la masa blanca que se precipitaba por el aire, lanzaran el grito procaz: 'El Hijo viene', burlándose de la esperanza cristiana de la parusía, con la que podrían trazar una semejanza ridícula en la extraña apariencia del proyectil».[35]

Y los hombres blasfemaron contra Dios— su reacción constante durante el derramamiento de las copas, revelando no solo su maldad, sino su franca estupidez: Cuando piedras de cincuenta kilos caen del cielo, ¡sin duda no es el momento adecuado para blasfemar! Pero Dios ha abandonado a estos hombres a su propia autodestrucción; su viciosa y odiosa rebelión les consume hasta tal punto que pueden partir hacia la eternidad con maldiciones en los labios.

Las copas que contenían la última de las plagas han sido derramadas; pero el fin aún no ha llegado. Los capítulos que siguen concluirán con la destrucción de la gran ciudad ramera y sus aliados, y concluirán con la revelación de la gloriosa esposa de Cristo: la verdadera ciudad santa, la nueva Jerusalén. (Por lo tanto, los capítulos 17-22 pueden considerarse una continuación de la séptima copa, o una exposición de su significado; en cualquier caso, los acontecimientos están claramente regidos por los ángeles de las copas; véanse 17:1; 21:9). «Así, todo el libro, de principio a fin, enseña las grandes verdades: ¡Cristo triunfará! ¡Los enemigos de Cristo serán vencidos! Los que le odian serán destruidos; los que le aman serán bendecidos indeciblemente. La condenación tanto del judío como del gentil es ya inminente. Sobre Judea y Jerusalén, sobre Roma y su Imperio, sobre Nerón y sus adoradores, caerá el juicio. La espada y el fuego, el hambre y la peste, la tempestad y el terremoto, la agonía social y el terror político no son más que los infortunios que anuncian el reino mesiánico. Las cosas antiguas están desapareciendo rápidamente. La luz sobre el rostro de la antigua dispensación se desvanece y se oscurece, pero el rostro de aquel que es como el sol ya está amaneciendo por el Oriente. El nuevo y definitivo pacto se establecerá instantáneamente en medio de terribles juicios; y se establecerá de tal manera que hará imposible la continuación del antiguo. ¡Maranata! ¡El Señor está cerca! Ven, Señor Jesús».[36]

---

[34] Josefo, *La guerra de los judíos*, v.vi.3.
[35] Russell, p. 482.
[36] F. W. Farrar, *The Early Days of Christianity* (Chicago y Nueva York: Belford, Clarke & Co., 1882), p. 557.

17

LA FALSA NOVIA

Aunque en los últimos años algunos han intentado ver a la gran ramera de Apocalipsis como la ciudad de Roma, la Iglesia a lo largo de la historia cristiana ha entendido generalmente que se trata en cierto sentido de una falsa esposa, una parodia demoníaca de la verdadera esposa, la Iglesia. El *tema* bíblico de la novia que cae en adulterio (apostasía) es tan conocido que tal identificación es casi ineludible. La metáfora de la prostitución se usa exclusivamente en el Antiguo Testamento para una ciudad o nación que ha abandonado el pacto y se ha vuelto hacia dioses falsos; y, con solo dos excepciones (véase el v. 1-2, más abajo), el término se usa siempre para el Israel infiel. La ramera es, claramente, la falsa Iglesia. En este punto, sin embargo, el acuerdo se rompe en faccionalismo. Para los herejes donatistas del siglo IV, la Iglesia católica era la ramera. Algunos teólogos ortodoxos griegos y protestantes la han visto en el papado romano, mientras que muchos fundamentalistas han detectado sus encantos de oropel en el Consejo Mundial de Iglesias. Aunque es cierto que puede haber (y ciertamente ha habido) falsas iglesias a imagen de la ramera, debemos recordar el contexto histórico de Apocalipsis y las exigencias preteristas que impone a sus intérpretes. Limitarse a encontrar algún ejemplo de falsa iglesia e identificarla como la ramera no es una exégesis fiel. El apóstol Juan ha fijado firmemente nuestros límites hermenéuticos dentro de su propia situación contemporánea, en el siglo I. De hecho, ha afirmado definitivamente que la ramera era un fenómeno actual (17:18), del que espera que sus lectores actuales se separen. Sean cuales sean las *aplicaciones* modernas que se hagan de este pasaje, debemos verlas como eso: aplicaciones. El significado primordial de la visión debe referirse a la falsa Iglesia de los días del apóstol Juan.

Hemos visto que el libro de Apocalipsis nos presenta dos grandes ciudades, puestas en antítesis la una de la otra: *Babilonia* y *la nueva Jerusalén*. Como veremos en un capítulo posterior, la nueva Jerusalén es el paraíso consumado, la comunidad de los santos, la ciudad de Dios. La otra ciudad, que se contrapone continuamente a la nueva Jerusalén, es la *vieja*

Jerusalén, que se ha vuelto infiel a Dios. Otra forma de ver esto es entender que Jerusalén estaba destinada desde el principio a ser el verdadero cumplimiento de *Babilonia*, palabra que significa «puerta de Dios». El lugar de la misericordiosa revelación de Dios de sí mismo y de su pacto debería ser una verdadera Babilonia, una verdadera «puerta del cielo» y «casa de Dios», como comprendió Jacob cuando vio la escalera de Dios al cielo, la verdadera torre de Babel, la verdadera pirámide que predijo a Jesucristo (Gén. 28:10-22; cf. Jn. 1:51). Pero Jerusalén no caminó digna de la vocación con que había sido llamada. Como la Babilonia original, Jerusalén dio la espalda al Dios verdadero y buscó la gloria y el dominio autónomos; como la Babilonia original, fue apóstata; y así la «puerta de Dios» se convirtió en cambio en «confusión» (Gén. 11:9).

¿Cómo se convirtió la ciudad fiel en una ramera? Comenzó con la apostasía del sacerdocio en Israel. La responsabilidad primaria del sacerdote (*representante* de Dios), es *re-presentar* el novio a la novia, y guardarla del peligro. En cambio, el sacerdocio condujo al pueblo a la apostasía de su Señor (Mt. 26:14-15, 47, 57-68; 27:1-2, 20-25, 4143, 62-66). Debido al fracaso del sacerdocio en traer al novio a Israel, la novia se convirtió en una ramera, en busca de otros maridos. La apostasía del sacerdocio se describe en 13:11-17, bajo la figura de la bestia de la tierra. Pero la falsa novia no está absuelta de responsabilidad. Ella también es culpable, y la profecía del apóstol Juan se dirige ahora, con razón, a considerar su juicio y destrucción.[1]

La «Babilonia» simbólica fue destruida cuando el séptimo ángel derramó su copa, la libación de aniquilación (16:17-21). Como hemos visto, esta visión forma parte del cuarto siete de Apocalipsis: las siete copas que contienen las siete plagas. La conexión se establece en 17:1 (cf. 21:9), que nos dice que es uno de los siete ángeles-copas el que da al apóstol Juan la visión del juicio de la gran ramera. Esta visión, por tanto, abre el significado de la séptima copa, la destrucción de Jerusalén.

La identidad de la ramera (17:1-7)

1 Y uno de los siete ángeles que tenían las siete copas, vino y habló conmigo, diciendo: Ven; te mostraré el juicio de la gran ramera que está sentada sobre muchas aguas;

2 con ella los reyes de la tierra cometieron actos inmorales, y los moradores de la tierra fueron embriagados con el vino de su inmoralidad.

3 Y me llevó en el Espíritu a un desierto; y vi a una mujer sentada sobre una bestia escarlata, llena de nombres blasfemos, y que tenía siete cabezas y diez cuernos.

4 La mujer estaba vestida de púrpura y escarlata, y adornada con oro, piedras preciosas y perlas, y tenía en la mano una copa de oro llena de abominaciones y de las inmundicias de su inmoralidad,

---

[1] El fracas del sacerdocio, y las consecuencias de esto para la novia, son temas recurrentes en las Escrituras. Véase James B. Jordan, *Judges: God's War Against Humanism* (Tyler, TX: Geneva Ministries, 1985).

5 y sobre su frente había un nombre escrito, un misterio: BABILONIA LA GRANDE, LA MADRE DE LAS RAMERAS Y DE LAS ABOMINACIONES DE LA TIERRA.

6 Y vi a la mujer ebria de la sangre de los santos, y de la sangre de los testigos de Jesús. Y al verla, me asombré grandemente.

7 Y el ángel me dijo: ¿Por qué te has asombrado? Yo te diré el misterio de la mujer y de la bestia que la lleva, la que tiene las siete cabezas y los diez cuernos.

1-2 Continúa la visión de las siete copas: **Uno de los siete ángeles que tenían las siete copas** muestra al apóstol Juan la caída de **la gran ramera que está sentada sobre muchas aguas**. A los lectores del apóstol Juan ya se les había hablado de una ciudad ramera llamada «la gran Babilonia» (14:8; 16:19), y el parecido de la ramera con la Babilonia original queda subrayado por la información de que está sentada **sobre muchas aguas**, una imagen tomada de la descripción que Jeremías hace de Babilonia en su famoso oráculo de juicio contra ella (Jer. 50-51). La expresión muchas aguas de Jeremías 51:13 se refiere tanto al Éufrates, que corría por el centro de la ciudad, como a los canales que la rodeaban. En última instancia, se refiere a las bendiciones que Dios había concedido a Babilonia, y que ella prostituyó para su propia gloria. Así, el apóstol Juan describe a la gran ramera de su tiempo en términos de su prototipo y modelo. Más adelante, en 17:15, se nos informa de un aspecto del significado simbólico de las «muchas aguas», pero por ahora se trata simplemente de la identificación de la ramera con Babilonia.

Al mismo tiempo, sin embargo, debemos reconocer que en todos los demás puntos de Apocalipsis en los que se emplea la expresión «**muchas aguas**», esta se enmarca en una descripción de la relación de pacto de Dios y de la interacción litúrgica con su pueblo. Hemos observado que la voz de la nube de gloria suena como muchas aguas, y que esta voz es producida por los innumerables ángeles del concilio celestial (Ez 1:24). Del mismo modo, en Apocalipsis 1:15 la voz de Cristo es «como el sonido de muchas aguas» (cf. Ez. 43:2); en 14:2 el apóstol Juan oye de nuevo la voz del cielo como «el sonido de muchas aguas»; y en 19:6 la gran multitud de los redimidos, habiendo entrado en el concilio angélico en el cielo, se une en un cántico de alabanza, que el apóstol Juan oye como «el sonido de muchas aguas». La expresión recuerda, pues, tanto la revelación misericordiosa de Dios como la respuesta litúrgica de alabanza y obediencia de su pueblo. Por los antecedentes bíblicos y el contexto de la frase, no sorprendería a los lectores del apóstol Juan que la mujer apareciera sentada sobre «muchas aguas». La sorpresa es que es una prostituta. Ha tomado los buenos dones de Dios y los ha prostituido (Ez. 16:6-16; Rom. 2:17-24).

La ciudad-ramera ha **fornicado** con los **reyes de la tierra**. Esta expresión está tomada de la profecía de Isaías contra Tiro, donde se refiere principalmente a su comercio internacional (Is. 23:15-17); también se le acusa de «muchas fornicaciones» con otras naciones (Nah. 3:4).[2] Sin embargo, la imagen de una ciudad o nación que fornica con los

---

[2] Cabe destacar que Tiro y Nínive— las dos únicas ciudades fuera de Israel acusadas de prostitución— habían estado ambas en pacto con Dios. El reino de Tiro en tiempos de David y Salomón se convirtió al culto del Dios verdadero, y su rey contrajo un pacto con Salomón y colaboró en la construcción del templo (1Re. 5:1-12; 9:13; Am. 1:9); Nínive se

reinos del mundo se usa con más frecuencia en referencia al pueblo rebelde del pacto. Hablando contra la Jerusalén apóstata, Isaías se lamentó:

¡Cómo se ha convertido en ramera la ciudad fiel,
la que estaba llena de justicia!
Moraba en ella la rectitud,
mas ahora, asesinos.
(Is. 1:21)

La imagen del adulterio de Israel es bastante común en los profetas, ya que presentan la demanda del pacto de Dios contra la novia que ha abandonado a su esposo.[3] Jeremías habló contra Israel como la ramera, que busca los falsos dioses de los paganos en lugar de su verdadero esposo:

Porque desde hace tiempo rompí tu yugo
y arranqué tus coyundas;
pero dijiste: «No serviré».
Porque sobre toda colina alta
y bajo todo árbol frondoso
te echabas como ramera…
Eres una camella joven y liviana que enreda sus pasos,
asna montés acostumbrada al desierto,
que en su ardor olfatea el viento.
En la época de su celo ¿quién la puede refrenar?
Todos los que la busquen, no se tienen que fatigar,
en su mes la hallarán…
En vano he herido a vuestros hijos,
no han aceptado corrección.
Vuestra espada ha devorado a vuestros profetas
como león destructor.
¡Oh generación, atended a la palabra del SEÑOR!
¿He sido yo un desierto para Israel,
o una tierra de densa oscuridad?
¿Por qué dice mi pueblo: «Vaguemos libremente;
no vendremos más a ti»?
¿Se olvida una virgen de sus adornos,
o una novia de su atavío?

---

convirtió bajo el ministerio de Jonás (Jon. 3:5-10). La posterior apostasía de estas dos ciudades podría considerarse con razón prostitución.

[3] Para una descripción breve del tema de la prostitución en la Escritura, véase el excelente libro de Francis Schaeffer *The Church Before the Watching World* (Downers Grove, IL: InterVarsity Press, 1971), Capítulo 2: «Adultery and Apostasy— The Bride and the Bridegroom Theme».

> Pues mi pueblo me ha olvidado
> por innumerables días.
> ¡Qué bien preparas tu camino
> para buscar amor!
> Por eso aun a las malvadas
> has enseñado tus caminos.
> Dios dice: Si un hombre se divorcia de su mujer,
> y ella se va de su lado
> y llega a ser de otro hombre,
> ¿volverá él a ella?
> ¿No quedará esa tierra totalmente profanada?
> Pues tú eres una ramera con muchos amantes,
> y sin embargo, vuelves a mí —declara el SEÑOR.
> Alza tus ojos a las alturas desoladas y mira:
> ¿dónde no te has prostituido?
> Junto a los caminos te sentabas para ellos
> como el árabe en el desierto,
> y has profanado la tierra
> con tu prostitución y tu maldad.
> Por eso fueron detenidas las lluvias,
> y no hubo lluvia de primavera;
> pero tú tenías frente de ramera,
> no quisiste avergonzarte.
> (Jer. 2:20, 23-24, 30-33; 3:1-3)

Los adulterios de Israel, dijo Oseas, tenían lugar «en todas las eras» (Os. 9:1): La imagen es la de una mujer prostituyéndose por dinero en la casa del grano en tiempo de cosecha. Esto tiene un doble significado. En primer lugar, Israel estaba apostatando en culto a Baal, buscando la bendición de la cosecha y la fertilidad de dioses falsos (olvidando que la fertilidad y la bendición en todos los ámbitos solo pueden venir del único Dios verdadero). En segundo lugar, el templo se construyó sobre una era (2Cró. 3:1), que simboliza la acción de Dios a lo largo de la historia al separar la paja de su trigo santo (Job 21:18; Sal. 1:4; 35:5; Is. 17:13; Lc. 3:17). La era también simboliza la relación matrimonial: La unión de Booz y Rut tuvo lugar en su era (Rut 3), y la acción de moler en un molino es una imagen bíblica de las relaciones sexuales (Job 31:10; Is. 47:2; Jer. 25:10).[4] Así, en lugar de consumar su matrimonio con Dios mediante la adoración en su era, la novia se prostituyó tras cualquier otra era, postrándose ante dioses extraños y altares ajenos.

La Jerusalén apóstata es la ciudad ramera; este tema se hace aún más prominente en la profecía de Ezequiel, particularmente en Ezequiel 16 y 23, donde está claro que sus

---

[4] Para una discusión completa de este punto, véase Calum M. Carmichael, «Treading in the Book of Ruth», ZAW 92 (1980), pp. 248-66.

«adulterios» consisten en pactos religioso-políticos con poderosos reinos paganos (véase, por ejemplo, Ez. 16:26-29). El pueblo de Jerusalén en tiempos de Ezequiel había abandonado la verdadera fe y se había vuelto hacia dioses paganos y naciones impías en busca de ayuda, en lugar de confiar en que Dios sería su protector y libertador. Es importante señalar que, aunque el propio Israel parece haber considerado estas relaciones en términos principalmente políticos, los profetas hicieron hincapié en que la cuestión religiosa era fundamental. La dependencia de la nación del pacto de las potencias paganas no podía considerarse una mera conveniencia política; era nada menos que prostitución. Utilizando un lenguaje tan gráfico y explícito que la mayoría de los pastores modernos no predicarían a partir de estos capítulos,[5] Ezequiel condena a Jerusalén como una ramera degradada y lasciva: «te entregaste a todo el que pasaba y multiplicaste tu prostitución» (Ez. 16:25). El retrato sarcástico que hace Ezequiel del adulterio de Israel es agudo y vívido: Ella codicia a los (supuestamente) bien dotados egipcios, cuyos órganos sexuales son del tamaño de los genitales de un asno, y que producen semen en cantidades tan prodigiosas que rivaliza con el de un caballo (16:26; 23:20). Su deseo adúltero (inflamado por imágenes pornográficas, 23:14-16) es tan grande que está dispuesta a pagar a extraños para que se acerquen a ella, en lugar de al revés (16:33-34); incluso se masturba con las «imágenes masculinas» que ha fabricado (16:17). La profecía de Ezequiel era cruda, y sin duda ofendió a muchos de sus oyentes; pero simplemente les estaba dando una descripción fiel de lo ofensivos que eran para Dios. Desde el punto de vista del Dios todo santo que habló a través de Ezequiel, nada podía ser más obsceno que la apostasía de la novia de su divino esposo.

Lo mismo ocurría con Israel en el siglo I. En el mismo momento en que llegó el esposo prometido, Israel estaba fornicando con el César. La vista de su verdadero esposo solo la llevó más lejos en la unión adúltera con «los reyes de la tierra». Rechazando la realeza de Cristo (cf. 1Sam. 8:7-8), los principales sacerdotes gritaron: «¡No tenemos más rey que el César!» (Jn. 19:15),

La apostasía de Jerusalén llevó a toda la nación a la fornicación religiosa y política. **Los moradores de la tierra**— el pueblo judío (véanse los comentarios sobre 3:10)— se **embriagaron con el vino de su fornicación**, seducidos a tal estupor espiritual que no reconocieron a su propio Cristo. Embriagados por su aparentemente exitosa relación con el poder-estado imperial, los judíos no se dieron cuenta de que era una trampa: estaban siendo drogados en preparación para su propia ejecución.

---

[5] La actitud del reverendo H. Foster, rector de Clerkenwell a principios del siglo XIX, es probablemente representativa. Discutiendo la conveniencia de predicar a partir de los Cánticos (el Cantar de los Cantares), dice: «He predicado a partir de varios textos independientes de los Cánticos. Una vez pasé por Ezequiel 16, pero no me atreví a hacerlo de nuevo». Citado en John H. Pratt, ed., *The Thought of the Evangelical Leaders: Notes of the Discussions of the Eclectic Society, London, During the Years 1798-1814* (Edimburgo: The Banner of Truth Trust, [1856] 1978), p. 441. En una época más realista, Juan Calvino pudo ser mucho más explícito en sus conferencias— tanto que su traductor del siglo XIX simplemente suprimió varios pasajes, con esta nota: «El reformador se detiene tan minuciosamente en el lenguaje del profeta, que el refinado gusto de los días modernos no soportará una traducción literal de algunas cláusulas». Thomas Myers, en *Calvin's Commentaries on the First nventy Chapters of the Book of the Prophet Ezekiel* (Grand Rapids: Baker Book House, 1979 reimpresión), vol. 2, p. 127. Véase otra omisión del traductor de los comentarios de Calvino sobre Gén. 38:8-10 (*Commentaries on the First Book of Moses*, Baker Book House, 1979, vol. 2, p. 281).

3 Ya hemos visto a la mujer en el **desierto**, donde huyó de la opresión del dragón de siete cabezas (12:6, 14). Pero esa estancia en el desierto fue por necesidad y por un tiempo determinado. La verdadera novia no habita en el desierto— la señal de la maldición, la morada de los demonios (Mt. 12:43)[6]— por preferencia. Para la falsa novia, sin embargo, el desierto es su elemento; ella elige permanecer allí en lugar de seguir al Espíritu a la tierra prometida. El desierto es, pues, su herencia y su destino (cf. Núm. 13-14; Zac. 5:5-11). Este es, de nuevo, un cuadro profético familiar: La Jerusalén apóstata es una ramera, que ejerce su obsceno comercio por los caminos del desierto como un asno salvaje en celo (cf. Jer. 2-3; Os. 2).

Es como si la mujer de Apocalipsis 12, habiendo huido al desierto en busca de protección, se hubiera acostumbrado a la vida en el desierto y establecido una relación íntima con el dragón. El apóstol Juan la ve **sentada sobre una bestia escarlata**. No queda claro de inmediato si la bestia escarlata es el dragón o la bestia marina. Como la bestia marina, está **llena de nombres blasfemos** (13:1); y como el dragón, tiene **siete cabezas y diez cuernos** (12:3; el orden se invierte para la bestia marina, que tiene *diez cuernos y siete cabezas*, 13:1). Puesto que está sentada «sobre muchas aguas» (v. 1) y sobre la bestia escarlata también, la imaginería parece sugerir que la bestia se ha levantado del mar (cf. 11:7; 13:1). La solución más probable es simplemente ver el pasaje como una referencia a la intimidad apóstata de Jerusalén tanto con Satanás como con el Imperio. Roma era la encarnación política reinante del diablo, y ambos podían considerarse ciertamente juntos bajo una misma imagen. Israel dependía del Imperio romano para su existencia y poder nacional; del testimonio del Nuevo Testamento no cabe duda de que Jerusalén estaba política y religiosamente «en la cama» con el paganismo institucionalizado, cooperando con Roma en la crucifixión de Cristo y la persecución asesina de los cristianos.

Por cierto, este es uno de los muchos indicios de que la ramera no es Roma, pues se distingue claramente de ella. Está *sentada* sobre la bestia, apoyada y mantenida por ella, cuyas siete cabezas representan— entre otras cosas— las famosas «siete colinas» de Roma (17:9). Cabe señalar también que existe un contraste entre el trono de Dios, sostenido por los seres vivientes que están «llenos de ojos» y que día y noche se dedican a alabar a Dios (4:6-8; cf. Ez. 10:12), y la reina ramera, cuyo trono está sostenido por una bestia **llena de nombres blasfemos**.

4 La mujer está vestida **de púrpura y escarlata**, ropajes de esplendor y realeza para alguien que se sienta como reina (18:7; véase Jue. 8:26; 2Sam. 1:24; Dan. 5:7, 16, 29; Lc. 16:19). Está **dorada con oro, piedras preciosas y perlas**, en consonancia con las descripciones bíblicas de la gloriosa ciudad de Dios (Is. 54:11-12; 60:5-11; Ap. 21:18-21), basadas además en el modelo del jardín del Edén adornado con joyas (Gén. 2:11-12; Ez. 28:13). Las joyas también forman parte de las vestiduras del sumo sacerdote (Éx. 28:9-29) y del trono de Dios (4:34). Por lo tanto, no hay necesidad de ver las vestiduras y joyas de la

---

[6] Véase 12:6; cf. la reflexión sobre el tema del desierto en David Chilton, *Paradise Restored: A Biblical Theology of Dominion* (Ft. Worth, TX: Dominion Press, 1985), pp. 24, 46, 50-53.

mujer como un simple adorno llamativo, atrevido y extravagante del traje de una ramera. Por el contrario, se trata *originalmente* de las ropas de la mujer justa— la novia— que se supone va ataviada con un vestido glorioso (cf. Éx. 3:22; Ez. 16:11-14; Prov. 31:21-22). El apóstol Juan quiere que sus lectores vean a la ramera adornada con los hermosos ropajes de la Iglesia. Quiere que comprendan que esta ramera degenerada que fornica con bestias sigue llevando los atavíos de la pura y casta esposa. Debemos notar, sin embargo, que el enorme velo que cubría la puerta del templo (más de 24 metros de alto y 7 metros de ancho) era «un tapiz babilonio, bordado de azul, y lino fino [cf. 18:16], y escarlata, y púrpura».[7]

La falsa esposa celebra una especie de comunión (Cena del Señor): Sostiene en su mano una copa de **oro llena de abominaciones y de las cosas inmundas de su fornicación**, combinando las imágenes de comida inmunda (cf. Lev. 11) y *matrimonio* inmundo (cf. Lev. 20; véase especialmente Lev. 20:22-26).[8] La imagen ha cambiado ligeramente respecto a la de Jeremías 51:7, donde la Babilonia original se describe como «una copa de oro en la mano del Señor, que embriaga toda la tierra», pero la idea básica es similar. Jerusalén todavía tiene la hermosa copa del pacto, pero la comunión que ofrece lleva a los hombres a la muerte y la destrucción. Su copa está llena de «abominaciones», una palabra que la Biblia utiliza a menudo en relación con la adoración de dioses falsos (Dt. 29:17; Ez. 5:11). La Jerusalén farisaica se enorgullece de su observancia de las normas de limpieza ceremonial, pero en realidad es radicalmente impura, contaminada desde dentro por su apostasía y fornicación (Mt. 23:25-28; Mc. 7:1-23). La imagen general bien puede ser, como ha observado Ford, «una parodia del sumo sacerdote en el día de la Expiación vistiendo las vestiduras especialmente reservadas para esa ocasión y sosteniendo la ofrenda de libación. Sin embargo, en lugar del nombre sagrado sobre su frente, el 'sacerdote-ramera' lleva el nombre de Babilonia, madre de las rameras y de las abominaciones de la tierra, un título que ilustra Ez. 16:43-45, donde el Señor habla de la lascivia de Jerusalén».[9]

5 A estas alturas, la escritura en la frente es una imagen familiar en Apocalipsis. La hemos visto en los santos (3:12; 7:3; 14:1) y en los seguidores de la bestia (13:16-17). La frente es especialmente señalada como símbolo de rebelión (Is. 48:4; Ez. 3:9); se dice que el rebelde Israel tiene «frente de ramera» (Jer. 3:3). Pero el nombre escrito allí comienza con la palabra **misterio**. Corsini ha señalado acertadamente el significado de este hecho tan pasado por alto: «Si la prostituta es llamada 'misterio', eso significa que ella, incluso en el momento en que es juzgada y condenada, sigue formando parte integrante e importante del plan divino de salvación. Este no puede ser el caso de Roma o de cualquier otra ciudad pagana, sino solo el de Jerusalén. Sólo ella, y ninguna otra ciudad, será renovada y descenderá del cielo sobre el

---

[7] Josefo, *Las guerras de los judíos*, v.v.4.

[8] Para una discusión extensa, aunque preliminar, de las relaciones entre la pureza culinaria y sexual en la Ley, véase Mary Douglas, Purity and Danger: An Analysis of the Concepts of Pollution and Taboo (Londres: Routledge & Kegan Paul, [1966] 1969), Cap. 3: «The Abominations of Leviticus» (pp. 41-57); idem, *Implicit Meanings: Essays in Anthropology* (Londres: Routledge & Kegan Paul, 1975), Cap. 16: «Deciphering a Meah» (pp. 249-75).

[9] J. Massyngberde Ford, *Revelation: A New Translation with Introduction and Commentary* (Garden City, NY: Doubleday and Co., 1975), p. 288.

Monte Sion para celebrar las bodas con el Cordero (21:2, 10ss.), porque 'en los días del toque de trompeta que ha de dar el séptimo ángel, el misterio de Dios... se cumplirá' (10:7)».[10]

El nombre simbólico de la ramera continúa: **la gran Babilonia**, pues es heredera y homónima de la antigua ciudad que fue el epítome de la rebelión contra Dios (Gén. 11:1-9; Jer. 50-51). El nombre también sirve para recordarnos su alta vocación, que fue creada para ser la verdadera Babilonia, la puerta de Dios. Sin embargo, en lugar de ello, ha seguido el camino de la antigua Babilonia en su rechazo apóstata del señorío de Dios sobre ella. Identificada ahora con la bestialidad y la confusión, se ha convertido en «el misterio de la iniquidad» (2Ts. 2:7), **la madre de las rameras** (correspondiente a «Jezabel» y sus «hijos», de los que se habla en 2:20-23; cf. la descripción de Jerusalén como madre de rameras en Ezequiel 16:44-48).

6-7 Ahora vemos lo que la ramera tiene en su copa, la comunión demoníaca con la que ella y sus amantes (v. 2; cf. 14:8) se están **emborrachando**: Es **la sangre de los santos, y de los testigos de Jesús**. Este es «el vino de su fornicación», el sacramento de su apostasía de la verdadera fe; el último alimento impuro (cf. Lev. 17:10-14). Si bien es cierto que Roma se convirtió en una gran perseguidora de la Iglesia, debemos recordar que Jerusalén fue la transgresora preeminente en este sentido. La persecución romana se produjo por instigación y connivencia de los judíos, como nos informa constantemente el libro de Hechos. Toda la historia de Jerusalén, de hecho, fue una persecución implacable de los piadosos, y especialmente de los profetas (Mt. 21:33-44; 23:29-35, Hch. 7:51-53). Como nos dice el apóstol Juan en 18:24, «En ella fue hallada la sangre de los profetas, de los santos y de todos los que habían sido muertos sobre la tierra». Jerusalén fue la perseguidora de los profetas por excelencia.

Pero no siempre es fácil mirar las cosas con ojos «teológicos». En el momento de su gloria, una ramera exitosa es hermosa, seductora. La Palabra de Dios es realista, y no pretende que el mal parezca siempre repulsivo. La tentación del pecado, como todos sabemos, puede ser muy atractiva (Gén. 3,6; 2Co. 11:14). Por eso, al contemplar a la gran ramera, el apóstol Juan se quedó cautivado, fascinado por su belleza: **Se asombró con gran asombro** (cf. Ap. 13:3-4: «Y la tierra entera se maravilló y seguía tras la bestia; y adoraron al dragón...»). El ángel le reprende: **¿Por qué te asombras?** El apóstol Juan registra esto para advertir a sus lectores que no se dejen seducir por la ramera, pues es hermosa e impresionante. El antídoto para no dejarse engañar por las artimañas de la falsa novia es comprender el **misterio de la mujer y de la bestia que la lleva**. El ángel revelará ahora la naturaleza del pacto de la ramera con la bestia, su oposición a Cristo y su próxima destrucción. Los lectores del apóstol Juan deben comprender que ya no hay esperanza de «reforma desde dentro». Jerusalén está implacablemente en guerra contra Jesucristo y su pueblo. La otrora ciudad santa es ahora una ramera.

---

[10] Eugenio Corsini, *The Apocalypse: The Perennial Revelation of Jesus Christ* (Wilmington, DE: Michael Glazier, 1983), p. 335.

El ángel explica el misterio (17:8-18)

8 La bestia que viste, era y no es, y está para subir del abismo e ir a la destrucción. Y los moradores de la tierra, cuyos nombres no se han escrito en el libro de la vida desde la fundación del mundo, se asombrarán al ver la bestia que era y no es, y que vendrá.

9 Aquí está la mente que tiene sabiduría. Las siete cabezas son siete montes sobre los que se sienta la mujer;

10 y son siete reyes; cinco han caído, uno es y el otro aún no ha venido; y cuando venga, es necesario que permanezca un poco de tiempo.

11 Y la bestia que era y no es, es el octavo rey, y es uno de los siete y va a la destrucción.

12 Y los diez cuernos que viste son diez reyes que todavía no han recibido reino, pero que por una hora reciben autoridad como reyes con la bestia.

13 Estos tienen un mismo propósito, y entregarán su poder y autoridad a la bestia.

14 Estos pelearán contra el Cordero, y el Cordero los vencerá, porque Él es Señor de señores y Rey de reyes, y los que están con Él son llamados, escogidos y fieles.

15 Y me dijo: Las aguas que viste donde se sienta la ramera, son pueblos, multitudes, naciones y lenguas.

16 Y los diez cuernos que viste y la bestia, estos odiarán a la ramera y la dejarán desolada y desnuda, y comerán sus carnes y la quemarán con fuego;

17 porque Dios ha puesto en sus corazones el ejecutar su propósito: que tengan ellos un propósito unánime, y den su reino a la bestia hasta que las palabras de Dios se cumplan.

18 Y la mujer que viste es la gran ciudad, que reina sobre los reyes de la tierra.

8 El ángel comienza su explicación hablando de la bestia, ya que la intimidad de la ramera con la bestia es tan integral a su carácter y destino. Una vez más, debemos señalar que se trata de una bestia compuesta (cf. v.3 anteriormente), que comprende los atributos tanto del Imperio romano como de su original, el dragón. Milton Terry dice: «En su explicación, el ángel parece dirigir nuestra atención particularmente hacia el espíritu que actuaba por igual sobre el dragón, la bestia del mar y el falso profeta; y así, lo que aquí se afirma de la bestia tiene una referencia especial a las diferentes y sucesivas manifestaciones del propio Satanás... De ahí que entendamos por la bestia que *era y no es* un retrato enigmático del gran dragón rojo de 12:3. Es el rey del abismo en 9:11, y la bestia que mató a los testigos en 11:7. Aparece por un tiempo en la persona de algún gran perseguidor, o en la forma de alguna enorme iniquidad, pero después de un tiempo es expulsado. Entonces encuentra de nuevo algún otro órgano para sus operaciones y entra en él con toda la malicia del espíritu inmundo que vagaba por lugares secos, buscando descanso y no encontrándolo, hasta que descubrió su antigua casa, vacía, barrida y adornada como si invitara a su regreso».[11]

El ángel representa a la bestia como una parodia de «aquel que es y que era y que ha de venir» (1:4): **La bestia... era y no es y está a punto de subir del abismo**. En este punto, es probable que el referente humano específico de **la bestia** sea Vespasiano, que se convirtió en César tras el caos que siguió a la muerte de Nerón. Ford comenta: «La bestia 'era' (Vespasiano estaba a favor de Nerón) y 'no es' (cayó en desgracia) y vendrá del abismo (fue restaurado con la ayuda de los 'hombres de la fosa', un epíteto para los hombres perversos de Qumrán). Vespasiano es paralelo a 'el que ha de venir'. En cierto sentido, el Imperio pasó por las mismas etapas; 'era', de César a Nerón, 'no era' en el año crítico de los cuatro emperadores, y volvió de nuevo con Vespasiano».[12]

En última instancia, como hemos visto, se trata de una descripción de la bestia original, el dragón, el antiguo enemigo de Dios y de su pueblo. Si por el momento hay un respiro temporal de su cruel oposición, los cristianos deben ser conscientes de que está a punto de ascender de nuevo del abismo para atacarlos y perseguirlos de nuevo; sin embargo, el apóstol Juan les recuerda que la derrota de la bestia está asegurada, pues su ascensión no es al poder y la gloria a la diestra de Dios, sino solo para **ir a la destrucción**. La palabra **destrucción** es *apoleian*, la raíz de *Apolión*, el «rey del abismo» en 9:11. El apóstol Juan está señalando que aunque a la bestia se le permite, por un tiempo, ascender fuera del abismo, es igual de seguro que volverá allí. Su destino es la destrucción total, y no puede conseguir destruir a la Iglesia. Pero el dragón/bestia tendrá éxito en llevar al apóstata Israel a su culto idolátrico. **Los que habitan en la tierra se preguntarán… cuando vean a la bestia, que no era y es y vendrá**. La palabra usada antes para la salida de la bestia del abismo es *anabainõ*, en imitación de la *resurrección/ascensión* de Cristo; la palabra *vendrá* aquí es *paristêmi* (la forma verbal de *parusía*), en imitación de la venida de Cristo en poder y gloria, trayendo juicio y salvación (la parusía definitiva ocurrió en la ascensión, resultando en la parusía de Cristo contra Jerusalén en el año 70 d.C.). Así, al igual que los cristianos del siglo I vivían a la espera de la cercana parusía de su Señor, los judíos apóstatas esperaban la liberación y la salvación de la bestia. La «segunda venida» del dragón, tras su aparente (y real) derrota por Cristo, fue motivo de asombro, admiración y adoración por parte de los judíos que rechazaban a Cristo. El ascenso del estado total, en oposición al reino de Cristo, fue para el rebelde Israel una ascensión a la gloria, una parusía, un día del Señor. La bestia era su Mesías, y su anti-parusía los entregó a las manos de Apolión, la perdición y la destrucción del abismo. La única cuestión definitiva de la ascensión de la bestia desde el abismo es la mayor condenación de sí mismo y de sus adoradores.

¿Por qué, en última instancia, los judíos rechazaron a Cristo y adoraron al dragón? Porque, a diferencia de los elegidos de Cristo, que fueron «nos escogió en Él antes de la fundación del mundo» (Ef. 1:4), el **nombre** del Israel apóstata **no está escrito en el libro de la vida desde la fundación del mundo** (cf. 13:8). El apóstol Pedro escribió que Jesucristo,

---

[11] Milton S. Terry, *Biblical Apocalyptics: A Study of the Most Notable Revelations of God and of Christ in the Canonical Scriptures* (Nueva York: Eaton & Mains, 1898), pp. 429s.

[12] Ford, p. 289.

la gran piedra angular, era para los judíos «PIEDRA DE TROPIEZO Y ROCA DE ESCÁNDALO; pues ellos tropiezan porque son desobedientes a la palabra, y para ello estaban también destinados» (1Pe. 2:8)[13] En cambio, la Iglesia ha heredado el antiguo estatus (Éx. 19:6) que tenía Israel: «Pero vosotros sois linaje escogido, real sacerdocio, nación santa, pueblo *adquirido* para posesión *de Dios…*» (1Pe. 2:9).

9-10 El ángel pasa a hablar de la encarnación del dragón en la bestia del mar. **Aquí está la mente que tiene sabiduría. Las siete cabezas son siete montes sobre los que se sienta la mujer**. Los «siete montes» identifican de nuevo a la bestia con Roma, famosa por sus «siete colinas»;[14] pero también corresponden a la línea de los Césares, pues **son siete reyes; cinco han caído**: Los cinco primeros Césares fueron Julio, Augusto, Tiberio, Calígula y Claudio. [15] **Uno es**: Nerón, el sexto César, estaba en el trono cuando el apóstol Juan escribía Apocalipsis. **El otro aún no ha llegado; y cuando llegue, deberá permanecer un poco más**: Galba, el séptimo César, reinó menos de siete meses.

11 Pero la caída de la dinastía Julio-Claudia y el grave caos político que la acompaña no deben ser interpretados por los cristianos como el fin de los problemas. Porque su verdadero enemigo es **la bestia**, que se encarnará también en otros Césares. **También es un octavo rey**, pero es **de los siete**: la brutalidad anticristiana de los tiranos sucesivos los marcará como de la misma calaña que sus predecesores. El ocho es el número de la resurrección en la Biblia; el apóstol Juan está advirtiendo que aunque el Imperio parecerá desintegrarse tras el gobierno de los siete reyes, «resucitará» de nuevo, para seguir viviendo en otros perseguidores de la Iglesia. Sin embargo, el regreso del Imperio no resultará en la victoria de la bestia, pues incluso la octava, la bestia resucitada, **irá a la destrucción**. La Iglesia tendrá que armarse de paciencia durante el período de ascenso de la bestia, pero tiene la

---

[13] En el contexto (v. 6-8), el apóstol Pedro está citando las profecías de Isaías sobre el rechazo de Cristo por parte de los judíos (Is. 8:14; 28:16; véase Mt. 28:12-15). John Brown de Edimburgo comentó sobre 1Pedro 2:8: «La referencia directa en el término desobedientes es, sin duda, a los judíos incrédulos. Cuando Dios les proclamó: 'He aquí, pongo en Sión por fundamento una piedra, piedra probada, piedra angular preciosa, fundamento seguro; el que creyere no se apresurará', ellos dudaron de la declaración. Desobedecieron el mandato. Rechazaron la piedra. No quisieron edificar sobre ella. No quisieron recibir a Jesús como el Mesías; al contrario, 'le tomaron, y con manos inicuas le crucificaron y mataron'». (*Expository Discourses on 1 Peter*, 2 vols.; Edimburgo: The Banner of Truth Trust, [1848] 1975, vol. 1, p. 314).

[14] No es necesario para nada buscar siete montes en Jerusalén como el cumplimiento de esta declaración. La ramera está sentada sobre la bestia, y por tanto sobre las siete colinas de Roma; en otras palabras, el judaísmo apóstata, centrado en la ciudad de Jerusalén, está apoyado por el Imperio romano; Russell (*The Parousia*, p. 492).

[15] Esto ha sido cuestionado por algunos, ya que, en un sentido técnico, el Imperio comenzó con Augusto, no con Julio (cf. Tácito, *Anales*, i. 1). Sin embargo, se trataba de un tecnicismo que, en lo que respecta a la conversación y la escritura normales del siglo I, era irrelevante. A efectos prácticos, Julio César era emperador: reclamaba el título de *imperator*, y la mayoría de los primeros escritores romanos, cristianos y judíos lo consideran el primer emperador. Suetonio comienza sus *Vidas de los Doce Césares* con Julio como primer emperador, al igual que Dion Casio en su *Historia Romana*. El libro 5 de los *Oráculos Sibilinos* llama a Julio «el primer rey», y 4Esdras 12:15 habla de Augusto como «el segundo» de los emperadores. Para nuestros propósitos, Josefo parece proporcionar el testimonio más convincente, ya que escribió tanto para un público romano como judío, en el lenguaje común de la época. En sus *Antigüedades de los judíos* habla claramente de Augusto y Tiberio como el segundo y tercer emperadores (xviii.ii.2), de Calígula como el cuarto (xviii.vi.lO), y de Julio como el primero (xix.i.ll). El análisis más extenso de todas las pruebas se encuentra en Moses Stuart, *Commentary on the Apocalypse*, 2 vols. (Andover: Allen, Morrill, and Wardwell, 1845), vol. 2, pp. 445-52; cf. Isbon T. Beckwith, *The Apocalypse of John: Studies in Introduction with an Exegetical and Critical Commentary* (Grand Rapids: Baker Book House, [1919] 1979), pp. 704s.

seguridad de que sus enemigos no triunfarán. Su rey saldrá victorioso; sus siervos han sido predestinados a compartir su triunfo.

12 Los diez cuernos que el apóstol Juan vio en la bestia **son diez reyes**. El número *10* en la Biblia, como hemos señalado en otras ocasiones, está relacionado con el concepto de «multitud», de plenitud cuantitativa o numérica. Que estos «reyes» estén asociados con la bestia, adornando sus cabezas como «coronas», y que **reciban autoridad con la bestia** (es decir, en virtud de su relación con ella) indica que son gobernantes sujetos al Imperio, o aliados con él. Roma tenía en realidad diez provincias imperiales, y algunos han leído esto como una referencia a ellas.[16] No es necesario, sin embargo, intentar una definición precisa de estos diez reyes súbditos; el símbolo representa simplemente «la totalidad de aquellos reyes aliados o súbditos que ayudaron a Roma en sus guerras tanto contra el judaísmo como contra el cristianismo».[17] La carga del texto es señalar a estos reyes, con los que la ramera ha ejercido su comercio (v. 2), como los instrumentos de su destrucción final (v. 16-17).

13-14 El apóstol Juan registra que los «diez reyes» se unen a la bestia contra Cristo, persiguiendo a la Iglesia por todas las provincias y reinos subordinados del Imperio: **Estos tienen un solo propósito, y dan su poder y autoridad a la bestia** para **hacer la guerra contra el Cordero**, como Miguel y sus ángeles habían hecho la guerra contra el dragón (12:7). Este ha sido siempre el objetivo definitivo del ejercicio de gobierno del hombre réprobo: el intento de destronar a Dios. Como predijo el salmista: «Se levantan los reyes de la tierra, y los gobernantes traman unidos contra el SEÑOR y contra su Ungido», (Sal. 2:2; cf. Hch. 2:26). El comentario apostólico de este texto se revela en una primitiva oración de la Iglesia perseguida. Después de citar el Salmo 2, dijeron: «Porque en verdad, en esta ciudad se unieron tanto Herodes como Poncio Pilato, juntamente con los gentiles y los pueblos de Israel, contra tu santo siervo Jesús, a quien tú ungiste, para hacer cuanto tu mano y tu propósito habían predestinado que sucediera». (Hch. 4:27-28). Los impíos están unidos en el vínculo del odio contra el Hijo de Dios, el Ungido. Por eso se nos dice el resultado de la conspiración de Herodes y Pilato contra Cristo: «Aquel mismo día Herodes y Pilato se hicieron amigos, pues antes habían estado enemistados el uno con el otro» (Lc. 23:12). Los enemigos se unirán para luchar contra un enemigo común, y en el advenimiento de Cristo vemos al mundo de paganos y apóstatas unirse en rebelión contra Él. Pero el salmista mucho antes había advertido a los reyes y gobernantes que «Adorad al SEÑOR con reverencia, y alegraos con temblor. Honrad al Hijo para que no se enoje y perezcáis en el camino, pues puede inflamarse de repente su ira. ¡Cuán bienaventurados son todos los que en Él se refugian!» (Sal. 2:11-12). El desenlace de esta lucha cósmica está, pues, asegurado, y es inevitable: **Y el Cordero los vencerá, porque Él es Señor de señores y Rey de reyes, y los que están con Él son los llamados y elegidos y fieles**. El apóstol Juan asegura a la Iglesia

---

[16] Estas eran: Italia, Acaya, Asia Siria, Egipto, África, España, Galia, Britania y Germania. Véase F. W. Farrar, *The Early Days of Christianity* (Chicago and New York: Belford, Clarke & Co., 1882), p. 532.

[17] Terry, p. 433.

que en su terrible y aterrador conflicto con el imponente poder de la Roma imperial, la victoria del cristianismo está garantizada.

15 El ángel explica ahora el significado de **las aguas... donde se asienta la ramera**. Estas se describen en términos de una designación cuádruple: **pueblos y multitudes y naciones y lenguas**, es decir, el mundo. La identificación de las naciones impías y rebeldes del mundo con el mar embravecido es familiar en las Escrituras (cf. 13:1). Isaías escribió sobre «¡Ay!, bramar de muchos pueblos que braman como el bramido de los mares; rugir de naciones que rugen como el rugido de violentas aguas. Las naciones rugen como el rugido de muchas aguas, pero Él las reprenderá y huirán lejos; serán perseguidas como el tamo de los montes delante del viento, y como polvo de torbellino delante del vendaval» (Is. 17:12-13). «Pero los impíos son como el mar agitado, que no puede estar quieto, y sus aguas arrojan cieno y lodo. No hay paz —dice mi Dios— para los impíos» (Is. 57:20-21).

Jerusalén podía ser descrita como asentada sobre «muchas aguas» (es decir, las naciones) debido a la gran y penetrante influencia que los judíos tenían en todas las partes del Imperio romano antes de la destrucción de Jerusalén. Sus sinagogas estaban en todas las ciudades, y el alcance de su colonización se puede ver en el registro del día de Pentecostés, que nos dice que «Y había judíos que moraban en Jerusalén, hombres piadosos, procedentes de todas las naciones bajo el cielo». (Hch. 2:5).[18]

16 En su guerra contra Cristo, las naciones enfurecidas se vuelven contra la ramera, debido a su conexión con Él.[19] El ángel describe esta nueva enemistad hacia la ramera con una cuádruple descripción: Los pueblos del Imperio **odiarán a la ramera y la desolarán y la desnudarán, y comerán su carne y la quemarán con fuego** (Jer. 13:26; Lam. 1:8-9; Nah. 3:5). Jerusalén había fornicado con las naciones paganas, pero en el año 70 d.C. se volvieron contra ella y la destruyeron, convirtiéndola en **desolada** (la misma palabra se utiliza en Mt. 24:15, Mc. 13:14 y Lc. 21:20, reflejando la versión griega de Dan. 9:26-27: la abominación desoladora). Uno de los castigos para una adúltera convicta en el mundo antiguo era la humillación pública de ser **desnudada** (cf. Is. 47:2-3; Jer. 13:26; Lam. 1:8; Ez. 16:37, 39; 23:29; Os. 2:10; Nah. 3:5).

Aquí se establece otra relación con «Jezabel» (2:20; véase 17:5): Las naciones **comen su carne**, como los perros (cf. 22:15) habían comido la carne de la Jezabel original (1Re. 21:23-24; 2Re. 9:30-37). Los profetas que hablaron de Jerusalén como la prostituta habían dicho que al igual que la hija de un sacerdote que se convertía en prostituta debía ser quemada con fuego (Lev. 21:9), así Dios usaría a los antiguos «amantes» de Jerusalén, las naciones paganas, para destruirla y **quemarla** hasta los cimientos (Jer. 4:11-13, 30-31; Ez. 16:37-41;

---

[18] Lucas continúa enlistando algunas nacionalidades: «Partos, medos y elamitas, habitantes de Mesopotamia, de Judea y de Capadocia, del Ponto y de Asia, de Frigia y de Panfilia, de Egipto y de las regiones de Libia alrededor de Cirene, viajeros de Roma, tanto judíos como prosélitos, cretenses y árabes» (Hch. 2:9-11).

[19] La destrucción de la ramera por sus antiguos «amantes» es inexplicable aparte de la hipótesis de que ella es Jerusalén. Existe claramente una conexión contextual entre la guerra de las naciones contra Cristo y su guerra contra la ramera. Su oposición es, ante todo, contra Él; su destrucción de ella se representa como un aspecto de su intento de destruirle a Él.

23:22, 25-30). Russell observó que «Tácito habla de la amarga animosidad con la que los ayudantes árabes de Tito estaban llenos contra los judíos,[20] y tenemos una temible prueba del intenso odio que las naciones vecinas sentían hacia los judíos en las masacres al por mayor de ese infeliz pueblo perpetradas en muchas grandes ciudades justo antes del estallido de la guerra. Toda la población judía de Cesarea fue masacrada en un solo día. En Siria todas las ciudades fueron divididas en dos bandos, judíos y sirios. En Escitópolis fueron masacrados más de trece mil judíos; en Ascalón, Tolemaida y Tiro tuvieron lugar atrocidades similares. Pero en Alejandría la matanza de los habitantes judíos superó a todas las demás masacres. Todo el barrio judío estaba inundado de sangre, y cincuenta mil cadáveres yacían en espantosos montones en las calles,[21] Este es un terrible comentario sobre las palabras del ángel-intérprete: 'Los diez cuernos que viste sobre la bestia, estos odiarán a la ramera', etc.».[22]

Es importante darse cuenta, como señalamos anteriormente, que la bestia destruyó Jerusalén como parte de su guerra contra Cristo; el motivo de los líderes romanos al destruir el templo no era solo sofocar la rebelión judía, sino borrar el cristianismo, como registró Sulpicio Severo:

> Se dice que Tito, después de convocar un concilio, deliberó primero si debía destruir el templo, una estructura de obra tan extraordinaria. A algunos les pareció bien que no se destruyera un edificio sagrado, que se distinguía por encima de todas los logros humanos, ya que, si se conservaba, constituiría una prueba de la moderación romana, pero, si se destruía, serviría como prueba perpetua de la crueldad romana. En el lado opuesto, no obstante, otros y el propio Tito pensaban que el templo debía ser derribado especialmente para que la religión de los judíos y la de los cristianos pudieran ser subvertidas más a fondo, ya que estas religiones, aunque contrarias entre sí, habían procedido sin embargo de los mismos autores; que los cristianos habían surgido de entre los judíos y que, si la raíz era extirpada, el vástago perecería rápidamente.[23]

La bestia pensó que podía matar a la ramera y a la novia de un solo golpe. Pero cuando el polvo se asentó, el andamiaje de la vieja y apóstata Jerusalén yacía en ruinas, y la Iglesia se reveló como el nuevo y más glorioso templo, la morada eterna de Dios.

17 Así pues, el soberano Señor no está a merced de la bestia y sus secuaces, sino que todos estos acontecimientos han sido predestinados para la gloria de Dios, mediante la ejecución de sus decretos. **Porque Dios ha puesto en sus corazones ejecutar su propósito teniendo un propósito común, y dando su reino a la bestia.** Obviamente, es un pecado para estos

---

[20] Cornelio Tácito, *Las historias*, V.I.

[21] Josefo, *Las guerras de los judíos*, ii.xviii.

[22] J. Stuart Russell, *The Parousia: A Critical Inquiry into the New Testament Doctrine of Our Lord's Second Coming* (Grand Rapids: Baker Book House, [1887] 1983), p. 503.

[23] *The Sacred History of Sulpitius Sevens*, en *A Select Library of Nicene and Post-Nicene Fathers of the Christian Church* (Grand Rapids:Eerdmans, [n.d.] 1973), Second Series, vol. 11, p. III. Esta información de Sulpicio parece provenir de los relatos de testigos presenciales de Tácito. Michael Grant, *The Twelve Caesars* (Nueva York: Charles Scribner's Sons, 1975), pp. 228s.

reyes dar sus reinos a la bestia, con el propósito de hacer guerra contra el Cordero. Y sin embargo, ¡es Dios quien lo puso en sus corazones! Algunos se quejarán, por supuesto, de que esto hace a Dios «el autor del pecado». La respuesta obvia a tal objeción es que el texto dice que Dios puso el mal propósito en sus corazones; al mismo tiempo, se nos asegura que «justo es el SEÑOR en todos sus caminos». Si creemos en la Biblia, debemos creer tanto en Apocalipsis 17:17 como en Salmos 145:17. Debemos aferrarnos firmemente a dos puntos (aparentemente contradictorios): Primero, Dios no es responsable del pecado, segundo, *nada sucede a pesar de Él, o en oposición a su propósito*.[24] Así, a los que luchan contra la Palabra de Dios, la respuesta bíblica es contundente: «¿O no tiene el alfarero derecho sobre el barro de hacer de la misma masa un vaso para uso honorable y otro para uso ordinario? ¿Y qué, si Dios, aunque dispuesto a demostrar su ira y hacer notorio su poder, soportó con mucha paciencia a los vasos de ira preparados para destrucción?» (Rom. 9:20-21). Agustín observó: «Está, pues, en poder de los malvados pecar; pero que al pecar hagan esto o aquello no está en su poder, sino en el de Dios, que divide las tinieblas y las regula; de modo que de ahí que *incluso lo que hacen en contra de la voluntad de Dios no se cumple si no es la voluntad de Dios*».[25]

Todo el propósito de la ira de los reyes paganos, de su unión en conspiración contra la novia y la ramera, de su rendición de sus reinos a la bestia y de recibir poder por una hora con él, es ahora revelado. Dios ha puesto en sus corazones cumplir su propósito, **hasta que las palabras de Dios se cumplan**. La guerra entre Cristo y la bestia, culminando en la desolación de la ramera, tuvo lugar en cumplimiento de los anuncios de Dios a través de sus profetas. Las maldiciones del pacto (Dt. 28) fueron ejecutadas sobre Israel por medio de la bestia y los diez cuernos. Eran los instrumentos de la ira de Dios, como Cristo había predicho en su discurso del Monte de los Olivos. Durante estos espantosos «días de venganza», dijo, se cumplirían *todas las cosas que estaban escritas* (Lc. 21:22). La visión y la profecía se sellarían y completarían en la destrucción del viejo orden mundial (Dan. 9:24).

18 El ángel identifica ahora a la ramera como **la gran ciudad,** que, como hemos visto, el apóstol Juan utiliza como término para Jerusalén, donde el Señor fue crucificado (11:8; 16:19). Además, dice el ángel, esta ciudad **tiene un reino sobre todos los reyes de la tierra**. Tal vez sea este versículo, más que ningún otro, el que ha confundido a los expositores al

---

[24] Nos parecen contradictorios porque somos criaturas. Problemas como la relación de la soberanía de Dios y la responsabilidad humana, o de la soberanía de Dios y la justicia de Dios, o de la unidad y la diversidad dentro de la Trinidad, no pueden ser «resueltos» por nosotros porque no somos capaces de comprender a Dios. Cornelius Van Til escribe: «El conocimiento humano nunca puede ser un conocimiento completamente exhaustivo. Toda operación de conocimiento tiene en sí, en alguna parte, un punto de referencia a Dios. Ahora bien, puesto que Dios no nos es plenamente comprensible, estamos obligados a entrar en lo que parece ser una contradicción en todo nuestro conocimiento. Nuestro conocimiento es analógico y por lo tanto debe ser paradójico». (*The Defense of the Faith*, Filadelfia: Presbyterian and Reformed, 3ra. ed. revisada, 1967, p. 44). Por esta razón, «toda enseñanza de la Escritura es aparentemente contradictoria» (Common Grace and the Gospel, Nutley, NJ: Presbyterian and Reformed, 1972, p. 142; cf. pp. 9ss.; cf. *Introduction to Systematic Theology* de Van Til, Presbyterian and Reformed, pp. 247ss.). Para una consideración completa de este asunto, véase John Frame, «The Problem of Theological Paradox», en Gary North, ed., *Foundations of Christian Scholarship* (Vallecito, CA: Ross House Books, 1976), pp. 295-330.

[25] Augustín, *Anti-Pelagian Works*, Peter Holmes y Robert Ernest Wallis, trad. (Grand Rapids: William B. Eerdmans, reprinted 1971), p. 514, cursivas añadidas; Juan Calvino, Institutos de la religion cristiana, ii.iv.4.

17 – La falsa novia

suponer, en contra de toda otra evidencia, que la ramera es Roma. Si la ciudad es Jerusalén, ¿cómo puede decirse que ejerce este tipo de poder político mundial? La respuesta es que *Apocalipsis no es un libro sobre política, sino sobre el pacto*. Jerusalén reinó sobre las naciones. Poseía un reino que estaba por encima de todos los reinos del mundo. Tenía una prioridad de pacto sobre los reinos de la tierra. Israel era un reino de sacerdotes (Éx. 19:6), que ejercía un ministerio sacerdotal de tutela, instrucción e intercesión en favor de las naciones del mundo. Cuando Israel era fiel a Dios y ofrecía sacrificios por las naciones, el mundo estaba en paz; cuando Israel rompía el pacto, el mundo se sumía en la confusión, y las naciones gentiles así lo reconocían (1Re. 10:24; Esd. 1; 4-7; cf. Rom. 2:17-24).[26]

Sin embargo, perversamente, tratarían de seducir a Israel para que cometiera prostitución contra el pacto, y cuando lo hiciera, se volverían contra ella y la destruirían. Ese patrón se repitió varias veces hasta la excomunión final de Israel en el año 70 d.C., cuando Jerusalén fue destruida. La desolación de la ramera fue la señal final de Dios de que el reino había sido transferido a su nuevo pueblo, la Iglesia (Mt. 21:43; 1Pe. 2:9; Ap. 11:19; 15:5; 21:3). El reino sobre los reinos nunca más será poseído por el Israel nacional.

---

[26] Josefo señala repetidamente que las naciones habían reconocido históricamente la santidad y centralidad del templo: «Este lugar célebre... era considerado sagrado por toda la humanidad» (*La guerra de los judíos*, v.i.3; cf. v.ix.4; v.xiii.6). De hecho, la acción de los rebeldes judíos, en el verano del 66 d.C., de detener los sacrificios diarios para el emperador (en violación, señala Josefo, de una práctica de larga data) fue el único acontecimiento que finalmente precipitó la guerra romana contra los judíos (ii.xvii.2-4). Incluso al final, cuando Tito se disponía a arrasar la ciudad, seguía suplicando a los sacerdotes judíos que ofrecieran los sacrificios, que ya se habían suspendido por completo (vi.ii.l).

18

¡BABILONIA HA CAÍDO!

¡Salid de ella! (18:1-8)

1 Después de esto vi a otro ángel descender del cielo, que tenía gran poder, y la tierra fue iluminada con su gloria.

2 Y clamó con potente voz, diciendo: ¡Cayó, cayó la gran Babilonia! Se ha convertido en habitación de demonios, en guarida de todo espíritu inmundo y en guarida de toda ave inmunda y aborrecible.

3 Porque todas las naciones han bebido del vino de la pasión de su inmoralidad, y los reyes de la tierra han cometido actos inmorales con ella, y los mercaderes de la tierra se han enriquecido con la riqueza de su sensualidad.

4 Y oí otra voz del cielo que decía: Salid de ella, pueblo mío, para que no participéis de sus pecados y para que no recibáis de sus plagas;

5 porque sus pecados se han amontonado hasta el cielo, y Dios se ha acordado de sus iniquidades.

6 Pagadle tal como ella ha pagado, y devolvedle doble según sus obras; en la copa que ella ha preparado, preparad el doble para ella.

7 Cuanto ella se glorificó a sí misma y vivió sensualmente, así dadle tormento y duelo, porque dice en su corazón: «Yo estoy sentada como reina, y no soy viuda y nunca veré duelo».

8 Por eso, en un solo día, vendrán sus plagas: muerte, duelo y hambre, y será quemada con fuego; porque el Señor Dios que la juzga es poderoso.

1 Al apóstol Juan se le presenta ahora **otro ángel**—probablemente el Señor Jesucristo, teniendo en cuenta la descripción que se hace de Él, comparada con las declaraciones sobre

Cristo en el evangelio de Juan: Él **desciende del cielo** (Jn. 3:13, 31; 6:38, 58), **tiene gran autoridad** (Jn. 5:27; 10:18; 17:2), **y la tierra fue iluminada con su gloria** (Jn. 1:4-5, 9, 14; 8:12; 9:5; 11:9; 12:46; cf. 1Tim. 6:16). Las expresiones son paralelas a las de 10:1, que, como hemos visto, hablan claramente del Hijo de Dios. La última frase es prácticamente una repetición de Ezequiel 43:2, donde se dice de Dios que «la tierra resplandecía de su gloria». Cristo mismo, que trae la ira de Dios sobre la ciudad ramera, viene a proclamar su juicio. La destrucción de los apóstatas del pacto manifiesta su autoridad y gloria en la tierra.

2 La proclamación del mensajero de Dios es coherente (cf. 14:8 **¡Cayó, cayó la gran Babilonia!** Su perdición es segura, y por eso se habla de ella como de algo ya consumado. Es similar al canto fúnebre de Amós contra Israel:

> Ha caído, no volverá a levantarse
> la virgen de Israel.
> abandonada yace en su tierra,
> no hay quien la levante (Am. 5:2).

La apostasía de Jerusalén ha llegado a ser tan grande que su juicio es permanente e irrevocable. Ella es **Babilonia**, enemiga implacable de Dios, **convertida en morada de demonios y prisión de todo espíritu inmundo y de toda ave inmunda y aborrecible,** en contraste con la nueva Jerusalén de 21:27 («nada inmundo... entrará jamás en ella»). La ramera está en un *desierto* (17:3), habiendo sido *desolada* por sus pecados (17:16; cf. Mt. 24:15; nuestras palabras *yermo, desierto, desolación* y *desolado* son básicamente la misma palabra en griego). El desierto es, como ya hemos señalado, el lugar del pecado y de los demonios (Mt. 12:43; cf. Lc. 8:27). Una fuente importante de esto es la desolación original del mundo por la rebelión contra Dios inspirada por el demonio (Gén. 3:17-18). A raíz de esto, en el día de la Expiación se llevaba al desierto un macho cabrío que cargaba con los pecados del pueblo. Literalmente, se decía que este «chivo expiatorio» era enviado *a* o *para* «Azazel» (Lev. 16:8, 10, 26),[1] nombre del «demonio-cabra» que vivía en el desierto.[2] Isaías había profetizado sobre la desolación de Babilonia:

> Sino que allí descansarán los moradores del desierto,
> y llenas estarán sus casas de búhos;
> también habitarán allí los avestruces,
> y allí brincarán las cabras peludas [demonios cabríos] (Is. 13:21).

La ira de Dios contra Edom se expresó en términos muy parecidos:

---

[1] Véase la discusión de este punto en Gordon J. Wenham, *The Book of Leviticus* (Grand Rapids: William B. Eerdmans Publishing Co., 1979), p. 231, 234s., 243.

[2] Esto no debía interpretarse como un sacrificio al propio demonio (Lev. 17:7). Siglos más tarde, los apóstatas israelitas del norte bajo Jeroboam ofrecieron, de hecho, culto a este demonio-cabra (2Cró. 11:15).

No se apagará ni de noche ni de día,
Su humo subirá para siempre;
De generación en generación permanecerá desolada; nunca jamás pasará nadie por ella.
Mas el pelícano y el erizo la poseerán,
el búho y el cuervo habitarán en ella;
Dios extenderá sobre ella el cordel de desolación y la plomada del vacío.
Espinos crecerán en sus palacios,
ortigas y cardos en sus ciudades fortificadas; será también guarida de chacales y morada de crías de avestruz.
Las fieras del desierto se encontrarán con las hienas,
el macho cabrío [demonio cabrío] llamará a los de su especie;
sí, el monstruo [demonio] nocturno [Liliz] se establecerá allí,
y encontrará para sí lugar de reposo. (Is. 34:10-14)

Ahora el decreto del ángel aplica las antiguas maldiciones a los judíos rebeldes del siglo I. Como Israel rechazó a Cristo, toda la nación queda poseída por el demonio, sin esperanza alguna de reforma (cf. Mt. 12:38-45; Ap. 9:1-11). Subraya la tragedia de esto el uso que hace Juan del término **morada** (*katoikëtärion*), una palabra que se usa en otros lugares para designar el lugar de la presencia especial de Dios, en el cielo, en la ciudad santa, en el templo y en la Iglesia; «*el lugar (katoikëtërion) que has hecho para tu morada, oh Señor, el santuario, oh Señor, que tus manos han establecido*» (Éx. 15:17; cf. 1Re. 8:39, 43, 49; 2Cró. 30:27, Sal. 33:14, 76:2, 107:7; Ef. 2:22). Jerusalén, que había sido la morada de Dios, se ha convertido ahora en la morada inmunda de los demonios.

3 El abandono y la perversión por parte de Israel de su vocación como maestro-sacerdote de las naciones vuelve a ser la razón de su destrucción (14:8; 17:2, 4). Él ha cometido **fornicación** con las **naciones**, con los **reyes** y con los **mercaderes**, prostituyendo sus dones en lugar de conducir a las naciones al reino, uniéndose a ellas en el intento de derrocar al rey. Lo más probable, es que el énfasis en los mercaderes esté relacionado con las actividades comerciales alrededor del templo (véase más adelante, sobre 18:11-17a). La corrupción del comercio del templo afectó a la liturgia de la nación. Toda la vida fluye del centro religioso de la cultura;[3] si el núcleo está podrido, el fruto no vale nada. Por eso Jesús entró en conflicto con los cambistas del templo (Mt. 21:12-13; Jn. 2:13-22). Al observar que muchas de las tiendas pertenecían a la familia del Sumo Sacerdote, Ford cita la caracterización que hace Josefo del Sumo Sacerdote Ananías como «el gran procurador de dinero». En particular, «el atrio de los gentiles parece haber sido el escenario de un floreciente comercio de sacrificios de animales, tal vez apoyado por la familia del Sumo Sacerdote».[4] Esto concordaría con la

---

[3] Véase Henry R. Van Til, *The Calvinistic Concept of Culture* (Filadelfia: The Presbyterian and Reformed Publishing Co., 1959); Abraham Kuyper, *Lectures on Calvinism* (Grand Rapids: William B. Eerdmans Publishing Co., 1931).

[4] J. Massyngberde Ford, *Revelation: Introduction, Translation, and Commentary* (Garden City: Doubleday and Co., 1975), p. 301s.

observación ya hecha, de que Babilonia no es una prostituta ordinaria: su castigo por el fuego indica que pertenece a la clase sacerdotal (véase 17:16).

4-5 Ya que Israel iba a ser destruido, los apóstoles dedicaron gran parte de su tiempo durante los últimos días a convocar al pueblo de Dios a una separación religiosa de él, instándoles a alinearse en su lugar con la Iglesia (cf. Hch. 2:37-40; 3:19-26; 4:8-12; 5:27-32). Este es el mensaje del apóstol Juan en Apocalipsis. El pueblo de Dios no debe tratar de reformar a Israel, con su nueva religión del judaísmo, sino abandonarla a su suerte. Los judíos «gustaron la buena palabra de Dios y los poderes del siglo venidero»— la era traída por el acto redentor de Cristo— y habían caído. Sería «imposible renovarlos otra vez para arrepentimiento». El judaísmo— el vano intento de continuar con el Antiguo Pacto mientras se rechaza a Cristo— «carece de valor, está próximo a ser maldecido, y termina por ser quemado» (Heb. 6:4-8). La religión del Antiguo Pacto no puede revivir; es imposible tener el pacto sin Cristo. No puede haber «vuelta atrás» a algo que nunca existió, pues incluso los padres bajo el Antiguo Pacto adoraron a Cristo bajo las señales y sellos de la era provisional (1Co. 10:14). Ahora que ha llegado «la era venidera», la salvación está con Cristo y la Iglesia. Sólo la destrucción espera a los que se identifican con la ramera: **Salid de ella, pueblo mío, para que no participéis de sus pecados y para que no recibáis de sus plagas** (Heb. 10:19-39; 12:15-29; 13:10-14). El tiempo para el arrepentimiento de Israel se ha agotado, y a estas alturas **sus pecados se han amontonado** [literalmente, se *han adherido*] **al cielo (**cf. Gén. 19:13; 2Cró. 28:9; Esd. 9:6; Jer. 51:9; Jon. 1:2). Jesús había predicho que esta generación que le crucificó «llenaría la medida de la culpa» de sus padres rebeldes, y que por tanto sobre ellos caería «toda la sangre justa derramada sobre la tierra» (Mt. 23:32-35). Esta profecía se cumplió en el siglo I, como observó el apóstol Pablo: «No agradan a Dios sino que son contrarios a todos los hombres, impidiéndonos hablar a los gentiles para que se salven, con el resultado de *que siempre llenan la medida de sus pecados. Pero la ira ha venido sobre ellos hasta el extremo*» (1Ts. 2:15-16).

Por lo tanto, no solo se exigía la separación religiosa— para no participar en sus pecados— sino que también era necesaria la separación física, geográfica (cf. Mt. 24:16-21), para no recibir sus plagas. El lenguaje recuerda al llamado de Dios a su pueblo para que saliera de Babilonia al final del cautiverio. Los textos del Antiguo Testamento hablan en términos de tres ideas: la próxima destrucción de Babilonia, la próxima redención del pueblo fiel al pacto y la reconstrucción del templo (Esd. 1:2-3; Is. 48:20, 52:11-12; Jer. 50:8; 51:6, 9, 45). Del mismo modo, el pueblo del Nuevo Pacto debía separarse a sí mismo de Israel. Los perseguidores estaban a punto de sufrir la destrucción a manos de Dios, la redención de la Iglesia se acercaba (Lc. 21:28, 31), y el nuevo templo estaba a punto de establecerse plenamente.

6-8 El juez justo exige una restitución completa: **Pagadle tal como ella ha pagado, y devolvedle doble según sus obras; en la copa que ella ha preparado, preparad el doble para ella** (Jer. 50:15, 29; Sal. 137:8; Is. 40:2). Es de suponer, que esta orden se dirige a los ángeles del cielo o a los ejércitos romanos, que son los agentes de la ira de Dios. La expresión traducida **devolvedle doble,** en realidad, tiene una duplicación del término, proporcionando un «doble testimonio», con fines de énfasis: **hagan doble las cosas dobles a ella.** Esta es la restitución ordinaria exigida por la ley bíblica (Éx. 22:4, 7).[5] Así, en **cuanto ella se glorificó a sí misma y vivió sensualmente, así dadle tormento y duelo.** La restitución doble (o múltiple) en la Biblia no es más de lo que el criminal merece. Es exactamente lo que merece: una contabilidad estricta y proporcional de la ira según el principio de equivalencia de la *lex talionis de* Dios: «vida por vida, ojo por ojo, diente por diente, mano por mano, pie por pie, quemadura por quemadura, herida por herida, golpe por golpe» (Éx. 21:23-25).

Este castigo viene sobre la ramera porque **ella dice en su corazón: «Yo estoy sentada como reina, y no soy viuda y nunca veré duelo»**—paralelamente a la jactancia de la iglesia de Laodicea: «Soy rico, me he enriquecido y de nada tengo necesidad» (3:17). El texto se basa en la condena de Dios a Babilonia en Isaías 47:6-11, un pronunciamiento de juicio que vendría sobre ella por maltratar al pueblo del pacto:

No les mostraste compasión,
sobre el anciano hiciste muy pesado tu yugo,
y dijiste: «Seré soberana para siempre».
No consideraste esto en tu corazón,
ni te acordaste de su resultado.
Ahora pues, oye esto, voluptuosa [sensual],
tú que moras confiadamente,
que dices en tu corazón:
«Yo, y nadie más.
No me quedaré viuda,
ni sabré de pérdida de hijos».
Pero estas dos cosas vendrán de repente sobre ti en un mismo día:
pérdida de hijos y viudez.
Vendrán sobre ti en toda su plenitud
a pesar de tus muchas hechicerías,
a pesar del gran poder de tus encantamientos.
Te sentiste segura en tu maldad y dijiste:
«Nadie me ve».
Tu sabiduría y tu conocimiento te han engañado,
y dijiste en tu corazón:
«Yo, y nadie más».
Pero un mal vendrá sobre ti
que no sabrás conjurar;

---

[5] Cf. La declaración de juicio de Dios contra Judá: «Pero primero, pagaré al doble su iniquidad y su pecado, porque ellos han contaminado mi tierra» (Jer. 16:18); «Trae sobre ellos el día de calamidad, y destrúyelos con doble destrucción» (Jer. 17:18 Contrasta esto con Is. 40:2: «Hablad al corazón de Jerusalén y decidle a voces que su lucha ha terminado, que su iniquidad ha sido quitada, que ha recibido de la mano del Señor el doble por todos sus pecados». Sobre el pleonasmo como doble testimonio, véase James B. Jordan, *The Law of the Covenant: An Exposition of Exodus 21-23* (Tyler, Texas: Institute for Christian Economics, 1984), p. 96, 106; sobre las leyes de restitución, véase p. 134ss.

caerá sobre ti un desastre
que no podrás remediar;
vendrá de repente sobre ti
una destrucción que no conoces.

Jerusalén ha cometido el pecado de Eva, que fornicó con el dragón, al pretender hacerse Dios (Gén. 3:5); pues cuando dice: «Yo soy», contradice la declaración del Dios Altísimo: «Yo, yo soy el Señor, y fuera de mí no hay salvador» (Is. 43:11). **Por eso, en un solo día, vendrán sus plagas: muerte, duelo y hambre, y será quemada con fuego; porque el Señor Dios que la juzga es poderoso**. El día del Señor vendría sobre Israel en juicio ardiente, trayendo destrucción rápida (1Ts. 5:2-3). El término **día** no significa aquí una duración específica de tiempo, sino que se utiliza aquí para indicar una relativa brusquedad, así como para enfatizar que la destrucción de Jerusalén no sería un suceso aleatorio: vendría como el día del juicio. Como la hija del sacerdote que se convirtió en ramera, sería quemada con fuego (Lev. 21:9). Después de que llegara ese horrible día, «no quedó nada que hiciera creer a los que allí llegaran que alguna vez había estado habitada».[6]

Reacciones a la caída de Babilonia (18:9-20)

9 Y los reyes de la tierra que cometieron actos de inmoralidad y vivieron sensualmente con ella, llorarán y se lamentarán por ella cuando vean el humo de su incendio,

10 mirando de pie desde lejos por causa del temor de su tormento, y diciendo: «¡Ay, ay, la gran ciudad, Babilonia, la ciudad fuerte!, porque en una hora ha llegado tu juicio».

11 Y los mercaderes de la tierra lloran y se lamentan por ella, porque ya nadie compra sus mercaderías;

12 cargamentos de oro, plata, piedras preciosas, perlas, lino fino, púrpura, seda y escarlata; toda clase de maderas olorosas y todo objeto de marfil y todo objeto hecho de maderas preciosas, bronce, hierro y mármol;

13 y canela, especias aromáticas, incienso, perfume, mirra, vino, aceite de oliva; y flor de harina, trigo, bestias, ovejas, caballos, carros, esclavos y vidas humanas.

14 Y el fruto que tanto has anhelado se ha apartado de ti, y todas las cosas que eran lujosas y espléndidas se han alejado de ti, y nunca más las hallarán.

15 Los mercaderes de estas cosas que se enriquecieron a costa de ella, se pararán lejos a causa del temor de su tormento, llorando y lamentándose,

16 diciendo: «¡Ay, ay, la gran ciudad, que estaba vestida de lino fino, púrpura y escarlata, y adornada de oro, piedras preciosas y perlas,

17 porque en una hora ha sido arrasada tanta riqueza». Y todos los capitanes, pasajeros y marineros, y todos los que viven del mar, se pararon a lo lejos,

---

[6] Josefo, *La guerra de los judíos*, vi.v.1.

18 y al ver el humo de su incendio gritaban, diciendo: «¿Qué ciudad es semejante a la gran ciudad?».

19 Y echaron polvo sobre sus cabezas, y gritaban, llorando y lamentándose, diciendo: «¡Ay, ay, la gran ciudad en la cual todos los que tenían naves en el mar se enriquecieron a costa de sus riquezas!, porque en una hora ha sido asolada».

20 Regocíjate sobre ella, cielo, y también vosotros, santos, apóstoles y profetas, porque Dios ha pronunciado juicio por vosotros contra ella [ha juzgado vuestro juicio de ella].

9-10 Tres clases de personas se lamentan por la destrucción de Jerusalén. El primer grupo comprende los **reyes de la tierra**, las naciones del Imperio que ayudaron e instigaron al pueblo infiel del pacto en su apostasía de Dios. La destrucción de la ramera es para ellos una señal temible del juicio riguroso e inexorable de Dios. **Al ver el humo de su incendio**— un símbolo tomado de la destrucción de Sodoma (Gén. 19:28) y de la posterior descripción metafórica de la caída de Edom (Is. 34:10)—recuerdan que un juicio similar sobre ellos mismos no tardará en llegar. Dios declaró al profeta Jeremías que las naciones de la tierra se verían obligadas a beber la copa de su feroz ira: «Y sucederá que si rehúsan tomar la copa de tu mano para beber, les dirás: 'Así dice el Señor de los ejércitos: Ciertamente vais a beber. Porque he aquí que comienzo a causar mal en esta ciudad que se llama por mi nombre, ¿y quedaréis vosotros sin castigo alguno? No quedaréis sin castigo, porque llamo a la espada contra todos los habitantes de la tierra' —declara el Señor de los ejércitos» (Jer. 25:28-29).

El lamento de cada grupo termina con las palabras: **¡Ay, ay, la gran ciudad!** Esta expresión resultaría tener un gran significado para los que vivían en Jerusalén en los años anteriores y durante la tribulación. Josefo habla de un profeta judío (curiosamente, su nombre era Jesús) en los últimos días, cuyo grito de «¡Ay, ay!» se convirtió en un aspecto familiar de la vida en la ciudad.

Un presagio aún más alarmante había aparecido cuatro años antes de la guerra, en un momento en que todavía reinaban en la ciudad una paz y una prosperidad profundas [es decir, el año 62 d.C.]. Un tal Jesús, hijo de Ananías, un campesino tosco, llegó a la fiesta en la que se espera que cada judío levante un tabernáculo para Dios [es decir, la Fiesta de los Tabernáculos, o Sucot]; mientras estaba en los atrios del templo, de repente empezó a gritar: «¡Una voz del este, una voz del oeste, una voz de los cuatro vientos, una voz contra Jerusalén y el santuario, una voz contra el novio y la novia, una voz contra todo el pueblo!». Día y noche lanzaba este grito mientras recorría todos los callejones.

Algunos de los principales ciudadanos, seriamente molestos por estas ominosas declaraciones, agarraron al hombre y lo golpearon salvajemente. Pero él, sin decir una palabra en su propia defensa, o para información privada de los que le golpeaban, persistió en hacer las mismas advertencias que antes. Entonces, los magistrados, concluyendo con razón que algún impulso sobrenatural era responsable de su comportamiento, lo llevaron ante el gobernador romano. Allí, aunque desollado hasta los huesos por los azotes, no suplicó clemencia ni derramó una lágrima, sino que, elevando la voz a un grito muy lastimero, respondía a cada golpe con un «¡Ay, ay, a Jerusalén!». Cuando Albino, el gobernador, le preguntó quién era y de dónde venía y por qué profería esos gritos, no dio respuesta alguna, sino que repitió sin cesar su cántico fúnebre por toda la ciudad, hasta que Albino lo liberó porque lo juzgó demente.

Durante todo este tiempo, hasta que estalló la guerra, nunca se acercó a otro ciudadano ni se le vio hablar con ninguno, sino que diariamente, como una oración que había memorizado, recitaba su lamento: «¡Ay, ay, a Jerusalén!». Nunca maldijo a ninguno de los que le golpeaban día tras día, ni dio las gracias a los que le daban de comer; su única respuesta a cualquiera era esa melancólica predicción.

Su voz se oía sobre todo en las fiestas. Así, durante siete años y cinco meses continuó su lamento, su voz tan fuerte como siempre y su vigor sin disminuir, hasta que, durante el asedio, después de ver el cumplimiento de su presagio, fue silenciado. Estaba haciendo su ronda, gritando en tonos penetrantes desde la muralla: «¡Ay, ay, una vez más por la ciudad, el pueblo y el templo!». Entonces, cuando añadió una última palabra —«¡Y ay de mí también!»— una piedra lanzada desde la ballesta le alcanzó, matándole en el acto. Así, con esos mismos presentimientos aún en sus labios, encontró su fin.[7]

11-17a El segundo y más numeroso grupo de los que se lamentaban, está formado por **los mercaderes de la tierra**, que lloran **porque ya nadie compra sus mercaderías**. La riqueza de Jerusalén era el resultado directo de las bendiciones prometidas en Levítico 26 y Deuteronomio 28. Dios la había convertido en un gran centro comercial, pero había abusado de ese don. Aunque hay similitudes entre la lista de bienes aquí y la de Ezequiel 27:12-24 (una profecía contra Tiro), es probable que los artículos reflejen principalmente el templo y el comercio que lo rodeaba. Ford observa que «el comercio exterior tenía una gran influencia en la ciudad santa, y el templo se llevaba la mayor parte. Los principales artículos eran víveres, metales preciosos, artículos de lujo y materiales para vestir».[8] Josefo describió la lujosa riqueza de la fachada del templo (cf. Lc. 21:5): «La primera puerta medía 70 codos (31 metros)* de alto y 25 (11 metros)* de ancho; no tenía puertas, mostrando sin obstáculos la vasta extensión del cielo; toda la cara estaba cubierta de oro, y a través de ella el arco de la primera sala era completamente visible para un espectador externo en toda su grandeza, y los alrededores de la puerta interior, todos relucientes de oro, impactaban la vista del espectador... La puerta que daba acceso al edificio estaba, como ya he dicho, completamente recubierta de oro, al igual que todo el muro que la rodeaba. Sobre ella, además, estaban las vides doradas de las que colgaban racimos de uvas tan altos como un hombre. Delante de ellos colgaba un velo de igual longitud de tapiz babilónico bordado en azul, escarlata y púrpura, y de lino fino, labrado con maravillosa artesanía. El exterior del santuario no carecía de nada que pudiera asombrar a la mente o al ojo. Revestido por todos lados con enormes planchas de oro, reflejaba en los primeros rayos del sol un destello tan feroz que quienes lo miraban se veían obligados a apartar la vista como de los mismos rayos del sol. A los

---

[7] Josefo, *La guerra de los judíos*, vi.v.3.
[8] Ford, p. 305.

forasteros que se acercaban, les parecía a lo lejos como una montaña revestida de nieve, pues toda la parte que no estaba cubierta de oro era del blanco más puro».[9]

Josefo también registra que uno de los sacerdotes, llamado Jesús, entregó los tesoros del templo a Tito: «Salió y entregó por encima de la pared del santuario dos candelabros parecidos a los depositados en el santuario, así como mesas, tazones y platos, todo de oro macizo y muy pesado. También entregó las cortinas, las vestiduras de los Sumos Sacerdotes, engastadas con piedras preciosas, y una multitud de otros objetos necesarios para los servicios del templo. Además, el tesorero del templo, de nombre Finees, cuando fue hecho prisionero, reveló las túnicas y fajas de los sacerdotes, una gran provisión de púrpura y escarlata guardada para reparar la cortina del templo, junto con una gran provisión de canela y casia y una multitud de otras especias, que se mezclaban y quemaban diariamente como incienso a Dios. Entregó muchos otros tesoros, con abundancia de ornamentos sagrados...».[10]

En medio de un largo pasaje que describe el extenso comercio de Jerusalén, Edersheim informa: «En estas calles y pasajes se podía comprar de todo: la producción de Palestina o importada de tierras extranjeras, incluso los artículos más raros de los lugares más remotos. Formas exquisitas, diseños curiosos y copas enjoyadas, anillos y otras manufacturas de metales preciosos; cristal, sedas, lino fino, tejidos de lana, púrpura y colgaduras costosas; esencias, ungüentos y perfumes, tan preciosos como el oro; artículos de comida y bebida de tierras extranjeras; en resumen, lo que producían la India, Persia, Arabia, Media, Egipto, Italia, Grecia e incluso las lejanas tierras de los gentiles, se podía conseguir en estos bazares. Los antiguos escritos judíos nos permiten identificar no menos de 118 artículos diferentes de importación de tierras extranjeras, abarcando más de lo que incluso el lujo moderno ha ideado».[11]

La lista de productos comerciales del apóstol Juan se divide en varias secciones, generalmente de cuatro artículos cada una; la enumeración prosaica y comercial concluye con un elemento sorpresa:

1) **cargamentos de oro, plata, piedras preciosas y perlas;**
2) **de lino fino, púrpura, seda y escarlata;**[12]
3) **y toda clase de maderas olorosas, todo artículo de marfil, y todo artículo de madera muy costosa, de bronce, de hierro y de mármol;**
4) **y canela, incienso, perfume y mirra;**
5) **y vino, aceite de oliva, harina fina y trigo;**
6) **y ovejas y ganado, incluso de caballos, de carros;**
7) **y de cuerpos y las almas de los hombres.**

---

[9] Josefo, *La guerra de los judíos*, v.v.4, 6.
[10] Ibid., vi.viii.3.
[11] Alfred Edersheim, *The Life and Times of Jesus the Messiah*, 2 vol. (McLean, Virginia: MacDonald Publishing Co., n.d.), vol. l, p. 116.
[12] Como se mencionó anteriormente (en 17:4), esto bien puede ser una referencia a la cortina del templo, un «tapiz babilónico bordado con azul, escarlata y púrpura, y lino fino, forjado con maravillosa artesanía». Josefo, *La guerra de los judíos*, v.v.4.

La frase final, adaptada de la descripción del tráfico de esclavos de Tiro en Ezequiel 27:13, se aplica a la esclavitud espiritual de Jerusalén sobre las almas de los hombres. Como señaló el apóstol Pablo en su contraste de la Jerusalén terrenal y apóstata con la Iglesia, la ciudad celestial de Dios: «La Jerusalén actual... ella está en esclavitud con sus hijos», mientras que «la Jerusalén de arriba es libre; esta es nuestra madre» (Gál. 4:25-26). Jerusalén traficaba con muchas mercancías, procedentes de todo el mundo. De acuerdo con las promesas de Levítico 26 y Deuteronomio 28, Dios la había convertido en un gran centro comercial. Pero abusó de los dones de Dios: su comercio más básico era el de almas humanas. En lugar de cumplir su función de madre de toda la humanidad, se prostituyó y llevó a sus hijos a la esclavitud demoníaca, a la opresión por el estado y, finalmente, a la aniquilación.

Brevemente, la narración pasa a dirigirse a la propia Jerusalén: **Y el fruto que tanto has anhelado se ha apartado de ti, y todas las cosas que eran lujosas y espléndidas se han alejado de ti, y nunca más las hallarán**. Al hacer caso a la serpiente y tratar de ser como Dios, la esposa cometió apostasía y perdió así el acceso al fruto que deseaba [cf. Mt. 21:19, 43]; excluida del árbol de la vida, perdió también las demás bendiciones del jardín, «todas las cosas que eran lujosas y espléndidas».

Los mercaderes de Israel se habían enriquecido, espiritual y (por tanto) materialmente, de su relación con Jerusalén; ahora, a la vista de su destrucción, no pueden hacer otra cosa que llorar y lamentarse por **la gran ciudad, que estaba vestida de lino fino, púrpura y escarlata, y adornada de oro, piedras preciosas y perlas**. De nuevo, la descripción de la ciudad ramera indica su identidad como la Jerusalén apóstata, ataviada con la gloria del templo y vestida con el lino fino de la novia justa (19:8). Los que se han beneficiado de las riquezas de Jerusalén se escandalizan ante lo repentino de su destrucción: **¡porque en una hora ha sido arrasada tanta riqueza!** La expresión traducida «**asolada**» es, como era de esperar, «**desolada**»: Es la desolación prometida de Jerusalén (Mt. 23:38; 24:15, etc.) lo que se está describiendo. El término **hora** no debe tomarse aquí en un sentido estrictamente literal, como tampoco en muchos otros usos metafóricos de la palabra; más bien, se utiliza a menudo, especialmente por el apóstol Juan, para referirse a un momento particularmente crítico (cf. Mt. 25:13; Mc. 14:41; Jn. 2:4; 5:25, 28; 7:30; 8:20; 12:23; 17:1; 1Jn. 2:18). Sin embargo, hay un sentido de rapidez. La destrucción de Jerusalén fue repentina, e incluso inesperada: hasta el final, el pueblo esperaba una liberación milagrosa. El mundo del judaísmo apóstata quedó atónito ante la desolación de su ciudad y su templo. La caída de Jerusalén fue una sacudida del sistema de la que nunca se ha recuperado.

17b-19 El tercer grupo que llora por la ciudad caída está formado por **todos los capitanes, pasajeros y marineros, y todos los que viven del mar**. También ellos lloran la pérdida de Jerusalén, porque **todos los que tenían naves en el mar se enriquecieron a costa de sus riquezas**. Obviamente, la inversión en la economía de Israel dejó de ser rentable después del año 70 d.C., pero parece probable que el llanto de los «marinos» apunte a las naciones del mundo (de las que los marinos serían en cualquier caso representantes).

El apóstol Juan ya ha hablado del mar en relación con la gran ciudad: las aguas, sobre las que está montada la ramera sobre la bestia, «son pueblos, multitudes, naciones y lenguas»

(17:15). También ha enumerado tres clases de personas afectadas por la destrucción de la ramera: «los reyes de la tierra», «los mercaderes de la tierra» y «todos los que tenían naves en el mar». Estas parecen corresponder a la triple designación de los que habían sido corrompidos por la ramera, dada en el versículo 3: *todas las naciones... los reyes de la tierra... los mercaderes de la tierra*. «Los que descienden al mar en naves y hacen negocio sobre las grandes aguas» deberían haber sido instruidos en los caminos del Señor, para que pudieran invocarle en su angustia, para que Él les mostrara su misericordia del pacto (Sal. 107:23-32). Y, en efecto, cuando Israel caminó dignamente de su vocación, el mundo entero se enriqueció con su riqueza: había sido «guía de los ciegos, luz de los que están en tinieblas, instructor de los necios, maestro de los faltos de madurez; que tienes en la ley la expresión misma del conocimiento y de la verdad» (Rom. 2:19-20). Cuando Israel estaba en comunión con Dios y bajo su bendición espiritual y material, las naciones habían acudido a ella tanto en busca de sabiduría como de intercambio y comercio (Dt. 28:12; 1Re. 10:23-25). En la apostasía, sin embargo, el comercio se convirtió en una trampa, un medio de cometer fornicación con los idólatras, e Israel corrompió no solo a sus propios hijos, sino también a las naciones del mundo. Se había arrogado los honores de la divinidad, de modo que los marinos gritaron: **¿Qué ciudad es semejante a la gran ciudad?** (cf. el grito de los adoradores en 13:4: «¿Quién es como la bestia?»). Pero como ella había dicho en su corazón: «Subiré al cielo… me haré semejante al Altísimo», Jerusalén fue arrojada a los infiernos (Is. 14:13-15). En **una hora** fue **arrasada**, desolada, y nunca más volvió a ser la gran ciudad.

20 Hay una cuarta respuesta a la caída de Jerusalén: la de la Iglesia. El ángel ordena al pueblo de Dios que se regocije por ella. La Iglesia hecha tabernáculo en el **cielo— santos y apóstoles y profetas**— había orado por la destrucción de la ciudad apóstata y endemoniada que conducía al mundo a la rebelión contra Dios y a la persecución de sus hijos. Mientras el humo de todo el holocausto asciende al cielo, los santos deben regocijarse de que sus oraciones han sido escuchadas: **¡Dios ha juzgado vuestro juicio de ella!** anuncia el ángel, empleando un pleonasmo hebraico para expresar el «doble testimonio» del tribunal divino contra ella. De nuevo encontramos que la imagen bíblica de la Iglesia, hecha tabernáculo en el cielo, se mantiene firme en su oposición al mal, rogando a Dios que reivindique a su pueblo en la tierra. Nótese bien: el juicio sobre la ramera se llama «*vuestro* juicio», el juicio de la Iglesia. Era la justa retribución a Israel por su opresión de santos, apóstoles y profetas a lo largo de su historia, y culminando en los últimos días en su guerra contra Cristo y su Iglesia. Fue ella quien inspiró la persecución romana de los cristianos; pero la ira pagana que había avivado se derramó sobre su cabeza. Si la Iglesia de nuestro tiempo quiere ir de victoria en victoria como lo hizo la Iglesia de la era apostólica, debe recuperar la perspectiva triunfalista de los primeros santos. La Iglesia debe orar por la derrota de sus enemigos, una derrota que debe llegar por la conversión o por la destrucción. Estamos en guerra, una guerra en la que la victoria definitiva la ha obtenido nuestro rey. Toda la historia es ahora una operación de limpieza en función de esa victoria, mirando hacia adelante por la conversión del mundo y la victoria final sobre la misma muerte. Nuestra oposición está condenada a perecer, y la Iglesia está llamada a regocijarse en la certeza de su vindicación terrena y de su triunfo final.

Babilonia es derribada (18:21-24)

21 Entonces un ángel poderoso tomó una piedra, como una gran piedra de molino, y la arrojó al mar, diciendo: Así será derribada con violencia Babilonia, la gran ciudad, y nunca más será hallada.
22 Y el sonido de arpistas, de músicos, de flautistas y de trompeteros no se oirá más en ti; ni artífice de oficio alguno se hallará más en ti; ni ruido de molino se oirá más en ti;
23 luz de lámpara no alumbrará más en ti; tampoco la voz del novio y de la novia se oirá más en ti; porque tus mercaderes eran los grandes de la tierra, pues todas las naciones fueron engañadas por tus hechicerías.
24 Y en ella fue hallada la sangre de los profetas, de los santos y de todos los que habían sido muertos sobre la tierra.

21 Jesús había ordenado a sus discípulos que orasen para que el monte de Jerusalén fuera arrojado al mar (Mt. 21:21); había advertido a los fariseos que el hombre que se opusiera al evangelio e impidiera que los «pequeños» lo recibieran estaría mejor «si le colgaran una piedra de molino al cuello y lo arrojaran al mar» (Lc. 17:2; cf. Mt. 18:6; Mc. 9:42). Aquí, en un lenguaje similar, la destrucción de Jerusalén se representa simbólicamente mediante la acción dramática de **un ángel poderoso**, la tercera y última aparición de esta expresión en Apocalipsis. En la primera (5:2), se le oye llamar a alguien para que abra el rollo que declara los juicios del pacto de Dios sobre Jerusalén; en la segunda (10:1ss.), se le ve como el testigo de la nueva creación, sosteniendo el «pequeño rollo» que hablaba del Nuevo Pacto y del papel de la Iglesia en la historia de la redención, en la «consumación» del «misterio de Dios» en los últimos días. Una expresión relacionada se utiliza en 18:1-2, en la que un ángel con una «fuerte voz» anuncia la perdición final de Babilonia. Ahora, en cumplimiento de todo esto, el ángel poderoso arroja **una gran piedra de molino... al mar**. Toda la productividad (la piedra de molino) ha desaparecido (cf. v. 23); en contraste con la Iglesia (1Co. 15:58), el trabajo de Jerusalén *ha* sido en vano. Ella y sus obras son arrojadas al abismo. El trasfondo veterotestamentario de esta imagen, procede de la destrucción de los egipcios en el Mar Rojo, según el cántico de Moisés en la orilla, del que se hace eco el cántico de los levitas al regreso de la cautividad babilónica:

> El Señor es fuerte guerrero;
> el Señor es su nombre.
> Los carros de Faraón y su ejército arrojó al mar, y los mejores de sus oficiales se ahogaron en el mar Rojo.
> Los abismos los cubren;
> descendieron a las profundidades como una piedra.
> Soplaste con tu viento, los cubrió el mar;
> se hundieron como plomo en las aguas poderosas (Éx. 15:3-5, 10).

> Tú viste la aflicción de nuestros padres en Egipto,
> y escuchaste su clamor junto al mar Rojo.
> Dividiste el mar delante de ellos,
> y pasaron por medio del mar sobre tierra firme;
> y echaste en los abismos a sus perseguidores,
> como a una piedra en aguas turbulentas. (Neh. 9:9-11)

El símbolo también se basa en el drama profético protagonizado por Seraías, el mensajero del juicio de Jeremías (Jer. 51:61-64). Tras leer la profecía de la «desolación perpetua» de Babilonia, ató el pergamino a una piedra y lo arrojó al Éufrates, declarando: «Así se hundirá Babilonia y no volverá a levantarse...»

Aplicando las palabras de Seraías a la ramera, el ángel dice: **Así será derribada con violencia Babilonia, la gran ciudad, y ya no será hallada**. ¿Cómo se cumplió esto en el año 70 d.C., si «Jerusalén» sigue en pie en el siglo XX? En un sentido físico, por supuesto, Jerusalén no fue destruida para *siempre* en el año 70 d.C., como tampoco Babilonia, Edom o Egipto fueron destruidos «para siempre». Pero la profecía está orientada por el pacto y por la ética; no se ocupa principalmente de la geografía como tal. Por ejemplo, consideremos la profecía de Isaías contra Edom:

> Sus torrentes se convertirán en brea,
> su polvo en azufre,
> y su tierra será brea ardiente.
> No se apagará ni de noche ni de día,
> su humo subirá para siempre;
> de generación en generación permanecerá desolada,
> nunca jamás pasará nadie por ella. (Is. 34:9-10)

Se trata de un lenguaje evocador, que asocia la desolación de Edom con la destrucción de Sodoma y Gomorra. En un sentido «literal», físico, la profecía no se cumplió; pero se ha cumplido, en términos de su significado e intención reales. El antiguo territorio de Edom todavía contiene árboles y flores, partes de él se utilizan como tierras de cultivo, y los viajeros siguen pasando por él. Como observó Patrick Fairbairn, «Edom iba a ser azotada por la pobreza y la ruina: Edom, sin embargo, no simplemente, ni principalmente como una tierra, sino como un pueblo. Esto fue lo que predijo la profecía, y se ha verificado ampliamente... La Edom de la profecía —Edom considerada como el enemigo de Dios, y el rival de Israel— ha perecido para siempre; todo, en ese sentido, es un desierto no transitado, una ruina sin esperanza; y *allí*, la veracidad de la palabra de Dios encuentra su justificación».[13]

Fairbairn explicó cómo se utiliza Edom en el simbolismo profético: «En las últimas etapas de la historia de Israel, los edomitas superaron a todos sus enemigos en agudeza e intensidad de malicia; y por lo tanto, naturalmente llegaron a ser vistos por el Espíritu de

---

[13] Patrick Fairbairn, *The Interpretation of Prophecy* (Londres: The Banner of Truth Trust, [1865] 1964), p. 221.

profecía como la personificación de esa malignidad y orgullo impíos que estarían satisfechos con nada menos que el exterminio total de la causa de Dios— los jefes y representantes de todo el ejército de los extranjeros, cuya perdición iba a llevar consigo la caída y destrucción de todo lo que se opusiera y se exaltara contra el conocimiento de Dios. Este es manifiestamente el aspecto que presenta el asunto en el versículo 15 de la profecía de Abdías; el destino de todos los paganos está ligado al de Edom:

> Porque se acerca el día del Señor sobre todas las naciones.
> Como tú [Edom] has hecho, te será hecho;
> tus acciones recaerán sobre tu cabeza.

—Es decir, en Edom, la quintaesencia del paganismo, todo el paganismo iba a recibir, por así decirlo, su golpe mortal».[14]

Además, el profeta Amós predijo la subyugación de «Edom» bajo el gobierno de la casa de David (Am. 9:11-12), y la interpretación neotestamentaria de este texto lo explica como una profecía de la conversión de las naciones bajo el gobierno de Cristo (Hch. 15:14-19). «Esto implica claramente que la Edom de la profecía, que estaba condenada a la postración total y a la ruina eterna, es solo la Edom de la hostilidad amarga e implacable contra la causa y el pueblo de Dios; que en la medida en que los hijos de Edom dejaran de hacer esto, y entraran en una relación amistosa con el pacto de Dios, y se sometieran al yugo de la soberanía universal encomendado a la casa de David, en lugar de romperlo, como antaño, de sus cuellos, participarían de la bendición, y sus intereses se fundirían en los del pueblo sobre el que Dios pone su nombre para hacerles bien. Una promesa y perspectiva como esta nunca puede armonizar con el resultado que se obtiene de los juicios predichos sobre Edom, según el estilo estrictamente literal de interpretación; porque, de acuerdo con ella, no habría ningún remanente que poseer, ninguna simiente o lugar de bendición, en relación con Edom, sino una escena espantosa de esterilidad, desolación y maldición».[15]

Del mismo modo, la desolación «para siempre» de Jerusalén significa que Israel, como *el* pueblo del pacto, dejará de existir. Jerusalén— como *la gran ciudad*, la ciudad *santa*— **nunca más será hallada**.[16] Cierto, como Romanos 11 muestra claramente, los descendientes de Abraham serán injertados de nuevo en el pacto.[17] Pero *no* serán una nación distinta, santa, de sacerdotes especiales. Se unirán a los pueblos del mundo en la multitud salva, sin distinción alguna (Is. 19:19-25). Por su obra consumada, Cristo «de ambos pueblos [creyentes hebreos y gentiles] hizo uno» (Ef. 2:14). Han sido unidos «en un cuerpo», la Iglesia (Ef. 2:16). Hay una salvación y una Iglesia, en la que todos los creyentes, independientemente de su herencia étnica, se convierten en hijos de Dios y herederos de las

---

[14] Ibid., p. 221s.

[15] Ibid., p. 224s.

[16] Esta expresión se usa seis veces en los versículos 21-23, connotando el hecho de que Jerusalén ha caído, que, como la antigua Babilonia, ha sido pesada en la balanza y hallada falta, y está a punto de ser derrocada, con su reino dado a otros. (Dan. 5:25-28).

[17] Véase David Chilton, *Paradise Restored: A Biblical Theology of Dominion* (Ft. Worth, Texas: Dominion Press, 1985), p. 125-31.

promesas hechas a Abraham (Gál 3:26-29; cf. Ef. 2:11-22). La vieja Jerusalén, la ramera apóstata, ha sido sustituida por la nueva Jerusalén, la esposa pura de Cristo. No hay salvación fuera de la Iglesia.

22-23 Como una indicación más de la supresión del estatus de pacto de la ramera, el ángel anuncia que las bendiciones del jardín del Edén le serán arrebatadas para siempre. Aludiendo tanto a las profecías de Jeremías contra la Jerusalén rebelde de su tiempo (Jer. 7:34; 16:9; 25:10; cf. Is. 24:7-12), como a la profecía de Ezequiel contra el rey de Tiro (Ez. 28:11-19), pronuncia la perdición de la ciudad en cinco partes:

En primer lugar, hay una descripción cuádruple de la pérdida de la música en toda la tierra: **Y el sonido de arpistas, de músicos, de flautistas y de trompeteros no se oirá más en ti** (cf. la mención de «panderetas» y «flautas» en Ezequiel 28:13 [margen]).

En segundo lugar, desaparece la productividad de la tierra, ya que el artesano es sacado de Israel y arrojado al abismo: **ni artífice de oficio alguno se hallará más en ti.** Según Zacarías, la tiranía de las naciones paganas sobre Israel sería frenada por sus artesanos (Zc. 1:18-21). Pero, para el Israel apóstata, este baluarte contra la opresión ya no existirá.

El tercer y mediano punto de la lista es significativo: **ni ruido de molino se oirá más en ti;** La imagen del molino era, en todo el mundo antiguo, un símbolo de la fundación del cosmos, moliendo paz y prosperidad; la destrucción del molino significa el fin de la era.[18] La centralidad del **molino** en este pasaje puede indicar que el templo, como el molino que sostiene el mundo, va a ser destruido; Cristo ha traído la era final.

En cuarto lugar, Israel sufrirá la pérdida de la Palabra de Dios, del discernimiento y la sabiduría, y de la esperanza escatológica: **La luz de lámpara no alumbrará más en ti.**

Quinto, el resumen de la desolación de Jerusalén es que, como la esposa infiel, la ramera, ha sido expulsada y reemplazada por otra: **la voz del novio y de la novia se oirá más en ti.**

Estos cinco puntos marcan varias características importantes del templo de Jerusalén:

1. *Música:* la orquesta y el coro levíticos (1Cró. 25)
2. *Artesanos:* Bezaleel, Aholiab, Hiram, etc. (Éx. 31:1-11; 1Re. 5).
3. *Molino:* el propio templo (la «era»; 2Cró. 3:1)
4. *Lámpara:* el/los candelabro(s) (Éx. 25:31-40, 2Cró. 4:19-22)
5. *Matrimonio:* el matrimonio del Señor e Israel (Ez. 16:1-14).

Se dice que la desolación de Jerusalén cayó sobre ella por dos razones. En primer lugar, sus **mercaderes eran los grandes de la tierra**. Esto no debería parecer extraño a primera vista; podría decirse lo mismo de cualquier ciudad de la historia. En cualquier economía próspera, los mercaderes serán prominentes. Pero, a fin de cuentas, ¿con qué comerciaban los «mercaderes» de Israel? Con las almas de los hombres (v. 13). Como Jesús había tronado a los «grandes hombres de la tierra»: «¡Ay de vosotros, escribas y fariseos, hipócritas!, porque

---

[18] Véase Giorgio de Santillana y Hertha von Dechend, *Hamlet's Mill: An Essay on Myth and the Frame of Time* (Ipswich: Gambit, 1969). Sobre el simbolismo de Sansón en el molino (Jue. 16:21), véase James B. Jordan, *Judges: God's War Against Humanism* (Tyler, Texas: Geneva Ministries, 1985).

recorréis el mar y la tierra para hacer un prosélito, y cuando llega a serlo, lo hacéis hijo del infierno dos veces más que vosotros». (Mt. 23:15).

La segunda razón del castigo de Jerusalén se deriva de la primera: **todas las naciones fueron engañadas por tus hechicerías.** Israel había sido el sacerdote de las naciones del mundo, ordenado tanto para llevarles la luz de la salvación como para ofrecer sacrificios en su nombre. Esto debería haber culminado en la presentación de Cristo a las naciones como la luz del mundo y el verdadero sacrificio por sus pecados. En cambio, Israel rechazó a Cristo, la suma y la sustancia de la religión bíblica. Al intentar retener la estructura formal del Antiguo Pacto en su rechazo del Nuevo, Israel esencialmente creó una religión híbrida de adoración satánica oculta y estatismo.[19] Y fue despedazada por sus propios dioses.

24 El apóstol Juan proporciona una última pista sobre la identidad de la ramera en este versículo, confirmando nuestra interpretación de que representa a Jerusalén: **en ella fue hallada la sangre de los profetas, de los santos y de todos los que habían sido muertos sobre la tierra.** Se trata de una clara alusión a la condena de Jerusalén por parte de Cristo, al término de su discurso final en el templo:
Por tanto, mirad, yo os envío profetas, sabios y escribas: de ellos, a unos los mataréis y crucificaréis, y a otros los azotaréis en vuestras sinagogas y los perseguiréis de ciudad en ciudad, para que recaiga sobre vosotros la culpa de toda la sangre justa derramada sobre la tierra, desde la sangre del justo Abel hasta la sangre de Zacarías, hijo de Berequías, a quien asesinasteis entre el templo y el altar. En verdad os digo que todo esto vendrá sobre esta generación. ¡Jerusalén, Jerusalén, la que mata a los profetas y apedrea a los que son enviados a ella! (Mt. 23:34-37)

Este lenguaje no puede usarse de Roma ni de ninguna otra ciudad. Sólo Jerusalén era culpable de «toda la sangre justa derramada sobre la tierra», desde Abel en adelante. Históricamente, era Jerusalén la que siempre había sido la gran ramera, cayendo continuamente en la apostasía y persiguiendo a los profetas (Hch. 7:51-52); Jerusalén era el lugar donde se mataba a los profetas: como dijo el propio Jesús: «no puede ser que un profeta muera fuera de Jerusalén. ¡Jerusalén, Jerusalén, la que mata a los profetas y apedrea a los que le son enviados!» (Lc. 13:33-34). El «litigio de pacto» del apóstol Juan era cierto y eficaz. Jerusalén fue declarada culpable de los cargos, y del 66 al 70 d.C. sufrió los «días de venganza», el vertimiento de la ira de Dios por su prolongado derramamiento de sangre inocente.

---

[19] Sobre la íntima relación histórica entre ocultismo y estatismo, véase Gary North, *Unholy Spirits: Occultism and New Age Humanism* (Ft. Worth, Texas; Dominion Press, 1986).

19

LAS FIESTAS DEL REINO

La cena de las bodas del Cordero (19:1-10)

1 Después de esto oí como una gran voz de una gran multitud en el cielo, que decía: ¡Aleluya!
La salvación y la gloria y el poder pertenecen a nuestro Dios,
2 PORQUE SUS JUICIOS SON VERDADEROS Y JUSTOS,
pues ha juzgado a la gran ramera
que corrompía la tierra con su inmoralidad,
y HA VENGADO LA SANGRE DE SUS SIERVOS EN ELLA.
3 Y dijeron por segunda vez: ¡Aleluya!
EL HUMO DE ELLA SUBE POR LOS SIGLOS DE LOS SIGLOS.
4 Y los veinticuatro ancianos y los cuatro seres vivientes se postraron y adoraron a Dios, que está sentado en el trono, y decían:
¡Amén! ¡Aleluya!
5 Y del trono salió una voz que decía:
Alabad a nuestro Dios todos sus siervos,
los que le teméis, los pequeños y los grandes.
6 Y oí como la voz de una gran multitud, como el estruendo de muchas aguas y como el sonido de fuertes truenos, que decía: ¡Aleluya!
Porque el Señor nuestro Dios Todopoderoso reina.
7 Regocijémonos y alegrémonos, y démosle a Él la gloria,
porque las bodas del Cordero han llegado y su esposa se ha preparado.
8 Y a ella le fue concedido vestirse de lino fino, resplandeciente y limpio,
porque las acciones justas de los santos son el lino fino.

9 Y el ángel me dijo: Escribe: «Bienaventurados los que están invitados a la cena de las bodas del Cordero». Y me dijo: Estas son palabras verdaderas de Dios.

10 Entonces caí a sus pies para adorarle. Y me dijo: No hagas eso; yo soy consiervo tuyo y de tus hermanos que poseen el testimonio de Jesús; adora a Dios. Pues el testimonio de Jesús es el espíritu de la profecía.

Hay varias similitudes en el lenguaje entre pasaje y el de 11:15-19, el anuncio del tema del séptimo ángel sobre la consumación del «misterio de Dios»: la apertura del reino y del templo celestial a todo el mundo en el Nuevo Pacto. Podemos ver fácilmente el mensaje de estos versículos como una expansión de esa idea cuando tomamos nota de los paralelismos:

11:15 —grandes voces en el cielo	19:1 — Una gran voz de una gran multitud.
11:15, 17 —Él reinará por los siglos de los siglos… Porque has tomado tu gran poder y has comenzado a reinar.	19:1, 6 — ¡Aleluya! La salvación y la gloria y el poder pertenecen a nuestro Dios… ¡Aleluya! Porque el Señor nuestro Dios Todopoderoso reina.
11:16 — Los veinticuatro ancianos… se postraron sobre sus rostros y adoraron a Dios	19:4 — Los veinticuatro ancianos… se postraron y adoraron a Dios
11:18 — Llegó el tiempo de juzgar a los muertos y de dar la recompensa a tus siervos los profetas.	18:24-19:2 — Y en ella fue hallada la sangre de los profetas… sus juicios son verdaderos y justos, pues… ha vengado la sangre de sus siervos.
11:18 — Tu siervos… a los que temen tu nombre, a los pequeños y a los grandes.	19:5 — todos sus siervos, los que le teméis, los pequeños y los grandes.
11:19 — Hubo relámpagos, voces y truenos, y un terremoto…	19:6 — La voz de una gran multitud, como el estruendo de muchas aguas y como el sonido de fuertes truenos…

La aparición de la esposa, preparada para el matrimonio, equivale así a la apertura del templo y al pleno establecimiento del Nuevo Pacto. Estas mismas imágenes se reúnen de nuevo al final de esta serie de visiones, cuando la ciudad de Dios desciende del cielo, «preparada como una novia ataviada para su esposo. Entonces oí una gran voz que decía desde el trono: He aquí, el tabernáculo de Dios está entre los hombres, y Él habitará entre ellos…» (21:2-3). La Iglesia, la esposa de Cristo y ciudad de Dios, es el templo del Nuevo Pacto— o, más bien, «su templo es el Señor, el Dios Todopoderoso, y el Cordero». (21:22).

19 – Las fiestas del reino

1-2 El pueblo de Dios había orado por la destrucción de Jerusalén (6:9-11). Ahora que sus plegarias han sido escuchadas, la gran multitud de los redimidos prorrumpe en una alabanza antifonal, en obediencia al mandato angélico de 18:20: «Alégrate sobre ella, cielo, y vosotros, santos, apóstoles y profetas; porque Dios os ha hecho justicia en ella». Debemos observar cuidadosamente lo que el apóstol Juan está haciendo aquí. Apocalipsis es una profecía y, por tanto, está destinado «a la edificación, exhortación y consolación» (1Co. 14:3): A sus lectores se les ordenó guardar las cosas en ella escritas (Ap. 1:3). Al revelar las oraciones imprecatorias de la Iglesia celestial contra sus enemigos, el apóstol Juan estaba instruyendo a sus hermanos en la tierra para que hicieran lo mismo; ahora, habiendo revelado la destrucción segura de la ramera, muestra a la Iglesia del primer siglo cuál debe ser su deber cuando Jerusalén caiga. No deben llorar su muerte, sino alabar a Dios por la ejecución de su venganza sobre ella. La voluntad de Dios debe cumplirse en la tierra como se cumple en el cielo. Al mostrar el modelo del culto celestial, el apóstol Juan revela también la voluntad de Dios para el culto terrenal.

La liturgia antifonal se divide en cinco partes distintas. El número cinco, como hemos visto (cf. 9:5), está relacionado con la fuerza, especialmente en términos de acción militar. Por eso, este cántico en cinco partes es un «himno de batalla», basado en los cánticos de triunfo del Antiguo Testamento sobre los enemigos de Dios y del pacto. La multitud celestial canta: **¡Aleluya!** Los únicos usos de esta expresión hebrea en el Nuevo Testamento (que significa *¡Alabad al Señor!*) se encuentran en este pasaje, donde aparece cuatro veces, en alabanza por la reconquista divina de la tierra. Como señala Hengstenberg, «la conservación de la palabra hebrea, como en el caso también de *Amén* y *Hosana*, sirve como un poste de señalización para marcar la conexión interna entre la Iglesia del Nuevo Testamento y la del Antiguo».[1] La palabra en sí recuerda los salmos *Hallel* del Antiguo Testamento (Sal. 113-118), cantos de victoria que se entonaban en las fiestas de Pascua y Tabernáculos. Estos salmos celebraban la grandeza de Dios, especialmente como se reveló en la liberación de su pueblo de Egipto y su restauración al verdadero culto; y apuntan al día en que todas las naciones alabarán al Señor. Salvo pequeñas alusiones a un par de salmos del Aleluya en los versículos 5 y 7, el apóstol Juan no construye esta liturgia siguiendo su modelo, sino que el uso de *¡Aleluya!* basta por sí solo para establecer la conexión. Sin embargo, la primera aparición bíblica de la expresión se encuentra en el Salmo 104:35, que guarda un sorprendente paralelismo con la yuxtaposición de juicio y alabanza en Apocalipsis:

Sean consumidos de la tierra los pecadores,
Y los impíos dejen de ser.
Bendice, alma mía, a Jehová.
Aleluya.

---

[1] E. W. Hengstenberg, *The Revelation of St. John*, 2 vols. (Cherry Hill, NJ: Mack Publishing Co., n.d.), vol. 2, p. 238.

La destrucción de la Jerusalén apóstata en nombre de Cristo y de su Iglesia será la demostración de que **la salvación y el poder y la gloria pertenecen a nuestro Dios**— una frase que recuerda la exultación de David cuando se terminaron los preparativos para construir el templo: «Tuya es, oh Jehová, la magnificencia y el poder, la gloria, la victoria y el honor; porque todas las cosas que están en los cielos y en la tierra son tuyas. Tuyo, oh Jehová, es el reino, y tú eres excelso sobre todos» (1Cró. 29:11; Cristo también aludió al texto de David en el Padre Nuestro, Mt. 6:13: «tuyo es el reino, y el poder, y la gloria, por todos los siglos. Amén»). La canción también cita la celebración de David de la autoridad global de la Ley en el Salmo 19:9: «Los juicios del Señor son verdad todos justos». En el cumplimiento de las maldiciones de la Ley sobre la ciudad apóstata, el nuevo Israel de Dios retoma el canto, afirmando que **sus juicios son verdaderos y justos**.

La destrucción de Israel es el mostrador de la justicia de Dios. El honor de Dios no pudo soportar la blasfemia de su nombre ocasionada por la rebelión de su pueblo (Rom. 2:24). La prueba de que «sus juicios son verdad y todos justos» es precisamente el hecho de que Él se ha vengado de su propio pueblo, rechazando a los que habían sido llamados por su nombre: ¡porque **Él ha juzgado a la gran ramera que estaba corrompiendo la tierra con su fornicación, y ha vengado la sangre de sus siervos de su mano!** Esto establece la conexión entre la ramera y la «Jezabel» que buscaba destruir las iglesias (véase 2:20-24). Jezabel, la reina ramera (2Re. 9:22), había desviado a Israel de la adoración del Dios verdadero hacia un culto de estatismo e idolatría (1Re. 16:29-34). Había perseguido y asesinado a los profetas (1Re. 18:4, 13), y levantado falsos testigos para calumniar a los justos en los tribunales (1Re. 21:1-16). Así Jehú fue ordenado por el mensajero de Dios para destruir la casa de Acab, *«para que yo vengue la sangre de mis siervos los profetas,* y la sangre de todos los siervos del Señor, *derramada por mano de Jezabel»* (2Re. 9:7). Los coqueteos adúlteros y los devaneos de Israel con el paganismo son comparados por los profetas con las «prostituciones y hechicerías» de Jezabel (2Re. 9:22): al igual que ella «se pintó los ojos y se adornó la cabeza» en un vano intento de evitar su destrucción (2Re. 9:30-37), Israel hizo lo mismo en vano:

> Y tú, desolada, ¿qué harás?
> Aunque te vistas de escarlata,
> aunque te pongas adornos de oro,
> aunque te agrandes con pintura los ojos,
> en vano te embelleces;
> te desprecian tus amantes,
> solo buscan tu vida.
> (Jer. 4:30; cf. Ez. 23:40)

Nada que no fuera el arrepentimiento podría haber salvado a Jerusalén. Ella se negó rotundamente a hacerlo, y por eso Dios se vengó de ella por su persecución de los justos. De nuevo hay que subrayar que Jesús señaló específicamente a Jerusalén como objeto de la ira vengativa de Dios. Hablando del derramamiento de maldiciones del pacto que culminarían en la destrucción de Jerusalén en el año 70 d.C., dijo: «*Estos son días de venganza*, para que se cumplan todas las cosas que están escritas» (Lc. 21:22). Por medio de Moisés, Dios había advertido de la futura apostasía de Israel, cuando le provocarían celos sirviendo a otros dioses (Dt. 32:15-22), lo que acarrearía una destrucción segura sobre ellos y su tierra (Dt. 32:23-43). Cuatro veces en este pasaje Dios amenaza con que su venganza alcanzará a los apóstatas: «Mía es la *venganza* y el castigo» (v. 35); «Yo haré *venganza* de mis adversarios y pagaré a los que me odian» (v. 41); «Alegraos, naciones, con su pueblo, porque *Él vengará la sangre de sus siervos*, hará venganza de sus adversarios y expiará a su tierra y a su pueblo» (v. 43).

3 En la segunda división del canto, la gran multitud repite el estribillo: **¡Aleluya!** El motivo de la alabanza es, de nuevo, un regocijo piadoso por la destrucción del enemigo de la Iglesia, **pues su humo se eleva por los siglos de los siglos**. Como hemos señalado (véase 14:11; 18:2, 9), esta expresión se basa en la destrucción de Sodoma y Gomorra (Gén. 19:28), mientras que la fraseología específica está tomada de la descripción que hace Isaías del castigo de Edom (Is. 34:10). Aquí se utiliza para indicar el carácter permanente de la caída de Babilonia. [2]

4 En la tercera parte de la liturgia, **los veinticuatro ancianos y los cuatro seres vivientes**— que representan a la Iglesia y a toda la creación terrena (véase 4:4-11)— toman parte en el cántico. En primer lugar, se nos dice que se postraron **y adoraron**; de nuevo nos damos cuenta de la importancia de la postura, de la actitud física, en nuestra actividad religiosa. La aflicción de la Iglesia moderna por el neoplatonismo «espiritualista»— por no hablar de la simple pereza— ha dado lugar a un acercamiento demasiado casual al Altísimo. Como mínimo, nuestra postura física en el culto público y oficial debería corresponder al temor y la reverencia piadosos que son propios de quienes son admitidos a una audiencia con **Dios, que está sentado en el trono**.

5 No se nos dice de quién es la **voz** que pronuncia la cuarta sección de la liturgia **desde el trono**. Podría ser la de uno de los ancianos, dirigiendo a la congregación desde una posición cercana al trono; pero es más probable que sea la de Jesucristo (cf. 16:17), llamando a sus hermanos (Rom. 8:29; Heb. 2:11-12) a **alabar a nuestro Dios** (cf. Jn. 20:17, donde Jesús dice: «Subo a mi Padre y a vuestro Padre, y a mi Dios y a vuestro Dios»). Que esto se dirige a la Iglesia en su conjunto queda claro por la descripción de los adoradores: **sus siervos**, los que **le temen, los pequeños y los grandes**.

6-8 Cuando toda la Iglesia responde a la invitación del oficiante, habla con la familiar voz de la nube de gloria (cf. Éx. 19:16; Ez. 1:24), indicando su plena identificación con la gloriosa imagen de Dios: El apóstol Juan oye **como la voz de una gran multitud y como el**

---

[2] Por lo tanto, la frase no puede utilizarse como una descripción literal del estado eterno de los impíos en general. Las llamas reales que consumieron a «Babilonia» se extinguieron hace mucho tiempo; pero su castigo fue eterno. Ella nunca será resucitada.

ruido de muchas aguas y como el estruendo de poderosos truenos. La nube ha asumido a la Iglesia en sí misma.

El primer ¡*Aleluya!* de la «gran multitud» había alabado a Dios por su soberanía, demostrada en el juicio de la gran ramera. El cuarto **¡Aleluya!** en esta quinta y última parte de la liturgia, alaba de nuevo a Dios por su soberanía, mostrada esta vez en **las bodas del Cordero** con **su esposa**. La *destrucción de la ramera y las bodas del Cordero con la esposa*— el divorcio y las bodas— son *acontecimientos correlativos*. La existencia de la Iglesia como congregación del *Nuevo* Pacto marca una época completamente nueva en la historia de la redención. Dios no se limitaba ahora a acoger a los creyentes gentiles en el Antiguo Pacto (como había hecho a menudo bajo la economía del Antiguo Testamento). Más bien, estaba introduciendo «el siglo venidero» (Heb. 2:5; 6:5), la era del cumplimiento, durante estos últimos días. Pentecostés fue el inicio de un Nuevo Pacto. Con el divorcio final y la destrucción de la esposa infiel en el año 70 d.C., el matrimonio de la Iglesia con su Señor quedó firmemente establecido; la celebración eucarística de la Iglesia se reveló plenamente en su verdadera naturaleza como «la cena de las bodas del Cordero» (v. 9).

La multitud de los redimidos exulta: **su esposa se ha preparado**. El deber de los apóstoles durante los últimos días era preparar a la Iglesia para sus nupcias. Pablo escribió sobre el sacrificio de Cristo como la redención de la novia: Él «amó a la Iglesia y se entregó a sí mismo por ella, para santificarla, habiéndola purificado en el lavamiento del agua con la Palabra, a fin de presentarse a sí mismo la Iglesia gloriosa, sin mancha ni arruga ni cosa semejante, sino santa e irreprensible» (Ef. 5:25-27). Pablo amplió estas imágenes al hablar a los corintios sobre el objetivo de su ministerio: «Siento por vosotros celos piadosos, pues os he desposado con un solo esposo, para presentaros a Cristo como una virgen pura». Sin embargo, existía el peligro de que la Iglesia fuera seducida a la fornicación con el dragón; el apóstol tenía «miedo, no sea que como la serpiente engañó a Eva con su astucia, vuestras mentes se desvíen de la sencillez y pureza de la devoción a Cristo» (2Co. 11:2-3). Cuando la crisis de aquellos días estaba llegando a su fin, cuando muchos se apartaban de la fe y seguían diversas herejías, Judas escribió un apresurado mensaje de emergencia a la Iglesia (véase Jud. 3), en el que exhortaba a la esposa a permanecer fiel a su Señor, encomendándola «a aquel que es poderoso para guardaros sin tropiezo y haceros estar firmes e irreprensibles en la presencia de su gloria con gran alegría» (Jud. 24).

Pero ahora el apóstol Juan tiene una visión de la Iglesia en su gloria y pureza, habiendo superado con éxito sus pruebas y tentaciones, habiendo pasado por grandes tribulaciones hasta su posesión del reino como la esposa de Cristo. Contrariamente a las expectativas de Roma, la destrucción de Jerusalén no fue el fin de la Iglesia. Por el contrario, fue el pleno establecimiento de la Iglesia como el nuevo templo, la declaración final de que Dios había tomado para sí a una nueva esposa, una virgen fiel y casta que había resistido con éxito las seductoras tentaciones del dragón. Se había preparado y este era el día de su boda. Los primeros cristianos aprendieron bien la lección que más tarde expuso el obispo del siglo III Cipriano: «La esposa de Cristo no puede ser adúltera; es incorrupta y pura. Ella conoce un solo hogar; guarda con casta modestia la santidad de un solo sofá. Ella nos guarda para Dios. Quien se separa de la Iglesia y se une a una adúltera, se separa de las promesas de la Iglesia;

ni quien abandona la Iglesia de Cristo puede alcanzar las recompensas de Cristo. Es un extranjero; es un profano; es un enemigo. Ya no puede tener a Dios por Padre, quien no tiene a la Iglesia por madre. Si pudo escapar quien estaba fuera del arca de Noé, también podrá escapar quien esté fuera de la Iglesia. El Señor advierte diciendo: 'El que no está conmigo está contra mí, y el que no recoge conmigo desparrama' [Mt. 12, 30]. Quien rompe la paz y la concordia de Cristo, lo hace en oposición a Cristo; quien se reúne en otro lugar que no sea la Iglesia, dispersa la Iglesia de Cristo... Quien no guarda esta unidad, no guarda la ley de Dios, no guarda la fe del Padre y del Hijo, no guarda la vida y la salvación».[3]

Continúa el cántico de alabanza: **Y le fue dado vestirse de lino fino, resplandeciente y limpio; porque el lino fino son las acciones justas de los santos**. Ya hemos visto que el lino se utiliza como símbolo (15:6; cf. 3:4; 4:4; 7:9, 14); ahora, su significado simbólico se declara explícitamente que son los actos **justos** de los santos.[4] Aquí se hacen importantes observaciones sobre la obediencia de los santos: primero, le fue **dada a ella**— nuestra santificación se debe totalmente a la obra de gracia del Espíritu Santo de Dios en nuestros corazones; segundo, ella fue capacitada por gracia **para vestirse** con el lino de los actos justos— nuestra santificación la realizamos nosotros mismos. Este doble énfasis se encuentra en todas las Escrituras: «Santificaos... Yo soy el Señor que os santifico» (Lev. 20:7-8); «Trabajad en vuestra salvación con temor y temblor; porque Dios es el que obra en vosotros, así el querer como el hacer, por su buena voluntad» (Fil. 2:12-13).

9 El apóstol Juan recibe instrucciones de escribir la cuarta y central bienaventuranza de Apocalipsis: **Bienaventurados los invitados a la cena de las bodas del Cordero**. El pueblo de Dios ha sido salvo de las prostituciones del mundo para convertirse en la esposa de su Hijo unigénito; y la prueba constante de este hecho es la celebración semanal por la Iglesia de su fiesta sagrada, la Sagrada Eucaristía. La absoluta fidelidad de esta promesa queda subrayada por la seguridad que el ángel da al apóstol Juan de que **estas son las verdaderas palabras de Dios**.

No hace falta decir que la Eucaristía es el centro del culto cristiano; la Eucaristía es lo que se nos ordena hacer cuando nos reunimos el día del Señor. Todo lo demás es secundario. Esto no quiere decir que las cosas secundarias carezcan de importancia. La enseñanza de la Palabra, por ejemplo, es muy importante y, de hecho, necesaria para el crecimiento y el bienestar de la Iglesia. La doctrina ha sido reconocida desde hace mucho tiempo como una de las marcas esenciales de la Iglesia. La instrucción en la fe es, por tanto, una parte indispensable del culto cristiano. Pero no es el corazón del culto cristiano. El corazón del culto cristiano es el sacramento del cuerpo y la sangre de nuestro Señor Jesucristo. Así lo

---

[3] Cipriano, *La unidad de la iglesia*, 6; en Alexander Roberts y James Donaldson, eds., *The Ante-Nicene Fathers* (Grand Rapids: William B. Eerdmans, reimp. 1971), vol. 5, p. 423.

[4] La palabra griega se usa generalmente en el Nuevo Testamento para significar el «estatuto» u «ordenanza» de Dios (Lc. 1:6; Rom. 1:32; 8:4; Heb. 9:1, 10; Ap. 15:4); el significado relacionado, usado aquí, es «cumplimiento del estatuto de Dios» (cf. Rom. 5:18). Otro significado es la «sentencia judicial de que uno ha cumplido el requisito de Dios» y, por tanto, «justificación» (cf. Rom. 5:16). Aunque algunos han defendido «justificación» como el significado apropiado aquí, tanto el contexto como el hecho de que se emplea la forma plural de la palabra indican que su significado más natural es «actos justos».

asume el apóstol Pablo en 1Corintios 10:16-17 y 11:20-34. Podemos verlo reflejado en la sencilla declaración de Lucas en Hechos 20:7 «El primer día de la semana, reunidos para partir el pan...». También se describe en la *Didajé*: «Pero cada día del Señor os reunís, y partís el pan, y dais gracias después de haber confesado vuestras transgresiones, para que vuestro sacrificio sea puro».[5] Justino Mártir reporta el mismo patrón como la norma para todas las asambleas cristianas: «En el día llamado domingo, todos los que viven en las ciudades o en el campo se reúnen en un lugar, y se leen las memorias de los apóstoles o los escritos de los profetas, mientras el tiempo lo permite; luego, cuando el lector ha cesado, el presidente instruye verbalmente y exhorta a la imitación de estas cosas buenas. Entonces todos nos levantamos y oramos, y, como dijimos antes, cuando nuestra oración ha terminado, se trae pan y vino y agua, y el presidente de la misma manera ofrece oraciones y acciones de gracias, según su capacidad, y el pueblo asiente diciendo: Amén; y hay una distribución para cada uno, y una participación de aquello por lo que se ha dado gracias, y a los que están ausentes se les envía una porción por los diáconos».[6]

El mayor privilegio de la Iglesia es su participación semanal en la cena eucarística, la cena de las bodas del Cordero. Es una tragedia que tantas iglesias en nuestros días descuiden la Cena del Señor, observándola solo en escasas ocasiones (algunas llamadas iglesias incluso han abandonado por completo la Comunión). Lo que debemos comprender es que el culto oficial de la Iglesia en el día del Señor no es simplemente un estudio bíblico o una reunión informal de almas afines; por el contrario, es la fiesta formal de bodas de la novia con su esposo. Por eso nos reunimos el primer día de la semana. De hecho, uno de los temas principales en la controversia de la Reforma protestante fue el hecho de que la Iglesia romana admitía a sus miembros a la Eucaristía solo una vez al año.[7] Irónicamente, la práctica de la Iglesia romana supera ahora a la de la mayoría de las iglesias «protestantes»; al menos en la cuestión de la comunión frecuente, es Roma la que se ha «reformado».

Comentando la sentencia del filósofo materialista alemán Ludwig Feuerbach de que «el hombre es lo que come», el gran teólogo ortodoxo Alexander Schmemann escribió: «Con esta afirmación... Feuerbach creía haber puesto fin a todas las especulaciones 'idealistas' sobre la naturaleza humana. Sin embargo, en realidad estaba expresando, sin saberlo, la idea más religiosa del hombre. Mucho antes de Feuerbach, la Biblia ya daba la misma definición del hombre. En el relato bíblico de la creación se presenta al hombre, en primer lugar, como un ser hambriento, y al mundo entero como su alimento. En segundo lugar, después de la orden de propagarse y tener dominio sobre la tierra, según el autor del primer capítulo de Génesis, está la instrucción de Dios a los hombres de comer de la tierra: «He aquí que os he dado toda hierba que da semilla... y todo árbol que es fruto de árbol que da semilla; os servirá de alimento... El hombre debe comer para vivir; debe tomar el mundo en su cuerpo y transformarlo en sí mismo, en carne y sangre. En efecto, él es lo que come, y el mundo entero

---

[5] *The Teaching of the Twelve Apostles*, xiv.1, en Alexander Roberts y James Donaldson, eds., *The Ante-Nicene Fathers* (Grand Rapids: Wm. B. Eerdmans, reprinted 1971), vol. 7, p. 381.

[6] Justino Mártir, *The First Apology*, cap. lxvii, en Alexander Roberts y James Donaldson, eds., *The Ante-Nicene Fathers* (Grand Rapids: Wm. B. Eerdmans, reimp. 1971), vol. l, p. 186.

[7] Véase Juan Calvino, *Institutos de la religion cristiana*, iv.xvii.43-46; cf. idem., *Selected Works: Tracts and Letters*, ed. por Henry Beveridge y Jules Bonnet, seven vols. (Grand Rapids: Baker Book House, reimp. 1983), vol. 2, p. 188.

se presenta como una mesa de banquete para el hombre. Y esta imagen del banquete sigue siendo, a lo largo de toda la Biblia, la imagen central de la vida. Es la imagen de la vida en su creación y también la imagen de la vida en su fin y cumplimiento:... que comáis y bebáis en mi mesa en mi reino'».[8]

La Eucaristía está en el centro de nuestra vida, y toda la vida fluye de esta liturgia central. La «forma» de la liturgia eucarística, por tanto, da forma al resto de la vida, la liturgia diaria que seguimos mientras perseguimos nuestra vocación de ejercer el dominio sobre la tierra. El «rito de la vida» sigue el modelo del ritual central de la Comunión, que a su vez sigue el modelo de la liturgia de la creación expuesta en Génesis 1: Dios se apoderó de la creación, la separó, la distribuyó, evaluó el trabajo y disfrutó de ella en el descanso sabático. Y este es el modelo de la Sagrada Comunión, como observa James B. Jordan: Cuando realizamos este rito en el día del Señor, nos estamos reajustando, rehabilitando, reentrenando en la manera correcta de usar el mundo. Porque Jesucristo, en la noche de su traición, (1) tomó pan y vino, (2) *dio gracias*, (3) partió el pan, (4) distribuyó el pan y el vino, nombrándolos su cuerpo y su sangre; luego los discípulos (5) lo probaron y evaluaron, once lo aprobaron y uno lo rechazó; y finalmente (6) los fieles descansaron y lo disfrutaron.

«Es porque el acto de acción de gracias es la diferencia central entre el cristiano y el no cristiano que la liturgia de las iglesias cristianas se llama 'Santa Eucaristía'. Eucaristía significa acción de gracias. Es la restauración del verdadero culto (acción de gracias) lo que restaura la obra del hombre (la acción séxtuple en toda la vida). Esto explica por qué la restauración del verdadero culto tiene primacía sobre los esfuerzos culturales».[9]

10 El apóstol Juan se arroja a los pies del ángel **para adorarlo,** y el ángel le responde secamente: **¡No hagas eso!** ¿Por qué se recoge este incidente (repetido en 22:8-9) en Apocalipsis? Aunque pueda parecer que no guarda relación con las grandes cuestiones cósmicas de la profecía, en realidad se acerca al núcleo del mensaje del apóstol Juan. A primera vista, parece una polémica contra la idolatría, sin duda un interés central de Apocalipsis. Sin embargo, esta interpretación plantea serias dificultades. En primer lugar, debemos recordar que es un apóstol inspirado quien realiza este acto de culto, en el curso de la recepción de la revelación divina; aunque no es absolutamente imposible que el apóstol Juan cometiera el delito de idolatría en tal situación, parece altamente improbable. En segundo lugar, la razón del ángel para rechazar la adoración parece extraña. ¿Por qué no cita simplemente el mandamiento contra tener dioses falsos, como hizo Jesús (Mt. 4:10) cuando el diablo le exigió que le adorara? En lugar de eso, se lanza a una breve explicación de la naturaleza de la profecía: **Soy consiervo tuyo y de tus hermanos que sostienen el testimonio de Jesús; ¡adorad a Dios! Porque el testimonio de Jesús es el Espíritu de profecía.**

---

[8] Alexander Schmemann, *For the Life of the World: Sacraments and Orthodoxy* (Nueva York: St. Vladimir's Seminary Press, 1973), p. 11.

[9] James B. Jordan, «Studies in Genesis One: God's Rite for Life», en *The Geneva Review*, No. 21 (Agosto 1985), p. 3; cf. idem, «Christian Piety: Deformed and Reformed», *Geneva Papers* (New Series), No. I (September 1985); sobre la centralidad de la adoración, véase igualmente, *The Law of the Covenant: An Exposition of Exodus 21-23* (Tyler, TX: Institute for Christian Economics, 1984), pp. 10s., 41s., 217s.

La solución se encuentra, en primer lugar, en el hecho de que el término *adoración* (en griego, *proskuneō*) significa simplemente «la costumbre de postrarse ante una persona y besar sus pies, el dobladillo de su vestido, el suelo, etc.»,[10] y puede usarse no solo para el homenaje rendido a Dios (o, pecaminosamente, a un dios falso), sino también para la reverencia debida a los superiores (véase, por ejemplo, la LXX en Gén. 18:2; 19:1; 23:7, 12; 27-.29, 33:3, 6-7; 37-.7, 9-10; 42:6; 43:26, 28; 49:8). Era completamente apropiado que Lot «adorara» a los ángeles que lo visitaron, y que los hijos de Israel «adoraran» a José. Mateo utiliza la palabra para describir la reverencia de un esclavo ante su amo (Mt. 18:26), y el apóstol Juan la emplea para registrar la promesa de Cristo a los fieles de Filadelfia, de que los judíos se verían obligados «a venir y *postrarse [proskuneō]*» a sus pies (Ap. 3:9).

Suponiendo, por tanto, que el apóstol Juan no estuviera ofreciendo culto divino al ángel, sino reverencia a un superior, la respuesta del ángel puede entenderse con mayor claridad. Un tema común a todo Apocalipsis es que «todo el pueblo del Señor es profeta» (cf. Núm. 11:29). Todos han ascendido a la presencia del Señor, ocupando sus puestos en el concilio celestial en torno al trono en la nube de gloria. Antes de Pentecostés era apropiado que los simples hombres se inclinaran ante los ángeles, pero ya no. «¡No hagas eso!»— grita el ángel: **Soy consiervo tuyo y de tus hermanos que sostienen el testimonio de Jesús**. El ángel está al mismo nivel del apóstol Juan y con el resto de la comunidad cristiana; por eso insta al apóstol Juan a adorar a Dios, a «acercarse con confianza al trono de la gracia» (Heb. 4:16). El hecho de que los hermanos del apóstol Juan sostengan **el** testimonio **de Jesús** demuestra que son miembros del concilio, habitados por el Espíritu; porque **el testimonio de Jesús es el Espíritu de profecía**; el Espíritu está dondequiera que se sostenga y proclame el testimonio de Jesús.

«Con perfecta justicia, por tanto, observa Bossuet, 'que el ángel rechaza el culto para poner el ministerio apostólico y profético al mismo nivel que el de los ángeles'... La disuasión no se basa en la consideración de que el culto zanja la gloria de Dios, sino en la consideración de que zanja el honor de Juan. Es como si se dijera: dirígete directamente a Dios con tu culto, para que no ensombrezcas la gloriosa dignidad que se te ha concedido y que tú representas».[11]

Pero, ¿qué hay en el anuncio del ángel que indujo al apóstol Juan a postrarse a sus pies en primer lugar? «Es la referencia eucarística que contiene. La Iglesia primitiva consagraba la Eucaristía con la gran oración de acción de gracias que da nombre al rito. Elevando sus corazones al cielo, bendecían a Dios por sus poderosos actos de salvación, asegurando así su posesión final de Cristo, y haciendo real el anticipo que estaban a punto de recibir en su cuerpo y sangre sacramentales. La exultación de la victoria ha pasado a la oración eucarística en 19:1-8, pero es la bienaventuranza del ángel la primera que hace explícita la alusión a esa

---

[10] William F. Arndt y F. Wilbur Gingrich, *A Greek-English Lexicon of the New Testament and Other Early Christian Literature* (Chicago: University of Chicago Press, 1957), p. 723.

[11] E. W. Hengstenberg, *The Revelation of St. John*, 2 vols. (Cherry Hill, NJ: Mack Publishing co., [1851] 1972), vol. 2, p. 256.

bendita fiesta que se come en el reino de Dios y se anticipa en la Iglesia. El apóstol Juan cae en adoración, y todo intermediario desaparece entre él y Cristo».[12]

El Hijo de Dios va a la guerra (19:11-21)

11 Y vi el cielo abierto, y he aquí, un caballo blanco; el que lo montaba se llama Fiel y Verdadero, y con justicia juzga y hace la guerra.

12 Sus ojos son una llama de fuego, y sobre su cabeza hay muchas diademas, y tiene un nombre escrito que nadie conoce sino Él.

13 Y está vestido de un manto empapado en sangre, y su nombre es: El Verbo de Dios.

14 Y los ejércitos que están en los cielos, vestidos de lino fino, blanco y limpio, le seguían sobre caballos blancos.

15 De su boca sale una espada afilada para herir con ella a las naciones, y las regirá con vara de hierro; y Él pisa el lagar del vino del furor de la ira de Dios Todopoderoso.

16 Y en su manto y en su muslo tiene un nombre escrito: REY DE REYES Y SEÑOR DE SEÑORES.

17 Y vi a un ángel que estaba de pie en el sol. Y clamó a gran voz, diciendo a todas las aves que vuelan en medio del cielo: Venid, congregaos para la gran cena de Dios,

18 para que comáis carne de reyes, carne de comandantes y carne de poderosos, carne de caballos y de sus jinetes, y carne de todos los hombres, libres y esclavos, pequeños y grandes.

19 Entonces vi a la bestia, a los reyes de la tierra y a sus ejércitos reunidos para hacer guerra contra el que iba montado en el caballo y contra su ejército.

20 Y la bestia fue apresada, y con ella el falso profeta que hacía señales en su presencia, con las cuales engañaba a los que habían recibido la marca de la bestia y a los que adoraban su imagen; los dos fueron arrojados vivos al lago de fuego que arde con azufre.

21 Y los demás fueron muertos con la espada que salía de la boca del que montaba el caballo, y todas las aves se saciaron de sus carnes.

11 Así comienza la última sección de siete visiones, cada una de las cuales se abre con la frase *kai eidon*, **Y vi** (19:11, 17, 19; 20:1, 4, 11; 21:1). Con la revelación de la Sagrada Eucaristía, el apóstol Juan ve, como no había visto antes, el **cielo abierto** y, como observa Farrer, «todo intermediario desaparece entre él y Cristo». Es la invitación a la comunión con Cristo lo que abre el cielo a la Iglesia y revela a su Señor.

---

[12] Austin Farrer, *The Revelation of St. John the Divine* (Oxford: At the Clarendon Press, 1964), pp. 195s.

El apóstol Juan ve **un caballo blanco**, símbolo de la victoria y el dominio de Cristo (6:2; cf. 14:14). Es importante para la correcta comprensión de este pasaje señalar que **aquel que está sentado sobre él es llamado Fiel y Verdadero**: Cristo cabalga hacia la victoria en su carácter de «*testigo* fiel y verdadero» (3:14), como «Verbo de Dios» (19:13). El apóstol Juan no está describiendo la segunda venida en el fin del mundo. Está describiendo el progreso del Evangelio por todo el mundo, la proclamación universal del mensaje de salvación, que sigue a la primera venida de Cristo. La conexión con el mensaje a Laodicea (3:14-22) se establece aún más cuando comprendemos que esta parte de la profecía contiene varios paralelismos con el mensaje de Laodicea. Farrer dice: «La jactancia infundada de la posesión actual hecha por el ángel de Laodicea en 3:17 es repetida por la jactancia de la ciudad de Jezabel en 18:7ss. Y el apóstol Juan no ha terminado bien con Jezabel en 19:3 que provee a los santos de vestiduras puras (19:8, 3:18), los invita a la cena del Cordero (19:9; 3:20) y, abriendo las puertas del cielo, revela a Cristo como el Amén, el Fiel y Verdadero (19:9-13, 3:14)».[13]

En justicia juzga y hace la guerra: Cristo cabalga para librar la batalla en la tierra, sometiéndonos a sí mismo, gobernándonos y defendiéndonos, «restringiendo y venciendo a todos sus enemigos y a los nuestros», como dice el Catecismo Menor de Westminster (P. 26), haciendo justicia en todo el mundo según la ley de Dios, en cumplimiento de las profecías mesiánicas:

Juzgue él a tu pueblo con justicia,
y a tus afligidos con equidad.
(Sal. 72:2)

Alégrense los cielos y regocíjese la tierra;
ruja el mar y cuanto contiene;
gócese el campo y todo lo que en él hay.
Entonces todos los árboles del bosque cantarán con gozo
delante del SEÑOR, porque Él viene;
porque Él viene a juzgar la tierra:
juzgará al mundo con justicia
y a los pueblos con su fidelidad.
(Sal. 96:11-13)

Se deleitará en el temor del SEÑOR,
y no juzgará por lo que vean sus ojos,
ni sentenciará por lo que oigan sus oídos;
sino que juzgará al pobre con justicia,
y fallará con equidad por los afligidos de la tierra;

---

[13] Ibid., p. 85.

> herirá la tierra con la vara de su boca,
> y con el soplo de sus labios matará al impío.
> (Is. 11:34)

> He aquí, vienen días— declara el SEÑOR—
> en que levantaré a David un Renuevo justo;
> y Él reinará como rey, actuará sabiamente,
> y practicará el derecho y la justicia en la tierra.
> En sus días será salvo Judá,
> e Israel morará seguro;
> y este es su nombre por el cual será llamado: «El SEÑOR, justicia nuestra».
> (Jer. 23:5-6)

12 La figura del caballo blanco es la misma que la del Hijo del Hombre, el primero y el último, el que vive, de la primera visión del apóstol Juan, pues **sus ojos son una llama de fuego** (cf. 1:14): Es el Señor omnisciente, cuyo discernimiento es «capaz de juzgar los pensamientos y las intenciones del corazón» (Heb. 4:12). Esta figura majestuosa es ya victoriosa, muchas veces, como simbolizan las **numerosas diademas** que lleva.

La placa de oro en la frente del sumo sacerdote llevaba el sagrado nombre del Señor; apropiadamente, después de tomar nota de las muchas diademas en la frente de Cristo, el apóstol Juan ve que **Él tiene un nombre escrito**. Pero se trata de un nombre **que nadie conoce, excepto Él mismo**. ¿Cómo debemos entenderlo? Como vimos en 2:17, el uso neotestamentario de las palabras *conocer* (*ginöskö* y *oida*) está influido por un modismo hebreo, en el que el verbo conocer adquiere significados relacionados: *reconocer, reconocer como propio* y *poseer* (véanse, por ejemplo, Gén. 4:1; Éx. 1:8; Sal. 1:6; Jer. 28:9; Ez. 20:5; Zc. 14:7; Mt. 7:23; Jn. 10:4-5; Rom. 8:29; 1Co. 8:3; 2Tim. 2:19).[14] Por lo tanto, lo que se quiere decir en este versículo no es que nadie pueda saber cuál es el nombre (de hecho, como veremos, sí «conocemos» el nombre, en el sentido cognitivo), sino que solo Él es el dueño del nombre; solo a Él le pertenece. Esto se ve reforzado por la estructura quiástica del pasaje:

- **A.** Tiene un nombre escrito que nadie posee excepto Él mismo (v. 12b)
  - **B.** Está vestido con un manto bañado en sangre (v. 13a)
    - **C.** Su nombre es Palabra de Dios (v. 13b)
    - **C.** De su boca sale una espada aguda de dos filos (v. 15a)
  - **B.** Él pisa el lagar del ardor de la ira de Dios (v.15b)
- **A.** En su manto y en su muslo tiene escrito un nombre: REY DE REYES Y SEÑOR DE SEÑORES (v.16)

La espada afilada de dos filos de 15a responde a la caracterización de 13b de Cristo como la Palabra de Dios; la información de 15b de que Cristo pisa el lagar de la ira explica cómo su

---

[14] Véase la breve discusión en Meredith G. Kline, *Images of the Spirit* (Grand Rapids: Baker Book House, 1980), p. 130.

manto se manchó de sangre en 13a; y 16 nos dice el nombre que 12b dice que Cristo posee de forma única.[15]

13 Como hemos señalado anteriormente, la túnica de Cristo **bañada en sangre** se explica en el v. 15b. La sangre es, claramente, la de los enemigos de Cristo, las «uvas de la ira»; sin embargo (como vimos en 14:20), hay un sentido en el que el manto ensangrentado está manchado también por el propio sacrificio de Cristo. Pues la visión es verdaderamente una alegoría de la encarnación: Sólo aquí en Apocalipsis, como en el prólogo de su evangelio (Jn. 1:1, 14), el apóstol Juan llama a Cristo **el Verbo**, hablando de su preexistencia y naturaleza divina, y del hecho que se hizo carne, morando entre nosotros. En el pasaje que nos ocupa, además, tenemos no solo una alegoría de su encarnación, sino también de su expiación, resurrección, ascensión y entronización. No es «solo» la historia del derramamiento de la ira sobre Israel. Es la historia de Jesucristo, el Rey de reyes. Vemos aquí el advenimiento del Hijo del Hombre: Los cielos se abren y Él desciende a la tierra para luchar contra sus enemigos; manchado de sangre, obtiene la victoria.

14 Pero Cristo no está solo en esta victoria. Le siguen **los ejércitos que están en el cielo**, «los que son llamados escogidos y fieles» que están con Él en la batalla (17:14). De nuevo debemos recordar que, desde la perspectiva del Nuevo Testamento, la Iglesia está «en el cielo»: Somos el tabernáculo de Dios en el cielo (7:15; 12:12; 13:6), estamos sentados con Cristo en los lugares celestiales (Ef. 2:6), hemos llegado a la Jerusalén celestial, y a miríadas de ángeles en asamblea festiva, y a la Iglesia de los primogénitos que están inscritos en el cielo (Heb. 12:22-23). Los ejércitos están formados por cristianos (es posible que aquí también se trate de ángeles), que cabalgan **sobre caballos blancos** con su Señor en su campaña agresiva y triunfante por la tierra, llevando la Palabra de Dios al mundo. Como los ejércitos del cielo son la novia, están **vestidos de lino fino, blanco y limpio**.

15 De la **boca** del Verbo de Dios encarnado sale **una espada afilada de dos filos**. El apóstol Juan ya había utilizado esta imagen anteriormente (1:16; 2:16); la espada (especialmente cuando sale de la *boca*) es un claro símbolo bíblico de la poderosa «palabra profética que es creativa y dinámica y lleva a cabo lo que pronuncia». La palabra de un verdadero profeta, como el jinete, transforma la palabra en acción; la del falso profeta, como la segunda bestia, es ineficaz».[16] La Palabra de Dios no solo se utiliza en la batalla, para matar a los enemigos de Dios (Ef. 6:17), sino también en la Iglesia, para cortar el sacrificio (Rom. 12:1-2): «Porque la Palabra de Dios es viva y eficaz, y más cortante que toda espada de dos filos; y penetra hasta partir el alma y el espíritu, las coyunturas y los tuétanos, y puede juzgar los pensamientos y las intenciones del corazón. Y no hay criatura oculta a su vista, sino que todas las cosas están abiertas y descubiertas a los ojos de Aquel con quien tenemos que ver» (Heb. 4:12-13). Dice el Cristo preencarnado:

---

[15] Ibid.
[16] J. Massyngberde Ford, *Revelation: Introduction, Translation, and Commentary* (Garden City, NY: Doubleday & Co., 1975), p. 323.

Escuchadme, islas,
y atended, pueblos lejanos.
El SEÑOR me llamó desde el seno materno,
desde las entrañas de mi madre mencionó mi nombre.
Ha hecho mi boca como espada afilada,
en la sombra de su mano me ha escondido;
me ha hecho también como saeta escogida,
en su aljaba me ha escondido.
(Is. 49:1-2)

Del mismo modo, Dios maneja a sus profetas como una espada:
Por tanto los he despedazado por medio de los profetas,
los he matado con las palabras de mi boca;
los juicios sobre ti son como la luz que sale.
(Os. 6:5)

Cristo usa la espada del Espíritu para **herir a las naciones**: Él vence con su boca. Una vez más, no es la segunda venida lo que se describe aquí, sino más bien la derrota de las naciones por parte de Cristo con su sola Palabra. En Mateo 24:29-31, es «inmediatamente después» de la destrucción de Jerusalén cuando comienza la conversión de las naciones, ya que Cristo envía a sus ángeles/ministros por todo el mundo para reunir a los elegidos.[17]

La Sabiduría de Salomón (18:15-16) habla de la liberación de Israel de Egipto por parte de Dios con imágenes similares a las del apóstol Juan en este pasaje: «Tu Verbo Todopoderoso saltó del cielo, desde tu trono real, como un fiero hombre de guerra en medio de una tierra de destrucción, y trajo tu mandamiento infalible como una espada afilada, y levantándose llenó todas las cosas de muerte; y tocó el cielo, pero se detuvo sobre la tierra». Como escribió Isaías: «Herirá la tierra con la vara de su boca, y con el soplo de sus labios matará a los impíos» (Is. 11:4). «La 'boca como una espada afilada' es el símbolo del profeta, cuya expresión tiene un filo cortante, porque habla la palabra de Dios... Así pues, la única arma que necesita el jinete para romper la oposición de sus enemigos y establecer el reino de justicia y paz de Dios es la proclamación del Evangelio».[18] Así pues, «todo el curso de la 'expansión del cristianismo' está aquí en una figura: la conversión del Imperio; la conversión de las naciones occidentales que se levantaron sobre las ruinas del Imperio; la conversión del Sur y del Lejano Oriente, que todavía se está desarrollando en la historia de nuestro propio tiempo. En todo ello el apóstol Juan habría visto a Cristo usando la espada de su boca; el caballo blanco y su jinete, la cabeza coronada de diademas, los ejércitos invisibles del cielo».[19]

---

[17] Véase David Chilton, *Paradise Restored: A Biblical Theology of Dominion* (Ft. Worth, TX: Dominion Press, 1985), pp. 103ss.
[18] G. B. Caird, *A Commentary on the Revelation of St. John the Divine* (Nueva York: Harper and Row, 1966), p. 245.
[19] H. B. Swete, *Commentary on Revelation* (Grand Rapids: Kregel Publications, [1911] 1977), p. 254.

Cristo conquista las naciones para **gobernarlas** [o **pastorearlas**] **con vara de hierro**. «La obra del pastor, guía y regidor de las almas (1Pe. 2:25), sigue a la del evangelista; los paganos han de ser reducidos primero a la obediencia, y luego sometidos a la disciplina de Cristo».[20] que su Padre le había ordenado:

> Pídeme, y te daré las naciones como herencia tuya,
> y como posesión tuya los confines de la tierra.
> Tú los quebrantarás[21] con vara de hierro;
> los desmenuzarás como vaso de alfarero.
> (Sal. 2:8-9)

El Salmo 2 continúa declarando que los reyes de la tierra deben someterse al Hijo o perecer bajo su ira. Cristo ha entrado en su herencia; ha recibido su reino del Padre (Dan. 7:13-14), habiendo sido instalado en su trono celestial «muy por encima de todo gobierno y autoridad y poder y dominio» (Ef. 1:21). Como soberano universal, **Él mismo pisa el lagar del vino de la ira feroz de Dios, el Todopoderoso** (cf. 14:19-20):

> ¿Quién es este que viene de Edom,
> de Bosra con vestiduras de colores brillantes;
> este, majestuoso en su ropaje,
> que marcha en la plenitud de su fuerza?
> Soy yo que hablo en justicia, poderoso para salvar.
> ¿Por qué es rojo tu ropaje,
> y tus vestiduras como las del que pisa en el lagar?
> El lagar lo he pisado yo solo;
> de los pueblos, ningún hombre estaba conmigo.
> Los pisé en mi ira
> y los hollé en mi furor;
> su sangre salpicó mis vestiduras
> y manché todo mi ropaje.
> Porque el día de la venganza estaba en mi corazón,
> y el año de mi redención había llegado.
> Miré, y no había quien ayudara,
> me asombré de que no hubiera quien apoyara;
> entonces me salvó mi brazo,
> y fue mi furor el que me sostuvo.
> Pisoteé los pueblos en mi ira,

---

[20] Ibid.

[21] El verbo hebreo puede leerse como romper o gobernar (pastorear), dependiendo de los puntos vocálicos utilizados. La LXX lo tradujo como gobernar, y esta lectura fue adoptada por los escritores del Nuevo Testamento.

los embriagué en mi furor
y derramé su sangre por tierra.
(Is. 63:1-6)

El texto de Isaías subraya que Cristo realiza esta obra sin ayuda de nadie: «Yo he hollado... solo»; «no hubo nadie que ayudara», «Mi propio brazo me trajo la salvación», etc.; el apóstol Juan utiliza de forma similar el concepto de **Él mismo** dos veces en este versículo, subrayando que, aunque Cristo está acompañado por sus ejércitos celestiales, la victoria se basa en su sola obra. La obra de la salvación es realizada únicamente por el Señor Jesucristo; las bendiciones y los juicios que acompañan a la salvación de los elegidos son establecidos por Él.

Venid, contemplad las obras del SEÑOR,
que ha hecho asolamientos en la tierra;
que hace cesar las guerras hasta los confines de la tierra;
quiebra el arco, parte la lanza,
y quema los carros en el fuego.
(Sal. 46:8-9)

«Estamos, pues, obligados a creer que aquellos sucesos por los que las naciones culpables son azotadas y castigadas por sus pecados, no son simplemente provocados por la providencia, sino ordenados y dirigidos por el mediador. Y si, por lo tanto, contemplamos la espada desoladora cortando a los habitantes, o el moho abrasador destruyendo las cosechas, o el estancamiento comercial obstruyendo las fuentes de riqueza, o la enfermedad consumidora acechando con espantoso poder sobre una tierra, o los trastornos de la conmoción popular derribando los cimientos del orden social, reconocemos la sabiduría, y el poder, y la justa retribución del príncipe Mesías, llevando a cabo el decreto divino: *La nación y el reino que no te sirvan perecerán: Sí, esas naciones serán totalmente devastadas*» (Is. 60:12).[22]

16 El apóstol Juan ve el título de Cristo «que nadie conoce sino Él mismo» (v. 12) escrito **en su manto y en su muslo**, el lugar donde se lleva la espada (cf. Sal. 45:3). «El título es el fundamento, no el resultado, de la victoria venidera; vencerá al monstruo y a los reyes porque ya es **Rey de reyes y Señor de señores**».[23] Cabalgando sobre su caballo de guerra, seguido por su ejército de santos, conquista a las naciones con la Palabra de Dios, el Evangelio. Se trata de una declaración simbólica de esperanza, la seguridad de que la Palabra de Dios triunfará en todo el mundo, de modo que el reinado de Cristo se establecerá universalmente. Jesucristo será reconocido en todas partes como Rey de todos los reyes, Señor sobre todos los señores. Desde el principio de Apocalipsis, el mensaje de Cristo a su Iglesia ha sido una

---

[22] William Symington, *Messiah the Prince: or, The Mediatorial Dominion of Jesus Christ* (Filadelfia: The Christian Statesman Publishing Co., [1839] 1884), p. 224.

[23] Caird, p. 246.

orden de vencer, de *conquistar* (2:7, 11, 17, 26-28; 3:5, 12, 21); ahora asegura a la Iglesia sufriente que, a pesar de la feroz persecución por parte de Israel y Roma, Él y su pueblo serán de hecho victoriosos sobre todos los enemigos.

Todas las naciones están absolutamente obligadas a ser cristianas, tanto en su capacidad oficial como en el carácter personal de sus ciudadanos individuales. Cualquier nación que no se someta al gobierno total del rey Jesús perecerá; todas las naciones serán cristianizadas algún día. Es solo cuestión de tiempo. Jesucristo es el Soberano universal, y será reconocido como tal en toda la tierra, tanto en este mundo como en el venidero, tanto en el tiempo como en la eternidad. Él lo ha prometido: «Seré exaltado entre las naciones, seré ensalzado en la tierra» (Sal. 46, 10). El Señor de los ejércitos está con nosotros.

17-18 Esta es la segunda de las últimas siete visiones, cada una de las cuales comienza con la frase **Y vi**; por tanto, aunque ciertamente está relacionada con el tema de la visión anterior, no es simplemente una continuación de la misma. Como hemos visto, el capítulo comienza con una fiesta, la cena de las bodas del Cordero, la sagrada cena eucarística de la Iglesia ante su Señor. Pero aquí se proclama otra gran fiesta. El Sol de justicia se ha levantado, con sanidad en sus alas (Mal. 4:2); pero también trae **un ángel que está de pie en el sol** (el regente del día, Gén. 1:16) que hace una invitación a **todas las aves que vuelan en el medio del cielo**, las aves de rapiña. Hemos visto que el «medio del cielo» era el lugar en el que el águila advertía del infortunio (8:13), y en el que un ángel invitaba a los gobernantes de la tierra a abrazar el Evangelio eterno (14:6). Ahora el ángel invita a las águilas a **la gran cena de Dios**, donde podrán saciarse con la carne de los enemigos de Cristo: **la carne de los reyes y la carne de los comandantes y la carne de los poderosos y la carne de los caballos y de los que se sientan en ellos y la carne de todos los hombres, libres y esclavos, pequeños y grandes**. En 8:13 señalamos que una maldición básica del pacto es la de ser devorado por aves de rapiña (cf. Dt. 28:26, 49). Israel es ahora un cadáver sacrificable (Mt. 24:28), y ya no hay nadie que pueda ahuyentar a los carroñeros (cf. Gén. 15:11; Dt. 28:26).[24]

El lenguaje del apóstol Juan está tomado de la invitación de Dios a través de Ezequiel «a toda ave y bestia del campo» para devorar los cadáveres de sus enemigos, los ejércitos de los paganos que habían hecho la guerra a Israel:

> En cuanto a ti, hijo de hombre, así dice el Señor DIOS: «Di a toda clase de ave y a toda bestia del campo: 'Congregaos y venid, juntaos de todas partes al sacrificio que voy a preparar para vosotros, un gran sacrificio sobre los montes de Israel, y comeréis carne y beberéis sangre. Comeréis carne de poderosos y beberéis sangre de los príncipes de la tierra, como si fueran carneros, corderos, machos cabríos y toros, engordados todos en Basán. Comeréis grosura hasta que os hartéis, y beberéis sangre

---

[24] Génesis 15 describe la ceremonia de ratificación del pacto de Dios con Abram. Después de que Abram descuartiza los animales del sacrificio y coloca las mitades una frente a otra, las aves de rapiña inmundas descienden para atacar los cadáveres, y Abram las ahuyenta (v. 11). Gordon Wenham interpreta esto como una promesa de que Israel, mediante la fe y la obediencia de Abram (cf. Gén 26:5), estará protegido de los ataques de las naciones impuras; Gordon Wenham, «The Symbolism of the Animal Rite in Genesis 15: A Response to G. F. Hasel, ISOT 19 (1981) 61-78», en *Journal for the Study of the Old Testament* 22 (1981), 134-37.

hasta que os embriaguéis, del sacrificio que he preparado para vosotros. Os hartaréis a mi mesa de caballos y jinetes, de poderosos y de todos los hombres de guerra'— declara el Señor DIOS». (Ez. 39:17-20)

El significado es claro: Aquellas naciones que se nieguen a someterse al señorío de Cristo, como manda el Salmo 2, serán totalmente destruidas. Dios requiere de todos los hombres e instituciones nada menos que completa sumisión a su Cristocracia ordenada.

Peter J. Leithart observa que el festín de los carroñeros en Ezequiel 39 tiene un efecto purificador sobre la tierra. «La invitación ampliada a las aves de rapiña en los versículos 17-20 viene inmediatamente después de una discusión sobre la limpieza de la tierra mediante el entierro de los muertos (cf. Dt. 21:22s.). Tal vez las aves ayuden a limpiar la tierra alimentándose de los cadáveres que la contaminan. Además, el Señor invita a las aves a comer una comida sacrificial. El sacrificio implica limpieza y restauración. Así, en Ezequiel 39, la imagen de las aves de rapiña no solo subraya la totalidad del juicio, sino que también señala el anverso del juicio, la limpieza y la redención». [25]

Leithart continúa: «¿Se encuentra también la idea de limpieza en Apocalipsis 19:17-18? No se menciona directamente la purificación ni el sacrificio. Sin embargo, por varias razones, el pasaje de Apocalipsis puede entenderse como una purificación. En primer lugar, los acontecimientos de 20:4-6 sugieren que, mediante su victoria, el guerrero limpia la tierra de la influencia de la bestia y el falso profeta, y esto, combinado con la caída de Babilonia y la atadura del dragón, inaugura un período de poder sin precedentes para la Iglesia. En segundo lugar, la totalidad de la victoria del guerrero es tan grande que ni siquiera quedan los cuerpos asesinados de sus oponentes. Todos los rastros de los ejércitos de la bestia son borrados. Finalmente, considerado sistemáticamente, el juicio nunca ocurre sin la gracia que lo acompaña. El juicio del Faraón es la liberación de Israel. Así también aquí, el juicio de las bestias y sus ejércitos limpia la tierra de su idolatría y libera a los santos».[26]

19-21 La tercera visión de esta sección, marcada de nuevo por las palabras **Y vi**, revela la derrota de Leviatán y Behemot en su guerra contra el reino de Cristo: Las dos bestias son **apresadas** y **arrojadas vivas al lago de fuego,** el lavatorio ardiente (cf. 15:2) **que quema con azufre**. La imaginería está tomada de la historia de la destrucción de Sodoma y Gomorra («fuego y azufre») combinada con la de los rebeldes Coré, Datán y Abiram, que con sus familias fueron tragados por la boca de la tierra: «Y ellos y todo lo que les pertenecía descendieron vivos al Seol; y la tierra se cerró sobre ellos, y perecieron de en medio de la congregación» (Núm. 16:31-33). Por lo tanto, el apóstol Juan no trata de ofrecer una escatología personal detallada de la bestia y el falso profeta, ni mucho menos de describir la caída de Roma en el 410 o el 476. El lago de fuego es, más bien, el lugar de la caída de Roma. El lago de fuego es su descripción simbólica de la derrota total y la destrucción completa de estos enemigos en su intento de apoderarse del reino: Las personificaciones

---

[25] Peter J. Leithart, «Biblical-Theological Paper: Revelation 19:17-18», *Westminster Theological Seminary*, 1985, p. 11.

[26] Ibid., p. 12.

malignas de la Roma pagana y del Israel apóstata son arruinadas y derrocadas. Roma, como Sodoma, es destruida por el fuego y el azufre; los falsos profetas de Israel, como Coré, Datán y Abiram, son tragados vivos.

Sin embargo, hay un contraste notable: Mientras que el resto de los seguidores de Coré fueron consumidos por una ráfaga de fuego «procedente del Señor», el **resto** de los seguidores de las bestias— los reyes de la tierra— son **muertos con la espada que salió de la boca de aquel que estaba sentado sobre el caballo**. El mensaje del Evangelio, la Palabra del Espíritu, sale de la boca de Cristo y destruye a sus enemigos convirtiéndolos, traspasándolos hasta la división del alma y del espíritu, de las articulaciones y de los tuétanos, juzgando los pensamientos y las intenciones de sus corazones. Las bestias son doblemente perdedoras: No solo son derrotadas, sino que las mismas naciones que ellas condujeron a la batalla contra Cristo son conquistadas por su Palabra victoriosa.

En el peor de los casos, Leviatán, Behemot y sus cómplices no podían hacer otra cosa que cumplir los decretos del Dios soberano (17:17). Él ordenó cada uno de sus movimientos y ordenó su destrucción. Las naciones se enfurecen, pero Dios se ríe: Ya ha establecido a su rey en su monte santo, y todas las naciones serán gobernadas por Él (Sal. 2). Todo el poder en el cielo y en la tierra le ha sido dado a Cristo (Mt. 28:18); como cantaba Martín Lutero, «Él debe ganar la batalla». A medida que el Evangelio progrese por el mundo, obtendrá victorias cada vez mayores, hasta que todos los reinos se conviertan en los reinos de nuestro Señor, y de su Cristo; y Él reinará por los siglos de los siglos. No debemos ceder al enemigo ni una pulgada cuadrada de terreno en el cielo o en la tierra. Cristo y su ejército están cabalgando, conquistando y para conquistar, y nosotros a través de Él heredaremos todas las cosas.

20

EL MILENIO Y EL JUICIO

¿Cuál es la posición de la Iglesia histórica y ortodoxa sobre la pregunta del Milenio? ¿Puede describirse con exactitud la doctrina de la Iglesia como postmilenialista o amilenialista? En general, la diferencia entre los tradicionalmente llamados «amilenialistas» y los tradicionalmente llamados «postmilenialistas» se ha establecido en función de sus interpretaciones de los «mil años» (en latín, el *milenio*) de Apocalipsis 20. Los «amilenialistas» han visto normalmente este texto como una referencia a la condición de los santos reinando en el cielo, mientras que los «postmilenialistas» lo han entendido como una descripción del dominio de los santos en la tierra. Sin embargo, como veremos, esta forma de plantear la pregunta puede en realidad oscurecer algunos hechos muy importantes sobre la visión *cristiana* del «Milenio». Si queremos comprender la posición ortodoxa, debemos entender que la respuesta a esta pregunta concreta no puede determinarse principalmente por la exégesis de textos particulares. Por ejemplo, los «amilenialistas» a menudo discrepan entre sí sobre la naturaleza precisa de la(s) resurrección(es) en Apocalipsis 20 (por citar solo uno de los varios puntos principales en disputa). Y Benjamin Warfield, quizás el principal erudito «posmilenialista» de principios de este siglo, propuso una exégesis de Apocalipsis 20 que la mayoría de los teólogos considerarían clásicamente «amilenialista».[1]

Por tanto, nuestro planteamiento de la pregunta debería ser lo suficientemente amplio como para dar cuenta de la diversidad de enfoques entre los diversos campos amilenialistas y postmilenialistas. En esencia, la pregunta del Milenio se centra en el reino mediador de Cristo: ¿Cuándo comenzó (o comenzará) el reino de Cristo? Y una vez que planteamos la pregunta de esta manera, sucede algo asombroso, algo casi inaudito en los círculos cristianos: ¡La unidad! Desde el día de Pentecostés en adelante, los cristianos ortodoxos han reconocido que el reinado de Cristo comenzó en su resurrección/ascensión y continúa hasta que todas

---

[1] Benjamin B. Warfield, «The Millennium and the Apocalypse», *Biblical Doctrines* (Nueva York: Oxford University Press, 1929), pp. 643-64.

las cosas hayan sido completamente sometidas bajo sus pies, como el apóstol Pedro declaró claramente (Hch. 2:30-36). «El Milenio», en estos términos, es simplemente el reino de Cristo. Fue inaugurado en la primera venida de Cristo, ha estado en existencia durante casi dos mil años, y continuará hasta la segunda venida de Cristo en el último día. En terminología «milenialista», esto significa que el regreso de Cristo y la resurrección de todos los hombres tendrán lugar *después* del «Milenio». En este sentido objetivo, por lo tanto, el *cristianismo ortodoxo siempre ha sido postmilenialista*. Es decir, independientemente de cómo se haya concebido «el Milenio» (ya sea en sentido celestial o terrenal)— o sea, independientemente de la exégesis técnica de ciertos puntos de Apocalipsis 20— los cristianos ortodoxos siempre han confesado que Jesucristo volverá después («*post*») *de que* haya terminado el período designado como «los mil años». En este sentido, todos los «amilenialistas» son también «postmilenialistas». Al mismo tiempo, el *cristianismo ortodoxo siempre ha sido* amilenialista (es decir, no milenialista). La Iglesia histórica siempre ha rechazado la herejía del milenialismo (en siglos pasados, esto se llamaba *quiliasmo*, que significa *milenialismo*). La noción de que el reino de Cristo es algo totalmente futuro, que será traído por algún gran cataclismo social, no es una doctrina cristiana. Es una enseñanza heterodoxa, generalmente adoptada por sectas heréticas al margen de la Iglesia cristiana.[2] Ahora bien, el milenialismo puede adoptar dos formas generales. Puede ser premilenialismo (con la segunda venida como el cataclismo que inicia el Milenio), o postmilenialismo (con la revolución social como el cataclismo). Ejemplos de la primera rama del quiliasmo serían, por supuesto, el movimiento ebionita del período de la Iglesia primitiva, y el dispensacionalismo moderno de la escuela Scofield-Ryrie.[3] También sería fácil nombrar ejemplos de la herejía postmilenialista: la

---

[2] El premilenialismo parece haber sido originado por el archihereje ebionita Cerinto, un «falso apóstol» que fue oponente tanto de Pablo como de Juan. Cerinto afirmó que su doctrina del Milenio le había sido revelada por ángeles; y es interesante que la epístola del apóstol Pablo a los Gálatas— que se ocupa en gran medida de refutar las herejías legalistas de Cerinto— comience con estas palabras: «Mas si aun nosotros, o *un ángel del cielo*, os anunciare otro evangelio diferente del que os hemos anunciado, sea anatema». (Gál. 1:8)1 Ireneo relata que el apóstol Juan salió corriendo de unos baños públicos al encontrarse con Cerinto, y gritó: «¡Huyamos, no sea que incluso la casa de baños caiga, porque Cerintio, el enemigo de la verdad, está dentro!». Para más información sobre Cerinto y sus herejías, véase Ireneo, *Contra las herejías*, ixxvi.1-2; iii.iii.4; cf. Eusebio, *Historia eclesiástica*, iii.xxviii.1-6; iv.xiv.6; viLxxv.2-3. Como lo señala Louis Bouyer en *The Spirituality of the New Testament and the Fathers* Minneapolis: The Seabury Press, 1963, p. 173), Algunos de los primeros padres de la Iglesia (por ejemplo, Justino Mártir) adoptaron el literalismo premilenial debido a su trasfondo pagano, con el que no estaban familiarizados los géneros literarios y la imaginería bíblicos. La visión ortodoxa «agustiniana» representa una comprensión más madura del simbolismo de las Escrituras y una cosmovisión cristiana más coherente.

[3] Quizás el argumento más básico contra el premilenialismo es simplemente que la Biblia nunca habla de un reino de mil años de los santos— ¡fuera de Apocalipsis 20, un pasaje altamente simbólico y complejo en el libro más altamente simbólico y complejo de la Biblia! Graeme Goldsworthy señala en *The Lamb and the Lion: The Gospel in Revelation* (Nashville: Thomas Nelson Publishers, 1984): «Es altamente improbable, por decir lo menos, que algo tan dramáticamente significativo como un reinado de mil años de un Cristo reaparecido en la tierra antes de que termine esta era no se mencione en ninguna otra parte del Nuevo Testamento» (p. 127). Algunas obras que refutan el premilenialismo, desde diversas perspectivas, son: Jay Adams, *The Time Is at Hand* (Nutley, NJ: Presbyterian and Reformed Publishing Co., [1966] 1970); Oswald T. Allis, *Prophecy and the Church* (Nutley, NJ: Presbyterian and Reformed Publishing Co., 1945, 1947); Loraine Boettner, *The Millennium* (Phillipsburg, NJ: Presbyterian and Reformed Publishing Co., revised ed., 1984); David Brown, *Christ's Second Coming: Will It Be Premillennial?* (Grand Rapids: Baker Book House, [1876] 1983); W. J. Grier, *The Momentous Event: A Discussion of Scripture Teaching on the Second Advent* (Edimburgo: The Banner of Truth Trust, [1945] 1970); Arthur H. Lewis, *The Dark Side of the Millennium: The Problem of Evil in Rev. 20:1-10* (Grand Rapids: Baker Book House, 1980); Rousas John Rushdoony, *God's Plan for Victory: The Meaning of Postmillennialism* (Tyler, TX: Thoburn Press, 1977); Ralph Woodrow, *His Truth Is Marching On: Advanced Studies on Prophecy in the Light of History* (Riverside, CA: Ralph Woodrow Evangelistic Association, 1977).

revuelta de Münster de 1534, el nazismo y el marxismo (ya sea «cristiano» o de otro tipo).[4] El cristianismo ortodoxo rechaza ambas formas de la herejía milenialista. El cristianismo se opone a la noción de cualquier nuevo cataclismo redentor que ocurra antes del juicio final. El cristianismo es antirrevolucionario. Así, aunque los cristianos siempre han esperado la salvación del mundo, creyendo que Cristo murió y resucitó con ese propósito, también han visto la obra del reino como una influencia fermentadora, que transforma gradualmente el mundo a imagen de Dios. El *cataclismo definitivo ya ha tenido lugar, en la obra acabada de Cristo*. Por tanto, según la pregunta concreta que se formule, el cristianismo ortodoxo puede considerarse amilenialista o postmilenialista, porque, en realidad, es ambas cosas.

Hay que entender otro punto: además de ser tanto «amilenialista» como «postmilenialista», la Iglesia cristiana ortodoxa ha sido generalmente optimista en su visión del poder del Evangelio para convertir a las naciones. En mi libro *Paradise Restored: A Biblical Theology of Dominion* (Ft. Worth, TX: Dominion Press, 1985), abrí cada capítulo con una cita del gran Atanasio sobre el tema de la victoria del Evangelio en todo el mundo y la inevitable conversión de todas las naciones al cristianismo. No se trataba de destacar a Atanasio como tal; a lo largo de los escritos de los grandes padres y maestros, en todas las épocas del cristianismo, se pueden encontrar numerosas declaraciones que expresan la esperanza de la Iglesia en el triunfo mundial del Evangelio.[5] Y lo que es aún más significativo, la creencia universal en la victoria venidera puede verse en la *acción* de la Iglesia en la historia. Los cristianos nunca supusieron que su gran vocación fuera trabajar por algún tipo de tregua con el enemigo. El «pluralismo» nunca fue considerado por los ortodoxos como un objetivo digno. La Iglesia siempre ha reconocido que Dios envió a su Hijo unigénito para redimir al mundo, y que no se contentará con menos de lo que pagó.

Cuando los primeros misioneros de Oriente se aventuraron por primera vez en las endemoniadas tierras de nuestros antepasados paganos, no tenían la menor intención de desarrollar una coexistencia pacífica con los brujos y sus terroríficas deidades. Cuando Bonifacio se topó con el roble sagrado de Thor en su misión a los paganos germanos, simplemente lo taló y construyó una capilla con la madera. Miles de adoradores de Thor, al ver que su dios no había alcanzado a Bonifacio con un rayo, se convirtieron al cristianismo

---

[4] Para relatos acerca de movimientos heréticos (post) mileniales, véase Igor Shafarevich, *The Socialist Phenomenon*, William Tjalsma, trad. (Nueva York: Harper and Row, Publishers, 1980); Norman Cohn, *The Pursuit of the Millennium: Revolutionary Millenarians and Mystical Anarchists of the Middle Ages* (Nueva York: Oxford University Press, 1957; revisada, 1970); Otto Friedrich, *The End of the World: A History* (Nueva York: Coward, McCann & Geoghegan, 1982), pp. 143-77; David Chilton, *Productive Christians in an Age of Guilt-Manipulators: A Biblical Response to Ronald J. Sider* (Tyler, TX: Institute for Christian Economics, third ed., 1985), pp. 321-42.

[5] Véase Agustín, *La ciudad de Dios*, libro XX. Sobre Agustín y la influencia de su filosofía postmilenial de la historia, véase Peter Brown, *Augustine of Hippo* (Berkeley y Los Angeles: University of California Press, 1967); Charles Norris Cochrane, *Christianity and Classical Culture: A Study of Thought and Action from Augustus to Augustine* (Londres: Oxford University Press, [1940, 19441, 1957); Robert Nisbet, *History of the Idea of Progress* (Nueva York: Basic Books, 1980), pp. 47-76. Sobre la extensa herencia reformada del postmilenialismo, desde Juan Calvino hasta finales del siglo XIX, véase Greg L. Bahnsen, «The Prima Facie Acceptability of Postmillennialism», *The Journal of Christian Reconstruction*, vol. 111, No. 2 (Invierno, 1976-77), pp. 48-105, esp. pp. 68-105; James B. Jordan, «A Survey of Southern Presbyterian Millennial Views Before 1930», *The Journal Of Christian Reconstruction*, vol. III, No. 2 (Invierno, 1976-77), pp. 106-21; J. A. de Jong, *As the Waters Cover the Sea: Millennial Revival and the Interpretation of Prophecy* (Kampen: J. H. Kok, 1970); J. Marcellus Kik, *An Eschatology of Victory* (Nutley, NJ: Presbyterian and Reformed Publishing Co., 1971), pp. 3-29; Iain Murray, *The Puritan Hope: A Study in Revival and the Interpretation of Prophecy* (Londres: The Banner of Truth Trust, 1971).

en el acto. En cuanto a Bonifacio, no se inmutó por el incidente. Sabía que solo había un verdadero Dios del trueno: Jehová Triuno.

Esto no tiene nada de extraño. La actitud de esperanza, la expectativa de victoria, es una característica absolutamente fundamental del cristianismo.[6] El avance de la Iglesia a través de los siglos es inexplicable aparte de ella— así como también es inexplicable aparte del hecho de que la Esperanza es *verdadera*, el hecho de que Jesucristo *ha* derrotado a los poderes y reinará «desde el río hasta los confines de la tierra». W. G. T. Shedd escribió: «Aparte del poder y la promesa de Dios, la predicación de una religión como el cristianismo, a una población como la del paganismo, es el más puro quijotismo. Atraviesa todas las inclinaciones y condena todos los placeres del hombre culpable. La predicación del Evangelio solo encuentra su justificación, su sabiduría y su triunfo en la actitud y relación que el Dios infinito y Todopoderoso mantiene con ella. Es *su* religión, y por lo tanto debe convertirse finalmente en una religión universal».[7]

Con el auge de las escatologías divergentes en los dos últimos siglos, el optimismo evangélico tradicional de la Iglesia fue etiquetado con el término «posmilenialismo», les gustara o no a los llamados «postmilenialistas». Esto ha tenido resultados positivos y negativos. En el lado positivo, es (como hemos visto) una descripción *técnicamente* exacta de la ortodoxia; y lleva la connotación de optimismo. Por el lado negativo, puede confundirse demasiado a menudo con el milenialismo herético. Y, aunque el «amilenialismo» expresa correctamente el aborrecimiento ortodoxo de la revolución apocalíptica, conlleva (tanto por su nombre como por su asociación histórica) una fuerte connotación de derrotismo.[8] Por lo tanto, el presente autor se denomina a sí mismo «postmilenialista», pero también trata de ser sensible a las insuficiencias de la terminología teológica actual.[9] Este postmilenialismo «genérico» sostiene que Jesucristo estableció su reino mediador mediante su muerte, resurrección y ascensión al trono celestial, y como segundo Adán gobierna sobre toda la creación hasta el fin del mundo, cuando vendrá de nuevo para juzgar a vivos y muertos; que Él está conquistando todas las naciones por medio del Evangelio, extendiendo los frutos de su victoria por todo el mundo, cumpliendo así el mandato de dominio dado originalmente por Dios a Adán; que finalmente, mediante el derramamiento del Espíritu Santo, «la tierra estará llena del conocimiento del Señor, como las aguas cubren el mar» (Is. 11:9); y que las promesas bíblicas de abundantes bendiciones, en todos los ámbitos de la vida, serán derramadas por Dios sobre el mundo entero, en respuesta de pacto a la fidelidad de su pueblo.[10]

---

[6] Considere el hecho de que los compiladores del Libro de Oración Común proporcionaron «Tablas para hallar los días santos» ¡hasta el 8400 a.C.! Evidentemente, se atrincheraban a «largo plazo» y no esperaban un «rapto» inminente de la Iglesia.

[7] W. G. T. Shedd, *Sermons to the Spiritual Man* (Londres: The Banner of Truth Trust, (1884) 1972), p. 421.

[8] Algunos han tratado de remediar esto llamándose a sí mismos «amilenialistas optimistas», un término que no tiene nada de malo excepto un montón de sílabas (el término «postmilenialista no quiástico» sufre del mismo problema).

[9] Lo anterior no pretende minimizar otras áreas de controversia entre las diversas escuelas de pensamiento escatológico. La controvertida cuestión de la «gracia común»— que James Jordan ha calificado más acertadamente de «migajas de hijos» (Mc. 7:27-28)— es particularmente crucial para el debate, por lo que he incluido el ensayo de Gary North sobre «Common Grace, Eschatology, and Biblical Law» como apéndice a este volumen.

[10] Este es quizás un lugar tan bueno como cualquier otro para comentar lo que actualmente es la «objeción» intelectualmente más irrespetuosa al postmilenialismo: la noción de que la tierra no puede experimentar un futuro período

La atadura de Satanás (20:1-3)

1 Y vi a un ángel que descendía del cielo, con la llave del abismo y una gran cadena en su mano.

2 Prendió al dragón, la serpiente antigua, que es el Diablo y Satanás, y lo ató por mil años;

3 y lo arrojó al abismo, y lo cerró y lo selló sobre él, para que no engañara más a las naciones, hasta que se cumplieran los mil años; después de esto debe ser desatado por un poco de tiempo.

1 La importancia de las imágenes en este pasaje se ve acentuada por ser la cuarta de las siete visiones introducidas por la expresión **Y vi** (*kai eidon*; cf. 19:11, 17, 19; 20:4, 11; 21:1). El apóstol Juan ve a **un ángel que desciende del cielo, teniendo en su mano la llave del abismo y una gran cadena**. Nuevamente, como en 10:1 y 18:1 (12:7), se trata del Señor Jesucristo, quien como mediador es el ángel (mensajero) del pacto (Mal. 2:7; 3:1). Su control absoluto y su autoridad sobre el abismo están simbolizados por **la llave** y la **gran cadena**. El autor establece un contraste sorprendente: Satanás, la estrella maligna que cayó del cielo, recibió brevemente la llave del abismo (9:1); pero Cristo **descendió** del cielo, **teniendo** como posesión legítima «las llaves de la Muerte y del Hades» (1:18).

2-3 El apóstol Juan reúne las diversas descripciones del maligno que ha utilizado a lo largo de la profecía: **el dragón** (12:34, 7, 9, 13, 16-17; 13:2, 4, 11; 16:13), **la serpiente antigua** (9:19; 12:9, 14-15), **el diablo** (2:10; 12:9, 12), **Satanás** (2:9, 13, 24; 3:9; 12:9), **el engañador del mundo entero** (2:20; 12:9; 13:14; 18:23; 19:20). Pero el aterrador poder de este enemigo solo sirve para mostrar la sobrecogedora grandeza de su conquistador, que tan fácilmente lo ha hecho impotente: Jesucristo, en su misión de «ángel del cielo», prendió **al dragón... y lo ató durante mil años, y lo arrojó al abismo, y lo cerró y selló sobre él**. Como el apóstol Juan declaró en su primera epístola, Cristo «se manifestó con este propósito, para destruir las obras del diablo» (1Jn. 3:8). En términos de este propósito, el Señor comenzó «atando al hombre fuerte» durante su ministerio terrenal; habiendo completado con éxito su misión, *ahora está saqueando la casa de Satanás y llevándose su propiedad*:

---

de gran bendición física porque el mundo se está «quedando sin» recursos naturales, se está sobrepoblando, y/o muriendo de contaminación (etc.)— popularizada por «estudios» muy sesgados e incluso deliberadamente engañosos como *Global 2000* y *Limits to Growth*. En primer lugar, esta objeción ignora por completo el hecho de que, según la Biblia, tanto la abundancia como la hambruna, la productividad y la contaminación, vienen de la mano de Dios Todopoderoso; que Él puede recompensar y de hecho recompensa la obediencia con la bendición, y la desobediencia con la maldición (Dt. 8:1-20; 28:1-68; Is. 24:1-6). En segundo lugar, los argumentos del «agotamiento de los recursos» y de la «sobrepoblación» (etc., etc.) carecen por completo de fundamento, tanto en datos concretos como en una teoría económica sólida. Véase Warren T. Brookes, *The Economy in Mind* (Nueva York: Universe Books, 1982); Edith Efron, *The Apocalyptics: Cancer and the Big Lie* (Nueva York: Simon and Schuster, 1984); Herbert London, *Why Are They Lying to our Children?* (Nueva York: Stein and Day, 1984); Charles Maurice y Charles W. Smithson, *The Doomsday Myth: 10,000 Years of Economic Crises* (Stanford: Hoover Institution Press, 1984); Julian L. Simon, *The Ultimate Resource* (Princeton: Princeton University Press, 1981); Julian L. Simon y Herman Kahn, eds., *The Resourceful Earth: A Response to Global 2000* (Oxford: Basil Blackwell, 1984); William Thcker, Progress and Privilege: America in the Age of Environmentalism (Garden City, NY: Anchor Press/ Doubleday, 1982). El hecho es que el cristianismo, al producir la ciencia y la tecnología de Occidente, ha incrementado enormemente los recursos de la tierra.

Pero si yo expulso los demonios por el Espíritu de Dios, entonces el reino de Dios ha llegado a vosotros. ¿O cómo puede alguien entrar en la casa de un hombre fuerte y saquear sus bienes, si primero no lo ata? Y entonces saqueará su casa. (Mt. 12:28-29; cf. Lc. 11:20-22)

Herman Ridderbos comenta el significado de esta afirmación y ofrece un excelente resumen de los relatos evangélicos de la victoria de Cristo sobre el diablo: «Toda la lucha de Jesús contra los demonios está determinada por la antítesis entre el reino de los cielos y el dominio de Satanás, y una y otra vez el poder superior de Jesús sobre Satanás y el dominio de Satanás demuestra el avance del reino de Dios. Esto se demuestra ya al principio con la tentación en el desierto. No cabe duda de que en ella se trata de la realeza mesiánica de Jesús. Tres veces seguidas es el punto de partida de Satanás, remitiéndose a las palabras divinas sobre Jesús en su bautismo (Mt. 3:17; Mc. 1:11; Lc. 3:22; Mt. 4:3, 6; Lc. 4:3, 9). Especialmente la tentación con respecto a «todos los reinos del mundo» (Mt. 4:8ss.; Lc. 4:5ss.) muestra lo que está en juego en la lucha entre Jesús y Satanás. Aquí Satanás aparece como 'el príncipe del mundo' (cf. Jn. 12:31; 14:30; 16:11), que se opone al reino de Dios, y que sabe que Jesús le disputará ese poder en nombre de Dios. Aquí, pues, junto con el mesianismo, está en cuestión el reino de Dios. Al mismo tiempo parece que la victoria sobre Satanás que ha de obtener el reino de Dios no es solo una cuestión de *poder*, sino ante todo de *obediencia por parte* del Mesías. El Mesías no debe hacer un uso arbitrario de la autoridad que se le ha confiado. Tendrá que adquirir el poder que Satanás le ofrece solo de la manera ordenada por Dios. Por eso, el rechazo de la tentación por parte de Jesús es ya el comienzo de su victoria y de la llegada del reino, aunque esta victoria tendrá que ser renovada una y otra vez durante su vida en la tierra (cf. Lc. 4:13; Mt. 16:23 y paralelos; 26:38 y paralelos; 27:40-43 y paralelos). Desde el comienzo de su actividad pública, el poder de Jesús sobre Satanás ya se había afirmado. Esto no solo lo demuestra la expulsión de demonios en sí misma, sino también el modo en *que los poseídos por el demonio se comportan en su presencia* (cf. Mc. 1:24; Lc. 4:34; Mc. 5:7; Mt. 8:29; Lc. 8:28-31). Cuando Jesús se acerca, lanzan un grito, evidentemente de miedo. Muestran que tienen un conocimiento sobrenatural de su persona y del significado de su venida (Mc. 1:34; 3:11). Le llaman «Santo de Dios», «Hijo de Dios», «Hijo del Dios Altísimo». Con ello reconocen su dignidad mesiánica (cf. Lc. 4:41). Consideran su venida como su propia destrucción (Mc. 1:24; Lc. 4:34); su tormento (Mt. 8:29; Mc. 5:7; Lc. 8:28). Se sienten impotentes y solo intentan alargar su existencia en la tierra (Mt. 8:29; Mc. 5:10), y le imploran que no los envíe al «abismo», es decir, al lugar de su eterna desdicha (Lc. 8:31, cf. Ap. 20:3ss.). Todo esto demuestra que, en la persona y la venida de Jesús, el reino se ha convertido en una realidad *presente*. Pues el ejercicio del poder de Dios sobre el diablo y su dominio tiene como fundamento la venida del reino.

«Y finalmente debemos referirnos en este contexto a Lucas 10:18-19. Jesús ha enviado a los setenta (o setenta y dos) que vuelven a él y le cuentan con alegría el éxito de su misión. Y entonces Jesús dice: 'He visto a Satanás caer del cielo como un rayo'. Así acepta la alegría de los que había enviado y les muestra el trasfondo de su poder sobre los demonios. El sentido general de esto es claro: Satanás mismo ha caído con gran fuerza de su posición de poder. Esto es lo que Jesús había visto con sus propios ojos. Los partidarios de Satanás no pueden mantenerse... Lo que cuenta a este respecto es que lo que se dice aquí es esencialmente lo mismo que en Mateo 12:28 y Lucas 11:20, es decir, que ha llegado el gran momento de la caída del dominio de Satanás y, al mismo tiempo, el de la llegada del reino de los cielos. La redención ya no es futura, sino que se ha hecho presente. En esta lucha es Jesús mismo quien ha quebrantado el poder de Satanás y quien continúa haciéndolo. Así se desprende de lo que sigue cuando habla del poder que los discípulos han recibido de él para hollar *serpientes* y *escorpiones* y sobre todo el poder del enemigo, de modo que, también en el futuro, nada les será imposible. Por enemigo se entiende de nuevo Satanás. Las serpientes y los escorpiones se mencionan aquí como sus instrumentos (Sal. 91:13) con los que trata traicioneramente de arruinar al hombre. Pero cualquier poder que Satanás tiene a su disposición para traer muerte y destrucción (cf., por ejemplo, Heb. 2:14) ha sido sometido a los discípulos. Todo esto implica y confirma que ha llegado el gran momento de la salvación, el cumplimiento de la promesa, el reino de los cielos».[11]

Todo el mensaje del Nuevo Testamento (cf. Ef. 4:8; Col. 2:15; Heb. 2:14) subraya que Satanás fue derrotado definitivamente en la vida, muerte, resurrección y ascensión de Jesucristo. Es absolutamente crucial recordar que al hablar de la «ascensión» de Cristo— su venida al trono del Anciano de Días (Dan. 7:13-14)— estamos hablando no solo de su único acto de ascender a la nube, sino también de las consecuencias directas e inmediatas de ese acto: el derramamiento del Espíritu sobre la Iglesia en el año 30 d. C. (Lc. 24:49-51, Jn. 16:7; Hch. 2:17-18, 33), y el derramamiento de la ira sobre Jerusalén y el templo en el año 70 d.C. (Dan. 9:24-27; Hch. 2:19-20). Pentecostés y el Holocausto fueron la ascensión aplicada. El acto final en el drama de la atadura *definitiva* (a diferencia de la *progresiva* y *consumativa*)[12] de Satanás se representó en la destrucción del sistema del Antiguo Pacto. Por eso el apóstol Pablo, escribiendo unos años antes del acontecimiento, pudo asegurar a la Iglesia que «el Dios de la paz aplastará pronto a Satanás bajo vuestros pies» (Rom. 16:20).

Por todas estas razones, tanto los autores postmilenialistas como los amilenialistas suelen sugerir que la atadura de Satanás, para que **no engañe más a las naciones**, se refiere a su incapacidad para impedir que el mensaje del Evangelio alcance el éxito. Y, hasta donde llega, esta interpretación tiene ciertamente justificación bíblica: Antes de la venida de Cristo, Satanás controlaba las naciones;[13] pero ahora su dominio mortal ha sido destrozado por el

---

[11] Herman Ridderbos, *The Coming of the Kingdom* (St. Catherines, Ontario: Paideia Press, 11962] 1978), pp. 62ss.

[12] Satanás es atado progresivamente a medida que el reino de Cristo crece a lo largo de la historia, extendiendo su influencia para transformar todos los aspectos de la vida (Mt. 5:13-16; 13:31-33), y en la experiencia diaria de los cristianos cuando resistimos con éxito al diablo (Stg. 4:7) y proclamamos la Palabra de Dios (Ap. 12:11). Satanás será atado consumadamente en el último día, cuando la muerte misma sea destruida en la resurrección (Jn. 6:39-40; 1Co. 15:22-26, 51-54). Sobre el patrón definitivo-progresivo-final en general, véase David Chilton, *Paradise Restored: A Biblical Theology of Dominion* (Ft. Worth, TX: Dominion Press, 1985), pp. 24s., 42, 73, 136, 146ss., 206, 209, 223.

[13] Un buen relato de la amplia presencia de la actividad y el control demoníacos en todo el antiguo mundo pagano está contenido en los diez primeros libros de La ciudad de Dios de Agustín, pero el hecho es obvio incluso en los escritos de los propios paganos. Prácticamente cada página de *Historia* de Heródoto o de *La Eneida* de Virgilio da testimonio elocuente y explícito de la tiranía que los «dioses» ejercían sobre todos los aspectos de la vida y el pensamiento paganos. Pero todo se detuvo con la resurrección de Cristo: Los dioses dejaron de hablar de repente, como observó el escritor pagano Plutarco en su obra *Sobre los oráculos*, y como señala constantemente Atanasio en su clásico tratado *La encarnación del Verbo*. Véase el amplio debate sobre la desaparición de la cosmovisión arcaica en Giorgio de Santillana

Evangelio, ya que la buena nueva del reino se ha extendido por todo el mundo. El Señor Jesús envió al apóstol Pablo a las naciones gentiles «para que abras sus ojos a fin de que se vuelvan de la oscuridad a la luz, y del dominio de Satanás a Dios, para que reciban, por la fe en mí, el perdón de pecados y herencia entre los que han sido santificados» (Hch. 26:18). Cristo vino «regir a los gentiles» (Rom. 15:12). Que Satanás haya sido atado no significa que haya cesado toda su actividad. El Nuevo Testamento nos dice específicamente que los demonios han sido desarmados y atados (Col. 2:15; 2Pe. 2:4; Jud. 6)— sin embargo, siguen activos. Solo que su actividad está restringida. Y, a medida que el Evangelio progrese en todo el mundo, su actividad será aún más limitada. Satanás es incapaz de impedir la victoria del reino de Cristo. Venceremos (1Jn. 4:4). «Sabed, por tanto, que esta salvación de Dios ha sido enviada a los gentiles. Ellos sí oirán». (Hch. 28:28).

Los grandes padres y maestros de la Iglesia siempre han reconocido que Cristo derrotó definitivamente a Satanás en su primera venida. Como dijo Ireneo: «El Verbo de Dios, hacedor de todas las cosas, venciéndolo por medio de la naturaleza humana, y mostrándolo apóstata, lo ha puesto bajo el poder del hombre. Porque Él dice: 'He aquí, te confiero el poder de hollar serpientes y escorpiones, y todo el poder del enemigo' [Lc. 10:19], a fin de que, así como obtuvo poder sobre el hombre por medio de la apostasía, así también su apostasía pudiera ser privada de poder por medio de que el hombre se volviera de nuevo a Dios».[14] Agustín estuvo de acuerdo: «El diablo fue vencido por su propio trofeo de victoria. El diablo saltó de alegría, cuando sedujo al primer hombre y lo arrojó a la muerte. Al seducir al primer hombre, lo mató; al matar al último, perdió al primero de su trampa. La victoria de nuestro Señor Jesucristo llegó cuando resucitó y ascendió al cielo; entonces se cumplió lo que habéis oído cuando se leía Apocalipsis: 'El León de la tribu de Judá ha vencido' [Ap. 5:5]… El diablo saltó de alegría cuando Cristo murió; y por la misma muerte de Cristo el diablo fue vencido: mordió, por así decirlo, el anzuelo de la ratonera. Se alegró de la muerte, creyéndose comandante de la muerte. Pero aquello que causó su alegría le puso el cebo delante. La cruz del Señor era la ratonera del diablo: el cebo que lo atrapó fue la muerte del Señor».[15]

Pero la idea central de Apocalipsis 20 parece referirse a algo mucho más específico que una atadura y derrota general de Satanás. El apóstol Juan nos dice que el dragón es **atado** con referencia a su habilidad para **engañar a las naciones**— en particular, como aprendemos del versículo 8, el poder del dragón «para engañar a las naciones... *para reunirlas para la guerra*». El objetivo declarado del engaño del dragón es incitar a las naciones a unir sus fuerzas contra Cristo para la guerra final, sin cuartel, al final de la historia. El deseo de Satanás desde el principio ha sido a menudo provocar un cataclismo escatológico prematuro, para traer el fin del mundo y el juicio final ahora. Quiere precipitar el juicio de Dios para destruirlo, o al menos para cortocircuitar su programa y destruir el trigo con la paja (cf. Mt. 13:24-30). En cierto sentido, se le puede considerar como su propio *agente provocador*,

---

y Hertha von Dechend, *Hamlet's Mill: An Essay on Myth and the Frame of Time* (Ipswich: Gambit, 1969), pp. 56-75, 275-87, 340-43.

[14] Ireneo, *Contra las herejías*, v.xxiv.4.

[15] Agustín, *Sermons*, 261; trad. por Henry Bettenson, ed., *The Later Christian Fathers: A Selection From the Writings of the Fathers from St. Cyril of Jerusalem to St. Leo the Great* (Oxford: Oxford University Press, 1970, 1977), p. 222.

llevando a sus tropas de cabeza a una rebelión del final de los tiempos que hará caer el juicio de Dios e impedirá la plena maduración del reino de Dios.

Escribiendo sobre la parábola de Jesús de la levadura— «El reino de los cielos es semejante a la levadura, que una mujer tomó y escondió en tres puñados de harina, hasta que todo quedó leudado» (Mt. 13:33)— Gary North observa: «El reino de Dios es como la levadura. El cristianismo es la levadura, y tiene un efecto leudante sobre las culturas paganas y satánicas que lo rodean. Impregna toda la cultura, haciendo que se eleve. El pan producido por esta levadura es el *pan preferido*. En la antigüedad, hasta la llegada del industrialismo de finales del siglo XIX y los métodos agrícolas modernos, el pan fermentado se consideraba el báculo de la vida, el símbolo de la mano sustentadora de Dios. Danos hoy nuestro pan de cada día, han orado los cristianos durante siglos, y han comido pan leudado en sus mesas. Lo mismo hacían los antiguos hebreos. El reino de Dios es la fuerza que produce el pan de buena calidad que todos los hombres buscan. El simbolismo debería ser obvio: *el cristianismo hace que la vida sea una alegría para los hombres piadosos. Proporciona a los hombres lo mejor.*

La levadura necesita tiempo para producir su producto. Se necesita tiempo para que la masa cargada de levadura suba. *La levadura es un símbolo de continuidad histórica, al igual que el pan sin levadura era el símbolo de discontinuidad histórica de Israel*. Los hombres pueden esperar a que la levadura haga su trabajo. Dios da tiempo al hombre para que actúe su levadura espiritual. Puede que los hombres no entiendan exactamente cómo funciona la levadura— cómo el poder espiritual del reino de Dios se extiende por su cultura y la hace resurgir— pero pueden ver y saborear sus efectos. Si realmente empujamos la analogía, podemos señalar el hecho de que la masa es golpeada varias veces por el panadero antes de la cocción final, casi como Dios, a través de los agentes de Satanás en el mundo, golpea su reino en la historia. Sin embargo, la levadura hace su maravilloso trabajo, siempre y *cuando los fuegos del horno no se enciendan prematuramente*. Si se aplica todo el calor del horno a la masa antes de que la levadura haya hecho su trabajo, tanto la levadura como la masa perecerán en las llamas. Dios espera para aplicar el calor final (2Pe. 3:9-10). Primero, su levadura— su iglesia— debe hacer su trabajo, en el tiempo y en la tierra. El reino de Dios (que incluye a la iglesia institucional, pero es más amplio que la iglesia institucional) debe levantarse, habiendo «incorrupto» la masa satánica del reino de Satanás con el Evangelio de la vida, incluyendo la reconstrucción vivificante de todas las instituciones de la cultura.

¡Qué maravillosa descripción del reino de Dios! Los cristianos trabajan dentro del material cultural disponible en cualquier cultura dada, tratando de refinarlo, impregnarlo y convertirlo en algo fino. Saben que tendrán éxito, igual que la levadura acaba teniendo éxito en la masa, si se le da tiempo suficiente para hacer su trabajo. Esto es lo que Dios nos promete implícitamente en la analogía de la levadura: *tiempo suficiente para cumplir nuestras tareas individuales y colectivas*. Nos dice que su reino producirá el deseable pan de vida. Llevará tiempo. Puede llevar varios golpes, mientras Dios, a través de la hostilidad del mundo, amasa la masa llena de levadura de las culturas de los hombres. Pero el resultado final está garantizado. Dios no tiene la intención de quemar su pan hasta dejarlo crujiente por meterlo prematuramente en el horno. Él es mejor panadero que ese».[16]

Como Tertuliano afirmó en su magistral defensa de la fe cristiana: «Somos un cuerpo unido por una profesión religiosa común, por una disciplina piadosa, por un vínculo de esperanza. Nos reunimos como asamblea y congregación para que, como fuerza organizada, podamos asaltar a Dios con nuestras oraciones. Tal violencia es aceptable para Dios. Oramos también por los emperadores, por sus ministros y por los que tienen autoridad, *por el bienestar temporal del hombre, por la paz del mundo, por el retraso del fin de todas las cosas*».[17]

El punto específico de la atadura del dragón, por lo tanto, es evitar que incite la escatológica «guerra para terminar todas las guerras», la batalla final— hasta que Dios esté listo. Cuando el reino-ciudad de Dios esté completamente maduro, entonces Él liberará una vez más a Satanás y le permitirá engañar a las naciones para la conflagración final. Pero el fuego caerá según el tiempo de Dios, no el del dragón. En todo momento, Dios está controlando los eventos para su propia gloria.

El apóstol Juan nos dice que Satanás permanecerá atado durante **mil años,** un número grande y redondeado. Hemos visto que, así como el número *siete* connota una plenitud de *cualidad* en la imaginería bíblica, el número diez contiene la idea de una plenitud de *cantidad*; en otras palabras, representa la *multitud*. Mil multiplica e intensifica esta idea (10x10x10), para expresar una gran inmensidad (cf. 5:11; 7:4-8; 9:16; 11:3, 13; 12:6; 14:1, 3, 20).[18] Así, Dios afirma poseer «el ganado sobre mil colinas» (Sal. 50:10). Esto, por supuesto, no significa que el ganado de la colina número 1.001 pertenezca a otra persona. Dios posee todo el ganado de todas las colinas. Pero dice «mil» para indicar que hay muchas colinas y mucho ganado (Dt. 1:11; 7:9; Sal. 68:17; 84:10; 90:4). Del mismo modo, los **mil años** de Apocalipsis 20 representan un periodo de tiempo vasto e indefinido (aunque su naturaleza limitada y provisional como era previa a la consumación queda subrayada por el hecho de que la frase solo se menciona seis veces en este capítulo). Ya ha durado casi 2.000 años, y probablemente durará muchos más. Milton Terry observa: «Los *mil años* deben entenderse como un número simbólico, que denota un largo período. Es un número redondo, pero representa un período indefinido, un eón cuya duración sería una locura intentar calcular. Su comienzo se remonta a la gran catástrofe de este libro, la caída de la Babilonia mística. Es el eón que se abre con la salida del gran conquistador de 19:11-16, y continúa hasta que haya puesto a todos sus enemigos bajo sus pies (1Co. 15:25). Es el mismo período que se requiere para que la piedra de la profecía de Daniel (Dan. 2:35) llene la tierra, y la semilla de mostaza de la profecía de Jesús consuma su crecimiento mundial (Mt. 13:31-32). Cuánto tiempo continuará el Rey de reyes su batalla contra el mal y diferirá el último golpe

---

[16] Gary North, *Moses and Pharaoh: Dominion Religion Versus Power Religion* (Tyler, TX: Institute for Christian Economics, 1985), pp. 169s.

[17] Tertuliano, *Apology*, 39; trad. por Henry Bettenson, *The Early Christian Fathers: A Selection from the Writings of the Fathers from St. Clement of Rome to St. Athanasius* (Oxford: Oxford University Press, 1956, 1969), p. 141. Cursivas añadidas.

[18] Una analogía de este uso escritural es la forma en que nosotros, con una mentalidad de aumento, utilizamos el término millón: «¡Te lo he dicho un millón de veces!». (Sospecho que incluso los «literalistas» hablan así en ocasiones).

decisivo, cuando Satanás sea 'desatado por un poco de tiempo', nadie puede siquiera aproximadamente juzgarlo. Puede requerir un millón de años».[19] La atadura del dragón le impide seguir engañando a las naciones, hasta que se **cumplan los mil años; después de esto debe ser liberado por un corto tiempo,** en el que saldrá de nuevo a engañar a las naciones. La historia del dragón se retomará en el versículo 7, por lo que aquí solo tenemos que fijarnos en el uso que hace el apóstol Juan de la palabra **debe** (literalmente, **es necesario**; cf. 1:1; 4:1; 10:11; 11:5; 13:10; 17:10; 22:6). En todo momento, la actividad de Satanás tiene lugar bajo el estricto gobierno de la Providencia de Dios. Como observa Swete, «es en vano especular sobre los fundamentos de esta necesidad» (sobre la que pasa inmediatamente a especular);[20] basta con que Dios haya decretado su necesidad. El dragón no es su propio amo. Ha sido apresado y atado y encerrado en el abismo, y algún día será liberado por un breve tiempo; pero todo esto ocurre de acuerdo con los buenos y santos propósitos de Dios. Todo el odio y la rabia del dragón contra el reino de Cristo son completamente impotentes e ineficaces; es impotente para hacer cualquier cosa hasta que sea deliberadamente **desatado** por aquel que tiene la llave del abismo.

La primera resurrección (20:4-6)

4 También vi tronos, y se sentaron sobre ellos, y se les concedió autoridad para juzgar. Y vi las almas de los que habían sido decapitados por causa del testimonio de Jesús y de la palabra de Dios, y a los que no habían adorado a la bestia ni a su imagen, ni habían recibido la marca sobre su frente ni sobre su mano; y volvieron a la vida y reinaron con Cristo por mil años.

5 Los demás muertos no volvieron a la vida hasta que se cumplieron los mil años. Esta es la primera resurrección.

6 Bienaventurado y santo es el que tiene parte en la primera resurrección; la muerte segunda no tiene poder sobre estos sino que serán sacerdotes de Dios y de Cristo, y reinarán con Él por mil años.

4 La nueva visión es del reino de los mil años: **Y vi tronos, y ellos estaban sentados sobre ellos**. No se nos dice explícitamente quiénes son «ellos», pero no debe haber duda sobre su identidad, pues están entronizados. El apóstol Juan utiliza la palabra **tronos** (plural) solo con referencia a los veinticuatro ancianos:

> Y alrededor del trono *había* veinticuatro tronos; y sentados en los tronos, veinticuatro ancianos vestidos de ropas blancas, con coronas de oro en la cabeza. (4:4)

---

[19] Milton Terry, *Biblical Apocalyptics: A Study of the Most Notable Revelations of God and of Christ in the Canonical Scriptures* (Nueva York: Eaton and Mains, 1898), p. 451.

[20] Henry Barclay Swete, *Commentary on Revelation* (Grand Rapids; Kregel Publications, [1911] 1977), p. 261.

> Y los veinticuatro ancianos que estaban sentados delante de Dios en sus tronos, se postraron sobre sus rostros y adoraron a Dios. (11:16)

Como hemos visto, los veinticuatro ancianos del apóstol Juan son la asamblea representativa de la Iglesia, el sacerdocio real. A lo largo de la profecía se ve al pueblo de Dios reinando como sacerdotes con Cristo (1:6; 5:10), llevando coronas (2:10; 3:11), poseyendo autoridad real sobre las naciones (2:26-27), sentado con Cristo en su trono (3:21). Todas estas cosas están simbolizadas en la imagen del presbiterio celestial (4:4): Como *reyes*, los ancianos se sientan en tronos; como *sacerdotes*, son veinticuatro (cf. 1Cró. 24), y llevan coronas (cf. Éx. 28:36-41).

La relación entre el sacerdocio de los ancianos y el de la Iglesia en general ha sido bien resumida por T. F. Torrance en su excelente estudio sobre el *sacerdocio real*: «En la Iglesia del Antiguo Testamento había un doble sacerdocio, el sacerdocio de todo el cuerpo a través de la iniciación por la circuncisión en el sacerdocio real, aunque ese sacerdocio funcionaba en realidad a través de los primogénitos. Dentro de ese sacerdocio real se le dio a Israel un sacerdocio institucional en la tribu de Leví, y dentro de esa tribu, la casa de Aarón. El propósito del sacerdocio institucional era servir al sacerdocio real, y el propósito del sacerdocio real, es decir, de Israel como reino de sacerdotes, era servir al propósito salvífico de Dios para todas las naciones. Lo mismo ocurre con la Iglesia cristiana. El verdadero sacerdocio es el de todo el cuerpo, pero dentro de ese cuerpo tiene lugar una pertenencia al sacerdocio corporativo, para la edificación de todo el cuerpo, para servir a todo el cuerpo, a fin de que todo el cuerpo, como cuerpo propio de Cristo, pueda cumplir su ministerio de reconciliación proclamando el Evangelio entre las naciones. Dentro del sacerdocio corporativo de todo el cuerpo, entonces, hay un sacerdocio particular apartado para ministrar a la edificación del cuerpo hasta que el cuerpo alcance la plenitud de Cristo (Ef. 4:13)… Este ministerio es tan esencial para la Iglesia como las ordenanzas bíblicas y sacramentales, pero al igual que ellas, este orden del ministerio desaparecerá en la *parusía*, cuando el sacerdocio real del cuerpo único, distinto del sacerdocio institucional, se revele plenamente».[21]

Por lo tanto, no estamos obligados a elegir si los entronizados en el Milenio son los ancianos *o* la Iglesia, porque ambos son verdaderos. En la visión del apóstol Juan, él ve a los ancianos en tronos—pero ellos representan a toda la Iglesia.[22] Relacionado con esto está la promesa que Jesús hizo a sus discípulos: «En verdad os digo que vosotros que me habéis seguido, en la regeneración, cuando el Hijo del Hombre se siente en el trono de su gloria, os sentaréis también sobre doce tronos para juzgar a las doce tribus de Israel» (Mt. 19:28; cf. Lc. 22:30, donde se usa el término *reino* en lugar de *regeneración*). Mediante su muerte, resurrección y ascensión a su glorioso trono (Ef. 1:20-22), Jesús inauguró la era del reino (Col. 1:13)— la regeneración— en la que todas las naciones son llevadas a festejar a su mesa

---

[21] T. F. Torrance, *Royal Priesthood* (Edimburgo: Oliver and Boyd Ltd., 1955), p. 81.

[22] Cabría preguntarse: ¿Por qué el apóstol Juan no dijo simplemente que los que vio en los tronos eran los veinticuatro ancianos? Hay al menos dos razones: en primer lugar, las diversas pistas del texto (la mención de tronos, juicio y un sacerdocio que reina con Cristo) hacen innecesaria una identificación explícita; en segundo lugar, en consonancia con el simbolismo de la Iglesia como el Nuevo Israel, Juan utiliza el término anciano doce veces (4:4, 10; 5:5, 6, 7, 11, 14; 7:11, 13; 11:16; 14:3; 19:4). A estas alturas de Apocalipsis, ¡ya ha agotado su «cuota»!

con los patriarcas y los apóstoles (Is. 52:15; Lc. 13:28-29; 22:29-30). En esta época, los apóstoles reinan sobre el nuevo Israel; son el fundamento mismo de la Iglesia (Ef. 2:20), que a su vez es una nación de sacerdotes reales (1Pe. 2:9).

Jesús dio a sus discípulos dos promesas sobre la era mesiánica: que se sentarían en *tronos* y que *juzgarían*. Esto es precisamente lo que el apóstol Juan nos muestra en este texto. Habla de los que se sientan en los tronos del reino, y añade que **el juicio les fue dado**, paralelamente a su declaración en 11:18 de que los santos son «juzgados» o «vindicados»; sin embargo, además aquí hay el sentido de que el privilegio de juzgar (gobernar) es **dado** en manos de los santos. Antes de la victoria de Cristo sobre Satanás, la Iglesia era juzgada y gobernada por las naciones paganas, porque Adán había abdicado de su posición de juicio y la había entregado al dragón. Pero ahora el Hijo del Hombre, el segundo Adán, ha ascendido al trono como gobernante de los reyes de la tierra, y su pueblo ha ascendido para gobernar con Él (Ef. 2:6). Definitivamente— y cada vez más a medida que avanza la era— el juicio es dado al pueblo de Dios.[23] El mandato de dominio de Génesis 1:26-28 (cf. Sal. 8; Heb. 2) se cumplirá a través del triunfo del Evangelio; a medida que el Evangelio progresa, también lo hace el dominio de los santos. Ambos van de la mano. En su Gran Comisión (Mt. 28:18-20), Jesús nos ordenó *enseñar* y *discipular a* las naciones, y a medida que la tierra sea gradualmente discipulada a los mandatos de la Palabra de Dios, los límites del reino se expandirán. Con el tiempo, a través de la evangelización, el reino de los cristianos llegará a ser tan extenso que «la tierra estará llena del conocimiento de Dios, como las aguas cubren el mar» (Is. 11:9). Las bendiciones edénicas abundarán por todo el mundo a medida que la ley de Dios sea cada vez más obedecida por las naciones convertidas (Lev. 26:3-13; Dt. 28:1-14).[24]

Hay que subrayar, sin embargo, que el camino hacia el dominio cristiano no pasa principalmente por la acción política. Aunque la esfera política, como cualquier otro aspecto de la vida, es un área válida y necesaria para la actividad cristiana y el eventual dominio, debemos evitar la perenne tentación de aferrarnos al poder político. El dominio en el gobierno civil no puede obtenerse antes de que hayamos alcanzado la madurez en sabiduría, el resultado de generaciones de *autogobierno* cristiano. A medida que aprendemos a aplicar la Palabra de Dios a situaciones prácticas en nuestras vidas personales, nuestros hogares, nuestras escuelas y nuestros negocios; a medida que las iglesias cristianas ejercen el juicio bíblico sobre sus propios oficiales y miembros, respetando y haciendo cumplir la disciplina de otras iglesias; *entonces se podrá* confiar a los cristianos mayores responsabilidades. Aquellos que son fieles en pocas cosas serán puestos a cargo de muchas cosas (Mt. 25:21, 23), pero «a todo el que se le haya dado mucho, mucho se demandará de él» (Lc. 12:48; cf. Lc. 16:10-12; 19:17). Uno de los rasgos distintivos de los movimientos heréticos a lo largo

---

[23] Véanse dos ensayos por Gary North: «Witnesses and Judges», *Biblical Economics Today*, vol. VI, No. 5 (Ago./Sept. 1983); «Christ's Mind and Economic Reconstruction», *Biblical Economics Today*, vol. VII, No. 1 (Dic./ Ene. 1984).

[24] Iain Murray ha mostrado en *The Puritan Hope: Studies in Revival and the Interpretation of Prophecy* (Londres: The Banner of Truth Trust, 1971) cómo esta visión de la conversión mundial ha proporcionado una inspiración básica para la actividad misionera a lo largo de la historia de la Iglesia, particularmente desde la Reforma protestante.

de la historia de la Iglesia ha sido el intento de hacerse con el manto del poder político antes de que éste haya sido otorgado.

Toda esta cuestión ha sido analizada detenidamente en un excelente ensayo de James Jordan, y el mejor servicio que puedo prestar al lector interesado en este punto es simplemente remitirle a él.[25] Jordan concluye su estudio con estas palabras: «Cuando estemos preparados, Dios nos dará la túnica. El hecho de que no lo haya hecho demuestra que no estamos preparados. Afirmar que estamos preparados no le engañará. Oremos para que no nos aplaste dándonos tal autoridad antes de que estemos preparados para ella. Hagamos planes para que nuestros bisnietos estén preparados. Ocupémonos de nuestros asuntos, adquiriendo sabiduría en la familia, la iglesia, el estado y los negocios, y evitando confrontaciones con los poderes fácticos… Porque tan seguro como que Cristo ha resucitado de la tumba y ha ascendido a la gloria real en las alturas, tan seguro es que sus santos heredarán el reino y gobernarán en su nombre, cuando llegue el momento».[26] *Cuando llegue el momento*.

El apóstol Juan nos dice que, además de los ancianos entronizados, vio a aquellos a quienes los ancianos representan: En primer lugar, **las almas de los que habían sido decapitados a causa del testimonio de Jesús y a causa de la Palabra de Dios**. Esta expresión es casi idéntica a su descripción de los mártires bajo el altar:

> …vi… las almas de los que habían sido muertos a causa de la palabra de Dios y del testimonio que habían mantenido. (6:9)

Sin embargo, hay una diferencia significativa: el uso de la palabra **decapitado**. Aunque la mayoría de los comentaristas seguramente aciertan al considerar que se trata de una referencia general a todos los mártires de la fe (por cualquier medio que fueran asesinados), debemos intentar hacer justicia a la elección que hace el apóstol Juan de este término en particular. El verbo griego (*pelekizô*) no se utiliza en ninguna otra parte de la Biblia, pero el acto de decapitar se menciona, bajo un sinónimo (*apokephalizô*), en Mateo 14:10, Marcos 6:16, 27, y Lucas 9:9. El sujeto de la decapitación, por supuesto, era Juan el bautista, el último de los profetas del Antiguo Pacto y el precursor de Jesucristo. Como Elías de los últimos días (Mal. 4:5; Mt. 11:14; 17:10-13; Lc. 1:17), resumió el mensaje de todos los testigos precedentes: «Porque todos los profetas y la Ley profetizaron hasta Juan» (Mt. 11:13). Parece probable, por tanto, que el apóstol Juan esté llamando aquí nuestra atención

---

[25] James B. Jordan, «Rebellion, Tyranny, and Dominion in the Book of Genesis», en Gary North, ed., *Tactics of Christian Resistance, Christianity and Civilization* No. 3 (Tyler, TX: Geneva Ministries, 1983), pp. 38-80.

[26] Ibid, p. 74. A este respecto, también vale la pena repetir las observaciones de Jordan sobre el llamado movimiento «patriótico» de resistencia a los impuestos: «Debemos tener presente que al pagano le interesa ante todo el poder. Esto significa que el mantenimiento de la fuerza (el servicio militar obligatorio) y la confiscación de dinero (impuestos excesivos) son de absoluto interés primordial para él. Si pensamos que estas son las cosas más importantes, entonces las convertiremos en el punto de resistencia (convirtiéndonos en 'patriotas fiscales' o algo así). Pensar así es pensar como paganos. Para el cristiano, las cosas primarias son la rectitud (guardia sacerdotal) y el trabajo diligente (dominio real). Generalmente hablando, a los paganos no les importa cuán justos seamos, o cuan duro trabajemos, siempre y cuando obtengan el dinero de sus impuestos. Por eso la Biblia enseña en todas partes que hay que aceptar los impuestos opresivos, y en ninguna parte alude a la conveniencia de resistirse a ellos» (p. 79).

sobre el hecho de que los testigos del Antiguo Pacto, simbolizados por Juan el precursor, han de contarse entre los mártires fieles que «viven y reinan con Cristo».

Inmediatamente surge una pregunta: ¿Llevaban realmente los fieles del Antiguo Pacto el testimonio de Jesús? Resulta sorprendente que el apóstol Juan enfatice de forma poco habitual el nombre de Jesús, como para destacar la posición específicamente *cristiana* de estos testigos «decapitados». Y el Nuevo Testamento deja claro que, como Juan, todos los testigos del Antiguo Pacto eran precursores de Jesucristo, que daban testimonio de Él:

> Entonces Jesús les dijo: ¡Oh insensatos y tardos de corazón para creer todo lo que los profetas han dicho! ¿No era necesario que el Cristo padeciera todas estas cosas y entrara en su gloria? Y comenzando por Moisés y continuando con todos los profetas, les explicó lo referente a Él en todas las Escrituras. (Lc. 24:25-27)

> No penséis que yo os acusaré delante del Padre; el que os acusa es Moisés, en quien vosotros habéis puesto vuestra esperanza. Porque si creyerais a Moisés, me creeríais a mí, porque de mí escribió él. (Jn. 5:45-46)

> De este dan testimonio todos los profetas, de que por su nombre, todo el que cree en Él recibe el perdón de los pecados. (Hch. 10:43)

> Pablo, siervo de Cristo Jesús, llamado a ser apóstol, apartado para el evangelio de Dios, que Él ya había prometido por medio de sus profetas en las santas Escrituras, acerca de su Hijo… (Rom. 1:1-3)

> Pero ahora, aparte de la ley, la justicia de Dios ha sido manifestada, atestiguada por la ley y los profetas; es decir, la justicia de Dios por medio de la fe en Jesucristo, para todos los que creen. (Rom. 3:21-22)

Las filas de los que reinan con Cristo también están ocupadas por los fieles del Nuevo Pacto, los vencedores de la época del apóstol Juan que también llevaban el testimonio de Jesús: **los que no habían adorado a la bestia ni a su imagen, y no habían recibido la marca en la frente ni en la mano** (1:2, 9; 2:13; 12:9-11, 17; 15:2; 19:10). Todos ellos **vivieron y reinaron con Cristo durante mil años**. La vida del hombre siempre ha sido inferior a mil años: Adán vivió 930 años (Gén. 5:5), y Matusalén, cuya vida fue la más larga registrada en la Biblia, vivió solo 969 años antes de morir en el Diluvio universal (Gén. 5:27).[27]

Si sus herederos hubieran sido fieles, el reino de David debería haber durado «para siempre», es decir, mil años, hasta la venida de Cristo (2Sam. 7:8-29; 1Cró. 17-.7-27; 2Cró.

---

[27] Basándonos en una cronología estricta, esta parece ser una conclusión razonable, ya que Matusalén murió en el año del Diluvio (Matusalén tenía 187 años cuando nació su hijo Lamec, 369 cuando nació su nieto Noé y, por tanto, 969 cuando llegó el Diluvio; véase Gén. 5:25, 28; 7:6). Más de un siglo antes del Diluvio, Dios declaró que toda la raza humana (excepto Noé) merecía la destrucción (Gén. 6:1-8; 7:1); no hay razón aparente para excluir a Matusalén de esta condena general.

13:5, 21:7; Sal. 89:19-37, Is. 9:7; 16:5; Jer. 30:9; Ez. 34:23-24; Os. 3:5; Lc. 1:32-33); pero, de nuevo, el hombre se quedó corto. Nadie fue capaz de traer «el Milenio»— el reino de los mil años— hasta que el Hijo de Dios apareció como Hijo del Hombre (el segundo Adán) e hijo de David. Él obtuvo el reino para todo su pueblo.

¿Este reino de los santos tiene lugar en el cielo o en la tierra? La respuesta debería ser obvia: ¡en *ambos!* Los tronos de los santos están en el cielo, con Cristo (Ef. 2:6); sin embargo, con su Señor, ejercen gobierno y dominio en la tierra (cf. 2:26-27; 5:10; 11:15). Los que reinan con Cristo en su reino son todos aquellos a quienes Él ha redimido, toda la comunión de los santos, ya estén vivos o muertos (incluidos los creyentes del Antiguo Pacto). En su ascensión, Jesucristo nos llevó a todos al trono. Como exulta el *Te Deum*:

> Cuando venciste la agudeza de la muerte
> Tú abriste el reino de los cielos a todos los creyentes.

El reinado de los santos es, pues, análogo a su culto: Toda la Iglesia, en el cielo y en la tierra, adora junta ante el trono de Dios, «tabernaculando» en el cielo (7:15; 12:12; 13:6). Preguntar si el culto de los santos es celestial o terrenal es proponer un falso dilema, pues la Iglesia es tanto celestial como terrenal. Del mismo modo, la esfera de gobierno de la Iglesia incluye la tierra, pero se ejerce *desde el trono en el cielo*. Jesús dijo a Pilato: «¿a quién el Padre santificó y envió al mundo, vosotros decís: 'Blasfemas', porque dije: 'Yo soy el Hijo de Dios'?» (Jn. 18:36). El texto no dice, como algunos enseñan neciamente, que el reino de Cristo sea irrelevante para el mundo; más bien afirma que el reino no procede de la tierra: «Hablaba de la fuente de su autoridad, no del lugar de su legítimo reinado. Su reino no es *de* este mundo, sino que *está* en este mundo y sobre él».[28]

5-6 La primera parte del versículo 5 es una declaración parentética sobre los que están excluidos del privilegio de vivir y reinar con Cristo. Ahora bien, si «los que habían sido decapitados» (v. 4) son los fieles del Antiguo Pacto, **el resto de los muertos** son los *infieles* (principalmente) del Antiguo Pacto, los no santos que estaban muertos en el momento en que el apóstol Juan escribía. La figura puede extenderse lógicamente para incluir a todos los no redimidos, de todas las épocas, pero ese no es el punto específico que el apóstol Juan está haciendo. Más bien, está subrayando el hecho de que los creyentes muertos del Antiguo Pacto han sido incluidos en la ascensión de Cristo y en su glorioso reinado desde el trono celestial; ellos viven, mientras que los impíos están **muertos**.

En última instancia, el apóstol Juan nos dice, hay dos clases de personas: 1) Los ancianos y aquellos a quienes representan (los fieles del Antiguo y Nuevo Pacto), que viven y reinan con Cristo «por mil años» en su reino; y 2) el resto de los muertos, los incrédulos. Estos **no vivieron hasta que se completaron los mil años**. Mientras que algunos intérpretes han llegado a la conclusión de que «el resto de los muertos» vivirán *después de que* el Milenio

---

[28] Gary North, *Backward, Christian Soldiers? An Action Manual for Christian Reconstruction* (Tyler, TX: Institute for Christian Economics, 1984), p. 4.

haya terminado, no hay tal implicación aquí. El apóstol Juan se ocupa simplemente de hablarnos del Milenio en sí, y su frase no significa nada más que el resto de los muertos están excluidos de la vida y el dominio durante todo el período. Todos sabemos, por pasajes como Juan 5:28-29 y Hechos 24:15, que habrá una resurrección general tanto de los justos como de los injustos; pero debemos recordar que el apóstol Juan no está escribiendo una teología sistemática exhaustiva del fin del mundo. Está escribiendo una profecía a la Iglesia, que trata de ciertos aspectos de las bendiciones de los justos y las maldiciones de los impíos.

La narración continúa con la definición del apóstol Juan de la vida milenaria de los santos y su reinado con Cristo: **Esta es la primera resurrección**— primera tanto en orden temporal como en importancia. La imagen de dos resurrecciones está sólidamente arraigada en las Escrituras. En el sistema levítico se presentaba tipológicamente en la ley que prescribía la purificación tras la contaminación de la muerte:

> «El que toque el cadáver de una persona quedará inmundo por siete días. Y aquel se purificará a sí mismo de su inmundicia con el agua al tercer día y al séptimo día, y entonces quedará limpio; pero si no se purifica a sí mismo al tercer día y al séptimo día, no quedará limpio». (Núm. 19:11-12)

Como ha demostrado James Jordan, este ritual de limpieza era una *resurrección* simbólica: El hombre contaminado por el contacto con los muertos estaba ceremonialmente muerto, y tenía que ser resucitado de la muerte.[29] La resurrección se llevaba a cabo mediante la aspersión de agua (véase Núm. 19:13)[30] tanto en el tercer día como en el séptimo— en otras palabras, *una primera y una segunda resurrección*. Este patrón de «doble resurrección» se repite de diferentes maneras a lo largo de la Biblia. El evangelio del apóstol Juan recoge las palabras de Jesús al respecto:

> En verdad, en verdad os digo: el que oye mi palabra y cree al que me envió, tiene vida eterna y no viene a condenación, sino que ha pasado de muerte a vida. En verdad, en verdad os digo que viene *la hora, y ahora es, cuando los muertos oirán la voz del Hijo de Dios, y los que oigan vivirán*...
>
> No os admiréis de esto, porque viene la hora en que todos los que están en los sepulcros oirán su voz, y saldrán: los que hicieron lo bueno, a resurrección de vida, y los que practicaron lo malo, a resurrección de juicio. (Jn. 5:24-25, 28-29)

Jesús afirma aquí estar inaugurando la era de la resurrección, de la que *ahora* van a ser partícipes quienes crean en Él; más tarde, llegará otra «hora» en la que todos los hombres, justos e injustos, resucitarán de los sepulcros (cf. Jn. 11:24-25). El apóstol Pablo estableció la misma distinción entre dos resurrecciones:

---

[29] James B. Jordan, *The Law of the Covenant: An Exposition of Exodus 21-23* (Tyler, TX: Institute for Christian Economics, 1984), pp. 56ss.

[30] Sobre el significado de este para el modo del bautismo, véase Duane Edward Spencer, *Holy Baptism: Word Keys Which Unlock the Covenant* (Tyler, TX: Geneva Ministries, 1984), pp. 14ss.

> Mas ahora Cristo ha resucitado de entre los muertos, primicias de los que durmieron. Porque ya que la muerte entró por un hombre, también por un hombre vino la resurrección de los muertos. Porque así como en Adán todos mueren, también en Cristo todos serán vivificados. Pero cada uno en su debido orden: Cristo, las primicias; luego los que son de Cristo en su venida. (1Co. 15:20-23)

Así pues, habrá una resurrección al final de la historia, en la segunda venida de Cristo en el último día (Jn. 6:38-40, 44, 54; Hch. 24:15; 1Ts. 4:14-17). Pero antes de esa resurrección final hay otra, una primera resurrección: la resurrección de «Cristo las primicias». Él resucitó de entre los muertos, y resucitó a todos los creyentes con Él. Nota: El apóstol Juan no dice que el creyente mismo como tal sea resucitado, sino que **tiene parte en la primera resurrección**. *Participa en la resurrección* de Otro: la resurrección del Señor Jesucristo.[31] El apóstol Pablo contó a los cristianos de Colosas cómo habían sido hechos partícipes de la resurrección de Cristo:

> Habiendo sido sepultados con Él en el bautismo, en el cual también habéis resucitado con Él por la fe en la acción del poder de Dios, que le resucitó de entre los muertos. (Col. 2:12)

La resurrección de Cristo es la resurrección definitiva, la primera resurrección, que tuvo lugar al tercer día. Participamos en su resurrección mediante el bautismo del pacto, de modo que ahora «andamos en novedad de vida» (Rom. 6:4). Cuando estábamos muertos en nuestras transgresiones, Dios «nos dio vida juntamente con Cristo... y nos resucitó con Él, y nos sentó con Él en los lugares celestiales, en Cristo Jesús» (Ef. 2:5-6; cf. Col. 3:1). Es esta resurrección definitiva en el tercer día, en medio de la historia, la que garantiza y es consumada por la resurrección del «séptimo día» al final de la historia. Aquellos que son bautizados en Cristo y así se unen a Él en la semejanza de su resurrección (Rom. 6:4-14) también se unirán a Él en esa resurrección final (Rom. 8:11).

Sin embargo, como ha observado Norman Shepherd, el apóstol Juan en Apocalipsis 20 «ni siquiera describe expresamente la resurrección corporal de los justos como la segunda resurrección. Esto bien puede ser indicativo del hecho de que, contrariamente a lo que se suele pensar sobre el tema, el Bautismo es aún más propiamente resurrección que la resurrección del cuerpo. Los justos que estén vivos al regreso del Señor no resucitarán en el cuerpo, sino que serán transformados. Los justos muertos que resuciten corporalmente en el último día no volverán a asumir la mortalidad, sino la inmortalidad. No la resucitación sino la transformación es la característica principal de la resurrección, y la transformación y transición fundamentales tienen lugar en el Bautismo, la primera resurrección».[32]

---

[31] Véase Philip Edgcumbe Hughes, «The First Resurrection: Another Interpretation», *The Westminster Theological Journal*, XXXIX (Primavera 1977) 2, pp. 315-18.

[32] Norman Shepherd, «The Resurrections of Revelation 20», *The Westminster Theological Journal*, XXXVII (Otoño, 1974) 1, pp. 37s. Gregorio de Nisa dijo: «Es necesario que nos sometamos, por medio del agua, a este ensayo preparatorio

La primera resurrección es, pues, espiritual y ética, nuestra regeneración en Cristo y unión con Dios, nuestra re-creación a su imagen, nuestra participación en su resurrección. Esta interpretación se ve confirmada por la descripción que el apóstol Juan hace de los que están en la primera resurrección—corresponde completamente con todo lo que nos dice en otras partes sobre los elegidos: Son **bienaventurados** (l:3; 14:13; 16:15; 19:9, 22:7, 14) **y santos**, (5:8, 8:34; 11:18; 13:7, 10; 14:12; 16:6, 17:6, 18:20, 24; 19:8, 20:9, 21:2, 10); como Cristo prometió a todos los fieles, **la segunda muerte** (v. 14) **no tiene poder** sobre ellos (2:11); y son **sacerdotes** (1:6; 5:10) que **reinan con Cristo** (2:26-27, 3:21; 4:4; 11:15-16, 12:10). De hecho, el apóstol Juan comenzó su profecía diciendo a sus lectores que todos los cristianos son sacerdotes reales (1:6); y el mensaje constante del Nuevo Testamento, como hemos visto repetidamente, es que el pueblo de Dios está ahora sentado con Cristo, reinando en su reino (Ef. 1:20-22; 2:6; Col. 1:13; 1Ped. 2:9). El mayor error al tratar con el Milenio de Apocalipsis 20 es no reconocer que habla de realidades presentes de la vida cristiana. La Biblia es clara: A través del Bautismo, hemos sido resucitados a la vida eterna y gobernamos con Cristo ahora, en esta era. La primera resurrección está teniendo lugar ahora. Jesucristo reina ahora (Hch. 2:29-36; Ap. 1:5). Y esto significa, necesariamente, que *el Milenio está teniendo lugar ahora también.*

La última batalla (20:7-10)

7 Cuando los mil años se cumplan, Satanás será soltado de su prisión,

8 y saldrá a engañar a las naciones que están en los cuatro extremos de la tierra, a Gog y a Magog, a fin de reunirlas para la batalla; el número de ellas es como la arena del mar.

9 Y subieron sobre la anchura de la tierra, rodearon el campamento de los santos y la ciudad amada. Pero descendió fuego del cielo y los devoró.

10 Y el diablo que los engañaba fue arrojado al lago de fuego y azufre, donde también están la bestia y el falso profeta; y serán atormentados día y noche por los siglos de los siglos.

7-8 Por fin se **cumplen los mil años,** y el calendario de Dios está listo para la derrota final del dragón. Según el soberano propósito de Dios, el diablo es **liberado de su prisión** para **engañar a las naciones**. El postmilenialismo bíblico no es un universalismo absoluto; tampoco enseña que en algún momento futuro de la historia absolutamente todos los vivientes se convertirán. La profecía de Ezequiel sobre el río de la vida sugiere que algunas zonas periféricas del mundo— los «pantanos» y «ciénagas»— no serán sanadas, sino que «quedarán para salinas», permaneciendo sin ser renovadas por las aguas vivas (Ez. 47:11). Cambiar la imagen: Aunque el «trigo» cristiano será dominante en la cultura mundial, tanto

---

de la gracia de la resurrección, para que nos demos cuenta de que nos es tan fácil resucitar de la muerte como ser bautizados con agua». *La gran catequesis*, xxv.

el trigo como la cizaña crecerán juntos hasta la cosecha del fin del mundo (Mt. 13:37-43). En ese momento, cuando el potencial de ambos grupos llegue a la madurez, cuando cada parte llegue a ser plenamente consciente de sí misma en su determinación de obedecer o rebelarse, habrá un conflicto final. El dragón será liberado por poco tiempo, para engañar a las naciones en su último intento de derrocar el reino.

Observamos en el versículo 3 que el propósito específico del engaño de Satanás a las naciones es reunirlas **para la guerra**. Este había sido al menos uno de los objetivos de Satanás desde el principio: provocar la guerra final entre Dios y sus criaturas rebeldes, a fin de «pinchar» la obra de Dios e impedir que llegara a su culminación y madurez. Por eso hubo un repentino brote de actividad demoníaca cuando Cristo comenzó su ministerio terrenal; esa fue la motivación de Satanás para tentarlo, para entrar en Judas y traicionarlo, y para inspirar a las autoridades judías y romanas a matarlo. Su plan salió mal, por supuesto (1Co. 2:6-8), y la cruz se convirtió en su propia destrucción. A lo largo del libro de Apocalipsis, el apóstol Juan ha mostrado al diablo trabajando frenéticamente para provocar la batalla final, y siendo invariablemente frustrado en sus designios. Sólo después de que el reino de Dios haya realizado su potencial terrenal, cuando se hayan completado los mil años, Satanás será liberado para fomentar la última rebelión— engendrando así su propia derrota final y destrucción eterna.

Al describir la guerra escatológica, el apóstol Juan utiliza la vívida imaginería «apocalíptica» de Ezequiel 38-39, que describe proféticamente la derrota de los sirios por los macabeos en el siglo II a.C.: Las fuerzas impías se llaman **Gog y Magog**. Según algunos escritores premileniaristas populares, esta expresión se refiere a Rusia, y predice una guerra entre los soviéticos e Israel durante una futura «tribulación». Incluso aparte del hecho de que esta interpretación se basa en una lectura radicalmente inexacta de Mateo 24 y de los demás pasajes de la «Gran Tribulación»,[33] está plagada de numerosas incoherencias internas. En primer lugar, los premilenialista tienden a hablar de esta guerra venidera con la Unión Soviética como sinónimo de la «Batalla de Armagedón» (16:16). Sin embargo, según los supuestos premilenialistas, la Batalla de Armagedón tiene lugar antes de que comience el Milenio—¡más de 1.000 años antes de que aparezcan finalmente «Gog y Magog» del apóstol Juan! De este modo, los aficionados a las profecías premilenialistas son agasajados con prolongadas discusiones sobre el actual poderío militar soviético y sus supuestos preparativos para asumir el papel de «Gog y Magog».[34] Al mismo tiempo, prácticamente se

---

[33] Esto ya debería ser obvio a estas alturas; cf. Chilton, *Paradise Restored*, pp. 77-102.

[34] Es cierto que el imperialismo agresivo de la Unión Soviética y su patrocinio mundial del terrorismo suponen un grave peligro para las naciones occidentales; véase Jean-François Revel, *How Democracies Perish* (Garden City: Doubleday and Co., 1984). Esto, sin embargo, no tiene nada que ver con el cumplimiento de la profecía, y sí con el hecho de que Occidente ha emprendido simultáneamente una creciente renuncia a la ética cristiana y un progresivo equipamiento militar y tecnológico de sus enemigos; sobre esto último, véase Antony Sutton, *Western Technology and Soviet Economic Development, 1917-67*, 3 vols. (Stanford: Hoover Institution Press, 1968-73); idem, *National Suicide* (New Rochelle, NY: Arlington House, 1973); cf. Richard Pipes, *Survival Is Not Enough: Soviet Realities and America's Future* (Nueva York: Simon and Schuster, 1984). Quienes se escandalizan de que la posible futura conquista de Estados Unidos por los soviéticos no esté incluida en la profecía bíblica harían bien en considerar el gran número de conflictos importantes a lo largo de los últimos mil años de historia occidental que también han sido omitidos—como la Conquista Normanda, las Guerras de las Rosas, la Guerra de los Treinta Años, la Guerra Civil Inglesa, la Revolución Americana, la Revolución Francesa, la Guerra Napoleónica, la Guerra Semínolas, las Revoluciones de 1848, la Guerra de Crimea, la Guerra entre

descuida por completo lo que el libro de Apocalipsis dice realmente sobre la guerra con Gog y Magog; al parecer, los hechos concretos de la revelación bíblica se interponen ocasionalmente en el camino de la «verdad profética».[35]

En segundo lugar, quienes interpretan la guerra de «Gog y Magog» como una guerra del fin de los tiempos en la que está implicada la Unión Soviética suelen enorgullecerse de ser «literalistas». Sin embargo, debemos tener en cuenta lo que exige una interpretación estrictamente literal de Ezequiel 38-39:

1. La razón de Gog para invadir Israel es saquear su plata y su oro, y *llevarse su ganado* (38:11-13); contrariamente a lo que se dice en muchas exposiciones premilenialistas, no se dice nada sobre expropiar el petróleo de Israel o extraer minerales del Mar Muerto.

2. *Todos los* soldados de Gog van a caballo (38:15); no hay soldados en camiones, jeeps, tanques, helicópteros o jets.

3. *Todos los* soldados de Gog llevan espadas, escudos de madera y cascos (38:4-5); sus otras armas son arcos y flechas *de madera*, garrotes y lanzas (39:3, 9).

4. En lugar de utilizar leña (al parecer, nadie se plantea utilizar gas, electricidad o energía solar), los victoriosos israelitas quemarán las armas de madera de Gog como combustible durante siete años (39:9-10).

Tercero, la expresión **Gog y Magog** no se refiere, y nunca se refirió, a Rusia. Eso se ha inventado de la nada y se ha repetido tantas veces que muchos lo han dado por cierto. Ostensibles razones para esta interpretación se basan en una peculiar lectura de Ezequiel 38:3, que habla de «Gog, el jefe de los príncipes de Mesec y Tubal». La palabra *jefe* es, en hebreo, *rosh*; por eso algunos han traducido el texto como «Gog, el príncipe de Rosh». *Rosh* suena algo así como *Rusia*; por lo tanto, Gog es el príncipe (o primer ministro) de Rusia. Desafortunadamente para esta ingeniosa interpretación, *rosh* significa simplemente *cabeza*, y se usa más de 600 veces en el Antiguo Testamento— nunca significa «Rusia».[36]

Los que sostienen que «Gog» (un nombre supuestamente derivado de la Georgia soviética, ya que ambos empiezan por «G») es el primer ministro soviético suelen afirmar

---

los Estados, la Guerra de los Indios Sioux, la Guerra de los Bóers, la Guerra Hispano-Estadounidense, la Revolución Mexicana, la Primera Guerra Mundial, la Guerra Civil Española, la Guerra Italo-Etiope, la Segunda Guerra Mundial, la Guerra de Corea y la Guerra de Vietnam, por citar algunas; muchos de los cuales fueron vistos por los apocalípticos contemporáneos como notables cumplimientos de la profecía bíblica.

[35] El ejemplo obvio, por supuesto, es Hal Lindsey, cuyo Late Great Planet Earth (Grand Rapids: Zondervan Publishing House, 1970) dedica unas treinta páginas (pp. 59-71, 154-68) detallando cómo la Unión Soviética pronto cumplirá la profecía de «Gog y Magog» en la Batalla de Armagedón, y sólo dedica dos o tres frases a tratar Apocalipsis 20:8— sin mencionar ni una sola vez que la única referencia a Gog y Magog en todo Apocalipsis está en ese versículo. Cf. idem, *There's a New World Coming.' A Prophetic Odyssey* (Eugene, OR: Harvest House, 1973), pp. 222-25, 278. Otro ejemplo es Henry M. Morris, *Revelation Record: A Scientific and Devotional Commentary on the Book of Revelation* (Wheaton: Tyndale House Publishers, 1983) en el que habla de Gog y Magog en Apocalipsis 6:1 (pp. 108-110) y 16:12 (p. 3D), pero se esfuerza mucho por descartar el significado de la referencia en 20:8 (pp. 422s.).

*Hace referencia a «Germany», el nombre de Alemania en inglés.

[36] Esta es una lista completa de sus usos solamente en Ezequiel: 1:22, 25, 26; 5 : 1, 6:13; 7:18; 8:3; 9:10; 11; 11:21; 13:18; 16:12, 25, 31, 43; 17:4, 19, 22; 21:19, 21; 22:31; 23:15, 42; 24:23; 27:22, 30; 29:18; 32:27; 33:4; 38:2-3, 39:1; 40:1; 42:12; 43:12; 4:18, 20.

además que «Meshech» es en realidad Moscú, «Tubal» es Tobolsk y «Gomer» (de Ez. 38:6) es Alemania. En su muy útil examen de esta cuestión,[37] Ralph Woodrow comenta: «Esto es dudoso. Moscú procede de los moscovitas y es un nombre finlandés. Moscú se menciona por primera vez en documentos antiguos en 1147 d.C., cuando era una pequeña aldea. Algunos creen que Tubal significa Tobolsk, pero solo se trata de una similitud sonora. Tobolsk fue fundada en 1587 d.C. Algunos piensan que Gomer [Ez. 38:6] significa Alemania. Es cierto que las palabras 'Gomer' y 'Alemania' comienzan con 'G'*. Pero el nombre de muchos otros lugares también empieza con G.[38]

Woodrow continúa dando razones por las que la guerra de «Gog y Magog» de la que se habla en Apocalipsis no puede ser idéntica a la profetizada en Ezequiel:

1. En Ezequiel, Gog es un príncipe. En Apocalipsis, Gog es una nación. [Pero véase la explicación alternativa de Farrer, más abajo].
2. En Ezequiel, se habla de Gog como viniendo contra Israel con gente de varios países alrededor de Israel; en Apocalipsis, Gog y Magog son representados como naciones en los cuatro cuartos de la tierra, en número como las arenas del mar.
3. En Ezequiel, Gog y sus tropas vienen contra Israel, un pueblo que ha regresado del cautiverio y habita sin murallas; en Apocalipsis, Gog y Magog suben sobre la anchura de la tierra y rodean la ciudad de los santos.
4. En Ezequiel el enemigo es Gog *de* la tierra de Magog; en Apocalipsis es Gog *y* Magog.
5. En Ezequiel, las tropas de Gog son derrotadas en Israel y el pueblo quema las armas restantes durante *siete años*; en Apocalipsis, Gog y Magog son destruidos por el fuego de Dios desde el cielo... Las armas de madera serían destruidas *entonces y allí*.

No es raro que las imágenes de Apocalipsis se basen en temas o lugares del Antiguo Testamento. La «Jezabel» de Apocalipsis no es la misma mujer que en Reyes. La «Sodoma» de Apocalipsis no es la misma Sodoma de Génesis. La «Babilonia» de Apocalipsis no es la Babilonia de Daniel. La «nueva Jerusalén» de Apocalipsis no puede ser la antigua Jerusalén. Pero, en cada caso, la primera sirve como *tipo*. La mujer Jezabel ya había muerto, las ciudades de Sodoma y Babilonia ya habían sido derrocadas, y (en nuestra opinión) la batalla de Ezequiel 38 y 39 (si es una batalla literal) ya se había cumplido dentro de un escenario del Antiguo Testamento.[39]

Como señala Caird, en los escritos judíos «Gog y Magog» era una expresión frecuente y estándar para referirse a las naciones rebeldes del Salmo 2, que se reúnen «contra el Señor y

---

[37] Ralph Woodrow, *His Thuth Is Marching On: Advanced Studies on Prophecy in the Light of History* (Riverside, CA: Ralph Woodrow Evangelistic Association, 1977), pp. 32-46.
[38] Ibid., p. 41.
[39] Ibid., p. 42; cf. T. Boersma, *Is the Bible a Jigsaw Puzzle? An Evaluation of Hal Lindsey's Writings* (St. Catherines, Ont.: Paideia Press, 1978), pp. 106-25; véase también Cornelis Vanderwaal's discussion of «Goggology» en *Hal Lindsey and Biblical Prophecy* (St. Catherines, Ont.: Paideia Press, 1978), pp. 78-80.

contra su Ungido».[40] Austin Farrer comenta: «El apóstol Juan toma el relato de Ezequiel y deja el símbolo sin descifrar. El apóstol Juan dice que las naciones, o 'gentiles' engañados por Satanás están 'en los cuatro *ángulos* de la tierra' y quizás quiere decir esto, es decir, que los no reconciliados están escondidos en tierras alejadas del centro. El simple emparejamiento de 'Gog y Magog' no debe interpretarse como que el apóstol Juan comete el error de entender ambos nombres como tribus o como príncipes. En Ezequiel está perfectamente claro que Gog es el príncipe, Magog el pueblo. El apóstol Juan es inocente del error; dice simplemente 'las naciones en los cuatro ángulos de la tierra, Gog y Magog', es decir, el poder así descrito por Ezequiel, como un orador inglés podría haber dicho 'las fuerzas del nacionalismo frustrado, Hitler y Alemania'. Es ciertamente curioso que el apóstol Juan equipare sin explicación las tribus de las cuatro esquinas con una tribu de una esquina; solo que hace exactamente lo mismo en la visión del Armagedón. El Éufrates se seca para dejar pasar a los reyes de Oriente; los tres demonios seducen a *todos los reyes de la tierra* para que vengan a Armagedón. La antigua imagen bíblica de la invasión desde el noreste recibe en ambos casos una interpretación ecuménica».[41]

Esto se ve reforzado por la observación del apóstol Juan de que el **número de ellos es como la arena del mar**— la misma imagen hiperbólica utilizada para las naciones cananeas conquistadas por Josué (Jos. 11:4) y los madianitas derrocados por Gedeón (Jue. 7:12)— dos de los mayores triunfos en la historia del pueblo del pacto. En lugar de ser un motivo de pánico y huida, el hecho de que los santos se vean rodeados por una horda rebelde «como la arena del mar» es una señal de que el pueblo de Dios está a punto de salir victorioso, completa y magníficamente. La razón de Dios para traer una vasta multitud para luchar contra la Iglesia no es con el fin de destruir la Iglesia, sino con el fin de traer a la Iglesia una victoria más rápida. En lugar de que el pueblo de Dios tenga que buscar a sus enemigos y combatirlos uno por uno, Dios permite que Satanás los incite a una oposición concertada, para que puedan ser eliminados rápidamente, de un solo golpe.

9-10 Y subieron sobre la anchura de la tierra: Esto recuerda a la profecía de Isaías sobre una próxima invasión asiria, que «llenará la *anchura de tu tierra*» (Is. 8:8); sin embargo, como sigue diciendo Isaías, la tierra pertenece a *Emanuel*. Si el pueblo confía en Él, todo el poder del enemigo se hará añicos. El fiel Israel puede burlarse de sus atacantes:

Quebrantaos, pueblos, que seréis destrozados;
prestad oído, confines todos de la tierra;
ceñíos, que seréis destrozados;
ceñíos, que seréis destrozados.
Trazad un plan, y será frustrado;

---

[40] G. B. Caird, *A Commentary on the Revelation of St. John the Divine* (Nueva York: Harper & Row, Publishers, 1966), p. 256. Caird cita la siguiente referencia en el Talmud: Ber. 7ᵇ, loª, 13 ª; Shab. 118ª; Pes. 118ª; Meg. IF; san. IT, 97 ᵇ; 'Abodah Z. 3ᵇ; 'Ed. 10.

[41] Austin Farrer, *The Revelation of St. John the Divine* (Oxford: At the Clarendon Press, 1964), pp. 207s.

proferid una palabra, y no permanecerá,
porque Dios está con nosotros.
(Is. 8:9-10)

Sin embargo, la alusión del apóstol Juan a la profecía de Isaías es también un recordatorio de que el viejo Israel es ahora apóstata. Para él ya no existe Emanuel. Ha rechazado definitivamente a su hacedor y esposo, y Él lo ha abandonado. En cambio, Dios está ahora con la Iglesia, y son los oponentes de la Iglesia los que serán destrozados, ¡aunque sean tantos en número como las arenas del mar (Gén. 32:12)! Jesucristo es la simiente de Abraham, y Él poseerá la puerta de sus enemigos, por amor a su Iglesia (Gál. 3:16, 29; Gén. 22:17).

La imagen del apóstol Juan del pueblo de Dios reunido combina el **campamento de los santos de** Moisés con la **ciudad amada** de David y Salomón. Esta ciudad es la nueva Jerusalén, descrita detalladamente en 21:922:5. No debe perderse de vista la importancia de este hecho: La ciudad existe durante el Milenio (es decir, el periodo comprendido entre la primera y la segunda venida de Cristo), lo que significa que «el cielo nuevo y la tierra nueva» (21:1) son una realidad tanto presente como futura. La nueva creación existirá en forma consumada después del juicio final, pero existe, definitiva y progresivamente, en la época actual (2Co. 5:17).

Los apóstatas se rebelan, y las fuerzas de Satanás **rodean** brevemente a la Iglesia: pero no hay ni un momento de duda sobre el resultado del conflicto. De hecho, no hay ningún conflicto real en absoluto, porque la rebelión es aplastada inmediatamente: Bajó **fuego del cielo y los devoró**, como había hecho con los malvados ciudadanos de Sodoma y Gomorra (Gén. 19:24-25), y con los soldados de Ocozías que vinieron contra Elías (2Re. 1:10, 12). ¿Se trata de un **fuego** literal en el fin del mundo? Eso parece probable, aunque debemos recordar que el apóstol Juan nos está mostrando ahora «un mundo de símbolos demasiado sombrío y distante incluso para ser discutido».[42] Reconociendo que esta caída de fuego puede referirse a «ese golpe con el que Cristo en su venida ha de golpear a aquellos perseguidores de la Iglesia a quienes entonces encontrará vivos sobre la tierra», Agustín propuso otra explicación: «En este lugar 'fuego del cielo' se entiende bien de la firmeza de los santos [cf. 11:5], con la que se niegan a rendir obediencia a los que se ensañan contra ellos. Porque el firmamento es 'el cielo', por cuya firmeza estos asaltantes serán doloridos con celo ardiente, pues serán impotentes para atraer a los santos al partido del Anticristo. Este es el fuego que los devorará, y esto es 'de Dios'; porque es por la gracia de Dios que los santos se vuelven inconquistables, y así atormentan a sus enemigos».[43]

En cualquier caso, el punto básico del texto es que, en contraste con los ejércitos de la bestia que fueron «muertos» (es decir, convertidos) por la espada de la boca de la Palabra de Dios (19:15, 21), estos rebeldes autoconscientes del fin son completamente destruidos. Toda oposición al reino de Dios queda completamente eliminada. El dragón nunca tuvo realmente

---

[42] Farrer, p. 208.
[43] Agustín, *La ciudad de Dios*, xx.12.

una oportunidad: su salida del abismo había sido una trampa desde el principio, destinada simplemente a sacar sus fuerzas a la luz, a hacerlas visibles para destruirlas. Terry comenta: «Es un gran cuadro simbólico, y su única gran enseñanza está más allá de la posibilidad de duda o malentendido, a saber, que Satanás y sus fuerzas deben perecer en última instancia. Esto está escrito para consuelo y confianza de los santos. Pero esa victoria final está en un futuro lejano, al final de la era mesiánica, y aquí se esboza simplemente en símbolos apocalípticos. Cualquier presunción, por lo tanto, de determinar eventos específicos del futuro a partir de este gran simbolismo debe ser considerada como en la naturaleza del caso una especie de especulación inútil y engañosa».[44]

Sin descender a la «especulación engañosa», es válido preguntarse: *¿Por qué se rebelarán las naciones después de vivir en un orden mundial cristianizado?* En su estudio «Common Grace, Escathology and Biblical Law», que invita a la reflexión, Gary North explica que tanto la cultura regenerada como la no regenerada, como «trigo» y «cizaña», se desarrollan históricamente hacia una mayor coherencia con sus presupuestos— en la frase de Cornelius Van Til, «autoconciencia epistemológica». Con el tiempo, a medida que los cristianos se conforman más plenamente a los mandamientos de Dios y reciben así sus bendiciones, se vuelven más poderosos y alcanzan un dominio cada vez mayor. Pero, ¿qué ocurrirá con los incrédulos, a medida que adquieran mayor conciencia de sí mismos? North escribe: «En los últimos días de esta era final en la historia humana [es decir, al final del Milenio], los satanistas todavía tendrán los adornos del orden cristiano sobre ellos. Satanás tiene que sentarse en el regazo de Dios, por así decirlo, para poder abofetearle la cara— o intentarlo. Satanás no puede ser consecuente con su propia filosofía de orden autónomo y seguir siendo una amenaza para Dios. Un orden autónomo conduce al caos y a la impotencia. Sabe que no hay terreno neutral en la filosofía. Sabía que Adán y Eva morirían espiritualmente el día que comieran del fruto. Es un teólogo lo suficientemente bueno como para saber que hay un solo Dios, y él y su hueste tiemblan al pensarlo (Stg. 2:19). Cuando los hombres demoníacos se toman en serio sus mentiras sobre la naturaleza de la realidad, se vuelven impotentes y se deslizan fuera (o casi) del regazo de Dios. Es cuando los satanistas se dan cuenta de que la filosofía oficial de Satanás sobre el caos y la antinomia sin ley es una mentira cuando se vuelven peligrosos... Aprenden más de la verdad, pero la pervierten y tratan de usarla contra el pueblo de Dios».

«Así, el significado bíblico de la autoconciencia epistemológica no es que el satanista se vuelva consecuente con la filosofía oficial de Satanás (el caos), sino que la hueste de Satanás se vuelve consecuente con lo que Satanás *realmente* cree: que el orden, la ley, el poder son producto del odiado orden de Dios. Aprenden a utilizar la ley y el orden para construir un ejército de conquista. En resumen, utilizan la *gracia común— el conocimiento de la verdad—* para *pervertir la verdad y atacar al pueblo de Dios*. Se apartan de un falso conocimiento que les ofrece Satanás, y adoptan una forma pervertida de la verdad para usarla en sus planes rebeldes. En otras palabras, *maduran*. O, como C. S. Lewis ha puesto en boca de su personaje ficticio, el diablo mayor, cuando los materialistas creen finalmente en Satanás pero no en

---

[44] Terry, *Biblical Apocalyptics*, p. 455.

Dios, entonces la guerra ha terminado. No del todo; cuando creen en Dios, saben que Él va a ganar y, sin embargo, *atacan* con furia— no con furia ciega, sino con *plena conciencia de sí mismos*— las obras de Dios, entonces la guerra ha terminado».[45]

North concluye: «¿Cree el postmilenialista que habrá fe en general en la tierra cuando Cristo aparezca? No, si entiende las implicaciones de la doctrina de la gracia común. ¿Espera que toda la tierra sea destruida por los rebeldes incrédulos antes de que Cristo los mate— doblemente muertos? No. El juicio viene antes de que puedan hacer su trabajo. La gracia común se extiende para permitir que los incrédulos llenen su copa de ira. Ellos son vasos de ira. Por lo tanto, el cumplimiento de los términos del pacto de dominio a través de la gracia común es el paso final en el proceso de llenar estos vasos de ira. Los vasos de la gracia, los creyentes, también serán llenados. Todo está lleno. ¿Destruirá Dios su pago preliminar por los cielos nuevos y la tierra nueva? ¿Borrará Dios la señal de que su Palabra ha sido obedecida, de que el pacto de dominio se ha cumplido? ¿Tendrá Satanás, ese gran destructor, el gozo de ver frustrada la Palabra de Dios, su obra destrozada por las mismas hordas de Satanás? El amilenialista responde que sí. El postmilenialista debe negarlo con todas sus fuerzas.

«Hay continuidad en la vida, a pesar de las discontinuidades. La riqueza del pecador se acumula para el justo. A Satanás le gustaría quemar el campo de Dios, pero sabe que no puede. La cizaña y el trigo crecen hasta la madurez, y entonces los segadores salen a cosechar el trigo, cortando la paja y arrojando el tamo al fuego… Cuando [Satanás] usa sus dones para volverse finalmente, totalmente destructivo, es cortado desde arriba. *Esta culminación final de la gracia común es el momento de perdición de Satanás.*

«Y los mansos— mansos ante Dios, activos hacia su creación— heredarán al fin la tierra. Una tierra renovada y un cielo renovado es el pago final de Dios Padre a su Hijo y a los que Él ha dado a su Hijo, esta es la esperanza postmilenial».[46]

Así que **el diablo que los engañó fue arrojado al lago de fuego y azufre, donde están la bestia y el falso profeta; allí serán atormentados día y noche por los siglos de los siglos**.

La causa de Satanás será final y completamente derrocada. Para representar esto, el apóstol Juan vuelve a usar imágenes basadas en el holocausto de Sodoma y Gomorra (Gén. 19:24-25, 28) y la destrucción de los rebeldes en el desierto de Cades (Núm. 16:31-33), basadas en el uso similar de Isaías para describir la ruina total de Edom (Isa. 34:9-10). Ya ha representado la destrucción eterna de la bestia y el falso profeta y sus seguidores mediante tales imágenes (véase 14:10-11; 19:20); ahora muestra que el principal instigador de la conspiración cósmica está inevitablemente condenado a sufrir el mismo destino.

---

[45] Gary North, «Common Grace, Eschatology, and Biblical Law», Apéndice C, más Adelante.
[46] Ibid.

El juicio de los muertos (20:11-15)

11 Y vi un gran trono blanco y al que estaba sentado en él, de cuya presencia huyeron la tierra y el cielo, y no se halló lugar para ellos.

12 Y vi a los muertos, grandes y pequeños, de pie delante del trono, y los libros fueron abiertos; y otro libro fue abierto, que es el libro de la vida, y los muertos fueron juzgados por lo que estaba escrito en los libros, según sus obras.

13 Y el mar entregó los muertos que estaban en él, y la Muerte y el Hades entregaron a los muertos que estaban en ellos; y fueron juzgados, cada uno según sus obras.

14 Y la Muerte y el Hades fueron arrojados al lago de fuego. Esta es la muerte segunda: el lago de fuego.

15 Y el que no se encontraba inscrito en el libro de la vida fue arrojado al lago de fuego.

11 La sexta visión comienza con la fórmula familiar: **Y vi** (*kai eidon*). La historia ha terminado; el momento de perdición ha acabado; y ahora la visión del apóstol se llena con **un gran trono blanco, y aquel que se sentó en él**. Por lo general, en Apocalipsis se da a entender que el que está sentado en el trono en el cielo es el Padre (4:2-3; 5:1, 7); pero en este caso el apóstol Juan puede tener en mente al Hijo, ya que está sentado en un trono **blanco,** y se le ha visto anteriormente sentado en una nube blanca (14:14) y en un caballo blanco (6:2; 19:11). El Señor Jesucristo es el gran «pastor y guardián» (1Pe. 2:25); Farrer señala que «la idea de un 'trono blanco' puede haber sido familiar a los oyentes del apóstol Juan como el carácter distintivo de la silla del obispo local en la iglesia. La práctica de extender una cubierta blanca sobre él era ciertamente temprana; si tan temprana como la fecha del apóstol Juan, no podemos probarlo».[47]

El profesor Berkhof resume la evidencia del Nuevo Testamento respecto al juez en el último día: «Naturalmente, el juicio final, como todas las *operaciones ad extra* de Dios, es una obra del Dios trino, pero la Escritura lo atribuye particularmente a Cristo. Cristo en su capacidad mediadora será el juez futuro, Mt. 25:31-32; Jn. 5:27; Hch. 10:42; 17:31; Fil. 2:10; 2Tim. 4:1. Pasajes como Mt. 28:18; Jn. 5:27; Fil. 2:9-10 hacen abundantemente evidente que el honor de juzgar a los vivos y a los muertos le fue conferido a Cristo como mediador en recompensa por su obra expiatoria y como parte de su exaltación. Esto puede ser considerado como uno de los mayores honores de su realeza. También en su calidad de juez, Cristo salva a su pueblo hasta el extremo: completa su redención, lo justifica públicamente y elimina las últimas consecuencias del pecado».[48]

Con esto concuerdan los grandes credos ecuménicos:

---

[47] Farrer, p. 208.
[48] L. Berkhof, *Systematic Theology* (Grand Rapids: William B. Eerdmans Publishing co., 1939, 1941), pp. 731s.

El Credo de los apóstoles:
> [Jesucristo] subió a los cielos,
> Y está sentado a la derecha de Dios Padre, Todopoderoso;
> Desde allí vendrá a juzgar a vivos y a muertos.

El Credo Niceno:
> Subió al cielo,
> y está sentado a la derecha del Padre;
> y de nuevo vendrá con gloria
> para juzgar a vivos y a muertos;
> y su reino no tendrá fin.

El Te Deum Laudamus:
> Tú te sientas a la derecha de Dios en la gloria del Padre.
> Creemos que un día has de venir como juez.
> Te rogamos, pues, que vengas en ayuda de tus siervos,
> a quienes redimiste con tu preciosa sangre.
> Haz en la gloria eterna nos asociemos a tus santos
> Salva a tu pueblo, Señor,
>   y bendice tu heredad.
> Sé su pastor y ensálzalo eternamente.

El Credo de Atanasio:
> El ascendió al cielo y está sentado a la diestra del Padre.
> El vendrá de nuevo a juzgar a los vivos y a los muertos.
> En su venida, toda la gente se levantará corporalmente para dar cuentas de sus obras.
> Los que han hecho el bien, entrarán a la vida eterna, los que han hecho el mal, entrarán al fuego eterno.
> Esta es la fe universal.
> Uno no puede ser salvo sin creer en esto con firmeza y fidelidad.

He enfatizado este punto porque se ha hecho popular en algunos círculos aparentemente ortodoxos adoptar una forma herética de «preterismo» que niega cualquier futura resurrección corporal o Juicio, afirmando que todo esto se cumple en la resurrección de Cristo, la regeneración de la Iglesia, la llegada del Nuevo Pacto y la destrucción de Jerusalén en el año 70 d.C.[49] Independientemente de lo que pueda decirse de quienes sostienen tales

---

[49] La figura más influyente de este movimiento es Max R. King, ministro de la Iglesia de Cristo y autor de *The Spirit of Prophecy* (Warren, OH: Max R. King, 1971), una obra tan perspicaz como frustrante. La hermenéutica de King se ve obstaculizada por presupuestos neoplatónicos (Dios no se molestaría en resucitar un cuerpo físico porque sólo le interesan las cosas «espirituales», es decir, incorpóreas) y por un enfoque «codificado» del simbolismo bíblico. Jim McGuiggan y Max R. King, *The McGuiggan-King Debate* (Warren, OH: Parkman Road Church of Christ, n.d.). Véase también las visions similares expuestas por J. Stuart Russell, *The Parousia: A Study of the New Testament Doctrine of Our Lord's Second Coming* (Grand Rapids: Baker Book House, [1887] 1983).

nociones, está claro que no están en conformidad con ninguna forma reconocible de cristianismo ortodoxo. La Iglesia una, santa, católica y apostólica siempre y en todas partes ha insistido en la doctrina del juicio final al final de los tiempos. Su inclusión en todas las definiciones históricas de la Fe es un testimonio universal de su importancia como artículo de creencia.

El apóstol Juan aumenta nuestro sentimiento de asombro ante la terrible majestad del Juez: **De cuyo rostro huyeron la tierra y el cielo, y no se halló lugar para ellos**. La alusión es al Salmo 114, que nos muestra que es a la luz del juicio final que podemos ver el significado de sus precursores en juicios históricos preliminares:

> Cuando Israel salió de Egipto,
> la casa de Jacob de entre un pueblo de lengua extraña,
> Judá vino a ser su santuario,
> Israel, su dominio.
> Lo miró el mar, y huyó;
> el Jordán se volvió atrás.
> Los montes saltaron como carneros,
> y los collados como corderitos.
> ¿Qué te pasa, oh mar, que huyes,
> y a ti, Jordán, que te vuelves atrás,
> a vosotros, montes, que saltáis como carneros,
> y a vosotros, collados, que saltáis como corderitos?
> Tiembla, oh tierra, ante la presencia del Señor,
> ante la presencia del Dios de Jacob,
> que convirtió la roca en estanque de agua,
> y en fuente de aguas el pedernal.
> (Sal. 114)

En verdad, en verdad os digo: el que oye mi palabra y cree al que me envió, tiene vida eterna y no viene a condenación, sino que ha pasado de muerte a vida. (Jn. 5:24).

12 Aunque todavía estamos en la sexta visión, el versículo 12 contiene el séptimo *kai eidon*, **Y vi, lo** que permite que la séptima visión comience con el octavo kai eidon (véase 21:1). Debemos recordar que el apóstol Juan no está escribiendo sobre el juicio general de todos los hombres, sino sobre el destino de los malvados, llamados aquí **los muertos** (cf. v. 5). Hengstenberg comenta: «Los *muertos* solo pueden ser los impíos muertos. Debe parecer singular que aquí se hable todavía de los muertos, aunque debieron ser resucitados antes de que pudieran presentarse ante el trono. Si solo se refiere a los muertos impíos, entonces no hay nada extraño en el asunto. Pues *su* vida después de la resurrección no es más que una vida en apariencia, como lo era también antes en el Hades».[50]

El apóstol Juan nos dice que vio a hombres de toda clase y condición, **tanto grandes como pequeños, de pie ante el trono. Y se abrieron libros; y se abrió otro libro, que es el libro de la vida**, la lista de miembros del pacto, en el que están inscritos los nombres de los elegidos (3:5; 13:8; 17:8). La función del libro de la vida en este contexto es simplemente revelar que los nombres de «los muertos» no aparecen en él.

Y los muertos fueron juzgados por las cosas que estaban escritas en los libros, según sus obras. Esto puede parecer extraño a los oídos evangélicos modernos; no estamos acostumbrados a leer tales afirmaciones en las Escrituras, aunque en realidad existen en abundancia (cf. Sal. 62:12; Prov. 24:12, Mt. 16:27; Jn. 5:28-29; Rom. 2:6-13; 14:12; 1Co. 3:13; 2Co. 5:10; Ef. 6:8; Col. 3:25; Ap. 2:23; 22:12). El punto del texto no es, por supuesto, la «salvación por obras». El punto es, en cambio, la *condenación por las obras*.

Es cierto que no somos salvos por las obras (Ef. 2:8-9), pero también es cierto que no somos salvos *sin* las obras (Ef. 2:10; Fil. 2:12-13). El cristiano es «justificado solo por la fe»— pero la fe justificadora genuina nunca está sola, como declara la *Confesión de Fe de Westminster*: «La fe, recibiendo y descansando así en Cristo y en su justicia, es el único instrumento de justificación; sin embargo, no está sola en la persona justificada, sino que va siempre acompañada de todas las demás gracias salvíficas, y no es una fe muerta, sino que obra por el amor» (xi.2). En una línea similar, John Murray escribió: «Solo la fe justifica, pero una persona justificada solo por la fe sería una monstruosidad que nunca existe en el reino de la gracia. La fe obra por el amor (cf. Gál. 5:6). Y la fe sin obras está muerta (cf. Stg. 2:17-20). Es la fe viva la que justifica y la fe viva une a Cristo tanto en la virtud de su muerte como en el poder de su resurrección».[51]

13 Para este juicio **el mar entregó los muertos que había en él**— los que perecieron en los juicios del Diluvio y el Mar Rojo simbolizando a todos los malvados, ahogados en los «torrentes de Belial» (Sal. 18:4); **y la Muerte y el Hades**, las «lazos del Seol» (Sal. 18:5) entregaron **los muertos que había en ellos**, vaciando Dios repentinamente «todos los supuestos lugares donde podían hallarse los muertos».[52] **Y fueron juzgados, cada uno según sus obras**: De nuevo el apóstol Juan subraya que las acciones de los hombres serán juzgadas en el último día.

14-15 El apóstol Pablo proclamó que cuando Cristo regrese al final de su reino mediador, «el último enemigo que será abolido es la muerte» (1Cor. 15:26). Así, el apóstol Juan vio a **la Muerte y al Hades**, que fueron emparejados en 1:18 y 6:8, **arrojados al lago de fuego**. Como dice Terry, «todo el cuadro del juicio y la perdición está envuelto en simbolismo

---

[50] E. W. Hengstenberg, *The Revelation of St. John*, 2 vols. (Cherry Hill, NJ: Mack Publishing Co., n.d.), vol. 2, p. 310.

[51] John Murray, *Redemption: Accomplished and Applied* (Grand Rapids: William B. Eerdmans Publishing Co., 1955), p. 161.

[52] Milton Terry, *Biblical Apocalyptics*, p. 457.

místico, y la única revelación cierta es el derrocamiento final en la ruina sin remedio de todos los que viven y mueren como súbditos del pecado y la muerte».[53] Además, como observa Morris, «la Muerte y el Hades son en última instancia tan impotentes como las otras fuerzas del mal. Finalmente, no hay más poder que el de Dios. Todo lo demás es completamente impotente».[54]

Esta es la muerte segunda, el lago de fuego. Y si alguno no se halló inscrito en el libro de la vida, fue lanzado al lago de fuego. Los universalistas han tratado durante siglos de eludir el hecho evidente de que las Escrituras cierran de golpe la tapa del horno sobre aquellos que son finalmente impenitentes, cuyos nombres no están inscritos (desde la fundación del mundo, 13:8; 17:8) en el libro de la vida del Cordero. Usando una metáfora similar a la del apóstol Juan, Jesús dijo: «Si alguno no permanece en mí, es echado fuera como un sarmiento y se seca; y los recogen, los echan al fuego y se queman». (Jn. 15:6). «El resto de los muertos» nunca vivirá, porque no hay vida fuera de Jesucristo.

---

[53] Terry, *Biblical Apocalyptics*, p. 458.
[54] Leon Morris, *The Revelation of St. John* (Grand Rapids: William B. Eerdmans Publishing Co., 1969), pp. 241s.

21

LA NUEVA JERUSALÉN

La Biblia es un libro de relatos, con una historia que contar. Esa historia, la de Jesucristo y su salvación del mundo, se presenta una y otra vez a lo largo de la Biblia, con innumerables variaciones sobre el mismo tema básico. Un aspecto importante de esa historia es la de Dios como rey guerrero, que levanta a su pueblo de la muerte, derrota a sus enemigos, toma para sí el botín de guerra y construye su casa. Por ejemplo, la historia del Éxodo: «Pero Moisés dijo al pueblo: No temáis; estad firmes y ved la salvación que el SEÑOR hará hoy por vosotros; porque los egipcios a quienes habéis visto hoy, no los volveréis a ver jamás. El SEÑOR peleará por vosotros mientras vosotros os quedáis callados» (Éx. 14:13-14). En consecuencia, tras el éxito de la travesía del Mar Rojo (la resurrección bautismal de Israel y la destrucción bautismal de Egipto), Moisés exultó: «¡El SEÑOR es fuerte guerrero!». (Éx. 15:3). Egipto y toda su riqueza y gloria fueron completamente aniquilados; todo lo que quedó fue lo que los israelitas habían «saqueado», de plata y oro, y prendas de vestir (Éx. 3:21-22; 11:1-2; 12:35-36). Más tarde, gran parte de todo esto fue entregado al Señor para la construcción del tabernáculo, la casa de Dios (Éx. 35:21-29; 36:3-8), en la que Él entró con una gloria resplandeciente (Éx. 40:34).

El patrón se repite muchas veces; otro ejemplo muy conocido es la historia de David y Salomón: David actúa como guerrero de Dios, librando con Él las batallas del Señor (cf. 2Sam. 5:22-25), y su hijo Salomón construye la casa del Señor (2Sam. 7:12-13); y de nuevo, la señal de que Dios ha entrado es el descenso del fuego (2Cró. 7:1-3). Todas estas fueron victorias provisionales y construcciones de la casa, anticipaciones de la victoria definitiva en la obra de Jesucristo.

Uno de los anuncios más sorprendentes de la llegada del rey guerrero aparece en la profecía de Ezequiel. Como hemos visto, Apocalipsis está conscientemente ligado a Ezequiel en muchos puntos; y los últimos doce capítulos de Ezequiel están especialmente en el trasfondo de los capítulos finales del apóstol Juan. En Ezequiel 37, el profeta tiene una visión de Israel en el exilio, representado como un valle lleno de huesos secos; humanamente hablando, toda esperanza ha desaparecido. Pero mientras Ezequiel predica a los huesos e intercede por el pueblo con el Espíritu de Dios, el Señor realiza el milagro de la recreación, resucitando al pueblo de Israel, sacándolo de sus tumbas y convirtiéndolo en «un ejército sumamente numeroso». Un Israel unido es restaurado en su reino, con David reinando de nuevo como rey, para siempre.

Después de esta resurrección, sin embargo, viene la guerra: «Gog de la tierra de Magog» viene con los ejércitos de las naciones paganas a hacer la guerra contra el Israel restaurado (Ez. 38). Es destruido por el fuego y el azufre del cielo, sus despojos son tomados por los israelitas victoriosos, y sus ejércitos son devorados por las aves del cielo y las bestias del campo (Ez. 39). Tras esta escena, Ezequiel escribe algunos de los capítulos más detallados de la Biblia (Ez. 40-48), en los que describe una ciudad-templo ideal, una nueva Jerusalén en la que Dios mismo habita entre su pueblo y envía bendiciones desde su trono hasta los confines de la tierra.

El apóstol Juan ya ha utilizado el tema resurrección-batalla-templo varias veces en Apocalipsis (uno de los ejemplos más notables es el capítulo 11, en el que los dos testigos son resucitados, llega el reino, la ira de Dios cae sobre las naciones, los destructores son destruidos y se abre el templo). Pero el esquema específico de Ezequiel está claramente en mente en Apocalipsis 20: Los santos comparten la primera resurrección y reinan en el reino con su más grande «David»; entonces son atacados por Gog y Magog. El enemigo es destruido por fuego del cielo, señal de que Dios está entrando en su templo sagrado. Todo esto nos lleva al 21-22, la visión del apóstol Juan del templo final, el paraíso consumado que se ha convertido en la ciudad de Dios, donde Dios mora con su pueblo en perfecta comunión. La tarea original de Adán se ha cumplido, y sus implicaciones culturales se realizan plenamente cuando las naciones traen voluntariamente sus tesoros a la casa de Dios y el río de la vida fluye para sanar el mundo.

Todo es nuevo (21:1-8)

1 Y vi un cielo nuevo y una tierra nueva, porque el primer cielo y la primera tierra pasaron, y el mar ya no existe.

2 Y vi la ciudad santa, la nueva Jerusalén, que descendía del cielo, de Dios, preparada como una novia ataviada para su esposo.

3 Entonces oí una gran voz que decía desde el trono: He aquí, el tabernáculo de Dios está entre los hombres, y Él habitará entre ellos y ellos serán su pueblo, y Dios mismo estará entre ellos.

4 Él enjugará toda lágrima de sus ojos, y ya no habrá muerte, ni habrá más duelo, ni clamor, ni dolor, porque las primeras cosas han pasado.

5 Y el que está sentado en el trono dijo: He aquí, yo hago nuevas todas las cosas. Y añadió: Escribe, porque estas palabras son fieles y verdaderas.

6 También me dijo: Hecho está. Yo soy el Alfa y la Omega, el principio y el fin. Al que tiene sed, yo le daré gratuitamente de la fuente del agua de la vida.

7 El vencedor heredará estas cosas, y yo seré su Dios y él será mi hijo.

8 Pero los cobardes, incrédulos, abominables, asesinos, inmorales, hechiceros, idólatras y todos los mentirosos tendrán su herencia en el lago que arde con fuego y azufre, que es la muerte segunda.

1 El apóstol Juan comienza esta, la última y más larga de la serie final de visiones, con las palabras **Y vi**. Aunque se trata de la séptima visión de la serie, es la octava vez que aparece la frase *kai eidon* — el número 8, como ya hemos señalado, está asociado a la resurrección y la regeneración (por ejemplo, los varones hebreos eran circuncidados al octavo día; Jesús [888], fue resucitado al octavo día, etc.). El apóstol Juan lo utiliza aquí para subrayar la imagen de la resurrección y regeneración cósmicas: Ve **un cielo nuevo y una tierra nueva, porque el primer cielo y la primera tierra pasaron**, habiendo huido de la faz del juez (20:11). El mundo antiguo es sustituido completamente por el nuevo; la palabra utilizada no es *neos* (novedad cronológica), sino *kainos* (novedad en especie, de calidad superior). La tarea de Adán de celestializar la tierra ha sido completada, establecida sobre una base totalmente nueva en la obra de Cristo. La condición inhabitable original de la tierra, de profundidad y oscuridad, ha sido completamente eliminada: **Ya no hay mar** ni abismo. Hay cielo y tierra, pero no «bajo la tierra», la morada del Leviatán. Lo que el apóstol Juan nos revela es el resultado escatológico de la reconciliación global y cósmica celebrada por el apóstol Pablo: «Porque agradó al Padre que en Él habitara toda la plenitud, y por medio de Él reconciliar todas las cosas consigo, habiendo hecho la paz por medio de la sangre de su cruz, por medio de Él, repito, ya sean las que están en la tierra o las que están en los cielos» (Col. 1:19-20).[697]

Sin embargo, esta visión del nuevo cielo y de la nueva tierra no debe interpretarse como totalmente futura. Como veremos repetidamente a lo largo de nuestro estudio de este capítulo, lo que ha de ser absoluta y completamente cierto en la eternidad es definitiva y progresivamente cierto ahora. El disfrute de nuestra herencia eterna será una continuación y perfección de lo que es verdad para la Iglesia en esta vida. No debemos simplemente esperar las bendiciones de Apocalipsis 21 en una eternidad venidera, sino disfrutarlas, regocijarnos en ellas y extenderlas aquí y ahora. El apóstol Juan hablaba a la Iglesia primitiva de realidades presentes, de bendiciones que ya existían y que irían en aumento a medida que el Evangelio se extendiera y renovara la tierra.

La salvación se presenta sistemáticamente en la Biblia como *recreación*.[698] Por eso en las Escrituras se utilizan el lenguaje y el simbolismo de la creación siempre que Dios habla de salvar a su pueblo. Hemos visto cómo las liberaciones de Dios de su pueblo en el Diluvio y el Éxodo son consideradas por los escritores bíblicos como nuevas creaciones

---

[697] Véase John Murray, «The Reconciliation», *The Westminster Theological Journal*, XXIX (1966) 1, pp. 1-23; Collected Writings, 4 vols. (Edimburgo: The Banner of Truth Trust, 1976-82), vol. 4, pp. 92-112.

[698] Véase David Chilton, *Biblical Theology of Dominion* (Ft. Worth, TX: Dominion Press, 1985), pp. 23-26.

provisionales, que apuntan a la nueva creación definitiva en la primera venida de Cristo. Así, Dios habló por medio de Isaías de las bendiciones del reino venidero de Cristo:

> Pues he aquí, yo creo *cielos nuevos y una tierra nueva*,
> y no serán recordadas las cosas primeras ni vendrán a la memoria.
> Pero gozaos y regocijaos para siempre en lo que yo voy a crear;
> porque he aquí, voy a crear a Jerusalén para regocijo,
> y a su pueblo para júbilo.
> Me regocijaré por Jerusalén y me gozaré por mi pueblo;
> no se oirá más en ella
> voz de lloro ni voz de clamor.
> No habrá más allí niño que viva pocos días,
> ni anciano que no complete sus días;
> porque el joven morirá a los cien años,
> y el que no alcance los cien años
> será considerado maldito.
> Construirán casas y las habitarán,
> plantarán también viñas y comerán su fruto.
> No edificarán para que otro habite,
> ni plantarán para que otro coma;
> porque como los días de un árbol, así serán los días de mi pueblo,
> y mis escogidos disfrutarán de la obra de sus manos.
> No trabajarán en vano,
> ni darán a luz para desgracia,
> porque son la simiente de los benditos del SEÑOR,
> ellos, y sus vástagos con ellos.
> Y sucederá que antes que ellos clamen, yo responderé;
> aún estarán hablando, y yo habré oído.
> El lobo y el cordero pacerán juntos,
> y el león, como el buey, comerá paja,
> y para la serpiente el polvo será su alimento.
> No harán mal ni dañarán en todo mi santo monte —dice el SEÑOR.
> (Is. 65:17-25)

Esto no puede referirse al cielo o a una época posterior al fin del mundo, pues en este «cielo y tierra nuevos» sigue habiendo muerte (aunque a una edad muy avanzada: «la vida de un árbol»); la gente construye, planta, trabaja y tiene hijos. Isaías está haciendo una clara declaración sobre *esta* época, *antes* del fin del mundo, mostrando lo que pueden esperar las generaciones futuras a medida que el Evangelio impregne el mundo, restaure la tierra al paraíso y haga realidad los objetivos del reino. Isaías está describiendo las bendiciones de Deuteronomio 28 en su mayor cumplimiento terrenal. Por eso, cuando el apóstol Juan nos dice que vio «un cielo y una tierra nuevos», debemos reconocer que el significado *primordial* de esa frase es simbólico y tiene que ver con las bendiciones de la salvación.

Tal vez el texto definitivo del Nuevo Testamento sobre el «cielo nuevo y la tierra nueva» sea 2Pe. 3:1-14. En él, El apóstol Pedro recuerda a sus lectores que Cristo y todos los apóstoles habían advertido de la aceleración de la apostasía hacia el final de los «últimos días» (2Pe. 3:24; cf. Jud. 17-19), que, como hemos visto, era el período transitorio de cuarenta años (cf. Heb. 8:13) entre la ascensión de Cristo y la destrucción del templo del Antiguo Pacto, cuando las naciones se encontraban en un punto de inflexión entre la ascensión de Cristo y la destrucción del templo del Antiguo Pacto, cuando las naciones comenzaban a fluir hacia el Monte del SEÑOR (Is. 2:24; Hch. 2:16-17; Heb. 1:2; Stg. 5:3; 1Pe. 1:20; 1Jn. 2:18). Como el apóstol Pedro dejó claro, estos «burladores» de los últimos días serían *apóstatas del pacto*: Judíos familiarizados con la historia y las profecías del Antiguo Testamento, pero que habían abandonado el pacto al rechazar a Cristo. Sobre esta generación malvada y perversa vendría el gran «día del juicio» predicho en los profetas, una «destrucción de los impíos» como la que sufrieron los malvados de la época de Noé (2Pe. 3:5-7; cf. la misma analogía trazada en Mt. 24:37-39; Lc. 17:26-27). Así como Dios había destruido el «mundo» de aquel tiempo por el Diluvio, así destruiría el «mundo» del Israel del siglo I por el fuego en la caída de Jerusalén.

El apóstol Pedro lo describe como la destrucción de «los cielos y la tierra actuales» (2Pe. 3:7), para dar paso a «unos cielos nuevos y una tierra nueva» (v. 13). Debido a la terminología de «colapso del universo» utilizada en este pasaje, muchos han asumido erróneamente que el apóstol Pedro está hablando del fin final del cielo y la tierra físicos, en lugar de la disolución del orden mundial del Antiguo Pacto. El gran teólogo puritano del siglo XVII John Owen respondió a esta opinión refiriéndose al uso metafórico que hace la Biblia de los cielos *y la tierra*, como en la descripción que hace Isaías del pacto de Moisés:

> Porque yo soy el SEÑOR tu Dios, que agito el mar y hago bramar sus olas (el SEÑOR de los ejércitos es su nombre),
> y he puesto mis palabras en tu boca, y con la sombra de mi mano te he cubierto al establecer los *cielos*, poner los cimientos de la *tierra* y decir a Sion: «Tú eres mi pueblo».
> (Is. 51:15-16)

Owen escribe: «El tiempo en que la obra aquí mencionada, de plantar los cielos y poner los cimientos de la tierra, fue realizada por Dios, fue cuando 'dividió el mar' (v. 15), y dio la ley (v. 16), y dijo a Sion: 'Tú eres mi pueblo'— es decir, cuando sacó a los hijos de Israel de Egipto, y los formó en el desierto en una iglesia y un estado. Entonces plantó los cielos y echó los cimientos de la tierra: hizo el mundo nuevo, es decir, sacó orden, gobierno y belleza de la confusión en que estaban antes. Esto es plantar los cielos y poner los cimientos de la tierra en el mundo».[699]

---

[699] John Owen, *Works*, 16 vols. (Londres: The Banner of Truth Trust, 1965-68), vol. 9, p. 134.

Otro texto de este tipo, entre los muchos que podrían mencionarse, es Jeremías 4:23-31, que habla de la inminente caída de Jerusalén (587 a.C.) en un lenguaje similar de *decreación*: «Miré a la tierra, y he aquí que estaba sin orden y vacía; y a los cielos, y no tenían luz... Porque así dice el Señor: Una desolación será toda la tierra [cf. Mt. 24, 15], pero causaré una destrucción total. Por eso se enlutará la tierra, y se oscurecerán los cielos arriba...» El pacto de Dios con Israel se había expresado desde el principio en términos de una *nueva creación*; así, el orden del Antiguo Pacto, en el que el mundo entero se organizaba en torno al santuario central del templo de Jerusalén, podía describirse con bastante propiedad, antes de su disolución final, como 'los cielos y la tierra actuales'».

Owen continúa: «Y de ahí que cuando se hace mención de la destrucción de un estado y gobierno, es en ese lenguaje que parece establecer el fin del mundo. Así Isaías 34:4; que no es sino la destrucción del estado de Edom. Lo mismo se afirma también del Imperio romano, Apocalipsis 6:14; que los judíos afirman constantemente que se refiere a Edom en los profetas. Y en la predicción de nuestro Salvador Cristo de la destrucción de Jerusalén, Mateo 24, lo establece con expresiones de la misma importancia. Es evidente entonces que, en el lenguaje profético y en la manera de hablar, por 'cielos' y 'tierra' se entiende a menudo el estado civil y religioso y la combinación de los hombres en el mundo, y los hombres de ellos. Así eran los cielos y la tierra aquel mundo que entonces fue destruido por el Diluvio.

Sobre esta base afirmo que los cielos y la tierra a los que aquí se alude en esta profecía de Pedro, la venida del Señor, el día del juicio y la perdición de los hombres impíos, mencionados en la destrucción de ese cielo y esa tierra, se refieren todos ellos, no al juicio final y último del mundo, sino a esa desolación y destrucción totales que se iban a hacer de la iglesia y el estado judaicos».[700]

Esta interpretación queda confirmada por la información adicional del apóstol Pedro: En este inminente «día del Señor» que está a punto de llegar al mundo del siglo I «como un ladrón» (cf. Mt. 24:42-43; 1Ts. 5:2; Ap. 3:3), «los elementos serán destruidos con fuego» (v. 10; cf. v. 12). ¿Cuáles son estos *elementos*? Los llamados «literalistas» dirán que el apóstol está hablando de física, refiriéndose a los átomos (o quizás a las partículas subatómicas), los componentes físicos reales del universo. Lo que estos «literalistas» no reconocen es que, aunque la palabra *elementos* se utiliza varias veces en el Nuevo Testamento, ¡*nunca se* usa en relación con el universo físico! El término siempre se usa en conexión con el orden del Antiguo Pacto (ver Gál. 4:3, 9; Col. 2:8, 20). El escritor a los Hebreos los reprendió: «Pues aunque ya debierais ser maestros, otra vez tenéis necesidad de que alguien os enseñe los principios elementales de los oráculos de Dios, y habéis llegado a tener necesidad de leche y no de alimento sólido» (Heb. 5:12). En el contexto, el autor se refiere claramente a las verdades del Antiguo Pacto, sobre todo porque lo relaciona con el término «oráculos de Dios», una expresión utilizada generalmente para referirse a la revelación provisional del Antiguo Pacto (véase Hch. 7:38; Rom. 3:2). El mensaje del apóstol Pedro, argumenta Owen, es que «los cielos y la tierra que Dios mismo plantó— el sol, la luna y las estrellas de la política y la iglesia judaicas— todo el viejo mundo de culto y adoradores, que se destacan

---

[700] Ibid.

en su obstinación contra el Señor Cristo—serán sensiblemente disueltos y destruidos».[701] Así, «la tierra y sus obras serán quemadas» (v. 10).

Owen ofrece dos razones más («de las muchas en las que se podría insistir a partir del texto») para adoptar la interpretación de 2Pedro 3 del año 70 d.C. En primer lugar, observa, «todo lo que aquí se menciona debía tener su influencia particular en los hombres de aquella generación». El apóstol Pedro se preocupa especialmente de que los creyentes del primer siglo recuerden las advertencias apostólicas sobre «los últimos días» (v. 2-3); los judíos burlones, claramente familiarizados con las profecías bíblicas del juicio, se niegan a prestar atención a las advertencias (v, 3-5); se exhorta a los lectores del apóstol Pedro a vivir santamente a la luz de este juicio inminente (v. 11, 14); y son estos primeros cristianos los que se mencionan repetidamente como activos «esperando y apresurando» el juicio (v. 12, 13, 14). Es precisamente la proximidad de la conflagración lo que el apóstol Pedro cita como motivo de diligencia en la vida piadosa.

En segundo lugar, Owen cita 2Pedro 3:13: «Pero *según su promesa*, esperamos cielos nuevos y tierra nueva, en los que mora la justicia». Owen pregunta: «¿Cuál es esa promesa? ¿Dónde podemos encontrarla? Pues, la tenemos en las mismas palabras y letra, Isaías 65:17. Ahora bien, ¿cuándo será que Dios creará estos 'cielos nuevos y tierra nueva, en los cuales mora la justicia'? Dice Pedro: 'Será después de la venida del Señor, después de aquel juicio y destrucción de los hombres impíos que no obedecen al Evangelio, que yo predigo'. Pero ahora es evidente, a partir de este lugar de Isaías, con el capítulo 66:21-22, que esta es una profecía de los tiempos del Evangelio solamente; y que la plantación de estos nuevos cielos no es más que la creación de ordenanzas del Evangelio, para durar para siempre. Lo mismo se expresa en Hebreos 12:26-28».[702]

Owen da en el clavo, planteando la pregunta que tantos expositores omiten: *¿Dónde* había prometido Dios traer «cielos nuevos y tierra nueva»? La respuesta, como Owen afirma correctamente, está en Isaías 65 y 66, pasajes que profetizan claramente el período del Evangelio, traído por la obra de Cristo. Según Isaías, esta nueva creación no puede ser el estado eterno, ya que contiene nacimiento y muerte, construcción y plantación (65:20-23). Los «cielos nuevos y la tierra nueva» prometidos a la Iglesia comprenden la era del triunfo del Evangelio, cuando toda la humanidad vendrá a postrarse ante el Señor (66:22-23). El apóstol Pedro animó a la Iglesia de su tiempo a ser paciente, a esperar el juicio de Dios para destruir a los que persiguen la fe e impiden su progreso. Una vez que el Señor venga a destruir el andamiaje de la estructura del Antiguo Pacto, el templo del Nuevo Pacto quedará en su lugar, y la marcha victoriosa de la Iglesia será imparable. El mundo se convertirá; los tesoros de la tierra serán llevados a la ciudad de Dios, al consumarse (Ap. 21:24-27) el mandato del paraíso (Gén. 1:27-28; Mt. 28:18-20).

Por eso los apóstoles afirmaron constantemente que la era de la consumación ya se había implantado con la resurrección y ascensión de Cristo, que derramó el Espíritu Santo. Una vez barrido el viejo orden, declaraba el apóstol Pedro, se establecería plenamente la era de

---

[701] Ibid., p. 135.
[702] Ibid., pp. 134s.

Cristo, una era «en que mora la justicia» (2Pe. 3:13). La característica distintiva de la nueva era, en marcado contraste con lo que la precedió, sería la justicia, el *aumento* de la justicia, ya que el Evangelio sería liberado en su misión a las naciones. Norman Shepherd muestra cómo esto se prefigura en la nueva creación provisional tras el Diluvio: «Del mismo modo que Noé, tras el bautismo de su familia (1Pe. 3:20ss.), entra en una tierra nueva en la que vuelve a habitar la justicia, Cristo, mediante su bautismo— su muerte y resurrección— introduce a sus hijos, por su bautismo en él, en una nueva existencia en la que pueden empezar a ver y participar en una tierra nueva caracterizada por la justicia y la santidad. Con el poder del Espíritu cultivan la tierra para gloria de Dios».[703]

Es ciertamente verdad que la justicia no habita en la tierra en un sentido absoluto; ni este mundo será nunca absolutamente justo, hasta que el enemigo final sea derrotado en la segunda venida de Cristo. La guerra entre Cristo y Satanás por el dominio de la tierra aún no ha terminado. Ha habido muchas batallas a lo largo de la historia de la Iglesia, y muchas batallas están por venir. Pero estas no deben impedirnos ver los progresos reales que el Evangelio ha realizado y sigue realizando en el mundo. La guerra ha sido ganada definitivamente; el nuevo orden mundial del Señor Jesucristo ha llegado; y, según la promesa de Dios, el conocimiento salvador de Él llenará aún la tierra, como las aguas cubren el mar.

Además, la frase *cielo y tierra* en estos contextos no se refiere, como señaló Owen, al cielo físico y al mundo físico, sino al *orden mundial*, la organización religiosa del mundo, la «casa» o templo que Dios construye en el que se le rinde culto. El mensaje coherente del Nuevo Testamento es que la casa del Nuevo Pacto, que preside Jesús como Apóstol y Sumo Sacerdote, es infinitamente superior a la casa del Antiguo Pacto, presidida por Moisés (cf. 1Co. 3:16; Ef. 2:11-22; 1Tim. 3:15; Heb. 3:1-6). De hecho, como insiste el escritor a los Hebreos, «el mundo venidero» *ha llegado*; es la salvación presente, traída por el Hijo de Dios en los últimos días (Heb. 1:1-2:5). En este sentido específico, la justicia sí habita «en el cielo y en la tierra».

2 El apóstol Juan ve a continuación, como aspecto central de esta nueva creación, la **ciudad santa, la nueva Jerusalén**. Una vez más debemos recordar que Jesucristo ha realizado una salvación, una nueva creación, con aspectos definitivos, progresivos y consumativos. La realidad definitiva de la nueva creación escatológica es también la realidad presente de la nueva creación definitiva-progresiva. Ningún aspecto de esta salvación debe ser enfatizado con exclusión o minimización indebida de los otros. El Nuevo Testamento enseña que, con la antigua Jerusalén a punto de ser excomulgada y ejecutada por su violación del pacto, los cristianos se han convertido en ciudadanos y herederos de la nueva Jerusalén, la ciudad cuyo origen está en el cielo, que desciende **del cielo desde** Dios (3:12; cf. Gál. 4:22-31; Ef. 2:19; Fil. 3:20; Heb. 11:10, 16; 12:22-23). El Nuevo Testamento continúa diciendo: Todo esto, ¡y también el cielo! (cf. Fil. 3:21); la nueva creación no es solo un estado establecido

---

[703] Norman Shepherd, «The Resurrections of Revelation 20», *The Westminster Theological Journal*, XXXVII (Otoño 1974) 1, p. 40.

definitivamente por Cristo, y que se desarrolla progresivamente ahora; ¡algún día se establecerá finalmente, en perfección consumada y absoluta![704]

La ciudad se **prepara como una novia ataviada para su esposo**. La esposa no solo está *en* la ciudad; la esposa *es* la ciudad (v. 9-10). La clara identificación de la ciudad como la esposa de Cristo por parte del apóstol Juan es otra demostración de que la ciudad de Dios es una realidad presente y futura. La «esposa» de las bodas eucarísticas semanales (19,7-9) es la «ciudad amada» del reino de Cristo (20:9). *Ahora estamos* en la nueva Jerusalén, como nos dice categóricamente la Biblia: «*...os habéis acercado* al Monte Sion y a la ciudad del Dios vivo, la Jerusalén celestial, y a miríadas de ángeles, a la asamblea general e iglesia de los primogénitos que están inscritos en los cielos» (Heb. 12:22-23).

3 Si somos ciudadanos del cielo, como declaró el apóstol Pablo (Ef. 2:19), también es cierto que el cielo habita en nosotros (Ef. 2:20-22). En efecto, el Verbo mismo ha habitado entre nosotros (Jn 1:14); Él y su Padre han hecho su morada con nosotros (Jn. 14:23); y así somos el templo del Dios vivo (2Co. 6:16). En consecuencia, la visión del apóstol Juan de la ciudad santa es seguida por **una fuerte voz del cielo, diciendo: He aquí que el tabernáculo de Dios está entre los hombres, y Él habitará entre ellos, y ellos serán su pueblo, y Dios mismo estará entre ellos**. De nuevo, esto es una repetición de lo que ya hemos aprendido en esta profecía (3:12; 7:15-17). En la Iglesia del Nuevo Testamento se realiza la promesa de la Ley y los profetas: «Haré mi morada[j] en medio de vosotros, y mi alma no os aborrecerá. Andaré entre vosotros y seré vuestro Dios, y vosotros seréis mi pueblo» (Lev. 26:11-12); «Y haré con ellos un pacto de paz; será un pacto eterno con ellos. Y los estableceré, los multiplicaré y pondré mi santuario en medio de ellos para siempre. Mi morada estará también junto a ellos, y yo seré su Dios y ellos serán mi pueblo. Y las naciones sabrán que yo, el SEÑOR, santifico a Israel, cuando mi santuario esté en medio de ellos para siempre» (Ez. 37:26-28).

Como el versículo 9 hace explícito, este pasaje es la conclusión de la sección de las copas de la profecía. Al principio, el apóstol Juan vio que el santuario del tabernáculo se llenaba de humo, de modo que nadie podía entrar en él (15:5-8), y luego oyó «una gran voz» que salía del santuario y ordenaba a los siete ángeles que derramaran sus copas de ira sobre la tierra (16:1). Al derramarse la séptima copa «una fuerte voz» salió de nuevo del santuario, diciendo: «¡Hecho está!»— produciendo un gran terremoto, en el que las ciudades cayeron y todas las montañas e islas «huyeron» mientras la visión se centraba en la destrucción de Babilonia, la falsa novia (16:17-21). Ahora, hacia el final de la sección de las copas, la tierra y el cielo han «huido» (20:11; 21:1), y de nuevo el apóstol Juan oye **una fuerte voz del cielo**, anunciando que el acceso al santuario ha sido facilitado al máximo, pues **el tabernáculo de Dios está entre los hombres**. Pronto, esa misma voz volverá a anunciar: «Hecho está» (v.

---

[704] Desgraciadamente, la interpretación casi exclusivamente futurista de tales pasajes en el pasado reciente— y la perspectiva neoplatónica que la acompaña, como si dijera que es inútil e incluso pecaminoso trabajar por la «celestización» de este mundo— ha hecho que un énfasis adecuado en la realidad presente del reino parezca invertir el movimiento del Nuevo Testamento. Donde la Biblia dice: «No sólo en este siglo, sino también en el venidero», nuestro afán por recuperar la perspectiva bíblica nos lleva a veces a decir: «No sólo en el siglo venidero, sino también en este». El peligro en esto, obviamente, es que puede producir desprecio por una escatología verdaderamente bíblica.

6), mientras la visión dirige nuestra atención al establecimiento de la verdadera esposa, la nueva Jerusalén.

4-5 La voz que oyó el apóstol Juan continúa: **Y enjugará toda lágrima de sus ojos; y ya no habrá muerte; ya no habrá llanto, ni clamor, ni dolor**. Podemos esperar el cumplimiento absoluto y perfecto de esta promesa en el último día, cuando el último enemigo sea destruido. Pero, en principio, ya es verdad. Jesús dijo: «Yo soy la resurrección y la vida; el que cree en mí, aunque muera, vivirá, y todo el que vive y cree en mí, no morirá jamás» (Jn. 11:25-26). Dios ha enjugado nuestras lágrimas, porque somos partícipes de su primera resurrección. Una prueba evidente de ello es la diferencia obvia entre los funerales cristianos y los paganos: Nos afligimos, pero no como los que no tienen esperanza (1Ts. 4:13). Dios ha quitado el aguijón de la muerte (1Co. 15:55-58).

Todas estas bendiciones han llegado porque **las primeras cosas han pasado. Y el que está sentado en el trono dijo: He aquí que hago nuevas todas las cosas**. He aquí otra conexión con la enseñanza del apóstol Pablo: «Por tanto, si alguno está en Cristo, ya es una *nueva criatura; las cosas viejas pasaron; he aquí son hechas nuevas*» (2Co. 5:17). Una vez más, por supuesto, nos enfrentamos con el hecho de que esto es cierto ahora, así como en el último día. La única diferencia esencial entre los temas de 2Corintios 5 y Apocalipsis 21 es que el apóstol Pablo habla *del individuo redimido*, mientras que el apóstol Juan habla de *la comunidad redimida*. Tanto el individuo como la comunidad son recreados, renovados y restaurados al paraíso en la salvación, y esta restauración cósmica ya ha comenzado. El apóstol Juan ve que lo que ha comenzado en casos aparentemente aislados (a los ojos del siglo I) es en realidad la ola del futuro. La nueva creación llenará la tierra; toda la creación será renovada. Esto es cierto definitivamente, será absolutamente cierto escatológicamente, y nos da la pauta para nuestro trabajo en el ínterin, pues también ha de realizarse progresivamente. El sacerdocio real de esta época debe mostrar la nueva creación, comprender y aplicar todas sus implicaciones.

Así lo entendió el gran historiador de la Iglesia Philip Schaff: «Al Señor y a su reino pertenece el mundo entero, con todo lo que vive y se mueve en él. *Todo es* suyo, dice el apóstol [1Co. 3:22]. La religión no es una esfera única y separada de la vida humana, sino el principio divino por el que todo el hombre ha de ser impregnado, refinado y completado. Se apodera de él en su totalidad indivisa, en el centro de su ser personal; para llevar la luz a su entendimiento, la santidad a su voluntad, y el cielo a su corazón; y derramar así la consagración sagrada del nuevo nacimiento, y la gloriosa libertad de los hijos de Dios, sobre toda su vida interior y exterior. Ninguna forma de existencia puede resistir el poder renovador del Espíritu de Dios. No hay elemento racional que no pueda ser santificado; no hay esfera de la vida natural que no pueda ser glorificada. La criatura, en el sentido más amplio de la palabra, espera fervientemente la manifestación de los hijos de Dios, y suspira por la misma liberación gloriosa. Toda la creación aspira a la redención, y Cristo es el segundo Adán, el nuevo hombre universal, no solo en sentido religioso, sino también absoluto. El punto de vista del monaquismo romano y del pietismo protestante, según el cual el cristianismo consiste en una oposición abstracta a la vida natural, o en *huir del mundo*, es totalmente contrario al espíritu y al poder del Evangelio, así como falso a su designio. El cristianismo es la redención y la renovación del *mundo*. Debe hacer nuevas *todas las cosas*».[705]

6 Y Él me dijo: Hecho está. Este es el reverso de la declaración de la destrucción de Babilonia (16:17), ambos textos sirven como ecos de su grito en la cruz: «¡Consumado es!» (Jn. 19:30). Mediante su redención, Cristo ha conseguido la derrota eterna de sus enemigos y la bendición eterna de su pueblo.

El que está sentado en el trono se llama a sí mismo (como en 1:8) **el Alfa y la Omega** (en español, «la A y la Z»), lo que significa **el principio y el fin**, la fuente, la meta y el significado de todas las cosas, el que garantiza que las promesas se cumplirán. Esto se dice aquí para confirmar lo que sigue, en la promesa de Cristo de la Eucaristía.

Anteriormente hemos señalado que el anuncio final de nuestro Señor desde la cruz del evangelio del apóstol Juan («¡Consumado es!») se repite aquí; pero hay más. En efecto, después de esta proclamación, Jesús expiró; y cuando llegaron los soldados romanos y vieron que había muerto, «pero uno de los soldados le traspasó el costado con una lanza, y al momento salió sangre y agua» (Jn. 19:34). Juan Crisóstomo comentó: «No surgieron estas fuentes sin un propósito, ni por casualidad, sino porque la Iglesia se formó a partir de ambas: Los iniciados renacen por el agua, y son alimentados por la sangre y la carne. He aquí el origen de los sacramentos; para que cuando os acerquéis a esa copa espantosa, os acerquéis como si bebierais del mismo costado».[706] Por eso dice el Señor: **Al que tenga sed del manantial del agua de la vida se lo daré gratuitamente**. «Sin costo», es decir, para nosotros; porque la fuente de la vida brota de su propia carne. Nuestra redención fue comprada, no «con cosas perecederas como oro o plata, sino con sangre preciosa, como de un Cordero sin tacha y sin mancha, la sangre de Cristo» (1Pe. 1:18-19). El agua nos alimenta gratuitamente, brotando dentro de nosotros y saliendo de nosotros para dar vida a todo el mundo (Jn. 4:14; 7:37-39).

7 El tema de las siete cartas se repite en la promesa al vencedor, el conquistador cristiano victorioso: El **que venza heredará estas cosas**. Esta profecía nunca ha perdido de vista su carácter de mensaje práctico y ético a las Iglesias (más que una mera «predicción» de acontecimientos venideros). También debemos señalar que la herencia de todas estas bendiciones es un derecho exclusivo del vencedor. Como ya hemos visto, el apóstol Juan no permite la existencia de un cristianismo derrotista. Sólo hay un tipo de cristiano: el vencedor. El hijo de Dios se caracteriza por la victoria contra toda oposición, contra el mundo mismo (1Jn. 5:4).

Además, Dios asegura al vencedor su fidelidad a su promesa de salvación: **Yo seré su Dios y él será mi hijo** (cf. Gén. 17:7-8; 2Co. 6:16-18). El disfrute más alto y pleno de la comunión con Dios tendrá lugar en el cielo por toda la eternidad. Pero, definitiva y

---

[705] Philip Schaff, *The Principle of Protestantism*, trad. John Nevin (Filadelfia: United Church Press, [1845] 1964), p. 173.

[706] Crisóstomo, *Homilías sobre Juan*, lxxxv.

progresivamente, es verdad ahora. Vivimos ya en el cielo nuevo y en la tierra nueva; somos ciudadanos de la nueva Jerusalén. Las cosas viejas pasaron y todas son nuevas.

8 Este sombrío versículo niega cualquier posibilidad de interpretación universalista. Dios mismo da nueve[707] descripciones de los finalmente impenitentes e irredentos— un recuento sumario de sus enemigos, los seguidores del dragón— que «no heredarán el reino de Dios» (1Co. 6:9; cf. Gál. 5:21), sino cuya **parte estará en el lago que arde con fuego y azufre, que es la muerte segunda**. Los condenados a la perdición final son los cobardes, en contraste con los conquistadores piadosos; los **incrédulos,** en contraste con los que no han negado la fe (2:13, 19; 13:10; 14:12); los **pecadores**, en contraste con los santos (5:8; 8:34; 11:18; 13:7, 10; 14:12; 18:20; 19:8); los **abominables** (17:4-5; 21:27; Mt. 24:15); **asesinos** (13:15; 16:6; 17:6; 18:24); **fornicarios** (2:14, 20-22; 9:21; 14:8; 17:2, 4-5; 18:3; 19:2); **hechiceros** (*pharmakoi*), palabra que significa «magos venenosos o abortistas» (9:21; 18:23; 19:8). 9:21; 18:23; 22:15)[708] **idólatras** (2:14, 20; 9:20; 13:4, 12-15); y **todos los mentirosos** (2:2; 3:9; 16:13; 19:20; 20:10; 21:27; 22:15). Como señala Sweet, «la lista pertenece, como otras similares en las epístolas, al contexto del Bautismo, el despojarse del 'viejo hombre' y revestirse del nuevo» (cf. Gál. 5:19-26; Ef. 4:17-5:7; Col. 3:5-10; Tit.3:3-8).[709]

9 Este versículo enlaza la sección final de Apocalipsis, estableciendo la relación literaria de los capítulos 15-22. Es **uno de los siete ángeles que tenían las siete copas** quien revela al apóstol Juan la nueva Jerusalén, al igual que uno de los mismos siete ángeles le había mostrado la visión de Babilonia (17:0; y aquí **la novia, la esposa del Cordero, se contrapone** a la ramera, la esposa infiel.

La nueva Jerusalén (21:9-27)

9 Y vino uno de los siete ángeles que tenían las siete copas llenas de las últimas siete plagas, y habló conmigo, diciendo: Ven, te mostraré la novia, la esposa del Cordero.

10 Y me llevó en el Espíritu a un monte grande y alto, y me mostró la ciudad santa, Jerusalén, que descendía del cielo, de Dios,

11 y tenía la gloria de Dios. Su fulgor era semejante al de una piedra muy preciosa, como una piedra de jaspe cristalino.

---

[707] Nueve, es decir, si se acepta la lectura del «Texto Mayoritario» de *y pecadores*; tanto el Textus Receptus como el llamado «texto crítico» (Nestle, etc.) omiten estas palabras, dejando ocho descripciones. Según algunos estudiosos del simbolismo, el número 9 se asocia con el juicio en la Biblia, pero las pruebas de ello parecen escasas y arbitrarias; véase E. W. Bullinger, *Number in Scripture* (Grand Rapids: Kregel Publications, [1894] 1967), pp. 235-42.

[708] J. Massyngberde Ford, *Revelation: Introduction, Translation, and Commentary* (Garden City, NY: Doubleday and Co., 1975), p. 345. Sobre el uso de *pharmakeia* y sus cognados con referencia al aborto en escritos tanto paganos como cristianos, véase Michael J. Gorman, *Abortion and the Early Church: Christian, Jewish, and Pagan Attitudes in the Greco-Roman World* (Downers Grove, IL: InterVarsity Press, 1982), p. 48.

[709] J. P. M. Sweet, *Revelation* (Filadelfia: The Westminster Press, 1979), p. 300.

12 Tenía un muro grande y alto con doce puertas, y en las puertas doce ángeles; y en ellas había nombres escritos, que son los de las doce tribus de los hijos de Israel.

13 Había tres puertas al este, tres puertas al norte, tres puertas al sur y tres puertas al oeste.

14 El muro de la ciudad tenía doce cimientos, y en ellos estaban los doce nombres de los doce apóstoles del Cordero.

15 Y el que hablaba conmigo tenía una vara de medir de oro, para medir la ciudad, sus puertas y su muro.

16 Y la ciudad está asentada en forma de cuadro, y su longitud es igual que su anchura. Y midió la ciudad con la vara, doce mil estadios; y su longitud, anchura y altura son iguales.

17 Y midió su muro, ciento cuarenta y cuatro codos, según medida humana, que es también de ángel.

18 El material del muro era jaspe, y la ciudad era de oro puro semejante al cristal puro.

19 Los cimientos del muro de la ciudad estaban adornados con toda clase de piedras preciosas: el primer cimiento, jaspe; el segundo, zafiro; el tercero, ágata; el cuarto, esmeralda;

20 el quinto, sardónice; el sexto, sardio; el séptimo, crisólito; el octavo, berilo; el noveno, topacio; el décimo, crisopraso; el undécimo, jacinto; y el duodécimo, amatista.

21 Las doce puertas eran doce perlas; cada una de las puertas era de una sola perla; y la calle de la ciudad era de oro puro, como cristal transparente.

22 Y no vi en ella templo alguno, porque su templo es el Señor, el Dios Todopoderoso, y el Cordero.

23 La ciudad no tiene necesidad de sol ni de luna que la iluminen, porque la gloria de Dios la ilumina, y el Cordero es su lumbrera.

24 Y las naciones andarán a su luz, y los reyes de la tierra traerán a ella su gloria.

25 Sus puertas nunca se cerrarán de día (pues allí no habrá noche);

26 y traerán a ella la gloria y el honor de las naciones;

27 y jamás entrará en ella nada inmundo, ni el que practica abominación y mentira, sino solo aquellos cuyos nombres están escritos en el libro de la vida del Cordero.

10-11 El apóstol Juan es transportado **en el Espíritu** (1:10; 4:2; 17:3) **a un monte grande y alto,** en contraste deliberado con el desierto donde vio a la ramera (17:3). Hemos visto (en 14:1) que la imagen del monte habla del paraíso, que estaba situado en una meseta elevada de donde fluía el agua de vida a todo el mundo (cf. 22:1-2). El apóstol ve **la ciudad santa, Jerusalén, bajando del cielo desde Dios.** La imagen no pretende, por supuesto, evocar imágenes de estaciones espaciales, o de ciudades que flotan literalmente en el aire; más bien, indica el origen divino de «la ciudad que tiene *cimientos*, cuyo arquitecto y constructor es Dios» (Heb. 11:10).

Durante la apostasía de Judá, el profeta Ezequiel vio cómo la nube de gloria se alejaba del templo y se dirigía hacia el este, al Monte de los Olivos (Ez. 10:18-19; 11:22-23); más tarde, en su visión de la nueva Jerusalén, ve cómo la nube de gloria regresa para habitar en el nuevo templo, la Iglesia (Ez. 43:1-5). Esto se cumplió cuando Cristo, la gloria de Dios encarnada, ascendió a su Padre en la nube desde el Monte de los Olivos (Lc. 24:50-51), enviando a continuación su Espíritu para llenar la Iglesia en Pentecostés. Probablemente hubo una imagen posterior de esta transferencia de la gloria de Dios a la Iglesia, cuando en Pentecostés del año 66 d.C., mientras los sacerdotes del templo cumplían con sus obligaciones, se oyó «una violenta conmoción y estruendo», seguida de «una voz como de ejército que gritaba: '¡Partimos de aquí!».[710] Ernest Martin comenta: «Esta salida de la deidad del templo en Pentecostés del año 66 d.C. fue exactamente 36 años (hasta el mismo día) después de que el Espíritu Santo fuera dado por primera vez con poder a los apóstoles y a los demás en el primer Pentecostés cristiano registrado en Hechos 2». Y ahora, en el mismo día de Pentecostés, se dio el testimonio de que Dios mismo abandonaba el templo de Jerusalén. Esto significaba que el templo ya no era un santuario sagrado y que el edificio no era más sagrado que cualquier otro edificio secular. Sorprendentemente, incluso los registros judíos muestran que los judíos habían llegado a reconocer que la gloria shekina de Dios abandonó el templo en ese momento y permaneció sobre el Monte de los Olivos durante 3 1/2 años. Durante este período se oyó una voz procedente de la región del Monte de los Olivos que pedía a los judíos que se arrepintieran de sus actos (*Midrash* Lam. 2:11). Esto tiene una interesante relación con la historia del cristianismo porque ahora sabemos que Jesucristo fue crucificado y resucitado de entre los muertos en el Monte de los Olivos[711]— la región exacta en la que los registros judíos dicen que permaneció la gloria shekina de Dios durante los 3 1/2 años posteriores a su salida del templo en Pentecostés, 66 d.C... La referencia judía afirma que los judíos no prestaron atención a esta advertencia de la gloria shekina (que ellos llamaban *Bet Kol*— la voz de Dios), y que dejó la tierra y se retiró de nuevo al cielo justo antes del asedio final de Jerusalén por los romanos en el año 70 d.C.

«...Desde Pentecostés del 66 d.C., ninguna persona pensante entre los cristianos, que respetara estas señales milagrosas obvias asociadas con el templo, podía creer que la estructura fuera ya un santuario sagrado de Dios. El propio Josefo resumió la convicción de muchas personas que llegaron a creer que Dios 'se había alejado incluso de su santuario' (*Guerra*, II.539), que el templo 'ya no era la morada de Dios' (*Guerra*, V.19), porque 'la Deidad ha huido de los lugares santos' (*Guerra*, V.412)».[712]

Escribiendo mientras estos acontecimientos todavía están en la mente de los judíos, el apóstol Juan declara que la *shekina*, **la gloria de Dios**, descansa ahora sobre el verdadero templo/ciudad santa, el paraíso consumado— la esposa de Cristo.

La nueva Jerusalén es descrita además como poseedora de un **luminar** (*phöstër*)— literalmente, una *estrella* o portadora de luz (cf. Gén. 1:14, [LXX] donde se usa con referencia al sol, la luna y las estrellas); el apóstol Pablo usa el mismo término cuando dice que los cristianos «brillan como *luminares* en el mundo» (Fil. 2:15; cf. Dan. 12:3).

---

[710] Josefo, *Las guerras de los judíos*, vi.v.3. Sobre estos y otros eventos del 66 d.C., véase antes, pp. 225-29

[711] Véase Ernest L. Martin, *The Place of Christ's Crucifixion: Its Discovery and Significance* (Pasadena, CA: Foundation for Biblical Research, 1984).

[712] Ernest L. Martin, *The Original Bible Restored* (Pasadena, CA: Foundation for Biblical Research, 1984), pp. 157s.

Esto es paralelo al sol con el que se viste la Mujer en 12:1— excepto que ahora el luminar de la novia, más brillante incluso que el sol, brilla con la gloria de Dios mismo: **como una piedra muy costosa, como una piedra de jaspe cristalino**, a imagen de aquel que era «como una piedra de jaspe y un sardio en apariencia» (4:2-3). C. S. Lewis escribió: «Es algo serio vivir en una sociedad de posibles dioses y diosas, recordar que la persona más aburrida y menos interesante con la que puedas hablar puede ser un día una criatura que, si la vieras ahora, estarías fuertemente tentado de adorar, o bien un horror y una corrupción como los que ahora encuentras, si acaso, solo en una pesadilla. Durante todo el día estamos, en cierta medida, ayudándonos unos a otros a llegar a uno u otro de estos destinos. Es a la luz de estas abrumadoras posibilidades, es con el temor y la circunspección que les son propios, que debemos conducir todos nuestros tratos mutuos, todas las amistades, todos los amores, todos los juegos, toda la política. No hay gente *corriente*. Nunca has hablado con un simple mortal... Después del mismo santísimo sacramento, tu prójimo es el objeto más sagrado que se presenta a tus sentidos. Si es tu prójimo cristiano, es santo casi del mismo modo, porque en él también Cristo *vere latitat*— el glorificador y el glorificado, la gloria misma— está verdaderamente oculto».[713]

12-14 La mujer de 12:1, además de su vestimenta gloriosa, llevaba una corona de doce estrellas; esta va a ser sustituida ahora por otra corona de doce estrellas, esta vez una «corona» de muros enjoyados. Pero como la vestimenta de la esposa corresponde también a la de la gloria entronizada de 4:3, el apóstol Juan tiene cuidado de hacer que su «corona» corresponda también al círculo de doce de ese pasaje. Allí, el trono estaba rodeado por dos doce, los veinticuatro ancianos entronizados. Aquí, la ciudad esposa está coronada por un doble doce: los patriarcas y los apóstoles. «La transición de una corona en la frente de la dama a un anillo de murallas de la ciudad era mera rutina para los contemporáneos del apóstol Juan; el emblema permanente de una ciudad era la figura de una dama con una corona almenada».[714] En la visión de Ezequiel está implícito que la ciudad tiene **una muralla grande y alta**, pues «las puertas de las que habla el profeta [Ez. 48: 31-34] son las porterías, pórticos o torres de las puertas que constituyen la muralla de una ciudad»;[715] esto se hace explícito en el relato del apóstol Juan. Las **doce puertas** de la ciudad están custodiadas por **doce ángeles** (cf. los querubines que custodiaban la puerta del Edén en Gén. 3:24), y llevan inscritos los **nombres... de las doce tribus de los hijos de Israel**, otro rasgo común con la visión de Ezequiel (Ez. 48:31-34). Sweet comenta: «Los doce portales del Zodíaco en la ciudad de los cielos son puestos bajo el control de la Biblia: Israel es el núcleo de la sociedad divina».[716]

La ciudad tiene **tres puertas al este, tres puertas al norte, tres puertas al sur y tres puertas al oeste**. Ya vimos en el análisis de 7:5-8 que el apóstol Juan (y antes que él,

---

[713] C. S. Lewis, *The Weight of Glory: And Other Addresses* (Nueva York: Macmillan Publishing Co., 1949; revised ed., 1980), pp. 18s.
[714] Austin Farrer, *The Revelation of St. John the Divine* (Oxford: At the Clarendon Press, 1964), p. 215.
[715] Ford, p. 341.
[716] Sweet, p. 304.

Ezequiel) enumera las doce tribus de Israel de tal forma que «equilibra» a los hijos de Lea y Raquel. El orden en que se enumeran las puertas (este, norte, sur, oeste) se corresponde con esta lista tribal, lo que cabría esperar naturalmente, ya que el apóstol Juan menciona las puertas, con su inusual orden, inmediatamente después de mencionar las doce tribus. En otras palabras, pretende que utilicemos la información de este versículo para volver atrás y resolver el enigma de 7:5-8 (véanse los cuadros de las pp. 210-11).

Hay otro punto intrigante en este versículo: El apóstol Juan nos dice que las puertas son, literalmente, *del* este, *del* norte, *del* sur y *del* oeste— dando, como sugiere Sweet, «la imagen de muchos viniendo de los cuatro puntos cardinales (Is. 49:12; Lc. 13:29)».[717] Como el apóstol Juan muestra más tarde, las naciones caminarán a la luz de la ciudad, los reyes de la tierra traerán sus riquezas a ella, y sus puertas estarán siempre abiertas para ellos (v. 24-26).

El apóstol Juan amplía su imaginería: **El muro de la ciudad tenía doce piedras angulares, y en ellas estaban los nombres de los doce apóstoles del Cordero**. Esto, por supuesto, es pura teología paulina: «Así pues, ya no sois extraños ni extranjeros, sino que sois conciudadanos de los santos y sois de la familia] de Dios, edificados sobre el fundamento de los apóstoles y profetas, siendo Cristo Jesús mismo la piedra angular, en quien todo el edificio, bien ajustado, va creciendo para ser un templo santo en el Señor, en quien también vosotros sois juntamente edificados para morada de Dios en el Espíritu» (Ef. 2:19-22). Obviamente tanto el apóstol Pablo como el apóstol Juan conciben la ciudad de Dios, la Iglesia, como algo que encierra dentro de sus muros tanto a los creyentes del Antiguo Pacto como a los del Nuevo Pacto. Como siempre ha reconocido la Iglesia histórica, solo hay un camino de salvación, un pacto de gracia; el hecho de que haya funcionado bajo diversas administraciones no afecta a la unidad esencial del único pueblo de Dios a través de los tiempos.

15-17 Y el que hablaba conmigo— uno de los siete ángeles-copas (v. 9)— **tenía una medida, una caña de oro para medir la Ciudad, sus puertas y su muralla**. Antes se había medido el santuario, como muestra de su santidad y protección (11:1-2); ahora se va a medir la propia ciudad, pues toda ella es el templo. Para demostrarlo, el apóstol Juan nos dice que la ciudad está dispuesta en forma **de cuadrado,** y que su longitud es tan grande como su anchura: es perfectamente cuadrada. **Y midió la ciudad con la caña...; su longitud, anchura y altura son iguales**. Como el Lugar Santísimo, modelo divino de toda cultura, la ciudad es un cubo perfecto (cf. 1Re. 6:20): La nueva Jerusalén es en sí misma un Lugar Santísimo cósmico. Al mismo tiempo, sin embargo, debemos señalar otra dimensión de esta imaginería. La combinación de un cuadrado con una montaña (v. 10) indica la idea de una pirámide, la «montaña cósmica» que aparece en las culturas antiguas de todo el mundo. El paraíso original fue la primera «pirámide», una ciudad-templo-jardín en la cima de una montaña; y cuando los profetas hablan de la salvación y renovación de la tierra, casi siempre lo hacen en términos de esta imaginería (Is. 2:24; 25:6-9; 51:3; Ez. 36:33-36, Dan. 2:34-35, 44-45; Miq. 4:14).

---

[717] Ibid.

Cada lado de la ciudad— largo, ancho y alto— mide **doce mil estadios**; el muro de la ciudad mide **ciento cuarenta y cuatro codos**. El absurdo del «literalismo» se hace vergonzosamente evidente cuando intenta tratar estas medidas. Los números son obviamente simbólicos, los múltiplos de doce son una referencia a la majestuosidad, vastedad y perfección de la Iglesia. Pero el «literalista» se siente obligado a *traducir* esos números a medidas modernas, dando como resultado un muro de *2.400* kilómetros de largo y 64 metros de alto.[718] Los símbolos que son claros para el apóstol Juan y su audiencia se borran, y el desafortunado lector de la Biblia se queda solo con un revoltijo de números sin sentido (¿qué significa «64 metros»?). Irónicamente, ¡el «literalista» se encuentra en la ridícula posición de borrar los números *literales* de la Palabra de Dios y reemplazarlos con *símbolos* sin sentido!

El apóstol Juan hace la observación aparentemente casual, improvisada e intrigante de que estas **medidas humanas** (estadios y codos) **son también medidas angélicas**. Pero esto no es tan misterioso como parece a primera vista. El apóstol Juan no hace más que explicar lo que se ha supuesto a lo largo de su profecía: que existen correspondencias divinamente ordenadas entre ángeles y hombres. La actividad angélica que se ve en Apocalipsis es un modelo para nuestra propia actividad; cuando vemos que se hace la voluntad de Dios en el cielo, debemos imitar esa actividad en la tierra. El cielo es el modelo de la tierra, el templo es el modelo de la ciudad, el ángel es el modelo del hombre. Así como el Espíritu se cernió sobre la creación original, modelándola a imagen del cielo, nuestra tarea consiste en «celestializar» el mundo, llevando el proyecto de Dios a su realización más completa.

18-21 La ciudad se describe ahora en términos de joyas, como la consumación perfecta del modelo edénico original (cf. Gén. 2:10-12; Ez. 28:13).[719] **El material de la muralla era jaspe**, una imagen de Dios mismo (4:3; 21:11); **y la ciudad era de oro puro, como cristal transparente** (el oro es una imagen de la gloria de Dios, y por eso se usaba en el tabernáculo y el templo, y en las vestiduras de los sacerdotes; y se dice que el oro asociado con el paraíso era «bueno», es decir, puro, sin mezclas: Gén. 2:12). Las doce **piedras fundacionales de la ciudad estaban adornadas con toda clase de piedras preciosas**, como el pectoral del Sumo Sacerdote, que tiene cuatro filas de tres gemas cada una, que representan las doce tribus de Israel (Éx. 28:15-21): La novia se ha adornado para su esposo (v. 2). La expresión piedras **preciosas** (o **costosas**) se utiliza en 1Reyes 5:17 para las **piedras fundamentales** del templo de Salomón; ahora, en la ciudad-templo escatológica, son verdaderamente «piedras preciosas», en todos los sentidos.

La primera piedra fundamental era el jaspe; la segunda, el zafiro; la tercera, la ágata; la cuarta, la esmeralda; la quinta, el ónice; la sexta, la cornalina; la séptima, el crisólito; la octava, el berilo; la novena, el topacio; la décima, la crisoprasa; la undécima, el jacinto; la duodécima, la amatista. El más conocido es la sugerencia de R. H. Charles de que las joyas están relacionadas con los signos del Zodíaco, y que «*los signos*

---

[718] Véase, por ejemplo, la *New American Standard Bible*.
[719] Véase Chilton, *Paradise Restored*, pp. 32-36.

o constelaciones se dan en un orden determinado, y que es exactamente el orden inverso al de la trayectoria real del sol a través de los signos». Esto demuestra, dice, que el apóstol Juan «considera *que la ciudad santa que describe no tiene nada que ver con las especulaciones étnicas de su propia época y de épocas pasadas sobre la ciudad de los dioses».*[720] Charles ha sido seguido en este punto por varios comentaristas,[721] pero investigaciones posteriores han refutado esta teoría.[722] Sweet señala que «Filón (*Leyes especiales* 1.87) y Josefo (*Ant.* III.186) vinculan las joyas con el Zodíaco, pero solo como parte del simbolismo cósmico que afirman para las vestiduras del sumo sacerdote; cf. Sab. 18:24... Cualquier referencia astrológica directa queda destruida al vincularlas no con las doce puertas de la ciudad celestial, sino con los cimientos».[723]

La explicación más sensata del orden de las piedras procede de Austin Farrer. Él muestra que las piedras están dispuestas en cuatro filas de tres gemas en cada fila, como en el pectoral del sumo sacerdote: «El apóstol Juan no se adhiere ni al orden ni a los nombres de las piedras en el griego de la LXX de Éxodo, y cualquier pregunta que podamos plantear sobre las traducciones de los nombres hebreos que podría haber preferido a los ofrecidos por la LXX solo puede conducirnos a un abismo de incertidumbre. Es razonable suponer que no se preocupó más que de dar una lista eufónica en cierta correspondencia general con el catálogo de Éxodo. Ha ordenado los nombres griegos de tal manera que enfatiza la división de tres en tres. Todos menos tres terminan en *s*, y las tres excepciones en *n*. Ha colocado las terminaciones *n* en los nombres griegos. Ha colocado las terminaciones *n* en los puntos de división, así:

> Jaspis, sapphiros, chalcedon;
> smaragdos, sardonyx, sardion;
> chrysolithos, beryllos, topazion;
> chrysoprasos, hyacinthos, amethystos.

«¿Por qué habría de molestarse en hacer más? Si hubiera hecho una lista perfectamente elaborada, ¿qué otra cosa podría haber hecho sino responder exactamente a la lista de tribus que ya ha dispuesto para nosotros en el [capítulo] 7? ¿Y cómo aumentaría con ello nuestra sabiduría? El apóstol Juan desea dar cuerpo a su visión enumerando las tribus; pero ya ha enumerado las tribus. Así que enumera piedras que (como sabemos por Éxodo) deben considerarse equivalentes a las tribus. Hace dos observaciones: en primer lugar, que los nombres de los apóstoles pueden ser sustituidos por los de las tribus y que, después de todo, el nuevo Israel místico y doce veces más verdadero debe ser descrito como compañías

---

[720] R. H. Charles, *A Critical and Exegetical Commentary on the Revelation of St. John*, 2 vols. (Edimburgo: T. & T. Clark, 1920), pp. 167f. Las cursives son suyas.

[721] Véase G. B. Caird, *The Revelation of St. John the Divine* (Nueva York: Harper and Row, 1966), pp. 274-78; Rousas John Rushdoony, *Thy Kingdom Come: Studies in Daniel and Revelation* (Tyler, TX: Thoburn Press, [1970] 1978), pp. 221s.

[722] Véase T. F. Glasson, «The Order of Jewels in Rev. xxi. 19-20: A Theory Eliminated», *Journal of Theological Studies* 26 (1975), pp. 95-100.

[723] Sweet, p. 306.

reunidas en torno a los apóstoles, que como los descendientes reales de Rubén, Simeón, Leví y los demás. En segundo lugar, pone el jaspe a la cabeza de la lista y, por tanto, sin duda, representa a Judá y a su apóstol (cf. 7:5). Y el jaspe es tanto el material general de las paredes de arriba como el color de la gloria divina. El significado de la alegoría es claro. El Mesías es la piedra angular; es por estar fundada sobre él que toda la ciudad, o Iglesia, adquiere la sustancia y el color de la gloria divina».[724]

En lugar de estar alineadas con los signos del Zodíaco y sus doce portales, **las doce puertas eran doce perlas**; cada una de las puertas era una sola perla. Obviamente, estas puertas son solo decorativas y ornamentales, no diseñadas para resistir ataques; pero como la ciudad ha de abarcar el mundo entero, de todos modos, no hay peligro de ataque. Subrayando la tremenda riqueza y gloria de la nueva Jerusalén, el apóstol Juan nos dice que la **calle de la ciudad era de oro puro, como vidrio transparente**. Podemos observar aquí que el valor que los hombres han dado siempre al oro y a las piedras preciosas deriva del valor previo que Dios le ha atribuido. Dios ha creado en nosotros el deseo de las piedras preciosas, pero su Palabra deja claro que la riqueza ha de obtenerse como un resultado del reino de Dios, y de su justicia (Mt. 6:33). La ramera estaba adornada con joyas, y pereció con ellas; la novia está adornada con joyas debido a su unión con el novio. Es Dios quien da el poder de conseguir riquezas, para su gloria (Dt. 8:18); cuando convertimos en ídolo las riquezas que Dios nos ha dado, Él nos las quita y las guarda para los justos, que las usan para el reino de Dios y son generosos con los pobres (Job 27:16-17; Prov. 13:22; 28:8; Ecl. 2:26).

Ocho siglos antes de que escribiera el apóstol Juan, el profeta Isaías describió la salvación venidera en términos de una ciudad adornada con joyas:

Oh afligida, azotada por la tempestad, sin consuelo,
he aquí, yo asentaré tus piedras en antimonio,
y tus cimientos en zafiros.
Haré tus almenas de rubíes,
tus puertas de cristal
y todo tu muro de piedras preciosas.
(Is. 54:11-12)

Es interesante que la palabra traducida *colores hermosos* sea, en hebreo, *sombra de ojos* (cf. 2Re. 9:30; Jer. 4:30); de nuevo, el muro de la ciudad de Dios es meramente decorativo: construido con joyas, con cosméticos como «argamasa». El punto es que el constructor es fabulosamente rico, y supremamente confiado contra el ataque. Este, dice Isaías, es el futuro de la Iglesia, la ciudad de Dios. Será rica y estará a salvo de los enemigos, como explica el resto del pasaje:

---

[724] Farrer, *The Revelation of St. John the Divine*, p. 219. Quince años antes, las opiniones de Farrer sobre el tema eran mucho más elaboradas, como demuestra su capítulo sobre el orden de las joyas en *A Rebirth of Images: The Making of St. John's Apocalypse* (Londres: Dacre Press, 1949), pp. 216-44.

> Todos tus hijos serán enseñados por el Señor,
> y grande será el bienestar de tus hijos.
> En justicia serás establecida.
> Estarás lejos de la opresión, pues no temerás,
> y del terror, pues no se acercará a ti.
> (Is.54:13-17)

22-23 La ciudad entera es el templo, como hemos visto— pero **no hay santuario en ella, porque el Señor Dios, el Todopoderoso, y el Cordero, son su santuario**. Esto es realmente otra manera de declarar las bendiciones descritas anteriormente: «Al vencedor le haré una columna en el templo de mi Dios, y nunca más saldrá de allí» (3:12); «Por eso están delante del trono de Dios, y le sirven día y noche en su templo; y el que está sentado en el trono extenderá su tabernáculo sobre ellos» (7:15). «Su ciudad de residencia es su templo; no contiene dentro de sí ningún templo cuyos muros o puertas se interpongan entre ellos y el Dios que adoran. Dios es templo de la ciudad, y la ciudad es templo de Dios».[725]

Habitada por Dios en la nube de gloria, la ciudad brilla con la luz original e increada del Espíritu. Así, **la ciudad no tiene necesidad de que el sol o la luna brillen sobre ella, porque la gloria de Dios la ha iluminado, y su lámpara es el Cordero**, como Isaías había predicho:

> Levántate, resplandece, porque ha llegado tu luz
> y la gloria del Señor ha amanecido sobre ti.
> Porque he aquí, tinieblas cubrirán la tierra
> y densa oscuridad los pueblos;
> pero sobre ti amanecerá el Señor,
> y sobre ti aparecerá su gloria.
> Y acudirán las naciones a tu luz,
> y los reyes al resplandor de tu amanecer…
> Ya el sol no será para ti luz del día,
> ni el resplandor de la luna te alumbrará;
> sino que tendrás al Señor por luz eterna,
> y a tu Dios por tu gloria.
> Nunca más se pondrá tu sol,
> ni menguará tu luna,
> porque tendrás al Señor por luz eterna,
> y se habrán acabado los días de tu luto.
> Entonces todos los de tu pueblo serán justos;
> para siempre poseerán la tierra,
> vástago de mi plantío,

---

[725] Farrer, *The Revelation of St. John the Divine*, p. 221.

obra de mis manos,
para que yo me glorifique.
(Is. 60:1-3, 19-21)

24-27 En el mismo pasaje, Isaías profetiza que las naciones de la tierra afluirán a la ciudad de Dios, trayendo toda la riqueza de sus culturas:

Entonces lo verás y resplandecerás,
y se estremecerá y se regocijará tu corazón,
porque vendrá sobre ti la abundancia del mar,
las riquezas de las naciones vendrán a ti.
Una multitud de camellos te cubrirá,
camellos jóvenes de Madián y de Efa;
todos los de Sabá vendrán,
traerán oro e incienso,
y traerán buenas nuevas de las alabanzas del SEÑOR…
Ciertamente las costas me esperarán,
y las naves de Tarsis vendrán primero,
para traer a tus hijos de lejos,
y su plata y su oro con ellos,
por el nombre del SEÑOR tu Dios,
y por el Santo de Israel que Él te ha glorificado…
Tus puertas estarán abiertas de continuo;
ni de día ni de noche se cerrarán,
para que te traigan las riquezas de las naciones,
con sus reyes llevados en procesión.
(Is. 60:5-6, 9, 11)

El apóstol Juan aplica esta profecía a la nueva Jerusalén: **Las naciones pasarán junto a su luz, y los reyes de la tierra traerán a ella su gloria y su honor. Y de día (porque allí no habrá noche) nunca se cerrarán sus puertas; y traerán a ella la gloria y el honor de las naciones; y nada inmundo ni nadie que practique la abominación y la mentira, entrará jamás en ella, sino solo aquellos cuyos nombres están escritos en el libro de la vida del Cordero**. Esto es lo que Jesús ordenó que fuera su Iglesia: la ciudad sobre un monte (Mt. 5:14-16), la luz del mundo, brillando ante los hombres para que glorifiquen a Dios Padre. Evidentemente, la nueva Jerusalén no puede verse simplemente en términos del futuro eterno, después del juicio final. En la visión del apóstol Juan, las naciones siguen existiendo como naciones; sin embargo, todas ellas se han convertido, afluyen a la ciudad y traen a ella sus tesoros. Por supuesto, «la otra cara del hecho de que los gentiles traigan su honor y su gloria, es que no traen sus abominaciones… El acceso de los gentiles aquí está en fuerte contraste con su acceso en 11:2. La mera presencia de paganos no regenerados en el atrio exterior significó la ruina de la antigua Jerusalén; la nueva los admite santificados, en su recinto indiviso».[726]

En otra sorprendente profecía sobre el efecto del Evangelio en el mundo, Isaías escribió:

> Así dice el Señor DIOS:
> He aquí, levantaré hacia las naciones mi mano,
> y hacia los pueblos alzaré mi estandarte;
> traerán a tus hijos en brazos,
> y tus hijas en hombros serán llevadas.
> Reyes serán tus tutores,
> y sus princesas, tus nodrizas.
> Rostro en tierra te rendirán homenaje
> y el polvo de tus pies lamerán.
> Y sabrás que yo soy el SEÑOR,
> y que no se avergonzarán los que esperan en mí.
> (Is. 49:22-23).

William Symington comentó: «La profecía se refiere a los tiempos del Nuevo Testamento, cuando los gentiles se reunirán con el redentor. Una característica prominente de estos tiempos será la sumisión de los gobernantes civiles a la Iglesia, lo que sin duda supone su sujeción a Cristo, su cabeza. Los *reyes serán tus tutores* es una semejanza que implica el cuidado más tierno, la solicitud más duradera; no mera protección, sino alimento y apoyo activos e incansables. Si, según la opinión de algunos, lo mejor que el estado puede hacer por la Iglesia es dejarla en paz, abandonarla a sí misma, no interesarse por sus asuntos, es difícil ver cómo este punto de vista puede conciliarse con la figura de una nodriza, cuyos deberes serían ciertamente mal cumplidos por tal tratamiento de su débil carga».[727]

A medida que la luz del Evangelio brilla a través de la Iglesia hacia el mundo, el mundo se convierte, las naciones son discipuladas y la riqueza de los pecadores pasa a ser heredada por los justos. Esta es una promesa básica de la Escritura de principio a fin; es el patrón de la historia, la dirección en la que se mueve el mundo. Es nuestro futuro, la herencia de las generaciones venideras. El don de su Espíritu Santo garantiza el cumplimiento de su promesa: no que hará cosas nuevas, sino que hará nuevas todas las cosas.[728]

---

[726] Ibid.

[727] William Symington, *Messiah the Prince: or, The Mediatorial Dominion of Jesus Christ* (Filadelfia: The Christian Statesman Publishing Co., [1839] 1884), pp. 199s.

[728] Véase Alexander Schmemann, *For the Life of the World: Sacraments and Orthodoxy* (Crestwood, NY: St. Vladimir's Seminary Press), p. 123.

22

¡VEN, SEÑOR JESÚS!

Como vimos en la introducción, el apóstol Juan escribió Apocalipsis como un ciclo anual de profecías, destinadas a ser leídas a la congregación (coincidiendo con las lecturas en serie del Antiguo Testamento, especialmente Ezequiel) de una Pascua a la siguiente.[729] Así, el capítulo 22 cierra el círculo, pues los versículos 6-21 se leen exactamente un año después de que se leyera el capítulo I. Por esa razón, además de recapitular muchos de los temas de la profecía, el capítulo 22 tiene también mucho en común con el capítulo 1. Volvemos a leer, por ejemplo, que la profecía se refiere a «cosas que deben suceder pronto» (22:6; cf. 1:1); que es comunicada por un ángel (22:6; cf. 1:1) al apóstol Juan (22:8; cf. 1:1, 4, 9); que es un mensaje destinado a los «siervos» de Dios (22:6; cf. 1:1); que hay una bendición especial para los que «guarden» sus palabras (22:7; cf. 1:3); y que involucra específicamente el testimonio de Cristo (22:16, 18, 20; cf. 1:2, 5, 9), el Alfa y la Omega, el principio y el fin. (22:13; cf. 1:8, 17), quien «viene pronto» (22:7, 12, 20; cf. 1:7).

El paraíso restaurado (22:1-5)

1 Y me mostró un río de agua de vida, resplandeciente como cristal, que salía del trono de Dios y del Cordero,

2 en medio de la calle de la ciudad. Y a cada lado del río estaba el árbol de la vida, que produce doce clases de fruto, dando su fruto cada mes; y las hojas del árbol eran para sanidad de las naciones.

3 Y ya no habrá más maldición; y el trono de Dios y del Cordero estará allí, y sus siervos le servirán.

---

[729] Véase M. D. Goulder, «The Apocalypse as an Annual Cycle of Prophecies», *New Testament Studies* 27, No. 3 (Abril 1981), p. 342-67.

4 Ellos verán su rostro, y su nombre estará en sus frentes.

5 Y ya no habrá más noche, y no tendrán necesidad de luz de lámpara ni de luz del sol, porque el Señor Dios los iluminará, y reinarán por los siglos de los siglos.

1-2 Continúa la visión de la nueva Jerusalén: el ángel de la copa (21:9) muestra al apóstol Juan **un río de agua de vida, resplandeciente como cristal, que salía del trono de Dios y del Cordero, en medio de la calle**. La escena se basa, en primer lugar, en el jardín del Edén, en el que manantiales brotaban de la tierra (Gén. 2:6) para formar un río, que luego se dividía en cuatro cabeceras y salía para regar la tierra (Gén. 2:10-14). Ezequiel adoptó más tarde esta imagen en su visión del templo del Nuevo Pacto. En el Antiguo Pacto, la gente tenía que viajar al templo para ser purificada, pero eso ya no será así, porque en los tiempos del Nuevo Pacto el gran lavatorio de bronce en la esquina sureste de la casa (2Cró. 4:10) se vuelca y derrama su contenido por debajo de la puerta, convirtiéndose en un poderoso río de gracia y vida para el mundo, incluso transformando las aguas del Mar Muerto:[730]

> Después me hizo volver a la entrada del templo; y he aquí, brotaban aguas de debajo del umbral del templo hacia el oriente, porque la fachada del templo daba hacia el oriente. Y las aguas descendían de debajo, del lado derecho del templo, al sur del altar. Me sacó por la puerta del norte y me hizo dar la vuelta por fuera hasta la puerta exterior, por la puerta que da al oriente. Y he aquí, las aguas fluían del lado sur.
>
> Cuando el hombre salió hacia el oriente con un cordel en la mano, midió mil codos, y me hizo pasar por las aguas, con el agua hasta los tobillos.
> Midió otros mil, y me hizo pasar por las aguas, con el agua hasta las rodillas.
> De nuevo midió otros mil y me hizo pasar por las aguas, con el agua hasta la cintura.
> Y midió otros mil; y ya era un río que yo no pude vadear, porque las aguas habían crecido, aguas que tenían que pasarse a nado, un río que no se podía vadear.
>
> Entonces me dijo: ¿Has visto, hijo de hombre? Me llevó y me hizo volver a la orilla del río. Y cuando volví, he aquí, en la orilla del río había muchísimos árboles a uno y otro lado. Y me dijo: Estas aguas salen hacia la región oriental y descienden al Arabá; luego siguen hacia el mar y desembocan en el mar; entonces las aguas del mar quedan purificadas. Y sucederá que dondequiera que pase el río, todo ser viviente que en él se mueve, vivirá. Y habrá muchísimos peces, porque estas aguas van allá, y las otras son purificadas; así vivirá todo por donde pase el río». (Ez. 47:1-9)

Ezequiel dijo que «en la orilla del río había muchísimos árboles a uno y otro lado»; el apóstol Juan amplía esto y nos dice **a cada lado del río estaba el árbol de la vida**— no un solo árbol, sino bosques de árboles de vida bordeando las orillas del río». La bendición que Adán

---

[730] Sobre el simbolismo asociado al Mar Muerto (el lugar de Sodoma y Gomorra), véase David Chilton, *Paradise Restored: A Biblical Theology of Dominion* (Ft. Worth, Texas: Dominion Press, 1985), p. 52s. Para otra ilustración de la diferencia entre la gracia «estática» del Antiguo Pacto y la gracia «dinámica» del Nuevo Pacto, compare Hag. 2:10-14 con Mc. 5:25-34.

perdió ha sido restaurada en una superabundancia abrumadora, porque lo que hemos ganado en Cristo es, como dijo el apóstol Pablo, «mucho más» de lo que perdimos en Adán:

> Porque si por la transgresión de uno murieron los muchos, mucho más, la gracia de Dios y el don por la gracia de un hombre, Jesucristo, abundaron para los muchos… Porque si por la transgresión de uno, por este reinó la muerte, mucho más reinarán en vida por medio de uno, Jesucristo, los que reciben la abundancia de la gracia y del don de la justicia.
> Pero donde el pecado abundó, sobreabundó la gracia, para que así como el pecado reinó en la muerte, así también la gracia reine por medio de la justicia para vida eterna, mediante Jesucristo nuestro Señor. (Rom. 5:15-21; cf. v. 9-10)

El paraíso no es, por lo tanto, solo «restaurado»; Se consuma, cada una de sus implicaciones se lleva a cabo y se cumple por completo.

La palabra árbol es *xulon*, empleada a menudo con referencia a la cruz (cf. Hch. 5:30; 10:39; 13:29; 1Pe. 2:24); de hecho, es probable que Cristo fuera crucificado en un árbol vivo, como dan a entender sus palabras en Lc. 23:31: «Porque si en el árbol verde hacen esto, ¿qué sucederá en el seco?». El apóstol Pablo vio la crucifixión de Cristo como el cumplimiento de la maldición del Antiguo Testamento sobre quien es colgado en un madero (Gál. 3:13; cf. Dt. 21:23; Jos. 10:26-27)[731] Ireneo vio la cruz como el árbol de la vida, contrastándolo con el árbol del conocimiento del bien y del mal, por el que cayó el hombre: Jesucristo «ha destruido la escritura de nuestra deuda, y la ha sujetado a la cruz [Col. 2:14]; para que, así como por medio de un árbol fuimos hechos deudores a Dios, así también por medio de un árbol podamos obtener la remisión de nuestra deuda».[732] La imagen fue rápidamente adoptada en el simbolismo de la Iglesia primitiva: «El arte cristiano primitivo indica una estrecha relación entre el árbol de la vida y la cruz. La cruz de Cristo, madero del sufrimiento y de la muerte, es para los cristianos un árbol de la vida. Así, en las pinturas sepulcrales del siglo II se representa por primera vez como símbolo de la victoria sobre la muerte. Después se repite una y otra vez. La idea de que el tronco vivo de la cruz lleva ramitas y hojas es un motivo común en la antigüedad cristiana».[733]

Como en la visión de Ezequiel (Ez. 47:12), el árbol de la vida es continuamente productivo, dando **doce cosechas de fruto, dando su fruto cada mes** en un suministro interminable de vida para los vencedores (2:7), aquellos que cumplen sus mandamientos (22:14). El apóstol Juan deja claro que el poder del árbol de Cristo transformará el mundo entero: **las hojas del árbol eran para sanidad de las naciones**. Una vez más, el apóstol Juan no concibe esto como una bendición reservada solo para la eternidad, aunque sus

---

[731] La palabra cruz (*stauros*) puede referirse tanto al árbol mismo (considerado como el instrumento de ejecución) como al *patibutum*, (el travesaño superior al que se clavaron las manos de Cristo, y que luego fue clavado en el árbol). Para una discusión de todo este tema, ver Ernest L. Martin, *The Place of Christ's Crucifixion: Its Discovery and Significance* (Pasadena, California: Foundation for Biblical Research, 1984), p. 75-82.

[732] Ireneo, *Contra las herejías*, v.xvii.3.

[733] Johannes Schneider, en Gerhard Kittel y Gerhard Friedrich, eds., *Theological Dictionary of the New Testament*, 10 vol., trad. Geoffrey W. Bromily (Grand Rapids: William B. Eerdmans Publishing Co., 1964-76), vol. 5, p. 40-41.

efectos continúan en la eternidad. El árbol de la vida sostiene a los creyentes ahora, cuando participan de Cristo:

> En verdad, en verdad os digo: el que oye mi palabra y cree al que me envió, tiene vida eterna y no viene a condenación, sino que ha pasado de muerte a vida. En verdad, en verdad os digo que viene la hora, y ahora es, cuando los muertos oirán la voz del Hijo de Dios, y los que oigan vivirán (Jn. 5:24-25).

Del mismo modo, el apóstol Juan espera que las virtudes curativas de la cruz den vida a las naciones como naciones, en este mundo; las naciones, nos ha dicho, están formadas por «aquellos cuyos nombres están escritos en el libro de la vida del Cordero», ya que las naciones como tales son admitidas en la ciudad santa (21:24-27). El río de la vida está fluyendo ahora (Jn. 4:14; 7:37-39), y continuará fluyendo en una corriente cada vez mayor de bendición a la tierra, sanando a las naciones, poniendo fin a la anarquía y a la guerra (Zc. 14:8-11; cf. Miq. 4:14). Esta visión del futuro glorioso de la Iglesia, terrenal y celestial, repara el tejido desgarrado en Génesis. En Apocalipsis vemos al hombre redimido, devuelto al monte, sostenido por el río y el árbol de la vida, recuperando su dominio perdido y gobernando como rey-sacerdote sobre la tierra. Este es nuestro privilegio y herencia ahora, definitiva y progresivamente, en esta era; y será nuestro plenamente en la era venidera.

3-4 Así **ya no habrá maldición**, en cumplimiento de las antiguas promesas:

> Así dice el Señor Dios: «En el día que yo os limpie de todas vuestras iniquidades, haré que las ciudades sean habitadas y las ruinas reedificadas. La tierra desolada será cultivada en vez de ser desolación a la vista de todo el que pasa. Y dirán: Esta tierra desolada se ha hecho como el huerto del Edén; y las ciudades desiertas, desoladas y arruinadas están fortificadas y habitadas. Y las naciones que quedan a vuestro alrededor sabrán que yo, el Señor, he reedificado los lugares en ruinas y plantado lo que estaba desolado; yo, el Señor, he hablado y lo haré». (Ez. 36:33-36)

El trono de Dios y del Cordero estará en la ciudad santa, como dio a entender el apóstol Juan en 21:3, 11, 22-23. Llama la atención que los ciudadanos sean llamados **sus siervos**, una expresión que se utiliza principalmente para describir a los *profetas* (1:1; 10: 7; 11:18; 15:3; 19:2, 5 [18:24]; 22:6, 9). Como hemos visto, este ha sido un tema significativo en Apocalipsis, el cumplimiento de la esperanza de comunión con Dios del Antiguo Pacto: ¡Ojalá todo el pueblo del Señor fuera profeta, que el Señor pusiera su Espíritu sobre ellos! (Núm. 11:29). Por eso **verán su rostro, y su nombre estará en sus frentes**. Kline comenta: «Detrás de las imágenes de Apocalipsis 22:4 están las figuras de Moisés y Aarón. Aarón llevaba en la frente el nombre del Señor inscrito en la corona de la parte delantera de la mitra sacerdotal. El semblante mismo de Moisés se transformó en una semejanza reflectante del rostro-gloria, la presencia-nombre de Dios, cuando Dios le habló 'cara a cara' (Núm. 12:8) desde la nube-gloria. Así como el nombre y la gloria son designaciones semejantes de la presencia de Dios en la nube de la teofanía, tanto el nombre como la gloria describen la semejanza reflejada de Dios. Decir que los vencedores en la nueva Jerusalén llevan el nombre de Cristo en la frente es decir que reflejan la gloria de Cristo, lo que equivale a decir que llevan la imagen del Cristo glorificado».[734] Así, dice el apóstol Pablo, todos los santos ven ahora su rostro: «Pero nosotros todos, con el rostro descubierto, contemplando como en un espejo la gloria del Señor, estamos siendo transformados en la misma imagen de gloria en gloria, como por el Señor, el Espíritu» (2Co. 3:18). Y, puesto que todos los santos son sacerdotes (Ap. 1:6; 20:6), llevamos su nombre en la frente (3:12; 7:3; 14: l), sirviéndole en su templo (7:15).

5 Como nos dijo el apóstol Juan en 21:22-25, dentro de los muros de la ciudad santa **ya no habrá más noche, y no tendrán necesidad de luz de lámpara ni de luz del sol, porque el Señor Dios los iluminará**. En nuestro estudio sobre «el cielo nuevo y una tierra nueva», en el capítulo 21, tomamos nota de cómo el apóstol Pedro exhortaba a las Iglesias a vivir santamente a la luz de la era de justicia que se avecinaba, la cual se inauguraría con la caída del Antiguo Pacto y la destrucción del templo (2Pe. 3:1-14). Del mismo modo, el apóstol Pablo exhortó a los cristianos de Roma a vivir piadosamente ante el inminente amanecer del día:

> Y haced todo esto, conociendo el tiempo, que ya es hora de despertaros del sueño; porque ahora la salvación está más cerca de nosotros que cuando creímos. La noche está muy avanzada, y el día está cerca. Por tanto, desechemos las obras de las tinieblas y vistámonos con las armas de la luz. (Rom. 13:11-12)

De forma muy parecida escribió a los Tesalonicenses, argumentando que sus vidas debían caracterizarse por el amanecer que se aproxima y no por la noche que se desvanece:

> Pues vosotros mismos sabéis perfectamente que el día del Señor vendrá así como un ladrón en la noche; que cuando estén diciendo: Paz y seguridad, entonces la destrucción vendrá sobre ellos repentinamente, como dolores de parto a una mujer que está encinta, y no escaparán. Mas vosotros, hermanos, no estáis en tinieblas, para que el día os sorprenda como ladrón; porque todos vosotros sois hijos de la luz e hijos del día. No somos de la noche ni de las tinieblas. Por tanto, no durmamos como los demás, sino estemos alerta y seamos sobrios. Porque los que duermen, de noche duermen, y los que se emborrachan, de noche se emborrachan. Pero puesto que nosotros somos del día, seamos sobrios, habiéndonos puesto la coraza de la fe y del amor, y por yelmo la esperanza de la salvación. Porque no nos ha destinado Dios para ira, sino para obtener salvación por medio de nuestro Señor Jesucristo. (1Ts. 5:2-9)

---

[734] Meredith G. Kline, *Images of the Spirit* (Grand Rapids: Baker Book House, 1980), p. 54s.

La era del Antiguo Pacto fue el tiempo de la noche oscura del mundo; con la venida de Jesucristo ha llegado la era de la luz, el gran día del Señor, establecido en su ascensión y su plena inauguración del Nuevo Pacto:

> Levántate, resplandece, porque ha llegado tu luz
> y la gloria del Señor ha amanecido sobre ti.
> Porque he aquí, tinieblas cubrirán la tierra
> y densa oscuridad los pueblos;
> pero sobre ti amanecerá el Señor,
> y sobre ti aparecerá su gloria.
> Y acudirán las naciones a tu luz,
> y los reyes al resplandor de tu amanecer.
> (Is. 60:1-3)

Porque he aquí, viene el día, ardiente como un horno, y todos los soberbios y todos los que hacen el mal serán como paja; y el día que va a venir les prenderá fuego— dice el Señor de los ejércitos— que no les dejará ni raíz ni rama. Mas para vosotros que teméis mi nombre, se levantará el sol de justicia con la salud en sus alas; y saldréis y saltaréis como terneros del establo. (Mal. 4:1-2)

> Bendito sea el Señor, Dios de Israel,
> porque nos ha visitado y ha efectuado redención para su pueblo,
> por la entrañable misericordia de nuestro Dios,
> con que la Aurora nos visitará desde lo alto,
> para dar luz a los que habitan en tinieblas y en sombra de muerte,
> para guiar nuestros pies en el camino de paz.
> (Lc. 1:68, 78-79)

En Él estaba la vida, y la vida era la luz de los hombres. Y la luz brilla en las tinieblas, y las tinieblas no la comprendieron. (Jn. 1:4-5)

Jesús les habló otra vez, diciendo: Yo soy la luz del mundo; el que me sigue no andará en tinieblas, sino que tendrá la luz de la vida. (Jn. 8:12)

El dios de este mundo ha segado el entendimiento de los incrédulos, para que no vean el resplandor del evangelio de la gloria de Cristo, que es la imagen de Dios... Pues Dios, que dijo que de las tinieblas resplandeciera la luz, es el que ha resplandecido en nuestros corazones, para iluminación del conocimiento de la gloria de Dios en la faz de Cristo. (2Co. 4:4, 6)

> Dando gracias al Padre que nos ha capacitado para compartir la herencia de los santos en luz. Porque Él nos libró del dominio de las tinieblas y nos trasladó al reino de su Hijo amado. (Col. 1:12-13)
>
> Mantengamos firme la profesión de nuestra esperanza sin vacilar, porque fiel es el que prometió; y consideremos cómo estimularnos unos a otros al amor y a las buenas obras, no dejando de congregarnos, como algunos tienen por costumbre, sino exhortándonos unos a otros, y mucho más al ver que el día se acerca. (Heb. 10:23-25)
>
> Y así tenemos la palabra profética más segura, a la cual hacéis bien en prestar atención como a una lámpara que brilla en el lugar oscuro, hasta que el día despunte y el lucero de la mañana aparezca en vuestros corazones. (2Pe. 1:19)

Una vez más, debemos recordar que la era del Nuevo Pacto se considera en las Escrituras como una era de luz definitiva y progresiva, en contraste con la relativa oscuridad de los tiempos premesiánicos. En sentido absoluto y definitivo, la luz no llegará hasta el fin del mundo, en la segunda venida de Cristo. Pero, mientras los apóstoles contemplaban el final de la era del Antiguo Pacto, durante la cual las naciones estaban esclavizadas a los demonios, hablaban del amanecer inminente como *la* era de la justicia, cuando el poder del Evangelio barrería la tierra, aplastando la idolatría e inundando las naciones con la luz de la gracia de Dios. En términos relativos, toda la historia del mundo desde la caída de Adán hasta la ascensión de Cristo fue noche; en términos relativos, todo el futuro del mundo es día luminoso. Esto sigue el modelo establecido en la creación, en la que los cielos y la tierra se mueven escatológicamente de la tarde a la mañana, la luz menor es sucedida por la luz mayor, yendo de gloria en gloria (Gén. 1:5, 8, 13, 19, 23, 31): Ahora, nos dice el apóstol Juan, Jesucristo ha aparecido, y «viene pronto», como el lucero resplandeciente de la mañana (v. 16).

En su comentario final sobre la restauración del paraíso, el apóstol Juan nos dice que el sacerdocio real **reinará**, no solo durante un «milenio», sino **por los siglos de los siglos**: «El reino de los mil años (20:4-6) no es más que el comienzo de una vida real y una felicidad que continuarán durante todos los eones venideros. Y así el reino de los santos del Altísimo será verdaderamente, como escribió Daniel, 'un reino eterno' (Dan. 7:27). Esta es la «vida eterna» de Mateo 25:46, así como la muerte segunda, el lago de fuego, es el «castigo eterno» al que van los «malditos».[735]

---

[735] Milton Terry, *Biblical Apocalyptics: A Study of the Most Notable Revelations of God and of Christ in the Canonical Scriptures* (Nueva York: Eaton and Mains, 1898), p. 471.

Advertencias y bendiciones finales (22:6-21)

6   Y me dijo: Estas palabras son fieles y verdaderas; y el Señor, el Dios de los espíritus de los profetas, envió a su ángel para mostrar a sus siervos las cosas que pronto han de suceder.

7   He aquí, yo vengo pronto. Bienaventurado el que guarda las palabras de la profecía de este libro.

8   Yo, Juan, soy el que oyó y vio estas cosas. Y cuando oí y vi, me postré para adorar a los pies del ángel que me mostró estas cosas.

9   Y me dijo: No hagas eso; yo soy consiervo tuyo y de tus hermanos los profetas y de los que guardan las palabras de este libro. Adora a Dios.

10 También me dijo: No selles las palabras de la profecía de este libro, porque el tiempo está cerca.

11 Que el injusto siga haciendo injusticias, que el impuro siga siendo impuro, que el justo siga practicando la justicia, y que el que es santo siga guardándose santo.

12 He aquí, yo vengo pronto, y mi recompensa está conmigo para recompensar a cada uno según sea su obra.

13 Yo soy el Alfa y la Omega, el primero y el último, el principio y el fin.

14 Bienaventurados los que lavan sus vestiduras para tener derecho al árbol de la vida y para entrar por las puertas a la ciudad.

15 Afuera están los perros, los hechiceros, los inmorales, los asesinos, los idólatras y todo el que ama y practica la mentira.

16 Yo, Jesús, he enviado a mi ángel a fin de daros testimonio de estas cosas para las iglesias. Yo soy la raíz y la descendencia de David, el lucero resplandeciente de la mañana.

17 Y el Espíritu y la esposa dicen: Ven. Y el que oye, diga: Ven. Y el que tiene sed, venga; y el que desea, que tome gratuitamente del agua de la vida.

18 Yo testifico a todos los que oyen las palabras de la profecía de este libro: Si alguno añade a ellas, Dios traerá sobre él las plagas que están escritas en este libro;

19 y si alguno quita de las palabras del libro de esta profecía, Dios quitará su parte del árbol de la vida y de la ciudad santa descritos en este libro.

20 Él que testifica de estas cosas dice: Sí, vengo pronto. Amén. Ven, Señor Jesús.

21 La gracia del Señor Jesús sea con todos. Amén.

6-7 La sección final del apóstol repasa y resume los mensajes centrales del libro. Apropiadamente, el guía angélico del apóstol Juan comienza atestiguando que **estas palabras son fieles y verdaderas**, acordes con el carácter de su autor (1:5, 3:14; 19:11; cf. 19:9; 21:5); no pueden dejar de cumplirse. **Y el Señor, el Dios de los espíritus de los profetas, envió a su ángel para mostrar a sus siervos las cosas que pronto han de suceder**. La palabra espíritus aquí puede referirse a los «siete Espíritus» (cf. 1:4; 4:5), es decir, al Espíritu Santo en su múltiple operación a través de los profetas (cf. 19:10: «el espíritu de la profecía»), pero también es posible entender la expresión en el sentido de

1Corintios 14:32: el espíritu de cada profeta en particular. En cualquier caso, el apóstol Juan ha subrayado repetidamente a lo largo de su profecía que «todo el pueblo del Señor es **profeta**» en esta época, al haber ascendido con Cristo a la cámara del concilio celestial. La función del libro de Apocalipsis es la de un «memorándum» oficial a todos los miembros del concilio, diciéndoles lo que necesitan saber respecto a los acontecimientos inminentes. El mensaje coherente de todo el libro es que las cosas de las que habla— el final definitivo del Antiguo Pacto y el firme establecimiento del Nuevo— están a punto de cumplirse, irrevocablemente destinadas a tener lugar **pronto**.

Hablando en nombre de Cristo, el ángel repite el tema de la profecía, subrayando su inmediatez: **He aquí yo vengo pronto** (cf. 1:7; 2:5, 16; 3:11; 16:15); de hecho, la palabra *ven* o *venida* (*erchomai*) se utiliza siete veces solo en el capítulo 22: «La *frecuencia* de la seguridad que ahora tenemos ante nosotros, muestra con qué seriedad fue hecha».[736] Nuestro estudio del Nuevo Testamento se desvía drásticamente si no tenemos en cuenta la expectativa apostólica de una inminente venida de Cristo (no la segunda venida) que destruiría «esta generación» de Israel y establecería plenamente la Iglesia del Nuevo Pacto. Este mensaje no debía tomarse a la ligera, y hay una advertencia implícita en la sexta bienaventuranza de Apocalipsis, una promesa que se hace eco de la primera (1:3): **Bienaventurado el que guarda las palabras de la profecía de este libro**. Una vez más, el apóstol Juan insiste en la respuesta ética de su audiencia a las verdades que ha escuchado. Les ha dado mandamientos que deben obedecer (cf. v. 14), no solo explícita sino implícitamente: Ha revelado la actividad del cielo como modelo para la vida en la tierra (cf. Mt. 6:10).

8-9 El apóstol Juan subraya que él, el apóstol, es quien **oyó y vio estas cosas** (cf. su lenguaje similar en 1Juan 1:1-3; 4:14). **Y cuando oí y vi, me postré para adorar a los pies del ángel que me mostró estas cosas. Y me dijo: No hagas eso; yo soy consiervo tuyo y de tus hermanos los profetas y de los que guardan las palabras de este libro. Adora a Dios.** Como en 19:10, es la declaración angélica de una bienaventuranza lo que hace que el apóstol Juan se postre en reverencia ante el mensajero. Como vimos en aquel pasaje, el apóstol Juan no estaba ofreciendo adoración divina al ángel, sino honra a un superior. Aun así, en la era del Nuevo Pacto eso ya no es apropiado. La superioridad angélica sobre el hombre solo debía ser temporal, un recurso después de que Adán perdiera su responsabilidad como guardián del santuario (Gén. 2:15; 3:24). Ahora que Cristo ha ascendido al trono, su pueblo son los santos, con acceso al santuario como consejeros y confidentes de Dios; de hecho, dice el apóstol Pablo, los santos están destinados a gobernar no solo al mundo, sino también a los ángeles (1Co. 6:1-3). El ángel, aunque exaltado y poderoso, no es más que un **consiervo** del apóstol y de sus **hermanos los profetas**, los demás miembros de la Iglesia cristiana, todos los **que guardan las palabras de este libro**. El creyente es miembro del concilio celestial, y puede **adorar a Dios** cara a cara (cf. v. 4). Una vez más, esto demuestra que las bendiciones enumeradas en estos capítulos finales no están reservadas solo para la consumación, sino

---

[736] Moses Stuart, *Commentary on the Apocalypse*, 2 vol. (Andover: Allen, Morrill, and Wardwell, 1845), vol. 2, p. 390.

que ya han sido concedidas al pueblo de Dios; de lo contrario, el ángel habría aceptado el acto de reverencia del apóstol. Tenemos acceso directo al trono de Dios.

Que este incidente tuviera que ser repetido casi palabra por palabra demuestra tanto la centralidad de esta preocupación para el apóstol, como lo difícil que es para nosotros aprenderla. Bien puede decirse que la enseñanza más importante de Apocalipsis es que Jesucristo ha ascendido al trono; y la segunda lección más importante es que nosotros hemos ascendido al cielo con Él.

10 También me dijo: No selles las palabras de la profecía de este libro, porque el tiempo está cerca. De nuevo el ángel insiste en la inminencia del cumplimiento de la profecía. Por esta razón se prohíbe al apóstol Juan sellar las palabras del libro. Ya hemos tenido ocasión (en 10:4) de contrastar esto con la orden a Daniel de «guarda en secreto estas palabras y sella el libro hasta el tiempo del fin» (Dan. 12:4). Como su profecía se refería a un futuro lejano, se ordenó a Daniel que la sellara; como la profecía del apóstol Juan se refiere a un futuro inminente, se le ordena que la suelte. «De hecho, estos son los mismos días para los que escribió Daniel, y el apóstol Juan ha sido inspirado para 'develarlo'».[737]

11 Que el injusto siga haciendo injusticias, que el impuro siga siendo impuro, que el justo siga practicando la justicia, y que el que es santo siga guardándose santo. La gran batalla del siglo I estaba llegando a su clímax, y el ángel hace un llamamiento a la diferenciación de justos e impíos, a la consecución de una «autoconciencia epistemológica» mediante diferentes respuestas a la gracia de Dios;[738] constituye una oración «para que el mundo salga blanco y negro, de modo que esté maduro para el juicio».[739] La autoconciencia en ambos bandos de la contienda es siempre un preludio del juicio (cf. Ez. 3:27: «El que oye, que oiga; el que rehúse oír, que rehúse»).

12-13 El Señor promete de nuevo la inminencia de su juicio venidero sobre Israel y la liberación de su Iglesia: **He aquí, yo vengo pronto, y mi recompensa está conmigo para recompensar a cada uno según sea su obra** (2:23; 20:12-13). Cristo había prometido que este sería el resultado de su venida en el siglo I de su reino (Mt. 16:27-28). Confirmando la promesa con un juramento, él jura por sí mismo como el Señor de la historia, el controlador soberano de todas las cosas: **Yo soy el Alfa y la Omega, el primero y el último, el principio y el fin.**

14 Siguiendo hablando a través del ángel, Cristo pronuncia la séptima bienaventuranza de Apocalipsis: **Bienaventurados los que lavan sus vestiduras**; el participio presente subraya el deber permanente de obediencia. Dios no exige una única profesión de fe, sino una vida continua de arrepentimiento y confesión de Cristo. La obediencia caracteriza a los redimidos, como declara el apóstol Juan en otro lugar:

---

[737] Austin Farrer, *The Revelation of St. John the Divine* (Oxford: At the Clarendon Press, 1964), p. 225.
[738] Véase Gary North, «Common Grace, Eschatology, and Biblical Law», apéndice C (abajo).
[739] Farrer, p. 225.

> Y en esto sabemos que hemos llegado a conocerle: si guardamos sus mandamientos. El que dice: Yo he llegado a conocerle, y no guarda sus mandamientos, es un mentiroso y la verdad no está en él; pero el que guarda su palabra, en él verdaderamente el amor de Dios se ha perfeccionado. En esto sabemos que estamos en Él. El que dice que permanece en Él, debe andar como Él anduvo. (1Jn. 2:3-6)

Sólo estos tienen **derecho al árbol de la vida** (prometida a los vencedores en 2:7) **y para entrar por las puertas a la ciudad** (prometida a los vencedores en 3:12). Una vez más, debemos señalar que las naciones de la tierra entrarán en la ciudad (21:24-26), lo que significa que las naciones y sus gobernantes se caracterizarán por la justicia, por la fe conquistadora del mundo del vencedor.

15 Cristo proporciona otro catálogo (cf. 21:8), esta vez séptuple, de los excluidos de la bendición, desterrados **fuera de** la ciudad, a la *Gehenna* de fuego (Is. 66:24; Mc. 9:43-48). En primer lugar, se mencionan **los perros**, carroñeros a los que se mira con asco y repugnancia en toda la Biblia (cf. Prov. 26:11). En Deuteronomio 23:18, los sodomitas son llamados «perros»[740] y Cristo equiparó a los perros con las naciones inmundas (Mc. 7:26-28). El apóstol Pablo aplica el término, en lo que debió de ser una referencia chocante, a *la falsa circuncisión*, los judíos que habían traicionado el pacto al rechazar a Cristo (Fil. 3:2) y se habían unido así a los paganos y a los pervertidos. Esa es probablemente la referencia aquí (cf. 2:9; 3:9). Dios no da lo santo a los perros (Mt. 7:6). Las otras categorías mencionadas en este versículo, **los hechiceros, los inmorales, los asesinos, los idólatras y todo el que ama y practica la mentira**, también se enumeran en 21:8, 27. Los cristianos han renunciado a todas estas acciones impías por su bautismo a una vida nueva.

16 Yo, Jesús, he enviado a mi ángel a fin de daros testimonio de estas cosas para las iglesias; la palabra **vosotros** es plural, lo que significa que el Señor se dirige directamente a la audiencia del apóstol Juan; y el mensaje es para **las iglesias** en general («todos los santos», v. 21). Cristo repite la lección de 5:5, que Él es el portador del Nuevo Pacto, la «carta para la humanidad» por la que todas las naciones serán bendecidas: **Yo soy la raíz y la descendencia de David**, tanto la fuente como la culminación de la línea davídica. Hengstenberg comenta: «Porque Jesús es la raíz, es también el linaje de David. *Sólo en él se conserva el linaje,* que de otro modo habría desaparecido sin dejar rastro. El linaje de David es más que su descendencia; indica que el linaje de David, de no ser por Cristo, habría dejado de existir. El linaje de David se presenta aquí en relación con la fuerza inconquistable y el dominio eterno que Dios le ha prometido (cf. Lc 1:32-33). Lo que testifica, en quien culmina el glorioso linaje de David, se cumplirá con toda seguridad».[741]

---

[740] Véase Rousas John Rushdoony, *The Institutes of Biblical Law* (Nutley, Nueva Jersey: The craig Press, 1973), p. 89s.

[741] E. W. Hengstenberg, *The Revelation of St. John*, 2 vol., trad. Patrick Fairbairn (Cherry Hill, Nueva Jersey: Mack Publishing Co., n. d.), vol. 2, p. 373.

En Números 24:17, Balaam profetizó sobre Cristo bajo los símbolos de una estrella y un cetro; el cetro de Cristo se promete al vencedor en Tiatira (2:26-27), en alusión al Salmo 2:8-9; luego, al continuar la promesa al vencedor, Cristo se ofrece como **el lucero resplandeciente de la mañana** (2:28), y esa promesa se repite aquí, en parte para complementar la promesa de luz del versículo 5, y en parte en consonancia con otras conexiones que este pasaje comparte con las cartas tanto a Pérgamo (la mención de la idolatría y la alusión a Balaam) como a Tiatira (la mención de la brujería y la fornicación).

17 Y el Espíritu y la esposa dicen: Ven. Se trata de una oración a Jesús, en la que el Espíritu inspira a la esposa para que le llame (cf. Cant. 8:14: «¡Date prisa, amado mío!») para que venga en salvación y juicio, igual que los cuatro seres vivientes llamaron a los cuatro jinetes (6,1, 3, 5, 7). A continuación, se expone la respuesta litúrgica: **Y el que oye, diga: Ven.** Por último, se invierte la expresión (cf. 3:20-21, donde Cristo primero pide cenar con nosotros y luego nos invita a sentarnos con Él), pues la certeza de la venida de Cristo a nosotros en la salvación nos permite acudir a Él en busca del agua de la vida: **Y el que tiene sed, venga; y el que desea, que tome gratuitamente del agua de la vida**. La expresión **gratuitamente** es *dōrean*, que significa *como un regalo*, usada por Cristo en una referencia particularmente reveladora: «Me odiaron *sin causa*» (Jn. 15:25). Nuestra salvación es gratuita, «sin causa» en lo que se refiere a nuestros propios méritos; su fuente y su razón están enteramente en Él, y en absoluto en nosotros. Somos «justificados *gratuitamente* por su gracia por medio de la redención que es en Cristo Jesús» (Rom. 3:24).

18-19 Ahora Jesús declara lo que muchos consideran las palabras más solemnes y aterradoras de toda la profecía: **Yo testifico a todos los que oyen las palabras de la profecía de este libro: Si alguno añade a ellas, Dios traerá sobre él las plagas que están escritas en este libro; y si alguno quita de las palabras del libro de esta profecía, Dios quitará su parte del árbol de la vida y de la ciudad santa descritos en este libro.** (cf. Dt. 4:2; 12:32; 29:20).[742] Rushdoony comenta: «En un sentido muy real, Apocalipsis concluye la Escritura. Habla deliberadamente como palabra final. Moisés, en Deuteronomio 4:2, declaró: 'No añadiréis nada a la palabra que yo os mando, ni quitaréis nada de ella…' Las *palabras* debían ser añadidas por otros, pero la revelación sería una *palabra* inmutable. Ahora, con la conclusión de la Escritura, se prohíbe añadir o quitar las 'palabras' del libro; ya no se pueden añadir palabras. El paralelo y la alteración autoconscientes son demasiado obvios para ser accidentales. Se han dado las últimas palabras de la palabra inmutable».[743]

20-21 El que testifica de estas cosas, el testigo fiel y verdadero, dice: **Sí, vengo pronto.** En esta liturgia de clausura, la Iglesia responde: **Amén. Ven, Señor Jesús.** La Iglesia pide juicio; pide específicamente a su Señor que venga (*¡Maranata!*), trayendo *Anatema* para

---

[742] Parece muy extraño que, de todos los lugares, estos dos versículos tengan alguna variante de lectura; sin embargo, de hecho, ¡no hay una, sino al menos trece puntos separados en disputa! Véase Zane C. Hodges y Arthur L. Farstad, eds., *The Greek New Testament According to the Majority Text* (Nashville: Thomas Nelson Publishers, 1982).

[743] Rousas John Rushdoony, *Thy Kingdom Come: Studies in Daniel and Revelation* (Tyler, Texas; Thoburn Press, [1970] 1978), p. 225. Cursivas añadidas.

todos sus enemigos (1Co. 16:22), pero con gracia para todos los santos. Como vimos en 3:14, la conocida palabra *Amén* es un juramento, una invocación sobre uno mismo de las maldiciones del pacto, y un solemne reconocimiento de que no tendríamos gracia alguna de no ser porque Jesucristo es nuestro «amén», que sufrió la maldición por nosotros. Por eso, como exhortaba Ambrosio: «Lo que habla la boca, que lo confiese la mente interior; lo que pronuncia la lengua, que lo sienta el corazón».[744]

---

[744] Ambrosio, *Sobre los misterios*, 54.

CONCLUSIÓN:
LAS LECCIONES DE APOCALIPSIS

Si Apocalipsis es ante todo una profecía para la Iglesia del siglo I, ¿tiene algún valor para los cristianos de hoy? De hecho, esa pregunta se nos plantea en relación con todos los libros de la Biblia, no solo con Apocalipsis, ya que todas las Escrituras fueron escritas «a» alguien, y no «para» nosotros. Pero el apóstol Pablo enunció un principio fundamental de la interpretación bíblica: «Toda Escritura es inspirada por Dios y útil para enseñar, para reprender, para corregir, para instruir en justicia, a fin de que el hombre de Dios sea perfecto, equipado para toda buena obra» (2Tim. 3:16-17). El juicio de Dios sobre Israel por su desobediencia puede ocurrirnos también a nosotros, si no perseveramos en la fe y en las obras. Si incluso Israel pudo ser quebrantado del pacto del árbol de la Vida, nosotros también podemos: «Muy cierto; fueron desgajadas por su incredulidad, pero tú por la fe te mantienes firme. No seas altanero, sino teme; porque si Dios no perdonó a las ramas naturales, tampoco a ti te perdonará. Mira, pues, la bondad y la severidad de Dios; severidad para con los que cayeron, pero para ti, bondad de Dios si permaneces en *su* bondad; de lo contrario también tú serás cortado. Y también ellos, si no permanecen en *su* incredulidad, serán injertados, pues poderoso es Dios para injertarlos de nuevo» (Rom. 11:20-23).

Por tanto, Apocalipsis contiene lecciones permanentes para la Iglesia de todas las épocas. He resumido algunas de estas lecciones a continuación, proporcionando referencias a las páginas del comentario donde se tratan. Lo que sigue no debe tomarse como una lista exhaustiva, sino como un esbozo para el estudio y la revisión temáticos.

La interpretación de la profecía

El objetivo de la profecía no es una simple «predicción», sino un llamado a una vida ética según las normas de Dios (p. 11). Por tanto, no es «historia escrita de antemano» (pp. 39-72). Nuestra norma para interpretar la profecía debe ser la propia Biblia (pp. 67-72). Apocalipsis está escrito en «señales», es decir, símbolos (p. 59). El simbolismo es ineludible;

de hecho, todo es simbólico (pp. 62-63). El simbolismo es analógico, no realista; es fluido, no un «código» (pp. 63-64). Los controles primarios sobre la especulación indebida deben ser la fidelidad al sistema bíblico de doctrina y la fidelidad al sistema bíblico de simbolismo (pp. 65-66).

El libro de Apocalipsis

Apocalipsis tiene un enfoque contemporáneo; no trata de la segunda venida (pp. 67-70), sino de la inauguración de la era del Nuevo Pacto durante los últimos días— el período 30-70 d.C., desde la ascensión de Cristo hasta la caída de Jerusalén (p. 77). Escrito en algún momento de la última década de la historia de Israel (pp. 39-43) en la forma distintiva del litigio de pacto bíblico (pp. 39-72, 75-76, 103, 145-48, 235-28, 329-332), sus principales profecías iban a cumplirse en breve (p. 77-95). La profecía estaba destinada a ser leída en el marco litúrgico de las iglesias del siglo I (p. 80), y así comienza con las siete cartas a las iglesias de Asia Menor. Cada carta recapitula la estructura en cinco partes de los pactos bíblicos históricos (pp. 103-104). En conjunto, las cartas recapitulan toda la historia del pacto, desde Adán hasta Cristo (pp. 104-105); y también prefiguran toda la estructura del Apocalipsis (pp. 106-107). Los siete sellos exponen el período de los últimos días en general (p. 175); las siete trompetas advierten de la tribulación, hasta el primer asedio de Jerusalén bajo Cestio (pp. 229-236, 258); y las siete copas revelan el derramamiento final de la ira de Dios sobre Jerusalén y el templo en 67-70 d.C. (pp. 255-256).

Apocalipsis se escribe para confortar e instruir a las iglesias plagadas y oprimidas por una forma ocultista, gnóstica y estatista de judaísmo apóstata que se había apoderado de la jerarquía religiosa de Israel (pp.109, 116-121, 122-128). El apóstol Juan llama a este movimiento con diversos nombres simbólicos— «nicolaítas», «balaamitas», «jezabelitas» y «la sinagoga de Satanás»— pero todas estas expresiones se refieren a la misma secta (Véase capítulos 2 y 3).

El significado de los principales símbolos de Apocalipsis puede resumirse como sigue:

El libro de los siete sellos es el Nuevo Pacto, que Cristo obtuvo en su gloriosa ascensión y «abrió» durante el período de los últimos días, que culminó con la destrucción de Jerusalén (cap. 5). (El «librito», que explica el libro de los siete sellos, es el Apocalipsis al apóstol Juan: cap. 6) La multitud sellada de 144.000 es el remanente, los judíos creyentes del primer siglo (caps. 7 y 14), el núcleo de la multitud innumerable de los redimidos de todas las naciones (cap. 7). Los «dos testigos» representan a la Iglesia fiel del Antiguo Pacto, «la ley y los profetas» ejemplificados en Moisés y Elías, que culminan en el testimonio de Juan el precursor (cap.11). La mujer vestida de sol es el Israel fiel, la madre de Cristo (cap. 12). A pesar de la ira del dragón, el Mesías asciende para gobernar el cielo y la tierra desde el trono (cap. 12). La derrota de Satanás por Cristo en su vida, muerte y resurrección es representada por la ofensiva «guerra en el cielo» de Miguel contra el dragón (cap.12).

La bestia del mar es el Imperio romano, encarnado en Nerón César (cap. 13); la bestia de la tierra (también llamada el falso profeta) es el liderazgo religioso de Israel (cap. 13); y la imagen de la bestia es la sinagoga judía apóstata (cap. 13). Babilonia, la gran ciudad ramera, es la antigua Jerusalén apóstata (caps.14, 16, 17). La nueva Jerusalén, la ciudad novia pura, es la Iglesia (caps. 19 y 21), que celebra su cena de bodas con el Cordero en la Eucaristía, la Fiesta de la Comunión (cap. 19); luego sigue a su Señor, que, como Verbo de Dios, conquista todas las naciones por el Evangelio (cap. 19).

Satanás fue atado en la primera venida de Cristo y así se le impidió instigar prematuramente la guerra escatológica. El «Milenio» es el reino de Cristo, que comenzó en la resurrección/ascensión y continúa hasta el fin del mundo. El «cielo y la tierra nuevos» son una imagen de la salvación: introducidos definitivamente por la obra acabada de Cristo, se desarrollan progresivamente a lo largo de la época actual y llegan finalmente, en plenitud absoluta, en la consumación de todas las cosas.

El Israel del Antiguo Pacto

Todos los pactos bíblicos fueron recreaciones provisionales, que esperaban la nueva creación definitiva: el Nuevo Pacto. El significado de la historia de Israel es el nacimiento del hijo varón, Jesucristo. Los creyentes del Antiguo Pacto llevaban el testimonio de Cristo. La guerra entre la simiente de la mujer y la simiente de la serpiente alcanzó su clímax en la cruz y la resurrección. El Israel incrédulo fue excomulgado; y ahora los gentiles están entrando en el Nuevo Pacto, Israel nunca tendrá una identidad de pacto aparte de la Iglesia (p. 269), pues la religión del Antiguo Pacto no puede ser revivida; la salvación es ahora solo con Cristo y la Iglesia.

La resurrección y ascensión de Cristo y el reino del Nuevo Pacto

La meta del advenimiento de Cristo fue su gloriosa ascensión al trono celestial — su definitiva «venida en las nubes». Mediante su resurrección y entronización, derrotó al diablo y destruyó sus obras, abriendo el cielo a todos los creyentes. Habiendo sido inaugurado en su primera venida, Cristo es el gobernante de todos los reyes de la tierra; su reino ha comenzado y continúa ahora.

La victoria definitiva de Jesucristo nos da un dominio progresivo. Su resurrección es la primera resurrección, de la que participan todos los creyentes. El reino es la era de la regeneración, que se caracterizará por la justicia. Todos los cristianos son sacerdotes reales, que ministran y reinan tanto en el cielo como en la tierra.

La ascensión de Cristo abrió el Nuevo Pacto, la nueva creación del cielo y la tierra—una descripción de nuestra herencia presente y futura. La nueva Jerusalén es la ciudad del reino, la Iglesia: La esposa de Cristo ahora y siempre. Así como el Antiguo Pacto fue la era de la noche (relativa), el Nuevo Pacto es la era del día, pues el mundo pasa escatológicamente de las tinieblas a la luz. El Nuevo Pacto es, pues, la «era venidera» prometida.

Los cristianos ortodoxos están de acuerdo en que el reino de Cristo va de

su ascensión al fin del mundo. El cristianismo ortodoxo es a la vez amilenialista y postmilenialista: En efecto, aunque el cristianismo siempre ha sido firmemente antirrevolucionario, también ha sido muy optimista en cuanto al poder del Evangelio para convertir a las naciones del mundo. Por tanto, el cristianismo ortodoxo no es «pluralista» con respecto al reino, pues sostiene que todos los hombres, naciones e instituciones deben inclinarse ante el Señor Jesucristo, obedeciendo sus mandatos en todos los ámbitos de la vida y el pensamiento.

El judaísmo y la caída de Jerusalén

El principal enemigo de la Iglesia en tiempos del Nuevo Testamento era el judaísmo apóstata. El judaísmo del siglo I no era una simple continuación de la religión del Antiguo Pacto, sino una religión apóstata, que negaba tanto el Antiguo como el Nuevo Testamento, promovía la herejía de la salvación a través del caos, cometía idolatría al sustituir al creador por la creación. El rechazo de Israel a Cristo corrompió al resto del mundo, convirtió las bendiciones de Dios en maldiciones y la condujo a la esclavitud del ocultismo y el estatismo. Las metáforas bíblicas habituales de la ruptura del pacto son la fornicación y el adulterio; así, la Jerusalén apóstata es representada como la gran ramera, la corruptora del mundo. Los judíos incrédulos no son, por tanto, el pueblo elegido de Dios.

El mayor privilegio de Israel significaba mayor responsabilidad y, por tanto, mayor juicio. Después de que el Evangelio fuera predicado a todo el mundo, Dios derramó la Gran Tribulación de 67-70 d.C. sobre la Jerusalén apóstata y su templo, en respuesta directa a las oraciones de su Iglesia. La destrucción de Jerusalén fue la señal para Israel y el mundo de que el Hijo del Hombre reina ahora en el cielo; y fue el acto final necesario para dar comienzo al Nuevo Pacto. Cristo instauró la era de la justicia tras la caída de Jerusalén; la salvación del mundo llegó a través de la caída de Israel; de hecho, la caída de Israel acabará provocando su propia conversión. El único camino de salvación, para judíos y gentiles, está en Jesucristo.

La Iglesia

Sólo hay un pacto de gracia, que opera a través de diferentes administraciones. Con la llegada del Nuevo Pacto, la gloria de Dios se trasladó del templo a la Iglesia, y judíos y gentiles creyentes se unieron en un solo cuerpo en Jesucristo. La Iglesia es el verdadero, la sinagoga escatológica; como tal, ya no está atada a la Jerusalén terrenal, sino multicentralizada en todo el mundo. En el Antiguo Pacto, el mundo se había organizado en torno a la antigua Jerusalén; la Iglesia es la nueva Jerusalén, la ciudad de Dios, y por eso ahora el mundo se organiza en torno a la Iglesia. No podemos tener a Dios por Padre si no tenemos a su Iglesia por madre. La santificación del pueblo de Dios se lleva a cabo por medio de la Iglesia, a través de su ministerio y sus sacramentos.

La Iglesia ascendió al cielo con Cristo, y ahora «tabernaculiza» en el cielo, con los santos y los ángeles. Un santo es alguien que tiene privilegios de santuario; todos los cristianos a través de la ascensión tienen acceso al santuario. Los cristianos y los ángeles están ahora al mismo nivel como miembros del concilio celestial: Todos los cristianos son profetas, ven a Dios cara a cara.

La Iglesia es la recreación definitiva del mundo, el Nuevo Pacto; es la ciudad sobre un monte, la luz del mundo. De sus puertas brotará la salvación para convertir al mundo. Todas las naciones afluirán a ella con los frutos de su cultura; de hecho, los gobernantes tienen el deber de sostener a la Iglesia. Cuando los estados renuncian a su responsabilidad e intentan destruir a la Iglesia, tal persecución nunca es meramente «política»; siempre es religiosa. La persecución de Satanás contra la Iglesia no es un signo de su poder, sino que ataca a la Iglesia precisamente porque Jesucristo ya le ha derrotado. Por tanto, la Iglesia será preservada a través de todas sus tribulaciones, y vencerá gloriosamente toda su oposición. Por lo tanto, no hay excusa para el fracaso: Cristo condena a las Iglesias ineficaces.

El templo celestial, arquetipo del tabernáculo y del templo de Israel, ha sido heredado por la Iglesia. Puesto que la voluntad de Dios debe cumplirse en la tierra como en el cielo, la actividad angélica es el modelo de la nuestra; en particular, los ángeles corresponden a los pastores/obispos de la Iglesia, y sus actividades de juzgar/gobernar deben ser imitadas por sus homólogos terrenales.

Culto

El Nuevo Pacto dio lugar inevitablemente a un cántico nuevo: la liturgia del Nuevo Pacto. (El sesgo antilitúrgico es esencialmente de carácter pagano y musulmán, no bíblico). El día de culto cristiano, «el día del Señor», es la ejecución litúrgica del día del Señor; por eso el libro de Apocalipsis ha marcado históricamente la pauta del culto de la Iglesia. El culto bíblico es colectivo, responsivo y ordenado: Esto requiere una liturgia formal. Cada semana, en el día del Señor, la Iglesia que adora sigue a Cristo en su ascensión al cielo; los ángeles están presentes en nuestro culto porque la Iglesia está en la corte del cielo. Todo lo que hacemos en el culto tiene un significado cósmico: Según el modelo de las Escrituras, nuestra oración pública debe realizarse en una postura física reverente; e incluso nuestro simple Amén se considera un juramento legal. A causa de la ascensión, todos los cristianos son profetas, miembros del concilio consultivo de Dios. La Iglesia fiel ora oraciones imprecatorias contra sus opresores, y Dios trae juicios sobre la tierra en respuesta a los gritos de justicia de la Iglesia.

El culto debe centrarse en Jesucristo. Esto significa la celebración semanal de la Eucaristía, el corazón del culto cristiano. La Eucaristía es el centro de la vida, y debe dar «forma» a todo lo demás que hacemos.

Dominio

El mandato de dominio, la tarea que Dios asignó a Adán, se cumplirá con el triunfo del Evangelio en todo el mundo. Los cristianos gobiernan con Cristo en su reino ahora, en esta época, y el cristianismo está destinado a apoderarse de todos los reinos de la tierra. Dios ha concedido a su pueblo una «concesión del pacto» para tomar posesión y ejercer dominio sobre su creación. Por tanto, a todos los cristianos se les ordena vencer la oposición; y, de hecho, todos los cristianos son vencedores. El poder político, sin embargo, no es lo primero; hay que resistir la tentación de aferrarse a él prematuramente. La Iglesia debe tomar la iniciativa en la lucha contra las fuerzas del mal— debe atacar y no solo defender— y tendrá éxito. Debe orar, esperar y alegrarse de la derrota de sus enemigos. Dios dará a su Iglesia tiempo suficiente para cumplir su misión.

La conversión del mundo

En su mayor parte, el mundo sigue siendo precristiano, no postcristiano. Jesucristo vino a salvar al mundo, y su resurrección y ascensión garantizan el triunfo del Evangelio. Cristo está destinado a herir y conquistar a todas las naciones con su Palabra. Su cruz, el árbol de la vida, sanará a todas las naciones, como lo establece simbólicamente la Fiesta de los Tabernáculos. La inmensa mayoría de la gente se salvará, e incluso la caída de Israel acabará en su conversión. La tendencia en la era del Nuevo Pacto es el juicio para salvación.

Salvación y vida cristiana

La doctrina de la «edad de responsabilidad» es un mito; todos los hombres son responsables ante Dios en cada momento de su existencia. Desde una perspectiva, el libro de la vida es una lista bautismal, un libro de registro del pacto del que se borra a los apóstatas; desde otra perspectiva, sin embargo, es la lista de miembros de aquellos que Dios ha elegido desde antes de la fundación del mundo. La Biblia enseña la perseverancia, no la «seguridad eterna». La perseverancia requiere fe en el justo gobierno de Dios sobre el mundo.

La Biblia no enseña la salvación por obras, pero sí la condenación por obras. Somos justificados solo por la fe; pero la verdadera fe nunca está sola. La riqueza es un resultado del reino de Dios; perseguirla al margen de Cristo es idolatría. El cristianismo no nos exime del sufrimiento, sino que nos capacita para superarlo. El sufrimiento no produce piedad; solo la gracia de Dios la produce. Nuestros sufrimientos tienen dos finalidades: o nos prueban o nos mejoran (pp. 236-37). Dios está más que dispuesto a responder a nuestras oraciones; nuestro problema es que no oramos. Dios tiene sus secretos, pero nos ha revelado lo que necesitamos saber para obedecerle.

La salvación es la victoria de Dios sobre sus enemigos, en este mundo y en el otro. La salvación redime tanto al individuo como a la comunidad en la ciudad de Dios. Toda la vida y la cultura fluyen de un centro religioso. El cristianismo se aplica a todos los ámbitos de la vida; renueva el mundo.

Dios y su mundo

En el sentido más absoluto, Dios es independiente de su creación. La unidad y la diversidad del orden creado son reflejos de la Trinidad, en la que unidad y diversidad son igualmente últimas. Dios conoce el futuro porque lo ha planeado. El sentido de la predestinación es que todos los hechos son hechos creados, cuyo sentido está predeterminado e interpretado totalmente por Dios. Lo contrario de la predestinación no es la libertad, sino la falta de sentido. Aunque Dios no es responsable del pecado, nada ocurre fuera de su control.

La creencia en una «Ley Natural» autónoma es la forma moderna de baalismo. Nada en la creación es autónomo; todas las cosas son personales y están centradas en Dios. Dios gobierna su creación directa y personalmente. El orden mismo de las constelaciones manifiesta la gloria de Dios. Dios es Rey de las naciones y se sirve de ellas para cumplir sus propósitos; gobierna incluso a los ejércitos paganos de la tierra. Los juicios del mundo proceden, directa y personalmente, de su trono. Dios impone restricciones a la maldad del hombre; sin ellas no habría límites para el odio y la guerra. Dios aplica sus normas de justicia al mundo, exigiendo múltiples restituciones.

Las últimas cosas

El diablo no es dueño de sí mismo; en última instancia, está gobernado por Cristo. Cuando Dios decida liberarlo, Satanás traerá la guerra final al final de la historia, pero esta última rebelión será aplastada inmediatamente. Ambos bandos, los justos y los malvados, madurarán hasta el final; esto se llama autoconciencia epistemológica.

El cristianismo ortodoxo siempre ha defendido una futura segunda venida de Cristo y el juicio final de Dios sobre el mundo. La Biblia no enseña un universalismo absoluto; algunas personas nunca se convertirán y perecerán eternamente. Todos los que estén fuera de Cristo serán arrojados al castigo eterno.

Dios es el gran rey-guerrero: vence a sus enemigos y utiliza el botín de la victoria para construir su templo (cap. 21). Se cumplirá el mandato de dominio, y la tierra será completamente «celestializada» (cap. 21). La salvación abolirá la maldición (cap. 22), y promete no solo que el paraíso será restaurado, sino que será completamente consumado (cap. 14): Lo que ganamos en Cristo es mucho más de lo que perdimos en Adán (cap. 22). Los cristianos reinarán con Cristo, no solo durante un «milenio», sino para siempre (cap. 22).

CRISTUS VINCIT
CRISTO REGNAT
CRISTO IMPERAT

APÉNDICES

APÉNDICE A

EL SIMBOLISMO LEVÍTICO EN APOCALIPSIS

PHILIP CARRINGTON

A menudo se ha señalado el carácter litúrgico de las secciones de *Apocalipsis*, pero no he visto ningún intento de estudiar y dilucidar el andamiaje litúrgico en el que se construyen las visiones. El arzobispo Benson se acercó mucho a ello cuando trató el libro como un drama, y lo imprimió de modo que mostrara la estructura coral. Pero *Apocalipsis* no es un drama, sino una liturgia. Un drama trata del despliegue de la personalidad, y los actores en él deben usar sus propias personalidades para interpretarlo. En la liturgia, los hierofantes deben sumergir sus personalidades e identidades en el movimiento de toda la composición. Es un verdadero triunfo literario que un poema sostenido como *Apocalipsis* atrape la atención como lo hace sin la ayuda del interés humano en el carácter; y ese triunfo es de carácter litúrgico.

El autor de *Apocalipsis* frecuentaba el templo y amaba su liturgia; cuando cerraba los ojos en Éfeso, podía ver a los sacerdotes realizando sus tareas en el gran altar de los holocaustos. Esa visión constituye el trasfondo de todo el poema.

Me asombra encontrar tan pocas discusiones sobre el ritual del templo, no solo en relación con *Apocalipsis*, sino también en relación con el trasfondo palestino del Nuevo Testamento en general. El reciente avance en este estudio se ha centrado en la literatura escatológica y en la enseñanza oral de los rabinos; ha descuidado el templo, su sacerdocio y

---

Reimpreso de Philip Carrington, *The Meaning of the Revelation* (Londres: SPCK, 1931). No puedo recomendar todas las opiniones de Carrington— por ejemplo, su «hipótesis documental» al estilo JEDP sobre la autoría de Apocalipsis, y sus puntos de vista sobre la supuesta evolución y fecha tardía del texto— pero creo que su contribución general a nuestra comprensión del significado del apóstol Juan es muy valiosa y compensa con creces sus defectos. En lugar de manifestar mi desacuerdo cada vez que Carrington hace una afirmación objetable, me arriesgaré a esperar que el lector piense por sí mismo.

su culto. Pero en el período del Nuevo Testamento el sistema del templo era central; después de su destrucción los rabinos organizaron un nuevo judaísmo en líneas con formación fariseas. Pero era una nueva religión, no la antigua. La antigua religión murió en el año 70 d.C. y dio a luz a dos hijos; el mayor era el judaísmo moderno, sin templo ni sacerdote ni sacrificio; el menor era el cristianismo, que se enorgullecía de poseer las tres cosas.

Lo que une a *Hebreos* con *Apocalipsis* es su insistencia en este hecho. El cristianismo es el verdadero heredero de la antigua fe. A él han sido transferidos el sacerdocio y el sacrificio.

El nuevo culto universal

Cuando el apóstol Juan comenzó a publicar sus visiones, veinte años después de la caída de Jerusalén, una de sus principales tareas fue proporcionar un esquema o modelo para el culto cristiano. No cabe duda de que se propuso hacerlo consciente y deliberadamente; es más, tuvo éxito. La «anáfora», como se llama en Oriente a la oración de consagración de la Eucaristía, sigue el modelo que él estableció. El «canon» de la misa romana y la oración de consagración del Libro de Oración Común hacen lo mismo, aunque con menos fidelidad.

Parece razonable suponer que su trabajo litúrgico no se hizo al azar o con un espíritu teórico. La analogía sugiere que si la parte más antigua del libro reflejaba el culto de la antigua religión que había desaparecido, la parte más reciente reflejaría el de la nueva religión que había ocupado su lugar. Ahora bien, los capítulos iniciales 4 y 5, aunque pertenecen al período posterior de la inspiración del apóstol Juan, parecen estar construidos sobre una base de trabajo más antigua, en la que parecen haberse hecho los siguientes cambios: (1) un trono ocupa el lugar de un altar, y (2) se añaden veinticuatro ancianos en tronos. (Véase Charles, *ad. loc.*) Pero estos cambios corresponden a la imagen de la congregación cristiana de la época sugerida en los escritos de Ignacio (véase Rawlinson en *Foundations*, en «*The Origins of the Christian Ministry*» [«Los orígenes del ministerio cristiano»]). El trono de Dios representa la silla del obispo, y a su alrededor se agrupan los ancianos. El número se escoge debido a los veinticuatro cursos en los que se había dividido el sacerdocio hebreo (e incluso los levitas y el pueblo); podemos comparar la imagen del Sumo Sacerdote Simón en Eclesiástico 1 con su «guirnalda» de sacerdotes.

Por tanto, podemos estar seguros de que tenemos ante nosotros las disposiciones reales de la liturgia cristiana, que a su vez dependía de los orígenes hebreos.

Me he ocupado en el texto de los paralelismos entre los cuatro zoa [seres vivientes], las siete lámparas, el mar vidrioso, etc., y los querubines, el candelabro y el lavatorio del templo. En el apóstol Juan se aplican de diversas maneras al culto universal de toda la creación. Este culto universal encuentra su expresión en el Sanctus (Santo, Santo, Santo), que también se utiliza en las oraciones matutinas de la sinagoga, donde se asocia con el pensamiento de la creación; en *Apocalipsis*, la alabanza a Dios por su creación es pronunciada por los ancianos, que se postran al son del Sanctus.

Este es el «primer movimiento» de la anáfora, de la Eucaristía cristiana, en la que los hombres «se unen a los ángeles y arcángeles y a toda la compañía del cielo». La mayoría de las liturgias griegas muestran rastros del «axios» o «axion» (digno) de *Apocalipsis*; a bastante distancia se refleja en «Es justo y correcto (*justum et dignum*) hacerlo así».

Apocalipsis del apóstol Juan procede entonces a mostrarnos el Cordero tal como había sido inmolado para el sacrificio; y las liturgias cristianas le siguen narrando la vida y muerte de Cristo, y así conducen hasta la consagración y la ofrenda. La expresión 'de pie', que se aplica al Cordero, es una traducción de Tamid, el nombre técnico del cordero que se ofrecía cada mañana en el templo como holocausto entero. Era la «ofrenda permanente».

Le sigue la ofrenda del incienso, que representa la oración de intercesión, y luego viene el cántico nuevo. El cántico nuevo también se mencionaba en un himno que se usaba en el templo después de la matanza del cordero y antes del incienso. Me referiré a él más adelante.

La liturgia termina con alabanzas a Dios y al Cordero, y el canto del Amén, característico de la Eucaristía en este momento. Todas las liturgias siguen este esquema, y es a partir de aquí cuando varían. Las dos primeras partes del *Te Deum* siguen las mismas líneas de construcción.

Pasamos ahora al capítulo 7, versículos 9 a 17, un breve pasaje que también es obra del último período, anticipando el final del libro. Representa el culto de los mártires en el cielo.

La idea del martirio como sacrificio es tan antigua como el período macabeo, y tiene su origen en *Isaías* 53. El hombre que da su vida por Dios o por la patria es a la vez sacerdote y víctima; ofrece, pero lo que ofrece es a sí mismo. En *Apocalipsis*, su sacerdocio depende del de Cristo.

En el capítulo 1 se ha mostrado a Cristo como sacerdote y rey. Lleva la larga túnica blanca y el cinturón en el pecho; está de pie «en medio de» las siete lámparas; es decir, está en el santuario donde está el candelabro de siete brazos, y vestido como un sacerdote. Este lino simple lo vestía el Sumo Sacerdote en el Día de la Expiación. Al final de Apocalipsis, la misma figura sale del santuario con el mismo manto salpicado de sangre.

Los mártires también llevan vestiduras blancas, que se relacionan con la de Cristo por la afirmación de que están lavadas en la sangre del cordero; el mismo carácter mixto de sacerdote y víctima pertenece tanto a los mártires como a su señor; pero sus muertes se elevan al nivel del sacrificio por asociación con el suyo.

Los mártires ofrecieron sus cuerpos, y más que sus cuerpos: sus vidas, su valor, su *paciente resistencia*; este es el sacrificio vivo de *Romanos* 12, *santo, aceptable, su culto racional*. Dando a la palabra cuerpo este amplio sentido, bien podemos convenir en que las vestiduras blancas significan todo lo que los mártires ofrecieron a Dios, purificado ahora en la sangre del sacrificio perfecto.

Más adelante, las vestiduras blancas se denominan *lino fino*, que es material sacerdotal. En el texto del libro he comparado las palmas y el hosanna (salvación) con la entrada triunfal de Cristo en Jerusalén, su subida para ser sacrificado. Esta es solo una parte de una comparación más amplia. Ambas están relacionadas con el ritual de la Fiesta de los Tabernáculos, que tenía lugar en la época de la recolección, cuando llegaban la vendimia y todas las demás cosechas. En esta fiesta, los sacerdotes rodeaban el altar agitando palmas y cantando Hosanna; aquí los sacerdotes mártires están en el santuario agitando palmas y cantando Hosanna alrededor del trono que ha ocupado el lugar del altar.

El pensamiento de los tabernáculos se lleva más lejos en la afirmación de que Dios será *tabernáculo sobre ellos*; ellos mismos serán su tabernáculo o morada.

Nos dirigimos al final del libro para leer la cuarta y última sección que trata del culto cristiano. En 21:3 se retoma la última afirmación. Es, por extraño que parezca, una cita de

Levítico, donde se da a entender que el Dios santo morará en medio de un pueblo santo. Aquí se amplía para significar que los hombres en general constituyen el santuario de Dios; su tabernáculo está con ellos. El sustantivo y el verbo «tabernáculo» están relacionados con la shekina hebrea, la gloria visible de Dios que, según se dice, llenó el tabernáculo en el desierto y el templo cuando Salomón lo consagró. El apóstol Juan anuncia, por tanto, que el antiguo santuario local ha desaparecido, y que en adelante la presencia está con los hombres en general, y Dios se hace visible en ellos y a través de ellos.

La idea se desarrolla en el epílogo, que comienza con el versículo 9. Se repite primero en lenguaje simbólico. La ciudad santa tiene la gloria de Dios; su brillo es como la piedra de jaspe; en el capítulo 4 se dijo que Dios era como la piedra de jaspe, de modo que todo esto no hace sino repetir la afirmación anterior sobre el tabernáculo. La presencia «visible» de Dios está en esta ciudad. Sustituye al antiguo templo. Toda la ciudad está llena de la presencia, no solo una parte sagrada de ella. Incluso sus cimientos son de jaspe, es decir, divinos.

Las piedras preciosas de sus muros significan las almas elegidas en las que habita Dios; los doce cimientos son los apóstoles del Cordero. El oro claro y brillante de sus calles significa que el tabernáculo de Dios está construido con los puros de corazón; este simbolismo corresponde al de las vestiduras blancas.

No había santuario en ella; es decir, la presencia no está localizada. En ella no hay alternancia de luz y oscuridad; no es necesario calcular soles y lunas; vive en la luz perpetua de la presencia, No es necesario encender ninguna lámpara de siete brazos para que arda durante la noche; el Cordero es la lámpara.

A través de la vida de las almas elegidas en las que habita Dios, la luz brillará en el mundo. La comunidad de los elegidos está abierta de par en par; sus puertas nunca se cierran. No tiene distinciones nacionales. Los reyes de la tierra traen su gloria a ella; una referencia a los sacrificios ofrecidos por los emperadores romanos y otros en Jerusalén. El honor que dieron a ese santuario vendrá a este. Las aguas y los frutos del paraíso espiritual serán gratuitos para todos.

Ningún sacerdocio hereditario y monopolista tendrá la posesión exclusiva de este santuario y mediará entre Dios y su pueblo. Todos sus siervos estarán en su presencia, y cada uno de ellos será como el Sumo Sacerdote, y llevará su nombre en la frente. Visión universal abierta: sacerdocio universal abierto.

Este epílogo construye una imagen de la Iglesia católica en la que se contrasta en todos los puntos con el antiguo templo judío, y se muestra más gloriosa porque cada parte de ella está llena de la iluminación de la presencia que había sido confinada al Lugar Santísimo. El apóstol Juan evita deliberadamente todos los ornamentos del culto en el templo: túnicas blancas, fajas de oro, arpas, incienso, altar; todos han desaparecido. Obsérvese también su forma cuadrada, sus puertas y sus aguas vivas, todo ello tomado del templo de Ezequiel.

Sacrificio en el templo

Hemos repasado las adiciones posteriores al poema del apóstol Juan y hemos visto lo esclarecedor que resulta examinarlas desde el punto de vista litúrgico; pasemos ahora a las visiones más antiguas que se conservan dentro de este andamiaje.

Los capítulos 1 a 5 son material nuevo que constituye una introducción a este sistema más antiguo; y sin duda se encuentran en ellos elementos más antiguos. Ya he señalado cómo se ve al Sumo Sacerdote en la visión de Cristo en el capítulo 1, el santuario y sus ornamentos en el capítulo 4, y el cordero inmolado en el capítulo 5.

Permítanme ahora esbozar el curso del holocausto diario en el templo; puede dividirse de la siguiente manera:

1. La matanza del cordero.
2. La preparación de las ofrendas.
3. Intervalo para la oración.
4. Ofrenda de incienso.
5. La quema de la ofrenda.
6. Salmos, etc. El «grito».
7. Festejando el sacrificio: si es una ofrenda por el pecado.

1. *La matanza del cordero*. Cuatro acontecimientos tenían lugar simultáneamente: se tocaba tres veces la trompeta y se abrían las puertas del templo y las del santuario; en el mismo momento se mataba el cordero y su sangre era derramada contra el altar.

El apóstol Juan debe comenzar necesariamente con el cordero sacrificado, ya que desea incorporarlo al esquema cristiano de culto que ha prefijado a su serie anterior de visiones; el v. 6 es, por tanto, la culminación de una y la apertura de la otra. *Vi un cordero en pie como sacrificado*. 1 Ya hemos señalado que la palabra «de pie» es una traducción literal de Tamid, el nombre técnico del holocausto matutino. Por tanto, el versículo debería traducirse: «Vi el cordero del Tamid como sacrificado». La expresión se repite en 14:1.

(Un «cántico nuevo» es entonado por los veinticuatro ancianos, que ahora tienen arpas e incienso como sacerdotes; pero esto tiene que ver con el esquema cristiano, que se solapa en este punto. El «cántico nuevo» en el templo vino un poco más tarde; y el apóstol Juan lo ha aplazado hasta 14:3.)

Pasando por alto el episodio no litúrgico de los cuatro jinetes, llegamos a las almas bajo el altar (6:9). Inmediatamente después de matar al cordero, su sangre salpicaba el altar; en el pensamiento hebreo existe una fuerte conexión entre sangre y alma, y las almas aquí se describen como las almas de los sacrificados. También se pide venganza por su sangre. Se piensa en la sangre como derramada en el suelo; se piensa en el alma-sangre como subiendo al Señor. El mismo pensamiento subyace en última instancia al sacrificio de sangre y a la venganza de sangre. Vemos que ya la muerte de los muertos inocentes se asocia con la muerte del Cordero; tal vez se piense que han sido limpiados por su sangre, pues se les da un manto blanco (véase antes).

Pasando por alto el sexto sello y el pasaje litúrgico cristiano posterior que se ha relacionado con él, llegamos a las trompetas y la ofrenda de incienso (8:1). La ofrenda de incienso parece estar fuera de lugar, y la dejaremos de lado por el momento, observando, sin embargo, el sentimiento del apóstol Juan por una ceremonia correcta y bella. Una de las bellezas de la ceremonial es la acción simultánea destinada a evitar retrasos mientras se realizan los preparativos.

1. Siete ángeles reciben siete trompetas.
2. Se ofrece el incienso.
3. Suenan las trompetas.

La misma particularidad se muestra en el caso de las siete copas (véase 15:1)
Volvamos a la matanza del cordero. La señal para la matanza del cordero eran tres toques de trompeta; estos tres toques eran también una señal para que se abrieran las puertas del templo y del santuario. Esto es lo que encontramos en el apóstol Juan:

Siete trompetas (8:1 a 11:18).
Apertura del santuario de Dios en el cielo (11:19).

Estamos justificados al concluir, por lo tanto, que está siguiendo, aunque de manera aproximada, el ceremonial del templo. La semejanza se hace más exacta cuando recordamos que el Dr. Charles ha dado muy buenas razones para suponer que también en *Apocalipsis* el número de trompetas era originalmente tres. El argumento de la ceremonia convierte la hipótesis del Dr. Charles en una certeza. La serie de siete sellos y siete trompetas, como he observado en el texto de mi libro, *no* es una clave para la construcción de *Apocalipsis*; la oscurece; fue introducida para unir visiones que no cohesionaban.

Al tratar del naos o santuario en el cielo, nos encontramos en un terreno muy delicado. Dos cosas parecen claras. Una es que la presencia o gloria «visible» se ha ido de Jerusalén, de modo que el naos allí ya no es un naos; la otra es que el naos en el cielo es el número de creyentes elegidos en los que la presencia va a tabernáculo de ahora en adelante. Es universal, en los «cielos», abierto a todos. Creo que la antigua serie de visiones debía terminar, o tal vez terminó, con el descenso de este *templo no hecho con manos*. Creo que hay dos indicios de ello: la promesa de 3:12: «*Haré de él una columna en el naos de mi Dios*», y la declaración sobre los mártires triunfantes de 7:15: «*Le sirven día y noche en su* naos».

Este pensamiento del nuevo naos del cielo fue sustituido por algo mejor, la visión de la nueva ciudad que no tiene naos, ni tampoco día ni noche.

Ahora vemos por qué la muerte del cordero tuvo que venir primero. Fue la muerte de Cristo la que abrió el camino. *Cuando venciste la agudeza de la muerte, abriste el Reino de los cielos a todos los creyentes*. Comparando a *El apóstol Juan* con el ritual del templo, obtenemos ahora:

Templo. Simultáneo	Apóstol Juan
Tres trompetas	Cordero inmolado
Cordero inmolado	Sangre esparcida en el altar
Sangre esparcida en el altar	Tres trompetas
Puertas abiertas	Puertas abiertas

La ofrenda de incienso (Ap. 8:3-5)

¿Por qué, entonces, se pone la ofrenda de incienso en el lugar equivocado?

Hay una o dos sugerencias que pueden hacerse a este respecto. La primera es una cuestión literaria de cierta importancia. El apóstol Juan está siguiendo varios sistemas complicados en este libro, y el orden lógico de uno a veces tiene que ceder el paso a otro. He mostrado con qué fidelidad el orden de *Apocalipsis* sigue el libro de Ezequiel; ahora bien, este pasaje se basa en una visión de Ezequiel que aparece en este punto. Si se mantiene fiel a *Ezequiel*, debe suceder inmediatamente a la visión del sello.

Además, había un día del año en que la ofrenda de incienso sí se adelantaba; y este día era el Día de la Expiación, el único en que el Sumo Sacerdote estaba obligado a oficiar en persona. Encontraremos otras razones para suponer que el apóstol Juan tiene en mente el Día de la Expiación. Ya hemos tenido una. El Sumo Sacerdote (Cristo) se nos ha mostrado en el capítulo 1 vistiendo una vestidura blanca, y el único día en que el Sumo Sacerdote vestía de blanco era el Día de la Expiación.

Si esta sugerencia es cierta, el apóstol Juan no se ha limitado a la ceremonia de un solo tipo de sacrificio. Su ceremonia es mixta. Podemos notar que no podría haber usado solo la ceremonia del Día de la Expiación, ya que entonces habría tenido que simbolizar a Cristo con un macho cabrío.

La ceremonia descrita por el apóstol Juan parece basarse en el ritual cotidiano, ya que la realiza un ángel y no Cristo, el Sumo Sacerdote; pero posiblemente no sea necesario insistir en ello, ya que el ángel simboliza todo el proceso de intercesión. La media hora de silencio que precedía a la ofrenda de incienso se corresponde con el silencio y la postración que la seguían en el sistema del templo. Podemos observar que en el ritual diario se entraba en el naos en este punto, y se limpiaba el altar del incienso; el naos celestial no necesitaría esto. Por otra parte, cuando llegamos al punto en el que tenía lugar la ofrenda de incienso en el ritual diario, encontramos que el apóstol Juan tiene un pasaje muy significativo que le corresponde.

Resumiendo. El apóstol Juan deseaba simbolizar en este punto que las oraciones de los muertos inocentes llegaban ante Dios y eran escuchadas. Por eso traslada la ofrenda de incienso a este punto, como en el Día de la Expiación. Conserva así su paralelismo con *Ezequiel*.

Sigue un largo pasaje no litúrgico. Las tres trompetas simbolizan la voz de la profecía en su denuncia del pecado. Alargadas a siete, recuerdan la caída de la ciudad de Jericó (8:6 a 9:21).

Luego viene la culminación y el cumplimiento del ministerio profético en el Evangelio cristiano, en relación con el cual relata su propio llamado y su trabajo peculiar y distintivo, que consiste en profetizar contra Jerusalén. Jerusalén ha de ser destruida; solo el naos ha de ser preservado; y por el naos hemos visto que se refiere a la comunidad de almas elegidas en las que la presencia de Dios está haciendo tabernáculo. El verdadero Israel es ahora la iglesia cristiana (10:1 a 11:13).

Todo esto concluye con la última trompeta y la apertura del naos celestial (11:14-19).

El gran interludio tampoco es litúrgico. Narra la aparición del libertador, su victoria sobre Satanás, la persecución de sus seguidores en Jerusalén y la aparición de la bestia (el sistema de emperador-dios romano) que persigue a sus seguidores en el extranjero (12 y 13).

2. *La preparación del sacrificio*. Después de *matar el cordero y de derramar su sangre sobre el altar, aún quedaba mucho por hacer*. Había que desollarlo y cortarlo en trozos; sus entrañas y patas se lavaban en la fuente; y se colocaba en la pendiente que conducía al altar. A continuación, los sacerdotes se dirigían a la sala de la piedra pulida para las oraciones.

El capítulo 14 comienza con el cordero de pie en el Monte Sion, o mejor dicho, el cordero del Tamid en el Monte Sion. Como el Monte Sion es el emplazamiento del templo, no necesito insistir en el aspecto sacrificial de este versículo.

Con él están los ciento cuarenta y cuatro mil que fueron «sellados»; *tienen el nombre de su padre inscrito en la frente*. Estos son los mártires, que, junto con el Cordero, forman el sacrificio. También son sacerdotes. El sumo sacerdote llevaba en la frente una placa de oro, el pétalon, con el nombre sagrado del Señor, *Santidad al Señor*. En el versículo 4 se les describe como «primicias», un término definitivamente sacrificial; y en el versículo 5 se dice que son «sin defecto»; un material perfecto para el sacrificio.

He tratado en el texto la afirmación del versículo 4 de que no se contaminaban con mujeres. Los sacerdotes en el sacrificio tenían que observar ciertos tabúes ceremoniales que los mantenían técnicamente «santos»; entre ellos estaba la abstinencia de relaciones sexuales con mujeres.

Luego sigue el cántico nuevo, entonado, no en la sala de la piedra pulida, sino ante el trono; pero de esto trataré más adelante.

Después de los tres ayes, que no son litúrgicos, nos encontramos con la venida de uno semejante a un Hijo de Hombre sobre una nube blanca, seguida de la cosecha y la vendimia de la tierra. Estas tienen un tono fuertemente litúrgico. Expongámoslo litúrgicamente.

Y miré y he aquí una nube blanca, y sobre la nube uno sentado como un Hijo de Hombre, teniendo sobre su cabeza una corona de oro y en su mano una hoz afilada.
Y otro ángel salió del naos, gritando en alta voz al que estaba sentado en la nube, Envía tu hoz y siega, porque ha llegado la hora de segar, pues la mies de la tierra se ha secado.
Y el que estaba sentado en la nube puso su hoz en la tierra y la tierra fue segada.
Y otro ángel salió del naos del cielo teniendo también una hoz afilada.
Y otro ángel salió del altar que tenía a su cargo el fuego y dijo a gran voz al que tenía la hoz, diciendo envía tu hoz afilada y corta los racimos de la vid de la tierra; porque sus uvas están completamente maduras.
Y el ángel puso su hoz en la tierra, y cortó la vid de la tierra, y la puso en el gran lagar de la ira de Dios.
Y el lagar fue pisado fuera de la ciudad, y salió sangre del lagar.

La forma y el tono litúrgicos de esta sección son evidentes e invitan a un estudio más detenido del que hemos podido dedicarle en el texto del libro. Se trata de un pasaje muy complicado.

1. Su referencia principal es a *Marcos* 13:26, que habla: (*a*) del Hijo del Hombre viniendo sobre las nubes, (*b*) de su envío de sus ángeles para reunir a los elegidos en su reino, y (*c*) del sol oscurecido, etc., por lo que se entiende la caída de Jerusalén.

2. El significado de una resurrección de los justos es imposible tal como está redactado el pasaje, aunque puede haber significado eso en una recensión temprana del poema. Tal como está, significa la separación de los elegidos y su huida de la perdición de Jerusalén.

3. Hay una referencia al calendario judío y al sistema de fiestas observadas en el templo: (a) la Pascua al principio del año, que marca el comienzo de la cosecha, y (b) los Tabernáculos o la Recolección al final del año, marcada por la vendimia. Esta alusión relaciona la visión con nuestra suposición anterior de que la primera recensión que Juan terminó con un simbolismo basado en los Tabernáculos. 14:1ss. habría seguido a esta visión.

4. La forma litúrgica sugiere que puede estar basada en el ritual de recogida de la cosecha. Ahora bien, el corte de la primera gavilla era en sí mismo un ritual, conocido como el Omer de las primicias. Ocurría el 15 de Nisán, el «día muy solemne» de *Juan* 19:31, y como se hacía de noche, era contemporáneo de la resurrección.

Nisán 14.	Cordero inmolado	Crucifixión
	Comida pascual	Entierro
15.	Día muy solemne	
	Cosecha de la primicia	Resurrección

En el año de la crucifixión coincidió que el 15 de Nisán también era sábado; pero esto fue, por supuesto, una coincidencia. He fechado la crucifixión, etc., como en el cuarto evangelio, lo que considero correcto; pero en cualquier caso las referencias en *Apocalipsis* son a la historia de la crucifixión tal como se relata en ese evangelio.

5. Lightfoot, en su relato sobre el templo y sus servicios, ofrece un esbozo del ritual del Omer.

«Los que el Sanedrín envió al respecto salieron al atardecer del día santo (el primer día de la Semana de Pascua); tomaron cestas y hoces, etc.
Salieron el día santo cuando empezaba a oscurecer, y una gran compañía salió con ellos; cuando ya había oscurecido, uno les dijo,
En este Sábado, En este Sábado, En este Sábado.
En esta cesta, En esta cesta, En esta cesta.
Rabí Eliezer hijo de Sadoc dice: Con esta hoz, con esta hoz, con esta hoz, cada particular tres veces,
Y ellos le responden: Bien, bien, bien; y él les manda segar».

Tal vez no sea a primera vista un paralelismo tan estrecho como cabría desear con el pasaje que estamos comentando; pero hay puntos de semejanza: (*a*) Hubo un diálogo que tuvo lugar al comienzo de la siega. (*b*) Menciona explícitamente la hora: Este sábado = Ha llegado la hora. (*c*) Menciona explícitamente la hoz. (*d*) Luego se ordena al segador que haga su trabajo; pero no se dan las palabras de esta orden. Los dos diálogos son del mismo carácter, tienen el mismo propósito, involucran a hablantes similares y tienen puntos de semejanza; no podríamos esperar mucho más.

(La palabra sábado exige una nota. Creo que estoy en lo cierto al decir que el 15 de Nisán, aunque no necesariamente un sábado, podría llamarse un sábado, porque era en todos los aspectos igual a un sábado y observado de la misma manera. Se excusaba la infracción del sábado que suponía cortar la primera gavilla).

6. Otro paralelismo muy interesante lo ofrece la etapa a la que hemos llegado en el Tamid u ofrenda diaria. A los trozos de cordero se añadían (*a*) la ofrenda de harina fina, y (*b*) la ofrenda diaria del Sumo Sacerdote, que consistía en pan y vino. El Hijo del Hombre es, por supuesto, el Sumo Sacerdote cristiano; la cosecha de trigo y la vendimia ofrecen cierto paralelismo con el pan y el vino. La conexión, que parece más bien fantasiosa, llegará a ser cierta si aceptamos la relación propuesta en el texto del libro entre el corte de la vid de la tierra y el asesinato del Sumo Sacerdote Ananías; pues esto proporciona un segundo punto de contacto con el pensamiento del Sumo Sacerdote.

Para un poeta del tipo del apóstol Juan, la idea de la ofrenda de pan y vino por parte del Sumo Sacerdote constituiría una base para un simbolismo rico y complejo. (*a*) Considerando la crucifixión, está el pensamiento del Sumo Sacerdote Jesús ofreciéndose a sí mismo en el Calvario, y antitéticamente el pensamiento de que su ofrenda fue obra del Sumo Sacerdote oficial Caifás; y unido a esto la institución del sacramento del pan y el vino la noche anterior a la crucifixión. (*b*) Tomando el asesinato de Ananías como el punto de partida de la ruina de Jerusalén, está el pensamiento del Sumo Sacerdote oficial yaciendo muerto, sacrificado, como lo describe Josefo, en los atrios del templo mismo; una venganza de sangre.

7. La imagen del lagar deja claro el simbolismo de la venganza de sangre, y sugiere de inmediato a los edomitas que asesinaron a Ananías.

Las palabras «fuera de la ciudad» son el vínculo con la crucifixión, y proporcionan una conexión con la ofrenda por el pecado cuando se ofrecía por el Sumo Sacerdote o por toda la nación, como en el caso especial del Día de la Expiación; pues era entonces cuando el cuerpo de la víctima era llevado fuera de la ciudad para ser quemado. (Nota: el Día de la Expiación sigue a la fiesta de la Recolección).

Así pues, los paralelismos de la segunda sección pueden resumirse del siguiente modo:

Templo	*Apóstol Juan*
Preparación del cordero	
Piezas colocadas en la ladera del altar	Cordero de Tamid en el Monte Sion
Ofrenda de comida	
Ofrenda del sumo sacerdote	Apariencia del Hijo del Hombre
Pan	Cosecha
Vino	Vendimia

Las del Cordero en *el apóstol Juan* quizá puedan compararse con las numerosas ofrendas voluntarias que acompañaban al Tamid.

3. *Intervalo para oraciones, etc*. En este punto del ritual del templo, cuando todo estaba listo para el sacrificio, los sacerdotes se retiraban a la sala de la piedra pulida para las

oraciones, que incluían los Diez Mandamientos y el Shemá. Entre ellas había una «G'ullah», que incluye los siguientes versículos en la forma que todavía se usa entre los judíos:

Verdadero y firme es que tú eres Jehová: Dios nuestro y Dios de nuestros padres.
Tu Nombre es eterno, y no hay Dios fuera de ti.
Un cántico nuevo entonaron los liberados: cantad a tu nombre a la orilla del mar.
Juntos todos te alabaron y te tuvieron por rey; y dicen que reinará Jehová, que ha redimido a Israel.

No nos sorprende, por tanto, que el apóstol Juan introduzca en este punto el cántico de *Moisés, el siervo de Dios y del Cordero*. Lo cantan los mártires junto al mar cristalino del cielo, que ahora aparece como mezclado con fuego, una clara referencia al Mar Rojo de la liberación mosaica. El cántico del apóstol Juan es muy parecido a la ceremonia del templo:

Grandes y maravillosas son tus obras, Jehová Dios de los ejércitos.
Justos y verdaderos son tus caminos; oh rey del mundo.
¿Quién no te temerá, oh Jehová, y glorificará tu nombre? Porque solo tú eres santo.
Porque todas las naciones vendrán y se postrarán ante ti, pues se han manifestado tus justos actos.

El «cántico nuevo» mencionado en el ritual del templo es aludido anteriormente en 14:3 por aquellos que están de pie con el Cordero en el Monte Sion; pero este cántico solo es conocido por aquellos que la cantan. El cántico en este punto, sin embargo, sirve para identificarlos tanto como sacerdotes, así como víctimas.

También se ha dado un «cántico nuevo» a los veinticuatro ancianos sacerdotales que dirigen el culto cristiano en el capítulo 5. Esto también sigue a la revelación *del Cordero del Talmid como inmolado para el sacrificio (5:9)*. «*Digno eres de tomar el libro... porque tú fuiste inmolado para sacrificio y redimido para Dios con tu sangre, de toda tribu y lengua y pueblo y nación, y los has hecho un sacerdocio real para Dios y reinan sobre la tierra*».

Es imposible decir cuánto de esta salmodia se basa en el ritual del templo, o cuánto ha influido en la liturgiología cristiana. ¿Acaso el «verdadero y firme» no ha sugerido «reunión y correcto»?

En las oraciones matutinas de la sinagoga se sigue utilizando una forma de la verdadero y firme.

4. *La ofrenda de incienso*. La siguiente sección del ritual diario del templo era la ofrenda del incienso en el altar de oro dentro del naos. Hemos observado que el apóstol Juan ha colocado esta parte de la ceremonia antes; pero eso le ha permitido colocar aquí algo mucho más significativo.

Observemos en primer lugar que ha dispuesto el ritual de las siete copas exactamente como dispuso el ritual de las siete trompetas. Una comparación bastará para demostrarlo:

Las trompetas	*Las copas*
Las trompetas dadas	Las copas listas
Incienso ofrecido	El cántico de Moisés y el Cordero
Las trompetas sonadas	Los ángeles con copas aparecen
	El humo de la gloria
	Las copas derramadas

Se observará que, en el caso de las copas, a las que ahora nos referiremos, el ritual es más elaborado, como lo justifica la mayor importancia del acontecimiento. Son, por supuesto, la respuesta real a las oraciones ofrecidas con el incienso; las trompetas eran advertencias.

El punto al que hemos llegado ahora era el más solemne del ritual diario. El sacerdote con el incienso entraba con cuatro ayudantes, que lo preparaban todo y se retiraban; el sacerdote encargado del incienso, que ahora estaba solo en el naos, arrojaba el incienso sobre las brasas, y el naos se llenaba de humo. Entonces se hizo el silencio solemne para la intercesión, y el pueblo y los sacerdotes se postraron fuera. Era el momento de la oración y de la respuesta a la oración. Lucas lo relata en el primer capítulo de su evangelio.

En *el apóstol Juan* leemos que el naos se llenó del humo de la gloria de Dios y de su poder. Como en la historia de la dedicación de Salomón, la presencia «visible» de Dios aparece en el templo, los signos externos que correspondían a la columna de humo de día y a la columna de fuego de noche en el templo. La gloria y el poder son palabras que en hebreo rabínico no significan otra cosa que Dios mismo en su gloria y poder. Después del incienso y las trompetas en el capítulo 8 leemos que el naos apareció en el cielo con el arca que era el signo externo del pacto de Dios; ahora el naos está lleno de la shekina.

Así como en el caso anterior vimos cierto paralelismo con el ceremonial del Día de la Expiación, lo mismo se encuentra aquí: *Nadie podía entrar en el* naos *hasta que se hubiesen completado las siete plagas de los siete ángeles*. En el Día de la Expiación, una vez que el Sumo Sacerdote había entrado en el naos, nadie podía entrar en ella hasta que hubiera terminado su trabajo.

Pero en las ceremonias del apóstol Juan todavía no hay señales del Sumo Sacerdote. Todo se confía a los ángeles; y el esplendor de su venida se retrasa.

El derramamiento de sangre

Ahora llegamos a otro punto en el que el apóstol Juan abandona el orden del Tamid, que no tiene derramamiento de sangre en este punto; se ha hecho al principio.
Hay varias razones para ello.

El apóstol Juan está obligado a tener dos derramamientos de sangre, porque está utilizando el simbolismo de la sangre vengadora; la sangre ha sido derramada, y más sangre debe vengarla.

Era en este momento del Día de la Expiación cuando el Sumo Sacerdote salía, después de limpiar el naos y el Lugar Santísimo, para untar con sangre los cuernos del altar y limpiarlo, siguiendo la costumbre en todas las ofrendas por el pecado.

La ofrenda del Día de la Expiación era una versión especial de la ofrenda por el pecado, una ofrenda por el pecado para el Sumo Sacerdote y para toda la nación; en tales casos se ordenaba que el cuerpo fuera llevado y quemado «fuera del campamento», es decir, en tiempos históricos, «fuera de la ciudad». He señalado cómo nuestro autor y el autor de la *epístola a los Hebreos* han puesto de manifiesto la semejanza entre esta costumbre y la crucifixión de nuestro Señor «fuera de la ciudad».

En la ofrenda por el pecado se derramaba todo el resto de la sangre al pie del altar; y esta ceremonia ha proporcionado la base para lo que sigue en *Apocalipsis*. En el Día de la Expiación, el Sumo Sacerdote entraba en el Lugar Santo y rociaba la sangre siete veces hacia el velo; luego salía con la reconciliación y la expiación para el pueblo. Nada parecido ocurre en *Apocalipsis*, porque no hay reconciliación. No aparece ningún Sumo Sacerdote. Sólo una «gran voz» desde el interior del naos ordena a los siete ángeles que derramen sus copas, y los siete ángeles de «piedra blanca» y fajas de oro salen con una libación séptuple para derramarla sobre la tierra. Es de suponer que, en el pensamiento del apóstol Juan, la tierra que ha sido empapada con la sangre de Jesús y de sus mártires es un gran altar de ofrendas quemadas y de sangre.

Es una inversión de todos los valores y expectativas. No hay expiación ni reconciliación; lo que sigue es el rechazo, el castigo y la destrucción.

El simbolismo de la sangre se repite a lo largo de las siete copas. En la segunda, el mar se convierte en la sangre de un cadáver. Bajo la tercera, los ríos se convierten en sangre, y siguen un versículo y una respuesta:

Y oí la voz del ángel de las aguas que decía,
Justo eres tú, que eres y que eras, el santo; porque has juzgado estas cosas.
Porque sangre de santos y profetas derramaron; y sangre les diste a beber.
Son dignos.
Y oí decir al altar,
Sí, Jehová Dios de los ejércitos: verdaderos y justos son tus juicios.
Señalé en el texto del libro que el altar aquí significa los mártires, o su sangre derramada sobre la tierra.

Cuando el séptimo es derramado en el aire, una gran voz salió del naos del trono, diciendo: HECHO ESTÁ... y la gran Babilonia fue recordada delante de Dios para darle la copa del vino del furor de su ira. Tampoco aquí puede perderse de vista el tono litúrgico. «Recordada ante Dios» es una frase devocional; y volveremos a la copa.

5. *Quema de las ofrendas*. La siguiente etapa del ritual diario consistía en quemar todas las ofrendas excepto la libación, que se derramaba al pie del altar.

Babilonia es sacerdote, así como víctima, su lino fino es sacerdotal. Su púrpura y oro y escarlata y azul son sacerdotales. El lino fino recuerda las piedras del templo brillando blancas como la nieve. Es «dorado con oro», como el templo. Delante de la puerta del naos había un «tapiz babilónico en el que el azul, la púrpura, la escarlata y el lino estaban mezclados con tal habilidad que uno no podía mirarlo sin admiración», como nos dice Josefo.

Las mercancías de 18:11, que según los críticos nunca habrían podido llegar a una pequeña ciudad como Jerusalén, se habrían utilizado todas en la construcción y equipamiento del templo; la mercancía de estas cosas debió de emplear muchos barcos. Y nótese la ironía del final, *caballos y carros y esclavos, sí y las almas de los hombres*.

La conjunción del desierto y la grana en 17:3 sugiere el chivo expiatorio.

Sus antiguos amantes han de dejarla desolada y desnuda y comer su carne, y quemarla con fuego, y la única excusa para este horrible simbolismo es que está sacado de la ofrenda por el pecado.

Un versículo de magistral ironía se encuentra en 18:5: *Sus ofrendas por el pecado han subido hasta el cielo, y Dios se ha acordado de su injusticia.* Hattah en hebreo significa tanto pecado como ofrenda por el pecado; no es hasta la última palabra de la línea, cuando leemos injusticia, que se hace evidente el significado de la primera: significa pecados.

Babilonia, falsamente sacerdotal, es ella misma el holocausto. Es otra inversión de las expectativas. *Será quemada en el fuego, cuando vean el humo de su incendio; y finalmente, cuando suba el grito de triunfo: Aleluya, porque su humo sube por los siglos de los siglos.* Se convierte en un holocausto continuo. (Compárese Lev. 6:13.)

Tampoco es el final. Queda una ceremonia. La copa de vino del Sumo Sacerdote, la libación, debe ser derramada. Esto tampoco se olvida, sino que se convierte en una comunión. *Darle la copa del vino de la ira de su furor, porque ella está ebria de la sangre de los santos y de la sangre de los mártires de Jesús. Págale como ella le pagó; y duplícale y reduplícale según sus obras. Así termina la sangre vengadora. En ella se halló la sangre de los profetas y de los santos y de todos los que fueron inmolados para el sacrificio sobre la tierra* (18 y 19).

6. *Los Salmos*. Después de que se derramó la libación, vinieron los salmos; hubo un «grito»; hubo trompetas; hubo postración y silencio; hubo por primera vez música instrumental. Todo esto se refleja en el coro Aleluya que se eleva tras la caída de Babilonia. No es necesario detenernos aquí en los detalles, salvo que los Aleluyas recuerdan los últimos salmos del libro; y que cada coro comienza con Aleluya, aunque en un caso se ha traducido por «Alabado sea nuestro Dios» (19:1-10).

7. *La fiesta del sacrificio*. Las ofrendas de pecado iban seguidas de la comida de parte del sacrificio por parte del sacerdote. Dos fiestas siguen aquí a la salmodia, una para los amigos de Dios y otra para sus enemigos. La primera es la fiesta nupcial del Cordero, con su obvia referencia a la Eucaristía (19:9). La otra es la invitación a las aves del cielo para que se alimenten de la carne de los que caigan en las guerras del mesías (19:17).

La parte hebrea del libro tiene otros dos puntos litúrgicos antes de cerrarse: (l) *Las salida del gran sumo sacerdote* (19:11) en la que el simbolismo litúrgico ya ha desaparecido; sale del cielo, no del naos. El naos en el cielo parece desvanecerse con el templo terrenal. He tratado de simbolismo de este pasaje; pero vale la pena señalar de nuevo el lino fino, y la vestidura sacerdotal salpicada de sangre. Un punto delicado es el nombre escrito en el muslo; he dado una explicación en el texto, que creo que es la central. Pero conviene señalar que la sacralidad sacerdotal iba unida al muslo; era una parte de la ofrenda por el pecado que iba al sacerdote. He visto dibujos judíos medievales con una letra grabada en el muslo. Pero desconozco la explicación. (2) *El nuevo Naos* (21:3). También aquí desaparece el simbolismo litúrgico, aunque la descripción del nuevo orden que sustituye a la antigua Jerusalén está tomada de Levítico: «He aquí que el tabernáculo de Dios está con los hombres, y él habita con ellos, y ellos serán su pueblo, y él (Dios con ellos) será su Dios».

Se utiliza la palabra tabernáculo, pero solo hay un fantasma del antiguo simbolismo sacerdotal. El nuevo santuario es universal, humano, católico, no nacional ni local. Lo describe más detalladamente en el capítulo 22, pero eso pertenece a la última parte del libro, que trata del culto cristiano.

En este apéndice he tratado con bastante detalle el trasfondo litúrgico del libro, porque parece que se ha descuidado y, sin embargo, es muy importante. Arroja mucha luz sobre el tono y los motivos del libro. Refuerza la opinión de que Babilonia es la Jerusalén sacerdotal. Puede arrojar alguna luz sobre el desarrollo del culto cristiano, e incluso sobre el culto en el templo.

No puedo pretender haber hecho más que abrir un camino a través de un denso bosque de oscuridades; y lo que he revelado, no pretendo entenderlo. Hasta que no sepamos lo que sentía un judío cuando veía la sangre salpicando el altar, o el fuego consumiendo el cordero del Tamid, difícilmente podremos esperar adentrarnos en las complejidades de la poesía litúrgica del apóstol Juan.

ESTRUCTURA LITÚRGICA DE APOCALIPSIS

A. SACRIFICIO HEBREO

	Apocalipsis	*Los sacrificios de Jerusalén*
1-3	Introductorio	El sumo sacerdote
4	Adoración cristiana A. El creador	Los ornamentos del templo
5	Adoración cristiana B. El cordero	*1. El cordero es inmolado al amanecer*
6	(Los cuatro jinetes)	
	Almas bajo el altar	Sangre esparcida en el altar
	(Sexto sello)	
7	Adoración cristiana C. Los mártires	(La fiesta de los tabernáculos)
8	*Las trompetas*	Las tres trompetas
	La ofrenda de incienso. Esto no ocurre en este punto en el ritual diario; pero sí en el Día de la Expiación. Véase más adelante. En el ritual del Templo, el silencio *sigue* la quema del incienso.	
9	(Las trompetas, originalmente *tres*, simbolizan el lenguaje profético)	
11	(El llamado al Apóstol Juan, y su testigo contra Jerusalén)	
	Apertura del santuario en el cielo	Puertas del templo y del santuario abiertas
12 y 13	(El gran interludio)	
14	*El cordero y sus seguidores en el Monte Sion*	*2. Preparación del sacrificio* Cordero degollado, cortado, lavado, puesto sobre el altar
	Primicias. Sin mancha.	
	La cosecha (Pascua)	La ofrenda de la comida. Pan
	La vendimia (reunión)	El sacrificio de libación. Vino
15	*Cántico de Moisés y el Cordero*	Pausa para la oración y la alabanza
	El santuario abre	*3. Ofrenda* de incienso
	El humo de la gloria	Silencio
	Ni uno puede entrar en el santuario	Intercesión
	El apóstol Juan ha puesto el simbolismo del incienso antes, aunque el humo lo evoca aquí. El Día de Expiación nadie puede entrar en el santuario hasta que el Sumo Sacerdote ha terminado su trabajo allí.	
16	*Derramamiento de sangre*	
	Las siete copas. En el ritual diario esto es hecho al principio, pero en el Día de Expiación el Sumo Sacerdote manchaba con sangre el propiciatorio y el altar en este punto.	
17,18	*Babilonia quemada*	*4. La quema de la víctima*
	Su copa	La copa derramada
	17:16 se refiere al ritual de la ofrenda por pecado	
	17:2, 3 recuerda al chivo expiatorio	
19	*El coro de Aleluya*	5. Los Salmos
		Canción e instrumentos
	La cena de las bodas del Cordero	
	El Sumo Sacerdote sale al cielo (véase Sir. 50)	
	La Gran Cena de Dios	*6. La fiesta del sacrificio*
20	(Guerras del Mesías y juicios)	
21 22	*El Tabernáculo de Dios con los hombres* (cf. Lev. 26:11-12)	
	Adoración cristiana D. La adoración universal de la humanidad	

NOTA - Este cuadro muestra cómo la estructura de la parte más antigua de Apocalipsis sigue los acontecimientos del sacrificio diario, con variaciones sugeridas por el ritual del Día de la Expiación.

B. ADORACIÓN CRISTIANA

1. EL ESQUEMA DE LA ADORACIÓN CRISTIANA SACRIFICIAL

A. *La adoración del Creador*

4:1 «Sube» En espíritu, en el cielo	Eleven sus corazones
4-6 Trono, ancianos, lámparas, y criaturas vivientes.	El «Prefacio»: Con ángeles y arcángeles
8 Santo, santo, santo	El Santo
10 Los ancianos se unen: ¡Digno eres!, etc.	Concepción en comunión con el cielo Justo y correcto

B. *La adoración del Cordero*

5:6 El cordero sacrificado	Recital de la redención de la vida y la muerte
8 Adoración del cordero	
14 Amen	Amén

2. LA ADORACIÓN DE LOS SANTOS TRIUNFANTES

Se trata de una anticipación literaria de la visión con la que el apóstol Juan cierra su poema; simboliza su fe en que los mártires son triunfantes y anticipan la bienaventuranza preparada para todos.

C. *Los mártires en su adoración*
Obsérvese que no están incluidos en A y B.

7:9 Túnicas y palmas.	
10 Hosanna	Hosanna
15 Adoradlo día y noche en su Santuario. Dios será «Tabernáculo sobre ellos».	Tomado del ritual de la Fiesta de los de los Tabernáculos

3. LA ADORACIÓN UNIVERSAL IDEAL

El apóstol Juan esboza aquí un culto libre de las limitaciones de tiempo y espacio o de una religión nacional y un sacerdocio hereditario. El simbolismo del culto litúrgico judío está deliberadamente excluido.

D. *La adoración universal de la humanidad*

21:3 El Tabernáculo con los hombres	No un templo hecho con manos
10 La gloria de Dios	Su presencia «visible»
22 Sin santuario en ella	No es local
23 Su candelero es el Cordero.	Candelero de siete brazos
24 Los reyes de la tierra	Sacrificios reales por reyes gentiles en Jerusalén
25 Sin noche	Libre de tiempos y estaciones
22:4 Lo adoran: ven su rostro. Nombre en sus frentes	Presencia abierta universal Placa del Sumo Sacerdote: todos son sacerdotes

Nota - En A y B, el apóstol Juan construye conscientemente un modelo para el culto cristiano, un modelo que se siguió en todas las liturgias eucarísticas de la Iglesia católica. Se basa en el ritual hebreo, y sin duda refleja la costumbre de la época del apóstol Juan.

APÉNDICE B

SIONISMO CRISTIANO Y JUDAÍSMO MESIÁNICO

JAMES B. JORDAN

Uno de los aspectos más grotescos de la sociología del protestantismo estadounidense moderno es el fenómeno del sionismo cristiano. Aunque relacionado con la teología del dispensacionalismo, el sionismo cristiano es en realidad algo totalmente diferente desde el punto de vista teológico. El propósito de este ensayo es explorar este movimiento y, en particular, señalar su base teórica gravemente herética. Para facilitar la discusión, interactuaremos con las creencias expresadas por un sionista cristiano, Jerry Falwell. Concluiremos con una breve nota sobre el judaísmo mesiánico.

Sionismo

El sionismo es un movimiento político basado en la creencia de que el pueblo judío merece por derecho poseer la tierra de Palestina como propia. Durante la última parte del siglo XIX y la primera del XX, el sionismo ganó apoyo en todo el Occidente cristiano. Esto se debió a dos factores: la influencia que la riqueza judía podía comprar entre los políticos y el apoyo emocional que la historia de la tribulación judía podía suscitar en una conciencia pública cristianizada.[1]

Con este apoyo, las guerrillas sionistas consiguieron sembrar el caos en Palestina a finales de la década de 1940 y acabaron apoderándose de esa tierra. El resultado fue la privación de derechos de los pueblos que históricamente habían habitado allí. Los palestinos

---

[1] Sobre el primer aspecto, véase Ronald Sanders, *The High Walls of Jerusalem: A History of the Balfour Declaration and the Birth of the British Mandate for Palestine* (Nueva York: Holt, Rinehart, & Winston, 1984).

musulmanes fueron formalmente privados de sus derechos, y los judíos palestinos fueron efectivamente privados de sus derechos al verse inundados por un mayor número de judíos europeos que inmigraron al nuevo Estado de Israel.

Es importante tener en cuenta que los judíos más conservadores eran antisionistas y creían que Palestina no se convertiría en tierra judía hasta la llegada del Mesías. (Este punto de vista fue dramatizado en la reciente y gratificante película *Elegidos del gheto*.) Gran parte de las críticas más severas al movimiento político sionista han procedido de judíos antisionistas, siendo el más destacado Alfred M. Lilienthal.[2]

Las críticas espurias al sionismo abundan en la derecha. No tengo ningún deseo de que se me asocie con ellas, por lo que, para empezar, quiero criticarlas antes de abordar la herejía del sionismo cristiano. En primer lugar, algunas fuentes derechistas afirman que es un mito que los nacionalsocialistas masacraran a 6.000.000 de judíos. Se argumenta que no había tantos judíos en Europa, que sería imposible logísticamente acabar con tanta gente dado el tiempo y las facilidades que tenían los nazis, etcétera. Esto puede ser cierto; no tengo absolutamente ninguna forma de saberlo. El argumento, sin embargo, parece ser que prácticamente ningún judío fue masacrado por los nazis, y esto no tiene sentido. Incluso si la cifra es de 600.000 en lugar de seis millones, el acontecimiento sigue siendo un horror moral de una magnitud asombrosa. Incluso si un solo hombre fuera asesinado simplemente por ser judío, sería un horror moral. Y no cabe duda de que muchos, muchos judíos fueron masacrados.

Por supuesto, sobre esto se ha erigido una teología blasfema en algunos círculos judíos, que es la noción de que las persecuciones nazis cumplen la profecía de Isaías 53, y que los judíos sufrieron por los pecados del mundo. Como cristianos no podemos sino abominar tal construcción, y debemos llamarla por lo que es: una mentira satánica. Sin embargo, no es necesario negar el acontecimiento en sí para argumentar en contra de una construcción teológica maligna que se hace de él.

Quizá sea más común la afirmación de que la mayoría de los judíos modernos no son judíos para nada: Son jázaros.[3] La raza jázara parece estar detrás de los judíos asquenazíes de Europa del Este. Este tipo de afirmación puede, por supuesto, debatirse. El verdadero problema en la discusión es la noción de que el judaísmo es un fenómeno sanguíneo o racial. No lo es.

Desde el punto de vista bíblico, un judío es alguien que se ha unido al pueblo de los judíos mediante la circuncisión, para bien o para mal. Cuando se le ordenó a Abraham que se circuncidara, se le dijo que circuncidara a toda su casa, incluidos sus 318 combatientes y sus demás sirvientes domésticos (Gén. 14:14; 17:10-14). Los eruditos competentes imaginan que la casa del jeque Abraham probablemente incluía al menos 3000 personas. En tercer lugar, al enseñar que Israel es «puesto a un lado» durante la era de la Iglesia, el dispensacionalismo claramente implica que las promesas hechas a Israel también son «puestas a un lado» durante ese período. La promesa de la tierra, y la promesa «a los que te bendigan, yo los bendeciré», han sido puestas a un lado, hasta que volvamos a entrar en el «tiempo profético». Por lo tanto, los judíos no tienen derecho a la tierra durante la era de la

---

[2] Lilienthal es autor de varios libros sobre este tema. Su obra magna es *The Zionist Connection* (Nueva York: Dodd, Mead, & Co., 1978).

[3] Sobre los jázaros, véase Arthur Koestler, *The Thirteenth Tribe* (Nueva York: Random House, 1976)

Iglesia, y tampoco hay bendición particular para los gentiles que tratan a los judíos con favor especial.

En cuarto lugar, los teólogos dispensacionalistas son más estrictos en el punto de que la Iglesia es un «nuevo pueblo», compuesto como un solo cuerpo en Cristo tanto de judíos como de gentiles. Durante la era de la Iglesia, la distinción entre estos dos no debe sentirse en la Iglesia. Así pues, la teología dispensacional se opone, implícitamente, al tipo de punto de vista articulado en muchos grupos de «judíos mesiánicos».

Lo que expongo es el dispensacionalismo estándar y coherente. En lo que a mí respecta, el dispensacionalismo está muy equivocado en su visión profética, pero al menos es ortodoxo en su visión de la salvación y la bendición. La bendición llega a los judíos cuando se arrepienten y aceptan a Cristo; hasta entonces, están bajo la maldición de Dios. ¿Cómo puede ser de otro modo? Todas las bendiciones están en Cristo. Esta es la enseñanza del cristianismo ortodoxo, y Darby y los primeros dispensacionalistas eran cristianos ortodoxos en este punto, por lo que puedo decir.

Jerry Falwell y el sionismo cristiano

Mi descripción del dispensacionalismo puede parecer algo extraña, porque esta no es la enseñanza de Hal Lindsey, del Seminario Teológico de Dallas, o de otros dispensacionalistas modernos. Llamo a estas personas «dispen-pop», para abreviar. En contraste con el sistema dispensacional, estas personas sostienen que Dios *actualmente* tiene dos pueblos en la tierra: la Iglesia e Israel. El sistema dispensacional consistente enseña que no hay profecías cuyo cumplimiento tenga lugar durante la era de la Iglesia, porque la Iglesia existe fuera del tiempo profético, pero los modernos dispen-pop enseñan que el restablecimiento de la nación de Israel en 1948 fue un cumplimiento de la profecía.

El dispensacionalismo consistente enseña que Dios está tratando con su pueblo «celestial» hoy (la Iglesia), y que, durante la era de la Iglesia, Dios ha «puesto a un lado» a su pueblo «terrenal» apóstata (Israel). Los dispen-pop, por el contrario, sostienen que, *aunque apóstata, Israel todavía debe ser considerado como estando bajo la bendición actual de Dios. Sostienen la noción herética de que los judíos no necesitan arrepentirse para obtener las bendiciones del pacto de Dios.* Sostienen la noción antibíblica de que el pueblo judío apóstata no está hoy bajo la ira de Dios.

Un conocido defensor de esta desafortunada postura es el reverendo Jerry Falwell. Un sionista moderno, Merrill Simón, ha reconocido este hecho, y ha escrito un libro, *Jerry Falwell and the Jews* [*Jerry Falwell y los judíos*].[4] Este libro es una serie de entrevistas con el reverendo Falwell, diseñadas para presentarlo como amigo del sionismo, y para aliviar las sospechas que los judíos sionistas liberales naturalmente tienen cuando se trata de un predicador cristiano fundamental supuestamente ortodoxo.

Me gustaría citar algunas citas de este libro y hacer algunos comentarios apropiados. Sin embargo, el libro dice: «Ninguna parte de este libro puede ser reproducida de ninguna manera sin el consentimiento previo por escrito de los editores», lo que me da un poco de

---

[4] Middle Village, Nueva York: Jonathan David Publishers, Inc., 1984.

pereza. Usted tendrá que creerme, ya que resumo los comentarios de Falwell. Siempre puede ir a su biblioteca local y buscarlo por usted mismo.

En la página 13, se le pregunta a Falwell si considera la destrucción de Jerusalén en el año 70 d.C. como una señal del rechazo de Dios a Israel. Falwell responde diciendo que seguramente no cree que un Dios «vengativo» llevara al ejército romano a Jerusalén para destruir a los judíos. Falwell atribuye el suceso más bien al antisemitismo.

Ahora escuchemos lo que dice la Biblia al respecto. No necesitamos citar Levítico 26 y Deuteronomio 28 en su totalidad. Léalos con calma y hágase esta pregunta: ¿Vemos aquí a un Dios airado y «vengativo» que amenaza con traer horrores sobre Israel si apostata? Lea también el Salmo 69:21 y pregúntese a quién se refiere, y luego continúe leyendo hasta el final del Salmo, recordando que los romanos rodearon Jerusalén en la época de la Pascua. Observe que el Salmo 69:25 habla de la «desolación» de Jerusalén, y considérelo en conexión con el pronunciamiento de Jesús sobre la desolación de Jerusalén en Mateo 23:38. Falwell está completamente fuera de línea con las Escrituras en este punto.

En la página 25, Falwell dice que cree que el antisemitismo está inspirado exclusivamente por Satanás, como parte de su oposición a Dios. En contra de esto, lea los capítulos 1 y 2 de Job. Aquí encontramos que a Satanás nunca se le permite hacer nada sin el permiso de Dios. Además, en el resto de la Biblia vemos que Dios levanta con frecuencia enemigos contra su pueblo, como azotes para castigarlo. Lea el libro de Jueces. Lea Reyes y Crónicas sobre Asiria y Babilonia. Lea Habacuc. Este no es un punto menor escondido en algún pasaje oscuro. Más bien, esta verdad impregna todas las Escrituras.

Es cierto que los sentimientos antijudíos no forman parte del mensaje cristiano, y que los cristianos deben ser tan considerados con los judíos como lo son con todos los demás hombres. Pero también es cierto que es Dios quien levanta a babilonios y asirios. Hasta que los judíos se arrepientan y se conviertan (como promete Romanos 11 que algún día lo harán), seguirán siendo enemigos de Dios, y Él levanta a los paganos contra ellos. El antijudaísmo ha sido parte integrante del humanismo secular desde la época de Federico II, pasando por el Renacimiento, hasta nuestros días. La Iglesia cristiana protegió a los judíos durante toda la Edad Media, y ha seguido haciéndolo.[5]

En la página 55, Falwell dice que judíos y cristianos pueden diferir en algunos puntos, pero tienen una herencia común en el Antiguo Testamento. ¿Estaría dispuesto Falwell a decir lo mismo de un musulmán? En cualquier caso, la afirmación es incorrecta. El judaísmo considera el Talmud, no la Biblia, como su ley. Demuestra una ignorancia extrema del judaísmo, medieval o moderno, pensar que los cristianos pueden apelar al Antiguo Testamento como base común. El judaísmo nunca se acerca a la Biblia salvo a través del Talmud.

En la página 62, Falwell dice que el futuro del estado de Israel es más importante que cualquier otra cuestión política. Dice que los judíos tienen un derecho teológico, histórico y legal a Palestina. Afirma su compromiso personal con el sionismo y dice que aprendió el sionismo del Antiguo Testamento.

La Biblia nos enseña que cuando Adán y Eva se rebelaron, perdieron su derecho al jardín, y Dios los expulsó. Dios utilizó el mismo principio con Israel, dándoles la tierra, pero

---

[5] Sobre la protección de los judíos por parte de la Iglesia, véase Harold J. Berman (él mismo judío), *Law and Revolution: The Formation of the Western Legal Tradition* (Cambridge: Harvard U. Press, 1983), pp. 90, 222.

advirtiéndoles una y otra vez que, si se rebelaban, serían expulsados. Está más allá de mí cómo Falwell puede leer las Escrituras del Antiguo Testamento y no ver esto. Los judíos apóstatas modernos no tienen absolutamente ningún derecho teológico, y por tanto histórico y legal, a la tierra de Palestina.

La Iglesia de todas las épocas siempre ha enseñado que el equivalente neotestamentario de la «tierra» es el mundo entero, en Cristo, y en última instancia la tierra nueva. Al pueblo de Dios, a los confesores de Cristo, se les da toda la tierra, en principio, y progresivamente tomarán dominio sobre ella con el tiempo. Incluso si el dispensacionalismo fuera correcto en su afirmación de que algún día la tierra de Palestina será devuelta a los judíos, ¡todavía tendríamos que decir que primero deben convertirse a Cristo!

En la página 68, Falwell dice que hay una cosa en el Israel moderno que le perturba. Es que los cristianos no tienen la libertad de evangelizar por el evangelio. En otras palabras, *Falwell es consciente de que los cristianos están siendo perseguidos en el Israel actual, ¡pero sigue apoyando a Israel!* Si esto no es una traición a la fe, ¿qué lo es?

Por último, en la p. 145, se le pregunta a Falwell sobre el aborto, ya que los judíos modernos abogan por el aborto. Simón le pregunta si se debería aplicar la pena de muerte a una mujer que aborta y a su médico. Falwell responde que nunca ha pensado en ello y que cree que cualquier acción contra la mujer sería un error.

Bien, ahí lo vemos. El Sr. Simón sabe cuáles son realmente los problemas, pero el reverendo Falwell está tan confundido, aturdido y ciego que no puede verlos. Obviamente, si el aborto es asesinato, ¡entonces tenemos que abogar por la pena de muerte para él! Por supuesto, aquí Falwell suena igual que la mayoría del resto del movimiento antiaborto moderno: Nunca han pensado siquiera en algunas de las cuestiones más básicas y elementales. «El aborto es asesinato», afirman. «Reinstituyan la pena de muerte por asesinato», dice la *Moral Majority* [Mayoría Moral] (el grupo político de Falwell). Cualquiera con un coeficiente intelectual superior a 25 puede deducir las implicaciones de estas dos afirmaciones, pero al parecer Falwell nunca había pensado en ello. Vivimos tiempos lamentables, ¡cuando semejante novato es el portavoz de la nueva derecha cristiana!

El sionismo cristiano es una blasfemia. Es una herejía. Los cristianos no tienen ningún interés teológico en el moderno estado de Israel. Es una nación anti-Dios y anti-Cristo. Hasta que no se arrepienta y diga «bendito es el que viene en el nombre del Señor», continuará bajo la ira de Dios. El estado de Israel permite la persecución de cristianos y misioneros cristianos. Debemos orar para que Dios cambie los corazones de los judíos, como de todos los demás paganos, para que reciban a Cristo. Pero apoyar a los enemigos del Evangelio no es la marca de un ministro del Evangelio, sino de un anticristo.

He sido muy duro con Jerry. Alguien tiene que serlo. Este tipo de cosas son imperdonables y hay que arrepentirse de ellas. Hace un par de años escribí un ensayo defendiendo a Falwell frente a un crítico un tanto liberal.[6] Lo que he dicho aquí no cambia lo que escribí entonces, porque el crítico de Falwell estaba equivocado; pero ciertamente he llegado a tener una opinión más sombría del Sr. Falwell desde entonces. Su trompeta emite un sonido incierto. Necesita limpiarla.

---

[6] Véase mi ensayo «The Moral Majority: An Anabaptist Critique», en James B. Jordan, ed. *The Failure of the American Baptist Culture, Christianity and Civilization* No. 1 (Tyler, TX: Geneva Ministries, 1982).

Judaísmo mesiánico

En los últimos años, un gran número de jóvenes judíos se han convertido a Jesucristo como su Señor y Salvador. Muchos de estos jóvenes han formado «sinagogas mesiánicas», y han articulado aquí y allá diversas teologías de «judaísmo mesiánico». Para muchos, el judaísmo mesiánico es simplemente una forma de mantener algunas tradiciones culturales judías al tiempo que se hacen cristianos, y no hay nada malo en ello. Es propio de cristianos de diversas tribus y lenguas dar expresión a la fe en una variedad de formas culturales.

Desgraciadamente, para algunos, el judaísmo mesiánico es visto como una alternativa al cristianismo histórico. Esto se debe a la influencia del dispen-pop. Al fin y al cabo, si el Milenio está a la vuelta de la esquina, y la cultura judía triunfará imperialistamente durante el Milenio, entonces incluso hoy las prácticas judías anticipan esa superioridad. De hecho, algunos judíos mesiánicos aparentemente creen que pueden reclamar apoyo financiero ilimitado de los cristianos gentiles, debido a esta preeminencia.[7]

La mayor parte de lo que he escrito sobre el sionismo cristiano se aplica a este grupo de judíos mesiánicos. Sin embargo, me gustaría llamar la atención sobre otra faceta del asunto. Estos judíos mesiánicos creen erróneamente que el cristianismo gentil (la iglesia histórica) se apartó de las formas bíblicas en los primeros días de la iglesia. Consideran que su misión es restaurar esas costumbres, que creen haber preservado.

De hecho, esto es completamente falso. Cualquiera que haya visto una presentación de «Christ in the Passover» [«Cristo en la Pascua»] se asombra del número de ritos no bíblicos que se discuten y exhiben (el uso de huevos, pan partido en tres pedazos y escondido en tela, etc.). Estas costumbres surgieron después del nacimiento de la Iglesia, y no conservan en absoluto el ritual del Antiguo Testamento. Además, intentar dar una interpretación cristiana a las diversas características de estos rituales es de lo más erróneo y artificial. Por muy ingeniosas que sean estas presentaciones, son sumamente engañosas.

De hecho, los rasgos principales de la adoración del templo y la sinagoga fueron llevados directamente a la Iglesia, mientras ella mimaba a los nuevos enemigos de Dios: el judaísmo apóstata. El período de este despojo fue del 30 d.C. al 70 d.C. Una vez que la iglesia hubo completado la integración de los despojos del Antiguo Pacto en su nuevo cuerpo transfigurado, Dios destruyó completamente los restos del Antiguo Pacto. Los rituales y la música judíos modernos deben mucho más a la herencia racial/cultural de los pueblos de Europa Oriental que al Antiguo Pacto.[8]

Así pues, aunque no hay nada malo en que los judíos conversos mantengan una continuidad cultural con su pasado, no hay motivos para suponer que el pueblo judío postcristiano haya conservado las formas musicales y litúrgicas de la Biblia. Esas formas se conservaron en la Iglesia, y solo en ella. Los judíos que deseen recuperar su herencia harían bien en estudiar a la Iglesia primitiva, no las tradiciones de las culturas de Europa del Este.

---

[7] Véase Gary North, «Some Problems with 'Messianic Judaism'», en *Biblical Economics Today* 7:3 (Abr/May, 1984).

[8] Louis Bouyer ha demostrado ampliamente que la oración eucarística de la Iglesia primitiva era una modificación de las oraciones de la sinagoga y el templo. Véase Bouyer, Eucharist (Notre Dame: U. of Notre Dame Press, 1968). Del mismo modo, Eric Werner ha demostrado que el canto llano de la iglesia cristiana conserva el estilo de música conocido entre los judíos del período del Antiguo Testamento. Véase Werner, *The Sacred Bridge* (Columbia U. Press, 1959; la edición de bolsillo de Schocken sólo reproduce la primera mitad de este importante estudio).

Bendito serás cuando entres, y bendito serás cuando salgas. El SEÑOR hará que los enemigos que se levanten contra ti sean derrotados delante de ti; saldrán contra ti por un camino y huirán delante de ti por siete caminos. El SEÑOR mandará que la bendición sea contigo en tus graneros y en todo aquello en que pongas tu mano, y te bendecirá en la tierra que el SEÑOR tu Dios te da. Te establecerá el SEÑOR como pueblo santo para sí, como te juró, si guardas los mandamientos del SEÑOR tu Dios y andas en sus caminos. Entonces verán todos los pueblos de la tierra que sobre ti es invocado el nombre del SEÑOR; y te temerán. Y el SEÑOR te hará abundar en bienes, en el fruto de tu vientre, en el fruto de tu ganado y en el producto de tu suelo, en la tierra que el SEÑOR juró a tus padres que te daría. Abrirá el SEÑOR para ti su buen tesoro, los cielos, para dar lluvia a tu tierra a su tiempo y para bendecir toda la obra de tu mano; y tú prestarás a muchas naciones, pero no tomarás prestado. Y te pondrá el SEÑOR a la cabeza y no a la cola, solo estarás encima y nunca estarás debajo, si escuchas los mandamientos del SEÑOR tu Dios que te ordeno hoy, para que los guardes cuidadosamente; no te desvíes de ninguna de las palabras que te ordeno hoy, ni a la derecha ni a la izquierda, para ir tras otros dioses y servirles. Pero sucederá que si no obedeces al SEÑOR tu Dios, guardando todos sus mandamientos y estatutos que te ordeno hoy, vendrán sobre ti todas estas maldiciones y te alcanzarán: Maldito serás en la ciudad, y maldito serás en el campo. Malditas serán tu canasta y tu artesa. Maldito el fruto de tu vientre y el producto de tu suelo, el aumento de tu ganado y las crías de tu rebaño. Maldito serás cuando entres y maldito serás cuando salgas. Enviará el SEÑOR sobre ti maldición, confusión y censura en todo lo que emprendas, hasta que seas destruido y hasta que perezcas rápidamente, a causa de la maldad de tus hechos, porque me has abandonado.

—Deuteronomio 8:6-20

Porque en Dios no hay acepción de personas. Pues todos los que han pecado sin la ley, sin la ley también perecerán; y todos los que han pecado bajo la ley, por la ley serán juzgados; porque no son los oidores de la ley los justos ante Dios, sino los que cumplen la ley, esos serán justificados. Porque cuando los gentiles, que no tienen la ley, cumplen por instinto los dictados de la ley, ellos, no teniendo la ley, son una ley para sí mismos, ya que muestran la obra de la ley escrita en sus corazones, su conciencia dando testimonio, y sus pensamientos acusándolos unas veces y otras defendiéndolos, en el día en que, según mi evangelio, Dios juzgará los secretos de los hombres mediante Cristo Jesús.

—Romanos 2:11-16

APÉNDICE C

GRACIA COMÚN, ESCATOLOGÍA Y LA LEY BÍBLICA

GARY NORTH

El concepto de gracia común rara vez se discute fuera de los círculos calvinistas, aunque todas las teologías cristianas deben enfrentarse en algún momento a las cuestiones subyacentes al debate sobre la gracia común. La expresión en sí se remonta al menos a los tiempos del puritanismo colonial estadounidense. Me topé con ella en varias ocasiones cuando investigaba sobre las doctrinas y experimentos económicos de los puritanos coloniales. El concepto se remonta al menos a los escritos de Juan Calvino.[1]

Antes de aventurarme en el bosque del debate teológico, permítanme exponer lo que creo que es el significado de la palabra «gracia». La Biblia utiliza la idea de varias maneras, pero el significado central de la gracia es el siguiente: Un don dado a las criaturas de Dios sobre la base, primero, de su favor a su Hijo, Jesucristo, la encarnación de la segunda persona de la Trinidad, y segundo, sobre la base de la obra expiatoria de Cristo en la cruz. La gracia no es estrictamente inmerecida, pues Cristo merece todo don, pero en términos del mérito de la creación —mérito merecido por una criatura debido a su mera condición de criatura— no hay ninguno. En resumen, cuando hablamos de cualquier aspecto de la creación, aparte de Jesucristo encarnado, la gracia se define como un *don inmerecido*. La esencia de la gracia se transmite en Santiago 1:17: «Toda buena dádiva y todo don perfecto desciende de lo alto, del Padre de las luces, en el cual no hay mudanza, ni sombra de variación».

Gracia especial es la frase utilizada por los teólogos para describir el don de la salvación eterna. Pablo escribe: «Porque por gracia sois salvos por medio de la fe; y esto no de

---

La versión original de este ensayo apareció en el ejemplar de invierno de 1976-77 de The Journal of Christian Reconstruction, publicado por la Chalcedon Foundation, Vallecito, California.

[1] Juan Calvino, *Institución de la religión cristiana* (1559), libro II, sección 11, cap. 16; II:III:3; III:XIV:2.

vosotros, pues es don de Dios; no por obras, para que nadie se gloríe» (Ef. 2:8-9). También escribe: «Mas Dios muestra su amor para con nosotros, en que siendo aún pecadores, Cristo murió por nosotros» (Rom. 5:8). Dios ha escogido a aquellos de quienes tendrá misericordia (Ro. 9:18). Él ha escogido a estas personas para que sean receptores de su don de salvación eterna, y las escogió antes de la fundación del mundo (Ef. 1:4-6).

Pero hay otro tipo de gracia, y se entiende mal. La gracia *común* es igualmente un don de Dios a sus criaturas, pero se distingue de la gracia especial en varios aspectos cruciales. Durante casi un siglo se ha debatido en los círculos calvinistas la naturaleza y la realidad de la gracia común. Espero que este ensayo aporte algunas respuestas aceptables al pueblo de Dios, aunque tengo pocas esperanzas de convencer a quienes han participado en este debate durante 60 años.

Debido a la confusión asociada al término «gracia común», permítanme ofrecerles la descripción que de ella hace James Jordan. La gracia común es el equivalente de las migajas que caen de la mesa del amo y que comen los perros. Así es como la mujer cananea describió su petición de sanidad por parte de Jesús, y Jesús la sanó gracias a su comprensión y fe (Mt. 15:27-28).[2]

Antecedentes del debate

En 1924, la Iglesia Cristiana Reformada (CRC por sus siglas en inglés) debatió el tema, y la decisión del Sínodo provocó una división importante y en apariencia permanente, en las filas de la denominación. El debate fue de considerable interés para los calvinistas neerlandeses de ambos lados del Atlántico, aunque los calvinistas tradicionales estadounidenses apenas estaban al tanto del asunto, y las iglesias arminianas la desconocían (y siguen desconociéndola) por completo. Herman Hoeksema, que fue quizá el teólogo sistemático más brillante de los Estados Unidos en este siglo, abandonó la Iglesia Reformada Cristiana para formar la Iglesia Reformada Protestante. Él y sus seguidores estaban convencidos de que, contrariamente a la decisión de la CRC, no existe la gracia común.

La doctrina de la gracia común, tal como se formuló en los controvertidos «tres puntos» de la Iglesia Cristiana Reformada en 1924, afirma lo siguiente:

1. Existe una «actitud favorable de Dios hacia la humanidad en general, y no solo hacia los elegidos». Además, hay «también un cierto favor o gracia de Dios que muestra a sus criaturas en general».
2. Dios pone «freno al pecado en la vida del individuo y en la sociedad...»

---

[2] En Israel, los perros no eran animales muy queridos, por lo que la analogía con la gracia común es bíblicamente legítima. «Y seréis para mí hombres santos; ni comeréis carne desgarrada de las bestias del campo; la echaréis a los perros» (Éx. 22:31). Si suponemos que Dios ama a los paganos como los modernos aman a sus perros, la analogía no encaja.

3. Con respecto a «*la realización de la llamada rectitud cívica...* el no regenerado, aunque incapaz de cualquier bien salvífico... puede realizar tal bien cívico».[3]

Estos principios pueden servir como punto de partida para una discusión sobre la gracia común. El cristiano serio acabará enfrentándose al problema de explicar lo que es el «bien», una vez que se enfrente a la doctrina bíblica del mal. Santiago 1:17 nos informa de que todos los dones buenos proceden de Dios. El mismo punto se hace en Deuteronomio, capítulo 8, que se cita como introducción a este ensayo. Está claro que los no regenerados son los beneficiarios de los dones de Dios. Ninguno de los participantes en el debate niega la existencia de los dones. Lo que niegan los críticos protestantes reformados es que estos dones impliquen el *favor de Dios* en lo que respecta a los no regenerados. Niegan categóricamente el primero de los tres puntos originales.

Por el momento, abstengámonos de utilizar la palabra gracia. Limitémonos, en cambio, a la palabra *don*. La existencia de dones de Dios plantea toda una serie de interrogantes:

¿Implica un don de Dios su favor?
¿Posee el hombre no regenerado el poder de hacer el bien?
¿La existencia de un buen comportamiento por parte del incrédulo niega la doctrina de la depravación total?
¿Revela la historia una separación progresiva entre salvos y perdidos?
¿Tal separación conduciría necesariamente al triunfo de los no regenerados?
¿Existe una base intelectual común entre cristianos y no cristianos?
¿Pueden los cristianos y los no cristianos cooperar con éxito en determinados ámbitos?
¿Los dones de Dios aumentan o disminuyen con el tiempo?
¿Se cumplirá el mandato cultural (pacto de dominio) de Génesis 1:28?

El favor de Dios

Este es un punto clave de disputa entre los que afirman y los que niegan la existencia de la gracia común. Deseo ahorrar tiempo, si no problemas, así que permítanme decir desde el principio que la formulación de 1924 de la Iglesia Cristiana Reformada sobre el primer punto es defectuosa. La Biblia no indica que Dios favorezca en modo alguno a los no regenerados. Se afirma lo contrario: «El que cree en el Hijo tiene vida eterna; pero el que no obedece al Hijo no verá la vida, sino que la ira de Dios permanece sobre él» (Jn. 3:36). La oración de Cristo registrada en Juan 17 revela su favor hacia los redimidos y solo hacia ellos. Existe una separación ética fundamental entre los salvos y los perdidos. Dios aborreció a Esaú y amó a Jacob, antes de que ninguno de los dos naciera (Rom. 9:10-13).

---

[3] Cornelius Van Til, *Common Grace* (Filadelfia: Presbyterian and Reformed Publishing Co., 1954), p. 20-22. Este ensayo se reprodujo en Van Til, *Common Grace and the Gospel* (Nutley, Nueva Jersey: Presbyterian & Reformed, 1974), misma paginación.

¿Qué debemos hacer con los pasajes de la Biblia que se han utilizado para apoyar la idea del favor limitado hacia las criaturas en general? Sin excepción, se refieren a *dones* de Dios a los no regenerados. No implican el favor de Dios. Por ejemplo, está esta afirmación: «El Señor es bueno para con todos, y su compasión, sobre todas sus obras» (Sal. 145:9). El versículo que precede a este nos dice que Dios es compasivo, lento para la ira, misericordioso. Romanos 2:4 nos dice que es paciente. Lucas 6:35-36 dice:

> Antes bien, amad a vuestros enemigos, y haced bien, y prestad no esperando nada a cambio, y vuestra recompensa será grande, y seréis hijos del Altísimo; porque Él es bondadoso para con los ingratos y perversos. Sed misericordiosos, así como vuestro Padre es misericordioso.

1Timoteo 4:10 utiliza un lenguaje explícito: «Porque por esto trabajamos y nos esforzamos, porque hemos puesto nuestra esperanza en el Dios vivo, que es el Salvador de todos los hombres, especialmente de los creyentes». La palabra griega traducida aquí como «Salvador» se translitera *sötër:* el que salva, cura, protege o sana. Dios salva (sana) a todos, *especialmente* a los que creen. Indudablemente, la salvación de la que se habla es universal, no en el sentido de gracia especial y, por tanto, en el sentido de gracia común. Este es probablemente el versículo más difícil de la Biblia para aquellos que niegan la salvación universal del infierno y que también niegan la gracia común.[4]

El pasaje más frecuentemente citado por quienes defienden la idea del favor de Dios a los no regenerados es Mateo 5:44-45:

> Pero yo os digo: amad a vuestros enemigos y orad por los que os persiguen, para que seáis hijos de vuestro Padre que está en los cielos; porque Él hace salir su sol sobre malos y buenos, y llover sobre justos e injustos.

Es comprensible cómo tales versículos, en ausencia de otros versículos que expliquen más detalladamente la naturaleza y la intención de los dones de Dios, podrían llevar a los hombres a equiparar el favor y los dones de Dios. Ciertamente es verdad que Dios protege, sana, recompensa y cuida a los no regenerados. Pero ninguno de estos versículos indica una actitud de favor hacia los beneficiarios no regenerados de sus dones. Sólo en el uso de la palabra «favor» en su forma popular de «hazme un favor» podemos argumentar que un don de Dios es lo mismo que su favor. Favor, en el uso del argot, simplemente significa *regalo*— un regalo inmerecido del donante. Pero si favor se entiende como una actitud favorable a los no regenerados, o un compromiso emocional de Dios con los no regenerados por su bien, entonces hay que decir, Dios no muestra favor a los injustos.

---

[4] Gary North, «Aren't There Two Kinds of Salvation?», pregunta 75 en North, *75 Bible Questions Your Instructors Pray You Won't Ask* (Tyler, Texas: Spurgeon Press, 1984).

Brasas de fuego

Un versículo de la Biblia, por encima de todos los demás, nos informa de la actitud subyacente de Dios hacia aquellos que se rebelan contra Él a pesar de sus dones. Este pasaje es el concomitante de los tan citados Lucas 6:35-36 y Mateo 5:44-45. Se trata de Proverbios 25:21-22, que Pablo cita en Romanos 12:20:

Si tu enemigo tiene hambre, dale de comer pan, y si tiene sed, dale de beber agua; porque así amontonarás brasas sobre su cabeza, y el Señor te recompensará.

¿Por qué debemos ser amables con nuestros enemigos? En primer lugar, porque Dios nos ordena ser amables. Él es bondadoso con ellos, y nosotros debemos imitarlo. Segundo, al mostrar misericordia, amontonamos brasas de fuego sobre sus cabezas rebeldes. A quien mucho se le da, mucho se le exige (Lc. 12:47-48). Nuestro enemigo recibirá mayor castigo por toda la eternidad porque hemos sido misericordiosos con él. En tercer lugar, se nos promete una recompensa de Dios, que siempre es una razón sólida para ser obedientes a sus mandatos. El lenguaje no puede ser más claro. Cualquier discusión sobre la gracia común que omita Proverbios 25:21-22 no es una discusión seria del tema.

La Biblia es muy clara. El problema de la inmensa mayoría de los intérpretes es que siguen influidos por las normas del autoproclamado humanismo autónomo. Bíblicamente, el *amor es el cumplimiento de la ley* (Rom. 13:8). Ama a tu prójimo, se nos instruye. Trátalo con respeto. No le oprimas ni le engañes. No codicies sus bienes ni a su mujer. No le robes. Si lo tratas legítimamente, habrás cumplido el mandamiento de amarlo. Al hacerlo, le habrás dejado sin excusa en el día del juicio. El pueblo de Dios debe convertirse en conducto de los dones de Dios para los no regenerados.

Esto no quiere decir que todos los dones que demos a los perdidos deban ser un intento de amontonar brasas sobre sus cabezas. No conocemos el plan de Dios para los siglos, excepto en sus líneas generales. No sabemos a quién quiere Dios redimir. Por eso damos libremente, con la esperanza de que unos sean redimidos y otros condenados. Contribuimos a la salvación de unos y a la condenación de otros. Por ejemplo, a los cónyuges regenerados se les ordena explícitamente que traten a sus parejas no regeneradas con legalidad y fidelidad. «Pues ¿cómo sabes tú, mujer, si salvarás a tu marido? ¿O cómo sabes tú, marido, si salvarás a tu mujer?» (1Co. 7:16). Tratamos legítimamente a nuestros amigos y enemigos, porque están hechos a imagen de Dios. Pero debemos comprender que nuestro trato honesto hace que en el día del juicio sea mucho peor para aquellos con quienes hemos tratado rectamente que si hubiéramos desobedecido a Dios y hubiéramos sido malos testimonios para ellos, tratándolos ilícitamente.

Dios da a los rebeldes cuerda suficiente para ahorcarse por toda la eternidad. Esta es una implicación fundamental de la doctrina de la gracia común. La ley de Dios condena a algunos hombres, pero al mismo tiempo sirve como medio de arrepentimiento y salvación para otros (Rom. 5:19-20). La misma ley produce resultados diferentes en personas diferentes. Lo que separa a los hombres es la gracia salvadora de Dios en la elección. La ley de Dios sirve como instrumento de *destrucción* final contra los perdidos, pero también sirve como instrumento de *reconstrucción* activa para el cristiano. La ley desgarra el reino de Satanás al mismo tiempo que sirve de fundamento para el reino de Dios en la tierra.

Cristo es realmente el salvador de todas las personas antes del día del juicio (1Tim. 4:10). Cristo sostiene todo el universo (Col. 1:17). Sin Él, ningún ser vivo podría sobrevivir. Él concede a sus criaturas dones como el *tiempo, la ley, el orden, el poder* y el *conocimiento*. A Satanás y a su hueste rebelde les concede todos estos dones. En respuesta a la pregunta: «¿Muestra Dios su gracia y misericordia a toda la creación?», la respuesta es rotundamente sí. A la siguiente pregunta, «¿Significa esto que Dios de alguna manera demuestra una actitud de favor hacia Satanás?» la respuesta es enfáticamente no. Dios no es más favorable hacia Satanás y sus demonios de lo que es hacia los seguidores humanos de Satanás. Pero esto no significa que no les conceda dones; dones que de ninguna manera merecen.

La depravación total y la mano restrictiva de Dios

La ley es un medio de gracia: gracia común para los que perecen, gracia especial para los elegidos. La ley *es también una forma de maldición:* maldición especial para los que perecen, maldición común para los elegidos. Todos estamos bajo la ley como criaturas, y a causa de la maldición de Adán y de la creación, sufrimos las cargas *temporales* de la transgresión de Adán. El mundo entero sufre esta maldición (Rom. 8:18-23). Sin embargo, «Y sabemos que para los que aman a Dios, todas las cosas cooperan para bien, esto es, para los que son llamados conforme a su propósito» (Rom. 8:28). Como hombres, todos estamos bajo la ley y la restricción de la ley, tanto física como moral, y podemos usar este conocimiento de la ley ya sea para traernos bendiciones externas o para rebelarnos y traer destrucción. Pero sabemos también que todas las cosas cooperan para mal a los que aborrecen a Dios, a los desechados según su propósito (Rom. 9:17-22). Gracia común, maldición común, gracia especial, maldición especial: debemos afirmar las cuatro.

La transgresión de la ley trae una *maldición especial* a los no regenerados. Es una maldición de duración eterna. Pero esta misma transgresión solo trae una *maldición común* a los elegidos. El cristiano se enferma, sufre pérdidas, es zarandeado por la tempestad, padece tristeza, pero no sufre la muerte segunda (Ap. 2:11; 20:6, 14). Para el creyente, las maldiciones comunes de la vida son castigos de Dios, señales del favor de Dios (Heb. 12:6). La diferencia entre la maldición común y la maldición especial no se encuentra en la intensidad del dolor humano ni en la magnitud de la pérdida; la diferencia radica en la *actitud de Dios* hacia los que están trabajando bajo las cargas externas y psicológicas. Hay una actitud de favor hacia los elegidos, pero ninguna hacia los no regenerados. La maldición común del no regenerado es, de hecho, una parte de la maldición especial bajo la cual trabajará para siempre. La maldición común del hombre elegido es una parte de la gracia especial por la que finalmente prospera. La maldición común es, sin embargo, común, a pesar de sus diferentes efectos sobre el estado eterno de los hombres. La ley de Dios es segura.

Dios no hace acepción de personas (Rom. 2:11), con una excepción: la persona de Jesucristo. (Cristo era perfecto, y sin embargo fue castigado).

Pero si los efectos de la ley son comunes en la maldición, entonces los efectos de la ley también son comunes en la gracia. Por eso necesitamos una doctrina de la gracia común. Esta doctrina da sentido a la doctrina de la maldición común, y viceversa. La ley de Dios refrena a los hombres en sus malos caminos, sean regenerados o no. La ley de Dios refrena al «viejo hombre» o vieja naturaleza pecaminosa en los cristianos. La restricción de la ley es una verdadera bendición para todos los hombres. De hecho, es incluso una bendición temporal para Satanás y sus demonios. Todos los que odian a Dios aman la muerte (Prov. 8:36b). Este odio a Dios es refrenado durante la historia. A los hombres malvados se les da poder, vida y tiempo que no merecen. Lo mismo ocurre con Satanás. No pueden desarrollar plenamente las implicaciones de su fe rebelde y suicida, porque el freno de Dios no se lo permite.

La gracia común que refrena el carácter totalmente depravado de Satanás y de todos sus seguidores es, de hecho, parte de la *maldición especial* de Dios sobre ellos. Toda dádiva vuelve a condenarlos en el día del juicio, amontonando brasas de fuego sobre sus cabezas. Por otro lado, la gracia común de Dios en la ley también debe ser vista como una parte del programa de gracia especial a sus elegidos. Los dones especiales de Dios a sus elegidos, persona por persona, son la fuente de diferentes recompensas en el día del juicio (1Co. 3:11-15). La gracia común sirve para condenar a los rebeldes proporcionalmente a los beneficios que han recibido en la tierra, y sirve como telón de fondo operativo para la gracia especial dada a los elegidos. Las leyes de Dios ofrecen una fuente de orden, poder y dominio. Algunos hombres utilizan esta gracia común para su destrucción final, mientras que otros la utilizan para su beneficio eterno. No obstante, es común, a pesar de sus diferentes efectos sobre el estado eterno de los hombres.

El bien que hacen los hombres

La Biblia enseña que no hay nada bueno inherente al hombre caído; su corazón es perverso y engañoso (Jer. 17:9). Toda nuestra autoproclamada justicia es como trapo de inmundicia a los ojos de Dios (Is. 64:6). Sin embargo, también sabemos que la historia tiene sentido, que hay normas permanentes que nos permiten distinguir la vida de José Stalin de la vida de Albert Schweitzer. Hay diferentes castigos para diferentes hombres no regenerados (Lc. 12:45-48). Esto no significa que Dios favorezca de alguna manera a un alma perdida más que a otra. Sólo significa que en el plan eterno de Dios debe haber una afirmación eterna de la validez y permanencia de su ley. Es peor ser un asesino que un mentiroso o un ladrón, no todo pecado es pecado de muerte (1Jn. 5:16-17). La historia no es una masa amorfa e indiferenciada. No es una ilusión. Tiene implicaciones para la eternidad. Por lo tanto, la ley de Dios recuerda a los hombres no regenerados que es mejor conformarse en parte que no conformarse en absoluto, aunque el resultado final de la rebelión sea la destrucción. Hay grados de castigo (Lc. 12:47-48).

Pero, ¿cuál es la fuente del bien que hacen los hombres malos? No puede ser otra que Dios (Stg. 1:17). Él es la fuente de todo bien. Él restringe a los hombres de diferentes maneras, y los efectos de esta restricción, de persona a persona, de demonio a demonio, pueden verse a través de toda la eternidad. No el favor hacia los no regenerados, sino la justicia perfecta de la ley y el respeto total hacia la ley de Dios por parte de Dios mismo son las fuentes de las buenas obras que los hombres que están perdidos pueden realizar en el tiempo y en la tierra. Hay diferentes castigos para diferentes personas, no porque Dios haga acepción de personas, sino porque los actos de diferentes hombres son diferentes.

El conocimiento de la Ley

La obra de la ley está escrita en el corazón de todo hombre. No hay escapatoria. Nadie puede alegar ignorancia (Rom. 2:11-14). Pero la historia de cada hombre tiene un significado, y a algunos hombres se les ha dado un conocimiento más claro que a otros (Lc. 12:47-48). Hay un *conocimiento común* de la ley, pero también hay un *conocimiento especial* de la ley—históricamente único en la vida de cada hombre. Cada hombre será juzgado por las obras que haya hecho, por toda palabra que haya pronunciado (Rom. 2:6; Mt. 12:36). Dios da testimonio de su fidelidad a su palabra al distinguir cada matiz de maldad y bondad en la vida de cada hombre, salvo o perdido.

Quizá un ejemplo bíblico pueda aclarar estas cuestiones. Dios concedió al pueblo que habitaba la tierra de Canaán una generación extra de soberanía sobre su tierra. La mentalidad esclavista de los hebreos, con las excepciones de Josué y Caleb, no les permitió entrar y conquistar la tierra. Además, Dios les reveló específicamente que expulsaría al pueblo, ciudad por ciudad, año por año, para que los animales salvajes no pudieran apoderarse de la tierra, dejándola desolada (Éx. 23:27-30). ¿Revelaba esto el favor de Dios hacia los cananeos? Difícilmente. Ordenó a los hebreos que los destruyeran, totalmente. Debían ser expulsados de su tierra para siempre (Éx. 23:32-33). Sin embargo, recibieron una bendición temporal: una generación extra o más, de paz. Esto mantuvo a las bestias en su lugar. Permitió a los hebreos madurar bajo la ley de Dios. También permitió a los hebreos amontonar brasas de fuego sobre las cabezas de sus enemigos, porque como Dios le dijo a Abraham, los hebreos no tomarían el control de la tierra prometida en sus días, «porque hasta entonces no habrá llegado a su colmo la iniquidad de los amorreos» (Gén. 15:16). Durante esa última generación, la iniquidad de los amorreos se llenó hasta el borde. Entonces llegó la destrucción.

Los cananeos recibieron más de lo que merecían. Permanecieron en la tierra de sus padres durante una generación más. ¿Fueron beneficiarios? En los días de peregrinación de los hebreos, los cananeos fueron beneficiarios. Luego vino el pago final, culturalmente hablando, y fue exigido por Dios a través de su pueblo, tal como los egipcios habían aprendido para su desgracia. Cuidaron la tierra hasta que los hebreos estuvieron en condiciones de tomar posesión de ella. Como afirma la Biblia, «la riqueza del pecador está reservada para el justo» (Prov. 13:22b). Pero esto no niega en absoluto el valor de la riqueza del pecador durante el período en que la controla. Es un don de Dios que tenga algo. Dios ha impedido que los pecadores dispersen su riqueza en una oleada de destrucción suicida. Él les permite servir como cuidadores hasta el día en que sea transferida a los regenerados.

Los heveos de Gabaón escaparon a la destrucción. Fueron lo suficientemente sabios como para ver que el pueblo de Dios no podía ser vencido. Engañaron a Josué para que hiciera un tratado con ellos. El resultado fue su esclavitud perpetua como trabajadores serviles, pero recibieron la vida y el derecho a buscar la felicidad, aunque perdieron la libertad. Se les permitió vivir bajo las restricciones de la ley de Dios, un acuerdo mucho mejor culturalmente de lo que habían vivido antes de la llegada de los hebreos. Se convirtieron en los receptores de las bendiciones culturales dadas a los hebreos, y tal vez algunos de ellos se volvieron fieles a Dios. En ese caso, lo que había sido una maldición para todos ellos— la servidumbre— se convirtió en un medio de gracia especial. Su engaño dio resultado (Jos. 9). Sólo los heveos escaparon a la destrucción (Jos. 11:20).

El día que Adán y Eva comieron del árbol del conocimiento, murieron espiritualmente. Dios les había dicho que morirían ese mismo día. Pero no murieron físicamente. Pudieron o no haber sido regenerados individualmente por el Espíritu de Dios. Pero eran los beneficiarios de una promesa (Gén. 3:15). Se les permitiría tener hijos. Antes de que comenzara el tiempo, Dios había ordenado la crucifixión. En este sentido, Cristo fue inmolado desde el principio (Ap. 13:8). Dios les concedió tiempo en la tierra. Les prorrogó la vida; si no hubieran pecado, habrían podido poseer la vida eterna. Dios los bendijo grandemente a ellos y a su hijo asesino Caín con una suspensión de la ejecución. Dios respetó la obra de Cristo en la cruz. Cristo se convirtió en un salvador para Caín— no un salvador personal o un salvador regenerador, sino un salvador de su vida. Dios concedió a Caín protección (Gén. 4:15), una de las tareas de un salvador.

Significado en la historia

Una vez más, vemos que la historia tiene sentido. Dios tiene un propósito. Él concede favores a los rebeldes, pero no porque les sea favorable. Él respeta a su Hijo, y su Hijo murió por todo el mundo (Jn. 3:16). Murió para salvar al mundo, es decir, para darle tiempo, vida y bendiciones externas. No murió para ofrecer una hipotética promesa de regeneración a los «vasos de ira» (Rom. 9:22), sino que murió para convertirse en un salvador en el mismo sentido que el descrito en la primera parte de 1Timoteo 4:10— no un salvador especial, sino un salvador sustentador, restrictivo. Dios trató misericordiosamente a Adán y a la familia de Adán porque tenía favor para su pueblo escogido, aquellos que reciben las bendiciones de la salvación.

Pero esta salvación tiene un carácter expresamente *histórico*. Cristo murió en el tiempo y en la tierra por su pueblo. Ellos son regenerados en el tiempo y en la tierra. Por tanto, Él preserva la tierra y da tiempo a todos los hombres, incluidos los rebeldes.

Con respecto a la restricción de Dios de la depravación total de los hombres, considere su maldición de la tierra (Gén. 3:17-19). El hombre debe trabajar con el sudor de su frente para poder comer. La tierra da sus frutos, pero solo mediante el trabajo. Sin embargo, esta maldición común también implica una gracia común. Los hombres se ven obligados a cooperar entre sí en un mundo de escasez si desean aumentar sus ingresos. Pueden ser asesinos en sus corazones, pero deben contener sus emociones y cooperar. La división del trabajo hace posible la especialización de la producción. Esto, a su vez, promueve el aumento de la riqueza para todos los que trabajan. La escasez frena a los hombres, lo que parece ser una maldición unilateral. No es así; es igualmente una bendición. Este es el significado de la gracia común; la maldición común y la gracia común van juntas.

La cruz es el mejor ejemplo de la fusión de gracia y maldición. Cristo fue totalmente hecho maldición en la cruz. Al mismo tiempo, fue un acto de gracia incomparable de Dios. Justicia y misericordia se unen en la cruz. Cristo murió, experimentando así la maldición común a todos los hombres. Sin embargo, mediante esa muerte, Cristo hizo propiciación a Dios. Esa es la fuente de la gracia común en la tierra —vida, ley, orden, poder— así como la fuente de la gracia especial. La maldición común de la cruz— la muerte— condujo a la *gracia especial* para los elegidos de Dios, pero también es la fuente de esa gracia *común* que hace posible la historia. Cristo sufrió la «primera muerte», no para salvar a su pueblo de la primera muerte, ni para salvar a los no regenerados de la segunda muerte del lago de fuego. Sufrió la primera muerte para satisfacer la pena del pecado: la primera muerte (que Adán no pagó inmediatamente, ya que no murió físicamente el día que pecó) y la segunda muerte (los elegidos de Dios no perecerán jamás).

En algún momento en el futuro, Dios dejará de refrenar la maldad de los hombres (2Ts. 2:6-12). Así como Él entregó a Israel a sus concupiscencias (Sal. 81:12; 106:15), así también abandonará a los no regenerados que actualmente son retenidos de parte del mal que harían. Esto no significa necesariamente que los no regenerados aplastarán entonces al pueblo de Dios. De hecho, significa precisamente lo contrario. Cuando Dios dejó de refrenar a Israel, Israel se dispersó. (Cierto, durante un tiempo las cosas fueron mal para los profetas de Dios). Pero el mismo acto de liberarlos de su restricción permitió a Dios dejarlos llenar su propia copa de iniquidad. El resultado final de que Dios no contuviera a Israel, fue su caída en la iniquidad, la rebelión y la impotencia (Hch. 7:42-43). Fueron dispersados por los asirios, los babilonios y, finalmente, los romanos. La iglesia cristiana se convirtió en la heredera del reino de Dios (Mt. 21:43). También los romanos fueron entregados a sus propias concupiscencias (Rom. 1:24, 26, 28). Aunque tardaron tres siglos, finalmente fueron reemplazados por los cristianos. El imperio se derrumbó. Los cristianos recogieron los pedazos.

Cuando Dios deja de refrenar a los hombres del mal que son capaces de cometer, sella su perdición. Separados de la restricción, violan la obra de la ley escrita en sus corazones. Separados de la ley de Dios, los hombres pierden la herramienta de dominio cultural de Dios.

Los hombres que se ven a sí mismos bajo la ley pueden entonces usar la ley para lograr sus fines. Los antinomianos se precipitan de cabeza en la impotencia, porque, al negar que están bajo la ley y las restricciones de la ley, desechan la herramienta crucial de la conquista externa y las bendiciones externas. Se rebelan y son destruidos.

El trigo y la cizaña

La parábola de la cizaña es instructiva para abordar la pregunta: ¿Revela la historia una *separación progresiva* entre los salvos y los perdidos? La parábola comienza con el campo plantado de trigo, pero sembrado de cizaña por un enemigo durante la noche (Mt. 13:24-30, 36-43). La parábola se refiere al reino de Dios, no a la iglesia institucional. «El campo es el mundo», explicó Cristo (Mt. 13:38). El buen trigo, los hijos de Dios, ahora deben operar en un mundo en el que opera la cizaña, los no regenerados. Los siervos (ángeles) reconocen al instante la diferencia, pero se les dice que no arranquen todavía la cizaña. Un acto tan violento destruiría el trigo al arar el campo. Para preservar el trigo en crecimiento, el propietario permite que la cizaña se desarrolle. Lo que se preserva es el *desarrollo histórico*. Sólo en el fin del mundo se hará la separación definitiva. Hasta entonces, por el *bien del trigo*, no se arranca la cizaña.

La lluvia cae tanto sobre el trigo como sobre la cizaña. El sol brilla sobre ambos. El tizón golpea a ambos, y también las langostas. Gracia común y maldición común: la ley de Dios trae ambas en la historia. Una parte importante del desarrollo histórico es el cumplimiento por parte del hombre del pacto de dominio. Las nuevas técnicas productivas pueden implantarse gracias a la gracia común de Dios, una vez que el cuidado del campo se confía a los hombres. Las regularidades de la naturaleza siguen desempeñando un papel, pero cada vez más los fertilizantes, los sistemas de riego, los cuidados regulares, la gestión científica e incluso los estudios por satélite forman parte de la vida del campo. Los hombres ejercen un dominio cada vez mayor sobre el mundo. Surge entonces una pregunta: Si gobiernan los seguidores del diablo, ¿se ocuparán con ternura de las necesidades de los piadosos? ¿Ejercerán el dominio en beneficio del trigo, por así decirlo? Por otro lado, ¿se ocuparán los cristianos de la cizaña? Si gobiernan los cristianos, ¿qué pasará con los injustos?

Este es el problema de la *diferenciación en la historia*. Los hombres no son pasivos. Se les ordena ser activos, buscar el dominio sobre la naturaleza (Gén. 1:28; 9:1-7). Deben administrar el campo. Cuando tanto los buenos como los malos llevan a cabo sus destinos ordenados por Dios, ¿qué tipo de desarrollo cabe esperar? ¿Quién prospera más, los salvos o los perdidos? ¿Quién se convierte en dominante?

La separación definitiva se producirá al final de los tiempos. Hasta entonces, los dos grupos deben compartir el mismo mundo. Si el trigo y la cizaña implican un lento crecimiento hasta la madurez, entonces tenemos que concluir que el acontecimiento radicalmente discontinuo de la separación no marcará el tiempo del desarrollo histórico. Es un acontecimiento del último día: el juicio final. Es un acontecimiento discontinuo que es la piedra angular de la continuidad histórica. La muerte y resurrección de Cristo fue el último acontecimiento históricamente significativo que propiamente puede decirse que es discontinuo (posiblemente el Día de Pentecostés podría servir como el último acontecimiento que sacude la tierra, que sacude el reino). La siguiente gran discontinuidad escatológica es el día del juicio final. Así que debemos esperar crecimiento en nuestra era, el tipo de crecimiento indicado por las parábolas agrícolas.[5]

Lo que hay que subrayar es el elemento del desarrollo continuo. «El reino de los cielos es semejante a un grano de mostaza, que un hombre tomó y sembró en su campo, y que de todas las semillas es la más pequeña; pero cuando ha crecido, es la mayor de las hortalizas, y se hace árbol, de modo que las aves del cielo vienen y anidan en sus ramas» (Mt. 13:31-32). Mientras este reino llega a la madurez, no hay separación física entre salvos y perdidos. Esa separación total vendrá solo al final de los tiempos. Puede haber cambios importantes, incluso cuando las estaciones aceleren o retrasen el crecimiento, pero no debemos esperar una separación radical.

Aunque no dispongo de espacio para demostrarlo, esto significa que la separación de la que hablan los premilenialistas— el rapto— no concuerda con las parábolas del reino. El rapto se produce al final de los tiempos. El «trigo» no puede ser retirado del campo hasta ese día final, cuando seamos arrebatados para encontrarnos con Cristo en las nubes (1Ts. 4:17). Ciertamente hay un rapto, pero viene al final de los tiempos— cuando los segadores (ángeles) cosechan el trigo y la cizaña. Hay un rapto, pero es un rapto postmilenial.

¿Por qué un rapto postmilenial, dirá el amilenialista? ¿Por qué no señalar simplemente que el rapto se produce al final de los tiempos y dejar las cosas como están? La respuesta es importante: Debemos tratar la pregunta del desarrollo del trigo y la cizaña. Debemos ver que este proceso del tiempo conduce a la victoria cristiana en la tierra y en el tiempo.

Conocimiento y dominio

Isaías 32 es una porción de las Escrituras que ha sido descuidada en nuestros días. Nos informa de un día extraordinario que está por llegar. Es un día de «autoconciencia epistemológica», para usar la frase de Cornelius Van Til. Es un día en que los hombres conocerán las normas de Dios y las aplicarán con precisión a la situación histórica. No es un día más allá del juicio final, pues se refiere tanto a los perversos como a las personas generosas. Sin embargo, no puede ser un día inaugurado por una separación radical entre salvos y perdidos (el rapto), pues tal separación solo se produce al final de los tiempos. Este día vendrá antes de que Cristo regrese físicamente a la tierra en juicio. Leemos en los primeros ocho versículos:

> He aquí, un rey reinará con justicia, y príncipes gobernarán con rectitud. Cada uno será como refugio contra el viento y un abrigo contra la tormenta, como corrientes de

---

[5] Gary North, *Moses and Pharaoh: Dominion Religion vs. Power Religion* (Tyler, Texas: Institute for Christian Economics, 1985), cap. 12: «Continuidad y revolución».

agua en tierra seca, como la sombra de una gran peña en tierra árida. No se cegarán entonces los ojos de los que ven, y los oídos de los que oyen escucharán. El corazón de los imprudentes discernirá la verdad, y la lengua de los tartamudos se apresurará a hablar claramente. Ya no se llamará noble al necio, ni al tramposo se le dirá generoso. Pues el necio habla necedades, y su corazón se inclina hacia el mal, para practicar la impiedad y hablar falsedad contra el Señor, para mantener con hambre al hambriento y para privar de bebida al sediento. En cuanto al tramposo, sus armas son malignas; trama designios perversos para destruir con calumnias a los afligidos, aun cuando el necesitado hable lo que es justo. Pero el noble concibe cosas nobles, y en las cosas nobles se afirma.

Repito: «Ya no se llamará noble al necio, ni al tramposo se le dirá generoso» (v. 5). Los perversos persisten en su vileza; los generosos siguen siendo generosos. No dice que todos los perversos se convertirán, pero tampoco dice que los generosos serán destruidos. Los dos existen juntos. Pero el lenguaje de la promesa indica que Isaías sabía muy bien que en su época (y en la nuestra), a los perversos se les llama generosos y viceversa. Los hombres se niegan a aplicar su conocimiento de las normas de Dios al mundo en que viven. Pero no siempre será así.

Llegados a este punto, nos enfrentamos a dos preguntas cruciales. Las respuestas separan a muchos comentaristas cristianos. En primer lugar, ¿debemos esperar que este conocimiento llegue instantáneamente? En segundo lugar, cuando este mundo profetizado de autoconciencia epistemológica finalmente amanezca, ¿qué grupo será el vencedor terrenal, los perversos o los generosos?

El amilenialista debe responder que este desarrollo paralelo del conocimiento es gradual. El postmilenialista está de acuerdo. El premilenialista debe disentir. La posición premilenialista es que el día de la autoconciencia viene solo después del rapto y el establecimiento subsiguiente del reino terrenal, con Cristo gobernando en la tierra en persona. La posición amilenialista no ve ninguna era de justicia pre-consumación, prejuicio final. Por lo tanto, debe concluir que el crecimiento de la autoconciencia sí separa culturalmente a los salvos de los perdidos, pero como no hay una era venidera de victoria piadosa culturalmente, el amilenialista tiene que decir que esta separación ética y epistemológica lleva a la derrota de los cristianos en los campos de batalla de la cultura. El mal triunfará antes del juicio final, y puesto que este proceso es continuo, el declive hacia las tinieblas debe formar parte del proceso de diferenciación a lo largo del tiempo. Este aumento del autoconocimiento conduce, por tanto, a la victoria de las fuerzas de Satanás sobre la Iglesia.

El postmilenialista rechaza categóricamente tal visión del conocimiento. A medida que la capacidad de los cristianos para hacer juicios precisos y que honren a Dios en la historia aumenta con el tiempo, se les transfiere más autoridad. A medida que los paganos pierden su capacidad de hacer tales juicios, como resultado directo de su negación y guerra contra la ley bíblica, la autoridad les será quitada, tal como le fue quitada a Israel en el año 70 d.C. El verdadero conocimiento en el marco postmilenial conduce a la bendición en la historia, no a la maldición. Conduce a la victoria del pueblo de Dios, no a su derrota. Pero el amilenialista tiene que negar esto. El aumento del verdadero autoconocimiento es una maldición para los cristianos en el sistema amilenial. Van Til hace esto fundamental en su libro sobre la gracia común— su único libro sistemáticamente erróneo y debilitante.

La versión amilenial de Van Til de la gracia común

Volvamos ahora a la pregunta de la gracia común. La lenta deriva descendente de la cultura es paralela al crecimiento de la autoconciencia, dice el amilenialista. Esto tiene que significar que la gracia común se retirará a medida que avance el tiempo. La mano restrictiva de Dios se retirará progresivamente. Puesto que el amilenialista cree que las cosas empeoran antes del juicio final, tiene que ver la gracia común como una gracia *anterior* (suponiendo que admita la existencia de la gracia común). Van Til, que sostiene una doctrina de la gracia común y que es amilenialista, es quien lo ha afirmado con más fuerza:

Toda gracia común es gracia anterior. Su carácter común reside en su precocidad. No pertenece solo a las dimensiones inferiores de la vida. Pertenece a todas las dimensiones de la vida, pero a todas estas dimensiones en una menor medida, entretanto que avanza el tiempo de la historia. En la primera etapa de la historia hay mucha gracia común. Hay una naturaleza buena común bajo el favor común de Dios. Pero esta creación-gracia exige una respuesta. No puede seguir siendo lo que es. Es condicional. La diferenciación debe producirse y se produce, primero en forma de rechazo común de Dios. Sin embargo, la gracia común continúa; ahora está en un nivel «inferior»; es paciente para que los hombres sean llevados al arrepentimiento... La gracia común disminuirá aún más en el curso ulterior de la historia. Con cada acto condicional se reduce el significado restante de lo condicional. Dios permite que los hombres sigan el camino de su rechazo a Él, elegido por ellos mismos, más rápidamente que nunca hacia la consumación final. Dios aumenta su actitud de ira sobre los réprobos a medida que pasa el tiempo, hasta que al final de los tiempos, en la gran consumación de la historia, su condición ha alcanzado su estado.[6]

Van Til afirma la realidad de la historia, pero es la historia de un declive continuo. Los no regenerados se vuelven cada vez más poderosos a medida que declina la gracia común. Pero, ¿por qué? ¿Por qué la autoconciencia epistemológica descrita en Isaías 32 ha de conducir necesariamente a la derrota de los cristianos? Al sostener una doctrina de la gracia común que implica la idea del favor común de Dios hacia todas las criaturas (excepto Satanás, dice Van Til), argumenta entonces que este favor se retira, dejando a los no regenerados vía libre para atacar a los elegidos de Dios. Si la gracia común está vinculada con el favor de Dios, y el favor de Dios disminuye constantemente, entonces ese otro aspecto de la gracia común, es decir, la restricción de Dios, también debe retirarse. Además, la tercera

---

[6] Van Til, *Common Grace*, p. 82-83.

característica de la gracia común, la justicia cívica, también debe desaparecer. Las palabras de Van Til son muy poderosas:

> Pero cuando todos los réprobos sean epistemológicamente autoconscientes, habrá llegado el momento de la perdición. El réprobo plenamente consciente de sí mismo hará todo lo posible en todas las dimensiones para destruir al pueblo de Dios. Así pues, mientras intentamos con todas nuestras fuerzas acelerar el proceso de diferenciación en todas las dimensiones, damos gracias, por otra parte, por «el día de gracia», el día de la diferenciación no desarrollada. La tolerancia que recibimos por parte del mundo se debe al hecho de que vivimos en la primera, y no en la última, etapa de la historia. Y la influencia que podamos ejercer en la situación pública, ya sea en la sociedad o en el Estado, presupone esta etapa indiferenciada de desarrollo.[7]

Considera las implicaciones de lo que dice Van Til. La *historia es una amenaza terrenal para el hombre cristiano*. ¿Por qué? Su argumento amilenialista es que la gracia común es una gracia anterior. Decae con el tiempo. ¿Por qué? Porque la actitud de favor de Dios declina con el tiempo con respecto a los no regenerados. Con la disminución del favor de Dios, los otros beneficios de la gracia común se pierden. Los hombres malos se vuelven más completamente malos.

El argumento de Van Til es el generalmente aceptado en los círculos reformados. Es la declaración estándar de la posición de la gracia común. Sin embargo, como el lector debería comprender a estas alturas, es profundamente erróneo. Comienza con *suposiciones falsas*: 1) que la gracia común implica favor común; 2) que esta gracia-favor común se reduce con el tiempo; 3) que esta pérdida de favor necesariamente derriba los cimientos de la justicia cívica dentro de la cultura general; 4) que la visión amilenialista del futuro es exacta. Así, concluye que el proceso de diferenciación conduce a la impotencia de los cristianos en todas las esferas de la vida, y que podemos dar gracias por haber vivido en el período de gracia «anterior», es decir, de mayor gracia común.

Resulta irónico que el punto de vista de Van Til sobre la gracia común se oponga implícitamente al posmilenialismo de R. J. Rushdoony, aunque su punto de vista se oponga igualmente al amilenialismo del teólogo amilenialista anti-Calcedonia (y antiguo colega de Van Til), Meredith G. Kline, que rechaza abiertamente la escatología postmilenial de Rushdoony.[8]

---

[7] Ibid., p.85.

[8] Kline rechaza la afirmación de Van Til de que la gracia común decae con el tiempo. Kline dice que esto es lo que enseñan los posmilenialistas de Calcedonia— lo cual sencillamente no es cierto, ni siquiera lo implica su escatología— y al hacerlo Kline rompe radicalmente con Van Til. Es poco probable que Kline reconozca siquiera las implicaciones anti-Van Til de lo que ha escrito. «Junto con las deficiencias hermenéuticas del milenialismo de Calcedonia hay un problema teológico fundamental que lo acosa. Y aquí llegamos de nuevo a la confusión de Calcedonia de los conceptos bíblicos de lo santo y lo común. Como hemos visto, el tipo de postmilenialismo de Calcedonia contempla como clímax del Milenio algo más que un alto grado de éxito en la misión evangelizadora de la Iglesia al mundo. Una perspectiva milenial adicional (que ellos disfrutan especialmente) es la de una prosperidad material y una eminencia y dominio mundiales del reino establecido por Cristo en la tierra, con una sumisión divinamente impuesta de las naciones al gobierno

Es doblemente irónico que Rushdoony haya adoptado la versión antipostmilenial de Van Til de la gracia común, que significa «gracia anterior».[9]

El amilenialismo de Van Til tiñe toda su doctrina de la gracia común. Tal vez inconscientemente, estructuró selectivamente la evidencia bíblica sobre esta cuestión para hacerla conforme a su herencia amilenialista neerlandesa. Por eso todo su concepto de la gracia común es incorrecto. Es imperativo que desechemos el concepto de «gracia anterior» y adoptemos una doctrina de gracia común (migajas para los perros).

Una respuesta postmilenial

En respuesta a Van Til, ofrezco tres críticas. Primero, Dios no favorece a los no regenerados en ningún momento después de la rebelión del hombre. El hombre es totalmente depravado, y no hay nada en él que merezca alabanza o favor, ni Dios lo ve con buenos ojos. Dios concede al hombre no regenerado favores (no favor) para amontonar brasas de fuego sobre su cabeza (si no forma parte de los elegidos) o bien para llamarlo al arrepentimiento (lo que logra la gracia especial de Dios). Así, Dios es uniformemente hostil al rebelde a lo largo de la historia. Dios odia a los hombres no regenerados con un odio santo de principio a fin. «Anterior» no tiene nada que ver con ello.

En segundo lugar, una vez eliminado el exceso de carga teológica del supuesto favor de Dios hacia los no regenerados, se pueden discutir las otras dos cuestiones: La restricción de Dios y la justicia cívica del hombre. La actividad del Espíritu de Dios es importante para entender la naturaleza de la restricción de Dios, pero no se nos dice prácticamente nada de la operación del Espíritu. Lo que se nos dice es que *la ley de Dios restringe a los hombres*. Ellos hacen la obra de la ley escrita en sus corazones. Esta ley es el medio principal de las bendiciones externas de Dios (Dt. 28:1-14); la rebelión contra su ley trae destrucción (Dt. 28:15-68). Por lo tanto, a medida que el reino de la ley bíblica se extiende por medio de la predicación de todo el consejo de Dios, a medida que la ley está escrita en los corazones de los hombres (Jer. 31:33-34; Heb. 8:10-11; 10:16), y a medida que los no regenerados caen

---

mundial de la cristocracia. La objeción teológica insuperable a todas y cada una de tales construcciones milenaristas es que implican la suposición de un eclipse prematuro del orden de la gracia común... Al postular así la terminación del orden de la gracia común antes de la consumación, el postmilenialismo de Calcedonia atribuye en efecto infidelidad a Dios, pues Dios se comprometió en su antiguo pacto a mantener ese orden mientras dure la tierra...» Meredith G. Kline, «Comments on an Old-New Error», *Westminster Theological Journal*, XLI (Otoño 1978), p. 183, 184.

[9] Es una de las rarezas del movimiento de reconstrucción cristiana que R. J. Rushdoony rechace categóricamente el amilenialismo, calificándolo de «religión impotente» y «blasfemia», y sin embargo, afirme la validez de la posición de la gracia común de Van Til, pidiendo la sustitución del concepto de «gracia anterior» de Van Til por el de «gracia común». El ensayo anti-amilenialista de Rushdoony (y por tanto, implícitamente, anti-Van Til) apareció en *The Journal of Christian Reconstruction*, III (invierno 1976-77): «Postmillennialism versus Impotent Religion». Su declaración a favor de la «gracia anterior» apareció en su reseña del libro de E. L. Hebden Taylor, *The Christian Philosophy of Law, Politics and the State*, en *The Westminster Theological Journal*, XXX (Nov. 1967): «Un concepto de 'gracia anterior' hace sostenibles los restos de justicia, derecho y comunidad; un concepto de 'gracia común' no» (p. 100). «El término 'gracia común' se ha convertido en un *shibolet* de la teología holandesa y un pasadizo a través del Jordán y hacia el territorio reformado de aquellos que pueden fingir el acento requerido. ¿No ha llegado el momento de abandonar todo el concepto y empezar de nuevo?» (p. 101).

bajo el dominio y la influencia de la ley, la gracia común debe *aumentar*, no disminuir. La cuestión central es la restricción de Dios inherente a la obra de la ley. Esta obra está en el corazón de todo hombre.

Recuerde, esto no tiene nada que ver con el supuesto favor de Dios hacia la humanidad en general. Es simplemente que a medida que los cristianos se vuelven más fieles a la ley bíblica, reciben más pan de la mano de Dios. A medida que aumentan la cantidad de pan en sus mesas, más migajas caen a los perros debajo.

En tercer lugar, la visión amilenialista del proceso de separación o diferenciación está seriamente viciada por la falta de comprensión del poder que la ley bíblica confiere a quienes tratan de acatar sus normas. De nuevo, debemos fijarnos en el capítulo 8 de Deuteronomio. La conformidad con los preceptos de la ley trae bendiciones externas. Las bendiciones pueden (aunque no necesariamente) servir de trampa y tentación, pues los hombres pueden olvidar la fuente de sus bendiciones. Pueden olvidarse de Dios, reclamar autonomía y alejarse de la ley. Esto conduce a la destrucción. El pueblo, antes fiel, se dispersa. De ahí la paradoja de Deuteronomio 8: fidelidad de pacto a la ley— bendiciones externas de Dios en respuesta a la fidelidad— tentación de confiar en las bendiciones como si fueran producto de la mano del hombre —juicio. Las bendiciones pueden conducir al desastre y a la impotencia. Por lo tanto, la *adhesión a los términos de la ley bíblica es básica para el éxito externo*.

Ética y dominio

A medida que los hombres adquieren conciencia de sí mismos desde el punto de vista epistemológico, deben enfrentarse a la realidad: la realidad de Dios. El nuestro es un universo moral. Se rige por un orden-ley que refleja el ser mismo de Dios. Cuando los hombres se dan cuenta por fin de quiénes son los perversos y quiénes los generosos, han hecho un descubrimiento significativo. Reconocen la relación entre las normas de Dios y las decisiones éticas de los hombres. En pocas palabras, se dan cuenta de la ley de Dios. La ley está escrita en el corazón de los cristianos. La *obra de la ley está escrita en el* corazón de todos los hombres. Por tanto, los cristianos están cada vez más en contacto con la fuente del poder terrenal: la ley bíblica. Para igualar el poder de los cristianos, los no regenerados deben conformar sus acciones externamente a la ley de Dios predicada por los cristianos, cuya obra ya tienen en sus corazones. Por lo tanto, los no regenerados son mucho más responsables ante Dios, simplemente porque tienen más conocimiento. Desean el poder. Los cristianos algún día poseerán poder cultural a través de su adherencia a la ley bíblica. Por lo tanto, los hombres no regenerados tendrán que imitar la especial fidelidad al pacto adhiriéndose a las exigencias de los pactos externos de Dios. De este modo, los no regenerados atraerán la ira final de Dios sobre sus cabezas, aunque obtengan bendiciones externas debido a su mayor conformidad con los *requisitos externos* de la ley bíblica. Al final de los tiempos, se rebelan.

Los no regenerados tienen dos opciones: conformarse a la ley bíblica, o al menos a la obra de la ley escrita en sus corazones, o, en segundo lugar, abandonar la ley y con ello abandonar el poder. Sólo pueden obtener poder en los términos de Dios: reconocimiento y conformidad con la ley de Dios. No hay otro camino. Cualquier alejamiento de la ley conlleva impotencia, fragmentación y desesperación. Además, deja a los comprometidos con la ley en el asiento del conductor. Por lo tanto, el aumento de la diferenciación a lo largo del tiempo no conduce a la impotencia de los cristianos. Lleva a su victoria cultural. Ven más claramente las implicaciones de la ley. También sus enemigos. Los injustos solo pueden acceder a las bendiciones aceptando el universo moral de Dios tal como es.

A los hebreos se les dijo que se separaran del pueblo y de los dioses de la tierra. Esos dioses eran los dioses de Satán, los dioses del caos, la disolución y la historia cíclica. El mundo pagano era fiel a la doctrina de los ciclos: no puede haber progreso en línea recta. Pero a los hebreos se les dijo lo contrario. Si eran fieles, dijo Dios, no sufrirían las cargas de la enfermedad, y nadie ni ningún animal sufriría abortos (Éx. 23:24-26). La gracia especial conduce a un compromiso con la ley; el compromiso con la ley de Dios permite a Dios reducir el elemento de maldición común de la ley natural, dejando proporcionalmente más gracia común —el reino de la *ley benéfica común*. La maldición de la naturaleza puede reducirse constantemente, pero solo si los hombres se conforman a la ley revelada o a las obras de la ley en sus corazones. La bendición viene en forma de una naturaleza más productiva y menos dominada por la escasez. Puede haber una *retroalimentación positiva* en la relación entre ley y bendición: las bendiciones confirmarán la fidelidad de Dios a su ley, lo que a su vez conducirá a una mayor fidelidad de pacto (Dt. 8:18). Esta es la respuesta a la paradoja de Deuteronomio 8: no tiene por qué convertirse en una espiral cíclica. Por supuesto, se requiere una gracia especial para mantener fiel a un pueblo a largo plazo. Sin una gracia especial, la tentación de olvidar la fuente de la riqueza se apodera de él, y el resultado final es la destrucción. Por eso, al final de la era milenial, los no regenerados intentan una vez más afirmar su autonomía respecto a Dios. Atacan a la Iglesia de los fieles. Ejercen el poder. Y llega el momento de la perdición— para los no regenerados.

Diferenciación y progreso

El proceso de diferenciación no es constante en el tiempo. Fluye y refluye. Su dirección general es hacia la autoconciencia epistemológica. Pero los cristianos no siempre son fieles, como tampoco lo eran los hebreos en la época de los jueces. La Iglesia primitiva derrotó a Roma, y luego los restos seculares de Roma comprometieron a la Iglesia. La Reforma lanzó una nueva era de crecimiento cultural, la Contrarreforma contraatacó, y el secularismo del Renacimiento engulló a ambos durante un tiempo. No se trata de una historia cíclica, pues la historia es lineal. Hubo una creación, una caída, un pueblo llamado a salir de la esclavitud, una encarnación, una resurrección, Pentecostés. Habrá un día de autoconciencia epistemológica, como promete Isaías 32. Habrá una rebelión y un juicio finales. Ha habido una nación cristiana llamada Estados Unidos. Ha habido una nación secular llamada Estados Unidos. (La línea divisoria fue la Guerra Civil, o Guerra de Secesión del Sur, o Guerra entre los Estados, o Guerra de Agresión del Norte— escoja la que quiera). Idas y venidas, flujos y reflujos, pero con un objetivo a largo plazo.

Ha habido progreso. Mire el Credo de los Apóstoles. Luego mire la Confesión de Fe de Westminster. Sólo un tonto podría negar el progreso. Ha habido un crecimiento en la riqueza, en el conocimiento y en la cultura. ¿Qué vamos a decir, que la tecnología como tal es del diablo, que como la gracia común se ha retirado constantemente, el desarrollo del mundo moderno es la obra creativa de Satanás (ya que la gracia común de Dios no puede explicar este progreso)? ¿Es Satanás creador— autónomamente creador? Si no es así, ¿de dónde provienen nuestra riqueza, nuestro conocimiento y nuestro poder? ¿No vienen de Dios? ¿No es Satanás el gran imitador? Pero, ¿a quién ha imitado en su progreso? ¿De quién es el desarrollo cultural que ha intentado tomar prestado, torcer y destruir? Ha habido progreso desde los días de Noé, no un progreso en línea recta, no un crecimiento compuesto puro, pero progreso, al fin y al cabo. El cristianismo lo produjo, el secularismo lo tomó prestado, y hoy parece que nos encontramos en otra encrucijada: ¿Pueden los cristianos mantener lo que empezaron, dados sus compromisos con el secularismo? ¿Y pueden los secularistas mantener lo que ellos y los cristianos han construido, ahora que su capital espiritual se está agotando y la cuenta bancaria cultural de los cristianos está casi vacía?

Cristianos y secularistas son hoy, en el campo de la educación y otros ámbitos «seculares», como un par de borrachos que se apoyan el uno en el otro para no caerse. Parece que estamos en la etapa de «bendiciones para la tentación», con la «rebelión para la destrucción» al acecho. Ya ha ocurrido antes. Puede volver a ocurrir. En este sentido, es la *falta* de autoconciencia epistemológica la que parece ser responsable de la reducción de la gracia común. Sin embargo, Van Til opina que el aumento de la autoconciencia epistemológica es responsable, o al menos paralelo, a la *reducción de la gracia común*. El amilenialismo ha paralizado su análisis de la gracia común. También lo ha hecho su ecuación de los dones de Dios y el supuesto favor de Dios a la humanidad en general.

La separación entre el trigo y la cizaña es progresiva. No es una progresión en línea recta. La plaga golpea a uno y luego al otro. A veces ataca a los dos a la vez. A veces el sol y la lluvia ayudan a ambos a crecer al mismo tiempo. Pero hay madurez. La cizaña crece hasta la destrucción final, y el trigo crece hasta la bendición final. Mientras tanto, ambos tienen papeles que desempeñar en el plan de Dios para los siglos. Al menos la cizaña ayuda a que el suelo no se erosione. Mejor es la cizaña que la destrucción del campo, al menos por el momento. Sirven a Dios, a pesar de ellos mismos. Tanto el trigo como la cizaña han progresado. La ciencia griega y romana se volvió estática; los conceptos cristianos de optimismo y de un universo ordenado crearon la ciencia moderna. Ahora la cizaña dirige el mundo científico, pero ¿por cuánto tiempo? ¿Hasta la guerra? ¿Hasta que los conceptos de la evolución darwiniana sin sentido y la física indeterminada moderna destruyan el concepto de ley regular, el fundamento de toda ciencia?

¿Hasta cuándo podremos seguir así? Respuesta: hasta que la autoconciencia epistemológica devuelva a los cristianos a la ley de Dios. Entonces los paganos deberán imitarlos o abandonar. Sólo la obediencia a Dios trae el dominio a largo plazo.

Ley y gracia

La relación dual entre la ley común y la maldición común es un telón de fondo necesario para el plan de Dios de los siglos. Tomemos, por ejemplo, la maldición de Adán. Adán y sus herederos cargan con cuerpos frágiles que enferman y mueren. Al principio, la esperanza de vida de la humanidad era mayor. La vida más larga registrada en la Biblia, la de Matusalén, el abuelo de Noé, fue de 969 años. Matusalén murió en el año en que comenzó el gran diluvio.[10] Así pues, en lo que respecta a la vida humana, la mayor señal de la gracia común de Dios fue dada a los hombres justo antes de la mayor eliminación de la gracia común registrada en la historia.

Esto es extremadamente significativo para la tesis de este ensayo. La *extensión de la gracia común al hombre*— las bendiciones externas de Dios que se dan a la humanidad en general— es el *preludio de una gran maldición para los no regenerados*. Como leemos en el capítulo 8 de Deuteronomio, así como en el capítulo veintiocho, los hombres pueden ser y son atraídos a una trampa al mirar los dones externos de Dios mientras olvidan la fuente celestial de los dones y los *términos del pacto* bajo los cuales los dones fueron dados. El don de la larga vida fue dado a la humanidad en general, no como una señal del favor de Dios, sino como un preludio de su destrucción casi total de la simiente de Adán. Sólo su gracia especial hacia Noé y su familia preservó a la humanidad.

Así, la mera existencia de bendiciones externas no es prueba de una actitud favorable hacia el hombre por parte de Dios. En el primer estado, el de la *fidelidad al pacto*, la gracia especial de Dios se extiende ampliamente dentro de una cultura. El segundo estado, el de las *bendiciones externas* en respuesta a la fidelidad al pacto, tiene por objeto reforzar la fe de los hombres en la realidad y la validez de los pactos de Dios (Dt. 8:18). Pero esa segunda etapa puede conducir a una tercera, el *olvido* ético o del pacto. El hecho clave que debe tenerse en cuenta es que esta tercera etapa no puede distinguirse de la segunda en términos de medición de las bendiciones (indicadores de crecimiento económico, por ejemplo). Un aumento de las bendiciones externas debería conducir a la retroalimentación positiva de una cultura fiel: de victoria en victoria. Pero puede conducir a la tercera etapa, es decir, al olvido. Esto conduce a la cuarta etapa, la *destrucción*. Por lo tanto, se requiere *una gracia especial* para mantener la relación «fidelidad-bendición-fidelidad-bendición» de retroalimentación positiva y crecimiento compuesto. Pero la gracia común desempeña un papel definitivo en el refuerzo del compromiso de los hombres con el orden-ley de Dios.

Todos en la mancomunidad hebrea, incluido el extranjero que estaba dentro de las puertas, podían beneficiarse del aumento de las bendiciones externas. Por lo tanto, el aspecto de maldición de la relación «gracia común-maldición común» puede eliminarse progresivamente, y la gracia común aumenta, o bien la mera eliminación de la maldición

---

[10] Matusalén tenía 969 años cuando murió (Gén. 5:27). Tenía 187 años cuando nació su hijo Lamec (5:25) y 369 años cuando nació Noé, el hijo de Lamec (5:28-29). Noé tenía 600 años en el momento del gran diluvio (7:6). Por lo tanto, desde el nacimiento de Noé, cuando Matusalén tenía 369 años, hasta el diluvio, 600 años después, Matusalén vivió todos sus años (369 + 600 = 969). La Biblia no dice que Matusalén pereciera en el diluvio, sino sólo que murió en el año del diluvio. Se trata de una cronología tan notable que la carga de la prueba recae sobre quienes niegan la relación de padre a hijo en estas tres generaciones, argumentando en su lugar una laguna no declarada en la cronología.

común hace que parezca que la gracia común aumenta. (Teólogos mejores que yo pueden debatir este punto).

El refuerzo de la gracia especial

Sin embargo, sin una gracia especial extendida por Dios —sin conversiones continuas de los hombres— no se puede mantener la retroalimentación positiva de Deuteronomio 8. Se puede contar con una desastrosa reducción de bendiciones por parte de aquellos que no están regenerados si su número se vuelve dominante en la comunidad. Cuando el regenerado Lot fue sacado de Sodoma, y los hombres no regenerados que habían sido puestos para la destrucción por Dios ya no estaban protegidos por la presencia de Lot entre ellos, llegó el momento de la perdición (Gén. 18, 19). Y los efectos se hicieron sentir en la familia de Lot, pues su esposa miró hacia atrás y sufrió las consecuencias de su desobediencia (19:26), y sus hijas cometieron pecado (19:30-38). Pero había sido la presencia de Lot entre ellos lo que había evitado la destrucción (19:21-22).

Lo mismo ocurrió con Noé. Hasta que se completó el arca, el mundo estaba a salvo del gran Diluvio. La gente parecía prosperar. Matusalén vivió una larga vida, pero después de él, la esperanza de vida de la humanidad disminuyó constantemente. Aarón murió a los 123 años (Núm. 33:39). Moisés murió a los 120 años (Dt. 31:2). Esta longevidad no era normal, ni siquiera en su época. En un salmo de Moisés, él dijo que «Los días de nuestra vida llegan a setenta años; y en caso de mayor vigor, a ochenta años. Con todo, su orgullo es solo trabajo y pesar, porque pronto pasa, y volamos» (Sal. 90:10). La maldición común de Dios podía verse incluso en la bendición de los años extras, pero la larga vida, que es una bendición (Éx. 20:12), estaba siendo quitada por Dios de la humanidad en general.

El libro de Isaías nos habla de una futura restauración de la larga vida. Esta bendición se concederá a todos los hombres, santos y pecadores. Es, por tanto, una señal de la gracia común extendida. Es un don para la humanidad en general. Isaías 65:20 nos dice: «No habrá más allí niño que viva pocos días, ni anciano que no complete sus días; porque el joven morirá a los cien años, y el que no alcance los cien años será considerado maldito». El don de la larga vida vendrá, aunque la maldición común de la larga vida se extenderá al pecador, cuya larga vida es simplemente tiempo extra para que llene sus días de iniquidad. Sin embargo, los infantes no morirán, lo cual es un cumplimiento de la promesa de Dios a Israel, es decir, la ausencia de abortos (Éx. 23:26). Si hay algún pasaje en las Escrituras que refuta absolutamente la posición amilenial, es este. Esta no es una profecía de los cielos nuevos y la tierra nueva en su forma posterior al juicio, sino que es una profecía de la manifestación previa al juicio de las etapas preliminares de los nuevos cielos y la nueva tierra— es un depósito (por adelantado) de nuestras expectativas. Todavía hay pecadores en el mundo, y reciben larga vida. Pero para ellos es una maldición final, es decir, una *maldición especial*. Es una maldición especial porque esta vida excepcionalmente larga es una bendición común— la reducción de la maldición común. Una vez más, necesitamos el concepto de gracia común para dar significado tanto a la gracia especial como a la maldición común. La gracia común (reducción de la maldición común) trae maldiciones especiales a los rebeldes.

Habrá paz en la tierra que se extenderá a los hombres de buena voluntad (Lc. 2:14). Pero esto significa que también habrá paz en la tierra para los hombres malos. La paz se da a los justos como recompensa por su fidelidad al pacto. Se da a los no regenerados para amontonar ascuas de fuego sobre sus cabezas, y también para atraer a los rebeldes que viven en los últimos días a una rebelión final contra Dios.

El juicio final y la gracia común

La comprensión de la gracia común es esencial para entender el acto final de la historia humana antes del juicio de Dios. En la medida en que este ensayo aporta algo nuevo a la teología cristiana, es su contribución a la comprensión de la rebelión final de los no regenerados. La rebelión final ha sido utilizada por los que se oponen al postmilenialismo como prueba final de que no habrá fe en la tierra entre las masas de hombres cuando Cristo regrese. El diablo será desatado por un poco de tiempo al final de los tiempos, lo que significa que su poder sobre las naciones vuelve a él con toda su fuerza (Ap. 20:3). Sin embargo, esta rebelión durará poco. Él rodea la ciudad santa (es decir, la iglesia de los fieles), solo para ser cortado en el juicio final (Ap. 20:7-15). Por lo tanto, concluyen los críticos del postmilenialismo, hay una rotunda respuesta negativa a la pregunta de Cristo: «Sin embargo, cuando venga el Hijo del hombre, ¿encontrará fe en la tierra?» (Lc. 18:8). ¿Dónde está, entonces, la supuesta victoria?

La doctrina de la gracia común nos proporciona la respuesta bíblica. *La ley de Dios es la forma principal de la gracia común*. Está escrita en los corazones de los creyentes, leemos en Hebreos, capítulos ocho y diez, pero la obra de la ley está escrita en el corazón de todo hombre. Así, la obra de la ley es universal-común. Este acceso a la ley de Dios es el fundamento del cumplimiento del pacto de dominio para someter la tierra (Gén. 1:28). El mandato fue dado a todos los hombres a través de Adán; fue reafirmado por Dios con la familia de Noé (Gén. 9:1-7). Las promesas divinas de bendiciones externas están condicionadas al cumplimiento de las leyes externas por parte del hombre. La razón por la que los hombres pueden obtener las bendiciones es porque el conocimiento de la obra de la ley es común. Por eso puede haber cooperación externa entre cristianos y no cristianos para ciertos fines terrenales.

De vez en cuando, los incrédulos son capacitados por Dios para adherirse más estrechamente a la obra de la ley que está escrita en sus corazones. Estos periodos de adhesión cultural pueden durar siglos, al menos en lo que respecta a algunos aspectos de la cultura humana (las artes, la ciencia, la filosofía). Los griegos mantuvieron un alto nivel cultural dentro de los confines limitados de las ciudades-estado griegas durante unos cuantos siglos. Los chinos mantuvieron su cultura hasta que se estancó, en respuesta a la filosofía confuciana, en lo que llamamos la Edad Media. Pero en Occidente, la capacidad de los no regenerados para actuar en mayor conformidad con la obra de la ley escrita en sus corazones ha sido el resultado del liderazgo histórico proporcionado por el triunfo cultural del cristianismo. En resumen, aumentó la gracia especial, lo que condujo a una extensión de la gracia común por toda la cultura occidental. El crecimiento económico ha aumentado; de hecho, el concepto de crecimiento lineal compuesto es exclusivo de Occidente, y las bases de esta creencia fueron sentadas por los Reformadores que sostenían la escatología conocida como postmilenialismo. En Occidente también ha aumentado la expectativa de vida, debido principalmente a la aplicación de la tecnología a las condiciones de vida. La tecnología aplicada es, a su vez, un producto del cristianismo[11] y especialmente del cristianismo protestante.[12]

En la era profetizada por Isaías, los incrédulos volverán a conocer los beneficios de la ley de Dios. Ya no torcerán la revelación que Dios les hace. *Los perversos ya no serán llamados generosos*. La ley será respetada por los incrédulos. Esto significa que se apartarán de una adoración abierta y consecuente de los dioses del caos y de la filosofía de la aleatoriedad última, incluyendo la aleatoriedad evolutiva. Ellos participarán en las bendiciones traídas a ellos por la predicación de todo el consejo de Dios, incluyendo su ley. La tierra será sometida a la gloria de Dios, incluyendo el mundo cultural. Los incrédulos cumplirán su papel en la consecución de los términos del pacto de dominio.

Por eso, una teología que sea ortodoxa debe incluir una doctrina de la gracia común que esté íntimamente relacionada con la ley bíblica. La ley no salva el alma de los hombres, *pero sí su cuerpo y su cultura*. Cristo es el salvador de todos, especialmente de los elegidos (1Tim. 4:10).

El revivalismo antinomiano frente a la reconstrucción

Las bendiciones y la victoria cultural enseñadas por la Biblia (y adecuadamente comentadas por los postmilenialistas) no serán producto de alguna forma de revivalismo pietista, semimonástico. La predicación «meramente soteriológica» del pietismo —la salvación de las almas por gracia especial— no es suficiente para traer las victorias predichas en la Biblia. Todo el consejo de Dios debe ser y será predicado. Esto significa que la ley de Dios será predicada. Las bendiciones externas vendrán en respuesta a la fidelidad al pacto del pueblo de Dios. La mayoría de los hombres se convertirán. Los inconversos no seguirán su filosofía del caos hasta sus conclusiones lógicas, porque tal filosofía conduce a la impotencia final, desecha la herramienta de reconstrucción, la ley bíblica.

---

[11] Stanley Jaki, *The Road of Science and the Ways to God* (Chicago: University of Chicago Press, 1978); *Science and Creation: From eternal cycles to an oscillating universe* (Edimburgo y Londres: Scottish Academic Press, [1974] 1980).

[12] Robert K. Merton, *Social Theory and Social Structure* (rev. ed.; Nueva York: Free Press of Glencoe, 1957), cap. 18: «Puritanismo, pietismo y ciencia»; E. L. Hebden Taylor, «The Role of Puritanism-Calvinism in the Rise of Modern Science», *The Journal of Christian Reconstruction*, VI (Verano 1979); Charles Dykes, «Medieval Speculation, Puritanism, and Modern Science», ibid.

El gran defecto del avivamiento postmilenial inaugurado por Jonathan Edwards y sus seguidores en el siglo XVIII fue su descuido de la ley bíblica. Esperaban ver las bendiciones de Dios como resultado de una predicación meramente soteriológica. Miren el *Tratado sobre los afectos religiosos* de Edwards. No hay nada sobre la ley de Dios en la cultura. Página tras página está llena de las palabras «dulce» y «dulzura». Un lector diabético casi se arriesga a una recaída si lee este libro de una sentada. Las palabras aparecen a veces cuatro o cinco veces en una página. Y mientras Edwards predicaba la dulzura de Dios, los semianalfabetos arminianos «evangelizaban en caliente» la Santa Mancomunidad de Connecticut hacia el antinomianismo político.[13] En lo que respecta a la dulzura y los arrebatos emocionales, la predicación calvinista no tiene nada que envidiar a los sermones antinomianos. El avivamiento esperado de la década de 1700 se convirtió en los avivamientos arminianos de principios de 1800, dejando distritos emocionalmente quemados, cultos y al movimiento abolicionista como legado devastador. Como la predicación postmilenial de los seguidores de Edwards era culturalmente antinomiana y pietista, paralizó los restos del orden político calvinista en las colonias de Nueva Inglaterra, contribuyendo a producir un vacío que llenaron el arminianismo y luego el unitarismo.

El progreso cultural, económico y político está íntimamente ligado a la extensión y aplicación de la ley bíblica. Las bendiciones prometidas en Romanos, capítulo once, relativas a los efectos de la prometida conversión de Israel (no necesariamente el estado de Israel) al evangelio, serán en parte producto de la ley bíblica.[14] Pero estas bendiciones no incluyen necesariamente la regeneración universal. Las bendiciones solo requieren la extensión de la cultura cristiana. Para el progreso a largo plazo de la cultura, por supuesto, este aumento de la gracia común (o reducción de la maldición común) debe ser reforzado (rejuvenecido y renovado) por conversiones de gracia especial. Pero las bendiciones pueden permanecer durante una generación o más después de que se haya eliminado la gracia especial, y en la medida en que puedan medirse los beneficios externos, no será posible saber si las bendiciones forman parte del *programa de retroalimentación positiva (*Dt. 8:18) o son un

---

[13] Sobre la oposición a la tolerancia del revivalismo de Edwards, no por parte de los liberales teológicos sino de los pastores calvinistas ortodoxos, véase Richard L. Bushman, *From Puritan to Yankee* (Cambridge, Massachusetts: Harvard University Press, 1967). Bushman también explica cómo el Gran Despertar fue un desastre para los restos legales de la ley bíblica en la colonia de Connecticut. El orden político se vio forzado al neutralismo teológico, que a su vez contribuyó al auge del deísmo y el liberalismo.

[14] El excelente comentario de John Murray, *The Epistle to the Romans* (Grand Rapids, Michigan: Eerdmans, 1965), contiene un extenso análisis de Romanos 11, la sección que trata de la futura conversión de los judíos. Murray subraya que la reintegración de Israel por parte de Dios conduce a bendiciones de pacto sin parangón en la historia de la humanidad. Pero el Israel al que se refiere Romanos 11, argumenta Murray, no es el Israel nacional o político, sino la simiente natural de Abraham. Esto parece significar el Israel genético. En este punto aparece un importante problema histórico. Hay algunas pruebas (aunque no concluyentes) de que la mayor parte de los conocidos hoy como judíos asquenazíes son herederos de una tribu conversa de turcos, los jázaros. Es bien sabido entre los estudiosos de la historia europea que tal conversión tuvo lugar alrededor del año 740 d.C. Los judíos de Europa del Este y Rusia pueden proceder de esta estirpe. Sin embargo, se han casado con otros judíos: los sefardíes o judíos de la diáspora que huyeron principalmente a Europa occidental. Los judíos yemenitas, que se quedaron en la tierra de Palestina, también son descendientes de Abraham. Las pruebas en contra de esta tesis de los jázaros como judíos modernos son principalmente lingüísticas: el yiddish no tiene rastros de ninguna lengua turca. Sobre el reino de los jázaros, véase Arthur Koestler, *The Thirteenth Tribe: The Khazar Empire and Its Heritage* (Nueva York: Random House, 1976). Si el Israel al que se refiere Romanos 11 es principalmente genético, entonces puede que no sea necesario que todos los judíos se conviertan. ¿Qué es, entonces, el judío de Romanos 11? ¿De pacto? Escribí a Murray a finales de los sesenta para conocer su opinión sobre las implicaciones de los jázaros en su exégesis de Romanos 11, pero no respondió.

preludio del juicio de Dios (Dt. 8:19-20). Dios respeta sus pactos condicionales y externos. La conformidad externa con su ley otorga bendiciones externas. Estas, en última instancia (y en el juicio final), producen brasas para las cabezas no regeneradas.

¿Regeneración universal?

El sistema postmilenial requiere una doctrina de gracia común y maldición común. No requiere una doctrina de regeneración universal durante el período de bendiciones mileniales. De hecho, ningún calvinista postmilenial puede darse el lujo de estar sin una doctrina de gracia común— una que vincule las bendiciones *externas* al cumplimiento de los pactos *externos*. Tiene que haber un período de bendiciones externas durante la generación final. Algo debe mantener unida esa cultura para que Satanás pueda salir una vez más y engañar a las naciones. El calvinista niega que los hombres puedan «perder su salvación», es decir, su estado regenerado. Los rebeldes no son hombres «anteriormente regenerados». Pero son hombres con poder, o por lo menos con los rasgos del poder. Son lo suficientemente poderosos como para engañarse a sí mismos pensando que pueden destruir al pueblo de Dios. Y el poder, como he tratado de enfatizar a lo largo de este ensayo, no es el producto de la filosofía antinomiana u orientada al caos. La existencia misma de una cadena de mando militar exige un concepto de ley y orden. Satanás comanda un ejército en ese día final.

La visión postmilenial del futuro pinta un cuadro de bendiciones históricamente incomparables. También habla de una rebelión final que conduce al juicio total y definitivo de Dios. Al igual que los hombres longevos en los días de Matusalén, el juicio viene sobre ellos en medio del poder, la prosperidad y las bendiciones externas. Dios ha sido misericordioso con todos ellos hasta el límite de su gracia común. Ha sido misericordioso en respuesta a su fidelidad de pacto a su orden civil de la ley, y ha sido misericordioso para amontonar el máximo posible de brasas sobre sus cabezas. En contraste con la visión amilenialista del futuro de Van Til, debemos decir: *Cuando la gracia común se extienda hasta sus límites máximos posibles en la historia, entonces habrá llegado el momento de la perdición —la perdición para los rebeldes.*

Autoconciencia epistemológica y cooperación

Van Til escribe: «Pero cuando todos los réprobos sean epistemológicamente autoconscientes, habrá llegado el momento de la perdición. El réprobo plenamente autoconsciente, hará todo lo que pueda en todas las dimensiones para destruir al pueblo de Dios». Sin embargo, Van Til ha escrito en otro lugar que el rebelde contra Dios es como un niño pequeño que tiene que sentarse en el regazo de su padre para poder abofetearle. ¿Qué puede significar, entonces, el concepto de creciente autoconciencia epistemológica?

A medida que el trigo y la cizaña crecen hasta la madurez, argumenta el amilenialista, la cizaña se hace cada vez más fuerte culturalmente, mientras que el trigo se hace cada vez más débil. Considere lo que se está diciendo. A medida que los cristianos trabajan en su propia salvación con temor y temblor, mejorando sus credos, mejorando su cooperación mutua sobre la base de un acuerdo acerca de los credos, a medida que aprenden acerca de la ley de Dios tal como se aplica en su propia época, a medida que se vuelven hábiles en la aplicación de la ley de Dios que han aprendido, se vuelven culturalmente impotentes. También se vuelven infértiles, al parecer. No fructifican ni se multiplican. O si hacen todo lo posible por seguir este mandamiento, se quedan sin la bendición de Dios, una bendición que Él ha prometido a los que siguen las leyes que Él ha establecido. En resumen, el aumento de la autoconciencia epistemológica por parte de los cristianos conduce a la impotencia cultural.

Me enfrento a una desagradable conclusión: *la versión amilenialista de la doctrina de la gracia común es ineludiblemente antinomiana.* Sostiene que Dios ya no respeta el orden de su ley de pacto, que la enseñanza de Deuteronomio sobre la ley de pacto no es válida en tiempos del Nuevo Testamento. La única manera de que el amilenialista evite la acusación de antinomianismo, es que abandone el concepto de creciente autoconciencia epistemológica. Debe afrontar el hecho de que, para lograr la impotencia cultural, los cristianos no deben aumentar en conocimiento y fidelidad al pacto. (Hay que admitir que la condición del cristianismo del siglo XX parece imponer esta actitud sobre la autoconciencia epistemológica entre los cristianos).

Consideremos la otra mitad de la sentencia de Van Til. A medida que aumenta la autoconciencia epistemológica de los no regenerados, y se adhieren cada vez más a sus premisas epistemológicas de los orígenes de la materia a partir del caos, y el retorno final de toda la materia al puro azar, esta filosofía del caos les hace sentirse confiados. El cristiano es humilde ante Dios, pero confiado ante la creación que ha de someter. Esta confianza lleva al cristiano a la derrota y al desastre final, dicen los amilenialistas, que creen en una creciente autoconciencia epistemológica. Por otra parte, el rebelde es arrogante ante Dios y afirma que toda la naturaleza se rige por las leyes sin sentido de la probabilidad: el caos final. Al sumergirse en la filosofía del caos, los incrédulos son capaces de emerger totalmente victoriosos sobre toda la faz de la tierra, dice el amilenialista, una victoria que solo se detiene por la intervención física de Jesucristo en el juicio final. Un compromiso con la anarquía, en la versión amilenialista de la gracia común, conduce a la victoria externa. ¿Cómo pueden ser estas cosas?

El amilenialismo tiene las cosas al revés

Ya debería estar claro que la versión amilenialista de la relación entre la ley bíblica y la creación es completamente al revés. Sin duda Satanás desearía que fuera una versión verdadera. Quiere que sus seguidores la crean. Pero, ¿cómo puede un cristiano coherente creerla? ¿Cómo puede un cristiano creer que la adhesión a la ley bíblica produce impotencia cultural, mientras que el compromiso con el caos filosófico— la religión de la revolución satánica— conduce a la victoria cultural? No me cabe la menor duda de que los amilenialistas no quieren enseñar tal doctrina, y sin embargo es ahí adonde conduce inevitablemente su pesimismo amilenialista. Los calvinistas holandeses predican el mandato cultural (pacto de dominio), pero simultáneamente predican que no puede cumplirse. No obstante, la ley bíblica es básica para el cumplimiento del mandato cultural. Por lo tanto, el amilenialista que predica la obligación de tratar de cumplir el mandato cultural sin la ley bíblica se hunde en el campo de los cultos del caos (místicos, revolucionarios) o en el terreno de los filósofos de la ley natural, de base común. Sólo hay cuatro posibilidades: ley revelada, ley natural, caos o una mezcla.

Esto me lleva al siguiente punto. Es algo especulativo y puede que no sea del todo exacto. Sin embargo, es una idea que debería perseguirse para ver si es exacta. Creo que la razón por la que la filosofía de Herman Dooyeweerd, el filósofo holandés del derecho, tuvo cierto impacto temporal en los círculos intelectuales calvinistas holandeses a finales de los años sesenta y principios de los setenta, es que la teoría de Dooyeweerd de la soberanía de las esferas— leyes de las esferas que *no* deben ser completadas por medio de la ley revelada del Antiguo Testamento— es coherente con la versión amilenial (holandesa) del mandato cultural. El sistema de Dooyeweerd y el amilenialismo holandés son esencialmente antinomianos. Por eso escribí mi ensayo de 1967, «*Social Antinomianism*», [«Antinomianismo social»], en respuesta al profesor dooyeweerdiano de la Free University of Amsterdam, A. Troost.[15]

O bien los seguidores de Dooyeweerd acaban siendo místicos, o bien intentan crear un nuevo tipo de «filosofía de base común» para vincular a creyentes y no creyentes. Es la abierta resistencia de Dooyeweerd a la autoridad del Antiguo y Nuevo Testamento sobre el *contenido* de sus hipotéticas leyes de las esferas lo que ha llevado a sus seguidores cada vez más radicales y cada vez más antinomianos por caminos anticristianos. No se puede predicar el pacto de dominio y luego darse la vuelta y negar la eficacia de la ley bíblica en la cultura. Sin embargo, esto es lo que han hecho todos los seguidores holandeses de la gracia común. Niegan la eficacia cultural de la ley bíblica, por necesidad, porque sus interpretaciones escatológicas les han llevado a la conclusión de que no puede haber una victoria externa, cultural, en el tiempo y en la tierra por parte de los cristianos fieles. La autoconciencia epistemológica aumentará, pero las cosas solo empeorarán con el tiempo.

Si usted predica que la ley bíblica produce una «retroalimentación positiva», tanto personal como culturalmente— que Dios recompensa a los que cumplen el pacto y castiga a los que lo transgreden en el tiempo y en la tierra— entonces está predicando un sistema de crecimiento positivo. Estás predicando el pacto de dominio. Sólo si se niega que exista alguna relación entre el cumplimiento del pacto y el éxito externo en la vida— una negación hecha explícita por Meredith G. Kline[16]— se puede escapar de las implicaciones

---

[15] Gary North, *The Sinai Strategy: Economics and the Ten Commandments* (Tyler, Texas: Institute for Christian Economics, 1986), apéndice C: «Social Antinomianism».

[16] Kline dice que cualquier conexión entre las bendiciones y el cumplimiento del pacto es, humanamente hablando, aleatoria. «Y mientras tanto [el orden de la gracia común] debe seguir su curso dentro de las incertidumbres de los

postmileniales de la ley bíblica. Por eso resulta extraño que Greg Bahnsen insista— quizá por razones tácticas— en presentar su defensa de la ley bíblica al margen de su conocido postmilenialismo.[17] Kline atacó ambas doctrinas de Bahnsen en su crítica a la *teonomía*,[18] y Bahnsen en su ensayo de refutación respondió a las críticas de Kline a su escatología postmilenial, pero vuelve a negar que la escatología tenga lógicamente algo que ver con la ética bíblica.[19] Pero Kline estaba en lo cierto: existe incuestionablemente una conexión necesaria entre un concepto de *pacto* de la ley bíblica y la escatología. Kline rechaza la idea de un orden legal del pacto del Nuevo Testamento, y también rechaza el postmilenialismo.

Los calvinistas amilenialistas seguirán plagados de seguidores de Dooyeweerd, místicos, transigentes de la ley natural y antinomianos de todo tipo hasta que finalmente abandonen su escatología amilenial. Además, la ley bíblica debe ser predicada. Debe ser vista como una herramienta de reconstrucción cultural. Debe ser vista como operando *ahora*, en tiempos del Nuevo Testamento. Debe verse que hay una relación entre la fidelidad al pacto y la obediencia a la ley— que sin obediencia no hay fidelidad, no importa cuán emocionales se vuelvan los creyentes, o cuán dulce sepa el Evangelio (por un tiempo). Y hay bendiciones que siguen a la obediencia del orden legal de Dios. Los amilenialistas, al predicar culturalmente la impotencia escatológica, se sumergen en arenas movedizas— las arenas movedizas del antinomianismo. Algunas arenas son más rápidas que otras. Eventualmente, se tragan a cualquiera que sea tan tonto como para tratar de caminar a través de ellas. El antinomianismo conduce a las fosas de la impotencia y el repliegue.

La autoconciencia epistemológica

¿Qué se entiende por autoconciencia epistemológica? Significa una mayor comprensión a lo largo del tiempo de cuáles son las propias presuposiciones y una mayor disposición a ponerlas en práctica. Afecta tanto al trigo como a la cizaña.

¿De qué manera se parece el trigo a la cizaña? ¿En qué se diferencian? Los ángeles vieron inmediatamente las diferencias. Por eso Dios les impidió arrancar la cizaña. Quería preservar

---

principios mutuamente condicionantes de la gracia común y la maldición común, la prosperidad y la adversidad se experimentan de una manera en gran medida impredecible debido a la inescrutable soberanía de la voluntad divina que las dispensa de manera misteriosa». Kline, op. cit., p. 184. Es evidente que el Dr. Kline nunca se ha planteado por qué las primas de los seguros de vida y de enfermedad son más baratas en las sociedades de influencia cristiana que en las paganas. Aparentemente, las bendiciones de una larga vida que se prometen en la Biblia son lo suficientemente no aleatorias y «escrutables» como para que los estadísticos que asesoran a las compañías de seguros puedan detectar diferencias estadísticamente relevantes entre sociedades.

[17] «Lo que estos estudios presentan es una posición en la ética (normativa) cristiana. No comprometen lógicamente a quienes están de acuerdo con ellos con ninguna escuela particular de interpretación escatológica». Greg L. Bahnsen, *By This Standard: The Authority of God's Law Today* (Tyler, Texas: Institute for Christian Economics, 1985), p. 8. Tiene razón: lógicamente, no hay conexión. Desde el punto de vista del pacto, las dos doctrinas son ineludibles: cuando se predica la ley, hay bendiciones; las bendiciones conducen ineludiblemente a la victoria.

[18] Kline, *op. cit.*

[19] Greg L. Bahnsen, «M. G. Kline on Theonomic Politics: An Evaluation of His Reply», *Journal of Christian Reconstruction*, VI (Invierno, 1979-80), No. 2, especialmente p. 215.

la tierra, el proceso histórico. Por lo tanto, Dios permite el pleno desarrollo tanto del trigo como de la cizaña.

Lo que hay que entender aquí es que *la doctrina de la gracia especial en la historia implica necesariamente la doctrina de la gracia común*. A medida que los cristianos alcanzan la madurez, se vuelven más poderosos. Esto no es un desarrollo en línea recta. Hay tiempos de langostas y plagas y sequías, tanto para los cristianos como para los satanistas (humanistas). Hay flujo y reflujo, pero siempre hay una dirección en el movimiento. Hay madurez. Se mejoran los credos. Esto, a su vez, da a los cristianos poder cultural. ¿Acaso es extraño que la Confesión de Fe de Westminster se redactara en el punto álgido del control de Inglaterra por los puritanos? ¿Son inútiles culturalmente las mejoras en los credos? ¿Las mejoras en los credos y en la comprensión teológica conducen necesariamente a la impotencia cultural? Tonterías. Fue la Reforma la que hizo posible la ciencia y la tecnología modernas.

Al otro lado del campo— de hecho, justo al lado del trigo— también aumenta la autoconciencia de los incrédulos. Pero no siempre llegan a estar más convencidos de sus raíces en el caos. El Renacimiento consiguió engullir los frutos de la Reforma solo en la medida en que era un pálido reflejo de esta. Los líderes del Renacimiento abandonaron rápidamente a los magos cargados de magia e inspirados por el demonio, como Giordano Bruno.[20] Puede que conservaran el humanismo de un Bruno, pero después de 1600, el compromiso abierto con lo demoníaco retrocedió. En su lugar llegaron el racionalismo, el deísmo y la lógica de un mundo ordenado. Utilizaron premisas robadas y ganaron poder. Tan convincente era esta visión de la realidad matemáticamente autónoma que cristianos como Cotton Mather aclamaron la nueva ciencia de la mecánica newtoniana como esencialmente cristiana. Era tan cercana a las visiones cristianas del ser ordenado de Dios y del reflejo de su orden en la creación, que los cristianos abrazaron sin vacilar la nueva ciencia.

Lo que vemos, pues, es que los cristianos no eran plenamente conscientes de sí mismos epistemológicamente, como tampoco lo eran los paganos. En la época de los apóstoles, había una mayor conciencia epistemológica entre los líderes de ambos bandos. La Iglesia fue perseguida, y venció. Entonces se produce una confusión de ideas por ambas partes. El intento, por ejemplo, de Juliano el Apóstata de revivir el paganismo a finales del siglo IV fue ridículo; en el mejor de los casos, fue un paganismo a medias. Dos siglos antes, Marco Aurelio, un verdadero rey filósofo en la tradición de Platón, había sido un gran perseguidor de los cristianos; Justino Mártir murió bajo sus años como emperador. Pero su hijo libertino, Cómodo, estaba demasiado ocupado con sus 300 concubinas y sus 300 varones[21] como para preocuparse por las persecuciones sistemáticas. ¿Quién era más consciente de sí mismo, epistemológicamente hablando? Aurelio aún tenía ante sí la luz de la razón; su hijo estaba inmerso en la religión de la revolución —culturalmente impotente. Estaba más dispuesto que su padre filósofo perseguidor a seguir la lógica de su fe satánica. Prefirió el libertinaje al

---

[20] Sobre la magia de principios del Renacimiento, véase Frances Yates, *Giordano Bruno and the Hermetic Tradition* (Nueva York: Vintage, [1964] 1969).

[21] Edward Gibbon, *The History of the Decline and Fall of the Roman Empire*, Milman edition, 5 vol. (Filadelfia: Porter & Coates, [1776]), I, p. 144.

poder. Cómodo fue asesinado trece años después de convertirse en emperador. El Senado resolvió que su nombre fuera execrado.[22]

Si un investigador moderno quisiera ver una cultura pagana tan consistente como se pueda imaginar, podría visitar la tribu africana de los ik, al noroeste de Uganda. Colin Turnbull lo hizo, y su libro, *The Mountain People* (1973), es un clásico. Encontró una rebelión casi total contra la ley: la ley familiar, la ley cívica, todas las leyes. Sin embargo, también encontró un pueblo totalmente impotente y derrotado que se estaba extinguiendo rápidamente. Eran inofensivos para Occidente porque eran más coherentes consigo mismos que los satánicos de Occidente.

El desafío marxista

Los marxistas, en cambio, son una amenaza. Creen en la historia lineal (sin embargo, oficialmente, al menos— su sistema es en el fondo cíclico).[23] Creen en la ley. Creen en el destino. Creen en el sentido histórico. Creen en las etapas históricas, aunque no en etapas determinadas éticamente como las que encontramos en Deuteronomio. Creen en la ciencia. Creen en la literatura, la propaganda y el poder de la palabra escrita. Creen en la educación superior. En resumen, tienen una filosofía que es una especie de espejo perverso de la ortodoxia cristiana. Son peligrosos, no porque actúen coherentemente con su filosofía definitiva del caos, sino porque limitan la función del caos a un solo ámbito: la transformación revolucionaria de la cultura burguesa. (Hablo aquí principalmente de los marxistas soviéticos.) ¿Y dónde están ganando adeptos? En el Occidente cada vez más impotente, cada vez más existencialista, cada vez más antinómico. Hasta que Occidente no abandonó sus restos de cultura cristiana, el marxismo solo pudo florecer en las zonas subdesarrolladas, básicamente paganas, del mundo. Una filosofía esencialmente occidental de optimismo encontró conversos entre los intelectuales del Lejano Oriente, África y América Latina, que vieron la inutilidad del estancamiento y el relativismo confucianos, la impotencia del ritual demoníaco o la naturaleza sin salida del culto al demonio. El marxismo solo es poderoso en la medida en que cuenta con los rasgos del agustinismo, unidos a las subvenciones, sobre todo tecnológicas y de crédito a largo plazo, de la industria occidental.

Aquí hay ironía. Marx creía que el «socialismo científico» solo triunfaría en aquellas naciones que hubieran experimentado el pleno desarrollo del capitalismo. Creía que en la mayoría de los casos (posiblemente exceptuando Rusia), las zonas rurales tenían que abandonar el feudalismo y desarrollar una cultura plenamente capitalista antes de que la revolución socialista tuviera éxito. Sin embargo, fue sobre todo en las regiones rurales del mundo donde las ideas y los grupos marxistas tuvieron su primer éxito. El Occidente industrializado era todavía demasiado cristiano o demasiado pragmático (reconociendo que

---

[22] Ethelbert Stauffer, *Christ and the Caesars* (Filadelfia: Westminster Press, 1955), p. 223.
[23] Gary North, *Marx's Religion of Revolution: The Doctrine of Creative Destruction* (Nutley, Nueva Jersey: Craig Press, 1968), p. 100-1.

«la honestidad es la mejor política») para capitular ante los marxistas, excepto inmediatamente después de una guerra perdida.

Los marxistas han dominado durante mucho tiempo las facultades de las universidades latinoamericanas, pero no las estadounidenses. En 1964, por ejemplo, no había ni media docena de economistas marxistas declarados enseñando en universidades estadounidenses (y posiblemente solo uno, Paul Baran, de Stanford). Desde 1965, sin embargo, los académicos de la Nueva Izquierda de tendencia marxista se han convertido en una fuerza a tener en cuenta en todas las ciencias sociales, incluida la economía.[24] El escepticismo, el pesimismo, el relativismo y la irrelevancia de la educación «neutral» moderna han dejado a las facultades sin una defensa adecuada contra los marxistas seguros de sí mismos, estridentes y vociferantes, principalmente jóvenes marxistas, que empezaron a aparecer en los campus después de 1964. La podredumbre epistemológica ha dejado a los liberales universitarios del establishment con poco más que la titularidad para protegerlos.[25]

Desde 1965, sin embargo, el marxismo ha hecho más incursiones entre los jóvenes intelectuales del Occidente industrializado que en ningún otro momento desde los años treinta —una época anterior de pesimismo y escepticismo sobre los valores y tradiciones establecidos. Los marxistas triunfan entre los salvajes, ya sea en África o en Harvard, salvajes epistemológicos. El marxismo ofrece una alternativa a la desesperación. Tiene los rasgos del optimismo. Tiene los rasgos del cristianismo. Todavía es un sistema del siglo XIX, que se basa en el capital intelectual de un universo intelectual más cristiano. Estos rasgos de orden cristiano son la fuente de la influencia del marxismo en un mundo cada vez más relativista.

La rebelión final de Satán

En los últimos días de esta era final de la historia de la humanidad, los satanistas todavía tendrán los rasgos del orden cristiano. Satanás tiene que sentarse en el regazo de Dios, por así decirlo, para abofetearle la cara, o intentarlo. Satanás no puede ser consecuente con su propia filosofía de orden autónomo y seguir siendo una amenaza para Dios. Un orden autónomo conduce al caos y a la impotencia. Sabe que no hay terreno neutral en la filosofía. Sabía que Adán y Eva morirían espiritualmente el día que comieran del fruto. Es un teólogo lo suficientemente bueno como para saber que hay un solo Dios, y él y su hueste tiemblan al pensarlo (Stg. 2:19). Cuando los hombres demoníacos se toman en serio sus mentiras sobre la naturaleza de la realidad, se vuelven impotentes y se deslizan fuera (o casi) del regazo de Dios. Cuando los satanistas se dan cuenta de que la filosofía oficial de Satanás del caos y la antinomia sin ley es una mentira, es cuando se vuelven peligrosos. (Los marxistas, una vez

---

[24] Martin Bronfenbrenner, «Radical Economics in America: A 1970 Survey», *Journal of Economic Literature*, VIII (Sept. 1970).
[25] Gary North, «The Epistemological Crisis of American Universities», en Gary North (ed.), *Foundations of Christian Scholarship: Essays in the Van Til Perspective* (Vallecito, California: Ross House Books, 1976).

más, son más peligrosos para los Estados Unidos que los ik). Aprenden más de la verdad, pero la pervierten y tratan de usarla contra el pueblo de Dios.

Así, el significado bíblico de la autoconciencia epistemológica no es que el satanista se vuelva consecuente con la filosofía oficial de Satanás (el caos), sino que la hueste de Satanás se vuelve consecuente con lo que Satanás realmente cree: que el orden, la ley, el poder son producto del odiado orden de Dios. Aprenden a utilizar la ley y el orden para construir un ejército de conquista. En resumen, *ellos utilizan* la *gracia común*— el conocimiento de la verdad— *para pervertir la verdad y atacar al pueblo de Dios*. Se apartan del falso conocimiento que les ofrece Satanás, y adoptan una forma pervertida de la verdad para utilizarla en sus planes rebeldes. En otras palabras, *maduran*. O, como C. S. Lewis ha puesto en boca de su personaje ficticio, el diablo mayor Screwtape, cuando los materialistas creen finalmente en Satanás pero no en Dios, entonces la guerra ha terminado.[26] No del todo; cuando creen en Dios, saben que Él va a ganar, y sin embargo atacan con furia las obras de Dios— no una furia ciega, sino una *furia plenamente consciente de sí misma*— entonces la guerra ha terminado.

Cooperación

¿Cómo, entonces, podemos cooperar con tales hombres? Simplemente sobre la base de la gracia común. La gracia común *aún no se ha desarrollado plenamente*. Pero esta cooperación debe ser en interés del reino de Dios. Si una determinada asociación ad hoc es beneficiosa o no, debe hacerse en términos de las normas establecidas en la ley bíblica. La gracia común no es terreno común; no hay terreno común que una a los hombres, excepto la imagen de Dios en cada hombre.

Ya que la conformidad externa con los términos de la ley bíblica produce resultados visiblemente buenos— contrariamente a la teoría del Prof. Kline sobre la misteriosa voluntad de Dios en la historia— los incrédulos durante un tiempo están dispuestos a adoptar estos principios, ya que buscan los frutos de la cultura cristiana. En resumen, algunos satanistas éticos responden al conocimiento de la ley de Dios escrita en sus corazones. Tienen un alto grado de conocimiento sobre la creación de Dios, pero aún no están dispuestos a atacar ese mundo. Tienen conocimiento a través de la gracia común, pero aún no ven lo que esto significa para sus propias acciones. (Hasta cierto punto, los comunistas lo ven, pero aún no lo han llevado a cabo; no han lanzado un asalto final contra Occidente).

La esencia de la rebelión de Adán no fue intelectual; fue ética. Nadie ha argumentado esto con más fuerza que Van Til. La mera adición de conocimiento a o por el hombre no regenerado no altera la esencia de su condición ante Dios. Sigue siendo un rebelde, pero puede poseer conocimiento. El conocimiento puede aplicarse a la creación de Dios y producir resultados beneficiosos. El conocimiento también puede producir un holocausto.

---

[26] C. S. Lewis, *The Screwtape Letters* (Nueva York: Macmillan, 1969), carta 7.

La cuestión es la ética, no el conocimiento. Así, los hombres pueden cooperar en términos de conocimiento mutuamente compartido; en última instancia, no pueden cooperar en términos de una ética mutuamente compartida.

¿Y la *maldición especial*? ¿Cuál es la relación ética del rebelde ético con Dios? La gracia común aumenta la maldición especial del hombre no regenerado. Cuando la gracia común aumenta al máximo, se revela la maldición especial de Dios: la rebelión total del hombre contra la *verdad* de Dios y *en términos de la gracia común*— conocimiento, poder, riqueza, prestigio, etc.— de Dios, que conduce al juicio final. Dios elimina parte de su restricción al final: la restricción de la destrucción suicida. Les permite alcanzar la muerte que aman (Prov. 8:36b). Pero siguen teniendo poder y riqueza, como en el imperio babilónico la noche de su caída.

Los paganos pueden enseñarnos sobre física, matemáticas, química y muchos otros temas. ¿Cómo es esto posible? Porque la gracia común ha aumentado. Tuvieron varios siglos de liderazgo cristiano, así como figuras de la Ilustración que adoptaron una filosofía de la coherencia que al menos se parecía a la doctrina cristiana de la providencia. No pueden mantener unida la cultura en términos de su filosofía del caos— el punto de vista oficial de Satán— pero aun así pueden hacer descubrimientos importantes. Utilizan capital robado, en todos los sentidos.

Los cristianos deben liderar

Cuando haya un avivamiento cristiano y la predicación y aplicación de todo el consejo de Dios, entonces los cristianos podrán volver a tomar la posición de liderazgo real. Los incrédulos también podrán contribuir al sometimiento de la tierra porque serán llamados de nuevo a la obra de la ley escrita en sus corazones. La gracia común aumentará en todo el mundo. Pero los cristianos deben ser extremadamente cuidadosos para observar las señales de desviación ética de aquellos que aparentemente son colaboradores útiles en el reino. Puede haber cooperación para objetivos externos— el cumplimiento del pacto de dominio que fue dado a todos los hombres— pero no en el ámbito de la ética. Debemos observar a los soviéticos para ver cómo no construir una sociedad. Debemos construir contramedidas a sus delitos militares. No debemos adoptar su visión de la ética proletaria, aunque sus ajedrecistas o matemáticos nos enseñen mucho. La ley de Dios revelada en la Biblia debe ser dominante, no la obra de la ley escrita en los corazones de los injustos. La forma de cooperar es sobre la base de la ley bíblica. La ley nos habla de las limitaciones del hombre. Nos mantiene humildes ante Dios y dominantes sobre la naturaleza. Determinaremos la exactitud y utilidad de las obras de los hombres no regenerados que están ejerciendo los talentos que Dios les ha dado, trabajando en su condenación con temor y temblor.

Los extranjeros dentro de las puertas recibían muchos de los beneficios de la gracia común— la respuesta de Dios a la conversión de los hebreos. Recibían plena protección legal en los tribunales hebreos (Éx. 22:21; 23:9; Dt. 24:17). No se les permitía comer alimentos sagrados especiales (Éx. 29:33; Lv. 22:10), con lo que quedaban excluidos de las celebraciones religiosas del templo. Pero participaban en la fiesta del diezmo, una celebración ante el Señor (Dt. 14:22-29). Así, eran beneficiarios del orden civil que Dios estableció para su pueblo. También podían producir bienes y servicios con la confianza de que el fruto de su trabajo no les sería confiscado por un gobierno civil sin ley. Esto enriquecía a todos, pues todos los hombres de la comunidad podían cumplir los términos del pacto de dominio.

Se nos dice que el hombre natural no recibe las cosas del Espíritu (1Co. 2:14-16). Se nos dice que la sabiduría de Dios es vista como necedad por los no regenerados (1Co. 1:18-21). Se nos dice que tengamos cuidado, «que nadie os haga cautivos por medio de su filosofía y vanas sutilezas, según la tradición de los hombres, conforme a los principios elementales del mundo y no según Cristo» (Col. 2:8). Existe una separación filosófica insalvable entre incrédulos y creyentes. Inician de puntos de partida diferentes: el caos frente a la creación, Dios frente al hombre. Sólo la gracia común puede reducir el conflicto *de aplicación* entre la filosofía pagana y la cristiana. La rebelión ética del no regenerado yace bajo la superficie, humeante, lista para estallar en ira, pero Dios y la ley de Dios la detienen. Necesita el poder que le proporciona la ley. Por lo tanto, acepta algunos de los principios de la ley bíblica aplicada y se conforma con parte de la obra de la ley que está escrita en su corazón. Pero en los primeros principios, no puede estar de acuerdo. E incluso cerca del final, cuando los hombres puedan confesar la existencia de un Dios y tiemblen al pensarlo, no someterán sus egos a ese Dios. Lucharán hasta la muerte— hasta la segunda muerte— para negar las pretensiones que el Dios de la Biblia tiene sobre cada parte de su ser.

Así, puede haber cooperación en el sometimiento de la tierra. Pero los cristianos deben establecer la estrategia y la táctica. El hombre no regenerado será como un consultor pagado; él proveerá sus talentos, pero el Señor construirá la cultura.

Gracia común frente a terreno común

No debemos pasar de la gracia común al terreno común. No podemos hacerlo porque con el aumento de la gracia común nos acercamos más a esa rebelión final en todo su poder satánico. La gracia común combina los esfuerzos de los hombres en el sometimiento de la tierra, pero los cristianos trabajan para la gloria de Dios abiertamente, mientras que los no regenerados trabajan (oficialmente) para la gloria del hombre o la gloria de Satanás. Ellos, de hecho, trabajan para la gloria de Dios, porque en ese último día toda rodilla se doblará ante Él (Fil. 2:10). Las riquezas de los impíos se acumulan para los justos (Prov. 13:22). Así que no hay hechos comunes, éticamente hablando.

En ese día final, cuando comience su rebelión, toda la hueste de Satanás conocerá los hechos del mundo de Dios, pues la gracia común estará en su apogeo. Sin embargo, dan la espalda a Dios y se rebelan. Todos los hechos son hechos interpretados, y *la interpretación*, no los hechos como tales— no hay «hechos como tales»— es lo que separa a los perdidos de los elegidos. Inevitablemente, el hombre natural *retiene* (suprime activamente) la verdad en la injusticia (Rom. 1:18).[27] Ninguna «prueba» filosófica de Dios (que no sea una prueba que comienza asumiendo la existencia del Dios revelado en la Biblia) es válida, e incluso la suposición de la existencia del Dios de la Biblia no es suficiente para salvar el alma de un hombre.[28] Sólo Dios puede hacerlo (Jn. 6:44). No existe un terreno común desde el punto de vista filosófico, solo metafísico. Estamos hechos a imagen de Dios por un creador común (Hch. 17:24-31). Todo hombre lo sabe. Nosotros, como hombres, solo podemos recordar a todos los hombres lo que ellos saben. Dios utiliza ese conocimiento para redimir a los hombres.

El incrédulo utiliza el *capital intelectual robado* para razonar correctamente—correctamente en el sentido de poder utilizar ese conocimiento como herramienta para someter la tierra, no en el sentido de conocer a Dios como lo conoce un hijo adoptivo. Sus conclusiones pueden corresponder a la realidad externa lo suficiente como para permitirle llevar a cabo su fe rebelde hasta una destrucción aún mayor que si no hubiera tenido un conocimiento exacto (Lc. 12:47-48). Él «sabe» de alguna manera que «2 más 2 es igual a 4», y también que este hecho de simetría mental puede ser usado para causar efectos deseados en el reino externo de la naturaleza. La razón de que exista esta simetría mental y de que tenga alguna relación con el reino externo de la naturaleza es inexplicable por el conocimiento del hombre natural, un hecho admitido por el físico ganador del premio Nobel, Eugene Wigner.[29]

Los cristianos tienen una doctrina adecuada de la creación y por ello pueden explicar ambas cosas. Así que el incrédulo utiliza capital intelectual prestado en cada paso. Los cristianos pueden utilizar parte de su trabajo (cotejando sus descubrimientos con la revelación de la Biblia), y el incrédulo puede utilizar el trabajo de los cristianos. La tierra será sometida. Cuanto más se acerquen los presupuestos del incrédulo a los revelados en la Biblia (como el supuesto del economista conservador sobre el hecho de la escasez económica, correspondiente a Génesis 3:17-19), más probabilidades habrá de que los descubrimientos realizados en función de ese supuesto sean útiles. Por útiles me refiero a útiles en la tarea común de todos los hombres, someter la tierra. Así, puede haber cooperación entre cristianos y no cristianos.

---

[27] Murray, *Romans*, al comentar Romanos 1:18.
[28] Van Til, *The Defense of the Faith* (Filadelfia: Presbyterian and Reformed, 1963), ataca las pruebas tradicionales católico-romanas y arminianas de Dios. Argumenta que no prueban al Dios de la Biblia, sino a un dios finito de la mente humana.
[29] Eugene Wigner, «The Unreasonable Effectiveness of Mathematics in the Natural Sciences», *Communications on Pure and Applied Mathematics* XIII (1960), p. 1-14. Véase también Vern Poythress, «A Biblical View of Mathematics», en Gary North (ed.), *Foundations of Christian Scholarship*, op. cit., cap. 9. Véase también su ensayo en *The Journal of Christian Reconstruction*, I (Verano 1974).

Conclusión

Los incrédulos parecen ser hoy culturalmente dominantes. Los creyentes se han replegado al pietismo antinomiano y al pesimismo, pues han abandonado la fe en las dos características de la filosofía social cristiana que hacen posible el progreso: 1) la dinámica del optimismo escatológico, y 2) la herramienta del pacto de dominio, la ley bíblica. Debemos concluir, entonces, que o bien la disolución de la cultura está cerca (porque la gracia común de los no regenerados no puede sostenerse por mucho tiempo sin el liderazgo en el ámbito de la cultura de los regenerados), o bien los regenerados deben recuperar la visión de sus verdades perdidas: el postmilenialismo y la ley bíblica. Para que la gracia común continúe, y para que la cooperación externa entre creyentes e incrédulos sea fructífera o incluso posible, los cristianos deben hacer que las directrices de la cultura externa vuelvan a la ley de Dios. Deben recuperar el liderazgo que perdieron ante las especulaciones de apóstatas autoproclamados «razonables». Si esto no se hace, entonces retrocederemos una vez más, hasta que los no creyentes se parezcan a los ik, y los cristianos puedan comenzar el proceso de dominación cultural una vez más. Para que la gracia común siga aumentando, debe ser sostenida por la gracia especial. O los incrédulos se convertirán, o el liderazgo fluirá de nuevo hacia los cristianos. Si no ocurre ni lo uno ni lo otro, acabaremos volviendo a la barbarie.

Comprensiblemente, oro por la regeneración de los impíos y el redescubrimiento de la ley bíblica—una escatología bíblica precisa por parte de los cristianos actuales y los futuros conversos. Desconozco si veremos un renacimiento semejante en nuestros días. Hay razones para creer que puede ocurrir y que ocurrirá. También hay razones para dudar de tal optimismo. El Señor lo sabe.

Debemos abandonar el antinomianismo y las escatologías que son inherentemente antinomianas. Debemos volver a llamar a los hombres a la fe en el Dios de toda la Biblia. Debemos afirmar que en el plan de Dios llegará un día de mayor conciencia de sí mismo, en el que los hombres llamarán perversos a los malvados y nobles a los generosos (Is. 32). Será un día de grandes bendiciones externas, las mayores de la historia. Largas eras de tal autoconciencia se despliegan ante nosotros. Y al final de los tiempos llega una generación de rebeldes que distinguen a los perversos de los generosos y atacan a los piadosos. Perderán la guerra.

Por lo tanto, la *gracia común* es esencialmente *gracia futura*. Hay un flujo y reflujo a lo largo de la historia, pero esencialmente es gracia futura. No debe ser vista como una gracia esencialmente previa o anterior. Sólo los amilenialistas pueden sostener tal posición, los amilenialistas antinomianos. El juicio final aparece al final de los tiempos sobre el telón de fondo de la gracia común. La *maldición común* estará en su punto más bajo, el preludio de la *maldición especial* de duración eterna. El juicio final llega, al igual que llegó el diluvio universal, con el trasfondo de los beneficios externos de Dios a la humanidad en general. La iniquidad de los amorreos será por fin completa.

¿Cree el postmilenialista que habrá fe en general en la tierra cuando Cristo aparezca? No, si entiende las implicaciones de la doctrina de la gracia común. ¿Espera que toda la tierra sea destruida por los rebeldes incrédulos antes de que Cristo los mate— doblemente muertos? No, el juicio viene antes de que puedan hacer su trabajo. La gracia común se extiende para permitir que los incrédulos llenen su copa de ira. Ellos son vasos de ira. Por lo tanto, el cumplimiento de los términos del pacto de dominio a través de la gracia común es el paso final en el proceso de llenar estos vasos de ira. Los vasos de la gracia, los creyentes, también serán llenados. Todo está lleno. ¿Destruirá Dios su adelanto por los cielos nuevos y la tierra nueva? ¿Borrará Dios la señal de que su palabra ha sido obedecida, de que el pacto de dominio se ha cumplido? ¿Tendrá Satanás, ese gran destructor, el gozo de ver frustrada la palabra de Dios, su obra destrozada por las mismas hordas de Satanás? El amilenialista responde que sí. El postmilenialista debe negarlo con todas sus fuerzas.

Hay continuidad en la vida, a pesar de las discontinuidades. La riqueza del pecador se acumula para el justo. A Satanás le gustaría quemar el campo de Dios, pero no puede. La cizaña y el trigo crecen hasta la madurez, y entonces los segadores salen a cosechar el trigo, cortando la paja y echando la paja al fuego. Satanás quisiera retroceder el momento de la perdición, regresar al punto cero, regresar al jardín del Edén, cuando el pacto de dominio fue dado por primera vez. El cumplimiento del pacto de dominio es el acto final de Satanás que es positivo: una extensión de la gracia común. Después de eso, la gracia común se vuelve malévola— absolutamente malévola— cuando Satanás usa su tiempo restante y lo último de su poder para golpear al pueblo de Dios. Cuando usa sus dones para volverse final y totalmente destructivo, es cortado desde arriba. Esta culminación final de la gracia común es el momento de la perdición de Satanás.

Y los mansos— mansos ante Dios, activos hacia su creación— heredarán al fin la tierra. Una tierra renovada y un cielo renovado es el pago final de Dios Padre a su Hijo y a los que Él ha dado a su Hijo. Esta es la esperanza postmilenial.

Posdata

A estas alturas, he alienado cada grupo de cristianos conocidos. He alienado a los miembros restantes de la Iglesia Cristiana Reformada que son ortodoxos, al ponerme del lado de la Iglesia Protestante Reformada contra el Punto I del Sínodo de 1924. No hay favor en la gracia común de Dios. He alienado a la Iglesia Reformada Protestante al argumentar a favor del postmilenialismo. He alienado a los premilenialistas argumentando que la separación entre el trigo y la cizaña debe venir al final de la historia, no mil años antes del fin (o, en el marco premilenial dispensacional, pretribulacional, 1007 años antes). He alienado a pietistas postmilenialistas que leen y se deleitan en las obras de Jonathan Edwards argumentando que la tradición de Edwards era destructiva para la ley bíblica en 1740 y todavía lo es. No lleva a ninguna parte a menos que madure y adopte el concepto de ley bíblica como herramienta de victoria. He alienado a la Iglesia Presbiteriana Bíblica, ya que sus líderes niegan el pacto de dominio, ¿Me he perdido a alguien? Oh, sí, he alienado a los arminianos postmileniales (carismáticos de «confesión positiva») al argumentar que los rebeldes en el último día no son cristianos que han recaído.

Habiendo logrado esto, espero que otros sigan el esquema que he esbozado relacionando la gracia común, la escatología y la ley bíblica. Que los pocos que se tomen en serio este ensayo eviten las minas terrestres teológicas que todavía abarrotan el paisaje. Hay refinamientos que deben hacerse, implicaciones que deben ser descubiertas y luego elaboradas. Espero que mi contribución facilite la tarea de otros.

BIBLIOGRAFÍA SELECTA

Estudios sobre Apocalipsis

Barclay, William. *The Revelation of John*. 2 vols. Filadelfia: The Westminster Press, ed. revisada, 1960.

Beasley-Murray, G. R. *The Book of Revelation*. Grand Rapids: William B. Eerdmans Publishing Co., [1974] 1981.

Beckwith, Isbon T. *The Apocalypse of John: Studies in Introduction with a Critical and Exegetical Commentary*. Grand Rapids: Baker Book House, 11919] 1979.

Caird, G. B. *The Revelation of St. John the Divine*. Nueva York: Harper and Row, Publishers, 1966.

Carrington, Philip. *The Meaning of the Revelation*. Londres: SPCK, 1931.

Charles, R. H. *A Critical and Exegetical Commentary on the Revelation of St. John*. 2 vols. Edimburgo: T. and T. Clark, 1920.

Corsini, Eugenio. *The Apocalypse: The Perennial Revelation of Jesus Christ*. Traducido por Francis J. Moloney, S.D.B. Wilmington, DE: Michael Glazier, 1983.

Farrar, E W. *The Early Days of Christianity*. Chicago: Belford, Clarke and co., 1882.

Farrer, Austin. *A Rebirth of Images: The Making of St. John's Apocalypse*. Londres: Dacre Press, 1949; Gloucester, MA: Peter Smith, 1970.

_____ *The Revelation of St. John the Divine*. Oxford: At the Clarendon Press, 1964.

Ford, J. Massyngberde. *Revelation: Introduction, Translation, and Commentary*. Garden City, NY: Doubleday and Co., 1975.

Goldsworthy, Graeme, *The Lamb and the Lion: The Gospel in Revelation*. Nashville: Thomas Nelson Publishers, 1984.

Goulder, M. D. «The Apocalypse as an Annual Cycle of Prophecies», *New Testament Studies* 27, No. 3 (Abril 1981), pp. 342-67.

Hendriksen, William. *More Than Conquerors: An Interpretation of the Book of Revelation*. Grand Rapids: Baker Book House, 1939.

Hengstenberg, E. W. *The Revelation of St. John*. 2 vols. Traducción por Patrick Fairbairn. Cherry Hill, NJ: Mack Publishing Co., [1851] 1972.

Hughes, Philip Edgcumbe. «The First Resurrection: Another Interpretation». *Westminster Theological* Journal 39 (Primavera 1977) 2, pp. 315-18.

Jenkins, Ferrell. *The Old Testament in the Book of Revelation*. Grand Rapids: Baker Book House, [1972] 1976.

Johnson, Alan. *Revelation*. En Vol. 12 de *The Expositor's Bible Commentary*, editado por Frank E. Gaebelein. Grand Rapids: Zondervan Publishing House, 1981.

Kallas, James. *Revelation: God and Satan in the Apocalypse*. Minneapolis: Augsburg Publishing House, 1973.

King, Max. *The Spirit of Prophecy*. Warren, OH: Max King, 1971.

Leithart, Peter J. «Biblical-Theological Paper: Revelation 19:17-18». *Westminster Theological Seminary*, 1985.

Lenski, R. C. H. *The Interpretation of St. John's Revelation*. Minneapolis: Augsburg Publishing House, 1943, 1963.

Lindsey, Hal. *There's a New World Coming: A Prophetic Odyssey*. Eugene, OR: Harvest House Publishers, 1973.

MacDonald, James M. *The Life and Writings of St. John*. Londres: Hodder and Stoughton, 1877.

MacKnight, William J. *The Apocalypse: A Reappearance*. Boston: Hamilton Brothers, Publishers, 1927.

Makrakis, Apostolos. *Interpretation of the Book of Revelation*. Traducido por A. G. Alexander. Chicago: The Orthodox Christian Educational Society, [1948] 1972.

Morris, Henry M. *The Revelation Record: A Scientific and Devotional Commentary on the Book of Revelation*. Wheaton: Tyndale House Publishers, 1983.

Morris, Leon. *The Revelation of St. John*. Grand Rapids: William B. Eerdmans Publishing Co., 1969.

Mounce, Robert H. *The Book of Revelation*. Grand Rapids: William B. Eerdmans Publishing Co., 1977.

Plummer, A. *The Revelation of St. John the Divine*. Londres: Funk and Wagnalls Co., n.d.

Ramsey, James B. *The Book of Revelation: An Exposition of the First Eleven Chapters*. Edimburgo: The Banner of Truth Trust, [1873] 1977.

Rudwick, M. J. S., and Green, E. M. B. «The Laodicean Lukewarmness», *Expository Times* 69 (1957-58).

Rushdoony, Rousas John. *Thy Kingdom Come: Studies in Daniel and Revelation*. Tyler, TX: Thoburn Press, [1970] 1978.

Russell, J. Stuart. *The Parousia: A Critical Inquiry into the New Testament Doctrine of Our Lord's Second Corning*. Grand Rapids: Baker Book House, [1887] 1983.

Shepherd, Massey H. Jr, *The Paschal Liturgy and the Apocalypse*. Richmond: John Knox Press, 1960.

Shepherd, Norman. «The Resurrections of Revelation 20». *Westminster Theological Journal* 37 (Otoño 1974) l, pp. 34-43.

Stonehouse, Ned B. Paul *Before the Areopagus, and other New Testament Studies*. Grand Rapids: William B. Eerdmans Publishing co., 1957.

Stuart, Moses. *Commentary on the Apocalypse.* 2 vols. Andover: Allen, Morrill and Wardwell, 1845.

Sweet, J. P. M. *Revelation.* Filadelfia: The Westminster Press,

Swete, Henry Barclay. *Commentary on Revelation.* Grand Rapids: Kregel Publications, [1911] 1977.

Tenney, Merrill C. *Interpreting Revelation.* Grand Rapids: William B. Eerdmans Publishing Co., 1957.

Terry, Milton S. Biblical Apocalyptics. A Study of the Most Notable Revelations of God and of Christ in the Canonical Scriptures. Nueva York: Eaton and Mains, 1898.

Vanderwaal, Cornelis. *Search the Scriptures.* 10 vols. St. Catherines, Ont.: Paideia Press, 1979.

Vanhoye, Albert. «L'utilisation du Livre d'Ezechiel dans l'Apocalypse», *Biblica* 43 (1962), pp. 436-76.

Victorinus. *Commentary on the Apocalypse of the Blessed John.* Traducido por Robert Ernest Wallis. Alexander Roberts y James Donaldson, eds., *The Ante-Nicene Fathers.* Grand Rapids: William B. Eerdmans Publishing co., 1970. Vol. pp. 344-60.

Wallace, Foy E. Jr. *The Book of Revelation.* Fort Worth: Foy E. Wallace Jr. Publications, 1966.

Wilcock, Michael. *I Saw Heaven Opened: The Message of Revelation.* Downers Grove, IL: Inter-Varsity Press, 1975.

Estudios relacionados

Adams, Jay. *The Time Is at Hand.* Nutley, NJ: The Presbyterian and Reformed Publishing Co., [1966] 1970.

Allen, Richard Hinckley. *Star Names: Their Lore and Meaning.* Nueva York: Dover Publications, [1899] 1963.

Allis, Oswald T. *Prophecy and the Church.* Grand Rapids: Baker Book House, [1945] 1947.

Ambrosio. *El misterio de la salvación.*

Atanasio. *La encarnación del Verbo.*

_____. *Contra el arrianismo.*

Augustín, Aurelio. *Anti-Pelagian Works.* Traducido por Peter Holmes y Robert Ernest Wallis. Grand Rapids: William B. Eerdmans Publishing Co., 1971.

_____. *La ciudad de Dios.*

_____. *La Trinidad.*

Bahnsen, Greg L. *Theonomy in Christian Ethics.* Phillipsburg, NJ: The Presbyterian and Reformed Publishing Co., [1977] 1984.

_____. «The Person, Work, and Present Status of Satan». *The Journal of Christian Reconstruction*, editado por Gary North. Vol. l, No. 2 (Invierno, 1974).

_____. «The Prima Facie Acceptability of Postmillennialism». *The Journal of Christian Reconstruction*, Vol. 3, No. 2 (Winter, 1976-77).

Baldwin, Joyce G. *Haggai, Zechariah, Malachi: An Introduction and Commentary*. Downers Grove, IL: Inter-Varsity Press, 1972.

Barr, James. *Biblical Words for Time*. Naperville, IL: Alec R. Allenson Inc. Ed., revisada 1969.

Bavinck, Herman. *The Doctrine of God*. Traducido por William Hendriksen. Edimburgo: The Banner of Truth Trust, [1951] 1977.

Berkhof, Louis. *The History of Christian Doctrines*. Edimburgo: The Banner of Truth Trust, [1937] 1969.

_____. *Systematic Theology*. Grand Rapids: William B. Eerdmans Publishing Co., 4ta. ed. revisada, 1949.

Bettenson, Henry, ed. *Documents of the Christian Church*. Oxford: Oxford University Press, second ed., 1963.

_____. *The Early Christian Fathers: A Selection from the Writings of the Fathers from St. Clement of Rome to St. Athanasius*. Oxford: Oxford University Press, 1956.

_____. *The Later Christian Fathers: A Selection from the Writings of the Fathers from St. Cyril of Jerusalem to St. Leo the Great*. Oxford: Oxford University Press, [1970] 1977.

Boettner, Loraine. *The Millennium*, Filadelfia: The Presbyterian and Reformed Publishing Co., 1957; revisada, 1984.

Boersma, T. *Is the Bible a Jigsaw Puzzle? An Evaluation of Hal Lindsey's Writings*. St. Catherines, Ont.: Paideia Press, 1978.

Bouyer, Louis. *Eucharist: Theology and Spirituality of the Eucharistic Prayer*. Notre Dame: University of Notre Dame Press, 1968,

_____. *Liturgical Piety*. Notre Dame: University of Notre Dame Press, 1955.

_____. *The Spirituality of the New Testament and the Fathers*. Minneapolis: The Seabury Press, 1963.

Brandon, S. G. F. *The Fall of Jerusalem and the Christian Church: A Study of the Effects of the Jewish Overthrow of A.D. 70 on Christianity*. Londres: SPCK, 1968.

Bray, Gerald. *Creeds, Councils, and Christ*. Downers Grove. IL: Inter-Varsity Press, 1984.

Brinsmead, Robert D. *The Pattern of Redemptive History*. Fallbrook, CA: Verdict Publications, 1979.

Brown, David. *Christ's Second Coming: Will It Be Premillennial?* Grand Rapids: Baker Book House, [1876] 1983.

Brown, John. *Expository Discourses on 1 Peter*. 2 vols. Edimburgo: The Banner of Truth Trust, [1848] 1975.

Bruce, F. F. *Commentary on the Epistle to the Colossians*. Grand Rapids: William B. Eerdmans Publishing Co., 1957.

Calvino, Juan. *Commentaries*. 45 vols. Grand Rapids: Baker Book House, 1979.

_____. *The Institutes of the Christian Religion*. Traducido por Ford Lewis 2 vols. Filadelfia: The Westminster Press, 1960.

_____. *Selected Works: Tracts and Letters*. 7 vols. Editado por Henry Beveridge y Jules Bonnet. Grand Rapids: Baker Book House, 1983.

Campbell, Roderick. *Israel and the New Covenant*. Oder, TX: Geneva Ministries, [1954] 1983.

Chilton, David. *Paradise Restored: A Biblical Theology of Dominion*. Ft. Worth, TX: Dominion Press, 1985.

Crisótomo, Juan. *Homilies on St. John*.

Clark, Gordon H. *Biblical Predestination*. Nutley, NJ: The Presbyterian and Reformed Publishing Co., 1969.

Cochrane, Charles Norris. *Christianity and Classical Culture: A Study of Thought and Action from Augustus to Augustine*. Londres: Oxford University Press, [1940, 1944] 1957.

Cronk, George. *The Message of the Bible: An Orthodox Christian Perspective*. Crestwood, NY: St. Vladimir's Seminary Press, 1982.

Cipriano. *On the Unity of the Church*.

La didajé (La enseñanzas de los doce apóstoles).

Dix, Gregory. *The Shape of the Liturgy*. Nueva York: The Seabury Press, [1945] 1983.

Douglas, Mary. *Implicit Meanings: Essays in Anthropology*. Londres: Routledge and Kegan Paul, 1975,

_____. *Purity and Danger: An Analysis of the Concepts of Pollution and Taboo*. Londres: Routledge and Kegan Paul, [1966] 1969.

Edersheim, Alfred. *The Life and Times of Jesus the Messiah*. 2 vols. McLean, VA: MacDonald Publishing Co., n.d.

_____. *The Temple: Its Ministry and Services as They Were at the Time of Christ*. Grand Rapids: William B. Eerdmans Publishing co., 1980.

Eliade, Mircea. *The Myth of the Eternal Return: or Cosmos and History*. Princeton: Princeton University Press, [1954] 1971.

Eusebio. *Historia eclesiástica*.

Fairbairn, Patrick. *The Interpretation of Prophecy*. Edimburgo: The Banner of Truth Thust, [1865] 1964.

Frend, W. H. C. *The Rise of Christianity*. Filadelfia: Fortress Press, 1984.

Gaston, Lloyd. *No Stone on Another: The Fall of Jerusalem in the Synoptic Gospels*. Leiden: E. J. Brill, 1970.

Goulder, M. D. *The Evangelists' Calendar: A Lectionary Explanation of the Development of Scripture*. Londres: SPCK, 1978.

Grant, Michael. *The Twelve Caesars*. Nueva York: Charles Scribner's sons, 1975.

Harnack, Adolf. *The Mission and Expansion of Christianity in the First Three Centuries*. Traducido por James Moffat. Gloucester, MA: Peter Smith, [1908] 1972.

Harrison, R. K., ed. *Major Cities of the Biblical World*. Nashville: Thomas Nelson Publishers, 1985.

Ireneo. *Contra las herejías*.

Jordan, James B. «Christian Piety: Deformed and Reformed». Geneva Papers (Nueva serie), No. 1 (Septiembre 1985).

_____. *Judges: God's War Against Humanism*. Tyler, TX: Geneva Ministries, 1985.

_____. *The Law of the Covenant: An Exposition of Exodus 21-23*. Tyler, TX: *Institute for Christian Economics*, 1984.

_____. «Rebellion, Tyranny, and Dominion in the Book of Genesis». En *Tactics of Christian Resistance, Christianity and Civilization* No. 3. Editado por Gary North. Tyler, TX: Geneva Ministries, 1983.

_____. *Sabbath-Breaking and the Death Penalty: A Theological Investigation*. Tyler, TX: Geneva Ministries, 1986.

_____. *The Sociology of the Church*. Tyler, TX: Geneva Ministries, 1986.

_____., ed. *The Failure of the American Baptist Culture* (Christianity and Civilization l). Tyler, TX: Geneva Ministries, 1982.

_____., ed. The Reconstruction of the Church (Christianity and Civilization 4). Tyler, TX: Geneva Ministries, 1985.

Josefos, Flavio. *The Jewish War*. Editado por Gaalya Cornfeld. Grand Rapids: Zondervan Publishing House, 1982.

_____. *Works*. Traducido por William Whiston. Cuatro vols. Grand Rapids: Baker Book House, 1974.

Jungmann, Josef A., S.J. *The Early Liturgy to the Time of Gregory the Great*. Translated by Francis A. Brunner, C.SS.R. Notre Dame: University of Notre Dame Press, 1959.

Justino Mártir. *Primera apología*.

Kaiser, Walter C. Jr. «The Blessing of David: The Charter for Humanity». En *The Law and the Prophets: Old Testament Studies Prepared in Honor of Oswald Thompson Allis*, editado por John H. Skilton. Filadelfia: The Presbyterian and Reformed Publishing Co., 1974.

Kik, J. Marcellus. *An Eschatology of Victory*. Nutley, NJ: The Presbyterian and Reformed Publishing Co., 1971.

Kline, Meredith G. *By Oath Consigned: A Reinterpretation of the Covenant Signs of Circumcision and Baptism*. Grand Rapids: William B. Eerdmans Publishing Co., 1968.

_____. *Images of the Spirit*. Grand Rapids: Baker Book House, 1980.

_____. *Kingdom Prologue*, 2 vols. Publicado privadamente, 1981, 1983.

_____. *The Structure ofBiblical Authority*. Grand Rapids: William B. Eerdmans Publishing Co., second ed., 1975.

_____. *Treaty of the Great King: The Covenant Structure of Deuteronomy*. Grand Rapids: William B. Eerdmans Publishing co., 1963.

Kuyper, Abraham. *Lectures on Calvinism*. Grand Rapids: William B. Eerdmans Publishing Co., 1931.

Lecerf, Auguste. *An Introduction to Reformed Dogmatics*. Traducido por André Schlemmer. Grand Rapids: Baker Book House, [1949] 1981.

Lee, Francis Nigel. *The Central Significance of Culture*. Nutley, NJ: The Presbyterian and Reformed Publishing co., 1976.

Lewis, C. S. *The Weight of Glory: And Other Addresses*. Nueva York: Macmillan Publishing Co., ed., revisado 1980.

Bibliografía selecta

Lightfoot, J. B. *The Christian Ministry*. Editado por Philip Edgcumbe Hughes. Wilton, CT: Morehouse-Barlow co., 1983.

Lindsey, Hal. *The Late Great Planet Earth*. Grand Rapids: Zondervan Publishing House, 1970.

MacGregor, Geddes. *Corpus Christi: The Nature of the Church According to the Reformed Thadition*. Filadelfia: The Westminster Press, 1958.

Mantzaridis, Georgios I. *The Deification of Man*. Traducido por Liadain Sherrard. Crestwood, NY: St. Vladimir's Seminary Press, 1984.

Martin, Ernest L. *The Birth of Christ Recalculated*. Pasadena: Foundation for Biblical Research, 1980.

_____. *The Original Bible Restored*. Pasadena: Foundation for Biblical Research, 1984.

_____. *The Place of Christ's Crucifixion: Its Discovery and Significance*. Pasadena: Foundation for Biblical Research, 1984.

McGuiggan, Jim, y King, Max. *The McGuiggan-King Debate*. Warren, OH: Parkman Road Church of Christ, n.d.

McKelvey, R. J. «Temple». En J. D. Douglas, ed. *The New Bible Dictionary*. Grand Rapids: William B. Eerdmans Publishing Co., [19621 1965» pp. 1242-50.

Minear, Paul. *Images of the Church in the New Testament*. Filadelfia: The Westminster Press, 1960.

Moore, Thomas V. A *Commentary on Haggai, Zechariah, and Malachi*. Edimburgo: The Banner of Truth Trust, [1856] 1968.

Morris, Leon. *Apocalyptic*. Grand Rapids: William B. Eerdmans Publishing Co., 1972.

_____. *The Apostolic Preaching of the Cross*. Grand Rapids: William B. Eerdmans Publishing Co., 1955.

Murray, Iain. *The Puritan Hope: A Study in Revival and the Interpretation of Prophecy*. Edimburgo: The Banner of Truth Trust, 1971.

Murray, John. *Collected Writings*. 4 vols. Edimburgo: The Banner of Truth Trust, 1976-82.

_____. *The Epistle to the Romans*. 2 vols. Grand Rapids: William B, Eerdmans Publishing Co., 1968.

_____. *The Imputation of Adam's Sin*. Nutley, NJ: The Presbyterian and Reformed Publishing Co., [1959] 1977.

_____. *Redemption: Accomplished and Applied*. Grand Rapids: William B. Eerdmans Publishing Co., 1955.

Negev, Avraham, ed. *The Archaeological Encyclopedia of the Holy Land*. Nashville: Thomas Nelson Publishers, ed. revisada, 1986.

Nisbet, Robert. *History of the Idea of Progress*. Nueva York: Basic Books, 1980.

North, Gary. *Backward, Christian Soldiers? An Action Manual for Christian Reconstruction*. Tyler, TX: Institute for Christian Economics, 1984.

_____. *Conspiracy: A Biblical View*. Fort Worth: Dominion Press, 1986.

_____. *The Dominion Covenant: Genesis*. Tyler, TX: Institute for Christian Economics, 1982.

_____. *Moses and Pharaoh: Dominion Religion Versus Power Religion*. Tyler, TX: Institute for Christian Economics, 1985.

_____. *The Sinai Strategy: Economics and the Ten Commandments*. Tyler, TX: Institute for Christian Economics, 1986.

_____. *Unconditional Surrender: God's Program for Victory*. Tyler, TX: Geneva Ministries, 1983.

_____. *Unholy Spirits: Ocultism and New Age Humanism*. Fort Worth: Dominion Press, 1986.

_____. ed. *Foundations of Christian Scholarship: Essays in the Van Til Perspective*. Vallecito, CA: Ross House Books, 1976.

_____. ed. Symposium on the Millennium, *The Journal of Christian Reconstruction*, Vol. 111, No. 2 (Invierno, 1976-77).

Owen, John. *An Exposition of the Epistle to the Hebrews*. 7 vols. Editado por W. H. Goold. Grand Rapids: Baker Book House, [1855] 1980.

_____. *Works*. 16 vols. Editado por W. H. Goold, Londres: The Banner of Truth Trust, [1850-53] 1965-68.

Paher, Stanley W. *If Thou Hadst Known*. Las Vegas: Nevada Publications, 1978.

Paquier, Richard. *Dynamics of Worship: Foundations and Uses of Liturgy*. Filadelfia: Fortress Press, 1967.

Pfeiffer, Charles E, y vos, Howard F. *The Wycliffe Historical Geography of Bible Lands*. Chicago: Moody Press, 1967.

Plumptre, E. H. *Ezekiel*. Londres: Funk and Wagnalls co., n.d.

Ridderbos, Herman. *The Coming of the Kingdom*. St. Catherines, Ont.: Paideia Press, [1962] 1978.

Roberts, Alexander, y Donaldson, James, eds. *The Ante-Nicene Fathers*. 10 vols. Grand Rapids: William B. Eerdmans Publishing co., 1970.

Robinson, John A. T. *Redating the New Testament*. Filadelfia: The Westminster Press, 1976.

Rushdoony, Rousas John. *The Biblical Philosophy of History*. Nutley, NJ: The craig Press, 1969.

_____. *The Foundations of Social Order: Studies in the Creeds and Councils of the Early Church*. Tyler, TX: Thoburn Press, 119681 1978.

_____. *The Institutes of Biblical Law*. Nutley, NJ: The Craig Press, 1973.

_____. *The Mythology of Science*. Nutley, NJ: The Presbyterian and Reformed Publishing Co., 1967.

_____. *The One and the Many: Studies in the Philosophy of Order and Ultimacy*. Tyler, TX: Thoburn Press, [1971] 1978.

_____. *Salvation and Godly Rule*. Vallecito, CA: Ross House Books, 1983.

Ryken, Leland. *How to Read the Bible as Literature*. Grand Rapids: Zondervan, 1984.

Santillana, Giorgio de, y Dechend, Hertha von. *Hamlet's Mill: An Essay on Myth and the Frame of Time*, Ipswich: Gambit, 1969.

Schaeffer, Francis A. *The Church Before the Watching World*. Downers Grove, IL: InterVarsity Press, 1971.

Schaff, Philip. *The Principle of Protestantism*. Traducido por John W. Nevin. Filadelfia: United Church Press, [1845] 1964.

Schaff, Philip, ed. *A Select Library of the Nicene and Post-Nicene Fathers of the Christian Church*. 14 vols. Grand Rapids: William B. Eerdmans Publishing Co., 1969.

Schaff, Philip, y Wace, Henry, eds. *A Select Library of Nicene and Post-Nicene Fathers of the Christian Church*: Second Series. 14 vols. Grand Rapids: William B. Eerdmans Publishing Co., 1971.

Schlossberg, Herbert. *Idols for Destruction: Christian Faith and Its Confrontation with American Society*. Nashville: Thomas Nelson Publishers, 1983.

Schmemann, Alexander. *Church, World, Mission: Reflections on Orthodoxy in the West*. Crestwood, NY: St. Vladimir's Seminary Press, 1979.

_____. *For the Life of the World: Sacraments and Orthodoxy*. Crestwood, NY: St. Vladimir's Seminary Press, ed. revisado, 1979.

_____. *Introduction to Liturgical Theology*. Crestwood, NY: St. Vladimir's Seminary Press, 1966.

Seiss, Joseph A. *The Gospel in the Stars*. Grand Rapids: Kregel Publications, [1882] 1972.

Severo, Sulpicio. *Historia sacra*.

Stauffer, Ethelbert. *Christ and the Caesars*. Filadelfia: The Westminster Press, 1955.

Suetonio. *Los doce césares*.

Sutton, Ray R. *That You May Prosper: Dominion by Covenant*. Tyler, TX: Institute for Christian Economics, 1987.

Symington, William. *Messiah the Prince: or The Mediatorial Dominion of Jesus Christ*. Filadelfia: The Christian Statesman Publishing co., [1839] 1884.

Tácito, Cornelio. *Anales*.

_____. *Las historias*.

Telford, William. *The Barren Temple and the Withered Three*. Sheffield: Department of Biblical Studies, University of Sheffield, 1980.

Terry, Milton S. *Biblical Hermeneutics: A neatise on the Interpretation of the Old and New Testaments*. Grand Rapids: Zondervan Publishing House, 1974.

Tertuliano. *Contra Marción*.

_____. *La apología*.

Thurian, Max. *The Mystery of the Eucharist: An Ecumenical Approach*. Grand Rapids: William B. Eerdmans Publishing Co., 1984.

Toon, Peter. *The Ascension of Our Lord*. Nashville: Thomas Nelson Publishers, 1984.

_____. *Heaven and Hell: A Biblical and Theological Overview*. Nashville: Thomas Nelson Publishers, 1986.

Torrance, T. F. *Royal Priesthood*. Edimburgo: Oliver and Boyd Ltd., 1955.

Vandervelde, George, «The Gift of Prophecy and the Prophetic Church». Toronto: Institute for Christian Studies, 1984.

Vanderwaal, Cornelis. *Hal Lindsey and Bible Prophecy*. St. Catherines, Ont.: Paideia Press, 1978.

VanGemeren, Willem A. «Israel as the Hermeneutical Crux in the Interpretation of Prophecy». *The Westminster Theological Journal*, 45 (1983), pp. 132-44; 46 (1984), pp. 254-97.

Van Til, Cornelius. *Apologetics*. Filadelfia: Westmister Theological Seminary pensum de clase, 1959.

_____. *Common Grace and the Gospel*. Nutley, NJ: The Presbyterian and Reformed Publishing Co., 1972.

_____. *The Defense of the Faith*. Filadelfia: The Presbyterian and Reformed Publishing Co., 3ra ed. revisada, 1967.

_____. *Introduction to Systematic Theology*. Filadelfia: The Presbyterian and Reformed Publishing Co., 1974.

Vos, Geerhardus. *Biblical Theology: Old and New Testaments*. Grand Rapids: William B. Eerdmans Publishing co., 1948.

_____. *The Pauline Eschatology*. Grand Rapids: Baker Book House, [1930] 1979.

_____. *Redemptive History and Biblical Interpretation: The Shorter Writings of Geerhardus Vos*. Editado por Richard B. Gaffin Jr. Phillipsburg, NJ: Presbyterian and Reformed Publishing Co., 1980.

Wallace, Ronald S. *Calvin's Doctrine of the Christian Life*. Tyler, TX: Geneva Ministries, [1959] 1982.

_____. *Calvin's Doctrine of the Word and Sacrament*. Tyler, TX: Geneva Ministries, [1953] 1982.

Warfield, Benjamin B. *Biblical Doctrines*. Nueva York: Oxford University Press, 1929.

_____. *Biblical and Theological Studies*. Filadelfia: The Presbyterian and Reformed Publishing Co., 1968.

_____. *The Plan of Salvation*. Grand Rapids: William B. Eerdmans Publishing Co., 1984.

_____. *Selected Shorter Writings*. 2 vols. Editado por John E. Meeter. Nutley, NJ: The Presbyterian and Reformed Publishing co., 1973.

Webber, Robert E. *Worship: Old and New*. Grand Rapids: Zondervan Publishing House, 1982.

Weeks, Noel. «Admonition and Error in Hebrews». *The Westminster Theological Journal* 39 (Otoño 1976) 1, pp. 72-80.

Wenham, Gordon J. *The Book of Leviticus*. Grand Rapids: William B. Eerdmans Publishing co., 1979.

_____. *Numbers: An Introduction and Commentary*. Downers Grove, IL: Inter-Varsity Press, 1981.

Woodrow, Ralph. *His Truth Is Marching On: Advanced Studies on Prophecy in the Light of History*. Riverside, CA: Ralph Woodrow Evangelistic Association, 1977.